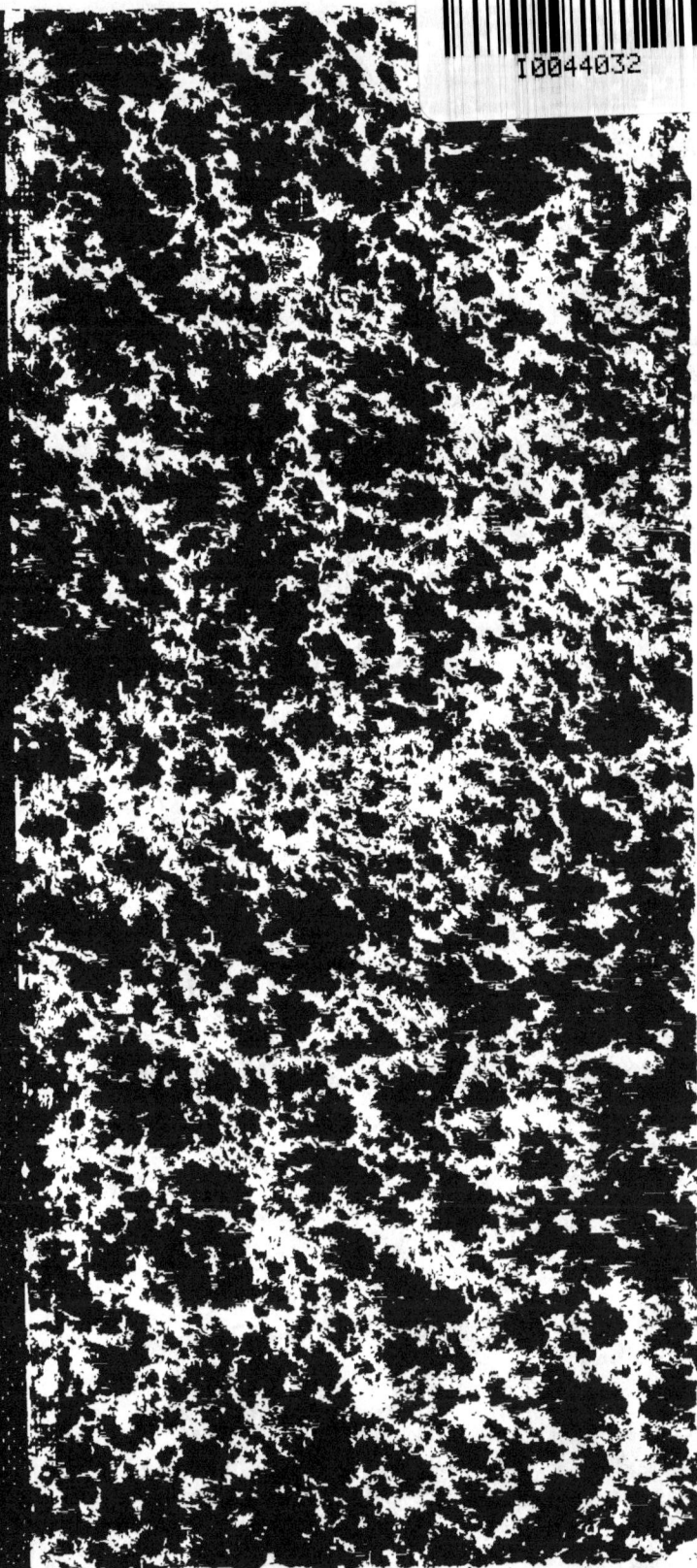

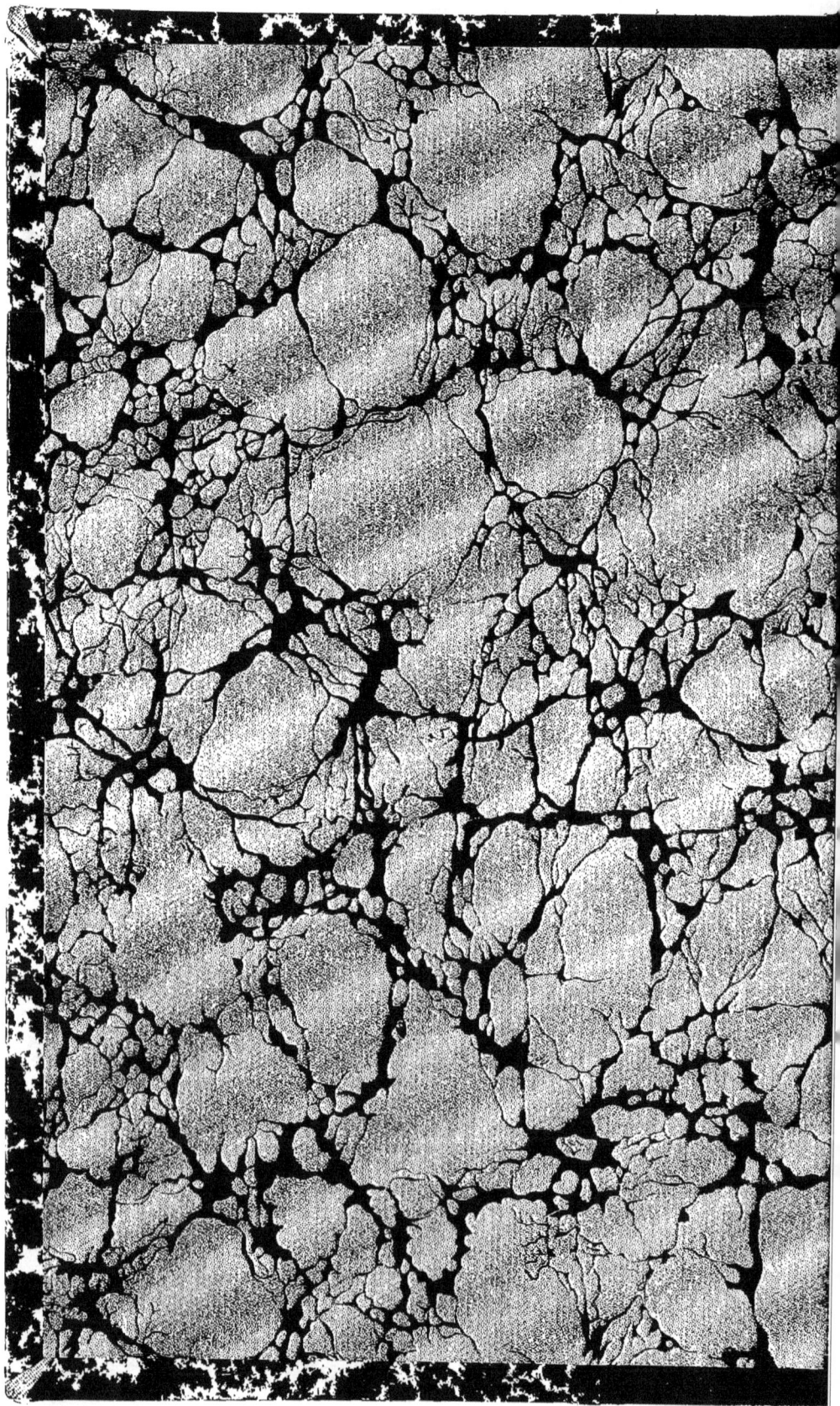

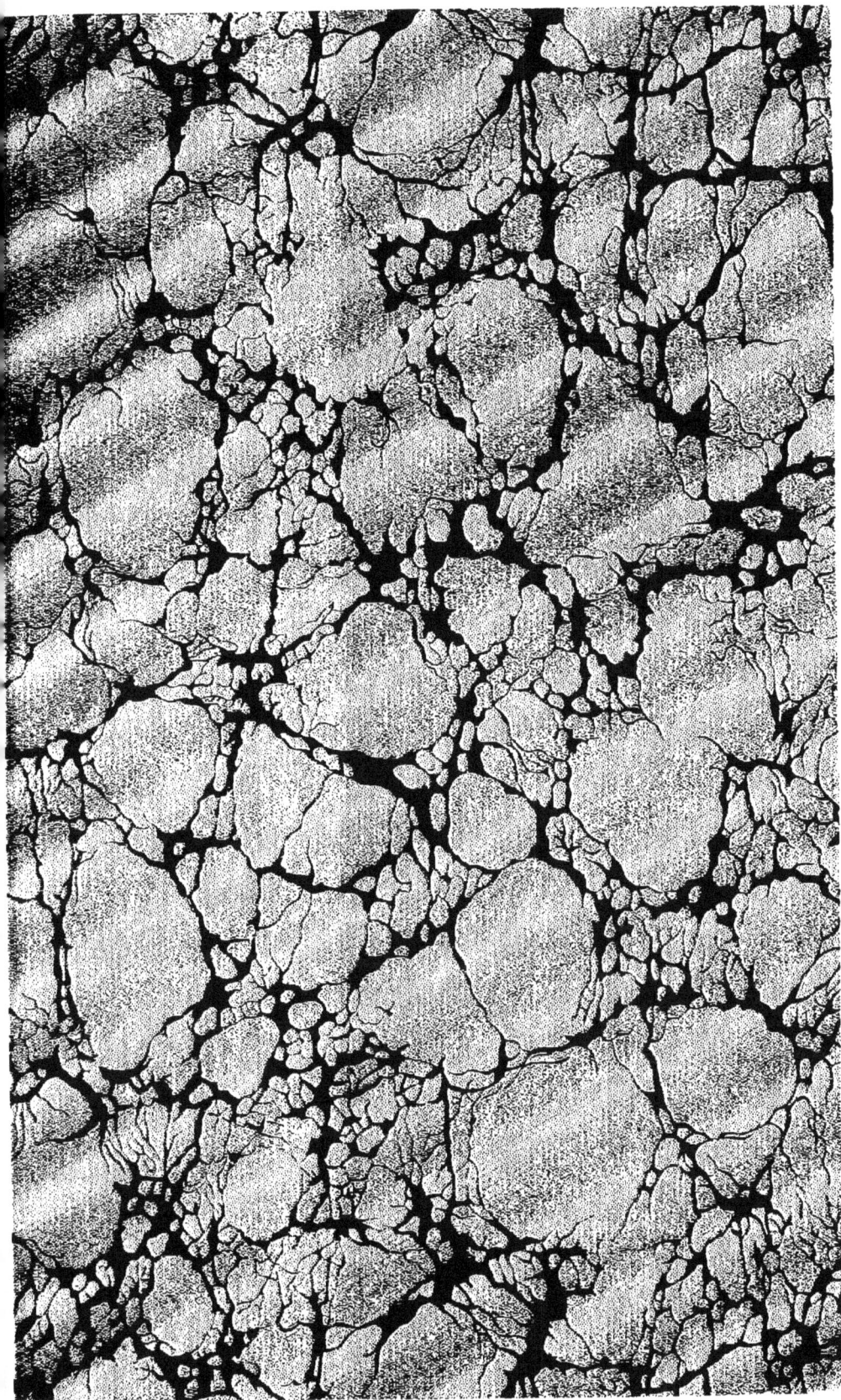

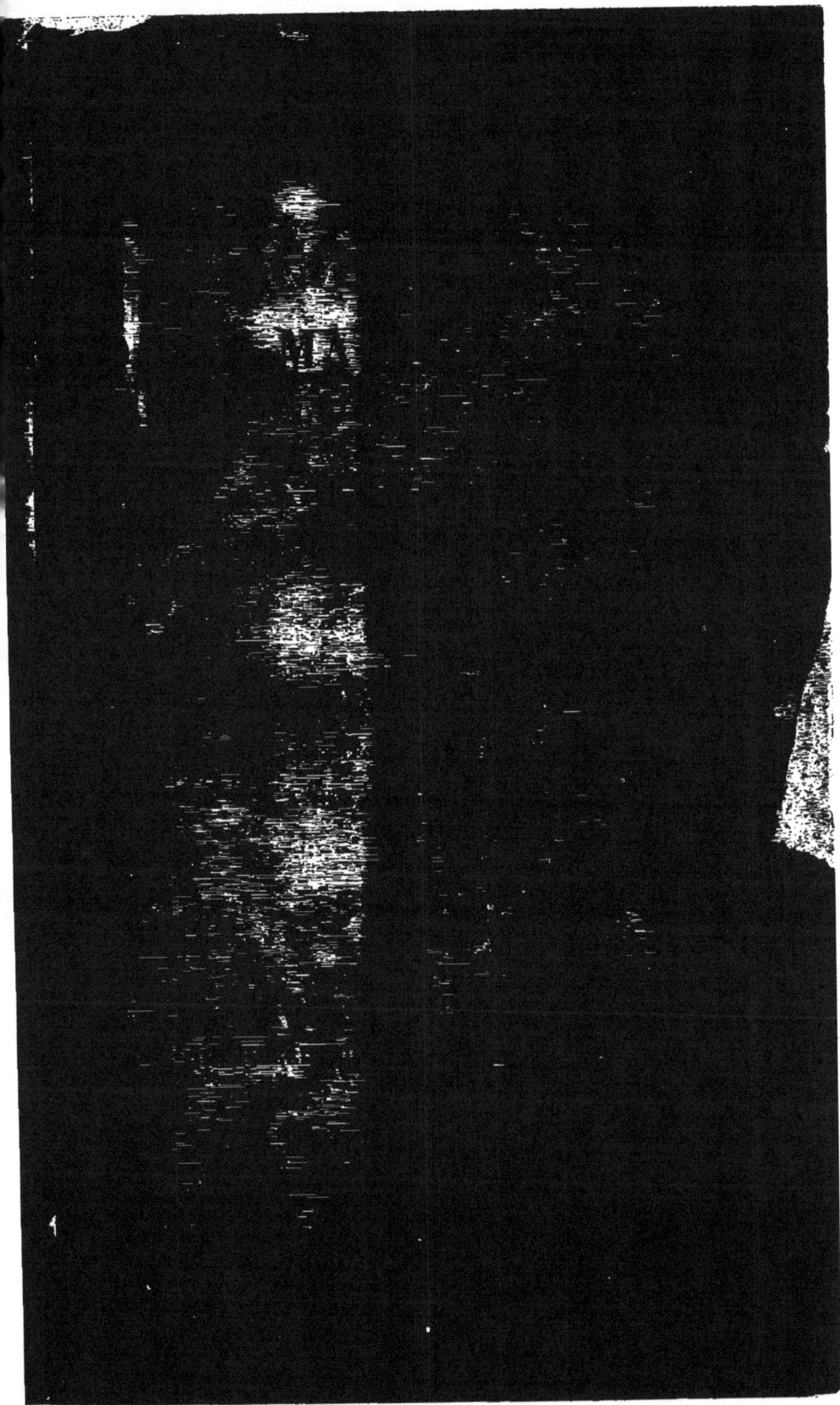

CODE

DE LA MARTINIQUE

3 o 2h

TOME VIII

1824 A 1827 INCLUSIVEMENT

CODE

DE LA MARTINIQUE

NOUVELLE ÉDITION

CONTINUÉE

PAR M. AUBERT-ARMAND

CONSEILLER A LA COUR ROYALE

---•◦•---

TOME VIII

CONTENANT LES ACTES LÉGISLATIFS DE LA COLONIE

DE 1824 A 1827 INCLUSIVEMENT

FORT—DE—FRANCE

IMPRIMERIE DU GOUVERNEMENT

1888.

Ⓒ

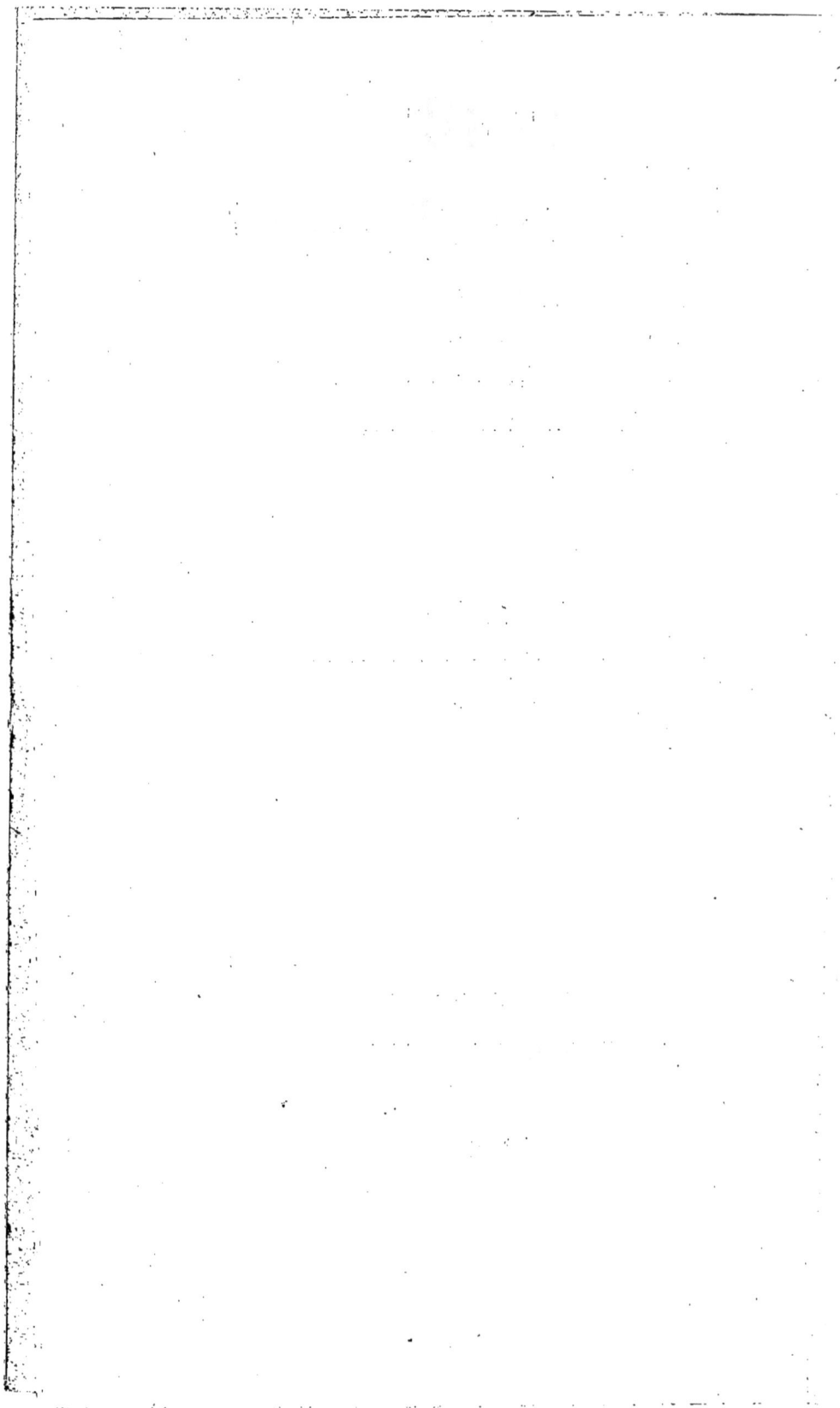

TABLE CHRONOLOGIQUE.

a

DATES DES ACTES.	TITRES ET ANALYSES DES ACTES.	PAGES.
1826. 29 septemb.	Dépêche ministérielle annonçant l'envoi, à la Martinique, de divers livres de chirurgie et d'un sujet anatomique artificiel d'Auzoux.................................... Voir Arch. de l'ordonnateur. Dép. 1826, n° 267.	292
30 septemb.	Arrêt de la cour de cassation qui casse et annulle celui rendu par la cour royale de la Martinique, le 12 janvier 1824, dans l'affaire Bissette, Fabien et Volny........ Voir Greffe de la cour royale. Reg. 19, f° 46; et *Annales maritimes*, vol. 1826, p. 740. — Enregistré à la cour royale, 6 janvier 1827.	292
3 octobre.	Avis du conseil privé sur les permis de séjour, les primes et secours à accorder aux militaires libérés du service............	292
3 octobre.	Dépêche ministérielle qui rend applicable dans ses mesures d'ordre, aux hôpitaux des colonies, l'arrêté du Directoire du 7 vendémiaire an VIII (29 septembre 1799) sur le service de santé de la marine, tant dans les hôpitaux que sur les vaisseaux de la République...................... Voir Arch. de l'ordonnateur. Dép. 1826, n° 176.	293
4 octobre.	Décision du conseil privé qui ordonne la vente publique, par adjudication, d'un grand cure-môle et d'une gabarre à clapets. Voir *Journal officiel*, 1827, n° 1.	293
5 octobre.	* Ordonnance du roi qui rend applicables aux trésoriers des colonies françaises les dispositions de l'ordonnance du 22 mai 1825, relatives au remboursement des cautionnements......................	294
6 octobre.	Circulaire ministérielle prescrivant aux corps de troupes des colonies de dresser, le premier jour de chaque trimestre, pour être transmis au ministre, un état de	

d

DATES DES ACTES.	TITRES ET ANALYSES DES ACTES.	PAGES.
1827.	Notice sur les précautions à prendre pour renouveler l'argile dans laquelle on conserve les sangsues.................... Voir *Annales maritimes,* 1827, 2e partie, t. 2, p. 175.	544

CODE

DE LA MARTINIQUE.

N° 4239. — *Ordonnance du roi portant formation d'un conseil supérieur de commerce et des colonies.*

6 janvier 1824.

Louis, etc.,

Sur le rapport du président de notre conseil des Ministres,

Notre conseil entendu,

Nous avons ordonné et ordonnons ce qui suit :

Art. 1er. Il sera formé un conseil supérieur de commerce et des colonies, chargé d'aviser à l'amélioration successive des lois et tarifs qui régissent les rapports du commerce français avec l'étranger et avec les colonies françaises, et à l'examen duquel seront soumis tous les projets de lois et d'ordonnances en cette matière destinés à être présentés à notre approbation.

Art. 2. Le conseil supérieur de commerce et des colonies sera composé, sous la présidence de notre président du conseil des ministres, de tous ministres secrétaires d'État, de deux ministres d'État, du directeur général des douanes, du directeur de l'agriculture, du commerce et des arts au ministère de l'intérieur, du directeur des affaires politiques au ministère des affaires étrangères, du directeur des colonies au ministère de la marine, d'un conseiller d'État secrétaire du bureau dont il sera ci-après parlé, et de cinq autres membres désignés par nous.

Art. 3. Il sera formé près de notre président du conseil des ministres un bureau de commerce et des colonies, chargé de recueillir les faits et documents propres à éclairer les délibérations du conseil supérieur et nos propres déterminations, en tout ce qui touche à l'action de notre gouvernement sur le commerce, dans ses rapports avec l'étranger et avec nos colonies.

Art. 4. Ce bureau sera composé :

I

Du directeur général des douanes, vice-président;

Du directeur de l'agriculture, du commerce et des arts au ministère de l'intérieur;

Du directeur des affaires politiques au ministère des affaires étrangères;

Du directeur des colonies au ministère de la marine;

D'un conseiller d'État, secrétaire du bureau, lequel remplira aussi les fonctions de secrétaire du conseil supérieur;

Et de deux maîtres des requêtes, sous-secrétaires du bureau.

Art. 5. Notre président du conseil des ministres prendra les mesures nécessaires pour que les départements des finances, de l'intérieur, des affaires étrangères et de la marine fassent exactement parvenir audit bureau tout ce qui, dans les faits constatés par l'administration des douanes, dans la correspondance et dans les actes des chambres et conseils de commerce et des manufactures, des consuls français à l'étranger, de nos gouverneurs et administrateurs dans les colonies et des commandants de nos stations dans toutes les mers, sera de nature à le mettre en état d'apprécier la marche et les besoins de notre commerce et de notre navigation.

Art. 6. Le bureau recevra, par les soins de nos ministres, communication des demandes générales concernant le commerce qui parviendront à leurs départements respectifs et toutes les informations que le bureau jugera devoir être demandées aux chambres et conseils de commerce, aux compagnies, aux négociants et manufacturiers, à nos agents de toutes les classes, soit à l'intérieur, soit à l'étranger.

Il pourra proposer aux ministres compétents d'ordonner des enquêtes tendant à éclairer les points de commerce plus particulièrement susceptibles de controverse. Ces enquêtes auront lieu par les soins desdits ministres, qui pourront, quand ils le jugeront à propos, en confier la direction au bureau lui-même.

Art. 7. A l'aide de ces documents et de tous autres qu'il pourra réunir, le bureau proposera au conseil supérieur, pour nous en être référé, s'il y a lieu, toutes les mesures qu'il croira avantageuses au commerce général de notre royaume.

Tous projets de lois et d'ordonnances en matière de commerce, de douanes et des colonies, que nos ministres des divers départements croiront utile de soumettre à notre approbation, seront d'abord communiqués au bureau de commerce et des colonies, pour être ensuite examinés et discutés en conseil supérieur.

Art. 8. Nos ministres sont chargés, chacun en ce qui le

concerne, de l'exécution de la présente ordonnance, qui sera insérée au *Bulletin des lois.*

Donné en notre château des Tuileries, le 6 janvier de l'an de grâce 1824, et de notre règne le 29e.

Signé LOUIS.
Et par le Roi :
Le Président du conseil des ministres,
J. DE VILLÈLE.

Journal officiel, 1824, no 12.

NOTA. On retrouve au même journal, même numéro, les motifs de cette ordonnance dans un rapport au roi signé Villèle.

No 4240. — *Ordonnance du gouverneur administrateur portant licenciement et réorganisation des compagnies des hommes de couleur libres des villes du Fort-Royal et de Saint-Pierre.*

8 janvier 1824.

Arch. du gouvernement. Ord. et déc., no 1230.

No 4241. — *Dépêche ministérielle demandant au gouverneur administrateur un prompt rapport sur les graves abus qui existeraient dans la maison royale d'éducation à Saint-Pierre.*

14 janvier 1824.

NOTA. Cette maison était dirigée par une dame laïque ; indépendamment des abus signalés, son état de division, d'hostilité avec l'aumônier de la maison, prêtre respectable et très-considéré, avait entièrement détruit la confiance du public ; l'opinion générale était que l'établissement avait besoin d'être mis sous la direction d'une congrégation religieuse enseignante.

Arch. du gouvernement. Dép. ministér., no 5.

No 4242. — *Arrêté du gouverneur administrateur portant fixation de la solde d'activité et de retraite des nègres du roi.*

29 janvier 1824.

Nous, etc.,

Considérant que notre arrêté du 29 mai 1822, qui établit le

1.

prix de la journée des ouvriers des corps de troupes, marins, ouvriers externes blancs et de couleur, ne fixe celui de la journée des nègres du roi que pour deux classes, savoir : celle des ouvriers d'artillerie ou commandeurs à 60 centimes et celle des manœuvres à 35 centimes ;

Que celui du 28 juin suivant sur la même matière ne fait pas mention des nègres du roi ;

Que les nègres provenant de la prise faite par la corvette du roi *la Sapho* ont fourni aux différents services de la colonie et du port des ouvriers, des apprentis, des manœuvres, dont la solde doit être fixée particulièrement pour leurs besoins journaliers, en sus de la ration et de l'habillement qui leur sont alloués ;

Qu'il est juste que les anciens nègres du roi qui exercent les mêmes professions participent aux mêmes avantages ;

Qu'il l'est également d'accorder, en sus de la ration et de l'habillement, aux anciens nègres du roi qui par leur âge et leurs infirmités sont ou seront reconnus invalides ou hors de service, les moyens de satisfaire, par le prix d'une modique journée, à leurs besoins journaliers, en récompense de leurs anciens services ;

Vu les avis des directeurs de l'artillerie et du génie et des divers chefs de service, consignés dans le rapport de l'ordonnateur,

Avons arrêté et arrêtons ce qui suit :

Art. 1er. A compter du 1er janvier 1824, les nègres ou négresses du roi sont classés ainsi qu'il suit et jouiront, en sus de la ration et de l'habillement, de la solde fixée comme ci-après, dans chaque classe :

Ouvriers d'art ou commandeurs	1re classe	0f 70
	2e id.	0 60
Apprentis d'art	1re classe	0 35
	2e id.	0 25
Manœuvres	1re classe	0 45
	2e id.	0 35
Infirmes ou invalides	Ouvriers d'art	0 20
	Manœuvres	0 15

Art. 2. Lorsque les procès-verbaux de la visite par les officiers de santé et chefs de services, pour constater l'état des nègres du roi invalides, auront été remis à l'ordonnateur, les directeurs et chefs de service seront réunis pour établir, en commission, la classe dans laquelle chaque nègre du roi en état de servir devra

être porté et la solde dont il devra jouir, à compter du 1er janvier de la présente année.

Art. 3. Les avancements en classe et les augmentations en solde ne pourront, ensuite, avoir lieu que tous les six mois, sur la proposition des directeurs et chefs de services adressée à l'ordonnateur et arrêtée par la commission susdite.

L'ordonnateur soumettra à notre décision les cas d'avancement et d'augmentation de solde sur lesquels la commission ne serait pas d'accord.

Art. 4. Sauf les exceptions reconnues justes et nécessaires par la commission, chacune des deux classes d'ouvriers, apprentis et manœuvres sera composée, dans chaque direction et détail, de la moitié des nègres du roi attachés aux deux classes.

Art. 5. Le commissaire de la marine préposé aux approvisionnements et travaux fera tenir, en remontant au 1er janvier courant, par l'administrateur chargé sous ses ordres des appels des nègres du roi, un registre de ceux déclarés hors de service d'après les procès-verbaux qui lui seront remis, et en suivra les mouvements. Lesdits esclaves seront rayés de la matricule des nègres du roi reconnus propres au service et qui restent attachés aux diverses directions et détails.

Art. 6. L'ordonnateur est chargé de l'exécution du présent arrêté, qui sera enregistré au contrôle.

Donné au Fort-Royal, le 29 janvier 1824.

Signé DONZELOT.

Et plus bas :

GUILLAUME,

Secrétaire.

Inspection. Reg. 10, n° 309.

N° 4243. — *Arrêté du gouverneur administrateur désignant deux établissements de pharmacie, l'un à Saint-Pierre, l'autre à Fort-Royal, où devront être faits les dépôts d'arsenic et des combinaisons de ce minéral.*

1er février 1824.

Nota. Cet arrêté pris en exécution de l'article 30 du règlement du 25 octobre précédent sur l'exercice de la pharmacie.

Arch. du gouvernement. Ord. et déc., n° 1248.

N° 4244. — *Décision du gouverneur administrateur qui prescrit au marguillier de biffer une protestation mise par un habitant à la suite de l'homologation d'une délibération de la paroisse du Marin.*

2 février 1824.

Arch. de la direction de l'intérieur. Reg. 3, f° 103.

N° 4245. — *Dépêche ministérielle au gouverneur administrateur prescrivant de faire armer par des matelots noirs les péniches destinées aux reconnaissances hydrographiques des côtes de la Martinique.*

3 février 1824.

Nota. Par une autre dépêche du 18 novembre le ministre approuve les dispositions faites par le gouverneur à ce sujet, à savoir :

L'allocation de 60 francs par mois, outre la ration, aux matelots noirs, et le supplément de solde de 6 francs par mois, aux matelots blancs, fournis pour ces mêmes expéditions par la station.

Arch. du gouvernement. Dép. ministér.

N° 4246. — *Dépêche ministérielle au gouverneur administrateur qui attribue au trésorier la perception des droits de port, règle les allocations du capitaine de port et dispose à l'égard des pilotes, maîtres et canotiers sous ses ordres.* (Extrait.)

25 février 1824.

1° Les droits de port continueront à être perçus par le trésorier de la colonie, sur la liquidation qui en sera faite par les agents de l'administration suivant les tarifs arrêtés par le gouverneur et administrateur.

2° Les capitaines de port de Fort-Royal et de Saint-Pierre recevront les allocations déterminées ci-après, savoir :

Traitement personnel	8,000ʼ 00
Indemnité de logement	1,000 00
Indemnité pour frais de bureau	600 00
Indemnité pour entretien de canots	500 00
Total	10,100 00

3° Les pilotes et maîtres de port seront nommés par le gouverneur et administrateur, sauf confirmation par le ministre, sur la proposition des capitaines de port et après examen devant une commission formée par le gouverneur. Le procès-verbal d'examen sera adressé au ministre. Les maîtres de port, dans les lieux où il sera reconnu indispensable d'en établir, devront être en état de suppléer, au besoin, les pilotes. Ces employés seront directement payés par le trésor royal. Leur nombre sera réglé à l'absolu nécessaire.

4° Le nombre des canotiers sera fixé par le gouverneur suivant les besoins réels du service. Il pourra être passé, pour la solde et la nourriture de ces canotiers, un abonnement avec le capitaine de port ; mais dans ce cas, les canotiers seront assujettis aux revues de l'administration et du contrôle, comme s'ils étaient directement salariés par le trésor, et la somme fixée pour l'abonnement ne sera payée qu'autant que ces hommes auront été réellement présents.

5° Au moyen des allocations indiquées plus haut en faveur des capitaines de port et des traitements qui seront provisoirement réglés sur les lieux, sauf mon approbation, en faveur des pilotes et maîtres de port, ils ne pourront prétendre à aucune prestation quelconque de la part des armateurs, capitaines, patrons et autres personnes, sous quelque titre que ce soit.

Le Ministre de la marine et des colonies,

Signé Marquis DE CLERMONT-TONNERRE.

Arch. du gouvernement. Dép. ministér., n° 52.

N° 4247. — *Dépêche ministérielle au gouverneur administrateur contenant instructions relatives aux établissements de pontons destinés aux réparations soit des bâtiments du roi, soit des navires de commerce. (Extrait.)*

25 février 1824.

Il existe, au Fort-Royal, un ponton de carénage, appartenant au roi, qui est destiné aux réparations des bâtiments de Sa Majesté, mais qui sert aussi pour les bâtiments de commerce. Cet établissement exige un approvisionnement d'agrès et apparaux entretenus aux frais du roi. Une commission formée en octobre

1817, au Fort-Royal, avait proposé de remettre cet établissement à la charge du capitaine de port, en l'autorisant à percevoir un droit par chaque bâtiment abattant en carène. Il ne m'a point été rendu compte de ce qui a été fait à cet égard. Il est dans l'ordre que le ponton de carénage soit entretenu aux frais du trésor; mais il est juste que le trésor soit défrayé d'une partie au moins de la dépense, au moyen d'un droit perçu sur chaque bâtiment qui fait usage du ponton. A moins que vous ne trouviez dans l'adoption de cette disposition des inconvénients que je n'aperçois point, vous la mettrez à exécution. Vous me rendrez compte de ce que vous aurez fait et vous m'enverrez le tarif que vous aurez adopté.

L'entretien d'un ponton aux frais du roi ne s'oppose point à ce que vous autorisiez les particuliers à former de semblables établissements pour les besoins du commerce, s'il y a lieu; mais vous ne perdrez pas de vue que les capitaines de port et les employés placés sous leurs ordres, étant les surveillants des pontons de carénage entretenus par les particuliers, il leur est interdit de prendre aucun intérêt dans ces sortes d'établissements. La même observation s'applique aux gabares qui sont employées au chargement et au déchargement des navires. J'appelle à cette occasion votre attention sur ce qui concerne la police des ports et rades de la colonie. Divers actes insérés au *Code de la Martinique* (vol. 2 et 3) contiennent sur ce service des dispositions fort sages, qui paraissent être tombées en désuétude et qu'il serait à propos de rappeler.

Le Ministre de la marine et des colonies,
Signé Marquis de CLERMONT-TONNERRE.

Arch. du gouvernement. Dép. ministér., n° 52.

N° 4248. — *Dépêche ministérielle au gouverneur administrateur concernant les concessions d'affranchissements et l'accroissement anormal des gens de couleur.*

25 février 1824.

Monsieur le Comte, par ma lettre très-confidentielle du 20 février dernier, j'ai annoncé que je consacrerais une lettre spéciale à l'examen des mesures qu'il paraîtrait utile de prendre :

1° Pour diminuer, régulariser et diriger vers un but utile, quant à l'avenir, les concessions d'affranchissements :

2° Pour remédier, dans l'état actuel des choses, aux inconvénients qui résultent de l'accroissement des gens de couleur.

Les principales dispositions à adopter sur l'un et l'autre objet peuvent être résumées ainsi qu'il suit :

N'augmenter le nombre des affranchissements que par des considérations rigoureuses et absolues (1).

N'accorder, par exemple, aucun affranchissement aux femmes esclaves âgées de moins de cinquante ans, et ne point permettre qu'il soit fait des exceptions à cette mesure, dictée par des motifs de morale et de politique.

Dans l'obligation où l'on est d'accorder des affranchissements, honorer ces actes en posant en principe qu'il ne sera plus désormais que la récompense d'une vie dévouée, laborieuse et exemplaire ou de services dûment constatés.

Faire remise aux individus qui en seraient jugés dignes du droit qui est perçu au profit du fisc pour chaque affranchissement, mais faire porter seulement cette faveur sur les esclaves qui seraient issus d'un mariage légitime.

Le cas échéant de services signalés rendus à la colonie, faire intervenir le gouvernement d'office, comme je l'ai indiqué dans ma dépêche du 11 de ce mois, n° 28. La caisse coloniale devrait rembourser alors au maître le prix de l'esclave qui aurait mérité ainsi la liberté, et pourvoir en outre à l'existence de l'affranchi.

Ordonner que les motifs de chaque affranchissement seront toujours l'objet d'une enquête judiciaire et qu'ils seront exprimés avec détails dans l'acte d'affranchissement.

Prescrire que cet acte ne sera plus accordé et délivré presque clandestinement, comme cela a souvent eu lieu, et qu'au contraire tout affranchissement sera fait avec solennité, en séance de conseil de gouvernement et d'administration, lu et enregistré à la cour royale.

Faire en outre publier l'acte d'affranchissement au prône de la paroisse et en faire annexer authentiquement l'expédition au registre constatant l'acte de baptême de l'impétrant.

Exiger que la manumission soit accompagnée de la concession

_____

(1) Par dépêche de rappel, du 5 novembre 1824, n° 375, archives du gouvernement, le ministre prescrit d'examiner s'il ne conviendrait pas, pour parvenir plus tôt à un ordre de choses meilleur, de suspendre dès à présent tout affranchissement d'esclaves des deux sexes au-dessous de l'âge de cinquante ans.

Cette suspension, dit-il, existe à la Guadeloupe depuis le mois de juillet 1821 ; elle a été successivement maintenue par des décisions des gouverneurs de cette colonie, et d'après le vœu formel du comité consultatif.

d'un terrain que l'affranchi sera tenu de cultiver lui-même, s'il est encore en état de travailler, et, dans le cas contraire, de la constitution d'un secours alimentaire. L'étendue du terrain et la quotité du secours seraient déterminées par l'autorité locale. (Le comité consultatif de la Guadeloupe a demandé qu'une pension de 600 francs fût assurée par le maître à tout affranchi qui n'aurait pas de moyens d'existence assurés.)

Examiner s'il ne serait pas préférable d'accorder aux individus réputés libres, mais non encore patentés, un titre légal d'affranchissement, plutôt que de le laisser sans titre, dans une sorte d'état intermédiare qui est fâcheux à tous égards, puisqu'il donne à ces individus, outre l'habitude du mépris des lois, le moyen de s'affranchir à la fois des devoirs imposés aux esclaves et aux libres; toutefois, examiner aussi s'il ne conviendrait pas de borner l'affranchissement légal aux individus qui ont une longue possession d'état, et, dans tous les cas, exiger qu'ils gèrent ou qu'ils cultivent personnellement une propriété territoriale, c'est-à-dire que, de manière ou d'autre, ils soient constamment attachés à la culture; au besoin, faire dans cet objet une concession de terrains appartenant au domaine à ceux dont la conduite aurait été régulière.

Choisir les sous-officiers des milices de couleur parmi les affranchis ayant des propriétés agricoles, et employer tous les autres moyens, selon l'opportunité des circonstances et des localités, pour porter les affranchis qui ne sont pas propriétaires ou gérens de biens ruraux à le devenir; on pourra parvenir à restreindre ainsi, par voie indirecte, le nombre de ceux qui demeurent dans les villes et y exercent des professions mécaniques; ce qui est nuisible, puisque ce sont autant de cultivateurs détournés de leur destination primitive, et ce qui est dangereux, parce que leur réunion dans les ports, leurs communications journalières avec des blancs étrangers aux intérêts coloniaux, la facilité qu'ils ont de correspondre avec Saint-Domingue et avec les îles étrangères voisines, enfin leurs relations continuelles avec les militaires des garnisons, tendent à troubler l'ordre et peuvent compromettre sérieusement la sûreté du pays.

Favoriser l'accroissement de la population blanche, afin de réunir une masse de blancs formant à l'égard des individus de couleur un contrepoids plus que jamais nécessaire. Dans ce but, protéger l'établissement, aux colonies, des Européens ayant une profession utile, notamment des militaires dont le temps de service est expiré et dont la conduite est exempte de reproches.

(Bourbon a dernièrement demandé vingt ouvriers de France qui y ont été envoyés, sous la seule concession d'un passage gratuit et d'une indemnité de 200 francs, payable moitié au départ, moitié à l'arrivée.)

Concourir à rejeter les individus de couleur dans les campagnes, en diminuant le nombre des esclaves employés abusivement dans les villes, au grand détriment des cultures ; l'augmentation de la capitation de ces esclaves est un moyen qui doit être recommandé de nouveau ; il vous a été écrit à ce sujet le 11 septembre dernier.

Exclure, dans le même but, par toutes les mesures qu'admettra la prudence, les gens de couleur libres de l'exercice des professions qu'on ne peut remplir que sous l'autorité de la police, comme celles de cabaretiers, aubergistes, limonadiers, etc.

Accorder une prime d'encouragement ou toute autre récompense à ceux des affranchis propriétaires, cultivateurs ou habitants de la campagne, qui s'occuperaient de la multiplication du poivrier, du vanillier, de l'indigotier, de l'éducation de la cochenille et des vers à soie et d'autres produits auxquels les deux îles de la Martinique et de la Guadeloupe sont pour ainsi dire encore étrangères.

Prohiber sévèrement la sortie, non-seulement pour France, conformément à ma dépêche de ce jour, mais pour tout autre pays, des esclaves que les colons étaient autorisés à emmener à l'effet de les servir dans la traversée ; l'agriculture éprouve par les tolérances actuelles des pertes qui sont aujourd'hui irréparables ; l'esclave attaché ainsi au service personnel de son maître perd l'habitude du travail de la terre et rapporte dans les ateliers des idées de liberté nuisibles à l'ordre et au régime des colonies.

Enfin s'occuper avec la réserve, la prudence et même avec le secret convenable, mais avec suite et avec zèle, de ces diverses mesures, et faire marcher de front, en employant aussi la circonspection nécessaire, un travail général destiné à constater la situation des hommes de couleur libres, c'est-à-dire à indiquer le nombre réel des individus affranchis par des actes authentiques du gouvernement français ; le nombre de ceux qui ne jouissent de leur liberté que par l'effet de l'autorisation de leurs maîtres ou d'actes d'affranchissements irrégulièrement accordés ; le nombre des affranchis qui ont des propriétés rurales ; la nature et la valeur de ces propriétés ; le nombre de ceux qui n'ont pour exister qu'une profession quelconque et de ceux auxquels on ne connaît aucun moyen d'existence, etc.

— 12 —

Je livre à vos méditations et à votre expérience ces diverses indications. Il serait peut-être difficile de coordonner l'exécution de toutes les mesures qui y sont consignées ; je vous laisse donc la faculté de n'adopter successivement que celles qui vous paraîtront réellement utiles ; mais mon intention est que vous entriez immédiatement dans la voie des améliorations qu'elles doivent procurer et que vous y marchiez avec courage et persévérance.

Si vous pensez que le comité consultatif puisse être consulté avantageusement sur ces matières, je vous autorise à les lui déférer spécialement dans sa prochaine session ; mais quelque rapprochée que doit être l'époque de la session, vous n'attendrez point le résultat de l'avis du comité pour vous occuper de pourvoir aux dispositions dont vous aurez reconnu évidemment l'opportunité et les avantages.

Je désire qu'en m'accusant la réception de la présente lettre vous entriez dans quelques détails sur vos premières idées à l'égard des objets importants qui y sont traités.

Recevez, etc.

Le Ministre de la marine et des colonies,

Signé Marquis DE CLERMONT-TONNERRE.

Arch. du gouvernement. Dép. ministér., n° 54.

N° 4249. — *Instruction ministérielle relative au payement des pensions de retraite dans les colonies.*

3 mars 1824.

Les pensions militaires sont passibles d'une retenue au profit des invalides de la guerre, laquelle est de 5 pour 100 pour celles de 900 francs et au-dessus, et de 2 pour 100 pour celles au-dessous de 900 francs ; le pensionnaire ne donne quittance que du net payé. La retenue qui lui est faite se trouve comprise dans une ordonnance délivrée tous les trois mois par le ministre des finances au profit du trésorier de la dotation des invalides, et dont le payement s'effectue à Paris par le payeur des dépenses centrales du trésor.

Les pensions sont payables par trimestre aux échéances des 1er janvier, 1er avril, etc.

Pour en toucher les arrérages, il faut produire le certificat d'inscription avec un certificat de vie conforme en tout au modèle ci-joint. On doit y trouver énoncés les nom, prénoms et date

de naissance du titulaire, tels qu'ils sont sur le certificat d'inscription. Le lieu de la naissance y doit être aussi indiqué, et, si
ce lieu est situé en pays étranger, il sera dit dans le certificat que
le pensionnaire est pourvu de lettres de naturalité, ou d'un certificat qui en tient lieu et qui constate qu'il en a fait la demande
au roi.

Le certificat de vie doit être signé par le notaire et par le
titulaire, s'il sait signer, autrement mention doit en être faite.
La signature du notaire doit être légalisée par le préfet ou sous-
préfet de l'arrondissement ou par toute autre autorité administrative.

La quittance mise au bas du certificat sera remplie et signée
soit par le titulaire, soit par un tiers auquel le payeur remettra
les fonds, sans qu'il y ait besoin de procuration, en ayant soin
d'apposer au dos de l'inscription un timbre indicatif des tri-
mestres qu'il aura payés.

Il est essentiel de faire remarquer que, lors du premier payement à effectuer sur une pension, le titulaire est obligé de fournir
un certificat délivré par l'intendant militaire du lieu où il réside,
dans lequel il est constaté que la pension n'est passible d'aucune
retenue pour débet à un corps de l'armée, ni pour trop perçu
dans des payements antérieurs, pour solde de retraite ou pour
traitement d'activité, etc.

Ces retenues, celles pour journées d'hôpitaux fixées à 1 fr. 95 c.
pour les officiers, à 1 fr. 20 cent. pour les sous-officiers et soldats
lorsque la pension le permet, et dans le cas contraire à une
somme égale à la quotité de la journée de la pension, et les
retenues prescrites par les lois au profit de parents abandonnés
sont les seules dont les pensions puissent être grevées, aux termes
de l'arrêté du 7 thermidor an x, qui d'ailleurs les déclare insaisis-
sables et en prohibe la cession. Lorsqu'une retenue de cette espèce
a lieu en France, si c'est au profit de l'État, le produit en est
versé, pour en tenir compte au trésor, au receveur général, qui
en remet au payeur un récépissé; si c'est au profit d'un tiers, le
produit lui en est remis directement par le payeur, qui en tire
quittance. Dans ces deux cas le pensionnaire doit donner acquit
de la somme intégrale de ses arrérages, qui lui sera complétée
par la remise du récépissé ou de la quittance. Cette forme est
usitée pour que les sommes portées sur les quittances concordent
avec celle énoncée au certificat d'inscription, à défaut d'état
d'arrérages.

Comme les agents des colonies rendent compte directement au

ministre de la marine de leurs opérations, c'est par les soins de Son Excellence que les retenues faites dans les colonies au profit de l'État seront versées à la caisse centrale du trésor de Paris.

Lorsqu'un pensionnaire est décédé, la portion due sur ses arrérages revient à ses héritiers, à la charge par eux de remplir les formalités suivantes :

1° Notifier le décès d'un pensionnaire dans les six mois qui le suivent, sous peine de déchéance, en adressant pour le cas au fonctionnaire chargé du payement des pensions militaires l'acte de décès et le certificat d'inscription du titulaire ;

2° Produire un certificat de propriété qui constate leurs droits aux arrérages dûs. Ce certificat doit être délivré, en exécution de l'article 6 de la loi du 28 floréal an vii, lorsqu'il existe des actes translatifs de propriété, par le dépositaire de ces actes, et, lorsqu'il n'en existe aucun (sur l'attestation de deux témoins), par le juge de paix du canton où résidait le défunt ;

3° Fournir une déclaration sous seing privé conforme à celle que faisait le pensionnaire dans son certificat de vie.

Ces trois pièces doivent être dûment en forme et légalisées ; elles sont exemptes de la formalité du timbre et de l'enregistrement, à l'exception cependant du certificat de propriété.

Les pensionnaires ne peuvent jouir de deux pensions payées par l'État, mais ils peuvent cumuler une pension militaire avec un traitement civil d'activité et avec tout traitement de pension payé par une caisse indépendante du trésor, telle que celle de la liste civile, celle de fonds de retenue de la Légion d'honneur ou de l'ordre de Saint-Louis, etc.

Lorsqu'il s'est écoulé trois ans entre l'échéance d'un trimestre et le jour où le pensionnaire en réclame le payement, ce trimestre ne lui est point dû, aux termes de l'arrêté du 15 floréal an xi, et il ne peut même toucher les arrérages postérieurs qu'après avoir obtenu le rétablissement de sa pension.

Tout pensionnaire militaire qui ne réside point en un lieu dépendant de la France n'a pas droit à la pension, à moins qu'il n'en ait obtenu du roi la permission, laquelle emporte la réduction du tiers de sa pension ; alors la retenue au profit des invalides n'est plus exercée que sur le pied des deux tiers restants.

Dans ce cas, le certificat de vie délivré en bonne et due forme doit être légalisé par le ministre des affaires étrangères en France.

On remet ci-joint un imprimé en usage pour le certificat de vie des pensions militaires.

Inspection. Reg. 10, n° 328. — Voir la dépêche d'envoi et les observations qu'elle contient, archives de l'inspection, reg. des ord. et décisions, vol. 10, n° 327.

N° 4250. — *Dépêche ministérielle qui autorise le gouverneur administrateur à désigner un certain nombre de notaires chargés de la délivrance des certificats de vie ainsi qu'à déterminer le prix des actes.*

3 mars 1824.

Nota. Des réclamations avaient été adressées au ministre sur le haut prix des actes notariés dans les colonies, et le prix des certificats de vie était, il paraît, dans l'usage, fixé arbitrairement par celui qui les délivrait.

Inspection. Reg. 10.

N° 4251. — *Dépêche ministérielle portant que la déclaration du roi du 9 août 1777, en ce qui touche la faculté laissée aux habitants des colonies venant en France de se faire servir durant la traversée par des noirs esclaves, cessera d'avoir son exécution.*

3 mars 1824.

Nota. Cet ordre est donné en vertu d'une décision récente du conseil des ministres.

Inspection. Ord. et déc. Reg. 10, n° 349.

N° 4252. — *Ordonnance du gouverneur administrateur portant fixation des traitements fixes et éventuels des greffiers des cour et tribunaux de la colonie et du cautionnement que chacun d'eux devra fournir.*

15 mars 1824.

Vu les dépêches ministérielles des 18 juin et 22 octobre 1823, contenant des ordres et instructions relativement à la fixation des traitements des greffiers et au logement des papiers des greffes, tant celui de la cour royale que ceux des tribunaux de première instance à la Martinique;

Après en avoir délibéré en conseil de gouvernement et d'administration,

Avons ordonné et ordonnons, pour être exécuté provisoirement et sauf l'approbation de Sa Majesté, ce qui suit :

Art. 1er. A partir du 1er janvier 1824, les greffiers des trois siéges de la colonie seront rétribués comme il est expliqué ci-après :

Pour le greffier de la cour royale, le traitement annuel ne pourra excéder neuf mille francs;

Pour celui du Fort-Royal, douze mille francs,

Et pour celui de Saint-Pierre, vingt mille francs.

Ces fixations comprendront tous les frais de greffe, en personnel et matériel, sauf le logement du greffe.

Elles se diviseront en traitement fixe et traitement éventuel comme suit :

Cour royale.......	Fixe......... 7,000f 00		9,000f 00
	Éventuel...... 2,000 00		
Fort-Royal.......	Fixe......... 8,000 00		12,000 00
	Éventuel...... 4,000 00		
Saint-Pierre......	Fixe......... 12,000 00		20,000 00
	Éventuel...... 8,000 00		

La portion fixe sera toujours payée, quels que soient les produits des greffes.

La portion éventuelle ne sera allouée qu'autant que la recette aura atteint la somme respectivement fixée pour le maximum de chaque traitement, de manière que, si le produit est inférieur à ce maximum, l'éventuel soit réduit d'une somme égale à la différence.

Il sera, en outre, alloué aux greffiers une indemnité annuelle pour le logement des papiers du greffe, savoir :

Au greffier de la cour royale, *mille francs*;

A celui du Fort-Royal, *douze cents francs*,

Et à celui de Saint-Pierre, *dix-huit cents francs*.

Les greffiers recevront, d'ailleurs, leurs vacations et frais de déplacement sur le pied du tiers des vacations et frais alloués aux juges.

Enfin, ils conserveront en totalité le droit de 2 1/2 pour 100 sur les consignations de fonds, comme aussi sur les amendes judiciaires, lesquelles seront toujours versées directement entre leurs mains.

Art. 2. La totalité des droits de greffe, sauf les exceptions ci-dessus, sera versée à la caisse royale tous les trois mois. Le contrôleur veillera à ce que ces versements ne s'arrièrent point, et, en cas de non-payement, la contrainte sera décernée, comme pour deniers royaux, non-seulement contre les parties retardataires, pour payement de droits dus, mais encore contre les greffiers eux-mêmes, si le retard est du fait de ces derniers.

Art. 3. Tous les trois mois aussi, il sera expédié en faveur des greffiers des mandats, pour le payement du quart de la portion fixe de leur traitement annuel.

Quant au traitement éventuel, il n'en sera payé chaque trimestre au greffier que la moitié, suivant le produit du trimestre, et, à la fin de l'année, le décompte définitif sera établi par le contrôleur.

Art. 4. Les greffiers fourniront un cautionnement en immeubles libres d'hypothèques, fixé à huit mille francs pour le greffe de la cour royale, à douze mille francs pour celui du Fort-Royal et à dix-huit mille francs pour celui de Saint-Pierre. Ils présenteront, en outre, deux certificateurs de caution, lesquels, ainsi que le cautionnement en immeubles, devront être agréés par le contrôleur colonial de concert avec le procureur général pour le greffe de la cour royale, et avec les procureurs du roi pour ceux des tribunaux de première instance.

Si les greffiers préféraient fournir leur cautionnement en numéraire, ils en auraient la faculté, et alors le montant en serait versé à la caisse d'amortissement et porterait l'intérêt fixé par la loi.

Art. 5. Le commissaire général de la marine, ordonnateur, est chargé de l'exécution de la présente ordonnance, qui sera enregistrée tant au greffe de la cour royale et des tribunaux de première instance qu'au contrôle colonial.

Donné au Fort-Royal, le 15 mars 1824.

Signé DONZELOT.

Et plus bas :

GUILLAUME,
Secrétaire.

Enregistré à la cour royale, 19 mars 1824.

N° 4253. — *Ordonnance du Roi portant règlement sur la solde et l'avancement des gens de mer.*

17 mars 1824.

Nota. Cette ordonnance se divise en quatre titres, savoir :
1er. Des grades et classes des gens de mer ;
2e. Des payes, suppléments de paye et indemnités ;
3e. De l'avancement des gens de mer ;
4e. Dispositions générales.

Bureau des classes. Ord. et déc., 1824, et *Annales maritimes*, v. 1824, p. 267.

N° 4254. — *Ordonnance du gouverneur administrateur portant qu'un prêt de 30,000 francs, sans intérêts, sera fait par le gouvernement aux habitants actionnaires de l'entreprise du canal* Monsieur, *au Carbet.* (Extrait.)

17 mars 1824.

Ledit prêt, imputable sur la caisse municipale, devra être remboursé dans un an et demi, à compter du jour de l'achèvement du réservoir principal du canal, par tiers, de six mois en six mois.

Les actionnaires devront souscrire leur obligation par acte notarié. Chacun d'eux s'y obligera dans la proportion de son droit à l'eau du canal, et solidairement pour le tout, sous l'hypothèque spéciale de son habitation.

Nota. Voir, même source, f° 135, une ordonnance locale du 10 avril suivant, portant que le payement de la somme de 30,000 francs ci-dessus promise sera fait par sixième, de mois en mois, et, au f° 136, un acte notarié du 6 mai suivant, au rapport de Bernard Feyssal, homologué, passé pour l'exécution de cette décision.

Voir également l'arrêté local du 15 mai 1826, enregistré à la cour royale le 23 suivant, qui a prorogé le délai accordé pour le remboursement.

Enregistré à la cour royale, 24 mars 1824. — Arch. de la direction de l'intérieur. Reg. 3, f°s 124 v° et suivants. — Inspection. Reg. 10, n°s 250, 304, 352 et 352 *bis*.

N° 4255. — *Ordonnance du gouverneur administrateur relative aux frais de secrétaire et de secrétariat et au logement du procureur général.* (Extrait.)

18 mars 1824.

Les frais de secrétaire et de secrétariat lui seront payés à raison de 5,000 francs par an.

Et attendu qu'il n'existe aucun bâtiment du roi qui soit convenable, il lui sera fourni un logement aux frais de Sa Majesté, par les soins de l'administration.

Signé DONZELOT.

Arch. du gouvernement. Ord. et déc.

━━━◄◙►━━━

N° 4256. — *Ordre du gouverneur administrateur qui affecte un fonds de 22,000 francs à la reconstruction en pierres du pont situé vis-à-vis des casernes de Saint-Pierre, sur la rivière du Fort.*

31 mars 1824.

NOTA. Ce pont, précédemment en bois, construit ou reconstruit seulement depuis 1817. menaçait ruine, par suite de pourriture.

Arch. du gouvernement. Ord. et déc., n° 1275.

━━━◄◙►━━━

N° 4257. — *Décision du gouverneur administrateur qui autorise la mise en loterie d'une maison sise à Saint-Pierre.*

13 avril 1824.

NOTA. Cette décision, intervenue sur le vu d'une requête présentée au tribunal de première instance par ministère d'avoué, visée et *non empêchée*, sur renvoi, par le procureur du roi, et revêtue de la réponse, ainsi conçue, du juge royal :

« Vu, etc., attendu qu'il s'agit d'un immeuble, et *conformé-*
« *ment à l'usage,* renvoyons, *avant de faire droit*, à présenter
« pétition au gouverneur administrateur. »

Arch. de la direction de l'intérieur. Reg. 3, f° 132.

━━━◄◙►━━━

N° 4258. — *Décision du gouverneur administrateur portant augmentation du personnel de la brigade du train des équipages militaires.* (Extrait.)

14 avril 1824.

Il est composé comme suit :
1 Adjudant, chef ;
1 Maréchal des logis chef ;
1 Fourrier ;
2 Brigadiers ;
1 Maréchal ferrant ;

6 (à reporter).

2.

6 (report).
1 Sellier bourrelier ;
29 Soldats.

36 hommes en tout.

Bureau des approvisionnements, Ord. et déc., 1824.

N° 4259. — *Dépêche ministérielle relative aux formalités à remplir pour le dressement des actes de décès des personnes décédées dans les hôpitaux des colonies, et aux règles à suivre pour leur transmission en France* (1).

15 avril 1824.

Monsieur le Comte, l'article 80 du code civil est conçu ainsi qu'il suit : « En cas de décès dans les hôpitaux militaires, civils « ou autres maisons publiques, les supérieurs, directeurs, ad-« ministrateurs et maîtres de ces maisons seront tenus d'en « donner avis dans les vingt-quatre heures à l'officier de l'état « civil qui s'y transportera pour s'assurer du décès, et en dres-« sera l'acte, conformément à l'article précédent, sur les décla-« rations qui lui auront été faites et sur les renseignements « qu'il aura pris.

« Il sera tenu, en outre, dans lesdits hôpitaux et maisons, « des registres destinés à inscrire ces déclarations et ces rensei-« gnements.

« L'officier de l'état civil enverra l'acte de décès à celui du « dernier domicile de la personne décédée, qui l'inscrira sur ses « registres. »

Le code civil a été mis en vigueur dans les colonies (autres que le Sénégal) sans aucune modification aux dispositions de l'article que je viens de citer.

Il paraît cependant que, dans quelques-unes de nos posses-sions d'outre-mer, on s'est borné à constater les décès survenus dans les hôpitaux sur les registres de ces établissements, sans l'intervention de l'officier de l'état civil.

Je vous invite à me faire connaître, au plus tôt, ce qui a eu lieu à cet égard dans la colonie que vous administrez, et à pourvoir à ce que, conformément au premier paragraphe de

(1) Voir la circulaire adressée en conséquence, le 17 septembre 1824, par le gouverneur aux officiers de l'état civil des paroisses de Fort-Royal, du Mouillage, à Saint-Pierre, de la Trinité et du Marin. (Arch. de l'hôpital du Fort-Royal, collection des dépêches, 1824.)

l'article 80 du code, les décès qui arrivent dans les hôpitaux soient constatés par l'officier de l'état civil sur ses registres.

Par suite des anciens usages, les administrations des colonies transmettent au département de la marine, à l'expiration de chaque trimestre, des extraits mortuaires, signés par les agents de l'administration et du contrôle, des individus décédés dans les hôpitaux. Ces extraits ne peuvent suppléer aux actes de décès dont l'envoi au dernier domicile de la personne décédée est ordonné par le dernier paragraphe de l'article cité plus haut. Pour satisfaire à cette disposition du code, il est nécessaire que vous vous fassiez remettre par les officiers de l'état civil des actes de décès des personnes mortes dans les hôpitaux, rédigés dans la forme prescrite par l'article 79, et que vous m'adressiez ces actes pour être transmis aux autorités locales du dernier domicile en France. Vous aurez soin de me faire ces envois par trimestre et en double expédition. Les pièces dont il s'agit seront revêtues des légalisations d'usage avant de m'être envoyées. Vous donnerez les instructions convenables pour que, indépendamment des renseignements indiqués par l'article 79 du code pour les actes de décès en général, ceux de ces actes qui concernent des individus attachés au service fassent mention du grade de la personne décédée, du corps auquel elle appartenait, et, si c'est un militaire, du numéro qu'il avait sur le registre matricule de son corps. Vous veillerez d'ailleurs à ce que ces actes soient écrits très-lisiblement et sans abréviations, à ce que la date du décès soit toujours mentionnée en toutes lettres et non en chiffres, et à ce que les vérifications prescrites par ma circulaire du 22 janvier 1823 soient faites dans la colonie avant l'envoi des pièces en France.

En me transmettant les actes dont il s'agit, vous y joindrez, en ce qui concerne chaque hôpital, un bordereau nominatif extrait du registre de décès de l'établissement, indiquant les personnes décédées pendant le trimestre. Ce bordereau formera le relevé des actes de décès compris dans l'envoi. Il sera rédigé suivant le modèle annexé à la circulaire ministérielle du 7 novembre 1821. On ajoutera seulement dans l'avant-dernière colonne du bordereau, à la suite de la date du décès, l'indication de la nature de la maladie dont chaque individu sera mort, ce qui remplira le vœu de la circulaire du 15 juillet 1822; les bordereaux nominatifs seront vérifiés au contrôle et visés par vous.

Au moyen des dispositions qui précèdent, il sera inutile de

m'envoyer désormais des extraits mortuaires, dans la forme actuellement usitée, pour les décès qui surviennent dans les hôpitaux.

L'article 17 de l'édit du mois de juin 1776 prescrit aux préposés aux hôpitaux dans les colonies de tenir, pour être transmis au dépôt de Versailles, un double de leur registre de décès. Cette disposition n'a pas toujours été observée. Je vous recommande de tenir la main à ce qu'elle s'exécute désormais. Vous comprendrez ces registres dans les envois périodiques des doubles registres de l'état civil et autres que vous devez faire parvenir au dépôt de Versailles. Vous voudrez bien d'ailleurs faire faire des copies des anciens registres de décès d'hôpitaux dont les doubles n'auraient pas été constatés sur les registres ordinaires de l'état civil. Les envois devront avoir lieu successivement, au fur et à mesure que les copies seront faites, en commençant par l'année la plus rapprochée et en remontant jusqu'à l'époque de la publication du code dans la colonie. Je désire que vous m'adressiez, sans délai, une note indicative des registres auxquels cette dernière mesure est applicable.

Recevez, etc.

Le Ministre de la marine et des colonies,
Signé Marquis de CLERMONT-TONNERRE.

Inspection. Reg. 10, n° 468.

———

N° 4260. — *Ordonnance du Roi relative aux Français qui se décorent de divers ordres qui ne leur ont point été conférés par Sa Majesté, ou qui portent sans autorisation des décorations qui leur ont été accordées par des souverains étrangers* (1).

16 avril 1824.

Louis, etc.,

Vu l'article 259 du code pénal ainsi conçu :

« Toute personne qui aura publiquement porté un costume,
« un uniforme ou une décoration qui ne lui appartenait pas,
« ou qui se sera attribué des titres royaux qui ne lui auraient pas

_____

(1) La dépêche ministérielle d'envoi est du 22 octobre 1824, n° 355, arch. du gouvernement. — Y voir, annexée, une instruction du chancelier de l'ordre royal de la Légion d'honneur pour l'exécution de l'ordonnance du 16 avril 1824, et des décisions royales qui y ont fait suite, concernant les ordres français et étrangers.

« été légalement conférés, sera punie d'un emprisonnement de
« six mois à deux ans; »

Vu les articles 67 et 69 de notre ordonnance du 26 mars
1816, portant : « Tous les ordres étrangers sont dans les attri-
« butions du grand chancelier de l'ordre royal de la Légion
« d'honneur. Il prend nos ordres à l'égard des ordres étrangers
« conférés à nos sujets, et transmet les autorisations de les
« accepter et de les porter; »

Étant informé que plusieurs de nos sujets se décorent des
insignes de divers ordres que nous ne leur avons pas conférés,
ou pour lesquels ils n'ont pas obtenu de nous l'autorisation
qui est nécessaire afin d'accepter et de porter les décorations
accordées par les souverains étrangers;

Qu'ils s'exposent par cette conduite aux poursuites et aux
condamnations prescrites par l'article 259 du code pénal ;

Voulant faire cesser des désordres d'autant plus fâcheux que
leur effet naturel est d'affaiblir le prix des récompenses obtenues
régulièrement et données à des services certains et vérifiés ;

Voulant, en conséquence, que la loi pénale reçoive à l'avenir
toute son exécution, et que nos officiers de justice ne négligent
plus d'exercer, à cet égard, la surveillance qui leur est prescrite ;

Sur le rapport de notre cousin, le grand chancelier de l'ordre
royal de la Légion d'honneur, et de l'avis de notre conseil,

Nous avons ordonné et ordonnons ce qui suit :

Art. 1er. Toutes décorations ou ordres, quelle qu'en soit la
dénomination ou la forme, qui n'auraient pas été conférés par
nous ou par les souverains étrangers, sont déclarés illégalement
et abusivement obtenus, et il est enjoint à ceux qui les portent
de les déposer à l'instant.

Art. 2. Tout Français qui, ayant obtenu des ordres étrangers,
n'aura pas reçu de nous l'autorisation de les accepter et de les
porter, conformément à notre ordonnance du 26 mars 1816,
sera pareillement tenu de les déposer, sans préjudice à lui de se
pourvoir, s'il y a lieu, auprès du grand chancelier de notre
ordre royal de la Légion d'honneur, selon ladite ordonnance,
pour solliciter cette autorisation.

Art. 3. Nos procureurs généraux poursuivront selon la rigueur
des lois tous ceux qui, au mépris de la présente ordonnance,
continueraient de porter des ordres étrangers sans notre autorisation, ou d'autres ordres quelconques, sans que nous les
leur ayons conférés.

Art. 4. Nos Ministres secrétaires d'État et notre grand chancelier de l'ordre royal de la Légion d'honneur sont chargés de l'exécution de la présente ordonnance.

Donné à Paris, le 16 avril 1824.

Signé LOUIS.

Et par le Roi :

Le Président du conseil des Ministres,

Signé Jh DE VILLÈLE.

Enregistré à la cour royale, 5 février 1825. — *Annales maritimes,* 1824, p. 325.

———❦———

Nº 4261. — *Décision du gouverneur administrateur qui accorde une somme de 200 francs pour le trousseau de deux orphelins de la colonie, embarqués comme mousses sur des navires de l'État.*

27 avril 1824.

Arch. de la direction de l'intérieur. Reg. 3, fº 135.

———❦———

Nº 4262. — *Circulaire ministérielle au gouverneur administrateur concernant les mesures prises relativement au compte courant du trésorier des invalides avec les trésoriers des colonies.*

8 mai 1824.

Monsieur, suivant les principes qui régissent l'établissement des invalides, aucune disposition ne doit être faite en compte courant par les trésoriers des colonies sur le trésorier général à Paris, et réciproquement, sans l'attache de l'administration.

Pour garantir l'exécution de cette mesure de bon ordre, j'ai soin de vous faire connaître les articles dont le trésorier général doit créditer le trésorier de la colonie, lorsque ce dernier est chargé d'effectuer un payement qui compte du dernier, et de même je vous avise des articles dont le trésorier colonial doit être débité pour les opérations inverses.

Mais l'action administrative pourrait néanmoins devenir incomplète, s'il était émis des mandats qui auraient pour objet des dispositions non réglées d'avance.

Afin d'éviter cet inconvénient j'ai décidé qu'aucuns mandats, bons ou traites des trésoriers des colonies, s'il arrivait que quelques-uns d'entre eux en émissent en compte courant, ne seraient payés par le trésorier général qu'autant que le tirage en aurait été autorisé par l'administration coloniale, pour des opérations dont elle m'aurait donné avis, en même temps qu'elle aurait apposé son visa sur les effets, et que les trésoriers des colonies ne payeraient de leur côté aucun de ceux du trésorier général, si ces effets n'avaient pas été annoncés par ma correspondance et ne portaient pas l'approbation du directeur des fonds et invalides.

Du reste, je vous rappelle que les valeurs envoyées en France, pour le montant des perceptions faites au profit de l'établissement des invalides dans les colonies, doivent toujours m'être adressées, et non au trésorier général, comme il est arrivé quelquefois.

Veuillez bien prescrire l'enregistrement de cette dépêche au contrôle, en faire donner copie au trésorier, qui devra, ainsi que le contrôleur, exécuter, chacun en ce qui le concerne, les dispositions qu'elle prescrit à peine de responsabilité.

Recevez, etc.

Le Ministre de la marine et des colonies,

Signé Comte DE CHABROL.

Arch. du gouvernement. Dép. ministér., n° 664.

⎯⎯⎯⎯⎯⎯⎯⎯⎯⎯⎯⎯⎯⎯⎯⎯⎯

N° 4263. — *Dépêche ministérielle au gouverneur administrateur, au sujet de la mise en ferme, par bail de dix-huit ans au moins, des habitations domaniales de la Martinique.*

13 mai 1824.

Monsieur le Comte, une décision royale rendue sur mon rapport porte que les habitations domaniales de la Martinique, de la Guadeloupe et de Cayenne seront, à mesure qu'il y aura lieu, mises en ferme par bail d'une durée supérieure à dix-huit ans.

Les habitations domaniales de la Martinique sont au nombre de cinq, savoir:

L'habitation *Saint-Jacques*, actuellement régie par M. de Perpigna;

L'habitation *Trouvaillant*, *Montmirail* et *Champ-Flore*, dont Mme de Sainte-Luce conserve la jouissance par tacite reconduction;

L'habitation *Rivière-Monsieur*, affermée par bail du 31 décembre 1821, dont vous ne m'avez pas fait connaître la durée;

L'habitation des *Anses-d'Arlets*, affermée jusqu'au 31 décembre 1830.

Si le bail de l'habitation *Rivière-Monsieur* n'expire que postérieurement à 1825, vous n'aurez point à vous occuper, dès à présent, de la mise en ferme de ce domaine; il n'y a également aucune disposition à faire avant 1829 pour le *Morne-Vanier*.

Quant aux trois autres habitations, elles doivent être affermées sans délai.

A cet effet, vous ferez rédiger, aussitôt après la réception de la présente lettre, un cahier des charges pour chacune desdites habitations.

Il m'a paru que les nouveaux baux devaient être passés pour environ vingt-sept ans; cependant, si vous pensiez que des offres plus avantageuses dussent être faites au moyen de la concession de quelques années de plus que vingt-sept ans, je ne me refuserais point à une telle concession, pourvu qu'elle n'excédât pas trente-six ans, et qu'elle n'allât pas jusqu'à donner à l'affermage le caractère d'un bail emphytéotique.

Vous savez qu'un bail de cette nature équivaut à une aliénation, et la décision royale que j'ai déjà citée veut qu'on s'abstienne d'aliéner.

Les cahiers des charges devront, entre autres stipulations essentielles, imposer au fermier la condition de prendre à son compte tous les dommages qui surviendraient aux bâtiments, aux plantations, aux noirs et aux bestiaux, afin qu'aucun motif ni aucun prétexte ne puissent priver la caisse coloniale de la rentrée intégrale du prix du bail.

Il conviendra de signaler d'ailleurs la limite des augmentations que les bâtiments pourront recevoir, afin qu'au terme du bail le gouvernement n'ait point à tenir compte, sous ce rapport, de dépenses inertes ou exagérées.

Les clauses les plus sévères devront être insérées dans les cahiers des charges, relativement à la caution. Il est trop souvent arrivé que l'une et l'autre garantie devenaient nulles parce qu'on ne les avait pas suffisamment discutées.

Je présume que les habitations susceptibles d'être immédiatement affermées sont loin d'être pourvues d'un atelier supérieur à leurs besoins. S'il en était autrement, vous pourriez en extraire quelques noirs valides que vous ajouteriez à l'atelier actuel des noirs du roi, pour être spécialement employés aux travaux de communications intérieures; mais, dans aucun cas, les habitations ne doivent être privées par ce motif des forces qui leur sont réellement nécessaires pour leur bonne et complète exploitation.

Le fermier devra maintenir le régime de l'atelier de chaque habitation tel qu'il existe aujourd'hui, notamment sous le rapport des pratiques religieuses, des encouragements accordés aux mariages légitimes et à la fécondité, etc.

Je désire que les cahiers des charges soient communiqués au comité consultatif, si toutefois sa réunion doit être prochaine; vous m'enverriez alors une expédition de l'avis du comité.

Dans tous les cas, vous ferez examiner et discuter les cahiers des charges en un conseil de gouvernement et d'administration, auquel seront appelés, à votre choix, deux membres ou un membre et un suppléant du comité consultatif.

Vous m'enverrez, par les plus prochaines occasions, les cahiers des charges ainsi rédigés, examinés et discutés, en y joignant les procès-verbaux des délibérations qui y seront relatives, et votre avis personnel dûment motivé.

Je me réserve de statuer alors définitivement sur les conditions proposées; en conséquence, c'est seulement lorsque je vous aurai fait connaître mes décisions à cet égard que vous considérerez comme définitifs les nouveaux cahiers des charges; vous pourrez toutefois annoncer dans la colonie, par un avis extrajudiciaire, que l'adjudication de la ferme des habitations domaniales sera donnée prochainement, en indiquant la fin de l'année comme l'époque où elle pourra être passée; je me propose, de mon côté, de faire insérer pareille annonce dans le *Moniteur* dès que j'aurai statué sur les cahiers des charges que vous avez à me faire parvenir.

Je me réserve aussi de statuer en dernier ressort sur les adjudications des nouveaux baux; et vous aurez soin de stipuler la clause expresse que l'adjudicataire n'entrera en jouissance qu'après la notification et mon approbation.

L'opération qui fait la matière de la présente lettre est d'une importance qui ne peut manquer d'exciter tous vos soins; je vous recommande d'y donner une attention particulière, et j'attends très-incessamment le résultat des premières dispositions dont elle doit être l'objet.

Recevez, etc.

Le Ministre de la marine,
Signé CLERMONT-TONNERRE.

Arch. de la direction de l'intérieur. Reg. 4, f° 25 v°.

N° 4264. — *Ordre du jour du gouverneur administrateur portant règlement sur les permissions de travail accordées aux soldats ouvriers d'arts ou de métiers.*

26 mai 1824.

Attendu que les motifs qui ont donné lieu à l'ordre du jour du 25 novembre 1820, concernant les travailleurs des corps, n'existent plus et qu'il est d'ailleurs nécessaire de prescrire de nouvelles dispositions qui soient autant que possible en harmonie avec l'ordonnance royale du 13 mai 1818 ;

Nous avons ordonné ce qui suit :

Art. 1er. L'ordre du jour du 25 novembre 1820 est rapporté.

Art. 2. Il est défendu à MM. les chefs de corps d'accorder, sous aucune dénomination, des permissions pour travailler à la campagne, à l'exception des militaires qui sont ou pourront être employés par le directeur du génie.

Art. 3. Lorsque le directeur du génie ou les officiers à ses ordres auront besoin de travailleurs pour les travaux du Gouvernement, ils en feront la demande directement aux chefs de corps, qui accorderont aux militaires demandés des permissions, en observant l'article 325 de l'ordonnance du 13 mai 1818.

Art. 4. MM. les chefs de corps pourront aussi accorder aux militaires ouvriers d'arts qui ne seraient pas nécessaires aux travaux du gouvernement ou au service des gardes la permission de travailler, seulement dans les places de leurs garnisons respectives. Ces permissions seront individuelles et soumises au visa du commandant de la place.

Art. 5. Les chefs de corps n'accorderont de permissions pour travailler qu'après s'être assurés que chaque soldat aura quatre nuits au moins de repos, à la caserne, après sa garde montée, et s'il en avait moins, les travailleurs seraient rappelés au corps pour y faire le service.

Art. 6. Les travailleurs seront tenus :

1° De laisser dix centimes par jour à l'ordinaire ;

2° De payer douze francs par mois à l'homme qui fait leur service et qui est chargé de l'entretien de leur armement et équipement.

Tout ce qui est, au surplus, prescrit par l'ordonnance du 13 mai 1818, concernant les travailleurs, sera scrupuleusement observé.

Art. 7. Le présent ordre recevra son exécution à dater du

1ᵉʳ juin 1824, sous la surveillance de M. le maréchal de camp Barré, commandant militaire.

Fort-Royal, le 26 mai 1824.

Signé DONZELOT.

Inspection. Reg. 10, nº 347.

━━━━◈◈◈━━━━

Nº 4265. — *Décision du gouverneur administrateur qui accorde l'indemnité représentative d'une ration de fourrage au porte-drapeau du 57ᵉ régiment. (Extrait.)*

26 mai 1824.

Pour le mettre à même de suivre les détails du casernement des corps dans les forts Bourbon et Saint-Louis.

Arch. du gouvernement. Ord. et déc., nº 1311.

━━━━◈◈◈━━━━

Nº 4266. — *Décision ministérielle qui rend applicable à la gendarmerie des colonies un nouveau tarif, approuvé par le roi le 3 mars précédent, portant augmentation du traitement des capitaines et lieutenants de cette arme.*

28 mai 1824.

Monsieur le Comte, un nouveau tarif, approuvé par le roi le 3 mars dernier, a porté la solde des capitaines commandants de la gendarmerie des départements à 2,700 francs par an, et celle des lieutenants de la même arme à 1,800 francs.

J'ai décidé que ce tarif sera applicable à la gendarmerie employée dans les colonies, et je vous autorise à le faire mettre à exécution à partir du 1ᵉʳ janvier 1825, époque à laquelle il commencera à être en vigueur en France.

La solde proprement dite des officiers de gendarmerie sera en conséquence sur le pied colonial :

Pour les capitaines, de 4,725 francs par an, et pour les lieutenants, de 3,600 francs par an.

Recevez, etc.

Le Ministre de la marine et des colonies,

Signé DE CLERMONT-TONNERRE.

Arch. du gouvernement. Dép. ministér., nº 157.

Nº 4267. — *Dépêche ministérielle portant instruction sur les règles à observer et les formalités à remplir au cas de transmission de service des caisses publiques.* (Extrait.)

31 mai 1824.

Les instructions du trésor royal, notamment celles de l'ancien payeur général des dépenses diverses, en date du 1er janvier 1810 (1), prescrivent aux trésoriers et payeurs qui cessent leurs fonctions de remettre à leurs successeurs, sur inventaires dressés en double expédition, tous les livres de détail, carnets particuliers, livre journal, livre de caisse et de portefeuille, grand livre et généralement tous autres registres d'ordre relatifs à leur gestion.

Tous ces registres doivent être clos et arrêtés par le comptable sortant et par son successeur.

Celui-ci est aussi tenu, d'après les mêmes instructions, de laisser au nouveau comptable tous les autres documents, tels que circulaires, instructions, correspondance, etc., qui ont trait au service.

Il importe que ces précieux documents, dont le comptable remplacé n'a plus besoin, soient à la disposition de son successeur pour le mettre en mesure d'y puiser des renseignements et de suivre les opérations de recette et de dépense qui ne seraient pas encore terminées.

Le Ministre de la marine et des colonies,

Signé Marquis DE CLERMONT-TONNERRE.

Inspection. Reg. 10, nº 418.

Nº 4268. — *Dépêche ministérielle ordonnant l'inspection des poudres de guerre qui existent dans la colonie et annonçant l'envoi d'un mortier à éprouvette.*

2 juin 1824.

Monsieur le Comte, j'ai ordonné qu'il fût passé, cette année, une inspection des poudres de guerre qui existent dans les colonies. Cette inspection aura pour but de constater l'état et la quantité desdites poudres.

Vous trouverez ici copie d'une instruction qui renferme les dispositions qui devront être suivies à ce sujet.

(1) Ces instructions sont jointes à cette dépêche, voir mêmes archives. Elles sont toujours en vigueur, voir dépêche ministérielle du 8 juillet 1825, et au besoin la loi du 16 juillet 1793, *Bulletin des lois.*

Comme il n'existe point à la Martinique de mortier à éprouvette, j'ai décidé qu'il vous en serait immédiatement expédié un.

Aussitôt que cet instrument vous sera parvenu, vous voudrez
bien désigner une commission, qui devra être composée, ainsi
que le prescrit l'instruction, de deux officiers d'artillerie et d'un
commissaire ou sous-commissaire de marine, choisi parmi ceux
qui auront le plus de connaissances sur le service des poudres.

Vous aurez à recommander le plus grand soin dans cette opération importante, et vous me transmettrez le procès-verbal qui
en aura été dressé par la commission, ainsi que les états qui devront y être annexés.

Recevez, etc.

Le Ministre de la marine et des colonies,
Signé Marquis de CLERMONT-TONNERRE.

Arch. de l'Ord. Dép., 1824, n° 65.

NOTA. Cette dépêche renvoyant, pour les dispositions préalables et les détails de l'opération ordonnée, à l'instruction qui
y est jointe, nous croyons devoir la reproduire ici; elle est ainsi
conçue :

Note pour la direction des ports et celle des colonies.

Pour exécuter l'ordre qui m'a été donné par Son Excellence,
le 8 avril dernier, sur les poudres de guerre, il doit être pris
d'abord les dispositions suivantes:

Aussitôt que le temps le permettra, on réunira dans chaque
port une commission composée de deux officiers de marine,
deux officiers d'artillerie de marine et un commissaire ou sous-
commissaire de marine; on choisira ceux qui ont le plus de connaissances sur le service des poudres. Dans chaque colonie,
elle sera composée de deux officiers d'artillerie et d'un commissaire ou sous-commissaire.

Cette commission se transportera dans les magasins à poudre,
et le classement de cette munition sera fait, en sa présence, par
les officiers, sous-officiers ou maîtres employés habituellement
à ce service.

Pour faire ce classement ou le vérifier s'il existe, on s'occupera des poudres fabriquées d'après les procédés actuellement
en usage et qui sont prescrits depuis 1808, en distinguant celles
qui ont été embarquées sur les vaisseaux ou placées dans les
batteries de celles qui sont toujours restées dans les magasins;

on examinera ensuite les poudres d'ancienne fabrication, en faisant à leur égard la même distinction que pour les premières. On indiquera, autant qu'on le pourra, les divers mouvements de chaque espèce, depuis leur arrivée dans le port ou dans la colonie. L'on visitera ces poudres en faisant défoncer autant de barils qu'il y a de mille kilogrammes de cette munition ; l'on examinera s'il y a beaucoup de poussier, si la poudre est bien sèche, si les grains se sont agglomérés, s'ils sont serrés ou faciles à écraser, charbonnés ou ardoisés. On tirera un échantillon de poudre de chaque baril ainsi défoncé, on l'enveloppera pour le conserver, et l'on marquera l'échantillon et le baril du même numéro pour pouvoir revenir à ce dernier après l'épreuve, s'il était nécessaire. Quelque petite que soit la quantité de poudre d'une espèce, on ne pourra en prendre moins de trois échantillons ; tous seront mis dans des caisses ficelées et cachetées.

L'épreuve de tous ces échantillons sera faite au mortier éprouvette ; ceux d'une même espèce de poudre seront tirés les uns à la suite des autres ; en marge du procès-verbal, on inscrira le total de chaque espèce en magasin, ainsi que leurs qualités ou défauts apparents, en les désignant comme précédemment ; toutes les portées seront indiquées, et l'on en induira la moyenne pour chaque espèce de poudre ; s'il se présente des anomalies, on recommencera, et même, au besoin, l'on aura recours aux barils dont la poudre aura donné des portées extraordinaires.

Toutes les poudres qui auront une portée moyenne de plus de deux cents mètres seront regardées comme de service pour les armements ; les autres seront classées parmi les inférieures pour mines, exercices et saluts. On indiquera sur ce procès-verbal tous les renseignements qui pourront éclairer sur le plus ou moins de dispositions que chaque espèce de poudre en état de service aura à se conserver.

La commission proposera, à la fin du procès-verbal, l'ordre dans lequel chaque espèce de bonne poudre devra être employée, en classant au n° 1 celle qui paraîtra la moins susceptible de se conserver en état de service, et ainsi de suite on continuera de même jusqu'au dernier numéro.

Elle indiquera après les quantités de poudres inférieures destinées pour mines, exercices et saluts, en établissant les distinctions dont elles seront susceptibles.

Si, parmi les poudres qui auront donné des portées moyennes de plus de deux cents mètres, il s'en trouve trop en poussier, la commission proposera de les faire sécher et tamiser, en indiquant à quel numéro elles appartiendront. Aussitôt que les épreuves auront été terminées, le procès-verbal, rédigé comme il est prescrit, sera envoyé au ministre, et il sera ordonné au directeur d'artillerie de faire délivrer les poudres d'armement en commençant par celle ci-dessus n° 1, jugée la moins susceptible de se conserver en état de service ; lorsque ce numéro sera épuisé l'on passera au n° 2, et ainsi de suite.

Il sera joint à ce procès-verbal un état des poudres inférieures ou de portées au-dessous de deux cents mètres, présumées nécessaires pendant deux ans, pour mines, exercices ou saluts, et l'excédant sera désigné pour être renvoyé en France ; mais il ne partira pour cette destination qu'après qu'on aura reçu les poudres neuves qui devront les remplacer ; il est à observer au surplus qu'en cas de besoin l'on peut employer pour combattre les meilleures de ces poudres inférieures, attendu qu'il s'en trouve qui, tirées avec le canon, donnent autant de portée que celles reconnues de bon service.

Paris, le 7 mai 1824.

L'Inspecteur général de l'artillerie de la marine,
Signé THIRION.

Arch. de l'ordonnateur. Dépêches, 1824, n° 65.

N° 4269. — *Arrêté du gouverneur administrateur qui améliore la solde et la nourriture des nègres et négresses du roi employés dans les hôpitaux maritimes.*

8 juin 1824.

Nous, etc.,

Vu le rapport du commissaire général ordonnateur, en date du 28 janvier 1824, par lequel des améliorations sont proposées à la solde et à la nourriture des nègres et négresses du roi employés dans les hôpitaux maritimes ;

Considérant que lesdits esclaves se trouvent moins bien traités à cet égard que les autres nègres du roi qui servent dans les directions, et que cette différence est d'autant moins juste que les premiers ont un service beaucoup plus pénible et assujettissant, qui les occupe tous les jours de l'année sans exception des dimanches et fêtes ;

VIII. 3

Avons arrêté et arrêtons ce qui suit :

Art. 1er. A compter du jour de la réception dans les hôpitaux maritimes du présent arrêté, les nègres et négresses du roi, manœuvres de 1re et 2e classes et ceux invalides et sexagénaires, employés dans lesdits hôpitaux, recevront de l'entrepreneur la ration en argent à raison de cinquante centimes par jour, nonobstant la teneur de l'article 17, section 7, de son marché du 20 octobre 1823, la nourriture qu'il doit leur fournir en nature étant reconnue insuffisante et généralement peu de leur goût.

Art. 2. A compter du 1er janvier 1824, lesdits nègres et négresses du roi employés aux hôpitaux recevront la même solde que ceux attachés aux directions, nonobstant la teneur du marché mentionné.

Ils recevront, en outre, à titre de gratification, les cinq francs par mois que l'entrepreneur est tenu de leur payer.

Art. 3. Le commissaire général ordonnateur est chargé de l'exécution du présent arrêté, qui sera enregistré au contrôle.

Donné au Fort-Royal, le 8 juin 1824

Signé DONZELOT.

Inspection. Reg. 10, no 395.

━━━━━◈━━━━━

No 4270. — *Décision du gouverneur administrateur qui alloue une somme annuelle de 180 francs au détachement de la première compagnie d'ouvriers d'artillerie pour frais de bureau.*

8 juin 1824.

Arch. du gouvernement. Ord. et déc., no 1316.

━━━━━◈━━━━━

No 4271. — *Loi relative aux droits d'enregistrement et de timbre.* (Extrait.)

16 juin 1824.

Art. 4. Les actes translatifs de propriété, d'usufruit ou de jouissance de biens immeubles situés soit en pays étranger, soit dans les colonies françaises, où le droit d'enregistrement n'est pas établi, ne seront soumis, à raison de cette transmission, qu'au droit fixe de dix francs, sans que dans aucun cas le droit fixe puisse excéder le droit proportionnel qui serait dû s'il s'agissait de biens situés en France.

Coll. de Duvergier, vol. 24, page 487.

N° 4272. — *Ordonnance du gouverneur administrateur qui détermine, pour l'année 1824, la durée de l'hivernage pour les bâtiments du commerce français.*

22 juin 1824.

NOTA. Elle n'est que la reproduction de celle du 25 juin 1818.

Journal officiel, 1824, n° 51. — Enregistré à la cour royale, le 25 juin 1824.

N° 4273. — *Ordonnance du roi concernant l'admission des services civils dans la liquidation des soldes de retraite assignées sur la caisse des invalides.*

21 juillet 1824.

LOUIS, etc.,

Vu la loi du 22 août 1790, articles 1er et 4 du titre 1er, établissant les règles générales sur les pensions;

Vu le règlement de 1803 pour la fixation des soldes de retraite dans le département de la marine;

Vu notre ordonnance du 27 août 1814 relative à la solde de retraite de l'armée de terre;

Considérant que l'organisation de la marine comporte, en outre de son personnel militaire, un grand nombre d'agents de diverses professions qui ne peuvent être employés utilement dans les ports ou dans les colonies qu'à la suite de services rendus en France dans d'autres départements ministériels;

Considérant toutefois qu'en conservant à un agent le droit de compter ses services civils, il ne convient pas qu'il puisse profiter de la disposition qui permet de cumuler la solde de retraite avec un traitement civil, concession faite au militaire sous la condition de ne point compter ses services civils;

Sur le rapport de notre ministre secrétaire d'État de la marine et des colonies,

Nous avons ordonné et ordonnons ce qui suit:

Art. 1er. A l'avenir, le temps de service acquis dans les fonctions judiciaires ou administratives et tous autres services donnant droit à une pension de retraite sera admis dans la liquidation des soldes de retraite assignées sur la caisse des invalides de la marine.

Art. 2. Les soldes de retraite dans la fixation desquelles il aura été admis des services civils ne pourront être cumulées avec le traitement attaché à une fonction civile.

3.

Art. 3. Le ministre secrétaire d'État de la marine et des colonies est chargé de l'exécution de la présente ordonnance.
Donné à Saint-Cloud, le 21 juillet 1824.

Signé LOUIS,

Et plus bas:

Le Ministre de la marine et des colonies,
Signé Marquis DE CLERMONT-TONNERRE.

Annales maritimes, 1824, page 588.

Nº 4274. — *Rapport à l'administration du muséum d'histoire naturelle au sujet d'un mémoire sur la culture, la manipulation et le commerce du café en Arabie.*

22 juillet 1824.

Nota. Ce mémoire, communiqué par le ministre de la marine, tend, notamment, à l'importation dans nos colonies d'arbres à grandes feuilles, espèce de teck, d'une pousse rapide, à l'ombrage desquels les cafiers d'Arabie se plaisent beaucoup; l'essai en a été fait à Bourbon, et le succès a déjà, en partie, justifié l'opinion qu'on en avait conçue.

Annales maritimes, 1824, 2e partie, t. 2, p. 300.

Nº 4275. — *Arrêté du gouverneur administrateur portant création et nomination d'une commission chargée de rechercher les causes du déficit graduel qui s'est manifesté dans les recettes des droits de port perçus par la caisse royale, depuis l'année 1816 jusques et compris l'année 1823.*

27 juillet 1824.

Arch. de la direct. de l'intérieur. Reg. 3, fº 145 vº.

Nº 4276. — *Dépêche ministérielle au gouverneur administrateur portant envoi d'une nouvelle édition de l'instruction sur l'histoire naturelle envoyée en septembre 1818, et d'un mémoire sur les animaux à bourse par M. Geoffroy Saint-Hilaire.*

28 juillet 1824.

Nota. Un exemplaire de chacun est resté joint à la dépêche.
Arch. du gouvernement. Dép. ministér., nº 230.

N° 4277. — *Dépêche ministérielle sur les règles à suivre en matière de délégations à toucher en France faites par les salariés des colonies.*

4 août 1824.

Monsieur le Comte, il convient, pour la simplification et la régularité des écritures, que les délégations consenties par les salariés des colonies ne portent pas sur deux exercices à la fois.

J'ai décidé en conséquence qu'à partir de 1825 toutes délégations souscrites ou à souscrire par les salariés des colonies cesseront de droit d'avoir leur effet au 31 décembre de l'année. Vous voudrez bien donner des ordres pour qu'avant la fin de chaque exercice ceux des salariés délégants qui seraient dans l'intention de renouveler leurs délégations pour l'année suivante me fassent parvenir, par votre intermédiaire, leurs déclarations.

Ces déclarations de délégations devront être enregistrées au contrôle et visées par l'ordonnateur, qui pourvoira à ce que les retenues soient exercées sur les traitements des délégants. Elles seront accompagnées d'un bordereau récapitulatif, et l'envoi devra m'en être fait assez tôt pour qu'elles arrivent avant l'expiration du premier trimestre de l'année.

Vous préviendrez les intéressés qu'il ne pourra être donné aucune suite aux déclarations de délégations qui me parviendraient autrement que par votre intermédiaire.

Je saisis cette occasion pour vous rappeler diverses mesures qui sont relatives aux délégations et qui ne sont point exécutées partout avec l'exactitude nécessaire.

Quoique les délégations ne soient payées ici que par trimestre, la retenue des sommes déléguées doit avoir lieu dans la colonie mois par mois, au fur et à mesure des payements de la solde du délégant.

Chaque fois que, par décès ou toute autre cause, un salarié délégant cesse de recevoir son traitement, vous devez vous hâter de m'en instruire par dépêche spéciale, sans attendre l'époque de l'envoi ordinaire des revues et états de mouvements ou de décès, afin que le payement des délégations soit arrêté ici à l'époque la plus rapprochée possible de la cessation du service.

Les sommes que les délégataires, en pareil cas, peuvent avoir reçues au delà de celles qui ont été retenues dans la colonie sont reprises sur le montant des successions. Ces reprises ont lieu ici, pour ce qui concerne les successions dont le produit, versé dans la caisse des gens de mer, est réalisé en France. Lorsqu'il arrive que la succession de quelque salarié déléguant est payée dans la colonie à un délégataire ou à un fondé de pouvoirs des héritiers, l'administration doit retenir en dépôt une somme suffisante pour garantir les intérêts du trésor, jusqu'à ce qu'il ait été vérifié que les sommes payées en France au délégataire n'ont pas excédé celles qui avaient été retenues au salarié décédé.

Les dispositions qui précèdent concernent les délégations payables sur les fonds marine et colonies ; quant aux délégations qui sont faites par des officiers des troupes d'infanterie de l'armée de terre, et qui sont, par conséquent, payables en France sur les fonds de la guerre, vous ne leur appliquerez ces dispositions qu'autant qu'elles se concilieraient avec les règles spéciales qui vous seront tracées à cet égard, dans les instructions que vous ne tarderez pas à recevoir relativement à l'administration et à la comptabilité desdites troupes aux colonies, par suite du nouveau système introduit par l'ordonnance royale du 30 décembre 1823.

Je vous prie de m'accuser réception de la présente circulaire, qui devra être enregistrée au contrôle.

Recevez, etc.

> *Le Ministre de la marine et des colonies,*
> Signé Marquis DE CLERMONT-TONNERRE.

Inspection. Reg. 10, n° 489.

N° 4278. — *Dépêche ministérielle au gouverneur administrateur portant que les hommes de couleur qui seront embarqués pour l'Europe sur des bâtiments du roi devront être pourvus de vêtements chauds.*

10 août 1824.

Monsieur le Gouverneur, il m'a été rendu compte que des hommes de couleur, embarqués à la Martinique sur la corvette de charge *le Tarn* pour être amenés en France, sont morts de froid pendant la traversée, faute de vêtements qui auraient pu les garantir des effets de la transition brusque d'un climat brûlant à la température de l'Europe.

Afin de prévenir désormais de semblables malheurs, je vous recommande, lorsqu'il y aura lieu, pour un motif quelconque, d'embarquer des hommes de couleur à bord des bâtiments du roi destinés pour l'Europe, de faire délivrer à ceux de ces hommes qui n'en seraient pas pourvus des vêtements faits avec les étoffes les plus chaudes qu'il sera possible de se procurer dans la colonie dont l'administration vous est confiée.

Recevez, etc.

Le Ministre de la marine et des colonies;

Signé DE CHABROL.

Arch. du gouvernement. Dép. ministér.

———————◆◆◆———————

N° 4279. — *Consigne donnée par l'ordonnateur aux portiers de l'arsenal, à Fort-Royal.*

11 août 1824.

Bureau des approvisionnements. Ord. et déc., 1824.

———————◆◆◆———————

N° 4280. — *Dépêche ministérielle au gouverneur administrateur renvoyant à son examen le projet d'établissement d'un grand chemin qui traverserait la colonie d'un bout à l'autre.*

18 août 1824.

NOTA. Le projet annexé, signé Delhorme, député propriétaire, n'est rien que l'émission d'un désir, sans examen, sans calculs.

Toutefois le Ministre demande un avis motivé, soit sur la convenance de la création du chemin proposé, soit, s'il y a lieu, sur le mode d'exécution, sur la dépense approximative qui en résulterait et sur les moyens d'y pourvoir.

Arch. du gouvernement. Dép. ministér., n° 261.

———————◆◆◆———————

N° 4281. — *Dépêche ministérielle relative aux retenues fiscales à opérer sur les produits des saisies et confiscations en matière de commerce étranger, avant de procéder à leur répartition.*

20 août 1824.

Monsieur, j'ai eu l'occasion de reconnaître que, dans les colonies où l'arrêt du 30 août 1784 est en vigueur, l'administration n'opère point d'une manière uniforme pour la destination à donner au dixième qui se percevait autrefois en faveur de l'amiral. J'ai, en conséquence, examiné la question, et après avoir pris l'avis du comité de la marine du conseil d'État, j'ai décidé que, toutes les fois qu'il y aurait lieu de faire la liquidation de produits de saisies exécutées en vertu de l'arrêt précité, les 10 pour 100 ci-devant attribués à l'amiral seraient perçus au profit du trésor royal dans la colonie où la saisie aura été faite.

Les 2 et demi pour 100 revenant à la caisse des invalides continueront d'être prélevés comme par le passé, et, en raison de l'analogie qui existe entre les produits dont il s'agit et les produits de prises, il y sera même ajouté un demi pour cent, conformément à l'article 37 de la loi du 3 brumaire an IV. Je rappelle ici que les trésoriers des colonies ne sauraient être admis au partage de ce demi pour cent, attendu que, d'après l'article 82 du règlement du 17 juillet 1816, ils ont pour tout traitement, en considération de leur service comme trésoriers de l'établissement, 5 pour 100 sur les excédants de recette de la caisse des invalides.

Quant à la répartition des produits qui font l'objet de la présente, elle doit être établie sur les bases fixées par l'arrêté du 9 ventôse an IX, lorsque c'est un bâtiment du roi qui a fait la saisie.

Je vous prie de m'accuser réception de cette dépêche, qui sera enregistrée au contrôle, et d'en faire donner une copie au trésorier de la colonie.

Recevez, etc.

Le Ministre de la marine et des colonies,
Signé DE CHABROL.

Inspection. Reg. 10, n° 508.

N° 4282. — *Dépêche ministérielle décidant en principe que les dépenses de tous les bâtiments de l'État envoyés de France pour le service colonial seront entièrement à la charge du service marine.*

1er septembre 1824.

Les administrations coloniales ont quelquefois éprouvé de l'incertitude sur l'imputation à donner aux dépenses des bâtiments qu'elles emploient pour le service local, et elles se sont trouvées ainsi exposées à faire payer par le service marine des dépenses qu'il appartient à la colonie d'acquitter, et réciproquement à faire supporter par la colonie des charges auxquelles la métropole doit pourvoir.

Pour éviter toute erreur à cet égard, j'ai l'honneur de vous faire connaître que, sans rien changer à ce qui existe actuellement, il a été décidé en principe que désormais tous bâtiments envoyés de France dans les colonies, montés par des équipages français et commandés par des officiers de la marine royale *en activité*, seront entièrement à la charge du service marine, soit qu'ils fassent partie des stations navales, soit qu'ils se trouvent temporairement à la disposition de l'autorité locale.

Les capitaines de ces bâtiments devront rendre compte au département de la marine de leurs mouvements et de leurs dépenses, comme le font tous les autres stationnaires.

Vous voudrez bien m'accuser réception de la présente dépêche, qui sera enregistrée au contrôle.

Recevez, etc.

Le Ministre de la marine et des colonies,

Signé Comte DE CHABROL.

Arch. de l'ordonnateur. Dép., 1824, n° 107.

N° 4283. — *Dépêche ministérielle portant que les vivres restants de ceux embarqués sur des navires de commerce, pour la subsistance des troupes passagères, doivent être remis dans les magasins de la métropole.*

4 septembre 1824.

Monsieur le Comte, en apurant la comptabilité des vivres embarqués en 1823 sur différents navires du commerce, chargés de transporter des troupes aux Antilles, l'on a remarqué que les denrées qui restaient à bord de ces navires après le débarquement des troupes, et provenant de l'approvisionnement destiné à leur subsistance pendant la traversée, avaient été versées dans les magasins de l'administration coloniale au lieu de l'être dans ceux de la métropole.

Il paraît que cela a eu lieu ainsi parce que l'administration de la Martinique, persuadée que le service *colonies* était débité de la valeur des vivres dont il s'agit au moment de leur embarquement, aura jugé que les restants devaient lui appartenir; tandis qu'au contraire les approvisionnements dont il s'agit, tirés des magasins de l'administration des subsistances, restent pour le compte de cette administration jusqu'à leur entière consommation, et qu'en conséquence ce qui excède les besoins du service auquel ils ont été destinés doit rentrer dans ses magasins, soit en France, soit dans les colonies françaises.

Je vous invite donc à donner des ordres nécessaires pour que les remises de vivres en question se fassent désormais dans le magasin de la direction des subsistances à la Martinique, au lieu de s'effectuer comme précédemment dans les magasins de la colonie.

Je vous préviens même que j'ai autorisé le placement d'un préposé des vivres sur chacun des navires qui vont être affrétés pour opérer un nouveau transport de troupes dans les colonies, afin que ces agents puissent suivre l'emploi à bord ainsi que la remise des denrées embarquées sur ces navires, et en rendre compte après que les opérations auront été terminées.

Recevez, etc.

Le Ministre de la marine et des colonies,
Signé Comte DE CHABROL.

Arch. de l'ordonnateur. Dép., 1824, n° 110.

N° 4284. — *Dépêche ministérielle sur* l'invariabilité absolue *de la règle qui prescrit une retenue de 3 pour* 100 *sur toutes les dépenses de la marine et des colonies, au profit de la caisse des invalides.*

10 septembre 1824.

Monsieur, l'article 4 de la loi du 13 mai 1791, l'article 2 de l'arrêté du 27 nivôse an IX et l'article 5 de l'ordonnance du roi du 22 mai 1816 disposent formellement que la retenue des trois centimes par franc attribués à la caisse des invalides s'exercera sur *toutes* les dépenses de la marine et des *colonies.*

Des textes aussi positifs n'admettent point d'exception ; cependant il est arrivé que, dans une seule colonie, l'administration a cru pouvoir affranchir de la retenue une certaine classe de dépenses de matériel qu'elle a qualifiée de dépense *productive.* J'ai dû blâmer une distinction que repoussaient également l'esprit et la lettre des lois sur la matière, et j'en prends occasion pour rappeler que la caisse des invalides ne peut pas plus renoncer à l'une des branches de ses revenus qu'elle ne pourrait se soustraire à l'une de ses charges. Aussi, pour ne point s'égarer dans la recherche de vains rapprochements entre telle partie des recettes de la caisse et telle partie de ses dépenses, il convient que l'administration ne perde jamais de vue ce principe : que *l'ensemble* des dotations est destiné à servir la totalité des charges.

Au surplus, si l'influence du service colonial, sur la dépense toujours croissante des soldes de retraite et pensions n'est pas suffisamment appréciée dans les localités, elle n'en est pas moins réelle ; et, quand les lois ne seraient pas aussi positives, cette dernière considération suffirait pour interdire à l'établissement des invalides tout abandon relativement à son droit sur l'universalité des dépenses faites dans les colonies.

J'appelle sur ce point votre attention particulière, et je vous prie de m'accuser réception de la présente dépêche, qui devra être enregistrée au contrôle et notifiée à tous les bureaux d'administration, ainsi qu'au trésorier de la colonie, pour que chacun, en ce qui le concerne, puisse se conformer aux règles qui s'y trouvent rappelées.

Recevez, etc.

Le Ministre de la marine et des colonies ,
Signé Comte DE CHABROL.

Inspection. Reg. 10, n° 574.

N° 4285. — *Arrêté du gouverneur administrateur relatif à la perception, au profit de la caisse des invalides, de la plus-value des rôles d'équipage des bâtiments du commerce.*

12 septembre 1824.

Nous, etc.,

Considérant qu'il est nécessaire de fixer les prix des rôles d'armement et de désarmement à délivrer par le trésorier des invalides aux capitaines, maîtres ou patrons des bâtiments de commerce de la colonie ;

Vu le règlement du roi, du 17 juillet 1816, concernant la comptabilité de la caisse des invalides ;

Vu l'article 58 dudit règlement relatif à la plus-value des rôles d'équipage du commerce, au profit de la caisse des invalides ;

Vu la dépêche ministérielle en date du 14 février 1823 ;

Avons arrêté et arrêtons ce qui suit :

Art. 1er. Les capitaines, maîtres et patrons des bâtiments qui armeront et désarmeront, soit pour le long cours, soit pour le grand ou le petit cabotage, seront tenus de fournir au bureau des classes les rôles d'équipage en *quantités nécessaires*, suivant les circonstances et pour les causes ci-dessus.

Art. 2. Les rôles pour l'un et l'autre cas leur seront délivrés par le trésorier des invalides, qui en percevra la valeur au prix du tarif ci-après, savoir :

	PRIX DU PAPIER et frais d'impression.	PLUS-VALUE AU PROFIT de la caisse des invalides.	TOTAL.
Rôle pour armement au long cours....................	0f 92	0f 93	1f 85
Rôle pour désarmement au long cours....................	0 74	0 71	1 45
Feuille intercalaire pour armement au long cours.........	0 92	0 93	1 85
Feuille intercalaire pour désarmement au long cours.......	0 74	0 71	1 45
Rôle pour armement au grand ou petit cabotage...........	0 61	0 64	1 25
Rôle pour désarmement au grand ou petit cabotage...........	0 61	0 64	1 25
Feuille intercalaire pour armement au grand ou petit cabotage...................	0 61	0 64	1 25
Permission limitée, délivrée extraordinairement...........	0 24	0 76	1 00

Art. 3. Le trésorier des invalides ne se chargera en recette au profit de la caisse des invalides que de la *plus-value* résultant du produit desdites feuilles, déduction faite de la dépense, soit du papier, soit des frais d'impression.

Art. 4. En sus des prix portés dans le tarif ci-dessus, le trésorier percevra à son profit dix centimes par feuille, conformément à l'article 59 du règlement du 17 juillet 1816.

Art. 5. Le commissaire aux classes fera connaître chaque année la quantité présumée de chaque espèce de feuille ; et elles seront confectionnées par les soins du trésorier des invalides, d'après l'autorisation qui lui en sera donnée par l'ordonnateur.

Art. 6. L'ordonnateur est chargé de l'exécution du présent arrêté, qui sera enregistré au contrôle.

Donné au Fort-Royal, le 12 septembre 1824.

Signé DONZELOT.

Arch. de l'ordonnateur. Ord. et déc., n° 44.

Nº 4286. — *Dépêche ministérielle au gouverneur administrateur, au sujet de l'importation des vins étrangers aux
colonies françaises et aux droits dont ils sont passibles à
l'entrée.*

13 septembre 1824.

Monsieur le Comte, le sieur Lainé, négociant de Rouen, m'a
adressé la réclamation dont copie est ci-jointe, tendant à faire
libérer son correspondant à la Martinique d'un cautionnement
fourni par celui-ci pour la valeur d'une certaine quantité de
vin de Ténériffe importé de France dans la colonie sur le navire
le Dieudonné, capitaine Thislein, et qui a été admis moyennant
un droit de 12 pour 100.

L'importation des vins étrangers dans nos colonies n'est pas
permise, et vous avez pu savoir que, d'après l'ordre de mon
prédécesseur, M. le comte de Lardenoy a rapporté une ordonnance du 24 février 1821, par laquelle il avait indûment permis
l'entrée à la Guadeloupe des vins de Malaga et de Madère,
moyennant un droit de 5 pour 100.

Toutefois, comme la loi du 10 juillet 1791 permet l'entrée
aux colonies des marchandises étrangères qui ont été nationalisées en France par le payement des droits portés au tarif général des douanes, le vin de Ténériffe et les autres vins étrangers peuvent être admis dans nos possessions, soit en justifiant
du payement de ces droits en France, soit en les acquittant au
moment de leur introduction.

Les vins de Ténériffe chargés sur le navire *le Dieudonné*
n'auraient donc dû être reçus dans la consommation à la Martinique que sous la condition d'y payer un droit égal à celui
qu'ils auraient acquitté en France; mais l'opération étant aujourd'hui consommée, il n'y a point à revenir sur la perception
à laquelle elle a donné lieu, et je ne vois en conséquence aucun
motif pour exiger, à l'égard de ces vins, la représentation d'un
acquit-à-caution qui ne pourrait d'ailleurs être obtenu ici qu'à
la charge de payer le droit fixé par la loi du 30 avril 1806, et il
faudrait alors restituer au sieur Lainé celui de 1,270 francs qui
a été perçu par la douane de la colonie.

Vous voudrez bien modifier dans le sens de ce qui précède
l'ordonnance annuelle relative aux impositions de la Martinique,
c'est-à-dire y insérer un article portant que les marchandises
étrangères dont l'admission n'est point autorisée par la législation
existante ne pourront être reçues dans la consommation qu'autant qu'elles auront été nationalisées en France par le payement

des droits d'entrée, conformément à l'article 4 de la loi du 10 juillet 1791, ou qu'elles acquitteront à leur introduction dans la colonie un droit égal à celui qu'elles auraient eu à payer dans la métropole; ce droit est indiqué page 152 du tarif général des douanes de France, qui vous a été envoyé et dont je joins ici, au besoin, un extrait.

Recevez, etc.

Le Ministre de la marine,
Signé CHABROL.

Arch. de la direction de l'intérieur. Reg. 3, f° 185.

Nº 4287. — *Décision du gouverneur administrateur portant que le pensionnat royal de jeunes demoiselles placé à Saint-Pierre sera régi, à l'avenir, par les dames religieuses de la congrégation de Saint-Joseph.*

15 septembre 1824.

Journal officiel, 1824, nº 78.

Nº 4288. — *Prospectus, approuvé par le gouverneur, de la maison royale d'éducation placée à Saint-Pierre et confiée aux dames religieuses de la congrégation de Saint-Joseph.* (Extrait.)

15 septembre 1824.

On donne d'abord à la religion toute l'importance qu'elle mérite; elle entre dans le plan d'étude de toutes les classes.

Les autres objets d'enseignement sont : la lecture, l'écriture, le calcul, la langue française, les éléments de littérature nécessaires pour former le goût et le style des élèves, l'histoire, la chronologie, la mythologie, la géographie et une notion de la sphère.

Les élèves sont de plus exercées à tous les ouvrages manuels, tels que la couture, la broderie et autres convenables à leur sexe, et dirigées vers les soins qu'une mère de famille doit connaître.

Les arts d'agrément entrent dans le plan de l'éducation.

Le prix de la pension est de 1,200 francs par an; celui des leçons d'arts d'agrément est de 30 francs par mois de douze cachets, et celui du blanchissage de 10 francs par mois.

L'établissement n'admet ni demi-pensionnaires ni externes.

Direct. de l'intérieur. Ord. et déc. Reg. 3, f° 148.

N° 4289. — *Décision du gouverneur administrateur autorisant l'exportation temporaire des vivres indigènes pour la Guadeloupe, victime d'un coup de vent.*

7 octobre 1824.

Nous, etc.,

Attendu que le coup de vent qui s'est fait sentir à la Guadeloupe, du 7 au 8 septembre dernier, y a détruit entièrement dans plusieurs quartiers les plantations de vivres;

Considérant que dans les calamités qui affligent les colonies elles se doivent un mutuel secours,

Avons décidé et décidons ce qui suit:

Art. 1er. La farine de manioc et tous autres vivres indigènes pourront être librement exportés de la Martinique à la Guadeloupe et dépendances.

Art. 2. Cette faculté est accordée jusqu'au 1er mars prochain, et elle pourra être prolongée s'il y a nécessité reconnue à ladite époque.

Art. 3. Les capitaines ou maîtres de bateaux qui transporteront de ces denrées, pour leur propre compte ou à fret, seront tenus d'en rapporter à la douane du port où le bâtiment se sera expédié l'acquit-à-caution dûment déchargé.

Art. 4. Le commissaire général ordonnateur est chargé de l'exécution de la présente décision.

Au Fort-Royal, le 7 octobre 1824.

Signé DONZELOT.

Journal officiel, 1824, n° 83.

⬤⬤⬤

N° 4290. — *Dépêche ministérielle au gouverneur administrateur sur l'organisation et le traitement de la compagnie de gendarmerie de la Martinique* (1). (Extrait.)

7 octobre 1824.

Le complet de la compagnie de la Martinique est fixé à soixante-huit hommes de l'arme à cheval, y compris trois officiers.

Les chevaux n'appartiendront point aux gendarmes, ils seront la propriété du gouvernement, comme dans les régiments de cavalerie.

(1) De quelques calculs, inutiles à reproduire, il résulte que cette compagnie de gendarmerie, telle qu'elle est organisée, doit coûter environ 191,000 francs.

Cinquante chevaux seulement seront entretenus pour soixante-cinq sous-officiers et gendarmes. Les hommes qui se trouveront en sus du nombre de chevaux présents remplaceront les cavaliers à l'hôpital ou absents pour toute autre cause ; ils feront, au besoin, le service à pied dans l'intérieur des villes. Le service à cheval sera réglé entre les gendarmes, soit à raison de l'ancienneté, soit à tour de rôle, ou d'après tout autre ordre régulier qui prévienne les réclamations que ne manquerait pas de faire naître tout ce qui pourrait être considéré comme le résultat de préférences individuelles.

Le tarif qui servira de base pour le payement de la compagnie de la Martinique est celui qui, en France, a été établi pour les compagnies départementales ; il y aurait eu des inconvénients à se servir de celui de la compagnie de la Seine, ainsi que vous l'aviez proposé, ou de tout autre tarif particulier. Les diverses dispositions relatives au traitement sont réunies dans le tableau ci-joint, qui est revêtu de ma signature et qui devra être enregistré au contrôle de la colonie. Vous y remarquerez que le supplément fixe des officiers reste tel que l'a déterminé l'ordonnance du 22 septembre 1819. Ils trouveront l'amélioration de traitement que vous avez réclamé pour eux dans le supplément facultatif de mille francs qui leur sera délivré sur vos décisions spéciales, à titre de récompense. Cependant, d'après la nature de cette indemnité, son allocation ne peut être considérée, par les officiers, comme un droit positif résultant de leur présence au corps ; elle leur sera payée, refusée ou payée en partie seulement, selon que vous aurez reconnu qu'ils l'ont plus ou moins mérité par leur conduite. Le taux de mille francs par an ne pourra être dépassé pour un officier, quelle que fût l'économie qui résulterait de la non-allocation que vous auriez prononcée à l'égard d'un autre.

Les suppléments spéciaux fixes qui sont accordés aux sous-officiers et gendarmes, ajoutés à la solde d'Europe des compagnies départementales, leur procureront un traitement à peu près égal à celui que vous aviez proposé et dont ils jouissent actuellement en vertu de vos décisions provisoires. Il n'a rien été statué sur le taux auquel serait susceptible d'être élevée, dans les colonies, l'indemnité que les règlements accordent aux officiers, sous-officiers et gendarmes pour services extraordinaires.

Le nouveau tarif de la gendarmerie sera exécuté, tant à la Martinique qu'à la Guadeloupe, à compter du 1er janvier 1825. Il ne doit être considéré encore que comme provisoire ; lorsque quelque temps d'épreuve aura permis de juger s'il n'est point susceptible de modifications, je m'occuperai de le rendre définitif.

Les changements que vous avez apportés à l'uniforme des gendarmes de la Martinique sont approuvés, dans l'opinion où je suis qu'ils ont été commandés uniquement par la nature du climat et des localités; toute distinction de luxe ou de fantaisie dans l'habillement est sévèrement interdite par les règlements, et la dépense qui en résulterait serait dans le cas d'être rejetée.

Recevez, etc.

Le Ministre de la marine et des colonies,

Signé Marquis DE CLERMONT-TONNERRE.

Arch. du gouvernement. Dép. ministér., n° 335.

———————

N° 4291. — *Instruction réglementaire pour servir à l'exé - cution de l'ordonnance du roi, en date du 30 décembre 1823, relative aux troupes d'infanterie envoyées en garnison dans les colonies.*

13 octobre 1824.

TITRE Ier.

ORGANISATION ET INSPECTION.

———

Départ de France ; séjour des troupes aux colonies.

Art. 1er. Les régiments d'infanterie de l'armée de terre qui seront successivement envoyés aux colonies partiront de France à la fin du mois de septembre, ou dans les premiers jours d'octobre au plus tard.

Leur séjour aux colonies sera habituellement de quatre ans, y compris l'année de l'arrivée et celle du retour.

Garnisons de la Martinique et de la Guadeloupe.

Art. 2. Pour la garnison de la Martinique et de la Guadeloupe, les renouvellements s'effectueront partiellement, de manière que chaque année un régiment parte pour l'une de ces colonies et qu'un autre en revienne.

Garnisons du Sénégal, de la Guyane et de Bourbon.

Art. 3. Les garnisons du Sénégal, de la Guyane et de Bourbon seront renouvelées intégralement de quatre ans en quatre ans.

Un seul et même régiment sera chargé de pourvoir à la formation et à l'entretien de ces garnisons pendant une période de quatre années.

Avantages accordés aux troupes dans les colonies.

Art. 4. Les avantages accordés par l'ordonnance royale du 15 août 1821 aux troupes qui servent aux colonies leur sont conservés.

En conséquence, les emplois qui viendront à vaquer, soit à l'ancienneté, soit au choix, seront exclusivement conférés aux officiers et sous-officiers qui font partie de la portion du régiment employée aux colonies.

Néanmoins, les officiers de santé ne pourront obtenir de l'avancement qu'autant que leur aptitude à remplir les fonctions du grade supérieur aura été reconnue et constatée par le conseil de santé de la marine dans chaque colonie.

Par suite de ces dispositions, les officiers et sous-officiers d'infanterie en garnison dans les colonies ne concourront point avec ceux de la portion du corps restée en France, où l'avancement aura lieu de la manière qui est déterminée pour le reste de l'armée.

Inspections.

Art. 5. Les inspections générales des corps seront faites, chaque année, par les gouverneurs des colonies ou autres officiers délégués par eux à cet effet. Les livrets d'inspection générale seront adressés au ministre de la marine, qui les transmettra au ministre de la guerre avec son avis sur les dispositions à prendre relativement aux besoins et aux abus que ces inspections auraient fait connaître.

Art. 6. Les demandes d'avancement et de grâce pour les troupes de l'armée de terre employées aux colonies continueront d'être adressées par les gouverneurs de ces établissements au ministre de la marine, qui les transmettra avec son avis au ministre de la guerre.

Les propositions convenues entre les deux départements seront soumises au Roi par le ministre de la guerre ; mais l'exécution des ordonnances sera confiée aux deux ministres, chacun en ce qui le concerne.

A cet effet, le ministre de la guerre enverra à celui de la marine ampliation des ordonnances et les lettres d'avis ou brevets destinés aux officiers nommés.

Art. 7. Les demandes qui seraient formées auprès du département de la marine à l'effet d'obtenir, soit des renseignements sur les militaires appartenant aux corps d'infanterie fournis par le département de la guerre, soit des certificats de présence ou des états de service relatifs à ces militaires, seront renvoyées au ministre de la guerre, qui y donnera la suite convenable.

Art. 8. Toutes les attributions déterminées par l'ordonnance du 19 mars 1823, pour les fonctionnaires du corps de l'intendance militaire, sont dévolues dans les colonies au corps de l'administration de la marine.

TITRE II.
ADMINISTRATION ET COMPTABILITÉ.

Solde, indemnités et abonnements.

Art. 9. Les troupes d'infanterie de l'armée de terre envoyées aux colonies recevront, pendant le séjour qu'elles y feront et sur le budget du ministère de la guerre, la solde et les accessoires déterminés par le tarif annexé à l'ordonnance royale du 19 mars 1823.

Ces allocations seront augmentées d'un supplément colonial, qui leur sera payé sur les fonds du ministère de la marine, et qui se composera ainsi qu'il suit, savoir :

1° D'une somme égale à la solde d'Europe sans accessoires, pour les officiers des grades de lieutenant et sous-lieutenant, déduction faite du supplément de 200 francs, qui continuera d'être payé par le département de la guerre ; il s'ensuit que l'officier ne touchera que le double de la solde simple, non compris ledit supplément de 200 francs ;

Des trois quarts de la solde *idem*, pour les officiers du grade de capitaine ;

Enfin, de la moitié de la solde *idem*, pour les officiers supérieurs ;

2° D'une somme égale à celle qui est allouée par le tarif précité, du 19 mars 1823, pour les indemnités de logement et d'ameublement.

Il est entendu que si les officiers étaient logés dans des bâtiments tenus à loyer, la portion d'indemnité de logement qui incombe au département de la guerre servirait à payer une partie de la dépense de location ;

3° Du montant de l'augmentation fixée pour chaque localité par l'administration maritime, à raison du prix réel des fourrages ;

4° Enfin, d'une somme égale à l'indemnité de représentation allouée aux chefs de corps.

Art. 10. La solde et les diverses prestations en deniers devront

4.

toujours être payées intégralement aux époques déterminées par les règlements, bien que la somme mise à titre d'avances par le ministère de la guerre à la disposition de la marine ne représente, conformément à l'article 54 ci-après, que les quatre cinquièmes de la dépense à la charge du budget de la guerre.

Art. 11. Indépendamment des prestations en nature à fournir par le département de la marine, conformément à l'article 40 ci-après, les sous-officiers et soldats jouiront de la solde fixée par le tarif annexé à l'ordonnance royale du 19 mars 1823, pour la position de *station sur le pied de paix avec le pain seulement*.

Art. 12. Les suppléments coloniaux et les rations de vivres à fournir par la marine seront alloués aux troupes, depuis et non compris le jour de leur débarquement dans les colonies, jusques et non compris celui de leur rembarquement pour revenir en France.

Art. 13. Pendant les traversées d'aller et de retour, les sous-officiers et soldats recevront du département de la marine les rations de bord ; en conséquence, ils n'auront droit, pour ce même temps, qu'à la solde dite : *avec vivres de campagne*.

Art. 14. La masse d'entretien de l'habillement telle qu'elle est fixée en France, c'est-à-dire à *quatre francs par homme et par an*, sera allouée d'après l'effectif, en prenant pour base le nombre de journées résultant des revues de chaque trimestre.

Le supplément colonial, fixé à 2 francs par homme et par an pour cette espèce de prestation, continuera d'être payé sur les fonds de la marine.

Il en sera de même du supplément colonial pour les premières mises accordées aux sous-officiers promus officiers après quatre ans de services effectifs et consécutifs, lequel demeure fixé à la moitié de la somme à payer pour cet objet par le département de la guerre.

Art. 15. Les officiers, sous-officiers et soldats d'infanterie de l'armée de terre, destinés à aller en garnison dans les colonies, et qui auront été faits prisonniers de guerre après leur embarquement, seront rappelés, à leur retour en France, de leur solde de captivité telle qu'elle est fixée par le tarif annexé à l'ordonnance royale du 19 mars 1823, sur les fonds et par les soins du département de la guerre.

Art. 16. L'article 429 de l'ordonnance royale du 19 mars 1823, relatif à la retenue de 2 pour 100, sera appliqué dans les colonies aux allocations à la charge du département de la guerre.

Les suppléments coloniaux pour solde et indemnité de représentation des officiers seront passibles d'une retenue de 2 pour 100, dont le produit sera versé dans la caisse des invalides de la marine.

Art. 17. L'emploi de la solde des sous-officiers et soldats sera réglé ainsi qu'il suit pendant leur séjour aux colonies, savoir:

Pour la masse de linge et chaussure . . . . 0ᶠ 15 par jour.
Pour l'ordinaire . . . . 0 20 *idem*.

Le surplus sera remis aux hommes comme deniers de poche.

Délégations.

Art. 18. Les formalités prescrites par l'article 53 de l'ordonnance du 19 mars 1823, relativement aux délégations, sont maintenues, avec cette différence que le sous-intendant militaire qui recevra en France une déclaration de délégation devra la transmettre au ministre secrétaire d'État de la guerre, qui donnera les ordres nécessaires pour le payement des sommes déléguées. Ce ministre fera connaître en même temps au ministre de la marine les délégations consenties, afin que ce dernier puisse transmettre aux administrations coloniales ses instructions, pour que les retenues correspondantes aux sommes déléguées aient lieu sur la solde des officiers délégants. Quant aux déclarations de délégation faites aux colonies, elles seront reçues par les agents de l'administration de la marine, qui les transmettront au ministre de la guerre, par l'entremise du ministre de la marine.

Le montant des délégations acquittées en France sera régularisé sur les revues du dépôt du corps.

Si les corps n'ont pas de dépôt en France, les payements seront régularisés au moyen d'une revue spéciale qui sera établie par l'intendant militaire de la division dans laquelle le délégataire sera domicilié.

Art. 19. Les délégataires des officiers employés dans les colonies seront payés tous les mois, à terme échu, des sommes qui leur auront été déléguées, sans être astreints à produire un certificat d'existence des délégants; mais le payement cessera de droit à la fin de l'année, si les délégations n'ont pas été renouvelées.

Art. 20. Dans le cas où le ministre secrétaire d'État de la guerre ordonnerait sur la solde d'un officier en garnison dans les colonies une retenue au profit de sa famille, en exécution de l'article 438 de l'ordonnance royale du 19 mars 1823, le montant en serait payé à la femme ou aux enfants de cet officier, sans exiger la production du certificat indiqué par l'article 439 de la même ordonnance. Ces payements seront régularisés comme ceux qui seraient faits en vertu de délégation.

Art. 21. Dans les cas prévus par les articles 18, 19 et 20 de la présente instruction, la retenue de 2 pour 100 au profit des invalides sera exercée intégralement sur la portion de solde à payer dans les colonies, de manière que la somme déléguée soit toujours exempte de ladite retenue.

Congés.

Art. 22. Dans aucun cas, les officiers, sous-officiers et soldats formant les garnisons des colonies ne pourront obtenir de congés de semestre.

Art. 23. Les gouverneurs des colonies sont autorisés à délivrer des congés de convalescence; mais ils ne devront user de cette faculté que dans les cas graves, et lorsqu'il sera constaté par certificat du conseil de santé de la colonie que le retour du militaire en Europe est nécessaire à sa guérison.

La durée des congés de convalescence est fixée à six mois, non compris le temps des deux traversées.

Si ce laps de temps ne suffit pas pour la guérison du militaire, le ministre de la guerre pourra accorder une prolongation de congé de trois mois, avec solde, sauf à donner plus tard une deuxième prolongation également de trois mois, dans le cas où le malade ne serait pas entièrement rétabli à l'expiration de la première.

Lorsque ces prolongations successives auront été accordées à un officier, et qu'au bout de l'année sa santé ne lui permettra pas de retourner dans la colonie, le ministre de la guerre pourra lui donner une autre destination, et le faire remplacer dans son corps par un autre officier du même grade, à titre de permutation.

Art. 24. Toutes les fois que le ministre secrétaire d'État de la guerre aura accordé une prolongation de congé, soit pour convalescence, soit pour toute autre cause, à un militaire venant des colonies, il en informera le ministre secrétaire d'État de la marine, qui en donnera avis au gouverneur de la colonie dans laquelle le corps se trouvera en garnison.

Art. 25. A l'expiration des congés ou des prolongations de congés, les militaires devront être dirigés sur Rochefort, où, d'après les ordres qui seront donnés à l'avance par le ministre de la marine, l'intendant de la marine procurera le passage, soit par la voie de Rochefort, soit par celle de Bordeaux.

Si dans quelques circonstances il y avait lieu d'assigner un autre port, le ministre de la marine en préviendrait d'avance le ministre secrétaire d'État de la guerre.

Les frais de passage seront toujours à la charge du département de la marine.

Art. 26. La durée des congés est indépendante du temps de la traversée, tant pour l'aller que pour le retour ; elle ne commencera que du jour de l'arrivée dans un port de France, et le militaire porteur d'un congé sera considéré comme ayant rejoint dès qu'il sera arrivé, avant l'expiration du délai fixé, au port où il doit se rembarquer. En conséquence, son congé devra être visé tant au lieu de débarquement qu'à celui du rembarquement, par le commissaire ou autre agent de la marine.

Art. 27. Les officiers revenant des colonies par congés de convalescence jouiront, pour le temps de leur séjour légal en France, de la solde entière de leur grade sur le pied d'Europe, mais sans indemnités ni accessoires d'aucune espèce. Le rappel en sera fait à ceux y ayant droit au moment de leur rembarquement, et après qu'ils auront rempli les formalités prescrites par l'article précédent.

Toutefois, le ministre de la guerre pourra, lorsqu'il le jugera convenable, autoriser le payement, par à-compte, d'un ou plusieurs mois de solde aux officiers qui en feront la demande pendant la durée desdits congés.

Ces officiers ne recevront pas l'indemnité de route pour le trajet qu'ils pourront avoir à faire dans l'intérieur de la France, mais le passage sur mer leur sera fourni aux frais du roi, tant pour l'aller que pour le retour. Cette dépense sera au compte de la marine.

Art. 28. Les officiers qui désireraient toucher une partie de leur solde pendant leur séjour en France, conformément à l'article précédent, seront tenus de produire leur cessation de payement et de justifier par un certificat de leur conseil d'administration éventuel que leur traitement n'est passible d'aucune retenue légale.

Art. 29. Les sous-officiers et soldats en congé auront droit, indépendamment de la solde dite *de congé*, à l'indemnité de route pendant le trajet du lieu de débarquement à leur domicile, et retour.

Art. 30. La solde des militaires autorisés à quitter les colonies

en vertu de congés sera alignée jusqu'au jour de leur embarquement exclusivement.

Promotion d'un officier en congé.

Art. 31. L'officier qui appartiendra à un corps tenant garnison dans les colonies, et qui, à l'époque de sa promotion à
un grade supérieur, se trouvera en France en vertu d'un congé,
jouira de la solde affectée à son nouveau grade à compter du
jour où, en exécution d'ordres ministériels, il se présentera aux
autorités administratives du port dans lequel il devra s'embarquer pour retourner à son poste.

La date de cette présentation devra être constatée par un certificat du commissaire de la marine du lieu d'embarquement.

Effet de la démission donnée par un officier en congé.

Art. 32. L'officier qui donnera sa démission étant en congé
ou en prolongation de congé avec solde ne pourra prétendre,
si sa démission est acceptée, au payement de ce qui pourrait lui
être dû sur sa solde de congé.

Départ des colonies.

Art. 33. Les corps de troupes ou militaires isolés qui devront
quitter les colonies pour rentrer en France seront payés, jusqu'au jour de leur embarquement, de leur solde et du supplément colonial.

À leur arrivée en France, ils seront remis à la disposition
du département de la guerre, qui pourvoira, par les soins de ses
agents, au payement de la solde due pour la traversée et de
celle à laquelle la position des militaires débarqués leur donnera
droit pendant leur séjour en France.

Coupure dans la comptabilité des corps dont les dépôts resteront en France.

Art. 34. Les corps de troupe qui auront laissé leurs dépôts
en France seront considérés, relativement à ces dépôts, comme
les bataillons de guerre employés à une armée active hors
du royaume; en conséquence, les feuilles de journées seront
scindées au jour de l'embarquement et à celui du débarquement dans un port de France, et toutes les dispositions de l'ordonnance royale du 19 mars 1823, relatives à la comptabilité
des bataillons de guerre, seront applicables aux portions de
corps embarquées pour les colonies pendant tout le temps qu'elles
auront passé sur mer ou dans les garnisons coloniales, avec

cette seule différence que les revues, au lieu d'être établies au dépôt, le seront dans les colonies mêmes où les troupes seront employées.

Attributions des agents de l'administration de la marine.

Art. 35. Les agents de l'administration de la marine ne s'écarteront point des formes déterminées par les règlements de la marine, relativement au mode d'ordonnancement des dépenses et à l'action du contrôle que doivent exercer les officiers de l'administration maritime sur toutes les opérations.

Ainsi, le commissaire chargé des revues remplacera le sous-intendant militaire, sauf en ce qui concerne l'ordonnancement des dépenses. L'ordonnateur remplira les fonctions d'intendant militaire : il conservera de plus l'ordonnancement ; enfin aucun payement n'aura lieu sans que l'ordonnance ait été visée et vérifiée au contrôle.

Revues de comptabilité.

Art. 36. Les feuilles de journées que les articles 535 et 536 de l'ordonnance du 19 mars 1823 prescrivent d'établir comprendront les prestations à la charge des deux départements de la guerre et de la marine ; elles seront conformes aux modèles ci-annexés (nos 1 et 2).

Il sera établi pour chaque trimestre deux revues de comptabilité distinctes, savoir :

L'une, dans la forme prescrite par l'ordonnance du 19 mars 1823, pour les allocations en deniers et en nature à supporter par le département de la guerre ;

L'autre, dans la forme usitée au ministère de la marine pour les suppléments coloniaux et les prestations en nature, au compte de ce département.

Les premières seront transmises, avec les feuilles de journées à l'appui, au ministre de la guerre, par l'intermédiaire du ministre de la marine.

Les secondes seront transmises au ministre de la marine et des colonies.

Tenue des registres matricules ; leur destination.

Art. 37. Les registres matricules des officiers et celui des sous-officiers et soldats seront tenus au dépôt de chaque régiment.

A cet effet, les bataillons ou détachements employés aux colonies devront faire parvenir leurs états de mutations à ce dépôt, aux époques déterminées par les règlements et en se conformant aux dispositions prescrites par l'article 59 ci-après.

Indépendamment de cet envoi, le département de la marine fera connaître à celui de la guerre les renseignements particuliers qui lui parviendront sur le personnel des officiers, sous-officiers et soldats.

Vivres et chauffage.

Art. 38. Les fournitures en pain et chauffage aux sous-officiers et soldats d'infanterie en garnison aux colonies continueront à être ordonnées par les agents du ministère de la marine, et seront faites au moyen de marchés ou abonnements passés par ces agents.

Art. 39. La portion de ces fournitures incombant au ministère de la guerre sera décomptée d'après les revues de comptabilité prescrites par l'article 36 qui précède, savoir :

Pour le pain . . . . { Au prix commun des rations fournies en France pendant le cours de l'exercice.

Pour le chauffage . . . { Au prix de la ration d'été déterminé par le marché général passé pour ce service en France.

Les décomptes seront établis à la fin de chaque trimestre par l'administration locale, et le montant en sera ordonnancé par les agents de la marine au profit de la caisse coloniale qui en aura fait l'avance.

Art. 40. Les fournitures de viande accordées aux troupes en garnison aux colonies par l'article 6 de l'ordonnance royale du 22 septembre 1819, et les distributions de liquides à faire en vertu des règlements particuliers à chaque localité, seront au compte du département de la marine.

Habillement.

Art. 41. Lors du départ pour les colonies d'un ou de plusieurs bataillons, ou d'un détachement de régiment d'infanterie, le conseil d'administration devra faire constater non-seulement les besoins en effets d'habillement, de coiffure et de grand équipement, pour l'exercice courant, de ces bataillons ou détachements, mais encore les besoins en ce genre pour l'exercice suivant.

Art. 42. Le conseil d'administration principal délivrera au conseil d'administration éventuel tous les effets reconnus nécessaires pour les remplacements de l'exercice courant, et il adressera au ministre de la guerre une demande spéciale, dressée dans la forme des demandes définitives, à l'effet d'obtenir les étoffes et les fonds qui devront pourvoir aux besoins de l'exercice suivant des bataillons ou détachements partis pour les colonies.

Art. 43. Au 1er janvier de l'année qui suivra l'époque du débarquement des bataillons ou détachements dans les colonies, le conseil d'administration éventuel dressera l'état de ses besoins en effets d'habillement, de coiffure et de grand équipement pour l'exercice suivant; et, après l'avoir fait vérifier et arrêter par l'ordonnateur ou l'intendant de la marine, il l'expédiera au ministre de la marine, qui le transmettra au ministre de la guerre.

Art. 44. Le département de la guerre se réserve la faculté d'envoyer aux troupes tenant garnison dans les colonies, soit des effets confectionnés, soit des étoffes. Dans ce dernier cas, le prix des confections sera évalué d'après les tarifs.

Les étoffes et effets que le ministère de la guerre sera dans le cas d'envoyer aux colonies seront dirigés, par les soins de ce département, sur le port qui sera désigné par le ministre de la marine, et seront adressés à l'intendant ou sous-intendant militaire de cette résidence, pour en faire la remise aux agents de la marine chargés de l'expédition.

Envoi par les dépôts d'effets de petit équipement.

Art. 45. Les achats d'effets de petit équipement destinés aux hommes d'infanterie tenant garnison aux colonies seront faits en France par les soins des conseils d'administration principaux des régiments.

Lorsqu'un de ces conseils d'administration aura des effets de cette nature à expédier aux colonies, il devra les diriger sur le port qui lui sera indiqué par le ministre de la marine pour l'embarquement, et, sur le vu du procès-verbal de pesée et de la copie de la facture, le ministre de la guerre fera rembourser le montant total de la valeur de ces effets.

Le ministre de la guerre donnera avis de ce payement au ministre de la marine, qui en ordonnera l'imputation sur la solde des bataillons auxquels les effets ont été envoyés.

Il sera tenu au ministère de la guerre un compte de tous les payements de cette espèce, afin d'en déduire le montant de la première avance des 4/5 de la dépense présumée, qui devra être faite au ministère de la marine, en exécution de l'article 54 ci-après.

Casernement.

Art. 46. Les dépenses de casernement et d'effets de couchage, pour les troupes d'infanterie en garnison aux colonies, resteront à la charge du département de la marine jusqu'à l'expiration du marché passé par le ministère de la guerre pour le casernement des garnisons continentales.

Hôpitaux.

Art. 47. Chaque journée de malades (officiers, sous-officiers ou soldats d'infanterie) traités dans les hôpitaux des colonies sera payée sur les fonds du département de la guerre, à raison de 1 fr. 24 cent. l'une, prix moyen de la journée dans les hôpitaux militaires du continent.

Cette fixation comprend la dépense résultant des sorties, frais de sépulture et autres frais accessoires.

Le département de la marine supportera la différence qui pourrait exister entre ce prix de 1 fr. 24 cent. et la dépense réelle de la journée d'hôpital aux colonies.

Art. 48. Le département de la guerre tiendra compte à celui de la marine, d'après le prix ci-dessus, des journées de traitement des malades, quels qu'en soient le nombre et la proportion par rapport à l'effectif.

Art. 49. Les sommes ordonnancées par le ministre de la guerre pour le service des hôpitaux seront justifiées par des états numériques appuyés d'états nominatifs par corps, conformément aux modèles ci-annexés (nos 3 et 4).

Ces états seront établis par trimestre ; ils seront vérifiés et arrêtés par les ordonnateurs de la marine aux colonies.

Dans les colonies où les hôpitaux militaires seront régis par économie, les dépenses à la charge du département de la guerre seront ordonnancées et payées par forme de remboursement, ainsi qu'il est indiqué pour le pain et le chauffage, à l'article 39.

Dans les colonies où les hôpitaux militaires sont à l'entreprise, la dépense totale sera payée au moyen de deux mandats, l'un imputable sur les fonds du département de la guerre, à raison de 1 fr. 24 cent. par journée d'hôpital ; l'autre sur les fonds du département de la marine et des colonies, pour le surplus de la dépense, d'après les marchés passés avec les entrepreneurs.

Réparations, entretien et conservation des armes.

Art. 50. Le règlement du 30 mars 1822 sur les réparations, l'entretien et la conservation des armes portatives dans les corps (voir *Journal militaire*, 2e semestre 1822, page 234):

L'instruction du 7 octobre 1822 (bureau de l'habillement), sur le mode à suivre pour l'exécution de ce règlement (voir *Journal militaire*, 2ᵉ semestre 1822, page 442),

Et l'instruction supplémentaire du 26 mai 1823, bureau de l'artillerie (voir *Journal militaire*, 1ᵉʳ semestre 1823, page 836), sur le payement et la liquidation de la dépense pour l'abonnement de l'entretien des armes entre les mains des troupes.

Continueront d'être exécutés par les corps d'infanterie en garnison aux colonies.

Art. 51. Le prix de l'abonnement reste fixé, par an, ainsi qu'il suit :

Pour chaque fusil de tout modèle................. 1ᶠ 20
Pour sabre d'infanterie (*Décision du 18 février 1824*). 0 20

Plus les dépenses accessoires indiquées dans l'instruction précitée du 26 juin 1823.

Art. 52. Les dispositions de l'article 15 du règlement du 30 mars 1822 ne sont pas rigoureusement obligatoires pour les maîtres armuriers des garnisons des colonies. Cependant, les conseils d'administration formeront autant que possible un approvisionnement assorti de pièces d'armes provenant des manufactures royales du continent; à cet effet, ils adresseront un état de leurs besoins présumés pour trois ans, et la retenue en sera faite sur le montant de l'abonnement d'entretien des trois années, et par tiers.

Art. 53. Les inspections générales des troupes étant dévolues aux gouverneurs des colonies, ces officiers généraux désigneront, à défaut d'officier d'artillerie de l'armée de terre, un officier d'artillerie de marine ou tout autre, et un contrôleur d'armes, s'il est possible, pour remplir le vœu du titre III du règlement du 30 mars 1822.

Avances de fonds et ordonnancement.

Art. 54. Les dépenses de toute nature à faire dans les colonies pour le compte du département de la guerre seront ordonnancées par les agents du département de la marine aux colonies, sous la surveillance directe du ministre de la marine. A cet effet, avant l'ouverture de chaque semestre, le ministre de la guerre fera successivement remettre dans les ports qui lui seront indiqués, pour être envoyée aux colonies, une somme égale aux quatre cinquièmes de la dépense présumée dudit semestre. Le solde définitif de la dépense de ce semestre sera acquitté par le département de la guerre après la réception des revues et autres pièces justificatives qui lui seront transmises par celui de la marine, sans que cependant le retard que pourrait éprouver l'arrivée des revues et pièces justificatives des dépenses d'un semestre puisse arrêter l'envoi de l'avance des quatre cinquièmes nécessaires pour les besoins présumés du semestre suivant.

La remise à faire pour chaque semestre sera calculée, non pas seulement sur les dépenses de la solde, mais sur la généralité des dépenses à la charge de la guerre.

Transport de fonds et d'effets aux colonies.

Art. 55. Les fonds à envoyer de France par le département de la guerre devront arriver dans chaque colonie au commencement du premier mois du semestre pour le service duquel ces fonds auront été ordonnancés. Les envois auront lieu pour les colonies autres que Bourbon, savoir :

L'un vers le 1er octobre, pour les six premiers mois de l'année suivante ;

L'autre vers le 1er avril, pour les six derniers mois.

Pour Bourbon, les envois seront avancés d'un mois, à cause du plus grand éloignement; c'est-à-dire, qu'ils auront lieu vers les 1er septembre et 1er mars.

Les fonds dont il s'agit seront remis par le département de la guerre dans le port qui sera désigné par le ministre de la marine, et transportés à destination aux frais de ce dernier département, qui supportera de même ceux qui résulteront du transport des effets mentionnés aux articles 44 et 45 ci-dessus.

Les fonds transportés par la voie du commerce seront toujours assurés aux frais du département de la marine.

Quant aux effets transportés par la même voie, et aux objets embarqués sur les bâtiments de l'État, le département de la guerre supportera les pertes qui pourraient survenir en mer par suite d'événements de force majeure.

Art. 56. Les remises de fonds, calculées sur la dépense à effectuer dans chaque colonie, s'opéreront par des ordonnances de délégation que le ministre de la guerre délivrera au nom des intendants ou ordonnateurs de la marine des ports où les fonds devront être embarqués pour leur destination respective.

Ces fonctionnaires enverront dans le plus court délai possible au ministre de la marine, qui le transmettra au ministre de la guerre, un bordereau indiquant l'emploi des sommes ainsi mises à leur disposition.

Dans les colonies, les dépenses auxquelles ces mêmes fonds doivent être appliqués seront acquittées sur des mandats de payement expédiés par les agents de l'administration coloniale pourvus des attributions d'ordonnateurs secondaires.

Art. 57. Les dépenses payables en France, telles que délégations, solde de congé, fournitures d'habillement, etc., seront ordonnancées directement par le ministre de la guerre ou par ses agents.

Un état sommaire de ces dépenses sera transmis tous les six mois, et pour renseignement seulement, au ministre de la marine.

Comptes d'exercice.

Art. 58. Chacun des ministères de la marine et de la guerre présentera le compte des dépenses relatives aux garnisons coloniales d'infanterie qui auront été acquittées sur les crédits qui lui sont propres.

TITRE III.

DISPOSITIONS GÉNÉRALES.

Art. 59. Tous ordres, tous avis de nomination ou de promotion, toutes instructions, toutes dispositions quelconques relatives à l'organisation, à l'administration et à la comptabilité des troupes d'infanterie dans les colonies ne seront exécutoires, dans ces établissements, qu'autant qu'ils y parviendront avec l'attache du ministre de la marine. De même, toutes demandes, tous comptes rendus, tous rapports ou documents quelconques relatifs aux mêmes troupes ne devront parvenir au ministre de la guerre que par l'intermédiaire du ministre de la marine.

Art. 60. La présente instruction réglementaire sera exécutoire à partir du 1er janvier 1825.

Néanmoins, les dépenses de même nature, faites ou à faire pour 1824, seront, autant que possible, régularisées d'après les dispositions prescrites par les articles qui précèdent.

Art. 61. Toutes dispositions antérieures concernant les troupes d'infanterie en garnison aux colonies, qui seraient contraires à la présente instruction, sont et demeurent abrogées.

Fait et arrêté à Paris, le 13 octobre 1824.

Le Ministre de la guerre,
Signé Marquis DE CLERMONT-TONNERRE.
Le Ministre de la marine et des colonies,
Signé Comte DE CHABROL.

Approuvé :
Signé CHARLES.
Par le Roi :
Le Ministre de la guerre,
Signé Marquis DE CLERMONT-TONNERRE.

Arch. du gouvernement. Ord. et déc.

Nº 4292. — *Instructions réglementaires ministérielles, approuvées par le Roi, pour servir à l'exécution de l'ordonnance royale du 30 décembre 1823 relative aux troupes d'infanterie envoyées en garnison aux colonies.*

13 octobre 1824.

NOTA. Voir *Annales maritimes*, 1824, page 597.

Voir aussi deux dépêches ministérielles des 25 et 29 octobre 1824, écrites pour l'intelligence des instructions réglementaires ci-dessus indiquées, archives de l'inspection, registres des ord. et déc., vol. 10, nᵒˢ 641 et 642.

Voir enfin l'ordonnance royale du 17 août 1828.

Nº 4293. — *Circulaire ministérielle interprétative de l'ordonnance royale du 17 mars précédent (articles 18 et 27) en ce qui touche l'emploi des capitaines d'armes et le supplément à payer à ceux de 3ᵉ classe, ainsi qu'aux pilotes côtiers.*

20 octobre 1824.

Bureau des classes. Ord. et déc., 1824.

Nº 4294. — *Dépêche ministérielle sur les règles à suivre aux cas de mutations ou d'embarquement d'officiers de santé à bord des bâtiments du roi.*

23 octobre 1824.

Monsieur, je suis informé que des mouvements ont été exécutés à la mer ou dans les colonies parmi les chirurgiens de la marine embarqués, et qu'ils ont donné lieu à porter des officiers de santé à une classe supérieure à celle qui leur avait été assignée dans les ports, et même à la 1ʳᵉ classe, dans laquelle les mesures générales ne permettent point d'admettre les auxiliaires.

Considérant, d'une part que des mutations parmi des officiers de santé auxquels le soin des équipages a été confié sont nuisibles au bien du service, et ne doivent avoir lieu que dans le cas d'une impérieuse nécessité, et de l'autre que les mouvements qui en ont été la suite étaient non-seulement contraires aux règles établies, mais que le service n'a pu en tirer aucun avantage, j'ai cru devoir prescrire à cet égard les dispositions suivantes :

1º En principe, les officiers de santé entretenus de la marine ne peuvent passer d'un grade ou d'une classe à une autre sans concours, et les auxiliaires sans avoir subi un nouvel examen.

Il n'est point nommé de chirurgiens auxiliaires dans la 1re classe.

En conséquence, si, par suite du décès ou du débarquement d'un officier de santé, son remplacement est indispensable, le commandant de la division y pourvoira par un chirurgien du même grade, ou du grade inférieur, moins nécessaire sur un autre bâtiment.

S'il s'agit d'un chirurgien embarqué en chef, il sera remplacé de préférence et à grade égal par un entretenu.

Cet officier de santé n'aura droit néanmoins qu'aux appointements attribués à son grade, mais il jouira du traitement de table assigné aux chirurgiens-majors.

Si les besoins du service exigeaient qu'un officier auxiliaire de 3e classe fût porté à la seconde, cet avancement ne pourra lui être conféré que lorsque sa capacité aura été reconnue et constatée par le conseil ou par les officiers de santé en chef de la colonie.

Cet avancement ne pourra être inscrit sur le rôle d'équipage qu'après avoir été approuvé par le chef d'administration de la colonie.

Toute autre nomination sera non avenue;

2° S'il ne se trouvait pas sur les vaisseaux de chirurgiens dont on pût disposer pour le remplacement, il en sera destiné des hôpitaux de la colonie;

3° Dans le cas où le nombre des malades dans les hôpitaux ne permettrait pas d'en détacher des chirurgiens, on embarquerait, s'il était possible, en qualité d'auxiliaires de 2e ou de 3e classe, des officiers de santé exerçant civilement dans la colonie, et, de préférence, ceux qui auraient déjà appartenu au service de santé de la marine, ou qui auraient navigué.

Ils devront toutefois avoir été préalablement examinés comme il a été dit précédemment.

Il sera donné connaissance de cette dépêche à MM. les officiers, généraux et autres, commandant des divisions ou des bâtiments particuliers, et vous la ferez enregistrer au bureau du contrôle.

Recevez, etc.

Le Ministre de la marine et des colonies,
Signé Comte de CHABROL.

Inspection. Reg. 10, n° 631.

Nº 4295. — *Circulaire ministérielle aux gouverneurs des colonies, concernant la nouvelle classification des dépenses consacrée par l'ordonnance royale du* 30 *décembre* 1823, *et déterminant la manière de compter les recettes et dépenses du département de la guerre* (1).

25 octobre 1824.

Monsieur, en vous annonçant, le 16 juillet dernier, les premières remises de fonds faites par le département de la guerre pour le payement de la dépense ordinaire des garnisons coloniales, mon prédécesseur vous annonçait aussi le prochain envoi d'une instruction distinée à régler, dans tous les détails, les obligations respectives des deux ministères.

Cette instruction, qui vient d'être imprimée, vous parviendra sous le timbre de la 3ᵉ direction, discutée, élaborée par les hommes les plus expérimentés de l'un et de l'autre service; elle ne vous laissera, j'espère d'incertitudes sur aucune partie essentielle de l'administration; mais comme elle ne comprend point la comptabilité des fonds à tenir par le trésorier de la colonie, je vais traiter rapidement cet objet dans la présente dépêche.

Vous savez déjà qu'aux termes de l'ordonnance royale du 30 décembre 1823 le département de la guerre fournit les corps et doit les payer, du moins en tout ce qui constitue la dépense ordinaire, dépense dont l'instruction générale du 13 octobre qui vous est transmise détermine la nature et la proportion; vous savez aussi que les charges du département de la guerre ont commencé avec l'année 1824; vous savez enfin que si les fonds peuvent être remis d'avance dans les colonies à raison de 4/5 du du montant des évaluations pour chaque semestre, les dépenses n'y seront soldées que lorsque les dernières justifications auront été produites au ministère payeur. Vous trouvez déjà dans ces indications les principales règles de votre conduite, et il ne me reste plus qu'à vous expliquer suivant quel mode les enregistrements seront faits, les pièces transmises et les comptes rendus.

Je dois avant tout, d'après l'exemple de mon prédécesseur dans sa dépêche du 16 juillet, distinguer l'année 1824 des années ultérieures.

_____

(1) A cette circulaire se trouve encore joint un tableau ainsi intitulé: *Nomenclature des dépenses du ministère de la guerre, indiquant l'ordre suivant lequel ces dépenses doivent être classées, tant pour la délivrance des ordonnances et des mandats de payement que pour l'établissement du compte partiel de chaque branche de service et du compte général de l'exercice.*

L'année 1824, dans laquelle les dépenses ont devancé les remises de fonds, et où le ministère a été pour ainsi dire pris au dépourvu, est en effet une année exceptionnelle. Quoiqu'elle appartienne déjà au département de la guerre, par la force même de l'ordonnance institutive, chacun conçoit que cette année étant en majeure partie écoulée quand les premiers ordres vous sont parvenus, vous n'avez pu faire établir, ni dans les écritures, ni dans les pièces, aucune spécialité. Aussi vous a-il-été prescrit de considérer les remises de la guerre, pour 1824, comme un simple remboursement des dépenses acquittées à sa place par la colonie, et je ne puis que confirmer cette prescription, la seule qui fût raisonnable dans les circonstances données. Mais s'il est vrai que les écritures, les pièces et même le compte qui dérive des unes et des autres se refusent désormais à toute coupure, à tout isolement, il est également vrai que le département de la guerre, chargé des dépenses ordinaires de 1824, et qui a remis des fonds, sinon pour en payer, du moins pour en rembourser le montant, doit recevoir de nous les moyens d'en rendre compte.

Nous sommes d'autant plus intéressés à les lui fournir, que c'est par là seulement que nous obtiendrons les remises de fonds qui doivent solder l'exercice.

On a examiné quel document, à défaut d'un compte appuyé de pièces justificatives, pourrait le mieux atteindre le but que nous devons nous proposer, et il a été reconnu qu'un dépouillement de toutes les dépenses mises à la charge de la guerre par l'ordonnance du 30 décembre 1823, fait sur l'ensemble de la comptabilité de l'année, serait la pièce la plus satisfaisante qu'on pût adresser au ministère de la guerre. Vous voudrez bien prescrire ce travail, qui vous a déjà été indiqué, et pour lequel vous avez sans doute fait des dispositions préliminaires ; vous le ferez établir dans la forme habituelle des comptes de gestion, sous le titre : *Compte spécial des dépenses de la guerre*; et vous recommanderez qu'on s'attache à le rendre aussi clair, aussi complet que possible. L'instruction générale du 13 octobre, qui vous parviendra avec la présente, précise la nature des dépenses qui devront être comprises dans le dépouillement, et, quant à leur classification, on observera pour les chapitres et articles celle de la nomenclature ci-jointe que l'on suit en France. Je n'ai pas besoin d'ajouter que le dépouillement dressé par le trésorier devra subir les mêmes vérifications et porter les mêmes signatures que le compte. Mon prédécesseur vous avait mandé

5.

qu'il conviendrait de l'accompagner de pièces ; mais j'ai réfléchi qu'outre la difficulté que vous éprouverez à remplir cette injonction elle serait surabondante, puisqu'on pourra communiquer au département de la guerre les pièces justificatives qui devront appuyer le compte général de la colonie, destiné à comprendre cumulativement, et telles qu'elles ont été faites, les dépenses afférentes aux deux ministères.

Il me semble que les indications précédentes suffisent pour le travail exceptionnel de 1824. Je passe à celles qui regardent les années ultérieures.

C'est à partir du 1ᵉʳ janvier 1825 que nous entrerons dans des voies régulières dont on ne devra plus sortir. Nous avons examiné, M. le marquis de Clermont-Tonnerre et moi, si, pour les recettes et les dépenses de la guerre, on devait tenir une comptabilité séparée, ou simplement ouvrir dans la comptabilité générale de chaque colonie une section spéciale : ce dernier parti a prévalu. Ainsi, tout en laissant subsister dans leur forme actuelle, pour ce qui concerne le département de la marine, les livres, les bordereaux, les pièces et les comptes, on formera à la suite des sections relatives deux sections distinctes, qui comprendront, la première les recettes et la seconde les dépenses de la guerre. Les recettes qui ne comportent d'autres subdivisions que celles des remises seront portées sous le titre : *Fonds envoyés de France par le département de la guerre.* Les dépenses recevront, suivant leur nature, la classification des chapitres et articles de la nomenclature usuelle dont je vous fais l'envoi. Il ne faut pas se trop préoccuper de la pensée que cette classification morcelée présentera des difficultés. La nature des dépenses étant simple, leurs subdivisions seront peu nombreuses ; mais, au reste, quand même cette manière de compter donnerait lieu, dans le principe, à quelques embarras, il faudrait s'y résigner ; car dès qu'il est dans les obligations de la guerre de rattacher à son budget et à ses comptes les dépenses qui vont être consommées dans les colonies, il faut bien qu'il s'établisse entre les travaux de ce département et la comptabilité coloniale une analogie de formes, une communauté de langage, sans lesquelles on ne s'entendrait point. Je compte donc sur le zèle de vos subordonnés pour l'exacte observation de cette règle.

Les pièces justificatives des recettes et des dépenses de la guerre, établies distinctement et frappées des mêmes subdivisions que la comptabilité, me seront envoyées avec toutes les autres. Elles seront énumérées dans les bordereaux généraux qui accompagnent ordinairement ces sortes d'envois ; mais comme elles devront être soumises à l'examen du département de la guerre, qui me les renverra ensuite, il conviendra de les *enchemiser* dans un bordereau spécial qui ne comprendra qu'elles, de manière que la guerre, en me les renvoyant, puisse garder le bordereau lui-même. Il ne vous échappera pas qu'indépendamment des annexes du compte, dont la contexture actuelle ne doit subir, après 1824, d'autre variation que celle de la division naturelle des deux ministères, les feuilles de journées et revues de comptabilité dressées sur les modèles annexés à l'instruction du 13 octobre seront adressées séparément au ministre de la marine, chargé de transmettre au département de la guerre ce qui lui incombe (article 36). Comme ces documents, sans être au nombre des pièces comptables, sont pourtant les meilleures justifications de la dépense, vous devrez veiller à ce qu'ils soient expédiés avec la plus ponctuelle exactitude. Je ne saurais trop vous le recommander.

Les comptes de gestion contiendront, sans nulle exception, toutes les recettes et toutes les dépenses de la colonie, à quelque département qu'elles ressortissent ; mais les recettes et les dépenses de la guerre, présentées par exercice, seront isolées dans ces documents, comme elles l'auront été dans la comptabilité et dans les pièces. Aux expéditions de ces comptes qui me sont habituellement adressées, on en joindra un extrait qui, ne renfermant que les recettes et les dépenses de la guerre, aura le même objet, et recevra la même destination que les bordereaux spéciaux dont je viens de parler.

Le dépouillement au compte particulier de 1824, qui devra être fait au mois de janvier 1825, immédiatement après la clôture de la gestion, me sera expédié par la plus prochaine occasion, et sans même qu'on attende l'achèvement du compte général. Vous comprendrez facilement combien nous sommes intéressés, dans le commencement d'un ordre nouveau, à ne pas exciter les plaintes d'un département peu familiarisé avec les opérations d'outre-mer, et qui tient beaucoup, et avec raison, à la célérité de ses comptes.

Je vous recommande la même exactitude pour les envois que vous aurez ultérieurement à me faire des pièces justificatives et des comptes de gestion. Il serait regrettable que des lenteurs étrangères aux distances vinssent entraver un système qui rend commun à deux départements le service militaire de nos établissements extérieurs, et qui, par là même, a pour les colonies des avantages que l'avenir peut développer de plus en plus.

Je vous prie de m'accuser réception de la présente, dont vous voudrez bien donner expédition au trésorier, et qui sera enregistrée au contrôle.

Recevez, etc.

Le Ministre de la marine et des colonies,
Signé DE CHABROL.

Arch. du gouvernement. Dép. ministér., n° 985.

────────

N° 4296. — *Ordonnance du gouverneur administrateur concernant la formation des dénombrements et recensements, ainsi que les déclarations relatives aux maisons, pour l'année 1825.*

26 octobre 1824.

NOTA. Cette ordonnance renouvelle les dispositions de l'ordonnance du 22 octobre 1823 sur le même sujet.

Journal officiel, 1824, n° 94. — Enregistré à la cour royale, 29 octobre 1824.

────────

N° 4297. — *Rapport de la commission de santé de l'île Bourbon au commandant de cette colonie sur la reproduction de la sangsue officinale.*

11 novembre 1824.

Annales maritimes, 1825, 2° partie, t. 1, p. 524.

────────

N° 4298. — *Dépêche ministérielle qui fixe à 5,000 francs le traitement annuel du trésorier municipal de la Martinique.*

18 novembre 1824.

NOTA. 1. Tous frais de service compris, et quelle que soit d'ailleurs l'augmentation ultérieure du revenu municipal.

2. La caisse municipale continuant d'être confiée au trésorier, de la colonie.

Inspection. Reg. 10.

No 4299. — *Tableau des grades, classes, payes mensuelles et suppléments de paye accordés aux commis et autres préposés des vivres sur les bâtiments de Sa Majesté, conformément aux ordonnances royales des* 17 *mars et* 23 *juin* 1824.

20 novembre 1824,

Annales maritimes, 1825, 1re partie, p. 210 et suiv.

No 4300. — *Lettre du gouverneur administrateur à l'ordonnateur prescrivant un recensement des farines de froment existant tant à Saint-Pierre qu'à Fort-Royal, soit chez les négociants, soit chez les boulangers.* (Extrait.)

27 novembre 1824.

Ce recensement, destiné à faire connaître la situation réelle des deux places, devra être fait avec promptitude et surtout avec exactitude, car il est arrivé souvent que les commerçants en farine ont déclaré des quantités qui, en réalité, n'existaient pas dans leurs magasins.

Arch. de la direction de l'intérieur. Reg. 4, fo 28 ro.

No 4301. — *Dépêche ministérielle qui modifie les instructions du* 28 *octobre* 1819, *relativement au temps de vue des traites émises par les administrations coloniales pour remboursement de leurs avances.*

3 décembre 1824.

Monsieur, d'après l'article 16 des instructions du 28 octobre 1819, le temps de vue des traites à émettre par les administrations coloniales pour le remboursement de leurs avances à la métropole avait été gradué ainsi :

« A trois mois pour l'Afrique et l'Amérique,

« Et à cinq mois pour les établissements au delà du cap de « Bonne-Espérance ;

« Avec la faculté d'abréger ce terme d'un mois lorsque l'envoi « des pièces justificatives aurait lieu en même temps que la « traite serait remise aux créanciers. »

Bien que ces délais fussent généralement en rapport avec ceux que l'usage a consacrés dans le commerce, cependant je suis décidé à les abréger, afin d'élever de plus en plus le crédit des administrations coloniales.

En conséquence j'ai ordonné que le temps de vue des traites

à expédier en remboursement d'avances faites aux bâtiments du roi serait fixé dorénavant comme suit:

A un mois pour la Martinique, la Guadeloupe, Cayenne, le Sénégal et Gorée et Saint-Pierre et Miquelon;

A deux mois pour l'île Bourbon et les établissements français de l'Inde.

La nouvelle usance devra être adoptée aussitôt la réception de la présente.

A cette facilité j'ai cru devoir en ajouter une autre, qui consiste dans la modification de l'article 18, sur la concordance entre la coupure des traites et le montant à un certain nombre d'états justificatifs.

Vous pourrez, cessant de vous astreindre à cette concordance, et de faire ainsi cadrer les coupons de traites avec le montant exact d'un ou plusieurs états de dépenses, effectuer désormais vos tirages sur l'ensemble des dépenses nettes exécutées pendant le trimestre; mais en observant rigoureusement la division des chapitres, et sans jamais réunir les dépenses de plusieurs chapitres en une même traite.

Je ne doute pas que l'administration sous vos ordres ne réponde aux vues qui ont dicté ces améliorations essentielles en redoublant d'activité et de diligence pour tout ce qui a trait à la confection et à la transmission des pièces justificatives.

Vous voudrez bien m'accuser réception de la présente, après l'avoir fait enregistrer au contrôle.

Recevez, etc.

Le Ministre de la marine et des colonies,
Signé Comte DE CHABROL.

Et plus bas:

Le Directeur des fonds et invalides,
Signé BOURSAINT.

Inspection. Reg. 12, n° 88.

———

N° 4302. — *Décision du roi au sujet du traitement des officiers employés à l'état-major du génie aux colonies* (1). (Extrait.)

8 décembre 1824.

Les officiers employés au service de l'état-major du génie dans les colonies toucheront:

(1) Notifiée par dépêche ministérielle du 7 mars 1825, n° 73, arch. du gouvernement.

1° Sur les fonds du département de la guerre, la solde ordinaire de leur grade, avec les indemnités de logement et de fourrages sur le pied d'Europe ;

2° Sur les fonds du département de la marine, les suppléments coloniaux sur la solde, les indemnités de logement et de fourrages, tels qu'ils sont réglés par l'ordonnance du 22 septembre 1819 ;

Plus, sur les mêmes fonds, à titre de frais de bureau, de tournées et de représentation, savoir :

Aux sous-directeurs de la Martinique et de la Guadeloupe, ci. . . . . 6,000ᶠ par an.

Aux capitaines chargés du service dans les villes de Saint-Pierre (Martinique) et de la Pointe-à-Pitre (Guadeloupe). . . . . 2,000 *idem*.

A tous les autres officiers employés dans les sous-directions. . . . . 1,000 *idem*.

Toutes autres allocations provisoires ou non explicitement autorisées sont sévèrement proscrites.

Arch. de l'ordonnateur. Dép., 1825, n° 46.

———————————

N° 4303. — *Arrêté du gouverneur administrateur portant création d'une commission pour la révision des listes d'indigents rationnaires à la charge soit de la caisse municipale, soit de la caisse royale.* (Extrait.)

8 décembre 1824.

Nous, etc.,

Considérant que si l'indigence réelle et bien constatée de certaines personnes réclame les secours du gouvernement, il est nécessaire qu'il mette dans les actes de charité qu'il fait en ce genre une prudente réserve et une sage économie, tant pour éviter de donner un funeste encouragement à l'oisiveté et au manque d'industrie qu'afin de ménager les ressources du trésor ;

Considérant que, depuis quelques années, le nombre des rationnaires à titre d'indigent a continuellement augmenté et que la dépense qu'ils occasionnent aujourd'hui est trop forte pour que l'on puisse se dispenser d'examiner avec une sérieuse attention les droits et les besoins de tous les rationnaires, afin d'opérer par des suppressions totales ou partielles la diminution possible et convenable de ladite dépense ;

Et attendu que les renseignements qui nous ont été donnés jusqu'à présent sur l'état de fortune, la position et les titres des individus recevant des rations en nature ou des secours en argent sur les fonds de la colonie, n'ont pas été aussi détaillés qu'il eût été désirable.

Avons arrêté et arrêtons ce qui suit :

Art. 1er. Il sera formé au Fort-Royal et dans chacune des deux paroisses de Saint-Pierre des commissions composées comme il sera dit ci-après, à l'effet de reviser les listes des indigents rationnaires à la charge soit de la caisse municipale, soit de la caisse royale.

Chaque commission s'appliquera à recueillir les informations les plus positives sur l'état d'indigence et les besoins des individus portés dans la liste qui lui sera remise, sur leurs ressources, soit par eux-mêmes, soit par leur famille, ou encore par les bureaux de charité, elle se fera présenter par le domaine les dénombrements de chacun d'eux pour juger de ses propriétés en esclaves ou en maisons.

Elle aura soin de se procurer des renseignements exacts sur leurs droits à un bienfait de la part du gouvernement, sur leur moralité et sur l'emploi véritablement utile que l'on est autorisé à attendre des charités qui leur sont faites.

Enfin, elle rappellera sommairement le résultat de toutes ces recherches dans une colonne de la liste à ce destinée, et elle indiquera dans une autre colonne la nature et la valeur du secours qui lui paraîtra devoir être accordé, sans perdre de vue que, lorsque les secours sont proposés en argent, il est souvent aussi juste que facile de les graduer par des différences moindres que la valeur de la ration ou de la demi-ration.

Elle consignera dans un rapport séparé les réflexions générales auxquelles elle aura eu lieu de se livrer dans le cours de son travail, et notamment celles sur la question de savoir si, à l'égard d'un grand nombre de rationnaires, il n'est pas préférable de faire des distributions en nature plutôt que de donner de l'argent.

Art. 2...

Art. 3...

Donné au Fort-Royal, le 8 décembre 1824.

Signé DONZELOT.

Et plus bas :

GUILLAUME,
secrétaire.

Direct. de l'intérieur. Ord. et déc. Reg. 3, fo 160.

Nº 4304. — *Décision ministérielle, modificative de celle de juin 1823, portant nouvelle fixation du traitement du greffier de la cour royale de la Martinique.* (Extrait.)

9 décembre 1824.

Traitement fixe................ 6,000ᶠ au lieu de 5,000
Idem éventuel................ 3,000 *idem*.... 2,000

Ensemble............. 9,000 *idem*.... 7,000

Inspection. Reg. 10.

———❧❀❧———

Nº 4305. — *Dépêche ministérielle au gouverneur adminis-trateur déterminant les couleurs et dimensions du pavillon en usage désormais sur les bâtiments du roi pour signaler la demande d'un pilote.*

9 décembre 1824.

Monsieur le Gouverneur, l'usage qui était suivi par les navires des différentes nations de mettre leur pavillon sur le beaupré, quand ils voulaient avoir un pilote, entraînait beaucoup d'erreurs, de retards et de dangers.

Afin d'obvier à ces inconvénients, la plupart des puissances maritimes ont adopté, pour le même objet, un pavillon par-ticulier.

Sur la proposition qui m'en a été faite par M. le vice-amiral comte de Rosily, directeur général du dépôt de la marine, j'ai décidé qu'un pavillon blanc bordé de bleu serait en usage à bord de tous les bâtiments de Sa Majesté et hissé au mât de misaine pour signaler la demande d'un pilote.

J'ai fait lithographier le dessin de ce pavillon, et j'ai l'hon-neur de vous en envoyer huit exemplaires.

Voici ses dimensions :

Le guindant du pavillon, 3 mètres; le battant, 3 mèt. 6 déc. La bordure aura de largeur le sixième du guindant, ou 5 déc.

Je vous charge de donner connaissance de cette disposition à ceux des bâtiments de Sa Majesté qui relâcheront à la Martinique, et qui auraient quitté les ports de France avant son adoption.

Les navires du commerce français pourront, pour le même objet, faire usage du même pavillon.

J'ai l'honneur de vous adresser aussi huit exemplaires du dessin de chacun des pavillons adoptés pour les bâtiments de la Grande - Bretagne, des Pays - Bas, de la Russie et de la Sardaigne, et qui sont également destinés à indiquer la demande d'un pilote (1).

Je vous prie de donner, dans tous les ports dépendant de la colonie dont le gouvernement vous est confié, les ordres nécessaires pour que les pilotes soient avertis de se rendre à bord de tout bâtiment de guerre ou de commerce qui porterait comme signal l'un des pavillons dont il s'agit.

Recevez, etc.

Le Ministre de la marine et des colonies,
Signé Comte DE CHABROL.

Arch. du gouvernement. Dép. ministér.

————

N° 4306. — *Notice sur un procédé pour opérer le dégorgement des sangsues.*

11 décembre 1824.

Annales maritimes, 2ᵉ partie, t. 2, p. 656 et 680.

————

N° 4307. — *Lettre du ministre de la guerre au ministre de la marine au sujet du mode de remplacement à adopter pour les emplois de capitaine ou de lieutenant qui viendront à vaquer dans les bataillons employés aux colonies.*

17 décembre 1824.

Monsieur le Comte, un principe consacré par les règlements veut que toute place vacante de capitaine ou lieutenant de 1ʳᵉ classe soit réservée à l'officier le plus ancien de grade, quelle que soit sa position ou la portion du régiment à laquelle il se trouve attaché.

Ne voulant pas déroger à ce principe, considérant d'ailleurs les inconvénients qui en résulteraient si on faisait une exception en faveur des bataillons employés aux colonies, j'ai décidé, pour leur procurer autant que possible, sous le rapport du classement, quelque avantage analogue à celui qu'ils ont obtenu pour l'avancement, qu'à l'instar de ce qui s'est pratiqué à l'armée

(1) Par dépêches des 27 janvier, 7 février, 21 mars, 7 et 11 avril, 4 août et 28 novembre 1825, le ministre a fait envoi au gouverneur de semblables dessins pour les navires oldenbourgeois, toscans, danois, prussiens, autrichiens, brésiliens et romains. (Voir arch. du gouvernement.

des Pyrénées, en vertu de la décision du 28 février 1823, le passage des capitaines et des lieutenants de la 2ᵉ à la 1ʳᵉ classe aura lieu au fur et à mesure des vacances, et roulera sur tous les officiers du régiment, en France comme aux colonies.

J'ai arrêté à cet égard, le 26 novembre dernier, les dispositions suivantes, qui seront insérées au *Journal militaire :*

1º Dans chacun des régiments d'infanterie de ligne ou d'infanterie légère qui ont des bataillons détachés aux colonies, le classement continuera de se faire sur tous les officiers du régiment ;

2º Les capitaines et les lieutenants prendront rang dans la classe à laquelle leur ancienneté de grade les élève aussitôt qu'il surviendra une vacance dans cette classe, quelle que soit la portion du corps dont ils fassent partie, pourvu que leurs droits aient été reconnus par le gouverneur de la colonie, s'ils appartiennent aux bataillons détachés, ou par le général commandant la division sous les ordres duquel ils sont employés, s'ils appartiennent aux bataillons de dépôt ;

3º Les officiers ainsi promus à une classe supérieure jouiront de la solde et des prérogatives affectées à cette classe, à compter du premier jour du mois qui suivra celui pendant lequel la vacance sera survenue.

Je viens de donner les ordres nécessaires pour que ces dispositions soient notifiées aux conseils d'administration des 48ᵉ, 49ᵉ et 57ᵉ régiments d'infanterie de ligne et 16ᵉ d'infanterie légère. Je prie Votre Excellence d'adresser à MM. les gouverneurs des colonies les instructions qu'elle jugera convenables.

J'ai l'honneur, etc.

Le Ministre de la guerre,

Signé Marquis DE CLERMONT-TONNERRE.

Pour copie conforme :

Le Ministre de la marine et des colonies,

Signé Comte DE CHABROL.

Inspection. Reg. 12, nº 3.

————⋙⊙⋘————

Nº 4308. — *Arrêté du gouverneur administrateur qui fixe la rétribution due au fontenier de la ville de Saint-Pierre pour toute prise d'eau au canal d'embranchement construit par les pères dominicains.* (Extrait.)

20 décembre 1824.

Voulant, par une décision générale sur la question, non-seulement faire cesser dès à présent, mais prévenir désormais tout litige entre le fontenier de Saint-Pierre et les particuliers, et assurer en même temps, pour l'avenir, l'entretien du canal d'embranchement dont s'agit,

Avons arrêté et arrêtons ce qui suit :

Art. 1er. Le fontenier de la ville de Saint-Pierre a droit à une rétribution de deux cent soixante-dix-sept francs soixante-dix-sept centimes, de la part de toutes personnes qui auraient pris l'eau au canal d'embranchement construit autrefois par les pères dominicains, et s'étendant du grand canal jusque derrière l'église du Mouillage.

Art. 2. Il conservera le même droit à l'avenir, à condition qu'il continuera à entretenir et réparer ledit canal, de la même manière que ceux dont il est déjà chargé en vertu des engagements pris par les feu sieurs Jean Lazarre et Jacques Lazarre Segond, ce à quoi il s'obligera vis-à-vis de l'administration par un acte en due forme.

Art. 3. . . . .

Fait au Fort-Royal, le 20 décembre 1824.

Signé DONZELOT.

Et plus bas:

GUILLAUME,
Secrétaire.

Direction de l'intérieur. Ord. et déc. Reg. 3, fo 161. — Enregistré à la cour royale, 28 décembre 1824.

No 4309. — *Ordonnance du gouverneur administrateur qui, vu l'insuffisance de l'approvisionnement, autorise l'admission de 1,800 barils de farine étrangère.*

21 décembre 1824.

Nous, etc.

Vu les recensements faits dans les places du Fort-Royal et de Saint-Pierre, pour constater la quantité de farine de froment existant soit dans les magasins des négociants, soit chez les boulangers ;

Vu les rapports qui nous ont été adressés, au sujet de l'approvisionnement actuel de la colonie en cette denrée, par les bureaux de commerce des deux villes ;

Attendu que cet approvisionnement est notoirement insuffisant, et qu'il y a urgence d'y pourvoir afin de prévenir la disette ;

Après en avoir délibéré en conseil de gouvernement et d'administration,

Avons ordonné et ordonnons ce qui suit :

Art. 1er. Il sera admis à la consommation des farines de froment étrangères, jusqu'à la concurrence de dix-huit cents barils.

Art. 2. Lesdites farines ne pourront être introduites que par les ports du Fort-Royal et de Saint-Pierre, et elles payeront le droit spécial de 12 pour 100.

Art. 3. Le commissaire général ordonnateur est chargé de surveiller l'exécution de la présente ordonnance, qui sera enregistrée au contrôle.

Donné au Fort-Royal, le 21 décembre 1824.

Signé DONZELOT.

Et plus bas :

GUILLAUME,

Secrétaire.

Journal officiel, 1824, n° 105.

————

N° 4310. — *Ordonnance du gouverneur administrateur portant rétablissement de l'emploi d'inspecteur de police des campagnes, sous le titre de commandant des chasseurs des montagnes.* (Extrait.)

31 décembre 1824.

Les émoluments de cette place sont fixés comme suit :

Solde...	3,600f 00
Indemnité de logement.......................	298 00
Indemnité de fourrage........................	730 00
Frais de tournées..............................	200 00
Total..............	4,828 00

Arch. du gouvernement. Ord. et déc.

————

N° 4311. — *Note taxidermique, relative à un nouveau mode de fabrication des yeux artificiels, communiquée par M. le docteur Keraudren.*

Année 1824.

Annales maritimes, 1824, 2e partie, t. 2, p. 174.

N° 4312. — *Instructions sur les recherches auxquelles les officiers de la marine doivent se livrer pendant les voyages de long cours, pour augmenter les collections des ports en objets d'histoire naturelle, et sur les moyens de conservation qu'ils doivent employer.*

Année 1824.

Annales maritimes, 1824, 2ᵉ partie, t. 1, p. 550.

N° 4313. — *Notice sur la sangsue officinale, sa reproduction aux Antilles, etc., par M. Achard, pharmacien du roi à la Martinique.*

Année 1824.

Annales maritimes, 1824, 1ʳᵉ partie, p. 331.

N° 4314. — *Ordonnance du roi portant qu'à partir du 1ᵉʳ janvier 1826 toutes les dépenses ayant pour objet la défense militaire des colonies seront acquittées par le département de la guerre* (1).

26 janvier 1825.

CHARLES, etc.,

Sur le rapport de notre ministre secrétaire d'État de la marine et des colonies,

Nous avons ordonné et ordonnons ce qui suit :

Art. 1ᵉʳ. A dater du 1ᵉʳ janvier 1826, le département de la guerre fournira pour les colonies, indépendamment des garnisons d'infanterie, les détachements d'artillerie et d'ouvriers d'artillerie, la gendarmerie à pied ou à cheval, les officiers d'état-major, du génie, de l'artillerie et des places, les ingénieurs géographes, et généralement tous officiers sans troupe et autres nécessaires au service militaire de ces établissements.

Le corps des cipayes de l'Inde demeure excepté. Il continuera d'être commandé par des officiers des corps d'infanterie de la marine, conformément à l'ordonnance royale du 28 juillet dernier.

---

(1) Voir : 1° Dépêche ministérielle d'envoi du 19 août 1825, contenant instruction sur l'exécution de cette ordonnance. Inspection. Reg. 12, n° 60;

2° Lettre ministérielle du 30 septembre 1825, sur la classification des dépenses. Inspection. Reg. 12, n° 77;

3° La loi du 13 juin, même année, qui a confirmé celles des dispositions de cette ordonnance qui avaient besoin du concours des deux chambres.

Les compagnies d'ouvriers et de sapeurs du génie et les brigades du train des équipages militaires qui avaient été formées dans quelques-unes de nos colonies seront licenciées avant le 31 décembre 1825.

Art. 2. Le département de la guerre pourvoira dans nos colonies, à dater de 1826, à la confection, aux réparations et à l'entretien des fortifications des bâtiments militaires, des batteries et autres ouvrages de défense, et généralement à toutes dépenses du matériel de l'artillerie et du génie.

Tous les projets relatifs à ces divers travaux seront fournis, par l'intermédiaire de notre ministre de la marine, au ministre secrétaire d'État de la guerre, pour être soumis au comité de l'artillerie et du génie, dans la même forme que le sont ceux des places de France.

Art. 3. Le montant des dépenses énoncées aux articles précédents, qui ne sont pas comprises au budget de la guerre en 1825, sera ajouté au budget de ce département pour 1826, au moyen de la déduction de pareille somme sur le budget du département de la marine.

Art. 4. Le ministre de la marine continuera de diriger seul, aux colonies, ainsi qu'il l'a fait jusqu'à ce jour, le service militaire dans toutes ses parties.

Art. 5. Les dispositions de l'ordonnance royale du 30 décembre 1823 cesseront d'avoir leur effet à partir du 1er janvier 1826.

Art. 6. Nos ministres des finances, de la guerre et de la marine sont chargés de l'exécution de la présente ordonnance.

Signé CHARLES.

Et par le Roi :

Le Ministre de la marine et des colonies,

Signé Comte DE CHABROL.

Annales maritimes, 1825, p. 229.

————◄◙►————

Nº 4315. — *Ordonnance du roi qui supprime du budget du département de la marine le chapitre X, service colonial, rattache au service de la guerre et de la marine les dépenses qui en sont susceptibles, et charge la Martinique, la Guadeloupe et l'île de Bourbon de pourvoir à leurs dépenses intérieures sur leurs revenus locaux.*

CHARLES, etc.,   26 janvier 1825.

Vu notre ordonnance de ce jour, qui a pour objet de faire

porter au budget de la guerre, à dater de 1826, le complément des dépenses du service militaire de nos colonies;

Sur le rapport de notre ministre secrétaire d'État de la marine et des colonies;

Notre conseil entendu,

Nous avons ordonné et ordonnons ce qui suit:

Art. 1er. Les dépenses des colonies qui sont susceptibles d'être rattachées aux divers chapitres du service *marine* y seront ajoutées à dater de 1826.

Art. 2. Le crédit du service de la marine sera augmenté du montant de celles desdites dépenses qui ne sont pas comprises dans le crédit du même service pour 1825.

Art. 3. Les dépenses des colonies qui se rattachent aux dépenses de la guerre et de la marine étant ainsi mises à la charge des deux départements, il ne sera plus fait d'allocation spéciale sur les fonds du trésor royal aux colonies de la Martinique, de la Guadeloupe et de Bourbon; ces colonies seront désormais chargées de pourvoir sur leurs revenus locaux à toutes dépenses autres que celles qui sont portées au compte de la guerre et de la marine; à cet effet, il leur est fait entier abandon desdits revenus, quelles qu'en soient la nature et l'origine. Dans les établissements de l'Inde, le service continuera d'être réglé ainsi qu'il l'est actuellement, sous la déduction des dépenses qui sont mises à la charge de la marine.

Art. 4. Le produit de la rente de quatre lacks de roupies sicca, qui est payée en France par le gouvernement anglais dans l'Inde, sera laissé à la disposition de notre ministre de la marine, pour subvenir dans les autres colonies aux diverses parties du service.

Les arrérages de ladite rente seront versés successivement à la caisse des invalides de la marine; notre ministre de la marine est autorisé à conserver dans cette caisse, à titre de réserve, pour les besoins imprévus de nos colonies, la portion de ces fonds qui resterait sans emploi à la fin de chaque exercice.

Art. 5. Au moyen de ces dispositions, le chapitre XI du budget du département de la marine, lequel comprenait les dépenses du service colonial, est et demeure supprimé.

Art. 6. Nos ministres secrétaires d'État des finances et de la marine sont chargés de l'exécution de la présente ordonnance.

Donné à Paris, en notre château des Tuileries, le vingt-sixième jour du mois de janvier de l'an de grâce 1825, et de notre règne le premier.

Collection de Duvergier, t. 25, 1825, p. 348.

Nº 4316. — *Circulaire ministérielle qui autorise les gouverneurs à supprimer de leur correspondance avec le ministre les accusés de réception spéciaux.*

27 janvier 1825.

Monsieur le Comte, je remarque que quelques-uns de MM. les gouverneurs et commandants des colonies prennent le soin d'accuser spécialement la réception de chacune des dépêches ministérielles qui leur parviennent, indépendamment de l'envoi périodique qu'ils font au département d'un état indicatif des mêmes dépêches.

Il suffit que l'arrivée aux colonies des dépêches ministérielles soit constatée par l'état dont il s'agit; en conséquence, vous pouvez (à moins d'injonction spéciale, supprimer désormais les lettres qui n'avaient d'autre objet que d'annoncer purement et simplement la réception desdites dépêches. Mais il sera nécessaire alors que l'état indicatif me soit envoyé chaque mois, et avec l'exactitude que l'on met ici à vous adresser également, mois par mois, l'état de vos lettres qui parviennent au département.

Recevez, etc.

Le Ministre de la marine et des colonies,

Signé Comte DE CHABROL.

P. S. J'ai à vous recommander, à cette occasion, d'adopter une série spéciale de numéros pour les lettres que vous adressez à mon département sous le timbre : *Direction des colonies.*

Inspection. Reg. 12, nº 5.

⸻

Nº 4317. — *Dépêche ministérielle relative à l'entretien des armes des troupes de ligne aux colonies françaises.*

10 février 1825.

Monsieur le Comte, le ministre de la guerre m'informe qu'il a reconnu l'impossibilité où sont les corps de troupe tenant garnison dans les colonies de pourvoir à l'entretien de leurs armes avec les moyens que donne l'abonnement fixé par le règlement du 30 mars 1822, attendu le prix élevé des matières premières et de la main-d'œuvre. M. le marquis de Clermont-Tonnerre a, en conséquence, décidé que l'entretien des armes dans les colonies continuerait à avoir lieu à l'aide de l'abonnement, mais qu'à raison de l'insuffisance de ce moyen la

6.

dépense qui dépassera le montant de l'abonnement sera allouée en sus aux maîtres armuriers des régiments employés aux colonies.

L'administration locale devra faire constater, par la production de pièces comptables régulières, la dépense qui dépassera le montant de l'abonnement ordinaire.

Vous voudrez bien donner des ordres pour l'exécution de ces dispositions, et tenir la main à ce que les dépenses n'excèdent jamais les besoins indispensables. Vous devez vous appliquer, non-seulement pour l'objet dont il s'agit ici, mais dans toutes les occasions, à ce que les fonds du département de la guerre soient administrés dans les colonies avec la plus grande économie et la régularité la plus parfaite. Ce département n'a point d'agents directs dans les colonies, et les officiers d'administration de la marine, à qui il a consenti à remettre la défense de ses intérêts, doivent chercher à justifier complétement la confiance que j'ai réclamée pour eux de Son Excellence le ministre de la guerre et qu'il veut bien leur accorder.

Recevez, etc.,

Le Ministre de la marine et des colonies,
Signé Comte DE CHABROL.

Arch. de l'Inspection. Reg. 12, n° 6.

* * *

N° 4318. — *Dépêche ministérielle qui révoque celle écrite le 23 octobre 1817, pour la remise en vigueur des anciennes lois qui interdisaient aux colonies toute espèce de commerce aux étrangers, même naturalisés.*

10 février 1825.

Monsieur le Comte, une dépêche de l'un de mes prédécesseurs, en date du 23 octobre 1817, prescrivit la remise en vigueur dans les Antilles françaises des articles 1, 2 et 3 des lettres patentes du mois d'octobre 1727, qui interdisent toute espèce de commerce dans ces îles aux étrangers, même naturalisés.

Cette mesure ayant donné lieu, à la Martinique ainsi qu'à la Guadeloupe, à des représentations qui furent transmises par vous et par M. le comte de Lardenoy au département de la marine, M. le baron Portal vous autorisa, l'un et l'autre, par une lettre du 14 juin 1820, à laisser sur ce point les choses dans l'état où elles se trouveraient.

Sur le compte que j'en ai rendu au roi, Sa Majesté m'a autorisé, par une décision du 19 janvier dernier :

1° A vous prescrire de rapporter immédiatement les dispositions qui auraient été prises à la Martinique en exécution de la dépêche ministérielle du 23 octobre 1817, laquelle doit être désormais considérée comme non avenue :

2° A vous faire connaître que la législation, en ce qui concerne les étrangers, demeure fixée dans les colonies françaises, de même que dans la métropole, par les articles 11 et 13 du code civil, qui ont été promulgués aux Antilles sans aucune modification.

Je vous invite à faire enregistrer la présente dépêche au bureau du contrôle, et à donner aux dispositions prescrites par Sa Majesté toute la publicité nécessaire.

Recevez, etc.

Le Ministre de la marine et des colonies,

Signé Comte DE CHABROL.

Inspection. Reg. 12, n° 66.

N° 4319. — *Dépêche ministérielle portant, pour l'avenir, dispense d'envoi annuel des inventaires généraux estimatifs exigés par les circulaires des* 15 *avril* 1819 *et* 5 *avril* 1821.

15 février 1825.

Arch. de l'ordonnateur. Dép., 1825, n° 48.

N° 4320. — *Dépêche ministérielle relative aux règles que doit suivre le trésorier de la colonie pour l'envoi trimestriel au ministre des pièces comptables et le dressement et l'envoi de son compte annuel.*

18 février 1825.

Monsieur, le règlement financier disposait, article 36, qu'avant de dresser leur compte annuel, les trésoriers coloniaux devraient avoir reçu l'avis de l'admission par le ministre des pièces justificatives du quatrième et dernier trimestre.

Les motifs qui avaient fait, il y a dix ans, adopter cette combinaison n'existent plus aujourd'hui.

En conséquence, j'ai décidé que les dispositions suivantes seraient appliquées à partir du compte de l'année 1825 :

1° Les trésoriers des colonies continueront à m'envoyer, *par trimestre*, avec les bordereaux d'usage, les pièces comptables de tous les services dont les fonds leur sont confiés;

2° Au fur et à mesure de la notification qui leur sera faite des résultats de l'examen de ces pièces dans mes bureaux, ils opéreront toutes régularisations et modifications prescrites;

3° Mais ils n'attendront plus, pour établir leur *compte annuel*, l'avis que les pièces du 4ᵉ trimestre ont été admises. Dès le 1ᵉʳ janvier, ils rédigeront ce compte en ayant, ainsi que je l'ai dit, égard aux notifications des résultats d'examen qui leur seront alors parvenues, et ils saisiront la plus prochaine occasion pour l'envoyer au département avec les pièces du 4ᵉ trimestre de l'année, ensemble celles qui pourraient encore rester à produire sur les mois antérieurs.

Vous saurez faire apprécier tous les avantages que cette modification assure au service financier des colonies, et je ne doute pas que les agents sous votre autorité n'apportent dans la manière dont ils l'exécuteront beaucoup de soin et de zèle.

Je vous prie de remettre des exemplaires de la présente dépêche tant à l'administration qu'au trésorier et au contrôle, d'ordonner qu'il en soit pris note en marge de l'article 36 du règlement financier, et de m'en accuser réception.

Recevez, etc.

Le Ministre de la marine et des colonies,
Signé Comte DE CHABROL.

Inspection. Reg. 12, n° 7.

N° 4321. — *Ordonnance du roi concernant les primes d'encouragement pour la pêche de la morue et la pêche de la baleine.*

24 février 1825.

CHARLES, etc.,

Sur le rapport de notre ministre secrétaire d'État au département de l'intérieur;

Vu les ordonnances royales des 8 février 1816, 21 octobre 1818, 14 février 1819, 4 octobre 1820, 1ᵉʳ août et 11 décembre 1821, 20 février 1822 et 5 février 1823, relatives aux primes d'encouragement accordées jusqu'au 1ᵉʳ mars 1825 pour la pêche de la morue et de la baleine;

Notre conseil d'État entendu,

Nous avons ordonné et ordonnons ce qui suit :

Art. 1er. Les primes d'encouragement pour la pêche de la morue et pour la pêche de la baleine, du cachalot, ou de tous autres cétacés ou amphibies à lard ou à huile, continueront d'être accordées jusqu'au 1er mars 1830, suivant le régime actuel, sauf les modifications ci-après, qui auront leur effet à partir du 1er mars 1825.

Pêche de la morue.

Art. 2. Le poids de cinq cents kilogrammes au moins, nécessaire pour obtenir la prime d'importation des huiles, s'entendra indifféremment de l'huile en nature, des draches réduites au tiers de leur poids, ou de la réunion de ces deux produits.

Pêche de la baleine.

Art. 3. La prime sera désormais portée à soixante-dix francs par tonneau, lorsque le navire sera construit et équipé en France, et que l'équipage sera en entier composé de marins français.

Art. 4. La prime sera comptée sur le tonnage d'une mouche ou autre bâtiment de petite contenance qui accompagnerait l'expédition principale et coopérerait à la pêche.

Art. 5. Outre les primes allouées au départ pour chaque bâtiment baleinier, suivant la nature et la composition de son armement, conformément aux dispositions de l'ordonnance du 14 février 1819 et aux deux modifications ci-dessus,

Il sera accordé au retour :

1° Moitié desdites primes,

Pour tout navire baleinier qui aura fait la pêche dans les mers du Nord, à soixante degrés au moins de latitude septentrionale,

Pour tout navire baleinier qui aura fait la pêche à l'est du cap de Bonne-Espérance, à quarante-cinq degrés au moins de longitude du méridien de Paris, et par quarante-huit à cinquante degrés de latitude méridionale ;

2° Une nouvelle prime égale à la première,

Pour tout navire baleinier qui aura fait la pêche dans l'océan Pacifique, soit en doublant le cap Horn, soit en franchissant le détroit Magellan,

Pour tout navire baleinier qui aura fait la pêche dans le sud du cap Horn, à soixante-deux degrés au moins de latitude méridionale.

Mais, dans ces deux derniers cas, cette double prime ne sera acquise qu'autant que la durée de la navigation du bâtiment baleinier aura été de plus de seize mois.

Art. 6. Les dispositions des articles 3, 4 et 10 de l'ordonnance du 14 février 1819, relative à la pêche de la baleine et du cachalot, sont de nouveau prorogées jusqu'au 1ᵉʳ mars 1830.

L'admission à la francisation, prévue par le dernier paragraphe de l'article 3 de la susdite ordonnance, s'entendra acquise par deux voyages dans les mers du sud, ou par quatre voyages dans les mers du nord.

Art. 7. Les dispositions des ordonnances royales non abrogées ou non modifiées par la présente continueront à recevoir leur pleine exécution.

Art. 8. Nos ministres secrétaires d'État de l'intérieur, de la marine et des finances sont chargés de l'exécution de la présente ordonnance, qui sera insérée au *Bulletin des lois*.

Donné en notre château des Tuileries, le 24 février, l'an de grace 1825, et de notre règne le premier.

Collect. de Duvergier, t. 25, p. 57. — *Annales maritimes*, 1825, 1ʳᵉ partie, p. 240.

———————

Nº 4322. — *Dépêche ministérielle indiquant le mode à suivre pour la remise en France des fonds provenant des successions vacantes aux colonies.*

24 février 1825.

Monsieur le Comte, la circulaire ministérielle de 1823, sur l'administration et la comptabilité des successions vacantes, a prescrit à MM. les gouverneurs et commandants des colonies de pourvoir, soit pour le passé, soit pour l'avenir, d'une part, à ce que les fonds non réclamés sur les lieux, et ayant au moins cinq ans de dépôt dans les caisses des curateurs, fussent successivement versés à la caisse coloniale, et, d'autre part, à ce que, au fur et à mesure de ces versements (ou du moins une fois par an), il en fût rendu compte au département de la marine, afin que le montant pût en être placé à la caisse des dépôts et consignations à Paris, au profit des ayants droit.

Je crois à propos de vous faire observer qu'indépendamment des pièces mentionnées dans la même circulaire, et qui sont destinées à donner les moyens de procéder ici à la répartition des sommes disponibles et à faire connaître les héritiers, vous avez, dans tous les cas, à m'adresser, soit en traites, soit en toute autre valeur qui se trouvera à votre disposition, une remise égale à la totalité des sommes à payer.

Cette manière de procéder devient nécessaire d'après les nouvelles dispositions qui ont été adoptées par Sa Majesté pour la classification des dépenses coloniales, au sujet desquelles je vous ai écrit le 10 de ce mois.

Veuillez m'accuser spécialement la réception de la présente circulaire, et tenir constamment la main à ce qu'aucune somme provenant de successions vacantes ne reste au delà du temps nécessaire, soit dans la caisse du curateur, soit dans la caisse coloniale.

Je me réfère entièrement à ce sujet à la circulaire de 1823 déjà citée.

Signé Comte DE CHABROL.

Direction de l'intérieur. Dép. Reg. 1, f° 26.

Nº 4323. — *Dépêche ministérielle portant fixation des indemnités de frais de bureau, de tournées et autres à allouer aux officiers employés au service de l'état-major du génie dans les colonies.*

7 mars 1825.

Monsieur le Comte, j'ai pris en considération les observations qui ont été adressées à mon département sur l'insuffisance du traitement des officiers du génie employés à l'état-major de l'arme. Le ministre de la guerre, avec qui je me suis entendu, a bien voulu concourir de son côté à améliorer leur position, et, sur un rapport concerté entre les deux départements, le Roi a pris, le 8 décembre dernier, une décision dont les dispositions sont les suivantes :

Les officiers employés au service de l'état-major du génie dans les colonies toucheront :

1º Sur les fonds du département de la guerre, la solde ordinaire de leur grade avec les indemnités de logement et de fourrages sur le pied d'Europe ;

2º Sur les fonds du département de la marine, les suppléments coloniaux sur la solde, les indemnités de logement et de fourrages, tels qu'ils sont réglés par l'ordonnance du 22 septembre 1819 ;

Plus, sur les mêmes fonds, à titre de frais de bureau, de tournées et de représentation, savoir :

Les sous-directeurs de la Martinique et de la Guadeloupe, 6,000 francs par an ;

Les capitaines chargés du service dans les villes de Saint-Pierre (Martinique) et de la Pointe-à-Pitre (Guadeloupe), 2,000 francs par an ;

Tous les autres officiers employés dans les sous-directions, 1,000 francs par an.

Ces dispositions doivent recevoir leur exécution à partir du 1er janvier 1825. Lorsqu'en 1826 nous entrerons dans le nouveau système d'administration et de comptabilité dont je vous ai entretenu par ma circulaire du 10 février dernier, les allocations revenant aux officiers du génie resteront les mêmes. Il y aura seulement différence d'imputation de la dépense ; elle sera payée en totalité par le département de la guerre.

Vous voudrez bien, pour 1825, donner les ordres les plus précis afin que les comptes qui doivent être rendus au département de la guerre, pour la portion de dépense qui lui est afférente, aux termes de la décision qui précède, soient établis avec célérité et exactitude, de la même manière que cela doit être fait pour les troupes d'infanterie.

Vous sentez qu'au moyen de l'augmentation de traitement qui est accordée aux officiers du génie, toutes autres allocations provisoires ou non explicitement autorisées doivent être sévèrement proscrites. Je vous invite à y tenir la main.

La présente dépêche devra être enregistrée au contrôle de la colonie.

Recevez, etc.

Le Ministre de la marine et des colonies,
Signé Comte DE CHABROL.

Inspection. Reg. 12, n° 13.

———

N° 4324. — *Dépêche ministérielle portant réduction du nombre des états ou documents à envoyer périodiquement par l'administration coloniale au département de la marine.*

10 mars 1825.

Monsieur le Comte, j'ai fait examiner les documents périodiques qui sont fournis à mon département par les administrations coloniales, en vertu de la circulaire ministérielle du 6 messidor an XIII, et j'ai reconnu que je pouvais encore diminuer vos écritures par la suppression ou la modification des documents qui suivent.

L'état de situation du recouvrement des contributions directes, qui était fourni par trimestre, pourra n'être envoyé désormais qu'à la fin de chaque année ; vous aurez soin d'y faire indiquer les non-valeurs présumées sur les sommes restant à recouvrer.

L'état des rationnaires autres que les troupes, qui était envoyé par trimestre, pourra aussi n'être fourni qu'à la fin de l'année.

L'état annuel des ventes publiques faites par les encanteurs peut être supprimé.

L'état semestriel des marchés doit demeurer également supprimé à dater de 1825 ; mais vous aurez à me faire parvenir tous les six mois, en primata et duplicata, expédition des marchés passés pendant le semestre écoulé. Chaque marché portera un numéro d'ordre, sous lequel il sera désigné dans un bordereau sommaire indiquant le nom de l'adjudicataire et servant de chemise aux marchés. Cette disposition épargnera au contrôle le travail, quelquefois fort long et toujours plus ou moins incomplet, qu'occasionnait la rédaction de l'état. Il suffira d'exiger des adjudicataires deux exemplaires, soit imprimés, soit manuscrits, de plus qu'ils n'en fournissaient auparavant à l'administration pour chaque marché. D'un autre côté, mon département trouvera, dans la production des marchés mêmes, la connaissance entière des conditions sous lesquelles ils ont été souscrits, connaissance que l'état supprimé ne pouvait donner qu'imparfaitement.

L'état des mouvements et de situation des caisses, qui était fourni par trimestre, peut être supprimé. Je trouverai sur ce point tous les renseignements nécessaires dans les procès-verbaux de la vérification mensuelle desdites caisses.

L'état trimestriel des mouvements et de situation des magasins est aussi dans le cas d'être supprimé, comme pouvant être suppléé par les inventaires généraux annuels, dont l'envoi est explicitement maintenu par ma dépêche du 15 février, n° 43.

Le bordereau mensuel des recettes et dépenses peut encore être supprimé, au moyen de l'envoi du bordereau trimestriel que vous devez continuer à m'adresser exactement.

Je vous recommande la même exactitude à l'égard des autres documents périodiques qui ne sont pas indiqués ci-dessus ; mais j'insiste particulièrement sur les inventaires généraux annuels et non estimatifs, au moyen desquels j'ai autorisé, par la dépêche citée plus haut, la suppression de l'inventaire estimatif qui avait été demandé à l'appui du compte administratif de chaque exercice. Vous concevez qu'il est indispensable que l'inventaire annuel, dont je joins ici le modèle, me parvienne à l'avenir très-ponctuellement ; j'attends l'inventaire de 1825 dans les trois premiers mois de 1826.

Je n'insiste pas moins pour l'envoi très-exact des états d'importation et d'exportation conformes au modèle compris dans les documents annuels de statistique. Je vous prie très-instamment de faire cesser au plus tôt le retard qui a été mis dans la transmission de ceux de la Martinique, et je désire que désormais ces documents me parviennent dans le premier trimestre qui suit l'année pour laquelle ils doivent être formés.

La présente dépêche devra être enregistrée au contrôle, et vous voudrez bien m'en accuser la réception par lettre spéciale.

Recevez, etc.

Le Ministre de la marine et des colonies,
Signé Comte DE CHABROL.

Inspection. Reg. 12, nos 27 et 31.

<hr>

PIÈCE JOINTE A LA DÉPÊCHE CI-DESSUS.

Indiquer le lieu.   **COLONIES.**   ANNÉE 18 .

MAGASIN D

Inventaire général des munitions et marchandises reçues, dépensées depuis le 1er janvier 18 jusqu'au 31 décembre suivant.

NOMEN-CLATURE.	ESPÈCES des unités.	EXISTANT au 18	REÇU pendant	TOTAL des recettes.	DÉPENSÉ pendant	RESTANT en magasin le 18	OBSERVATIONS.

Fait à   le
                                          Le Garde-magasin,

VU : *Le Commissaire de la marine*   Vu et vérifié :
  chargé de   *Le Contrôleur,*

                        Vu :
      Le   *et Administrateur pour le Roi,*

N° 4325. — *Dépêche ministérielle portant solution de deux questions relatives au payement du décompte aux héritiers du pensionnaire décédé.*

25 mars 1825.

Monsieur, des administrateurs ont demandé la solution des deux questions suivantes :

Les héritiers d'un pensionnaire ont-ils droit au décompte de la pension quand le décès du titulaire est antérieur à la date de la décision constitutive de ladite concession ?

Lorsqu'un pensionnaire meurt peu de temps avant ou après la notification du travail dans lequel il se trouve compris, les délais qui sont accordés pour réclamer en temps utile le décompte de sa pension doivent-ils courir de la date de sa mort ou bien du jour de la réception de son brevet au quartier de sa résidence ?

La première question doit être résolue affirmativement, parce que ce n'est point la date de la décision qui constitue les droits du pensionnaire, mais bien les services que ce pensionnaire avait rendus et dont la récompense ne peut pas être annulée par la circonstance de sa mort, pour la portion qui lui était due à lui-même.

Dans le cas indiqué par la seconde question, les délais pour la production de l'extrait mortuaire d'un pensionnaire et la réclamation en temps utile du décompte de sa pension doivent courir du jour où le brevet est parvenu à l'administrateur du quartier, parce que les héritiers ne peuvent former de réclamation que de l'époque où ils ont connaissance d'un titre qui les y autorise.

Veuillez bien donner des ordres en ce sens et faire enregistrer au contrôle la présente dépêche.

Recevez, etc.

Le Ministre de la marine et des colonies,
Signé Comte DE CHABROL.

Inspection. Reg. 12, n° 17.

N° 4326. — *Loi pour la sûreté de la navigation et du commerce maritime, portant répression des crimes de piraterie et de baraterie* (1).

(1) Promulguée à la Martinique par ordonnance locale du 17 juillet 1829. *Bulletin officiel*, v. 1829, p. 791. (Voir le rapport fait à la chambre des pairs, le 10 février précédent, par le baron Postal au nom d'une commission spéciale

10 avril 1825.

TITRE Ier.

Du crime de piraterie.

Art. 1er. Seront poursuivis et jugés comme pirates:

1° Tout individu faisant partie de l'équipage d'un navire ou bâtiment de mer quelconque, armé et naviguant sans être ou avoir été muni pour le voyage de passe-port, rôle d'équipage, commissions ou autres actes constatant la légitimité de l'expédition ;

2° Tout commandant d'un navire ou bâtiment de mer armé et porteur de commissions délivrées par deux ou plusieurs puissances ou états différents ;

Art. 2. Seront poursuivis et jugés comme pirates :

1° Tout individu faisant partie de l'équipage d'un navire ou bâtiment de mer français, lequel commettrait, à main armée, des actes de déprédation ou de violence, soit envers des navires français ou des navires d'une puissance avec laquelle la France ne serait pas en état de guerre, soit envers les équipages ou chargements de ces navires ;

2° Tout individu faisant partie de l'équipage d'un navire ou bâtiment de mer étranger, lequel, hors l'état de guerre et sans être pourvu des lettres de marque ou de commissions régulières, commettrait lesdits actes envers des navires français, leurs équipages ou chargements ;

3° Le capitaine et les officiers de tout navire ou bâtiment de mer quelconque qui aurait commis des actes d'hostilité sous un pavillon autre que celui de l'État dont il aurait commission.

Art. 3. Seront également poursuivis et jugés comme pirates :

1° Tout Français ou naturalisé Français qui, sans l'autorisation du Roi, prendrait commission d'une puissance étrangère pour commander un navire ou bâtiment de mer armé en course ;

2° Tout Français ou naturalisé Français qui, ayant obtenu, même avec l'autorisation du Roi, commission d'une puissance étrangère pour commander un navire ou bâtiment de mer armé, commettrait des actes d'hostilité envers des navires français, leurs équipages ou chargements.

Art. 4. Seront encore poursuivis et jugés comme pirates :

1° Tout individu faisant partie de l'équipage d'un navire ou bâtiment de mer français qui, par fraude ou violence envers le capitaine ou commandant, s'emparerait dudit bâtiment.

chargée de l'examen du projet de cette loi. *Annales maritimes*, vol. 1825, p. 305, et le rapport fait à la chambre des députés par M. Pardessus, page 321.)

2° Tout individu faisant partie de l'équipage d'un navire ou bâtiment de mer français qui le livrerait à des pirates ou à l'ennemi.

Art. 5. Dans le cas prévu par le paragraphe 1ᵉʳ de l'article 1ᵉʳ de la présente loi, les pirates seront punis, savoir : les commandants, chefs et officiers, de la peine des travaux forcés à perpétuité, et les autres hommes de l'équipage de celle des travaux forcés à temps.

Tout individu coupable du crime spécifié dans le paragraphe 2 du même article sera puni des travaux forcés à perpétuité.

Art. 6. Dans les cas prévus par les paragraphes 1ᵉʳ et 2 de l'article 2, s'il a été commis des déprédations et violences sans homicide ni blessures, les commandants, chefs et officiers seront punis de mort, et les autres hommes de l'équipage seront punis des travaux forcés à perpétuité.

Et si ces déprédations ou violences ont été précédées, accompagnées ou suivies d'homicide ou de blessures, la peine de mort sera indistinctement prononcée contre les officiers et les autres hommes de l'équipage.

Le crime spécifié dans le paragraphe 3 du même article sera puni des travaux forcés à perpétuité.

Art. 7. La peine du crime prévu par le paragraphe 1ᵉʳ de l'article 3 sera celle de la reclusion.

Quiconque aura été déclaré coupable du crime prévu par le paragraphe 2 du même article sera puni de mort.

Art. 8. Dans le cas prévu par le paragraphe 1ᵉʳ de l'article 4, la peine sera celle de mort contre les chefs et contre les officiers, et celle des travaux forcés à perpétuité contre les autres hommes de l'équipage.

Et si le fait a été précédé, accompagné ou suivi d'homicide ou de blessures, la peine de mort sera indistinctement prononcée contre tous les hommes de l'équipage.

Le crime prévu par le paragraphe 2 du même article sera puni de la peine de mort.

Art. 9. Les complices des crimes spécifiés dans le paragraphe 2 de l'article 1ᵉʳ, le paragraphe 3 de l'article 2, le paragraphe 2 de l'article 3 et le paragraphe 2 de l'article 4, seront punis des mêmes peines que les auteurs principaux desdits crimes.

Les complices de tous autres crimes prévus par la présente loi seront punis des mêmes peines que les hommes de l'équipage.

Le tout suivant les règles déterminées par les articles 59, 60,

61, 62 et 63 du code pénal, et sans préjudice, le cas échéant, de l'application des articles 265, 266, 267 et 268 dudit code.

Art. 10. Le produit de la vente des navires et bâtiments de mer capturés pour cause de piraterie sera réparti conformément aux lois et règlements sur les prises maritimes. Lorsque la prise aura été faite par des navires du commerce, ces navires et leurs équipages seront, quant à l'attribution et la répartition du produit, assimilés à des bâtiments pourvus de lettres de marque et à leurs équipages.

TITRE II.

Du crime de baraterie.

Art. 11. Tout capitaine, maître, patron, ou pilote, chargé de la conduite d'un navire ou autre bâtiment de commerce, qui volontairement et dans une intention frauduleuse, le fera périr par des moyens quelconques, sera puni de la peine de mort.

Art. 12. Tout capitaine, maître ou patron, chargé de la conduite d'un navire ou autre bâtiment de commerce, qui, par fraude, détournera à son profit ce navire ou bâtiment, sera puni des travaux forcés à perpétuité.

Art. 13. Tout capitaine, maître ou patron, qui, volontairement et dans l'intention de commettre ou de couvrir une fraude au préjudice des propriétaires, armateurs, chargeurs, facteurs, assureurs et autres intéressés,

Jettera à la mer, ou détruira sans nécessité, tout ou partie du chargement, des vivres ou des effets de bord,

Ou fera fausse route.

On donnera lieu, soit à la confiscation du bâtiment, soit à celle de tout ou partie de la cargaison,

Sera puni des travaux forcés à temps.

Art. 14. Tout capitaine, maître ou patron, qui, avec une intention frauduleuse,

Se rendra coupable d'un ou de plusieurs des faits énoncés en l'article 236 du code de commerce,

Ou vendra, hors le cas prévu par l'article 237 du même code, le navire à lui confié,

Ou fera des déchargements en contravention à l'article 248,

Sera puni de la réclusion.

Art. 15. L'article 386, § 4, du code pénal, est applicable aux vols commis à bord de tout navire ou bâtiment de mer par les capitaines, patrons, subrécargues, gens de l'équipage et passagers.

L'article 387 du même code est applicable aux altérations de vivres et marchandises commises à bord par les mêmes personnes.

TITRE III.

Poursuites et compétence.

Art. 16. Lorsque des bâtiments de mer auront été capturés pour cause de piraterie, la mise en jugement des prévenus sera suspendue jusqu'à ce qu'il ait été statué sur la validité de la prise. Cette suspension n'empêchera ni les poursuites, ni l'instruction de la procédure criminelle.

Art. 17. S'il y a capture de navires ou arrestation de personnes, les prévenus de piraterie seront jugés par le tribunal maritime du chef-lieu de l'arrondissement maritime dans les ports duquel ils auront été amenés.

Dans tous les autres cas, les prévenus seront jugés par le tribunal maritime de Toulon, si le crime a été commis dans le détroit de Gibraltar, la mer Méditerranée, ou les autres mers du Levant, et par le tribunal de Brest, lorsque le crime aura été commis sur les autres mers.

Toutefois, lorsqu'un tribunal maritime aura été régulièrement saisi du jugement de l'un des prévenus, ce tribunal jugera tous les autres prévenus du même crime, à quelque époque qu'ils soient découverts et dans quelque lieu qu'ils soient arrêtés.

Sont exceptés des dispositions du présent article les prévenus du crime spécifié au paragraphe 1er de l'article 3, lesquels seront jugés suivant les formes et par les tribunaux ordinaires.

Art. 18. Il sera procédé à l'instruction et au jugement conformément à ce qui est prescrit par le règlement du 12 novembre 1806.

Néanmoins, si, pour quelque cause que ce soit, des témoins ne peuvent être produits aux débats, il y sera suppléé par la lecture des procès-verbaux et de toutes autres pièces qui seront jugées par le tribunal maritime être de nature à éclaircir la vérité.

Art. 19. Les complices des crimes de piraterie spécifiés au titre Ier de la présente loi seront jugés par les tribunaux maritimes, ainsi qu'il est prescrit par les deux articles précédents.

Sont exceptés et seront jugés par les tribunaux ordinaires les prévenus de complicité, Français ou naturalisés français, autres néanmoins que ceux qui auraient aidé ou assisté les coupables dans le fait même de la consommation du crime.

Et dans les cas où des poursuites seraient exercées simultané-

VIII.

ment contre les prévenus de complicité, compris dans l'exception ci-dessus, et contre les auteurs principaux, le procès et les parties seront renvoyés devant les tribunaux ordinaires.

Art. 20. Les individus prévenus des crimes ou de complicité des crimes spécifiés au titre II de la présente loi seront poursuivis et jugés suivant les formes et par les tribunaux ordinaires.

Dispositions générales.

Art. 21. Les lois et règlements auxquels il n'est point dérogé par la présente loi, notamment ceux relatifs à la navigation, aux armements en course et aux prises maritimes, continueront d'être exécutés en ce qui n'est pas contraire à la présente loi.

Donnons en mandement, etc........

Donné à Paris, le 12 avril 1825.

Signé CHARLES.

Et plus bas, par le Roi :

Le Ministre de la justice,

DE PEYRONNET.

Journal officiel, 1825, n° 48. — Annales maritimes, 1825, 1re partie, p. 298.

N° 4327. — *Mémoire, présenté à l'académie royale des sciences, sur le serpent jaune de la Martinique, ou trigonocéphale fer-de-lance, par M. Moreau de Jonnès.*

24 avril 1825.

Annales maritimes, 1825, 2e partie, t. 2, p. 150.

N° 4328. — *Dépêche ministérielle ordonnant de* dater *toutes les pièces comptables de recettes et de dépenses.*

6 mai 1825.

Monsieur, j'ai à faire une recommandation qui intéresse le bon ordre de la comptabilité et qui est d'ailleurs conforme aux instructions du trésor ainsi qu'aux principes rappelés par la cour des comptes.

C'est de dater très-exactement toutes les pièces de recettes et de dépenses à *l'endroit de l'acquit,* de manière à préciser le jour où une opération quelconque influe sur la situation de la caisse.

Cette date doit toujours concorder avec celle qui est portée pour le même objet, soit au livre journal, soit dans toutes les autres écritures du comptable.

La présente sera enregistrée au contrôle, qui devra toujours vérifier et enregistrer les pièces avant que l'acquit ne soit donné et qui devra dater lui-même son visa.

Recevez, etc.

Le Ministre de la marine et des colonies,

Signé Comte DE CHABROL.

Inspection. Reg. 12, n° 20.

N° 4329. — *Arrêté du gouverneur administrateur portant création d'une commission chargée d'examiner les proposi- tions de l'inventeur d'un procédé nouveau pour la clarifica- tion du vesou.*

9 mai 1825.

Nota. Cet inventeur proposait de faire connaître son secret aux habitants de la Martinique moyennant la promesse préalable, dûment garantie, d'une juste récompense.

Arch. du gouvernement. Ord. et déc., n° 1405.

N° 4330. — *Circulaire ministérielle ordonnant aux trésoriers coloniaux d'envoyer en double expédition les bordereaux nominatifs de retenue de 2 pour 100 au profit de la dotation de l'hôtel royal des invalides.*

13 mai 1825.

Inspection. Reg. 12, n° 23.

N° 4331. — *Ordre du gouverneur administrateur qui affecte un fonds de 12,250 francs à la construction d'un pont sur la rivière Vatable aux Trois-Ilets.*

15 mai 1825.

Arch. du gouvernement. Ord. et déc., n° 1453.

N° 4332. — *Dépêche ministérielle portant autorisation de payer de suite, et sans décision préalable du ministre, les gratifications pour épaves de mer de peu de valeur.*

25 mai 1825.

Annales maritimes, 1835, 1re partie, p. 26.

No 4333. — *Décision du gouverneur administrateur, qui accorde, sur la caisse municipale, au nommé Dumas, homme de couleur, une indemnité de 5,242 fr. 60 cent. pour un terrain traversé par la rue du Gouvernement, à Fort-Royal.*

1er juin 1825.

Nota. Cet homme s'était adressé d'abord aux tribunaux, qui par jugement et arrêt l'avaient renvoyé à se pourvoir auprès du gouvernement.

Arch. de la direction de l'intérieur. Reg. 4, fo 29 vo.

No 4334. — *Circulaire ministérielle aux commissaires des classes relative à la distribution du produit des successions des marins, des passagers et des fonctionnaires décédés en mer ou dans la colonie.*

13 juin 1825, no 819.

Monsieur, les caisses de l'établissement des invalides recueillant, outre les successions des marins embarqués, celles des passagers décédés en mer, et, dans les colonies, celles de tous les fonctionnaires, mon intention est que ces divers produits puissent être remis à domicile aux héritiers, avec la même exactitude et la même célérité, soit qu'il s'agisse d'individus qui appartenaient aux classes, ou de personnes qui ne provenaient pas de ce service.

En conséquence, et par analogie avec le mode d'avertissement suivi à l'égard des successions coloniales d'une autre espèce (successions des personnes étrangères au service public), dont les produits, d'abord versés à la vacance, passent ensuite dans la caisse des dépôts et consignations, j'ai arrêté les dispositions suivantes :

Les produits de successions ainsi que les décomptes versés dans les caisses de l'établissement des invalides aux colonies, ensemble les mêmes produits versés dans les ports de France, comme appartenant à des passagers originaires ou domiciliés des colonies et morts en mer, continueront à être centralisés chez le trésorier général, à Paris.

Aussitôt que la réalisation des fonds aura été assurée, il sera fait un dépouillement des états et documents parvenus avec ces valeurs, pour servir à dresser deux listes nominatives, lesquelles indiqueront séparément : 1o les parties qui provenaient des classes ; 2o celles qui n'appartenaient pas à ce service.

Ces listes, établies et arrêtées par quartier, seront transmises aux commissaires aux classes.

D'une part, ces administrateurs vérifieront celle des deux listes exclusivement relative aux gens de mer, et de l'autre, ils consulteront sur le second document les autorités civiles, ou au besoin tel fonctionnaire qui leur paraîtrait plus en situation de leur donner les moyens de s'entendre directement avec les familles intéressées.

Ils renverront au ministère l'une et l'autre liste annotées du résultat de ces recherches; et, en même temps, rien ne s'opposera à ce que, pour abréger les délais, ils indiquent aux ayants droit la nature des pièces justificatives dont la demande leur serait faite lors du payement.

Au retour de ces listes, les remises seront préparées ici avec activité.

Enfin, les commissaires des classes auront soin, après l'arrivée desdites remises aux quartiers, d'en faire donner avis par les moyens ordinaires à tous les intéressés quels qu'ils soient, sans admettre à cet égard aucune distinction ni préférence entre les objets provenant des inscrits maritimes et ceux d'une origine différente.

Des dispositions analogues assureront le même bénéfice aux familles domiciliées hors de la circonscription des arrondissements maritimes.

Recevez, etc.

Le Ministre de la marine et des colonies,

Signé Comte DE CHABROL.

Et plus bas:

Le Directeur des fonds et invalides,

LACOUDRAY.

Inspection. Reg. 12, n° 38.

⎯⎯⎯⎯◦⦿◦⎯⎯⎯⎯

N° 4335. — *Dépêche ministérielle portant qu'à l'avenir la liquidation des droits d'entrée des marchandises françaises dans la colonie sera basée sur les prix courants du commerce de l'île.*

14 juin 1825.

Monsieur le Comte, lors de la réduction de 1 pour 100 du droit d'entrée qui est perçu dans nos Antilles sur les marchandises françaises, il fut réglé que les prix portés aux acquits-à-caution serviraient de base pour la liquidation du droit.

Depuis lors, cette base est devenue fort inexacte dans quelques-uns de nos ports. Les acquits-à-caution paraissent être encore formés avec quelque sincérité, mais il est reconnu que dans le plus grand nombre ces documents présentent des évaluations fort au-dessous de la vérité.

M. le conseiller d'État directeur général des douanes, à qui j'ai donné connaissance des justes réclamations élevées à ce sujet, m'ayant fait connaître que son administration n'a aucun moyen de forcer le commerce de France à déclarer exactement la valeur de ses exportations pour nos établissements d'outre-mer, lesquelles, en raison de leur destination, sont ici exemptes de tout droit, j'ai jugé convenable d'adopter, pour la répression de l'abus dont il s'agit, la disposition suivante :

A dater du 1er octobre 1825, le droit d'entrée sur les marchandises françaises sera liquidé à la Martinique et à la Guadeloupe, d'après le prix courant desdites marchandises dans la colonie.

Je fais informer le commerce de la métropole de cette disposition qui sera également appliquée à Cayenne et au Sénégal, et qui, au surplus, est depuis longtemps en vigueur à l'île Bourbon, où le droit d'entrée est de 6 pour 100.

Vous voudrez bien prendre les mesures nécessaires pour son exécution, et m'en rendre compte.

La présente lettre devra être enregistrée au contrôle.

Je joins, à titre de renseignement, un exemplaire du n° 26 du *Bulletin officiel* de l'île Bourbon, où se trouve, pages 65 et suivantes, une ordonnance locale relative à la perception des droits d'importation.

Recevez, etc.

Le Ministre de la marine et des colonies,
Signé Comte DE CHABROL.

Inspection. Reg. 12, n° 47.

N° 4336. — *Ordonnance du gouverneur administrateur qui détermine pour l'année 1825 la durée de l'hivernage pour les bâtiments du commerce français.*

21 juin 1825.

NOTA. Elle n'est que la reproduction de celle du 25 juin 1818.

Enregistré à la cour royale, 25 juin 1825. — *Journal officiel*, 1825, n° 50.

N° 4337. — *Circulaire ministérielle décidant en principe que l'établissement des invalides doit conserver les produits de toutes les successions versées dans ses caisses, à quelque titre que ce soit, jusqu'à réclamation des ayants droit eux-mêmes.*

27 juin 1825.

Monsieur, des difficultés s'étaient élevées sur la question de savoir si, dans le cas de *vacance de succession*, la caisse des invalides de la marine devait garder ou remettre les décomptes des pensionnaires décédés lorsqu'ils étaient réclamés par des curateurs judiciairement institués ou par le domaine.

Les avis étant partagés entre le droit spécial de l'établissement et le droit commun, l'affaire a été soumise à l'examen des comités réunis du contentieux et de la marine du conseil d'État; et voici ce qui résulte de la délibération :

« Les décomptes dus aux pensionnaires décédés du dépar-
« tement de la marine sont évidemment compris dans la géné-
« ralité des objets concernant le service de la marine et attribués
« à cette caisse.

« L'exécution de cette disposition ne serait plus entière, si
« les mêmes objets pouvaient être détournés ou distraits du
« service auquel ils sont affectés, sans avoir été réclamés soit
« par les héritiers, soit par les créanciers de la succession, soit
« enfin par des intéressés autres qu'un curateur à la vacance
« qui n'est que l'agent de la succession, et qui, aux termes de
« l'article 813 du code civil, serait tenu de les verser lui-même
« à la caisse des dépôts et consignations pour la conservation
« des droits et à la charge de rendre compte à qui il appar-
« tiendrait.

« Enfin l'article 110 de la loi du 28 août 1816 maintient les
« dispositions des lois relatives aux dépôts et consignations à
« faire en *matière spéciale*, ailleurs qu'à la caisse d'amortisse-
« ments, et l'ordonnance du 3 juillet 1816, portant établissement
« de la caisse des dépôts et consignations, n'y déroge pas.

« La caisse des invalides de la marine doit donc rester dépo-
« sitaire des arrérages de pension, ainsi que de tous autres
« fonds dus par cette caisse et provenant d'objets concernant
« le service de la marine, lors même qu'ils font partie d'une
« succession vacante et qu'il y a un curateur nommé à l'admi-
« nistration de cette succession. »

D'après les considérations exprimées dans cet avis, j'en ai adopté les conclusions par décision du 11 de ce mois.

En conséquence, la caisse des invalides conserve tous les produits de successions maritimes vacantes, dans tous les cas, c'est-à-dire :

Lorsque le domaine les revendique comme produits de déshérence;

Ou, lorsqu'ils sont réclamés par des curateurs.

Veuillez bien donner les ordres les plus précis en ce sens et m'accuser réception de la présente, qui devra être enregistrée au contrôle.

Recevez, etc.

Le Ministre de la marine et des colonies,

Signé Comte DE CHABROL.

Arch. de l'ordonnateur. Dép., 1825, n° 57.

N° 4338. — Dépêche ministérielle portant que les dispositions qui prescrivent aux comptables de remettre à leurs successeurs tous les registres et documents de leur gestion sont toujours en vigueur.

8 juillet 1825.

Monsieur, une circulaire du 31 mai 1824, n° 483, rappelait que les comptables sortant d'exercice devaient remettre à leurs successeurs les registres, dépêches, instructions et généralement tous les autres documents officiels relatifs à leur gestion.

Elle rappelait, en outre, que cette disposition s'étendait à tous les comptables dont le remplacement a lieu pour cause de démission, de révocation ou de décès.

Cependant il s'est reproduit des doutes à ce sujet.

Plusieurs trésoriers coloniaux ont prétendu que l'instruction de l'ancien payeur des dépenses diverses, du 1er janvier 1810, rappelée dans la circulaire précitée, n'était plus en vigueur depuis que ces trésoriers étaient devenus comptables directs de la cour des comptes, et que cette novation les obligeait à conserver près d'eux les documents relatifs à leur gestion, afin d'être à portée de fournir à la cour les renseignements qu'elle pourrait demander lors de l'apurement de leur comptabilité.

M. le ministre des finances, à qui j'ai déféré la question, m'a répondu en ces termes, le 27 juin dernier :

« D'après les instructions du ministère des finances et conformément à la loi du 16 juillet 1793, tous les comptables publics sont tenus, lors de leur installation, de se faire remettre les

« registres, pièces et documents, non-seulement de leur prédé-
« cesseur immédiat, mais encore de toutes les gestions anté-
« rieures; et ils doivent aussi conserver ces pièces dans leurs
« archives, pour les tenir, sans déplacement, à la disposition,
« soit des agents de l'administration, soit des anciens comp-
« tables et de leurs fondés de pouvoirs. »

Je vous invite, Monsieur, à surveiller sévèrement l'exécution de cet ordre de service et à m'accuser réception de la présente dépêche, dont je joins ici exemplaires pour être distribués entre l'administration, le contrôle et le comptable.

Recevez, etc.

Le Ministre de la marine et des colonies,

Signé Comte de CHABROL.

Inspection. Reg. 12, n° 86.

Nº 4339. — *Extrait de l'ordonnance du Roi relative aux douanes, du 13 juillet 1825, en ce qui touche les droits d'entrée des denrées ou productions coloniales importées en France.*

13 juillet 1825.

Art. 3. A dater du 1er octobre 1823, les droits spéciaux en faveur de certaines denrées provenant du cru des colonies françaises. . . . . seront établis de la manière suivante :

Sucre de toutes les colonies.
Café *idem*. . . . .
Bois de campêche *idem*. . . . .
Confitures *idem*. . . . . Droits actuels.
Mélasse de toutes colonies, par 100 kilogrammes. . . . 12f 00
Coton sans distinction d'espèce, *idem*. 5 00

Collection de Duvergier, t. 25, p. 285.

Nº 4340. — *Décision du gouverneur administrateur interprétative de l'arrêté colonial du 27 décembre 1802, en ce qui concerne les allocations dues aux curés des paroisses pour domestiques et chevaux.*

22 juillet 1825.

Nous, etc.,

Vu l'article 10 du titre IV de l'arrêté rendu le 27 décembre

1802 par les capitaine général et préfet colonial de la Martinique, duquel la teneur suit : « Il sera fourni par les habitants
« aux curés des campagnes un ameublement décent, trois do-
« mestiques noirs et un cheval ; »

Considérant que M. le capitaine général Villaret, consulté
en 1805 sur la question de savoir si l'intention du gouvernement colonial avait été d'exclure, par ledit article, les curés des
villes de la jouissance des allocations dont s'agit, répondit néga-
tivement, et fit en conséquence notifier par le procureur général
à l'assemblée de paroisse du Fort-Royal qu'elle eût à faire à son
curé les fournitures mentionnées audit article ;

Considérant au surplus que lesdites fournitures ne sont pas
moins nécessaires aux curés des villes qu'à ceux des campagnes,
et qu'une distinction entre eux à cet égard serait d'autant plus
mal fondée que les curés résidant dans les villes ont la charge
des campagnes comprises dans l'étendue de leurs paroisses, et
sont ainsi curés des campagnes,

Avons décidé et décidons ce qui suit :

Art. 1er. Les fournitures spécifiées à l'article 10 du titre IV
de l'arrêté du 27 décembre 1802, sont dues à tous les curés indistinctement, sauf les arrangements particuliers qui peuvent
exister ou avoir lieu à l'avenir entre les curés et leurs parois-
siens, pour le remplacement desdites fournitures par une prestation annuelle en argent.

Art. 2. La présente décision sera enregistrée au contrôle et à
la direction de l'intérieur.

Elle sera aussi transcrite sur le registre des délibérations de la
paroisse du Fort-Royal.

Donné au Fort-Royal, le 22 juillet 1825.

Signé DONZELOT.

Et plus bas :

GUILLAUME,
Secrétaire.

Direction de l'intérieur. Reg. 4, f⁰ 32.

N⁰ 4341. — *Mémoire sur les moyens à prendre pour enlever à
la cochenille Sylvestre l'enveloppe cotonneuse qui la caractérise ; par M. Perrotet, botaniste du Roi au Sénégal.*

25 juillet 1825.

Annales maritimes, 1834, 2e partie, t. 1, p. 153.

N° 4342. — *Décision ministérielle portant que les magasiniers embarqués sur les bâtiments du Roi seront traités dans la répartition des prises d'après leur grade au service.*

26 juillet 1825.

Arch. de l'ordonnateur. Dép. 1825, n° 69.

———❦———

N° 4343. — *Ordonnance du Roi portant qu'à partir de 1825 le compte à rendre par le trésorier général des invalides de la marine sera établi par gestion annuelle.*

7-13 août 1825.

Collection de Duvergier, t. 25, p. 309.

———❦———

N° 4344. — *Circulaire ministérielle concernant l'expertise des marchandises provenant de naufrages et d'épaves.*

13 août 1825.

Monsieur, j'ai appelé l'attention du Ministre des finances sur les embarras et les préjudices qui résultaient des dernières instructions émanées de la direction générale des douanes, en vertu desquelles les agents de cette administration dans les ports subordonnaient l'expertise des marchandises provenant de naufrages ou d'épaves à la justification d'un commencement de preuve d'origine française.

Après lui avoir démontré que la condition imposée était absolument impraticable, notamment pour les épaves, je lui exposais qu'il serait convenable d'affranchir du commencement de preuve au moins les objets de cette dernière espèce, à l'égard desquels tout indice d'origine, pris hors d'eux-mêmes, a disparu et ne peut plus être obtenu.

Le ministre des finances est entré parfaitement dans ces vues; il a reconnu juste en principe, et possible dans l'application, d'établir une distinction entre les marchandises d'épaves et celles qui proviennent de naufrage proprement dit; et le 7 juin dernier il m'a donné connaissance des dispositions que, sur la proposition de M. le directeur général des douanes, il avait substituées à celles qui sont actuellement en vigueur; par ces nouvelles dispositions il est réglé:

Que l'expertise aura lieu pour les marchandises sauvées des naufrages quand les indices fournis par la nature des objets et la forme des ballots établiront la présomption d'origine française,

et que d'ailleurs cette présomption ne résultera pas des déposi-
tions des marins échappés du naufrage, les papiers retirés de la
mer, ou tels autres renseignements;

Qu'elle aura lieu également de plein droit pour les marchandises trouvées épaves quand elles comporteront aussi par elles-
mêmes des indices d'origine qui dispensent de s'enquérir du lieu
où elles auraient été chargées sur le navire inconnu qui a péri.

Ces concessions importantes aplanissaient déjà la majeure
partie des difficultés qui entravaient le service des bris et naufrages.

Mais il existait encore un point assez essentiel à obtenir et qui
m'a paru être le complément des nouvelles dispositions arrêtées :
celui de l'expertise locale pour les liquides épaves, lorsqu'ils
sont de peu de valeur et dans un état de dépérissement sensible.
J'ai fait remarquer que ces circonstances, en fait d'épaves,
étaient très-fréquentes, et que l'envoi des échantillons à Paris,
pour être soumis aux experts établis près le ministère de l'intérieur, traînait nécessairement les opérations en longueur, et re-
tardait ainsi le payement de l'indemnité due aux sauveteurs, en
même temps qu'il pouvait augmenter la détérioration de l'objet
sauvé.

La réponse sur ce point, en date du 22 juillet, a été satisfaisante ; elle établit qu'une double garantie se trouvant dans l'intervention de l'administration de la marine à toutes les opérations
de sauvetage, et dans le droit réservé à l'administration des
douanes de choisir les experts appelés à reconnaître l'origine
des liquides, l'expertise pourra désormais être faite sur les lieux,
pour les liquides seulement, et autant que, dans la supposition
d'une provenance étrangère, le droit à percevoir en raison de la
quantité n'excéderait pas 300 francs, ou que les liquides seraient dans un état de dépérissement imminent.

J'ai prié le ministre des finances d'inviter M. le directeur général des douanes à faire la notification de ces deux décisions à
ses agents dans les ports, afin que les deux administrations, également fixées sur les nouvelles instructions qu'elles comportent,
concourent dans une parfaite intelligence à leur exécution.

Veuillez m'accuser réception de la présente que vous ferez
enregistrer au contrôle.

Comme il importe qu'elle soit connue des commissaires des
classes, plus immédiatement appelés par la nature de leurs attributions à en faire l'application, je vous en adresse des exemplaires que vous voudrez bien leur transmettre, et dont ils

devront donner communication aux chambres de commerce de leur résidence respective.

Le Ministre de la marine et des colonies,

Signé Comte DE CHABROL.

Annales maritimes, vol. 1835, p. 33.

N° 4345. — *Arrêté du gouverneur administrateur qui organise une souscription proposée en faveur des victimes de l'ouragan survenu à la Guadeloupe le 26 juillet précédent* (*).

15 août 1825.

Nous, etc.,

Vu les délibérations des assemblées réunies auprès des bureaux de commerce de Saint-Pierre et du Fort-Royal, les 9 et 11 du présent mois, à l'effet d'aviser aux moyens les plus convenables d'ouvrir une souscription, et d'en percevoir le produit, en faveur des victimes de l'ouragan qui a frappé la Guadeloupe le 26 juillet dernier; lesdites assemblées autorisées par nous sur la demande de divers négociants et propriétaires de ces deux villes;

Prenant en considération les motifs louables exprimés dans ces délibérations,

Avons arrêté et arrêtons ce qui suit :

Art. 1er. Il sera formé deux comités centraux, l'un au Fort-Royal, l'autre à Saint-Pierre, chacun exerçant ses attributions dans l'étendue de l'arrondissement.

Art. 2. Chaque comité correspondra avec les commissaires commandant et les curés des paroisses, pour l'ouverture des souscriptions, qui seront libres et volontaires, et pour la perception des offrandes.

Art. 3. Il recevra le produit des souscriptions en espèces, ou en comestibles, ou en mandats payables aussi en espèces ou en comestibles.

Art. 4. Il nommera un trésorier pris dans son sein.

Art. 5. Sont approuvés les choix faits par les assemblées des membres devant composer les comités, savoir :

Pour l'arrondissement de Saint-Pierre, MM. de l'Horme, J. J. Faure et V. Artières;

(*) On peut lire les détails de cette affreuse catastrophe dans la même feuille, 1825, n° 63.

Et pour celui du Fort-Royal, MM. Auger, Barême et Élie Bourgeois.

Art. 6. Les comités enverront successivement les produits des offrandes de leurs arrondissements aux autorités de la Guadeloupe, chargées de les recevoir et d'en faire la répartition.

Art. 7. MM. les commandants et MM. les curés des paroisses sont invités à seconder les opérations des comités d'arrondissement.

Art. 8. Lorsque les comités auront accompli leur mission, ils nous adresseront un compte du produit des offrandes et de leur emploi.

Donné au Fort-Royal, le 15 août 1825.

Signé DONZELOT.

Et plus bas:
GUILLAUME,
Secrétaire.

Journal officiel, 1825, n° 66.

N° 4346. — Ordonnance du Roi qui diminue les droits de sortie à la Martinique, règle les dépenses de cette colonie et y pourvoit (*).

17 août 1825.

CHARLES, etc.,

Sur le rapport de notre Ministre secrétaire d'État de la marine et des colonies,

Nous avons ordonné et ordonnons ce qui suit:

Art. 1er. Le droit de sortie de 2 pour 100 ad valorem, qui est perçu à la Martinique sur les cargaisons des navires français destinés pour les ports de notre royaume, sera réduit à 1 pour 100 à compter de l'année 1826.

La Martinique pourra, si sa situation financière le permet, être dégrévée en outre, pendant la même année, d'une somme de 100,000 francs sur le droit d'exportation qui est perçu dans cette colonie en remplacement de la capitation des noirs de grande culture.

Art. 2. Les dépenses du service colonial de la Martinique en 1826 sont réglées, conformément au budget annexé, à la

_____

(*) Voir dépêche ministérielle d'envoi, du 19 août 1825, contenant instructions sur l'exécution de cette ordonnance. Arch. de l'Inspection. Reg. 12, n° 60.

somme totale de 1,841,722 francs, y compris une allocation spéciale de 200,000 francs destinée à concourir à la formation d'un fonds général pour subvenir aux besoins imprévus dudit service.

Art. 3. Il sera pourvu à cette dépense au moyen des droits et autres revenus locaux dont le produit présumé est compris au même budget pour pareille somme de 1.841,722 francs.

Art. 4. Notre Ministre secrétaire d'État de la marine et des colonies est chargé de l'exécution de la présente ordonnance.

Donné à Saint-Cloud, le 17 août 1825.

Signé CHARLES.

Et par le Roi :

Le Ministre de la marine et des colonies,

Signé Comte DE CHABROL.

Annales maritimes, 1825, p. 471.

N° 4347. — *Ordonnance du Roi qui fait abandon aux colonies de la Guyane française, du Sénégal et des établissements de l'Inde de leurs revenus locaux pour leurs dépenses intérieures.*

17 août 1825.

CHARLES, etc.,

Vu nos deux ordonnances du 26 janvier dernier, qui ont prescrit, à dater de 1826, diverses dispositions relatives à une nouvelle classification des dépenses des colonies;

Vu la loi de finances du 13 juin 1825, laquelle a confirmé celles de ces dispositions qui exigeaient le concours des chambres ;

Voulant pourvoir aux mesures nécessaires pour le complément d'exécution de ce nouveau système, dont l'effet est de faire payer sur les fonds de la guerre et de la marine les dépenses coloniales qui se rattachent au service de ces deux départements, et de laisser à la charge des colonies toutes celles qui intéressent leur administration intérieure;

Sur le rapport de notre Ministre secrétaire d'État de la marine,

Nous avons ordonné et ordonnons ce qui suit :

Art. 1er. En conséquence de ce qui a été stipulé à l'égard de nos colonies de la Martinique, de la Guadeloupe et de Bourbon, par l'article 3 de notre seconde ordonnance du 26 janvier dernier, il est fait, à dater de 1826, à nos colonies de la Guyane française et du Sénégal, et à nos établissements dans l'Inde, entier abandon de leurs revenus locaux, pour être appliqués à l'acquittement des dépenses de leur service intérieur; demeure exceptée la rente de quatre lacks de roupies sicca, payable par la compagnie anglaise de l'Inde, et dont l'emploi a été réglé par la susdite ordonnance.

Art. 2. Les fonds libres qui pourront provenir des exercices 1825 et antérieurs, et les approvisionnements appartenant à l'artillerie et aux divers services de la marine qui existeront dans les magasins, chantiers et ateliers, au 31 décembre prochain, seront applicables aux besoins du service intérieur des colonies, à la charge par elles de pourvoir respectivement au payement intégral des dépenses dûment autorisées qui resteraient à acquitter sur les années 1816 et postérieures.

Art. 3. Les établissements publics de toute nature et les propriétés domaniales existant dans nos diverses colonies leur sont remis en toute propriété, à la charge de les réparer et entretenir, et de n'en disposer que sur notre autorisation.

Sont également remis aux colonies les noirs et les objets mobiliers attachés aux différentes branches du service.

Art. 4. Ne sont pas compris dans les établissements dont il est question à l'article précédent, les bâtiments militaires (à l'exception des hôpitaux), les fortifications, les batteries, forts et autres ouvrages de défense, lesquels restent propriété de l'État.

Art. 5. Notre Ministre secrétaire d'État de la marine et des colonies est chargé de l'exécution de la présente ordonnance.

Donné à Saint-Cloud, le 17 août 1825.

Signé CHARLES.

Et par le Roi:

Le Ministre de la marine et des colonies,

Signé Comte DE CHABROL.

Annales maritimes, 1825, 1ʳᵉ partie, p. 469, et archives du gouvernement. Ord. et déc.

━━━━◄●◄◐►●►━━━━

N° 4348. — *Dépêche ministérielle au gouverneur administrateur, relative à l'exécution des ordonnances royales des 26 janvier et 17 août 1825, et contenant diverses explications et*

Instructions au sujet des budgets des trois services Guerre, Marine *et* Colonies (*).

19 août 1825.

Monsieur le Comte, je vous ai informé sommairement, dans ma lettre du 10 février dernier, des dispositions qui venaient d'être adoptées concernant une nouvelle classification des dépenses des colonies, par deux ordonnances royales du 26 janvier 1825; celles de ces dispositions qui exigeaient le concours des deux chambres, ayant été confirmées par la loi du 13 juin dernier, Sa Majesté a, par une autre ordonnance du 17 de ce mois, pourvu à diverses mesures qui se rattachent à celles déjà prescrites et en forment le complément.

D'un autre côté, je fais préparer, de concert avec M. le ministre de la guerre, un règlement qui sera soumis à l'approbation du Roi, qui a pour objet de déterminer les rapports de service, entre le ministre de la guerre et celui de la marine, au sujet des colonies.

Enfin, j'arrêterai incessamment une instruction relative à la comptabilité générale des colonies, et spécialement à la partie des dépenses de ces établissements qui sera désormais payée sur les fonds du département de la marine.

Je vous adresse une ampliation des trois ordonnances royales; vous recevrez ultérieurement des exemplaires du règlement et de l'instruction dont je viens de parler; ces deux derniers documents devront être l'objet de votre attention particulière; si vous aperceviez dans leur application quelques difficultés, vous auriez à me proposer, après en avoir délibéré en conseil, les moyens d'y remédier; vous useriez du même soin, si vous croyiez qu'il existât dans les règlements en question des lacunes ou des articles susceptibles de modifications.

Le service des colonies est divisé en trois parties désormais bien distinctes; savoir:

Les dépenses de l'état militaire, auxquelles il sera pourvu par le département de la guerre, sur les fonds crédités à son budget;

Les dépenses qui se rattachent au service marine et pour lesquelles je fournirai, dans les limites déterminées, les fonds nécessaires sur les crédits affectés aux dépenses de mon département;

(*) Cette dépêche est surtout intéressante en ce qui concerne le service à la charge de la colonie dont elle parcourt et examine successivement toutes les parties, signalant les réformes ou améliorations dont elles seraient susceptibles.

Les dépenses du service colonial ou intérieur auxquelles seront appliqués les revenus locaux.

Je vous remets, ici, l'état des dépenses auxquelles le département de la guerre aura à pourvoir en 1826 pour la colonie de la Martinique, et pareil état concernant les dépenses payables sur les fonds marine. Il vous est interdit d'y faire aucun changement quelconque sans en avoir reçu de moi l'autorisation.

Je vais entrer dans quelques explications au sujet des budgets des trois services pour 1826.

Service à la charge du département de la guerre.

Vous n'êtes porté sur cet état que pour le traitement de disponibilité attaché à votre grade, le supplément qui est attaché à vos fonctions est alloué au budget du service colonial, comme devant être payé sur les fonds de la colonie.

Les officiers d'état-major et des places, les officiers et employés des directions d'artillerie et du génie, les troupes d'infanterie et celles d'artillerie, seront payés sur les fonds du département de la guerre, mais la gendarmerie ne recevra de ce département que la solde et les indemnités sur le pied d'Europe ; les suppléments coloniaux ont dû rester à la charge de la caisse coloniale, attendu que la gendarmerie est spécialement affectée à la police locale.

La proportion des journées d'hôpitaux qui avaient été calculée jusqu'à présent au 20ᵉ pour les officiers, a été réduite pour 1826 au 60ᵉ, et celle des journées de sous-officiers qui était calculée à raison du 6ᵉ n'est plus fixée qu'au 9ᵉ ; cette dernière proportion n'est même que du 10ᵉ pour la direction de l'artillerie et du génie. Ces calculs ont été ainsi réglés d'après le nombre moyen des journées de même nature pendant les années précédentes.

Indépendamment des dépenses inscrites sur l'état ci-joint, le département de la guerre pourvoira à celles du matériel de l'artillerie et du génie. Un fonds de 300,000 francs lui a été remis pour subvenir à ces dépenses en 1826 dans nos principales colonies ; je présume que la Martinique pourra être comprise dans la répartition pour une somme de 100 à 120,000 francs. Vous aurez à m'adresser le projet d'emploi de cette somme, soit en travaux, soit en approvisionnements de prévoyance ; vous aurez soin d'y joindre les devis, plans et mémoires des travaux proposés, sauf à faire exécuter d'urgence, s'il y a lieu, les ouvrages d'entretien ou autres, dont la dépense devrait d'ailleurs ne pas excéder 5,000 francs.

Service à la charge du département de la marine.

L'administration de la marine étant chargée d'un grand nombre d'attributions qui se rapportent au service intérieur de la colonie, celle-ci pourvoira aux suppléments coloniaux des fonctionnaires de cette administration. On n'a en conséquence inscrit sur l'état ci-joint que leur traitement d'Europe.

Les officiers de santé continueront d'être fournis par le service de la marine et y resteront attachés ; mais cette partie du personnel n'est portée ici que pour ordre, parce que la dépense à laquelle il donne lieu entrera dans le calcul du prix des journées d'hôpitaux et sera par conséquent acquittée par la caisse coloniale, qui fera le recouvrement des frais d'hôpitaux incombant aux services respectifs.

Dispositions communes au service de la guerre et à celui de la marine.

Vous me ferez connaître au plus tôt, par une lettre spéciale, quelle est, sur les fonds que vous avez à toucher en 1826 du département de la guerre et de celui de la marine, la somme que vous désirez recevoir en traites, et celle qu'il conviendrait de réserver ici, pour être employée à des achats d'approvisionnements.

Vous m'adresserez chaque année, en m'envoyant les projets de budgets, des indications de même nature.

Vous arrêterez en conseil, aussitôt après la réception de la présente lettre, l'état des dépenses à faire en 1827 à la Martinique par le ministère de la guerre ; vous soumettrez ensuite ce travail au comité consultatif, et vous l'examinerez de nouveau en conseil, avec les observations du comité. Tous ces documents réunis devront me parvenir désormais avant le mois d'octobre, époque à laquelle les budgets généraux des divers départements sont habituellement préparés pour l'année subséquente. Le moindre retard dans les envois de cette nature pourrait avoir les plus graves inconvénients pour le service du Roi, et je ne puis trop insister sur la nécessité d'une grande exactitude à cet égard.

En conséquence, vous arrêterez en juillet 1826 le travail relatif aux dépenses de l'exercice 1828 ; en juillet 1827, l'état des dépenses de 1829, et ainsi de suite.

Vous opérerez de la même manière pour les dépenses à la charge du département de la marine, en ayant soin de former, pour chacun des deux départements, un travail distinct, lequel devra d'ailleurs m'être adressé en double expédition.

Je vous recommande d'entrer dans toutes les voies d'économie qui vous paraîtront praticables, soit pour le service de la guerre, soit pour celui qui reste au compte de la marine; d'un autre côté, vous n'êtes pas rigoureusement astreint à renfermer dans les limites des deux états ci-annexés vos demandes de fonds pour 1827; cependant, je ne me déciderais qu'avec peine à demander des augmentations sur chacun de ces services, et, si la nécessité en était absolument démontrée, il faudrait que les demandes à présenter fussent appuyées de tous les documents propres à déterminer d'abord la conviction du département sur lequel l'augmentation devrait porter, et ensuite l'assentiment des chambres.

Je désire même beaucoup que vous borniez vos propositions à ce qui est reconnu indispensable, afin d'éviter de faire considérer avec défaveur, comme pouvant induire chaque année à des accroissements de dépenses, un système que, dans l'intérêt des colonies, il convient d'accréditer et de consolider par tous les moyens possibles.

En ce qui concerne les travaux au compte de la guerre, vous aurez toujours soin de faire examiner en conseil, et de m'envoyer avec votre avis, les devis, plans et mémoires qui auront été dressés par les soins des directeurs du génie et de l'artillerie; ainsi que l'indique l'article 2 de la première ordonnance royale du 26 janvier dernier, ces documents seront transmis par moi au département de la guerre pour être soumis à l'examen des comités consultatifs du génie et de l'artillerie.

Lorsque des travaux devront s'exécuter au compte du service *marine*, vous aurez à me transmettre également, pour être examinés par M. l'inspecteur général des travaux maritimes, les devis, plans et mémoires qui auront été rédigés par l'ingénieur commis à cet effet.

Vous remarquerez que les dépenses au compte de la guerre sont classées dans l'ordre qui a été adopté pour la comptabilité de ce ministère, et que le classement des dépenses à la charge du service marine a été fait également d'après la nomenclature suivie dans le budget général de mon département.

Vous voudrez bien vous conformer à ces classifications lorsque vous rédigerez les états des dépenses à faire annuellement pour l'un et pour l'autre service.

Service à la charge de la colonie.

Les recettes et les dépenses du service intérieur des colonies sont divisées en deux classes distinctes.

La première comprend le service général ou colonial, et la deuxième le service municipal; je ne m'occuperai ici que du service colonial, le second sera l'objet d'une lettre spéciale.

Les dépenses du service colonial de la Martinique se composent à dater de 1826 : 1° des dépenses comprises au budget général de 1825 autres que celles mises, ainsi que l'indiquent les deux états relatés plus haut, au compte de la guerre et de la marine; 2° des dépenses qui ont figuré jusqu'à présent dans le budget municipal, comme s'appliquant à des objets généraux, lesquels rentrent nécessairement, d'après le nouveau système, dans le budget du service colonial.

La colonie pourvoira à ces diverses dépenses : 1° avec le produit des droits et revenus locaux de toute nature compris au même budget général de 1825 et dont il lui est fait entier abandon par les ordonnances royales des 26 janvier et 17 août; 2° au moyen des autres recettes locales qui étaient appliquées aux dépenses générales du service municipal.

Je vous adresse le budget des recettes et des dépenses du service colonial à la Martinique pour l'année 1826, que j'ai arrêté, d'après ces bases, sous la date de ce jour.

RECETTES.

Ainsi que je l'ai annoncé dans mon rapport au Roi sur le budget du département de la marine pour 1826, un dégrèvement est accordé à nos colonies des Antilles et de Bourbon, sur le tarif de sortie des denrées du sol, afin de suppléer, du moins en partie, à la diminution encore ajournée du droit de consommation perçu en France sur les sucres français; en conséquence, le droit de sortie sur navire français, qui est actuellement de 2 pour 100 à la Martinique, ne sera perçu, à dater du 1er janvier 1826, qu'à raison de 1 pour 100, et son produit, qui était évalué à 280,000, n'est plus porté au budget, ci-annexé, que pour 140,000; en outre, les droits d'exportation qui sont perçus en remplacement de la capitation des noirs de grande culture, sont inscrits au même budget pour 100,000 francs de moins qu'en 1825, afin que vous puissiez modifier à dater de 1826 le tarif de ces droits de manière à en réduire le produit à 400,185 au lieu de 500,185 francs. Je désire que cette dernière réduction ait pour résultat de ramener les droits dont il s'agit au taux de ceux qui sont perçus à la Guadeloupe sur les mêmes denrées, tant pour les dépenses du service colonial, que pour celles du service municipal. Je joins ici au besoin le tarif en vigueur dans cette colonie. Il est désirable à tous égards que les impôts qui pèsent directement sur les productions du sol soient autant que possible réglés uniformément dans les deux îles.

Vous voudrez bien vous conformer à ces diverses dispositions, dans l'ordonnance à intervenir sur les impositions de la Martinique pour 1826.

Je vous laisse toutefois la faculté d'ajourner ce dernier dégrèvement, après avoir pris l'avis du comité consultatif et du conseil de gouvernement et d'administration, si vous jugiez nécessaire de conserver dans son entier le produit actuel du droit d'exportation, soit pour acquitter des dépenses arriérées, soit pour subvenir à des dépenses courantes d'un intérêt pressant et bien reconnu.

Au surplus, les deux réductions dont je viens de parler et qui s'élèveront ensemble à 240,000 francs sont les seules qu'il y ait lieu d'accorder, du moins quant à présent, à la colonie. Indépendamment de la nécessité d'employer une forte partie de l'excédant des recettes aux travaux publics et à diverses améliorations importantes, il convient de former au plus tôt dans la colonie une réserve au moyen de laquelle l'administration puisse pourvoir aux cas imprévus, et suppléer à la diminution possible des revenus locaux. En effet, la Martinique n'ayant à compter désormais que sur ses propres ressources, pour subvenir aux dépenses du service colonial, ce service pourrait être gravement compromis, si quelques événements venant à faire baisser considérablement le produit des contributions publiques, ou si quelques dépenses imprévues exigeant l'emploi de moyens extraordinaires, vous ne vous trouviez pas à portée de faire usage, au moment du besoin, d'une réserve suffisante.

Lorsque les travaux publics dont l'utilité est bien reconnue auront été complétement exécutés, et lorsque la réserve aura atteint la somme que les besoins du service peuvent exiger, je ne me refuserai pas à procurer à la colonie les nouveaux dégrèvements qui paraîtront praticables.

Je recevrai d'ailleurs, avec beaucoup d'intérêt, les observations du comité consultatif et les vôtres, délibérées en conseil, sur les moyens qu'il y aurait de procurer, dès à présent, à la culture, des dégrèvements autres que celui de 240,000, en substituant à certaines taxes, qui pèsent peut-être trop directement sur l'industrie agricole, des droits indirects ou seulement des augmentations au tarif de la contribution des patentes et au tarif du droit d'octroi sur divers produits, soit nationaux, soit étrangers. Il ne vous échappera pas que les droits indirects sont ceux dont l'augmentation présente le moins d'inconvénients, parce qu'ils portent sur des objets de consommation et se répartissent ainsi non-seulement sur toutes les classes de la population, mais même sur les marins des bâtiments du Roi et du commerce, sur les passagers, etc.

Je vous adresse, ici, comme terme de comparaison, le tarif des droits de cette nature qui sont perçus à l'île Bourbon.

Vous inviterez le comité consultatif à exprimer spécialement son vœu sur les modifications que les divers articles des recettes coloniales de la Martinique seraient dans le cas de subir, soit dans cette vue, soit par d'autres motifs propres à être accueillis. C'est un travail qui ne peut manquer d'exciter tout l'intérêt du comité.

J'écris dans le même sens à M. le Gouverneur de la Guadeloupe.

Les autres articles des recettes ne motivent aucune explication; vous remarquerez, toutefois, que j'ai porté pour une somme de 3,000 francs seulement le produit des affranchissements qui était évaluée à 35,000 francs dans le dernier budget municipal que mon département a reçu de vous; cette diminution est motivée sur la recommandation qui vous a été faite sinon de suspendre toute concession de liberté, du moins de n'en accorder qu'en très-petit nombre; je me réfère sur ce point à la dépêche de mon prédécesseur du 25 février 1824.

Des recettes extraordinaires ont eu lieu à la Martinique, pour bénéficier sur certaines pièces de monnaie et sur la négociation des traites dites *métropole*. La première de ces recettes disparaîtra au moyen des dispositions qui seront incessamment adoptées au sujet du système monétaire de nos Antilles; quant à la seconde, j'ai dû la faire porter au budget parce que vous demanderez sans doute qu'une partie des fonds dont la guerre et le service marine auront à vous tenir compte soit réalisée en traites du caissier du trésor royal. Lorsque vous rédigerez le projet de budget de 1827 vous indiquerez la somme à laquelle vous pensez que cet article des recettes extraordinaires pourra s'élever pendant ladite année, vous comprendrez dans cette évaluation le bénéfice éventuel que pourra procurer la négociation des traites à tirer pour avances *marine*.

J'ai fait inscrire à la suite du chapitre des recettes un article nouveau ayant pour objet de faire connaître la valeur des approvisionnements disponibles, et celle des journées, soit des noirs de la colonie, soit des condamnés aux fers, qui seront applicables aux travaux civils ; les approvisionnements seront évalués selon le dernier inventaire ; quant à la valeur des journées, vous la calculerez d'après l'état moyen du prix de location qu'il faudrait payer pour se procurer des travailleurs du genre de ceux que la colonie aura ainsi à employer : ces deux ressources forment le complément des fonds alloués pour les divers services ; l'article dont il s'agit servira d'ailleurs à expliquer comment se balancent, envers la colonie, la dépense des noirs attachés à son service et celle des condamnés.

Ce nouvel article est resté en blanc sur le budget ci-joint, parce que j'ai manqué des documents dont j'aurais eu besoin pour y inscrire des sommes même approximatives ; je vous recommande d'établir, d'après des données exactes dont vous avez nécessairement tous les éléments, chacune des valeurs en question. Vous me transmettrez ensuite votre travail, d'après lequel je ferai compléter ici cette partie de la minute du budget de 1826.

L'article dont il s'agit est d'une très-haute importance comme disposition d'ordre. J'attache beaucoup de prix à ce qu'il soit rédigé avec toute la clarté désirable. Je vous invite, en conséquence, à donner à la rédaction sommaire que j'ai provisoirement adoptée toute l'extension, tous les développements que j'aurai voulu y faire porter moi-même si j'en avais eu les éléments.

Je recommande spécialement cet objet à votre zèle et à vos lumières.

DÉPENSES.

Le service intérieur des colonies ayant cessé de se rattacher à celui de la marine, il eût été satisfaisant de substituer à la nomenclature en usage dans ce département une division méthodique analogue à celle adoptée par le département de l'intérieur, et qui offrît l'avantage de présenter dans leur ensemble les dépenses auxquelles donne lieu chaque branche du service local ; mais à raison des formes rigoureuses de la comptabilité, cette nouvelle méthode aurait eu le grave inconvénient d'augmenter considérablement les écritures ; j'ai dû en conséquence maintenir la nomenclature actuelle, en me réservant d'y suppléer, sous le point de vue que je viens d'indiquer, par les dispositions ultérieures qui seraient propres à atteindre le même but.

Vous trouverez au chapitre 1er l'allocation de votre traitement colonial, de même que les suppléments coloniaux des officiers d'administration de la marine.

D'après un nouveau système de gouvernement colonial au sujet duquel je vais vous écrire, la direction actuelle de l'intérieur sera supprimée, mais on créera, en même temps, une direction générale de l'administration intérieure avec des attributions très-étendues. La nouvelle institution étant appelée à concourir efficacement à l'action administrative, elle pourra exiger un personnel plus nombreux que celui de la direction de l'intérieur. Toutefois, comme d'un autre côté les attributions actuelles de l'ordonnateur seront restreintes, j'ai lieu d'espérer qu'il y aura compensation entre les deux services.

J'ai fait au surplus porter provisoirement à la même somme qu'en 1825 les dépenses de la direction de l'intérieur.

Celles de la section *Ports* ne pouvaient se rattacher au service marine, puisqu'elles ont lieu entièrement dans l'intérêt du commerce, et qu'elles procurent d'ailleurs à la caisse coloniale des droits dont le produit est considérable. En conséquence, la totalité des dépenses de cette nature est laissée à la charge de la colonie. J'ai fait seulement porter au compte de ce service le traitement d'activité du lieutenant de vaisseau qui occupe l'emploi de capitaine de port à Saint-Pierre.

Les officiers de santé sont portés ici pour mémoire, leur traitement devant être compris dans le calcul des journées d'hôpitaux et payés avec le produit de ces journées. Je me réfère à ce que j'ai dit plus haut à ce sujet.

Le produit des droits de douane, qui forme une des branches les plus importantes du revenu de la colonie, étant affecté à ses dépenses locales, tous les frais d'administration et de perception de ces droits doivent nécessairement être, ainsi, à la charge de la caisse coloniale ; mais cette partie du service n'en reste pas moins soumise à la législation qui lui est propre et à la surveillance spéciale qu'elle exige, dans l'intérêt combiné des cultures coloniales et du commerce métropolitain. Je vous écrirai incessamment au sujet de la fixation des dépenses du personnel de la direction des douanes de la Martinique.

Si vous pensiez qu'il y eût lieu de porter au compte des fonds *Marine*, la portion de la marine locale qui est laissée à la charge de la colonie, comme ayant pour objet le service des douanes, vous auriez à m'en adresser la proposition dûment délibérée en conseil, et j'examinerai ce qu'il serait possible de faire.

Le trésorier de la colonie a réclamé contre la réduction que le traitement attaché à cette place a subi lors de sa nomination en 1823. Cette dépense devant, comme toutes les autres, être de la

part du comité consultatif l'objet d'un examen attentif, j'atten-
drai, pour statuer sur la réclamation de M. Liot, que le comité
ait fait connaître s'il la juge fondée et que vous ayez donné,
après délibération en conseil, votre avis motivé à cet égard.

Les dépenses relatives à l'exercice du culte ont été calculées
sur le nombre total des paroisses de la colonie, quoiqu'il soit
malheureusement probable que les vacances actuelles ne pourront
à défaut de sujets être remplies en 1826. Il est bien entendu, au
reste, que les taux du traitement des ecclésiastiques ne sera point
augmenté et que le produit des vacances viendra, avec les autres
fonds libres sur l'exercice, en accroissement du fonds de réserve.

Une commission spéciale s'occupe en ce moment de l'organisation judiciaire des colonies; en conséquence, la somme pour
laquelle la justice est portée au budget de 1826 reste provisoirement la même que celle qui a été allouée en 1825.

Je me réfère à la lettre que j'ai eu l'honneur de vous écrire,
le 17 juin dernier, au sujet de la gendarmerie de la Martinique.
En général, on pense qu'il serait possible, sous le rapport de la
police, de suppléer à la gendarmerie par d'autres moyens tout
aussi efficaces, quoique bien moins dispendieux; et, sous le
rapport de la force publique, de la remplacer suffisamment par
un accroissement de garnison.

On a remarqué notamment que les gendarmes, par l'effet du
long séjour qu'ils font dans un quartier, au milieu des gens de
couleur et des esclaves, contractent des liaisons et des habitudes
nuisibles à leur service, et qui finissent par rendre à peu près
nulle la surveillance qu'on attendait d'eux. Il a paru qu'en substituant à la gendarmerie des détachements de troupe de ligne
relevés de mois en mois et auxquels on allouerait d'ailleurs un
supplément de solde, on obtiendrait une surveillance meilleure,
et l'on empêcherait les liaisons et les habitudes signalées, dont
les inconvénients dans les circonstances actuelles méritent toute
l'attention de l'autorité.

Ces considérations ont déjà conduit à supprimer à dater de
1826 la gendarmerie qui était entretenue à Cayenne et à Bourbon,
et il en est résulté, pour les deux colonies, une économie importante. Je vous prie de provoquer l'avis du comité consultatif de
la Martinique sur la question de la supprimer ou de la conservation
de la compagnie de gendarmerie; d'examiner également cette
question en conseil de gouvernement et d'administration; vous
m'enverrez ensuite les délibérations qui auront eu lieu sur la

matière, et vous y joindrez votre avis. J'écris dans le même sens
à M. le contre-amiral Jacob.

Je signale à votre examen la dépense ayant pour titre : *Surveillance des villes et campagnes*, qui est reportée du budget
municipal au budget du service colonial. Il est fort désirable que
l'on puisse diminuer sinon le nombre des commis placés dans les
paroisses rurales, et qui peuvent être employés utilement au service municipal, du moins celui des brigadiers, sous-brigadiers et
archers de police, dont vous aurez d'ailleurs à me faire connaître
la destination et le placement. Je vous prie de remarquer que,
dans son état actuel, le service de la police coûte à la Martinique 227,345 francs, c'est-à-dire le 8e des revenus locaux :
cette dépense paraît hors de proportion avec son objet.

Quelques-uns des divers agents qui sont compris au chapitre V
exigent des explications. L'agent français à Saint-Thomas pourrait cesser d'être à la charge de la Martinique et de la Guadeloupe, si l'on remettait au département des affaires étrangères le
soin de pourvoir à cet emploi. Avant d'en faire la proposition à
M. le baron de Damas, je vous prie d'examiner s'il n'y a pas utilité
réelle, pour les deux colonies, à conserver la direction immédiate
du service de l'agent de Saint-Thomas, qui a été placé dans
cette île par des considérations prises dans l'intérêt spécial de
la police intérieure et extérieure de nos Antilles.

Si parmi les concierges des divers établissements, il en est qui
soient de nature à se rattacher au service municipal, vous pro-
poserez, pour 1827, les changements que, sous ce rapport,
vous aurez reconnus convenables et possibles. Je vous prie de
m'adresser, dans tous les cas, un état indicatif des établissements
auxquels ces concierges sont attachés.

Attendu l'avantage qu'il y a à présenter dans leur ensemble les
dépenses auxquelles donne lieu chaque branche du service local,
vous devrez reporter chacun des gardiens et concierges à la section du chapitre Ier qui le concerne respectivement, et en user
de même pour les autres dépenses du personnel. Je vous recommande de veiller à ce que le projet de budget de 1827 offre sous
ce rapport toute l'exactitude désirable.

Les travaux publics civils continueront d'être dirigés par les
officiers du génie militaire employés dans la colonie. Il leur sera
alloué, pour ces travaux, une indemnité dont vous déterminerez
le taux après en avoir délibéré en conseil et sauf mon approbation. Vous examinerez d'ailleurs si, à raison de la séparation
désormais distincte des divers services, il serait nécessaire

d'affecter aux travaux civils un ingénieur des ponts et chaussées ou seulement des conducteurs spéciaux.

Les bâtiments et établissements publics affectés au service colonial étant remis en toute propriété à la colonie, vous aurez à faire porter ici la dépense d'entretien de ces bâtiments; de son côté, le département de la guerre pourvoira à l'entretien des casernes, des prisons militaires, des magasins et des ateliers spécialement affectés à son service; et le département de la marine sera chargé d'entretenir les bâtiments où seront placés les subsistances et les approvisionnements destinés à la station, les ateliers dont elle pourra avoir à faire usage, etc.

A dater de 1827 le projet de budget devra indiquer, dans le plus grand détail, les travaux civils à exécuter pour le service colonial.

Les devis, plans et mémoires accompagneront le projet de budget. C'est d'après ces documents, qui devront être accompagnés de l'avis du comité consultatif et de celui du conseil, que vous aurez à former les demandes de fonds, et que j'allouerai moi-même les sommes susceptibles d'être employées en travaux. Toutefois vous pourrez vous dispenser de m'adresser des plans et devis pour les ouvrages d'une valeur inférieure à dix mille francs.

Les noirs dits du Roi, étant remis en toute propriété à la colonie, pour être employés aux divers besoins du service colonial, et notamment aux travaux civils, ils cesseront d'être disponibles pour les services qui sont au compte de la marine et de la guerre; s'ils y étaient momentanément appliqués, la colonie recevrait pour leur emploi un prix de loyer.

Les noirs condamnés aux travaux publics sont aussi exclusivement affectés au service de la colonie, qui demeure chargée de pourvoir à toutes les dépenses du bagne.

D'un autre côté, les approvisionnements qui existent en magasin sont applicables aux travaux d'intérêt colonial; ainsi vous avez à employer à ce genre de dépense des ressources de trois espèces différentes ; savoir :

Les fonds alloués au budget;

Les matières existantes en magasin ;

Et la main-d'œuvre des noirs et des condamnés de la colonie.

Vous concevez qu'il est nécessaire que ces ressources soient indiquées ou évaluées dans le projet de budget de chaque année, de manière à ce que je puisse apprécier aussi exactement que possible la dépense totale qui pourra être faite pour les travaux civils; c'est l'objet des indications que j'ai fait inscrire en marge du chapitre des travaux du budget. Je m'abstiens de toute nouvelle recommandation sur cet objet important qui excitera nécessairement toute votre attention.

Les hôpitaux de la Martinique seront (comme tous les autres bâtiments et établissements publics) remis aussi à dater de 1826 en toute propriété à la colonie, qui pourvoira à toutes les dépenses, y compris les frais du service de santé et les dépenses d'entretien des bâtiments; la colonie sera remboursée : 1° par le ministère de la marine et par celui de la guerre, des journées des marins du Roi et des militaires traités dans ces établissements ; 2° par qui de droit, des journées qui seront dues par les marins du commerce ; ainsi les seules dépenses d'hôpitaux qui restent définitivement à la charge de la colonie seront celles des divers fonctionnaires et agents attachés au service local, des noirs du service colonial et des condamnés aux travaux.

On aura soin de tenir un état de toutes les sommes qui auront été payées pour le personnel du service de santé, pour le traitement, la nourriture et l'entretien des sœurs hospitalières, et enfin pour toutes dépenses soit annuelles, soit accidentelles, autres que celles résultant du prix des journées de l'entreprise. Le total de cet état sera divisé par le nombre des journées de toute espèce, et le prix moyen qui en ressortira sera ajouté à celui de la journée allouée à l'entrepreneur; ces deux prix réunis formeront la base du remboursement qui sera effectué par chaque service. Lorsque des frais de trousseau des sœurs hospitalières envoyées aux colonies auront été acquittés en France, l'administration de la colonie en sera immédiatement informée, et le montant en sera alors ajouté aux dépenses générales, pour être remboursé de la même manière.

Je ne dois pas vous dissimuler que les dépenses des hôpitaux aux Antilles ont paru exorbitantes et hors de proportion même avec l'augmentation qu'éprouve habituellement aux colonies la valeur de toutes choses comparativement aux prix d'Europe. A l'île Bourbon en 1815, en 1816, et pendant une partie de 1817, la journée d'hôpital était plus chère encore qu'elle ne l'est aujourd'hui à la Martinique. Par les soins du commissaire général, ordonnateur, qui soumit à l'examen le plus attentif toutes les parties du service de santé, la journée a été réduite dès la fin de 1817 à 2 fr. 86 cent. et successivement à 2 fr. 29 cent.

Il est permis de croire que, sans nuire au bien-être des malades, on pourra, aux Antilles, atteindre sinon d'aussi fortes diminutions, du moins des économies notables. C'est au chef du service administratif à vous procurer les moyens d'obtenir, sous ce rapport, de promptes améliorations; elles auront l'avantage de montrer dans le jour le plus favorable le zèle et l'excellent esprit qui dirigent votre administration. D'un autre côté, ces améliorations pourront procurer à la colonie même des avantages réels en permettant de reporter sur d'autres objets une partie des économies qui auront été faites sur cet article.

Je vous invite à examiner s'il serait possible d'établir à la Martinique une commission administrative des hôpitaux de la colonie, à l'instar du conseil général des hospices de Paris et des commissions administratives des hospices des départements. Les membres de la commission seraient choisis parmi les fonctionnaires et les habitants notables des villes où les hôpitaux sont situés. Leurs fonctions seraient gratuites; ce mode d'administration a en France les plus utiles résultats.

Le chapitre IV présente diverses allocations pour *vivres*; en général, les allocations de vivres en nature sont dans le cas de donner lieu à beaucoup d'abus. Je désire que vous les supprimiez à dater de 1827, sauf à faire payer une indemnité en numéraire aux agents qui seraient reconnus y avoir droit.

En vertu d'une décision ministérielle du 15 juillet 1818, il a été accordé sur les fonds généraux de la colonie une dotation de 39,027 fr. 60 cent. pour l'hospice des orphelins et des enfants trouvés à Saint-Pierre; j'ai maintenu cette allocation. Toutefois, j'ai remarqué que dans le budget municipal de 1823 la dépense de l'hospice n'est portée que pour 36,000 francs. Vous voudrez bien vous faire rendre un compte exact de cette dépense et me proposer ensuite la fixation définitive de l'allocation dont il s'agit.

L'habillement des aliénés avait formé jusqu'à présent un article à part. Cette dépense portée au budget de 1826 pour 180 francs devra être dans le budget colonial de 1827 réunie à la dépense générale de l'hospice des aliénés qui, de 3,667 fr. 09 cent., se trouvera ainsi élevée à 3,847 fr. 09 cent. Je vous invite à m'adresser un état nominatif des individus qui se trouvent dans cet établissement, avec l'indication du lieu de leur naissance. En France, chaque département pourvoit aux dépenses et frais de traitement occasionnés par des incurables nés dans l'étendue de sa circonscription, qui sont admis dans les hospices d'un autre département; il serait donc possible de procurer à la caisse de la Martinique le remboursement des frais de cette nature qui auraient lieu pour des individus nés soit dans la métropole, soit dans d'autres colonies françaises.

Les pensions, secours et indemnités forment une dépense considérable. Ces prestations, quelque médiocres qu'elles soient, concourraient fortement si elles se multipliaient à grever la colonie. Je vous invite à examiner si toutes celles qui sont accordées se justifient par des motifs suffisants.

J'ai rappelé à plusieurs reprises et notamment dans ma dépêche du 16 mai dernier, sur les comptes administratifs, que le logement et l'ameublement ne sont dus en nature qu'à certains fonctionnaires. Cet article exige un examen sévère. Il en est de même de celui qui a pour objet le loyer des maisons et établissements pris à location par le gouvernement. On doit s'étonner qu'à la Martinique cette dépense soit aussi considérable, lorsqu'on voit par un état qu'a fourni le contrôleur, sous la date du 4 janvier 1824, que plusieurs bâtiments et terrains publics, existants dans la colonie, ne sont point employés pour le besoin du service et seraient susceptibles d'être vendus avantageusement. Je vous prie de vous faire rendre compte de l'état des choses à cet égard, et de m'adresser, après avoir rempli les formalités nécessaires, le comité consultatif entendu, les propositions de vente auxquelles il y aurait lieu. Le produit des aliénations viendra en augmentation du fonds de réserve.

Les frais d'impressions relatifs au service militaire et au service marine, n'étant plus à la charge de la colonie, j'ai fait réduire considérablement cet article de dépense; je vous prie de faire dresser un aperçu détaillé qui me mette à portée de connaître exactement la somme à maintenir au budget pour les frais dont il s'agit.

Je demande un travail semblable pour les quatre articles portés ensemble à une somme de 11,300 francs ayant pour objet de subvenir aux frais de magasinage, de transports, de conduite et vacations et de passage.

J'ai porté aussi haut que je l'ai pu l'allocation de la somme destinée à subvenir annuellement aux dépenses non prévues; c'est sur cette somme que vous pourvoirez aux besoins extraordinaires du service, à la charge d'en délibérer préalablement en conseil de gouvernement et d'administration et de m'en rendre compte.

Pour concourir à la formation de la réserve que la colonie de la Martinique doit toujours avoir en numéraire ou en valeurs représentatives, j'ai fait inscrire au chapitre V une première somme de deux cent mille francs.

Vous voudrez bien faire déposer ces fonds dans une caisse spéciale qui sera confiée au trésorier de la colonie. Cette caisse fermera à trois clefs; la première sera remise à l'ordonnateur, la deuxième au contrôleur et la troisième au trésorier. On ne pourra en extraire aucune somme sans mon autorisation formelle.

Il conviendra d'examiner par quels moyens on pourra, sans compromettre la sûreté de ces fonds, les mettre en circulation dans la colonie, de manière à ce qu'ils procurent à l'agriculture et au commerce de nouvelles ressources, et à la réserve elle-même des intérêts qui viendront en accroissement de son capital. Je vous écrirai ultérieurement à ce sujet.

J'ai fait porter en déduction des dépenses du chapitre Ier, ainsi que cela a eu lieu jusqu'à ce jour, le produit présumé de la retenue qui doit être faite sur le traitement des divers salariés qui sont admis aux hôpitaux. Je dois vous faire observer que pour l'administration de la marine et pour la gendarmerie, la retenue doit s'exercer tant sur la solde d'Europe que sur les suppléments coloniaux, attendu que les frais de traitement aux hôpitaux des personnes attachées à ces deux corps sont entièrement à la charge du service colonial. On a évalué le produit dont il s'agit en conséquence de cette double retenue.

Ces explications terminent ce que j'avais à vous dire sur le budget du service colonial pour l'exercice 1826.

Le budget de ce service ne devant pas se rattacher aux budgets généraux qui seront soumis à l'approbation des chambres, il suffira que le projet de budget de 1827 me soit parvenu dans le courant de juillet 1826, celui de 1828 dans le courant de juillet 1827, et ainsi de suite : vous aurez, par conséquent, tout le temps nécessaire pour préparer ce travail en conseil, pour le soumettre au comité consultatif, pour l'examiner de nouveau en conseil et pour me l'adresser avant l'époque que je viens d'indiquer avec tous les documents dont il doit être accompagné.

Il me reste à vous entretenir de quelques dispositions générales.

Les excédants de recette qui existeront dans la caisse de la Martinique sur 1825 et sur les exercices antérieurs devront, d'après le règlement que je me propose d'arrêter incessamment, être successivement versés à la caisse de réserve dont j'ai prescrit plus haut la formation. Vous y ferez également verser les fonds qui resteront libres au 31 décembre 1825 sur le produit des affranchissements, sur la taxe des nègres justiciés et sur les autres branches du revenu municipal qui, à dater de 1826, rentrent, ainsi que je l'ai dit plus haut, dans le budget du service colonial.

La même destination sera donnée, chaque année, aux excédants que présenteront les recettes locales, après l'acquittement de toutes les dépenses du service colonial dûment effectuées.

L'abandon des excédants de recette a été motivé sur ce que les dépenses métropolitaines ont été constamment beaucoup plus élevées que les fonds accordés par la métropole, ce qui a mis dans la nécessité d'employer à des frais de protection les revenus coloniaux dont l'application devait être exclusivement faite aux dépenses du service local.

Par les mêmes motifs, la colonie demeure également autorisée à disposer, pour le service qui lui est propre, de tous les matériaux et autres objets qui existeront dans les magasins, chantiers et ateliers à la même époque du 31 décembre 1825, à l'exception de ceux destinés à l'artillerie.

La nature et la quantité des approvisionnements abandonnés en vertu de cette disposition au service colonial, se trouveront naturellement constatées par l'inventaire que vous aurez à me faire parvenir dans les trois premiers mois de 1826, en vertu de ma dépêche du 10 mars dernier; mais comme il est nécessaire de connaître la valeur de ce qui va composer ainsi les nouveaux magasins du service colonial, je désire que, pour cette fois-ci seulement, vous fassiez ajouter à l'inventaire de 1825 une colonne destinée à présenter l'évaluation approximative des divers articles qui y sont portés.

Il est bien entendu que les approvisionnements qui ont été achetés spécialement sur les fonds du service marine et sur ceux de l'administration des subsistances ne sont pas compris dans cette disposition.

Vous devrez d'ailleurs pourvoir à ce que les ateliers qui, à dater de 1826, seront mis à la disposition des ingénieurs militaires pour les travaux au compte du département de la guerre, soient garnis des outils, apparaux et autres objets nécessaires à la mise en œuvre des matériaux qui seront fournis par ce département. Les mêmes facilités devront être données à l'égard des travaux qui concerneront le département de la marine; mais vous aurez soin de faire constater par des procès-verbaux les secours qui seront donnés en ce genre à l'un ou à l'autre service, afin que dans le cas de perte des objets prêtés, ils soient remplacés par le service qui les aura reçus.

Il convient de prévoir, en outre, le cas où le département de la guerre et le département de la marine ne pourraient se procurer sur les lieux, par voie d'achat, les approvisionnements nécessaires à leurs services que, d'un autre côté, l'administration de la colonie se trouverait avoir à sa disposition ; ce cas arrivant, la colonie aurait à ordonner les délivrances qui seraient requises par les agents de la guerre et de la marine ; ces délivrances auraient lieu à titre d'avances remboursables soit en nature, soit en argent. Dans le cas où le remboursement des avances effectuées devrait avoir lieu en France, vous m'enverriez immédiatement les pièces nécessaires pour en réclamer, ici, le payement.

Enfin les mêmes secours devront être donnés quant au personnel, le cas échéant, afin que le service du Roi ne souffre, en aucune manière, de l'absence ou de l'insuffisance des agents qui y seront attachés ; d'un autre côté, la colonie pourra réclamer soit des prêts d'approvisionnements provenant de la guerre et de la marine, soit même l'emploi momentané sur son propre service des ouvriers militaires, moyennant indemnité compétente. Cette réciprocité devient un besoin réel, dans le système actuel de séparation des dépenses ; elle ne peut manquer d'être pratiquée franchement par les chefs des divers services, dont il vous appartiendrait au surplus de vaincre, sur ce point, les résistances, s'il arrivait qu'on en opposât qui fussent déraisonnables.

La valeur des habitations domaniales ayant dû être dernièrement constatée, pour la mise en ferme de ces biens, il ne sera pas nécessaire de les soumettre au 31 décembre 1825 à une nouvelle évaluation, mais vous aurez à faire cette opération pour tous les établissements publics qui sont réunis à la colonie, ainsi que pour les noirs dits du Roi, lesquels passent au service colonial. Une expédition de tous les procès-verbaux qui seront dressés par suite des opérations dont il s'agit me sera envoyée par le contrôleur, qui y sera toujours nécessairement appelé. Je désire que vous m'adressiez, en outre, les plans, coupes et élévation de ceux des établissements publics de la colonie au sujet desquels ce travail, déjà demandé par mon département, n'a pas encore été fourni, et que vous fassiez établir, en même temps, les plans des terrains appartenant à la colonie, avec les échelles nécessaires pour en connaître l'étendue exacte ; il est également à désirer que le département de la marine reçoive, dès que la chose sera possible, les plans des deux principales villes de la colonie ; je serai ainsi à portée de suivre les embellissements et les améliorations de tout genre que ces villes pourraient successivement obtenir par les soins de l'administration, et cela ne pourra qu'ajouter à l'intérêt qu'elles méritent si bien d'inspirer.

J'ai réclamé, dans le cours de cette lettre, l'avis du comité consultatif sur certaines parties des recettes et des dépenses ; mais il ne faudrait point en inférer que son attention peut ne se porter que sur les objets que j'ai indiqués. Mon intention est que le comité discute d'abord chaque article des dépenses à faire, dans la colonie, par le département de la guerre et par le service *marine* ; qu'il vote également article par article le projet de budget des recettes et des dépenses coloniales pour l'année 1827, qu'il signale, sans réserve, les économies à faire, les améliorations à introduire, les abus à réformer, et qu'à cet effet il lui soit donné communication de toutes les pièces de comptabilité et tous les documents qu'il jugerait utile de consulter. Le procès-verbal de la session devra relater, dans le plus grand détail, les discussions dont chacune des propositions du comité aura été précédée.

Il est bien entendu que le comité consultatif sera convoqué extraordinairement pour ce travail, lors même que la session ordinaire viendrait de se terminer ; je ne doute pas que les membres du comité ne mettent un grand zèle à s'occuper, avec le soin et la suite nécessaires, de matières qui désormais les touchent si directement qu'elles deviennent en quelque sorte des intérêts de famille.

Dans ma dépêche du 10 février, j'ai indiqué les principaux avantages qui doivent résulter du nouveau système. Ce que les colonies apprécieront sans doute par-dessus tout, ce sera la faculté de disposer, pour les besoins de leur administration intérieure, exclusivement, de la totalité des ressources locales ; en effet, aucun nouveau prélèvement, aucune dépense autre que celles qui sont spécifiées dans le budget de 1826 ne s'effectuera, à l'avenir, sans que le comité consultatif ait été entendu, et que le conseil de gouvernement et d'administration ait donné son avis. D'un autre côté, aucune contribution, soit directe, soit indirecte, autres que celles qui, suivant le même budget, doivent être perçues pendant ladite année, ne sera désormais établie sans que le comité et le conseil aient également été consultés ; de plus, indépendamment de la part effective que le conseil doit continuellement prendre aux travaux administratifs, et notamment à ceux qui ont rapport aux recettes et aux dépenses de la colonie, le comité consultatif sera appelé, chaque année, à exprimer son avis sur les comptes généraux ou spéciaux des recettes et des dépenses effectuées, sur les projets d'ordonnances relatifs aux impositions annuelles, sur les projets de travaux à exécuter, sur l'emploi fait ou à faire des noirs du service public, etc.

La colonie de la Martinique remarquera, en outre, que par suite du système que vient de consacrer la loi de finances du 13 juin dernier, elle devient propriétaire des habitations dites domaniales qui sont d'une grande valeur, des bâtiments et des établissements publics autres que ceux qui doivent être réservés pour les besoins du service de la guerre; qu'elle acquiert, en même temps, la propriété des noirs qui jusqu'alors avaient été considérés comme appartenant au Roi, et qu'elle reçoit également, en approvisionnements de toute nature, un matériel considérable qui demeure applicable à ses divers besoins.

Enfin les personnes attachées au service spécial de la colonie éprouveront, elles-mêmes, une amélioration sensible dans leur situation, mon intention étant qu'elles soient admises aux récompenses et à la retraite, comme si elles étaient payées des fonds généraux de l'État; c'est un point que je m'occupe actuellement de régler.

La présente dépêche sera enregistrée au contrôle colonial et vous m'en accuserez la réception dès qu'elle vous sera parvenue.

Recevez, etc.

Le Ministre de la marine et des colonies,

Signé Comte DE CHABROL.

Inspection. Reg. 12, nos 27 et 31.

N° 4349. — *Ordonnance du gouverneur administrateur pour la réorganisation des compagnies de sapeurs-pompiers.*

20 août 1825.

Ayant à réorganiser les compagnies de pompiers des villes du Fort-Royal et de Saint-Pierre,

Avons ordonné, etc.

Art. 1er. Il sera procédé à la formation de deux compagnies sous la dénomination de sapeurs-pompiers.

Art. 2. Ces compagnies seront composées comme suit:

Pour le Fort-Royal:

Officiers.

Capitaine................................	1
Lieutenant en 1er....................	1
Lieutenant en 2e....................	1
	3

Sous-officiers et sapeurs-pompiers.

Sergent-major....................	1
Sergents...........................	2
Caporal-fourrier....................	1
Caporaux...........................	4
Tambour............................	1
Sapeurs-pompiers..................	41
	50

Pour Saint-Pierre :

Officiers.

Capitaine...........................	1
Lieutenants en 1er..................	2
Lieutenants en 2e..................	2
	5

Sous-officiers et sapeurs-pompiers.

Sergent-major....................	1
Sergents...........................	4
Caporal-fourrier....................	1
Caporaux...........................	8
Tambours...........................	2
Sapeurs-pompiers..................	70
	86

Art. 3. Les sous-officiers et sapeurs-pompiers seront pris parmi les charpentiers, maçons, tonneliers, charrons et autres ouvriers d'art de couleur libres.

Art. 4. Les officiers de ces compagnies appartiendront au cadre de leur bataillon respectif et concourront avec les autres officiers pour l'avancement.

Art. 5. L'uniforme sera bleu de roi, collet rouge, parements bleu de ciel, revers et retroussis bleu de roi, passe-poil rouge, boutons jaunes à fleur de lis couronnée, épaulettes et dragonne rouge, schako bordé de rouge avec plaque à grenade et pompon rouge surmonté d'une aigrette bleue.

Art. 6. L'armement sera composé d'un fusil court et d'un sabre avec baudrier, giberne et porte-giberne.

Art. 7. Les compagnies de sapeurs-pompiers seront exercées à la manœuvre des pompes tous les premiers dimanches de chaque mois.

Art. 8. Après l'exercice et l'appel, il sera délivré aux sapeurs-pompiers, sur un certificat de l'officier commandant, autant de rations de vivres qu'il y aura eu d'hommes présents à la manœuvre.

Art. 9. La première pompe qui arrivera au foyer d'un incendie jouira d'une prime de 80 francs, payable sur les fonds de la caisse municipale, d'après la demande du capitaine de la compagnie, visée par le commandant du bataillon.

Art. 10. Il sera, au surplus, fait un règlement sur le service des sapeurs-pompiers.

En attendant, MM. les commandants de bataillon procéderont à la formation de ces compagnies, et ils nous proposeront les officiers de tous grades qui devront y être admis.

Donné au Fort-Royal, le 20 août 1825.

Signé DONZELOT.

Arch. du gouvernement. Ord. et déc.

Nº 4350. — *Arrêté du gouverneur administrateur qui fixe à 2 fr. 50 cent. le coût de l'expédition des actes de décès des marins morts aux hôpitaux.*

21 août 1825.

Nous, etc.,

Attendu que les officiers de l'état civil se trouvant maintenant chargés de l'établissement des actes de décès des individus qui meurent aux hôpitaux, et notamment des marins, il convient de régler le prix de l'expédition desdits actes qui se rapportent à ceux-ci,

Avons arrêté et arrêtons ce qui suit :

Art. 1er. L'expédition de l'acte de décès d'un marin mort aux hôpitaux, lorsqu'elle sera demandée par le capitaine ou par tout autre particulier, sera payée à l'officier de l'état civil *deux francs cinquante centimes*, prix fixé par notre ordonnance du 15 avril 1821, pour l'expédition desdits actes relatifs à des marins décédés hors des hôpitaux.

Art. 2. Le commissaire général, ordonnateur, est chargé de tenir la main à l'exécution du présent arrêté, qui sera enregistré aux greffes de la cour royale et des tribunaux de première instance, et au contrôle.

Donné au Fort-Royal, le 21 août 1825.

Signé DONZELOT.

Et plus bas :

GUILLAUME,

Secrétaire.

Journal officiel, 1825, n° 71.

N° 4351. — *Dépêche ministérielle au sujet du droit de 15 pour 100 sur le produit de la vente des marchandises prohibées provenant des naufrages.*

22 août 1825.

Annales maritimes, 1835, 1re partie, p. 35.

N° 4352. — *Dépêche ministérielle portant notification d'une décision du Roi qui alloue une prime aux saisissants ou capteurs des bâtiments négriers et indiquant les règles à suivre en cette matière.*

23 août 1825.

Monsieur le Comte, Sa Majesté, par décision du 3 de ce mois, a approuvé qu'il fût alloué aux saisissants ou capteurs des bâtiments négriers une prime fixée à cent francs par tête de noir, payable sur les fonds de la colonie à laquelle sont remis les noirs confisqués.

Cette mesure dont l'objet est de réprimer les opérations de traite, en encourageant les saisies et captures, met à la charge des colonies une dépense qu'il était juste de leur faire supporter, puisqu'elles profiteront du travail des noirs que les confiscations procureront à leurs ateliers.

Voici les dispositions qui seront à observer dans l'allocation de la prime :

Les saisies ou captures ont lieu, soit à terre par des agents des douanes ou autres, soit à la mer par des bâtiments appartenant à la métropole ou à la colonie.

Dans le premier cas les noirs de traite saisis sont livrés de suite à l'administration qui dresse un procès-verbal détaillé de leur remise.

Lorsqu'un navire ayant des noirs à bord est pris par un bâtiment du Roi, procès-verbal de la capture est immédiatement dressé, comme s'il s'agissait d'une prise maritime. A l'arrivée du bâtiment capturé dans la colonie, l'officier qui le commande le remet, ainsi que les noirs, à l'administration locale, laquelle constate par un procès-verbal dressé contradictoirement avec cet officier le nombre des noirs qui lui sont livrés.

Si la capture est faite par un bâtiment appartenant à la colonie, il doit en être également dressé procès-verbal à bord. Dans tous les cas, la remise des noirs entre les mains de l'administration est constatée par un procès-verbal comme je viens de l'indiquer.

Les procès-verbaux dressés à bord des bâtiments capteurs sont destinés à être produits en justice pour concourir à la confiscation des navires et noirs capturés; ils seront consultés d'ailleurs quand on procédera à la répartition du produit des confiscations.

Quant aux procès-verbaux dressés dans les différents cas, par l'administration coloniale, ils servent à établir le décompte de la somme à payer aux saisissants ou capteurs; ils doivent toujours faire connaître le nombre, l'âge et le sexe des noirs remis, quoique la prime soit la même pour tous.

La dépense en sera imputée sur la somme qui est allouée au budget du service colonial pour dépenses imprévues; en cas d'insuffisance, elle sera prélevée sur le fonds de réserve, d'après l'autorisation spéciale que j'en aurai donnée.

Il est bien entendu que le payement de cette prime n'aura lieu que lorsque tous les degrés de juridiction se trouvant épuisés, la confiscation sera devenue définitive.

Quand la capture aura été faite par un bâtiment appartenant à la métropole, le payement de la prime aura lieu en France. A cet effet, vous voudrez bien m'adresser une ampliation du procès-verbal dressé dans la colonie lors de la livraison des noirs. Vous y joindrez une copie du procès-verbal dressé à bord, et que vous vous serez fait remettre par l'officier commandant le navire capturé.

La répartition du montant des primes allouées aux saisissants ou capteurs sera faite d'après les mêmes règles que la répartition du produit des confiscations prononcées en matière de commerce étranger et de traite des noirs.

Je vous invite à faire enregistrer la présente dépêche au contrôle de la colonie et à m'en accuser la réception par lettre spéciale.

Recevez, etc.

Le Ministre de la marine et des colonies,

Signé Comte DE CHABROL.

Inspection. Reg. 12, n° 56.

N° 4353. — *Décision ministérielle portant suppression de la compagnie de sapeurs et de la brigade des équipages militaires entretenues à la Martinique.*

23 août 1825.

NOTA. Les voitures, mulets, objets de harnachement, etc., du train seront conservés pour être affectés au service des travaux civils de la colonie et recevoir une nouvelle organisation. On conservera aussi les outils que possédait la compagnie de sapeurs.

Inspection. Reg. 11.

N° 4354. — *Instruction réglementaire ministérielle, approuvée par le Roi pour servir à l'exécution de l'ordonnance royale du 26 janvier 1825 relative au service militaire dans les colonies.*

TITRE Ier.

Mouvements et inspections des garnisons coloniales.

Départ de France ; séjour aux colonies.

Art. 1er. Les troupes de toutes armes qui seront successivement envoyées dans les colonies, seront expédiées de France à des époques qui seront déterminées de manière qu'elles puissent arriver :

Aux Antilles et au Sénégal, au commencement du mois de décembre ;

À Cayenne, au commencement d'avril ;

À Bourbon et à Madagascar, au mois de mai.

Leur séjour aux colonies sera habituellement de quatre ans,

y compris le temps de la traversée, tant pour l'aller que pour le retour.

Garnisons d'infanterie de la Martinique et de la Guadeloupe.

Art. 2. Pour les garnisons d'infanterie de la Martinique et de la Guadeloupe, les renouvellements s'effectueront annuellement par quart, de manière que chaque année un régiment parte pour l'une de ces colonies et qu'un autre en revienne, sauf les dispositions prises ou à prendre par les ministres de la guerre et de la marine à l'égard des troupes de premier envoi.

Garnisons d'infanterie du Sénégal, de la Guyane et de Bourbon.

Art. 3. Les garnisons d'infanterie du Sénégal, de la Guyane et de Bourbon seront renouvelées intégralement de quatre ans en quatre ans.

Troupes d'artillerie.

Art. 4. Les compagnies ou détachements d'artillerie (canonniers et ouvriers) seront renouvelés intégralement de quatre ans en quatre ans.

Officiers sans troupe.

Art. 5. Les officiers sans troupe employés aux colonies pourront demander leur rappel en France après quatre ans de services consécutifs dans ces établissements.

Avancement des militaires aux colonies.

Art. 6. Les emplois, soit à l'ancienneté, soit au choix, jusqu'au grade de chef de bataillon inclusivement, qui viendront à vaquer dans les troupes d'infanterie en garnison aux colonies, ne seront conférés qu'aux officiers et sous-officiers qui en feront partie, et qui réuniront les conditions prescrites par la loi du 10 mars 1818 et l'ordonnance du 2 août suivant.

Ces derniers n'auront pas droit, en conséquence, à l'avancement résultant des vacances qui auront lieu dans la portion du corps restée en France.

Si la portion du régiment en garnison aux colonies où il se présenterait une vacance, n'avait pas de sujets ayant l'ancienneté requise pour obtenir de l'avancement, le concours pour cette vacance aurait lieu sur tous les bataillons ou portions de bataillon employés aux colonies.

Les capitaines et chefs de bataillon des régiments tenant garnison aux colonies continueront d'être inscrits sur le tableau par ancienneté de tous les capitaines et chefs de bataillon de l'arme de l'infanterie, et concourront pour les emplois de chef de bataillon et de lieutenant-colonel revenant à l'avancement à l'ancienneté sur toute l'arme.

Les officiers de santé ne pourront obtenir de l'avancement qu'autant que leur aptitude à remplir les fonctions du grade supérieur aura été reconnue et constatée par le conseil de santé de la marine dans chaque colonie.

Art. 7. L'avancement des officiers d'artillerie et du génie continuera d'avoir lieu d'après les règlements généraux de leurs armes respectives.

Inspections.

Art. 8. Les inspections générales des corps seront faites, chaque année, d'après le mode établi pour les troupes de l'armée de terre, par les gouverneurs des colonies ou autres officiers délégués par eux à cet effet. Les livrets d'inspection générale seront adressés au ministre de la marine, qui les transmettra au ministre de la guerre avec son avis sur les dispositions à prendre relativement aux besoins et aux abus que ces inspections auraient fait connaître.

Lorsque le ministre de la guerre le jugera convenable, il pourra, en se concertant préalablement avec le ministre de la marine, ordonner des inspections particulières et désigner à cet effet des officiers de son département. Ces officiers seront tenus de remettre une copie de leurs rapports aux gouverneurs des colonies, afin que ceux-ci puissent statuer sur les points qu'ils jugeraient exiger une prompte décision.

Il est entendu que les officiers chargés de ces inspections extraordinaires n'auront, en aucun cas, d'ordres à donner dans les colonies, à moins qu'ils n'aient reçu à cet effet des pouvoirs spéciaux du ministre de la marine.

Art. 9. Les demandes d'avancement et de grâces pour les troupes et officiers sans troupe de l'armée de terre employés aux colonies, continueront d'être adressées par les gouverneurs de ces établissements au ministre de la marine qui les transmettra avec son avis au ministre de la guerre.

Les propositions convenues entre les deux départements seront soumises au Roi par le ministre de la guerre ; mais l'exécution des ordonnances sera confiée aux deux ministres, chacun en ce qui le concernera.

A cet effet, le ministre de la guerre enverra ampliation des ordonnances, ainsi que les lettres de nomination ou brevets, au ministre de la marine, qui les transmettra aux officiers nommés et donnera les ordres nécessaires pour les faire reconnaître.

Art. 10. Les demandes qui seraient formées auprès du département de la marine à l'effet d'obtenir, soit des renseignements sur les militaires employés aux colonies, soit des certificats de présence ou des états de service relatifs à ces militaires, seront renvoyées au ministre de la guerre, qui y donnera la suite convenable.

Art. 11. Toutes les attributions assignées par l'ordonnance du 19 mars 1823 aux fonctionnaires du corps de l'intendance militaire, sont dévolues, dans les colonies, au corps de l'administration de la marine.

TITRE II.

Administration et comptabilité.

Solde, indemnités et abonnements des officiers autres que ceux de la gendarmerie.

Art. 12. Les officiers avec ou sans troupe (autres que ceux de la gendarmerie), employés dans les colonies, recevront, pendant le séjour qu'ils y feront et sur les fonds du département de la guerre, la solde et les accessoires déterminés par le tarif annexé à l'ordonnance royale du 19 mars 1823.

Il leur sera alloué, en outre, sur les mêmes fonds, un supplément colonial, qui se composera ainsi qu'il suit; savoir :

1° Pour les lieutenants et sous-lieutenants, d'une somme égale à la solde simple d'Europe, sans accessoires : au moyen de cette allocation, ils ne recevront plus le supplément de 200 francs dont ils jouissent en Europe;

Pour les capitaines, des trois quarts de leur solde, sans accessoires;

Enfin, pour les officiers supérieurs, de la moitié de leur solde, sans accessoires;

2° Pour tous les grades, d'une somme égale à celle qui est allouée, par le tarif précité du 19 mars 1823, pour les indemnités de logement et d'ameublement;

3° De l'augmentation, s'il y a lieu, qui sera fixée, pour chaque localité, par l'administration maritime, à raison du prix réel des fourrages;

4° Enfin, pour les colonels et lieutenants-colonels chefs de corps, d'une somme égale à l'indemnité de représentation qui leur est allouée en Europe.

Ces divers suppléments coloniaux sont indépendants des indemnités à allouer, suivant le grade et la colonie, aux officiers de l'état-major du génie, à titre de frais de bureau, de tournées et de représentation, conformément à la décision royale du 8 décembre 1824.

Solde et abonnement des sous-officiers et soldats des corps de troupe, autres que la gendarmerie.

Art. 13. Les sous-officiers et soldats des corps de troupe (la gendarmerie exceptée) jouiront de la solde fixée par le tarif annexé à l'ordonnance royale du 19 mars 1823, pour la position dite *de station sur le pied de paix avec le pain seulement*. Il leur sera délivré, en outre, et sans aucune retenue, une ration par jour, composée de 750 grammes de pain frais, ou 625 grammes de farine, ou 550 grammes de biscuit, et de 250 gr. de bœuf salé ou frais, ou 200 grammes de porc salé ou frais. Dans le cas où ces comestibles manqueraient dans la colonie, il y serait suppléé par les denrées du pays.

Art. 14. La masse d'entretien de l'habillement, telle qu'elle est fixée en France, c'est-à-dire, à *quatre francs par homme* et *par an*, sera allouée d'après l'effectif, en prenant pour base le nombre de journées résultant des revues de chaque trimestre.

Le supplément colonial reste fixé à deux francs par homme et par an pour cette espèce de prestation.

Le supplément colonial pour les premières mises accordées aux sous-officiers promus officiers après quatre ans de services effectifs et consécutifs, demeure fixé à la moitié de la somme déterminée par le tarif annexé à l'ordonnance royale du 19 mars 1823.

Masse de hamac et de campement.

Art. 15. La masse de hamac et de campement accordée aux sous-officiers et soldats, sera payée sur les fonds de la solde et comprise dans les revues. Cette allocation aura lieu d'après l'effectif et sur les mêmes bases que celle de la masse d'entretien.

Elle est fixée ainsi qu'il suit; savoir :

A 9 francs par homme et par an à la Guyane française, et à 11 francs dans les autres colonies.

Solde, indemnités et abonnements de la gendarmerie.

Art. 16. La gendarmerie à pied ou à cheval, dans les colonies, recevra, sur les fonds du département de la guerre, la solde et les indemnités ou abonnements sur le pied d'Europe, tels qu'ils sont déterminés par le règlement du 21 novembre 1823, et par la décision royale du 3 mars 1824 (1).

Le prix de la ration de fourrages sera payé par le département de la guerre, à raison de 1 franc 15 centimes, sur le pied de l'effectif des chevaux d'officiers et de troupe.

Tous les suppléments coloniaux de solde, d'indemnités, d'abonnements et de fourrages, et toutes autres dépenses pour journées de présence aux hôpitaux, pour casernement et literie, seront à la charge des fonds locaux.

Mode de payement de la solde et autres prestations en deniers.

Art. 17. La solde et les diverses prestations en deniers devront toujours être payées intégralement aux époques déterminées par les règlements, bien que la somme mise, à titre d'avance, par le ministère de la guerre, à la disposition de la marine, ne représente, conformément à l'article 63 ci-après, que les quatre cinquièmes de la dépense à la charge du budget de la guerre.

Art. 18. Les suppléments coloniaux et les rations de vivres à fournir conformément aux articles 12, 13, 14, 15 et 16 ci-dessus, seront alloués depuis et non compris le jour du débarquement dans les colonies, jusques et non compris celui du rembarquement pour revenir en France.

Temps des traversées pour l'aller et le retour.

Art. 19. Pendant les traversées d'aller et de retour, les sous-officiers et soldats recevront du département de la marine les rations de bord; en conséquence, ils n'auront droit, pour ce même temps, qu'à la solde dite *avec vivres de campagne*.

Art. 20. Les officiers, sous-officiers et soldats de l'armée de terre destinés à aller en garnison dans les colonies, et qui auront été faits prisonniers de guerre après leur embarquement, seront rappelés, à leur retour en France, de leur solde de captivité, telle qu'elle est fixée par le tarif annexé à l'ordonnance royale du 19 mars 1823, sur les fonds et par les soins du département de la guerre.

(1) Cette décision est relative à l'augmentation de solde accordée, à partir de 1825, aux capitaines et lieutenants de la gendarmerie. Cette augmentation est comprise dans le tarif annexé au règlement précité.

Retenues au profit des Invalides.

Art. 21. L'article 429 de l'ordonnance royale du 19 mars 1823, relatif à la retenue de 2 pour 100, sera appliqué, dans les colonies, aux suppléments coloniaux de traitement des officiers, comme à leur traitement d'Europe.

En ce qui concerne la retenue à opérer sur les suppléments coloniaux des officiers de gendarmerie, et jusqu'à ce qu'il en soit autrement ordonné, le produit sera versé dans la caisse des invalides de la marine.

Art. 22. L'emploi de la solde des sous-officiers et soldats sera réglé ainsi qu'il suit, pendant leur séjour aux colonies ; savoir :

Pour la masse de linge et chaussure....... 0f 15 par jour.
Pour l'ordinaire...................... 0 20 *idem.*

Le surplus sera remis aux hommes comme deniers de poche.

Délégations.

Art. 23. Les formalités prescrites par l'article 53 de l'ordonnance du 19 mars 1823 relativement aux délégations, sont maintenues, avec cette différence, que le sous-intendant militaire qui recevra en France une déclaration de délégation, devra la transmettre au ministre secrétaire d'État de la guerre, qui donnera les ordres nécessaires pour le payement des sommes déléguées. Ce ministre fera connaître en même temps au ministre de la marine les délégations consenties, afin que ce dernier puisse transmettre aux administrations coloniales ses instructions, pour que les retenues correspondantes aux sommes déléguées aient lieu sur la solde des officiers délégants. Quant aux déclarations de délégation faites aux colonies, elles seront reçues par les agents de l'administration de la marine, qui les transmettront au ministre de la guerre par l'entremise du ministre de la marine.

Le montant des délégations acquittées en France sera régularisé sur les revues du dépôt, si l'officier délégant appartient à un corps ; et si c'est un officier sans troupe, la régularisation aura lieu sur les revues à établir au titre de sa classe, dans la division où résidera le délégataire.

Si les corps n'ont pas de dépôt en France, les payements seront régularisés au moyen d'une revue spéciale qui sera établie par l'intendant militaire de la division dans laquelle le délégataire sera domicilié.

Art. 24. Les délégataires des officiers employés dans les

colonies seront payés tous les mois, à terme échu, des sommes qui leur auront été déléguées, sans être astreints à produire un certificat d'existence des déléguants; mais le payement cessera de droit au bout d'un an, si les délégations n'ont pas été renouvelées.

Art. 25. Dans le cas où le ministre secrétaire d'État de la guerre ordonnerait sur la solde d'un officier en garnison dans les colonies, une retenue au profit de sa famille, en exécution de l'article 438 de l'ordonnance royale du 19 mars 1823, le montant en serait payé à la femme ou aux enfants de cet officier, sans exiger la production du certificat indiqué par l'article 439 de la même ordonnance. Ces payements seront régularisés comme ceux qui seraient faits en vertu de délégation.

Art. 26. Dans les cas prévus par les articles 23, 24 et 25 de la présente instruction, la retenue de 2 pour 100 au profit de l'hôtel royal des invalides sera exercée intégralement sur la portion de solde à payer dans les colonies, de manière que la somme déléguée soit toujours exempte de ladite retenue.

Congés.

Art. 27. Dans aucun cas, les officiers, sous-officiers et soldats formant les garnisons des colonies, ne pourront obtenir de congés de semestre.

Art. 28. Les gouverneurs des colonies sont autorisés à délivrer des congés de convalescence; mais ils ne devront user de cette faculté que dans les cas graves, et lorsqu'il sera constaté par certificat du conseil de santé de la colonie que le retour du militaire en Europe est nécessaire à sa guérison.

La durée des congés de convalescence est fixée à six mois.

Si ce laps de temps ne suffit pas pour la guérison du militaire, le ministre de la guerre pourra accorder une prolongation de congé de trois mois, sauf à donner plus tard une seconde prolongation également de trois mois, dans le cas où le malade ne serait pas entièrement rétabli à l'expiration de la première.

Lorsque ces prolongations successives auront été accordées à un officier, et qu'au bout de l'année sa santé ne lui permettra pas de retourner dans la colonie, le ministre de la guerre pourra lui donner une autre destination et le faire remplacer dans son corps par un officier du même grade, à titre de permutation.

Art. 29. Toutes les fois que le ministre secrétaire d'État de la guerre aura accordé une prolongation de congé, soit pour convalescence, soit pour toute autre cause, à un militaire venant des colonies, il en informera le ministre secrétaire d'État de la marine, qui en donnera avis au gouverneur de la colonie dans laquelle le corps se trouvera en garnison.

Art. 30. A l'expiration des congés ou des prolongations de congés, les militaires devront être dirigés sur Rochefort, où, d'après les ordres qui seront donnés à l'avance par le ministre de la marine, l'intendant de la marine procurera le passage, soit par la voie de Rochefort, soit par celle de Bordeaux.

Si, dans quelques circonstances, il y avait lieu d'assigner un autre port, le ministre de la marine en préviendrait d'avance le ministre secrétaire d'État de la guerre.

Art. 31. La durée des congés est indépendante du temps de la traversée, tant pour l'aller que pour le retour; elle ne commencera que du jour de l'arrivée dans un port de France, et le militaire porteur d'un congé sera considéré comme ayant rejoint, dès qu'il sera arrivé, avant l'expiration du délai fixé, au port où il doit se rembarquer; en conséquence, son congé devra être visé, tant au lieu de débarquement qu'à celui du rembarquement, par le commissaire ou autre agent de la marine.

Art. 32. Les officiers revenant des colonies par congés de convalescence jouiront, pour le temps de leur séjour légal en France, de la solde entière de leur grade sur le pied d'Europe, mais sans indemnités ni accessoires d'aucune espèce. Le rappel en sera fait à ceux y ayant droit, au moment de leur rembarquement, et après qu'ils auront rempli les formalités prescrites par l'article précédent.

Toutefois, le ministre de la guerre pourra, lorsqu'il le jugera convenable, autoriser le payement, par à-compte, d'un ou plusieurs mois de solde, aux officiers qui en feront la demande pendant la durée desdits congés.

Ces officiers n'auront pas droit à l'indemnité de route pour le trajet qu'ils pourront avoir à faire dans l'intérieur de la France; mais le passage sur mer leur sera fourni aux frais du Roi, tant pour l'aller que pour le retour. Cette dépense sera au compte de la marine.

Art. 33. Les officiers qui désireraient toucher une partie de leur solde pendant leur séjour en France, conformément à l'article précédent, seront tenus de produire, savoir:

Les officiers sans troupe, leur livret de solde arrêté par l'agent de l'administration de la marine;

Les officiers des corps, leur cessation de payement.

Ces derniers devront de plus justifier, par un certificat de leur

conseil d'administration éventuel, que leur traitement n'est
passible d'aucune retenue légale.

Art. 34. Les officiers revenant des colonies avec des congés
pour affaires personnelles n'auront droit à aucun traitement depuis le jour de leur débarquement en France jusqu'à celui où ils
devront être considérés comme ayant rejoint, conformément aux
dispositions de l'article 31 ci-dessus : la solde sur le pied d'Europe leur sera payée pour le temps des deux traversées d'aller et
de retour.

Art. 35. Les sous-officiers et soldats en congé auront droit,
indépendamment de la solde dite en congé, à l'indemnité de
route pendant le trajet du lieu du débarquement à leur domicile
et retour.

Art. 36. La solde des militaires autorisés à quitter les colonies en vertu de congés sera alignée jusqu'au jour de leur embarquement exclusivement.

Promotion d'un officier en congé.

Art. 37. L'officier qui, à l'époque de sa promotion à un grade
supérieur, se trouvera en France en vertu d'un congé, jouira de
la solde affectée à son nouveau grade à compter du jour où,
en exécution d'ordres ministériels, il se présentera aux autorités
administratives du port dans lequel il devra s'embarquer pour
retourner à son poste.

La date de cette présentation devra être constatée par un certificat du commissaire de la marine du lieu d'embarquement.

Effet de la démission donnée par un officier en congé.

Art. 38. L'officier qui donnera sa démission étant en congé ou
en prolongation de congé avec solde, n'aura aucun droit, si sa
démission est acceptée, au payement de ce qui pourrait lui être
dû sur sa solde de congé.

Départ des colonies.

Art. 39. Les corps de troupe ou militaires isolés qui devront
quitter les colonies pour rentrer en France seront payés, jusqu'au jour de leur embarquement, de leur solde et du supplément colonial.

A leur arrivée en France, ils seront remis à la disposition du
département de la guerre qui pourvoira, par les soins de ses
agents, au payement de la solde due pour la traversée, et de

celle à laquelle la position des militaires débarqués leur donnera
droit pendant leur séjour en France.

Art. 40. Les bataillons, compagnies ou détachements qui
auront laissé leurs dépôts en France, seront considérés, pendant
tout le temps de leur absence, comme formant corps à part et
ayant une administration et une comptabilité distinctes et séparées
de celles de ces dépôts. En conséquence, les feuilles de journées
et les états de payement seront scindés au jour de l'embarquement dans un port de France, et les portions de corps embarquées cesseront, dès ce moment, de figurer sur les revues de
leurs dépôts.

On considérera comme jour de l'embarquement celui où les
troupes ayant reçu l'ordre de se tenir prêtes à s'embarquer
auront touché les avances prescrites par l'article 241 de l'ordonnance royale du 19 mars 1823. La coupure faite à cette
époque sera définitive, quand même le départ des troupes
éprouverait quelque retard.

Art. 41. Les revues à établir aux colonies par les soins des
agents du ministère de la marine devront réunir toutes les
portions d'un même corps stationnées dans la même colonie.
Elles comprendront le rappel des journées de solde acquises
depuis le jour de l'embarquement dans un port de France,
jusqu'à celui de l'arrivée à destination. Les avances faites en
exécution des articles 241 et 242 de l'ordonnance du 19 mars
1823 seront portées au débit du corps dans son décompte de
libération, ce qui établira naturellement la balance entre le
montant de ces avances et la solde à laquelle les officiers, sous-
officiers et soldats auront eu droit en raison de la durée de
la traversée.

On aura soin de distinguer dans les feuilles de journées le
temps qui aurait pu être passé en France depuis le jour de la
coupure jusqu'à celui de la mise à la voile.

Art. 42. Les feuilles de journées des corps ou détachements
qui quitteront les colonies pour revenir en France, seront
arrêtées au jour de l'embarquement. En conséquence, la solde
payée pour le temps de la traversée, conformément à l'article 39,
sera comprise sur la revue du dépôt pour le trimestre pendant
lequel le débarquement aura eu lieu.

Art. 43. Les dispositions des trois articles qui précèdent sont

10.

applicables aux officiers sans troupe, en ce qui concerne l'époque de la coupure à établir dans leurs mandats individuels de payement et dans les revues.

Avances faites à ces officiers.

Les avances qui leur auront été faites avant leur départ de France, conformément aux articles 241 et 242 de l'ordonnance du 19 mars 1823, seront allouées sur le montant de la première revue à établir après leur arrivée dans la colonie où ils devront être employés; mais le montant en sera précompté sur les premiers mandats individuels de payement qui seront souscrits à leur profit.

Dans le cas où un officier sans troupe se rendant aux colonies viendrait à mourir pendant la traversée, l'avance qui lui aura été faite sera considérée comme définitive et ne donnera lieu à aucun recours contre ses héritiers. Le montant devra figurer pour ordre dans la première revue, avec indication du jour du décès de l'officier; et s'il était le seul de sa classe dans la colonie, il serait fait une revue spéciale.

Cette même disposition est applicable à l'officier de troupe qui, s'étant embarqué isolément pour aller rejoindre son corps dans les colonies, viendrait également à mourir pendant la traversée.

Indemnité aux officiers pour achat de hamacs et effets de bord.

Art. 44. Les officiers sans troupe, et ceux des corps de troupe destinés à passer aux colonies ou en revenant, ont droit à une indemnité de 50 francs pour les mettre à portée de se procurer des hamacs et autres effets de bord. Cette indemnité leur sera payée sur les fonds de la solde, au moment de l'embarquement et sur états nominatifs; le payement devra être régularisé par les revues de la même manière que celui des avances prescrites par l'article 241 de l'ordonnance du 19 mars.

Attributions des agents de l'administration de la marine.

Art. 45. Les agents de l'administration de la marine ne s'écarteront point des formes déterminées par les règlements de la marine, relativement au mode d'ordonnancement des dépenses et à l'action du contrôle que doivent exercer les officiers de l'administration maritime sur toutes les opérations.

Ainsi, le commissaire chargé des revues remplacera le sous-intendant militaire, sauf en ce qui concerne l'ordonnancement des dépenses. L'ordonnateur remplira les fonctions d'intendant militaire ; il conservera de plus l'ordonnancement. Enfin aucun payement n'aura lieu sans que l'ordonnance ait été visée et vérifiée au contrôle.

Revues de comptabilité.

Art. 46. Les feuilles de journées et les revues générales de comptabilité des corps, autres que la gendarmerie, seront établies, ainsi que les revues des officiers sans troupe, tant pour les allocations en deniers que pour celles en nature, dans la forme et suivant les dispositions prescrites par l'ordonnance du 19 mars 1823, en ayant égard pour les feuilles de journées aux modifications indiquées par l'article 41 de l'instruction du 3 novembre 1824.

Pour la gendarmerie, on se conformera aux dispositions prescrites par le règlement spécial du 21 novembre 1823 ; toutefois les feuilles de journées seront établies de manière à présenter distinctement chaque nature d'imputation des dépenses suivant qu'elles auront lieu sur les fonds de la guerre ou sur ceux des colonies, conformément au modèle ci-annexé.

Il sera dressé deux revues de comptabilité distinctes, l'une pour les dépenses de la guerre, l'autre pour celles des colonies.

Art. 47. Les revues et feuilles de journées seront transmises au ministre de la guerre par l'intermédiaire du ministre de la marine, à l'exception de la revue de comptabilité spéciale aux dépenses de la gendarmerie, qui restent à la charge des colonies.

Tenue des contrôles des officiers sans troupe.

Art. 48. Les contrôles des officiers sans troupe seront tenus par les agents de la marine chargés d'établir les revues de ces officiers.

Tenue des registres matricules ; leur destination.

Art. 49. Les registres matricules des officiers des corps de troupe et celui des sous-officiers et soldats seront tenus au dépôt de chaque régiment.

A cet effet, les bataillons, compagnies ou détachements employés aux colonies devront faire parvenir leurs états de mutation à ce dépôt aux époques déterminées par les règlements, et en se conformant aux dispositions prescrites par l'article 70 ci-après.

Indépendamment de cet envoi, le département de la marine

fera connaître à celui de la guerre les renseignements particuliers qui lui parviendront sur le personnel des officiers, sous-officiers et soldats.

Vivres et chauffage.

Art. 50. Les fournitures en pain, biscuit, riz, légumes secs, sel, viande, liquides et chauffage, à faire aux troupes, en vertu de la présente instruction et des règlements particuliers à chaque localité, seront effectuées au moyen de marchés à la ration pour un temps donné d'une ou plusieurs années, lesquels seront passés par voie d'adjudication publique, et conformément aux dispositions d'un cahier des charges qui sera arrêté, de concert avec le ministre de la marine, par le ministre de la guerre, qui demeure chargé de faire acquitter la dépense desdites fournitures sur les fonds particuliers de son département.

Le cahier des charges déterminera le mode de justification des fournitures faites par les entrepreneurs, ainsi que le mode et les époques de payement de ces mêmes fournitures.

En cas d'impossibilité reconnue d'employer la voie d'adjudication indiquée plus haut, les fournitures seront effectuées par les soins de la marine, qui y fera pourvoir au moyen d'achats de denrées sur les lieux, soit par marchés spéciaux, soit par entreprise.

La dépense de ces achats sera payée avec les fonds de la guerre mis d'avance à la disposition du ministre de la marine, et les frais de gestion et de manutention seront acquittés de la même manière.

Les dépenses d'achats seront justifiées par des certificats de fournitures portant décompte et dûment visés et appuyés de marchés. Le payement en sera effectué en suivant les formes usitées pour les fournitures directes à la marine.

Quant aux frais de gestion et de manutention, il en sera établi, à la fin de chaque trimestre, un décompte accompagné : 1° des bordereaux généraux de distribution aux troupes, avec les bordereaux de totalisation à l'appui, conformément aux dispositions du règlement provisoire du 2 février 1818 ; 2° d'un état de situation présentant le détail des recettes et dépenses en matières, dûment vérifié et arrêté.

Une expédition du décompte sera mise à l'appui des mandats de payement ; l'autre, appuyée de toutes les pièces justificatives, sera adressée, après liquidation opérée par l'ordonnateur de la marine faisant fonctions d'intendant militaire aux colonies, au ministre de la marine, qui, après en avoir fait opérer l'examen dans ses bureaux, la transmettra, avec ses observations, au ministre de la guerre, pour être employée dans le compte général de son département.

Habillement et petit équipement.

Art. 51. Lors du départ pour les colonies d'un ou de plusieurs bataillons, compagnies ou détachements, le conseil d'administration principal du corps auquel ils appartiendront leur fera délivrer tous les effets d'habillement, de coiffure et de grand équipement, qui leur seraient dus pour l'exercice courant.

Art. 52. Il sera établi en même temps par ce conseil d'administration une demande spéciale dans la forme des demandes provisoires, pour tous les remplacements auxquels auront droit, pendant l'exercice suivant, les portions du corps partant pour les colonies.

Cette demande sera adressée au ministre de la guerre, qui accordera les étoffes et les fonds nécessaires pour les confections et achats.

Art. 53. Le premier janvier de chaque année de séjour des portions de corps dans les colonies, et, pour la première année, dans le mois qui suivra l'époque de leur débarquement, les conseils d'administration éventuels établiront, sous la forme de demande provisoire, l'état de leurs besoins présumés pendant un an en effets d'habillement, de coiffure et de grand équipement.

Cet état sera vérifié et arrêté par le commissaire aux revues et par l'ordonnateur de la marine, et adressé par chaque portion de corps s'administrant elle-même au conseil d'administration principal, qui le comprendra dans la demande provisoire générale du corps pour l'exercice suivant.

Art. 54. Dans tous les cas, les achats et la confection des effets qui composent l'habillement et ses dépendances destinés aux troupes employées aux colonies, seront exécutés en France, par les soins des conseils d'administration principaux, et les effets en provenant seront remis ou expédiés par ceux-ci aux conseils éventuels, de manière que les portions détachées aient constamment à leur disposition les remplacements d'une année à l'avance.

A cet effet, les remplacements présumés dus pendant l'exercice qui suivra celui du départ, et qui font l'objet de l'article 52 ci-dessus, seront embarqués en même temps que la troupe, s'il est possible, ou, à défaut, à l'époque la plus rapprochée; pour les exercices suivants, les envois auront lieu immédiatement après l'achèvement des confections.

Art. 55. Les achats d'effets de petit équipement destinés aux troupes tenant garnison aux colonies seront faits en France par les soins des conseils d'administration principaux, et d'après les demandes des conseils éventuels.

Ces demandes seront adressées régulièrement aux conseils principaux le 1er janvier et le 1er juillet, et plus souvent s'il en était besoin, pour un approvisionnement de six mois à l'avance.

Les conseils principaux acquitteront le montant des achats sur les fonds généraux du corps, et en seront remboursés au moyen d'ordonnances qui seront délivrées par le ministre de la guerre sur la présentation des factures d'achat arrêtées par un sous-intendant, et sur le vu du procès-verbal qui constatera l'arrivée et la pesée des colis dans le port d'embarquement.

Le ministre de la guerre donnera avis au ministre de la marine des payements qui auront été faits en exécution du paragraphe précédent, et le ministre de la marine pourvoira à leur imputation sur la solde des bataillons ou détachements auxquels les effets auront été expédiés.

Il sera tenu au ministère de la guerre un compte de tous les payements de cette espèce, et leur montant sera déduit de la première avance des quatre cinquièmes de la dépense présumée qui devra être faite au département de la marine, en exécution de l'article 63 ci-après.

Art. 56. Les conseils d'administration principaux dirigeront les effets d'habillement, de coiffure, de grand et petit équipement, à envoyer dans les colonies, sur le port qui sera désigné par le ministre de la marine; les colis seront adressés, dans ledit port, aux agents de la marine chargés de leur expédition.

Art. 57. Toutes les expéditions faites par les conseils principaux aux portions détachées dans les colonies, seront admises dans les comptes d'exercice de ces conseils comme dépenses ou consommations absolues.

La comptabilité de l'habillement des portions détachées sera vérifiée et arrêtée dans les colonies par l'autorité administrative qui y supplée l'intendance militaire, et dans les formes voulues par les règlements. Les pièces constatant ces opérations seront annuellement adressées par ces autorités au ministre secrétaire d'État de la guerre, et par les conseils éventuels aux conseils principaux.

Au retour en France de chaque portion de corps qui se sera

administrée elle-même, il sera procédé par les soins de l'intendance militaire à l'apurement définitif des comptes du conseil éventuel en ce qui concerne l'habillement, et les résultats en seront portés au compte général du corps pour l'exercice courant.

Hôpitaux.

Art. 58. A la Martinique, à la Guadeloupe et dépendances, à Cayenne, au Sénégal et dépendances et à Bourbon, il sera pourvu au service des hôpitaux par l'administration coloniale, et toutes les dépenses (personnel et matériel) relatives à ce service seront acquittées à terme échu, au moyen des fonds locaux ; mais les colonies devront être remboursées sur les fonds généraux de la guerre de celles de ces dépenses qui se rapporteront aux militaires dont l'entretien est en totalité à la charge dudit département.

A cet effet, l'administration de chaque colonie établira, tous les trois mois, le taux moyen auquel sera revenue la journée de malade pendant le trimestre expiré, en opérant sur l'ensemble du service et sur la totalité des dépenses effectuées, tant pour le personnel (officiers de santé, sœurs hospitalières, infirmiers et autres agents subalternes) que pour le matériel ; elle calculera, d'après ce taux moyen, et d'après le nombre de journées de militaires aux hôpitaux, la somme qui doit être acquittée par le département de la guerre.

Cette somme sera ordonnancée au profit de la caisse coloniale, sur les fonds de la guerre réalisés d'avance sur les lieux ; l'ordonnance sera appuyée d'états conformes aux modèles ci-annexés, n°s 1 et 2, et d'un extrait certifié du compte établissant le prix moyen de la journée de malade. Ces états devront être établis en double expédition. Une de ces expéditions sera réservée pour faire partie des pièces à transmettre au département de la guerre pour la formation du compte d'exercice, conformément à l'article 68 de la présente instruction.

Dans celles des colonies désignées ci-dessus, où les dépenses matérielles d'hôpitaux se font par entreprise, la portion revenant à l'entrepreneur pour les militaires sera ordonnancée directement sur les fonds du département de la guerre par les agents de l'administration de la marine, et le mode de remboursement indiqué plus haut n'aura lieu que relativement aux frais du personnel du service de santé et autres frais accessoires qui ne seront point compris dans le marché passé par l'administration.

Les pièces à fournir pour les hôpitaux en entreprise sont :

1° Les états n°ˢ 1 et 2, mentionnés ci-dessus ;

2° Un extrait du marché de l'entrepreneur ;

3° L'extrait certifié du décompte par journée des frais du personnel et autres, non compris dans le prix de journée réglé par le marché.

Dans les autres établissements, tels que Saint-Pierre et Miquelon et Madagascar, on opérera ainsi qu'il est expliqué au présent article, sauf en ce qui concerne la dépense du personnel du service de santé, laquelle demeurera en totalité imputée sur le chapitre *Solde* du budget du département de la marine.

Réparations, entretien et conservation des armes.

Art. 59. Le règlement du 30 mars 1822 sur les réparations, l'entretien et la conservation des armes portatives dans les corps (voir *Journal militaire*, 2ᵉ semestre 1822, p. 234) ;

L'instruction du 7 octobre 1822 (bureau de l'habillement), sur le mode à suivre pour l'exécution de ce règlement (voir *Journal militaire*, 2ᵉ semestre 1822, p. 442),

Et l'instruction supplémentaire du 26 mai 1823 (bureau de l'artillerie) (voir *Journal militaire*, 1ᵉʳ semestre 1823, p. 836), sur le payement et la liquidation de la dépense pour l'abonnement de l'entretien des armes entre les mains des troupes continueront d'être exécutés par les corps en garnison aux colonies.

Art. 60. Le prix de l'abonnement pour tous les corps (la gendarmerie comprise) reste fixé par an ainsi qu'il suit :

Pour chaque fusil de tout modèle, 1 fr. 20 cent. ;

Pour sabre d'infanterie (décision du 18 février 1824), 20 cent.

Plus les dépenses accessoires indiquées dans l'instruction précitée du 26 mai 1823.

Art. 61. Les dispositions de l'article 15 du règlement du 30 mars 1822 ne sont pas rigoureusement obligatoires pour les maîtres armuriers des garnisons des colonies. Cependant, les conseils d'administration formeront, autant que possible, un approvisionnement assorti de pièces d'armes provenant des manufactures royales du continent ; à cet effet, ils adresseront un état de leurs besoins présumés pour trois ans, et la retenue en sera faite sur le montant de l'abonnement d'entretien des trois années, et par tiers.

Art. 62. Les inspections générales des troupes étant dévolues aux gouverneurs des colonies, ces officiers généraux désigneront un officier d'artillerie de l'armée de terre et un contrôleur d'armes, s'il est possible, pour remplir le vœu du titre III du règlement du 30 mars 1822.

Avances de fonds et ordonnancement.

Art. 63. Les dépenses de toute nature à faire dans les colonies pour le compte du département de la guerre seront ordonnancées par les agents du département de la marine aux colonies, sous la surveillance directe du ministre de la marine. A cet effet, avant l'ouverture de chaque semestre, le ministre de la guerre fera successivement remettre dans les ports qui lui seront indiqués, pour être envoyée aux colonies, une somme égale aux quatre cinquièmes de la dépense présumée dudit semestre. Le solde définitif de la dépense de ce semestre sera acquitté par le département de la guerre après la réception des revues et autres pièces justificatives qui lui seront transmises par celui de la marine, sans que cependant le retard que pourrait éprouver l'arrivée des revues et pièces justificatives des dépenses d'un semestre puisse arrêter l'envoi de l'avance des quatre cinquièmes nécessaires pour les besoins présumés du semestre suivant.

La remise à faire pour chaque semestre sera calculée, non pas sur les dépenses de la solde, mais sur la généralité des dépenses à la charge de la guerre.

Transport de fonds et d'effets aux colonies.

Art. 64. Les fonds à envoyer de France par le département de la guerre devront arriver dans chaque colonie au commencement du premier mois du semestre pour le service duquel ces fonds auront été ordonnancés. Les envois auront lieu pour les colonies autres que Bourbon, savoir:

L'un vers le 1er octobre, pour les six premiers mois de l'année suivante;

L'autre vers le 1er avril, pour les six derniers mois.

Pour Bourbon, les envois seront avancés d'un mois, à cause du plus grand éloignement; c'est-à-dire qu'ils auront lieu vers les 1er septembre et 1er mars.

Les fonds dont il s'agit seront remis par le département de la guerre dans le port qui sera désigné par le ministère de la marine, et transportés à destination aux frais de ce dernier département, qui supportera de même ceux qui résulteront du transport des effets mentionnés aux articles 56 et 57 ci-dessus.

Les fonds transportés par la voie du commerce seront toujours assurés aux frais du département de la marine.

Quant aux effets transportés par la même voie et aux objets et fonds embarqués sur les bâtiments de l'État, le département de la guerre supportera les pertes qui pourraient survenir en mer par suite d'événements de force majeure.

Art. 65. Les remises de fonds calculées sur les dépenses à effectuer dans chaque colonie, s'opéreront par des ordonnances de délégation que le ministre de la guerre délivrera au nom des intendants ou ordonnateurs de la marine des ports où les fonds devront être embarqués pour leur destination respective.

Ces fonctionnaires enverront dans le plus court délai possible au ministre de la marine, qui le transmettra au ministre de la guerre, un bordereau indiquant l'emploi des sommes ainsi mises à leur disposition.

Art. 66. Les dépenses payables en France, telles que délégations, solde de congé, fournitures d'habillement, etc., seront ordonnancées directement par le ministre de la guerre ou par ses agents.

Approvisionnements envoyés de France pour le service des directions de l'artillerie et du génie.

Art. 67. Les approvisionnements que le département de la guerre sera dans le cas de faire passer de France dans les colonies, pour le service des directions de l'artillerie et du génie, seront envoyés par ses soins et à ses frais dans le port qui sera désigné par le ministre de la marine.

Le transport par mer dudit port dans les colonies sera au compte de ce dernier département.

Les approvisionnements dont il s'agit seront examinés, au moment de l'embarquement, par une commission composée d'un nombre égal d'officiers du département de la guerre et de celui de la marine ; et à l'arrivée, par une commission composée de la même manière, et qui sera nommée par l'administrateur en chef de la colonie.

Ces commissions dresseront procès-verbal de leur opération, et en transmettront une expédition au ministre de la guerre par l'entremise du ministre de la marine.

Comptes d'exercice.

Art. 68. Toutes les dépenses faites pour un exercice dans les colonies, sur les fonds du département de la guerre, devront être liquidées, ordonnancées et payées dans les trois mois qui suivront l'expiration de l'exercice. Immédiatement après l'expiration de ces trois mois, toutes les pièces justificatives qui resteront à produire, seront adressées au ministre de la marine, qui les transmettra sans retard au département de la guerre, afin que ce dernier département puisse en faire emploi dans les comptes généraux qu'il doit rendre, aux termes de l'ordonnance royale du 14 septembre 1822.

Art. 69. Si, parmi les dépenses de la guerre faites pour un exercice dans les colonies, il s'en trouvait qui n'eussent pu être liquidées, ordonnancées ou payées avant l'époque fixée par l'article précédent, ces dépenses ne pourraient être acquittées qu'au moyen d'un arrêté du gouverneur en conseil qui en autoriserait l'imputation sur le budget de l'exercice courant.

Une ampliation de cet arrêté sera immédiatement transmise au ministre de la guerre par l'intermédiaire du ministre de la marine.

Art. 70. Tous ordres, tous avis de nomination ou de promotion, toutes instructions, toutes dispositions quelconques relatives à l'organisation, à l'administration et à la comptabilité du service militaire dans les colonies, ne seront exécutoires dans ces établissements qu'autant qu'ils y parviendront avec l'attache du ministre de la marine. De même, toutes demandes, tous comptes rendus, tous rapports ou documents quelconques relatifs au même service, ne devront parvenir au ministre de la guerre que par l'intermédiaire du ministre de la marine.

Art. 71. La présente instruction réglementaire sera exécutoire à partir du 1er janvier 1826.

Toutes dispositions antérieures concernant les garnisons des colonies, qui seraient contraires à la présente instruction, sont et demeurent abrogées.

Fait et arrêté à Paris, le 28 août 1825.

Le Ministre de la guerre,　　Le Ministre de la marine
Signé Marquis　　　　　　　　et des colonies,
DE CLERMONT-TONNERRE. Signé Comte DE CHABROL

Approuvé :

Signé CHARLES.

Par le Roi:
Le Ministre de la marine et des colonies,
Signé Comte DE CHABROL.

Arch. du gouvernement et Annales maritimes, 1825, p. 614.

N° 4355. — *Décision ministérielle qui accorde des sarraux et des pantalons de toile aux troupes qui s'embarquent pour les colonies et à celles qui en reviennent.*

31 août 1825.

Le ministre de la guerre a pris, le 16 août courant, la décision suivante :

1° Il sera accordé aux frais de l'État, à chaque sous-officier, caporal et soldat des corps et détachements de troupes qui vont tenir garnison dans les colonies, un sarrau et un pantalon de toile, destinés à garantir l'habillement, pendant la traversée, des détériorations que pourrait occasionner le service du bord;

2° Au retour de ces corps ou détachements en Europe, ils recevront une semblable fourniture dans les colonies;

3° Il sera pourvu aux distributions à faire avant le départ de France, par les soins de MM. les intendants des 12° et 13° divisions militaires, au moyen des sarraux et pantalons existant dans les magasins d'habillement de Rennes et de la Rochelle.

La fourniture pour la traversée de retour sera faite par les soins des conseils d'administration éventuels; en conséquence, les sarraux et pantalons de bord seront versés, à l'arrivée dans la colonie, par les hommes qui les auront reçus dans les magasins du corps, et y seront réparés et conservés.

A défaut d'un nombre suffisant de ces effets ayant servi pour les distributions nécessaires au retour, il y sera suppléé par des sarraux et pantalons neufs, expédiés de France sur la demande des conseils d'administration éventuels.

A cet effet, un an avant l'époque déterminée pour la rentrée du corps ou détachement, le conseil éventuel adressera au conseil principal l'état de ses besoins présumés, déduction faite des pantalons et sarraux existant dans son magasin. Cet état sera transmis par l'intendant de la division au ministre de la guerre, qui donnera des ordres pour que les effets demandés soient expédiés du magasin de Rennes ou de celui de la Rochelle par les bâtiments qui porteront les troupes de remplacement.

Lors du débarquement en France et au moment de la réunion des conseils éventuels aux conseils principaux, les sous-intendants militaires constateront la situation des sarraux et pantalons des troupes débarquées. Ils feront remettre aux agents du domaine, pour être vendus, ceux de ces effets reconnus hors de service, et feront diriger, sur le plus rapproché des deux magasins in-

diqués plus haut, ceux qui pourront être remis en service,
après avoir été réparés.

Journal militaire, 1825, 2ᵉ sem., p. 50.

━━━━◦◦◉◦◦━━━ ━ ━━

Nº 4356. — *Dépêche ministérielle au sujet des devoirs de l'administration locale relativement à l'exacte délivrance des
actes constatant le décès des marins.*

10 septembre 1825.

Monsieur le Comte, les ordonnances de la marine et notamment celle du 31 octobre 1784 (titre XIV, article 18)
imposent aux capitaines des navires du commerce, l'obligation
de représenter au désarmement les marins de leurs équipages,
ou de justifier des causes de leur absence, et en cas de décès,
d'en rapporter la preuve légale.

L'accomplissement de cette obligation n'intéresse pas seulement la police de la navigation marchande et celle de l'inscription maritime, il est encore d'une haute importance pour
les familles des gens de mer.

Il m'a été rendu compte que quelques capitaines qui se sont
trouvés hors d'état de produire, à leur retour des colonies, les
actes constatant le décès de marins qu'ils y ont perdus, ont
déclaré, pour leur justification, n'avoir pu obtenir avant leur
départ la délivrance de ces pièces.

Je vous invite à vous assurer si ce qui se pratique à la Martinique est de nature à occasionner de semblables retards, et
dans le cas de l'affirmative, à donner des ordres formels pour
qu'à l'avenir les capitaines ne soient, dans aucun cas, fondés
à rejeter sur l'administration le tort de la négligence apportée
dans l'exécution d'une disposition importante.

Vous observerez sans doute que l'acte légal, susceptible d'être
admis en justice, est celui qui émane de l'état civil, et que les
extraits des contrôles, des rôles d'équipages, des registres
d'hôpitaux, etc., sont des pièces purement administratives. Je
me réfère au reste, à cet égard, aux principes qui ont été
rappelés par la circulaire ministérielle du 15 avril 1825.

Le dernier paragraphe de cette circulaire vous recommandait
d'envoyer exactement à l'avenir un double des registres de décès
tenus dans les hôpitaux de la colonie, et de remplir la lacune
existante dans la transmission des registres des années antérieures.

Je vous invite à tenir la main à l'exécution de cette disposition, au sujet de laquelle vous m'avez déjà écrit le 9 décembre dernier.

Recevez, etc.

Le Ministre de la marine et des colonies,
Signé Comte de CHABROL.

Bureau des classes. Ord. et déc., 1825.

No 4357. — *Dépêche ministérielle au gouverneur administrateur contenant diverses dispositions relatives aux sarraux et pantalons de bord qui seront délivrés aux troupes embarquées* (1).

13 septembre 1825.

Monsieur le Comte, le ministre de la guerre a décidé, le 16 août 1825, qu'il sera accordé, aux frais de son département, à chaque sous-officier, caporal et soldat des corps et détachements de troupes qui vont tenir garnison aux colonies, un sarrau et un pantalon de toile destinés à garantir l'habillement pendant la traversée ; cette disposition a été étendue aux corps et détachements qui reviendront des colonies.

A cet effet, lors du départ de France, les conseils d'administration éventuels se chargeront en recette des sarraux et pantalons qui auront été distribués par les soins de l'autorité militaire. A l'arrivée dans les colonies, ils feront constater, par l'autorité administrative, la situation de ces effets. Le procès-verbal rédigé à cette occasion indiquera le nombre des effets à réparer, de ceux hors de service à employer aux réparations, et enfin celui des sarraux et pantalons qui seront disponibles et en bon état après avoir été réparés. Ce procès-verbal constatera de plus la valeur des réparations à effectuer et contiendra l'autorisation d'en porter le montant en dépense sur les fonds de la masse d'entretien de l'habillement. Le conseil éventuel tiendra la portion disponible en magasin, et il fera article de consommation extraordinaire du surplus dans ses comptes en matières.

---

(1) Les dispositions de la décision du ministre de la guerre du 16 août 1825 s'étendent indistinctement à tous les sous-officiers et soldats qui vont aux colonies et qui en reviennent. (Dép. ministér. du 25 septembre 1827, no 351. Arch. du gouvernement.)

Un an avant l'époque déterminée pour la rentrée du corps, le conseil éventuel adressera au conseil principal l'état des besoins présumés en sarraux et pantalons de bord, déduction faite de ceux existant dans son magasin. Ces états seront transmis au ministre de la guerre qui donnera des ordres pour que les effets demandés soient expédiés des magasins de Rennes ou de la Rochelle par les bâtiments qui porteront les troupes de remplacement.

Lors du débarquement en France, et au moment de la réunion des conseils éventuels avec les conseils principaux, les sous-intendants militaires constateront la situation des sarraux et pantalons des troupes débarquées; ils feront remettre aux agents du domaine, pour être vendus, ceux de ces effets reconnus hors de service, et feront diriger sur le plus rapproché des deux magasins indiqués ci-dessus ceux qui pourront être remis en service après réparation.

Vous voudrez bien donner des ordres pour assurer, en ce qui vous concerne, l'exécution des dispositions qui précèdent.

Recevez, etc.

Le Ministre de la marine et des colonies,
Signé Comte DE CHABROL.

Arch. du gouvernement. Dép. ministér., n° 302.

N° 4358. — *Arrêt de la cour de cassation qui annulle un arrêt de la cour d'appel du Sénégal qui, en matière criminelle, a condamné le ministère public à des dommages-intérêts et aux dépens.*

17 septembre 1825.

CHARLES, etc.,

Notre cour de cassation a rendu l'arrêt suivant, sur le pourvoi formé par le sieur Romieu, sous-commissaire de marine, faisant fonctions de contrôleur de la marine à Saint-Louis et de procureur du roi près le conseil d'appel du Sénégal et dépendances, en cassation de l'arrêt rendu par ledit conseil d'appel du Sénégal, le 14 février 1825, dans la cause du ministère public contre Pierre Ducros, capitaine de la goëlette de commerce la *Marie-Magdeleine*;

Ouï M. Rataud, conseiller, en son rapport, et M. l'avocat général en ses conclusions;

Attendu que si la justice commande que tout tort ou dommage soit réparé, et si la loi veut que la partie civile, dans le

VIII. 11

cas où elle succombe dans sa poursuite et où celui qu'elle poursuit est reconnu innocent, soit condamné envers lui à des dommages-intérêts ;

Que si la loi veut pareillement que le dénonciateur supporte, en semblable hypothèse, la peine d'une dénonciation imprudente ;

Néanmoins la justice et la loi se réunissent pour assurer avant tout la sûreté publique et le maintien de l'ordre public, et pour faire prévaloir un aussi grand intérêt sur les intérêts privés de chaque citoyen ;

Que cette grande considération a déterminé le législateur à ne pas permettre qu'il soit prononcé de dommages-intérêts contre le dénonciateur, en cas d'acquittement du dénoncé, lorsque le dénonciateur est fonctionnaire public et n'a fait qu'obéir à ses devoirs en dénonçant aux tribunaux le fait qui a servi de base à la poursuite, et l'individu qui pourrait en être l'auteur ;

Qu'en effet, c'est alors dans l'intérêt général de la vindicte publique et non pour la réparation d'un tort ou d'un dommage privé que l'action criminelle a été intentée, et qu'il n'est jamais dû de dommages-intérêts par suite d'une instruction requise par les magistrats ou le ministère public, d'après le commandement exprès de la loi, et dans l'intérêt de la vindicte publique ;

Attendu que, si, en matière fiscale, les administrations publiques qui sont chargées au nom de l'État de la perception des droits et revenus publics, peuvent être condamnées, lorsqu'elles échouent dans leurs poursuites, à des dommages-intérêts envers les individus qu'elles accusaient de contravention, c'est qu'elles n'agissent point dans l'intérêt de la vindicte et de l'ordre public, mais dans un intérêt purement pécuniaire ;

Attendu que la loi prohibitive de la traite des noirs est une loi de police et de sûreté, et non une loi fiscale ; que les contraventions à cette loi poursuivies par le ministère public ne le sont point, comme les contraventions aux lois de douane, quoiqu'elles aient été portées devant les mêmes tribunaux, dans un intérêt pécuniaire, mais dans l'intérêt sacré de l'humanité et des droits de gens, et par conséquent de la vindicte et de l'ordre public ;

Attendu que dès lors l'arrêt attaqué qui a condamné l'État et le ministère public à des dommages-intérêts et aux dépens envers les armateurs et le capitaine de la goëlette la *Marie-Magdeleine*, parce que le ministère public a échoué dans ses poursuites au sujet d'une contravention à la loi du 15 avril 1818, a procédé comme en matière de douanes et a méconnu et violé les dispositions de cette loi et les principes généraux de la législation criminelle, qui s'opposent à ce que l'État et le ministère public soient condamnés à des dommages-intérêts lorsqu'un prévenu est renvoyé d'une poursuite ou d'une accusation intentée au nom et dans l'intérêt de la vindicte publique;

Par ces motifs:

La cour, faisant droit sur le pourvoi du procureur du roi près le conseil d'appel institué dans la colonie du Sénégal, casse et annule l'arrêt rendu par ledit conseil, le 14 février dernier, dans la disposition qui a confirmé la condamnation du gouvernement à des dommages-intérêts et aux dépens envers le prévenu, prononcée en première instance, et dans la disposition qui, en cause d'appel, a condamné le ministère public à de nouveaux dommages-intérêts et aux dépens envers le prévenu;

Et, pour être procédé, à cet égard seulement, à un nouveau jugement conformément à la loi, renvoie devant la cour royale de Bordeaux, chambre des appels de police correctionnelle, à ce déterminée par délibération prise en la chambre du conseil;

Ordonne qu'à la diligence du procureur général, le présent arrêt sera imprimé et transcrit sur les registres du conseil d'appel séant à Saint-Louis.

Ainsi jugé et prononcé à l'audience publique de la cour de cassation, section criminelle, le 17 septembre 1825, etc.

Greffe de la cour royale. Reg. 19, f° 39.

N° 4359. — *Instruction sur la culture, la récolte, la dessiccation des indigofères, et la fabrication de l'indigo, par M. Plagne, pharmacien de la marine au Sénégal.*

20 septembre 1825.

Annales maritimes, 1826, 2ᵉ partie, t. 1, p. 658.

N° 4360. — *Dépêche ministérielle portant, en principe, que les anciens comptables reliquataires des deniers publics ne peuvent en aucune manière invoquer la prescription trentenaire.*

23 septembre 1825.

Nota. Principe fondé sur les dispositions des ordonnances de 1681 et 1766, de l'article 6, chapitre III, de la loi du 28 pluviôse an III, et l'article 2236 du code civil.

Voir arch. de l'inspection, vol. 11, n° 160.

11.

N° 4361. — *Dépêche ministérielle contenant instruction pour la comptabilité de chacun des services* Guerre, Marine *et* Colonies.

28 septembre 1825.

Monsieur le Comte, je vous ai fait connaître qu'à partir de 1826 la comptabilité des colonies devait comprendre trois grandes divisions distinctes, sous les titres : *Service de la guerre; Service de la marine; Service colonies.*

Il est important que ces divisions soient exactement observées lors de la formation des états de situation et des procès-verbaux de vérification de caisse que vous avez à me transmettre périodiquement.

En conséquence, vous voudrez bien donner des ordres pour que les documents dont il s'agit soient rédigés de manière à présenter distinctement la situation particulière de chacun des trois services.

Il devra être opéré de la même manière à l'égard de la caisse des invalides et en ce qui concerne les fonds qui ne se rattachent à aucun des trois services mentionnés plus haut.

Vous aurez, en outre, à faire établir distinctement, dans les documents dont il s'agit, la situation du fonds de réserve qui doit être formé dans les colonies au moyen des restants en caisse sur les exercices expirés et des allocations spécialement faites aux budgets du service colonial.

La présente dépêche sera enregistrée au contrôle, et je vous prie de m'en accuser la réception.

Recevez, etc.

Le Ministre de la marine et des colonies,
Signé Comte DE CHABROL.

Inspection. Reg. 12, n° 107.

<hr>

N° 4362. — *Arrêté provisoire du gouverneur administrateur sur le mode de liquidation du droit d'entrée de 1 pour 100 sur les marchandises françaises.*

29 septembre 1825.

Nous, etc.,

Vu la dépêche ministérielle en date du 14 juin dernier, portant qu'à dater du 1er octobre de la présente année le droit d'entrée de 1 pour 100 sur les marchandises françaises sera liquidé, à la Martinique et à la Guadeloupe, d'après le prix courant desdites marchandises dans la colonie ;

Voulant assurer provisoirement et jusqu'à la fin de l'année l'exécution de cette décision,

Avons arrêté et arrêtons, pour être exécuté provisoirement et sauf l'approbation de Sa Majesté, ce qui suit:

Art. 1er. A partir du 1er octobre prochain, et durant le dernier trimestre 1825, le droit d'entrée de 1 pour 100 sur les marchandises françaises se percevra:

1° Sur les prix consacrés par la mercuriale du bureau de commerce de Saint-Pierre, pour toutes celles desdites marchandises y appréciées, telles que farine, biscuit, vermicelle, légumes secs, beurre, saindoux, fromage, bœuf et lard salés, jambons, avoine, maïs, vins, eaux-de-vie, genièvre, bière, huiles, vinaigre, bougie, chandelle, savon, papier, chaux, etc.;

2° Sur le montant, augmenté d'un dixième, des factures dûment certifiées, que chaque consignataire devra produire en douane, pour toutes autres marchandises non appréciées par ladite mercuriale.

Si les factures étaient évidemment infidèles dans les évaluations qu'elles présenteraient, il serait procédé à l'estimation des marchandises françaises par experts contradictoires, choisis par la douane et par le consignataire; et au cas que ces experts ne fussent pas d'accord, celui de la douane nommerait un tiers expert. Le prix d'estimation, ainsi déterminé par eux, servirait à asseoir le droit de 1 pour 100.

Art. 2. M. le commissaire général de la marine, ordonnateur, est chargé de tenir la main à l'exécution du présent arrêté.

Donné au Fort-Royal, le 29 septembre 1825.

Signé DONZELOT.

Et plus bas:
GUILLAUME,
Secrétaire.

Journal officiel, 1825, n° 79. — Enregistré à la cour royale, 1er octobre 1825.

N° 4363. — *Circulaire ministérielle relative au nouveau mode de comptabilité des colonies prescrit par les ordonnances royales du 26 janvier précédent.*

30 septembre 1825.

Monsieur, afin d'établir une concordance nécessaire entre la comptabilité des colonies et les dispositions de l'ordonnance du

30 décembre 1823, qui avait mis à la charge du département de la guerre une partie de la dépense des garnisons coloniales d'infanterie, j'ai prescrit, par ma dépêche circulaire du 25 octobre 1824, de diviser les comptes de gestion des trésoriers en deux sections, où seraient classées séparément les dépenses afférentes à chaque ministère, et de dresser les pièces comptables de manière qu'elles puissent se rapporter aux articles de la dépense dont elles sont la justification.

Cet ordre de choses, maintenant en vigueur, ne doit plus subsister que jusqu'à l'expiration de l'exercice courant.

Deux ordonnances royales, rendues le 26 janvier dernier, et qui sont exécutoires à partir du 1er janvier 1826, ont déterminé un nouveau mode de répartition des dépenses du *Service colonies.*

Conformément à ces actes, le ministère de la guerre pourvoira dorénavant à la dépense intégrale des corps de troupes autres que la gendarmerie, dont les suppléments et indemnités demeurent à la charge des fonds locaux ; à celle des officiers sans troupe appartenant au service de l'armée de terre, ainsi qu'aux dépenses de confection, de réparation, d'entretien des fortifications, des bâtiments militaires, des batteries et autres ouvrages de défense, généralement à toutes celles du matériel de l'artillerie et du génie.

Le payement d'une portion des autres dépenses coloniales sera imputé sur les fonds du département de la marine, jusqu'à la concurrence des sommes qui seront comprises à cet effet dans les budgets annuels. Enfin, les revenus coloniaux sont affectés aux dépenses qui n'auront été portées ni dans les budgets de la guerre ni dans ceux de la marine.

Ainsi trois crédits différents vont désormais concourir à l'acquittement des dépenses de nos établissements d'outre-mer.

Les états et budgets de 1826, dont il vous a été adressé copie, vous feront connaître dans quelles proportions la colonie qui vous est confiée doit participer à chacun de ces crédits.

Vous recevrez, sous le timbre de la 3e direction, deux instructions réglementaires pour servir à l'exécution des ordonnances royales du 26 janvier 1825 : l'une, relative aux dépenses portant sur les fonds de la guerre, est jointe à une de mes dépêches du 13 de ce mois ; l'autre, relative aux dépenses portant sur les fonds de la marine et sur les revenus coloniaux, vous parviendra très-incessamment.

Mais, en attendant, je vais vous tracer brièvement, en ce

qui concerne la comptabilité, les nouvelles dispositions d'ordre qu'exige le système dans lequel nous allons entrer.

Au lieu de deux sections, les comptes de gestion des trésoriers en auront trois, c'est-à-dire, une pour chaque espèce de fonds.

La première section des recettes comprendra, dans un article unique, sous le titre *Fonds venus de France*, les remises provenant du département de la guerre.

La deuxième présentera, sous la même forme, les remises de fonds du département de la marine.

La troisième, dans laquelle seront classés les revenus coloniaux, conservera les subdivisions actuelles qui indiquent la nature des produits.

Les dépenses qui sont à la charge du ministère de la guerre formeront la première section des dépenses. On se conformera, pour leur classification, à la nouvelle nomenclature que je vous adresse avec la présente.

Celles de la deuxième section, imputables sur les fonds du département de la marine recevront, par chapitres, sections et articles, les divisions et subdivisions du bordereau de comptabilité de ce département, dont vous trouverez également un exemplaire ci-joint.

Enfin, pour celles de la troisième section, qui doivent porter sur les revenus coloniaux, elles seront classées par article, d'après la nomenclature spéciale qui vous a été notifiée par la 3e direction.

Vous concevez que, pour compléter le nouveau mode de comptabilité, il sera indispensable de suivre dans l'expédition des pièces comptables un ordre analogue à la division que je viens d'indiquer.

Il me reste à vous faire connaître la durée du temps réservé aux opérations de chaque exercice, pour ce qui a rapport aux dépenses qui figurent dans les budgets métropolitains.

Suivant une ordonnance royale du 6 de ce mois, qui est uniquement relative aux dépenses des colonies, imputables sur les fonds *marine*, toutes ces dépenses devront être liquidées, ordonnancées et payées dans les trois mois qui suivront l'expiration de l'exercice auquel elles appartiennent; et les pièces justificatives qui resteraient à produire à l'époque ainsi fixée pour la clôture de l'exercice, me seront adressées immédiatement pour qu'il en puisse être fait emploi dans les comptes généraux que je dois rendre aux termes de l'ordonnance du 14 septembre 1822.

Celles desdites dépenses qui n'auraient pu être liquidées, ordonnancées ou payées avant le moment de la clôture de l'exercice, ne pourront plus être acquittées que sur l'exercice courant, au moyen d'une décision spéciale prise par vous, et dont vous me transmettrez ampliation.

Des dispositions tout à fait semblables sont prescrites par l'instruction qui règle l'administration à la comptabilité des dépenses coloniales à la charge du département de la guerre; instruction dont il vient de vous être adressé plusieurs exemplaires.

Je ne saurais trop vous recommander de tenir soigneusement la main à ce que toutes ces dispositions soient exécutées avec exactitude. J'y attache d'autant plus d'importance que c'est l'unique moyen de conserver nettement la distinction des recettes et des dépenses par nature de fonds, et conséquemment de faciliter la rédaction des comptes généraux que les deux départements ont à présenter annuellement aux chambres, ainsi que la vérification des gestions des trésoriers par la cour des comptes.

Je vous prie de m'accuser réception de la présente, dont vous voudrez bien donner une expédition aux trésoriers, et qui sera enregistrée au contrôle.

Recevez, etc.

Le Ministre de la marine et des colonies,
Signé Comte DE CHABROL.

Et plus bas:
Le Directeur des fonds et invalides,
Signé BOURSAINT.

Bureau des classes à Saint-Pierre.

N° 4364. — *Dépêche ministérielle qui fixe le traitement à allouer au maître artificier et au contrôleur d'armes attachés à la direction de l'artillerie.* (Extrait.)

8 octobre 1825.

Maître artificier.	Traitement annuel...............	1,400f 00
	Indemnité de logement, par mois....	10 00
Contrôleur d'armes.	Traitement annuel...............	1,500 00
	Indemnité de logement, par mois...	8 00

Arch. de l'ordonnateur. Dép., 1825, n° 104.

Nº 4365. — *Dépêche ministérielle relative aux mandats de payement, et traçant le mode à suivre pour constater leur acquit, lorsque les parties prenantes ne savent signer.*

14 octobre 1825.

Monsieur, il m'a été adressé des observations sur les formalités suivies jusqu'à présent pour suppléer à l'acquit des parties prenantes qui ne savent pas signer. Ces formalités consistent :

1º En une déclaration énonçant que le titulaire ne sait pas signer, laquelle déclaration est certifiée par l'administrateur qui écrit le mandat de payement ;

2º En un vu payer apposé soit par le contrôleur, soit par les commissaires chargés des différents détails administratifs.

Mais cette dernière garantie, pour n'être pas illusoire, exigerait que ces administrateurs assistassent en personne au payement, et souvent leurs fonctions ne le leur permettant pas, ils se trouvent exposés à faire des déclarations inexactes.

Je me suis concerté avec M. le ministre des finances afin de substituer à ce mode irrégulier celui qui est généralement usité dans les autres branches du service public.

En conséquence, lorsqu'une partie prenante ne saura pas signer on y suppléera :

Par la présence de deux témoins qui signeront à sa place, pour les payements de 150 francs et au-dessous ;

Par une quittance ou procuration notariée pour les payements au-dessus de 150 francs. (Art. 1341 du code civil.)

Cependant, la première de ces formalités doit recevoir une exception en ce qui concerne les indemnités de route, conduites et ports de hardes, alloués aux militaires et marins voyageant isolément.

Comme ces individus ne connaissent personne dans les lieux qu'ils traversent, j'ai cru devoir arrêter, à l'exemple du département de la guerre, et avec l'assentiment du ministre des finances, qu'au lieu de l'attestation des deux témoins, comme au lieu de la certification du vu payer, que les administrateurs, aux termes du décret du 20 août 1812, devaient apposer pour les payements de cette nature, il serait annoté simplement que la partie prenante a déclaré ne savoir signer. Cette annotation devra être souscrite par les administrateurs.

A ce moyen, les mandats ou coupons provisoires seront considérés comme des bons au porteur, et les titulaires n'auront ni acquit à donner, ni témoins à produire.

Quant aux payements dits à la banque, la présence du contrôleur demeure toujours une condition essentielle pour les valider.

Vous voudrez bien faire distribuer aux agents du contrôle et de l'administration, et au trésorier, les exemplaires de la présente, joints ici au nombre de deux, et m'en accuser réception après l'avoir fait enregistrer au contrôle.

Recevez, etc.

Le Ministre de la marine et des colonies,

Signé Comte DE CHABROL.

Et plus bas :

Le Directeur des fonds et invalides,

Signé BOURSAINT.

Inspection. Reg. 12, n° 67.

<hr>

N° 4366. — *Ordonnance du gouverneur administrateur concernant la formation des dénombrements et recensements, et les déclarations relatives aux maisons, pour l'année 1826.*

24 octobre 1825.

SECTION 1re.

DÉNOMBREMENTS ET RECENSEMENTS.

Art. 1er. A compter du 1er décembre prochain, il sera procédé, dans la forme ordinaire, aux dénombrements et recensements, pour l'année 1826, de tous les habitants et particuliers de la colonie, de quelque qualité et condition qu'ils soient, propriétaires ou non propriétaires, blancs ou gens de couleur libres, possédant des esclaves ou n'en possédant pas.

Art 2. Tous ceux qui y sont obligés par l'article précédent, devront s'être présentés avant le 1er février prochain, savoir: dans les paroisses de Saint-Pierre et de Fort-Royal, aux bureaux du domaine du roi, et dans les paroisses de la campagne, par-devant les commissaires commandants, pour fournir et retirer chacun sa feuille de dénombrement ou recensement; sous peine, pour ceux des villes et bourgs, poteries, chaufourneries, rhummeries, vinaigreries, autres que celles qui dépendent des sucreries, d'être taxés, en vertu des ordonnances, au tiers en sus de leur cote de l'année précédente, de 150 francs d'amende pour ceux sujets ou non à l'imposition sur les denrées, et

pour les non-propriétaires délinquants, de moitié de la taxe
d'une tête; lesdites amendes applicables à la caisse municipale
et imputées au chapitre *Secours*.

Art. 3. Il sera porté la plus grande attention dans les bureaux
du domaine et par les commissaires commandants, en délivrant
les dénombrements, à faire ajouter sur chacun d'eux les esclaves nés ou achetés depuis la dernière déclaration, comme aussi
à faire biffer ceux qui seront morts ou auront été vendus depuis
la même époque; le tout avec mention, dans la colonne des
observations, des noms des acheteurs. Chaque dénombrement
devra en outre porter la qualité de l'habitant, comme sucrier,
caféyer, cotonnier, cacaoyer, vivrier, propriétaire de poterie,
chaufournerie, rhummerie et guildiverie, formant des établissements particuliers, ou seulement domiciliés dans les villes et
bourgs.

Art. 4. Ne seront réputés infirmes que les esclaves mutilés,
maniaques, perclus, ladres et aveugles, dont l'état aura été
constaté par les chirurgiens avoués des paroisses, lesquels délivreront gratis les certificats qui devront être présentés à l'appui
des déclarations. Sans cette condition, il ne pourra être prétendu ni admis aucune exemption de taxe.

Art 5. Ceux des habitants de la campagne qui ont dans les
villes et bourgs des esclaves à loyer et à la journée ou autrement
employés, à la pêche, dans les acons, bâtiments caboteurs,
canots de poste et canots dits passagers, seront tenus de les
désigner séparément dans leurs dénombrements.

Art. 6. Les domiciliés des villes et bourgs qui sont propriétaires d'habitations quelconques, et conséquemment soumis à
fournir de doubles dénombrements, ne pourront porter sur
ceux de la campagne aucun des esclaves de la désignation ci-
dessus, qu'ils tiennent à leur service, à loyer ou à la journée.

Art. 7. A l'époque de la confection des dénombrements et
des recensements, les agents de la police commenceront à faire
toutes les recherches et perquisitions nécessaires pour connaître
les contraventions qui auraient pu être faites à ce qui est prescrit
par les deux articles précédents, et par suite ils arrêteront et
conduiront à la geôle les esclaves non déclarés en conformité
d'iceux; lesquels n'en pourront être retirés qu'à la charge, pour
les maîtres, de payer pour chacun d'eux une amende de 300
francs, dont un tiers applicable aux agents de la police et le
surplus à la caisse municipale. Lesdits maîtres seront tenus, en
outre, de payer au trésor, la capitation arriérée qui aurait été

frustrée par suite de la non-déclaration des esclaves détenus à la geôle, au moyen d'un état supplémentaire qui sera établi au domaine et dans lequel les exercices antérieurs seront accumulés à l'exercice courant.

Art. 8. Par suite des dispositions précédentes, quand un esclave sera arrêté et conduit à la geôle, son élargissement ne pourra avoir lieu sous aucun prétexte que sur un certificat préalable des bureaux du domaine qui constate que cet esclave a été porté sur le dénombrement du propriétaire qui le réclame, sous peine, pour le concierge, d'être responsable, en son propre et privé nom, de toute fraude ou contravention qui pourrait s'être commise et de toutes valeurs qui pourraient être dues au trésor par les propriétaires, sans préjudice de toute autre disposition qui pourra être prise à l'égard dudit concierge, suivant l'exigence des cas.

Le concierge continuera à envoyer à la direction de l'intérieur, le mouvement de la geôle, comme par le passé.

Mais, en outre, tous les matins à neuf heures, il transmettra au bureau du domaine l'état des esclaves qui seront entrés la veille.

Art. 9. Par suite encore des mêmes dispositions, dans toute mutation de propriété d'esclaves, les notaires chargés d'en passer les actes, seront tenus, sous leur responsabilité, de se faire représenter la feuille de dénombrement, et de n'indiquer les noms et âge desdits esclaves que d'après cette feuille ; ils auront soin aussi de vérifier la conformité de toute autre circonstance qu'indiquerait ladite feuille à l'égard de chaque sujet dénommé.

Art. 10. Si depuis le jour où un dénombrement aura été arrêté, jusqu'au 1er février prochain, il survient décès de quelque individu sujet à la capitation, le contribuable pourra en justifier sur-le-champ devant le bureau du domaine de son arrondissement, faute de quoi, et postérieurement à l'époque déterminée, il ne sera plus recevable au dégrèvement pour l'année.

SECTION II.

DÉCLARATIONS DE MAISONS.

Art. 11. Les propriétaires de maisons seront aussi obligés, à compter du 1er décembre jusqu'au 1er février prochain, sous la peine portée par l'article 2, de produire aux bureaux du domaine, dans les villes de Saint-Pierre et du Fort-Royal, et

dans les bourgs de la Trinité, du Marin et du Lamentin, par-
devant les commissaires commandants, les déclarations relatives
aux maisons, avec le prix ou évaluation des loyers, selon qu'elles
seront louées ou occupées par eux-mêmes ; ils désigneront exactement les noms et les qualités des locataires, ainsi que les
numéros tant des maisons que des appartements loués séparément, et ils apporteront, à l'appui des déclarations, les baux
et autres conventions écrites : le tout d'après les feuilles im-
primées qui leur seront délivrées à cet effet.

Art. 12. Toutes déclarations suspectées d'inexactitude devront
être refusées par les préposés à leur réception ; lesquels feront
procéder dans la forme ordinaire, contradictoirement avec les
déclarants, à l'évaluation vraie d'après laquelle les rôles doivent
être dressés.

Art. 13. Les maisons qui, dans l'intervalle du 1er décembre au
1er février prochain, se trouveront vides, seront déclarées
comme telles ; mais du moment qu'elles viendront à être louées
ou occupées, les propriétaires seront tenus de produire les
déclarations prescrites par l'article 11. Les bureaux du domaine
et les commissaires commandants des paroisses feront surveiller
soigneusement les contraventions du présent article.

Art. 14. Les déclarations une fois produites, il n'y aura plus
lieu à les rectifier pour cause de diminution du prix des loyers
que pour cause de leur augmentation.

Art. 15. Tout propriétaire ou locataire de maison qui se sera
rendu coupable d'une fraude manifeste dans ses déclarations,
sera poursuivi administrativement à la diligence du domaine
pour la réintégration au trésor des sommes soustraites par fausse
déclaration ; il sera tenu à payer, en outre, d'après les mêmes
poursuites, une amende de la somme de 300 francs, laquelle
sera versée à la caisse municipale et imputée au chapitre Secours.

Art. 16. Les poursuites des propriétaires envers les locataires pour le payement de leur loyer, ne seront admises devant
les tribunaux que sur la représentation : 1° de la copie certifiée
par le chef du bureau du domaine de l'arrondissement de la
déclaration du loyer ; 2° de la quittance des impositions de
l'année expirée et celle de l'année courante, lorsque l'affaire
sera portée en instance après le premier semestre de la dernière
année ; et si, de l'exhibition au tribunal desdites pièces, il
résulte qu'il y a eu fraude en déclaration, le propriétaire sera
condamné aux peines énoncées à l'article précédent. En conséquence, expédition du jugement sera transmise, par le greffier,

au chef du bureau du domaine pour en poursuivre l'exécution.

Art. 17. L'Ordonnateur de la colonie est chargé de tenir
la main à l'exécution de la présente ordonnance, etc.

Donné au Fort-Royal, le 24 octobre 1825.

Signé DONZELOT.

Et plus bas :

GUILLAUME,
Secrétaire.

Inspection. Reg. 14, n° 7. — Enregistré à la cour royale, octobre 1825.

N° 4367. — *Arrêté du gouverneur administrateur, ordonnant
la vente à l'amiable d'un terrain situé au Carbet, et abandonné depuis plus de vingt ans par son propriétaire.*

28 octobre 1825.

Arch. de la direction de l'intérieur. Reg. 4, f° 45.

N° 4368. — *Circulaire ministérielle au gouverneur administrateur pour la confection du relevé statistique judiciaire
prescrit par l'article 601 du code d'instruction criminelle.*

29 octobre 1825.

Monsieur le Comte, l'article 601 du code d'instruction criminelle porte « que tous les trois mois les greffiers des tribunaux
correctionnels et des cours d'assises enverront au ministre de la
justice et à celui de la police générale un relevé de leurs registres
contenant les noms, prénoms, âge et résidence de tous les individus condamnés à un emprisonnement correctionnel ou à une
plus forte peine ».

La disposition de cet article a pour objet de donner aux
ministres chargés de la justice et de la police générale l'état des
mauvais sujets du royaume, et de leur fournir les moyens de
surveillance nécessaire.

Pour assurer son exécution en ce qui concerne les colonies, je
vous invite à m'adresser désormais exactement deux copies ou
extraits certifiés des jugements ou arrêts de condamnations qui
seraient rendus en matière criminelle ou de police correctionnelle
contre les individus nés en France ou y ayant acquis domicile.

J'aurai soin de les faire parvenir aux deux départements qui sont désignés par le code.

Cet envoi est, d'ailleurs, tout à fait indépendant de celui que vous avez à faire par trimestre, de la collection des jugements et arrêts rendus en toute matière dans la colonie ; envoi exclusivement destiné au dépôt de Versailles, conformément à l'édit de 1776, et que je vous renouvelle la recommandation de faire avec exactitude.

Recevez, etc.

Le Ministre de la marine et des colonies,
Signé Comte DE CHABROL.

Arch. du gouvernement. Dép. ministér., n° 357.

N° 4369. — *Décision du gouverneur administrateur qui fixe le nombre, la solde et la répartition des garçons de bureaux attachés aux divers services administratifs de la colonie.* (Extrait.)

3 décembre 1825.

Leur nombre est fixé à neuf ; leur solde est portée à 550 fr. l'un.

Ils sont répartis comme suit :

Bureau du secrétaire archiviste du gouvernement........ 1
———— de l'ordonnateur........................... 1
———— du contrôleur.............................. 1
———— des armements et classes.................... 1
———— des fonds.................................. 1
———— des approvisionnements...................... 1
———— du chef du service à Saint-Pierre............ 1
———— du sous-contrôleur *idem*.................... 1
———— du commissaire des classes.................. 1

Total........... 9

Inspection. Reg. 11.

N° 4370. — *Homologation par le gouverneur administrateur d'une délibération de la paroisse du Fort, à Saint-Pierre, relative à la tenue de son cimetière.* (Extrait de la délibération.)

2 décembre 1825.

L'assemblée instruite et certaine qu'une portion du cimetière est plantée d'arbres fruitiers et d'herbes de Guinée dont le fossoyeur fait profit, ce qui est d'une indécence intolérable, recommande au marguillier de faire, sans délai, couper et arracher lesdites plantes et de faire défense audit fossoyeur d'en substituer d'autres, d'aucune espèce, en lui imposant, en outre, l'obligation de tenir le cimetière propre, sarclé et exempt de tout encombrement, le tout sous telles peines qu'il appartiendra.

Arch. de la direction de l'intérieur. Reg. 4, f⁰ˢ 49 et 51.

Nᵒ 4371. — *Homologation par le gouverneur administrateur d'une délibération de la paroisse du Fort, à Saint-Pierre, relative à la comptabilité du marguillier et à ses devoirs en matière d'enterrement.* (Extrait.)

2 décembre 1825.

Il est arrêté, en ce qui concerne les enterrements, qu'il suffira au marguillier de se faire donner, par un écrit signé d'un membre de la famille du décédé ou d'un notable agissant pour elle; la désignation du mode ou de la classe d'enterrement désiré, sans qu'il soit besoin de faire souscrire une obligation pour le payement des frais.

Il est arrêté, en outre, qu'il ne pourra être usé de voies de rigueur contre les débiteurs de frais funéraires que trois mois après l'inhumation.

Arch. de la direction de l'intérieur. Reg. 4, f⁰ 49 v⁰.

Nᵒ 4372. — *Dépêche ministérielle relative à divers abus introduits dans le service des douanes en matière de saisies et confiscations.* (Extrait.)

6 décembre 1825.

Monsieur le Comte, vous m'avez transmis, avec votre lettre du 20 août dernier, l'état des saisies et des confiscations qui ont eu lieu à la Martinique, en matière de douanes, pendant le 1ᵉʳ semestre de l'année 1825, ainsi que les expéditions des jugements et décisions qui s'y rapportent.

La partie supplémentaire de cet état indique, par forme de rappel, les affaires antérieures qui n'ont été terminées qu'en 1825. L'administration aura attendu probablement, pour faire mention de ces saisies, que les résultats de la vente de marchandises confisquées aient été connus ; mais, comme il est à désirer que ces sortes d'affaires soient portées sans retard à ma connaissance, il sera utile à l'avenir de relater *pour mémoire*, dans l'état relatif à chaque semestre, les saisies dont la valeur ne pourra être indiquée que par l'état du semestre suivant.

J'ai eu lieu de remarquer, par l'examen des pièces qui composent cet envoi, que la plupart des confiscations ont continué à être décidées à la Martinique par voie administrative ; car, sans parler des deux affaires qui restent en souffrance (n°ˢ 192 et 203), sur vingt et une confiscations il en a été prononcé *seize* sans intervention de tribunaux.

Cette manière de procéder, quand il s'agit d'adjudication de propriété, est tout à fait illégale, et son irrégularité doit paraître d'autant plus frappante, qu'à la Guadeloupe toutes les affaires semblables sont livrées à l'action judiciaire, conformément aux règles établies par l'arrêté du 12 vendémiaire an XI, à l'exécution desquelles je dois vous rappeler.

A cette occasion, je vous ferai observer de nouveau qu'il doit toujours, aux termes de l'article 2 du même acte, être fait appel du premier jugement à la commission spéciale, ce qui doit s'entendre non-seulement du cas d'acquittement des prévenus, mais aussi de celui où la condamnation est incomplète.

Au surplus, les confiscations administratives qui ont lieu à la Martinique ne sont le plus souvent, en réalité, que des compositions, quoiqu'elles ne soient pas présentées sous ce titre. Les décisions ne font aucune mention des navires ou autres moyens de transport ; les amendes fixées par les ordonnances, et notamment par l'arrêt du 30 août 1784, ne sont point infligées aux contrevenants, et en effet, ces amendes ne peuvent être prononcées légalement que par les tribunaux.

Les saisies sont fréquemment présentées comme faites *contre inconnus*, et néanmoins, à défaut des procès-verbaux qui d'ailleurs devraient toujours m'être envoyés, le texte des décisions rapporte par fois des circonstances qui semblent indiquer qu'on eût pu mettre en cause des propriétaires ou fréteurs de bateaux, des propriétaires d'habitations ou de magasins. Il est facile de concevoir les abus qui résulteraient de l'habitude de traiter ainsi la majeure partie des saisies.

Il s'est établi à la Martinique, sur la même matière, une habitude d'une autre espèce qui doit être l'objet de la plus sérieuse attention ; je veux parler de celle qui consiste à donner aux contrevenants l'option entre une saisie et une transaction. Cet usage a été consacré par le règlement local du 19 octobre 1819 (que vous m'avez adressé pour la première fois le 25 mai 1823), mais il est nécessaire d'en limiter les applications.

La faculté de transiger, en matière de saisies, résulte, en France, d'actes relatifs à la législation des douanes qui n'ont pas été promulgués dans nos colonies. Si des facilités de cette nature semblent pouvoir être admises par analogie dans ces établissements, on ne peut du moins perdre de vue qu'en France les transactions sont soumises, dans un ordre gradué, à des formes régulatrices, et que l'absence de ces formes relativement aux colonies doit porter l'administration locale à n'employer qu'avec la plus grande réserve les voies d'accommodement. Vous ne devez donc autoriser les transactions que dans des circonstances toutes spéciales, et par exemple lorsque les contraventions ne consistent que dans l'omission des formalités.

Il n'a pu m'échapper que plusieurs des décisions qui prononcent administrativement la confiscation de marchandises saisies, ont permis de vendre pour la consommation des parties atteintes d'*avaries;* cette tolérance est une infraction formelle aux lois prohibitives, et pourrait donner naissance à une foule de désordres ; je vous invite donc à vous abstenir dorénavant d'accorder ces sortes d'autorisations.

Les produits de la vente des marchandises confisquées m'ont paru généralement fort modiques comparativement au nombre et à l'espèce des articles, quoique je reconnaisse que leur valeur sur les lieux doit être sensiblement réduite par l'obligation de réexporter. A cet égard, je dois croire qu'il est pris toutes les dispositions nécessaires pour que cette obligation ne puisse être éludée.

Recevez, etc.

Le Ministre de la marine et des colonies,
Signé Comte DE CHABROL.

N° 4373. — *Décision du roi portant que les lieutenants et sous-lieutenants employés aux colonies jouiront du supplé-*

ment de solde de 200 francs alloué aux officiers des mêmes grades sur le continent. (Extrait.)

7 décembre 1825.

La solde de ces officiers étant aux colonies du double de celle d'Europe, ce supplément s'élevant pour eux à 400 francs.

Annales maritimes.

————◄►◄☉►►————

N° 4374. — *Dépêche ministérielle qui modifie les instructions du 28 octobre 1819, relativement aux avances de solde et de traitement de table à faire aux bâtiments stationnaires aux colonies.*

13 décembre 1825.

Monsieur, les instructions du 28 octobre 1819, après avoir augmenté dans une forte proportion la quotité des avances de solde et de traitement de table alloués, lors du départ des ports de France, au personnel des bâtiments destinés à tenir station aux colonies, avaient prescrit, articles 4 et 5, de ne payer d'à-compte sur la solde à ces bâtiments que dans certains cas exceptionnels fort rares, mais de ne pas laisser le traitement de table arriérer de plus de trois mois, chaque année, si les états-majors en éprouvaient le besoin.

Depuis lors, j'ai accordé aux caisses coloniales, chargées d'avancer le montant des dépenses du service métropole, les plus grandes facilités, d'abord, en consentant à charger les coupures des traites de remboursement, et plus tard, en abrégeant sensiblement le temps de vue de ces effets.

Il résulte de ces améliorations que lesdites traites se placent maintenant au-dessus du pair, toutes les fois que l'état du change le comporte dans les mêmes localités, pour les mandats du commerce réputés les plus solides.

Le moment est venu de faire concourir cet heureux état du crédit, à l'application, aux bâtiments stationnés dans les colonies, des nouvelles dispositions prescrites en faveur des équipages de ligne embarqués.

L'article 120 du règlement sur l'administration et la comptabilité de ces corps veut qu'ils puissent toucher les à-compte successifs, de manière à ce que chaque année, à partir de la seconde jusqu'à celle du retour, il ne leur reste pas dû plus de six mois sur la solde et plus de trois mois sur le traitement de table.

12.

Ainsi que je l'ai dit, les instructions du 28 octobre 1819 avaient déjà réglé sur ce pied le second objet.

Mais vous devez, relativement à la solde, considérer ces instructions comme rapportées; et désormais, lorsque les officiers commandants en feront la demande approuvée, selon le cas, par l'amiral, vous autoriserez à payer des à-compte de solde qui fassent participer, sous ce rapport, tous les équipages, qu'ils soient organisés militairement ou non, au bénéfice du règlement précité.

Je vous prie de distribuer les exemplaires de la présente dépêche joints ici, au nombre de   , entre les détails compétents, de la faire enregistrer au contrôle et de m'en accuser réception.

Je vous prie aussi de tenir la main à l'exacte annotation sur les rôles d'équipage des à-compte de solde et de traitement de table.

Recevez, etc.

Le Ministre de la marine et des colonies,
Signé Comte DE CHABROL.

Inspection. Reg. 2, n° 87.

⋘⬦⬗⬦⋙

N° 4375. — *Dépêche ministérielle annonçant l'envoi à la Martinique d'un appareil modèle de chauffage pour la fabrication du sucre.* (Extrait.)

17 décembre 1825.

Cet appareil, de l'invention des sieurs Taylor et Martineau, ingénieurs établis à Londres, avait été employé avantageusement à différents usages en Angleterre et appliqué à la fabrication du sucre. Il doit faire cesser les inconvénients qui, dans l'ancienne méthode, sont attribués à l'action immédiate du feu dans la cuisson du vesou.

NOTA. Un sieur Plagne, chimiste, professeur de pharmacie, est chargé d'introduire ce nouveau mode de chauffage à la Martinique, et en même temps de chercher les moyens d'y perfectionner le système et les procédés inventés par Desrones pour la fabrication du sucre.

Voir dépêche ministérielle du 8 avril 1826 (mêmes archives, registre et f°) sur les divers objets de la mission du sieur Plagne.

Direction de l'intérieur. Dép. Reg. 1, f° 1.

Nº 4376. — *Dépêche ministérielle au gouverneur administrateur au sujet du couchage des troupes et à l'adoption de lits en fer.*

20 décembre 1825.

Le ministre de la guerre est disposé à adopter, pour les colonies, toutes les améliorations qui seront reconnues praticables dans cette partie du service en raison des climats et des localités, mais, au préalable, il désire qu'il lui soit fourni divers renseignements.

Les questions sont posées ainsi qu'il suit :

1º Quelle est la nature, la distribution, la capacité des casernes ?

2º Les médecins pensent-ils que des lits en fer, avec matelas de coton et sommier de paille de riz, de paille de maïs ou de toute autre, soient préférables aux hamacs pour le couchage ?

3º Pourrait-on, sans faire dans le couchage une aussi grande innovation qui serait très-dispendieuse, établir un système mieux entendu de hamacs ou de cadres avec matelas dont l'usage serait aussi salubre pour le soldat ?

4º Quels sont les usages de la population civile européenne des colonies à cet égard ?

5º L'administration locale pourrait-elle traiter à prix ferme pour la fourniture et l'entretien du mobilier autre que les couchettes à l'instar de ce qui a lieu en France, ou faudrait-il faire faire ce service par l'économie ?

6º Dans l'un ou l'autre cas, quelle en serait la dépense comparativement à ce qu'elle est aujourd'hui par le calcul de la masse de hamac et de campement, qui est de 11 francs par homme et par an ?

7º Le fer se conserverait-il facilement et sans s'oxyder dans les casernes ?

8º Combien faudrait-il de lits à la Martinique ?

9º Quelles seraient les matières les moins chères et les plus convenables pour composer les fournitures ?

10º Comment devrait être composé le nouveau lit ?

11º Si l'on ne pouvait traiter à prix ferme pour la fourniture et l'entretien du mobilier, et si le système du service par économie présentait des inconvénients, pourrait-on, au moyen d'une masse de même nature que celle des hamacs, charger les corps de l'entretien et du renouvellement des effets ?

Recevez, etc.

Le Ministre de la marine et des colonies,
Signé Comte DE CHABROL.

Arch. du gouvernement. Dép. ministér., nº 410.

N° 4377. — *Arrêté du gouverneur administrateur portant annulation de l'ordonnance locale rendue le 1er novembre 1818, pour la remise en vigueur du titre VI des lettres patentes d'octobre 1727, qui interdit le commerce aux étrangers établis aux colonies françaises.*

20 décembre 1825.

Nous, etc.,

Vu la dépêche ministérielle en date du 10 février 1825, par laquelle il nous est prescrit, conformément aux intentions de Sa Majesté, de considérer désormais comme non avenue celle du 23 octobre 1817, concernant les étrangers, et de rapporter les dispositions que nous avons prises en exécution de ladite dépêche,

Avons arrêté et arrêtons ce qui suit :

Notre ordonnance du 1er novembre 1818 est rapportée.

En conséquence, la législation, en ce qui concerne les étrangers, demeure fixée, à la Martinique comme dans la métropole, par les articles 11 et 13 du code civil.

Sera le présent arrêté enregistré aux greffes, tant de la cour royale que des tribunaux de première instance, ainsi qu'au contrôle, lu, publié et affiché partout où besoin sera.

Donné au Fort-Royal, le 20 décembre 1825.

Signé DONZELOT.

Et plus bas :

GUILLAUME,

Secrétaire.

Journal officiel, n° 104 — Enregistré à la cour royale, 29 décembre 1825.

⸺⸺⸺⸺

N° 4378. — *Ordonnance du gouverneur administrateur portant règlement des impositions de la Martinique pour l'année 1825.*

20 décembre 1825.

Nota 1. Au moyen des dispositions ordonnées pour 1823 et 1824, par suite de la sollicitude paternelle de Sa Majesté, l'assiette des contributions est maintenue en 1825, dans les limites du dégrèvement établi pour les deux précédentes années. (Préambule.)

Journal officiel et arch. du gouvernement. — Enregistré à la cour royale, 29 décembre 1824.

N° 4379. — *Ordonnance du gouverneur administrateur portant règlement des impositions de la Martinique pour l'année 1826.*

23 décembre 1825.

Nota. Cette ordonnance, à quelques modifications près, renouvelle les dispositions arrêtées en 1824 et 1825. Ainsi, notamment par son article 2, le droit de 3 pour 100 sur les ventes du sucre au détail faites par les habitants, pour la consommation intérieure, est converti en un droit additionnel de 5 francs par tête de nègre.

Par l'article 40, le droit de sortie de 2 pour 100 sur la valeur des cargaisons d'exportation des navires français est réduit à 1 pour 100.

Par le même article, l'exportation des bêtes à cornes et mulets est soumise à une autorisation préalable et à une taxe.

Par les articles 54 et 58, les cantiniers maritimes sont assimilés aux cabaretiers pour le payement du droit additionnel municipal.

Enfin, le cadre des impositions directes, indirectes ou municipales est modifié comme suit (1) :

TITRE PREMIER.

Impositions et contributions directes affectées aux dépenses générales de la colonie.

Section 1re. — Capitation.

§ 1er. Droits sur la sortie des denrées tenant lieu de la capitation des esclaves attachés aux grandes cultures.

§ 2. Droit sur les ventes de sucre au détail pour la consommation intérieure.

§ 3. Capitation des esclaves des villes et bourgs, poteries, chaufourneries, etc.

§ 4. Taxe pour le remboursement des nègres justiciés.

Section 2. — Impositions sur les maisons et locataires des villes et bourgs.

———— 3. — Droits sur les canots, gros-bois, caboteurs, etc.

———— 4. — Droits sur les cabaretiers, traiteurs, cafetiers, etc.

———— 5. — Droit de consommation sur le tabac au petit détail.

---

(1) Voir, pour comparaison, le cadre adopté en 1819 et conservé jusqu'alors, ordonnance locale sur les impositions du 1er mars 1819, n° 2030.

Section 6. — Droit sur le colportage.
———— 7. — Droits domaniaux.
———— 8. — Impositions particulières relatives aux chemins royaux.
———— 9. — Dispositions applicables aux articles précédents.

TITRE II.

Contributions indirectes et droits de douane affectés aux dépenses générales de la colonie.

Section 1re. — Droit d'entrée sur les bâtiments français.
———— 2. — Droit d'entrée sur les bâtiments étrangers.
———— 3. — Droits de sortie sur les bâtiments français et étrangers.
———— 4. — Droits de tonnage, d'ancrage, de louvoyage, d'interprète, etc.

TITRE III.

Impositions pour les dépenses municipales.

Section 1re. — Impositions particulières sur la ville du Fort-Royal.
———— 2. — Impositions particulières sur la ville de Saint-Pierre.

TITRE IV.

Dispositions générales.

Journal officiel et Arch. du gouvernement. — Enregistré à la cour royale, 1er février 1826.

<hr/>

N° 4380. — *Ordre du ministre de la marine relatif aux honneurs et préséances entre bâtiments de guerre français et étrangers.*

26 décembre 1825.

Lorsqu'un bâtiment de guerre étranger arrivera, soit dans un port de la France continentale, soit dans un port d'une de ses colonies, l'officier de la marine française, commandant en rade, enverra une embarcation pour lui demander le motif de sa venue et pour lui offrir l'assistance.

Il attendra ensuite la visite du commandant du bâtiment
étranger, et il répondra aux prévenances qui lui seront faites
par ce commandant.

Par une juste réciprocité, lorsque le commandant d'un bâtiment français arrivera à un mouillage faisant partie du territoire
d'une puissance étrangère, il ne fera de visite au commandant
des bâtiments de guerre de cette même puissance qui se trouveraient au même mouillage qu'autant qu'à son arrivée une
embarcation lui aurait été envoyée pour lui offrir assistance.

Dans tous les cas, il fera la première visite au commandant
supérieur de la place.

Les dispositions qui précèdent n'excluent pas les visites de
pure courtoisie que les commandants des bâtiments français
croiraient devoir faire à des bâtiments étrangers de grades supérieurs qu'ils rencontreraient dans un mouillage quelconque, ou
qui viendraient à y relâcher après eux ; ces démarches de poli-
tesse que les convenances seules indiquent ne sauraient d'ailleurs
être prescrites comme une règle obligatoire.

Les commandants de la marine, les commandants des escadres
et divisions navales, les gouverneurs et commandants des colonies, sont chargés de tenir la main à l'exécution du présent
ordre qu'ils feront enregistrer, et dont une copie sera remise,
par leurs soins, à chacun des bâtiments du roi qui se trouvent
ou qui seront armés dans les ports du royaume, qui font partie
des escadres ou divisions navales ou qui sont employés dans
les colonies.

Fait à Paris, le 26 décembre 1825.

Le Ministre de la marine et des colonies,
Signé Comte DE CHABROL.

Inspection. Reg. 12, n° 106.

N° 4381. — *Dépêche ministérielle au gouverneur administrateur
relative aux règles à suivre lorsque des emplois d'officiers
deviennent vacants dans les corps d'infanterie en garnison
aux colonies.*

27 décembre 1825.

Monsieur le Comte, lorsque des emplois d'officiers deviennent
vacants dans l'un des régiments d'infanterie formant la garnison
de l'une des Antilles, et que le corps n'a point à présenter, pour

les remplir, de sujets qui réunissent les conditions d'ancienneté et de capacité qu'exigent les ordonnances, le second régiment de la garnison est appelé à concourir pour ces emplois, conformément aux dispositions de l'article 6 de l'instruction réglementaire du 28 août 1825.

Ce cas s'est présenté dernièrement à la Martinique. Deux lieutenances y étaient vacantes dans le 49e de ligne, et ce régiment n'avait aucun sous-lieutenant qui comptât quatre années de grade; ces deux emplois ont été donnés à des sous-lieutenants du 57e; l'on a agité la question de savoir si ces deux places de sous-lieutenant, que cette promotion rendait vacantes dans le 57e régiment, devaient être données aux sous-officiers du même corps ou si elles devaient être réservées pour les sous-officiers du 49e dans lequel les vacances primitives avaient eu lieu.

Le ministre de la guerre et moi avons reconnu que, d'après les règlements, l'avancement dont il s'agit appartenait au corps dans lequel les vacances existaient réellement, c'est-à-dire au 57e régiment de ligne.

Lorsqu'il se présentera des cas semblables, les mémoires de proposition devant être établis conformément aux dispositions qui précèdent, je vous invite à donner des ordres dans ce sens.

Recevez, etc.

Le Ministre de la marine et des colonies,
Signé Comte DE CHABROL.

Arch. du gouvernement. Dép. ministér., n° 418.

N° 4382. — *Dépêche ministérielle au gouverneur administrateur contenant des dispositions relatives à la masse de linge et chaussure des troupes allant tenir garnison aux colonies.*

30 décembre 1825.

Monsieur le Comte, l'instruction réglementaire du 28 août dernier n'ayant point indiqué si les bataillons ou compagnies destinés à tenir garnison dans les colonies devaient emporter la totalité ou seulement une portion de leur masse de linge et chaussure, il était essentiel de remplir cette lacune.

L'exécution de l'article 55 de ladite instruction exige nécessairement que les dépôts des corps qui forment les garnisons coloniales conservent la majeure partie des fonds de cette masse, pour leur donner les moyens de pourvoir à l'achat et à la confection des effets de petit équipement qu'ils doivent envoyer aux époques déterminées.

D'un autre côté, les bataillons ou compagnies détachés dans les colonies étant munis de tous les objets nécessaires au moment de leur départ de France, et étant approvisionnés en effets de petit équipement par les envois que doivent leur faire leurs dépôts respectifs, la conservation de la totalité de leur masse leur devient inutile ; le ministre de la guerre et moi nous avons pensé qu'en fixant à 10 francs par homme la portion qu'ils doivent emporter, cette somme, alimentée par les produits de la retenue journalière de 15 centimes, serait suffisante pour faire face aux imputations que les hommes auraient à supporter lors de la réception des effets qui leur seraient envoyés de France.

D'après ces motifs, le ministre de la guerre a décidé, en principe, le 24 septembre dernier, que les dispositions des articles 1 et 13 de l'instruction du 10 mars 1823, relatives à la masse de linge et chaussure des corps faisant partie de l'armée des Pyrénées, seraient applicables aux troupes tenant garnison dans les colonies.

Toutes les portions de corps qui ont été embarquées jusqu'à présent pour les colonies ont emporté la totalité des fonds de leur masse de linge et chaussure. Il devient indispensable de faire réintégrer dans les caisses des dépôts respectifs de ces corps l'excédant de 10 francs par homme. Ce virement de fonds peut s'effectuer aisément, en suivant la marche tracée par les articles 3, 5, 6, 7, 8, 9, 10, 11 et 12 de l'instruction du 10 mars, insérée au *Journal militaire* du 1er semestre 1823, page 379, sauf en ce qui concerne la transmission des états qui devra avoir lieu ainsi qu'il est prescrit par l'article 70 de l'instruction du 28 août 1825.

Vous voudrez bien faire dresser, sans délai, les états prescrits par les articles ci-dessus énoncés ; aussitôt que ces états me seront parvenus, avec la mention des retenues effectuées, je les transmettrai au ministre de la guerre qui en fera rembourser le montant au profit des dépôts.

Le 57e régiment d'infanterie de ligne pourra être excepté de cette mesure, puisqu'il doit revenir en France à la fin de 1826, et qu'étant suffisamment approvisionné d'effets de linge et chaussure pour un an, le conseil d'administration principal n'aura vraisemblablement plus rien à lui fournir jusqu'à l'époque de sa rentrée.

Lorsque des sous-officiers et des soldats seront réformés ou auront atteint l'époque de leur libération, pendant leur séjour dans les colonies, si, en les congédiant, les conseils d'administration éventuels ne leur remboursaient que la portion de masse qui existera entre leurs mains, et s'ils les renvoyaient aux dépôts pour recevoir la portion qu'ils y auraient laissée, ces hommes, à leur retour en France, pourraient être exposés, pour le recouvrement de cette dernière portion, à des démarches et des formalités qui, en raison du peu d'importance des sommes qu'ils auraient à recouvrer, les détermineraient souvent à y renoncer.

Pour éviter cet inconvénient, les conseils d'administration éventuels délivreront aux militaires congédiés par un de ces deux motifs la totalité de leurs fonds de masse, et m'enverront, par votre intermédiaire, un état des avances qu'ils auront faites pour la portion restée dans la caisse des conseils d'administration principaux ; je transmettrai ces états au ministre de la guerre qui en fera déduire le montant des premières factures d'effets de petit équipement que les dépôts enverront à leurs bataillons ou détachements dans les colonies, et les imputations que ces derniers auront à supporter lors de la réception desdits effets seront réduites des mêmes sommes.

Dans le cas où un homme congédié aurait laissé un redû à la caisse du dépôt, lors de son départ de France, le conseil d'administration éventuel devra faire l'imputation de ce redû sur les fonds de masse qu'il aurait à lui remettre, et il en déduirait le montant de l'état des avances indiqué dans le paragraphe précédent, ce qui le ferait rentrer dans la caisse du dépôt.

Je vous invite à donner des ordres pour l'exécution des dispositions qui font l'objet de la présente dépêche, laquelle sera enregistrée au contrôle.

Recevez, etc.

Le Ministre de la marine et des colonies,
Signé DE CHABROL.

Arch. du gouvernement. Dép. ministér., no 422.

N° 4383. — *Décision du gouverneur administrateur déterminant la composition des rations à distribuer aux troupes à partir du 1ᵉʳ janvier 1826.*

31 décembre 1825.

Nous, etc.,
Vu le rapport de M. l'ordonnateur en date du 29 décembre

courant, par lequel il demande qu'il soit statué sur les distributions de vivres et de chauffage à faire aux troupes, au compte
du département de la guerre, à partir du 1er janvier 1826,

Avons décidé et décidons ce qui suit:

Art. 1er. La ration de vivres et chauffage à distribuer à partir
du 1er janvier 1826, sera composée de la manière suivante par
semaine:

Sept rations de pain de sept cent cinquante grammes chaque;

Quatre rations de viande fraîche de deux cent cinquante
grammes chaque;

Deux rations de lard salé de deux cents grammes chaque;

Une ration de bœuf salé de deux cent cinquante grammes
chaque;

Sept rations de vin à raison de vingt-trois centilitres chaque;

Sept rations de rhum à raison de trois centilitres chaque pour
aciduler l'eau à boire;

Sept rations de bois à brûler à raison d'un trois centième de
stère pour chaque.

Art. 2. Le commissaire de marine, ordonnateur, est chargé
de l'exécution de la présente décision, qui sera enregistrée au
contrôle.

Au Fort-Royal, le 31 décembre 1825.

Signé DONZELOT.

Inspection. Reg. 11, n° 242.

* * *

N° 4384. — *Description nautique des côtes de la Martinique,
précédée d'un mémoire sur les opérations hydrographiques
et géodésiques, exécutées dans cette île en 1824 et 1825,
par M. Monnier, ingénieur hydrographe de la marine.*

Année 1825.

Annales maritimes, 1829, 2e partie, t. 2, p. 345.

* * *

N° 4385. — *Mémoire sur la culture des indigofères
et la fabrication de l'indigo.*

Année 1825.

Annales maritimes, 1825, 2e partie, t. 2, p. 48.

Nº 4386. — *Rapport du conseil de santé de . la marine, à Rochefort, sur le mode de reproduction des sangsues et sur les moyens de les conserver.*

Année 1825.

Annales maritimes, 2ᵉ partie, t. 2, p. 87.

━━━━◆◈◆━━━━

Nº 4387. — *Ordonnance du roi qui applique avec certaines modifications, à la Martinique, l'ordonnance royale du 21 août 1825, concernant le gouvernement de l'île Bourbon.*

2 janvier 1826.

CHARLES, etc.,

Notre intention étant de faire jouir au plus tôt la colonie de la Martinique des avantages que doit procurer aux habitants de nos possessions d'outre-mer le nouveau système de gouvernement adopté pour l'île Bourbon par l'ordonnance royale du 21 août dernier, et voulant faire coïncider la mise en vigueur de cette ordonnance avec l'époque très-prochaine de l'entrée en fonctions du sieur comte de Bouillé que nous venons de nommer gouverneur de la Martinique ;

Sur le rapport de notre ministre secrétaire d'État de la marine et des colonies,

Nous avons ordonné et ordonnons ce qui suit :

Art. 1ᵉʳ. Aussitôt après l'installation du sieur comte de Bouillé dans l'exercice de ses fonctions, l'ordonnance royale du 21 août 1825, concernant le gouvernement de l'île Bourbon, sera mise en vigueur à la Martinique sous les modifications portées aux articles ci-après.

Art. 2. L'emploi de commandant militaire qui existe à la Martinique est maintenu. Le commandant militaire sera choisi parmi les officiers supérieurs de l'armée de terre et ne pourra être d'un grade inférieur à celui de colonel.

Le commandant militaire sera membre du conseil privé, du conseil de défense et de la commission locale des prises.

En cas de mort, d'absence ou autre empêchement, et lorsque nous n'y aurons pas pourvu d'avance, le gouverneur de la Martinique sera remplacé provisoirement par le commandant militaire, et, à défaut de celui-ci, par le commissaire ordonnateur.

Le commandant militaire prendra rang dans les conseils, comme dans les cérémonies publiques, immédiatement après le gouverneur.

Lorsque le gouverneur n'assiste pas au conseil privé, la présidence appartient au commandant militaire, et, à défaut de celui-ci, au commissaire ordonnateur.

Le commandant militaire est adjudant-commandant des milices de la colonie; il exerce, d'ailleurs, en ce qui concerne le service militaire, les fonctions que le gouverneur juge convenable de lui déléguer.

Art. 3. Il y aura à la Martinique trois conseillers coloniaux et deux suppléants; la durée de leurs fonctions sera de deux ans, ils pourront être réélus.

Art. 4. Pour la première nomination du conseil général de la Martinique, la liste des candidats sera formée sur la présentation des commandants et capitaines de milices, réunis aux commissaires commandants et aux lieutenants commandants des divers quartiers.

Art. 5. Les articles 190, 191, 192 et 193, titre VII, de l'ordonnance du 21 août 1825, qui sont relatifs aux dépendances de l'île Bourbon, ne seront point appliqués à la Martinique.

Notre ministre de la marine déterminera provisoirement les modifications que devront subir, dans leur application à la Martinique, les dispositions de détail de la même ordonnance et notamment celles qui se rapportent spécialement aux localités de l'île Bourbon; il nous présentera, d'ailleurs, dans le plus bref délai possible, un projet d'ordonnance royale, ayant pour objet de régler définitivement ce qui concerne le gouvernement de la colonie de la Martinique.

Art. 6. Notre ministre secrétaire d'État de la marine et des colonies est chargé de l'exécution de la présente ordonnance.

Donné à Paris, le 2 janvier 1826.

Signé CHARLES.

Et par le Roi:

Le Ministre de la marine et des colonies,

Signé Comte DE CHABROL.

Annales maritimes, 1826, p. 428. — Enregistré à la cour royale, 29 mai 1826.

N° 4388. — *Dépêche ministérielle ordonnant au gouverneur de délibérer en conseil privé un arrêté qui statuera définitivement sur l'emploi à faire du bateau à vapeur de la Martinique.*

3 janvier 1826.

NOTA. Cette dépêche contient toute l'histoire de cette en-

treprise : le bateau était supposé devoir coûter 109,181 francs,
y compris la valeur de la machine et l'indemnité de l'agent
chargé d'en diriger la construction.

Le résultat final était, à l'époque de la dépêche, celui-ci :

Dépenses.......................... 419,008ᶠ 06
Recettes :
Produits des passages, frêt, etc... 38,478ᶠ 13
Sur 88,976 fr. 33 cent. de sous-
cription, il n'a été recouvré que..... 14,416 65

52,894 78

Excédant de dépense........ 366,113 28

Inspection. Reg. 12, n° 243.

N° 4389. — *Dépêche ministérielle au gouverneur administra-*
teur portant envoi d'exemplaires du catalogue complet des
plantes cultivées aux jardins royaux de botanique et de natu-
ralisation de l'île Bourbon.

7 janvier 1826.

Nota. Ce travail, dû à M. Bréon, jardinier-botaniste, a plus
de 80 pages d'impression. On remarque, dans l'avertissement,
une notice intéressante sur la création et les progrès de l'établissement botanique de Bourbon.

Arch. du gouvernement. Dép. ministér., n° 3.

N° 4390. — *Arrêt de la cour de cassation (interprétatif de la*
loi du 15 avril 1818) statuant que la tentative du délit de
traite des noirs doit être considérée comme le délit même.

14 janvier 1826.

Annales maritimes, 1826, p. 360.

N° 4391. — *Circulaire ministérielle portant notification d'une*
décision royale qui améliore le traitement des lieutenants,
sous-lieutenants et adjudants-majors.

17 janvier 1826.

Monsieur, le roi a donné le 11 de ce mois, dans l'intérêt de
l'armée, deux dispositions que je m'empresse de vous notifier.

L'une est relative au traitement des lieutenants et des sous-lieutenants; l'autre à celui des adjudants-majors.

Les lieutenants et sous-lieutenants de diverses armes et des corps spéciaux successivement désignés dans les ordonnances des 10 novembre 1819 et 19 juillet 1820, et dans la décision royale du 11 décembre 1822, jouissent d'un supplément de solde fixé à 200 francs par an, mais pour les journées de présence seulement. Le roi a décidé que ce supplément serait réuni à la solde principale pour ne former avec elle qu'une seule et même fixation. Voulant toutefois prévenir les causes ultérieures d'un accroissement de dépense non motivé sur des besoins réels et indispensables, Sa Majesté a en même temps statué que l'effet de sa résolution à cet égard serait limité, dans chaque arme, aux officiers dont la solde, augmentée du supplément de 200 francs, ne dépassera pas les proportions ci-après, savoir :

Corps royal d'état-major.

Lieutenant	1,650ᶠ 00
Élève sous-lieutenant	1,300 00

État-major du génie.

Lieutenant	1,700 00

Ingénieurs géographes.

Lieutenant	1,700 00
Élève sous-lieutenant	1,300 00

École d'application d'artillerie et du génie.

Élève sous-lieutenant	1,300 00

Infanterie.

Lieutenant de 1ʳᵉ classe	1,450 00
Idem de 2ᵉ classe	1,300 00
Sous-lieutenant	1,200 00

Cavalerie.

Lieutenant de 1ʳᵉ classe	1,650 00
Idem de 2ᵉ classe	1,450 00
Sous-lieutenant	1,350 00

Train d'artillerie.

Lieutenant	1,700 00
Sous-lieutenant	1,450 00

VIII.   13

Artillerie à cheval.

Lieutenant de 1re classe.................... 1,900f 00
Idem de 2e classe........................ 1,700 00

Train des équipages.

Lieutenant de 1re classe.................... 1,700 00
Idem de 2e classe........................ 1,500 00
Sous-lieutenant.......................... 1,450 00

Artillerie à pied.

Lieutenant de 1re classe.................... 1,700 00
Idem de 2e classe........................ 1,500 00

Génie.

Lieutenant de 1re classe.................... 1,700 00
Idem de 2e classe........................ 1,500 00

Le règlement du 19 mars 1823, par une disposition spéciale aux trésoriers et officiers d'habillement, leur accorde la solde de la première classe de leur grade, lorsque l'ancienneté les appelle à ce rang. Ils sont alors dispensés d'opter entre leurs fonctions administratives et le commandement d'une compagnie ou d'un escadron.

Cette condition pesait au contraire sur les adjudants-majors, dont la position n'est cependant pas moins digne d'intérêt que celle des officiers comptables en raison du service actif et pénible qui leur est confié.

Appréciant ces considérations, Sa Majesté a décidé que le bénéfice de l'article 34 du susdit règlement serait rendu applicable aux adjudants-majors, qui conserveront néanmoins la faculté de prendre le commandement d'une compagnie ou d'un escadron, au gré de leur convenance personnelle. Telle est, Messieurs, la seconde disposition dont j'avais à vous informer.

Je vous préviens enfin que l'une et l'autre doivent recevoir leur exécution à partir du 1er janvier courant. Veuillez bien donner à qui de droit les ordres nécessaires à cet effet.

J'ai l'honneur, etc.

Le Ministre de la guerre,
Signé Marquis de CLERMONT-TONNERRE.

Nota. Voir au besoin, mêmes registre et numéro, la lettre

ministérielle d'envoi de cette circulaire portant que les troupes
en garnison aux colonies doivent participer au bénéfice des
diverses dispositions de la décision royale du 11 janvier 1826.

Arch. de l'ordonnateur. Dép. 1826, n° 19.

N° 4392. — *Décision du roi portant que des médailles d'or
devront être distribuées, de deux en deux ans, aux agricul-
teurs coloniaux qui se seront le plus distingués par d'heureux essais ou par l'adoption d'utiles pratiques.*

18 janvier 1826.

Annales maritimes, 1826, p. 379.

N° 4393. — *Circulaire ministérielle relative à la liquidation
et à la répartition du produit des saisies et confiscations
en matière de traite des noirs.*

20 janvier 1826.

Monsieur, d'après l'assimilation faite entre les prises maritimes et les bâtiments négriers qui, capturés par les bâtiments
du roi et conduits dans les colonies, sont définitivement confisqués, en exécution de la loi du 15 avril 1818, les opérations
résultant des jugements de confiscation, telles que les ventes,
liquidations et répartitions ressortissent à la 4ᵉ direction de mon
ministère.

Par suite de cette assimilation, les formalités que les règlements prescrivent de remplir après les jugements rendus,
deviennent applicables à ces confiscations, et elles doivent être
les mêmes dans les colonies que dans les ports de France.

Le but auquel les administrateurs doivent tendre, est d'é-
pargner autant que possible les frais à la charge de la prise.

Ainsi, lorsqu'un bâtiment négrier est amené dans un port
de la colonie, une fois le jugement de confiscation rendu, le
bâtiment, s'il est de l'espèce de ceux dont la vente peut s'effectuer dans la colonie, sans préjudice pour les intérêts des
capteurs, doit être désarmé et on doit procéder au déchargement
des marchandises qui peuvent se trouver à bord, afin de réduire
les dépenses jusqu'à l'époque de la vente aux seuls frais de
gardiennage.

13.

De là, en raisonnant toujours dans la même hypothèse d'une vente locale, on passe à cette vente sans autres délais que ceux qui sont réglés pour la publicité des affiches ; et cette opération terminée, la liquidation doit être opérée de suite.

Comme il arrive presque toujours que la répartition ne peut être effectuée dans la colonie, en raison de l'absence du bâtiment capteur et de son retour en France, il n'y a lieu alors qu'à une liquidation provisoire qui se compose du produit brut résultant soit des ventes, soit des préhensions exercées par la colonie, des frais imputables sur le produit de la prise, tels que journées d'ouvriers au déchargement, solde de gardiens, frais de conservation du bâtiment, loyers de magasins, si les objets déchargés n'ont pu être déposés dans les magasins du port, enfin du produit restant.

Je suis entré dans le détail des frais imputables sur le produit de la prise, parce que ce sont les seuls susceptibles d'être mis à sa charge.

Vous aurez à me faire parvenir, sous le timbre de la 4ᵉ direction, ces liquidations provisoires avec les pièces à l'appui, et vous donnerez en même temps les ordres au trésorier des invalides pour la remise des fonds en France.

Le tout sera transmis au port d'où a été expédié le bâtiment capteur, afin qu'il y soit procédé à la liquidation définitive, qui doit régler les droits respectifs de la caisse des invalides et des capteurs, et ensuite à la répartition.

Veuillez m'accuser réception de la présente dépêche, en donner communication à M. l'ordonnateur et la faire enregistrer au contrôle.

Recevez, etc.

Le Ministre de la marine et des colonies,
Signé Comte DE CHABROL.

Arch. de l'inspect. Reg. 12, n° 124.

N° 4394. — *Convention de navigation et articles additionnels conclus entre Sa Majesté Très-Chrétienne et Sa Majesté Britannique.*

26 janvier 1826.

AU NOM DE LA TRÈS-SAINTE TRINITÉ :

Sa Majesté le roi de France et de Navarre, d'une part, et

Sa Majesté le roi du royaume-uni et de la Grande-Bretagne
et de l'Irlande, de l'autre part, animés également du désir de
rendre plus faciles les communications commerciales entre leurs
sujets respectifs, et persuadés que rien ne saurait contribuer
davantage à l'accomplissement de leurs vœux mutuels à cet
égard, que de simplifier et d'égaliser les règlements qui sont
aujourd'hui en vigueur, quant à la navigation de l'un et l'autre
royaume, par l'abolition réciproque de tous droits différentiels
levés sur les navires d'une des deux nations dans les ports de
l'autre, soit à titre de droits de tonnage, de ports, de phares,
de pilotage et autres de même nature, soit à titre de surtaxes
sur les marchandises en raison de la non-nationalité du bâtiment
qui les importe ou qui les exporte, ont nommé pour plénipotentiaires, afin de conclure une convention à cet effet, savoir :

Sa Majesté le roi de France et de Navarre, le prince Jules
de Polignac, pair de France, maréchal de camp de ses armées,
chevalier de l'ordre royal et militaire de Saint-Louis, officier de
l'ordre royal de la Légion d'honneur, grand'croix de l'ordre
de Saint-Maurice de Sardaigne, aide de camp de Sa Majesté
Très-Chrétienne, et son ambassadeur près Sa Majesté Britannique ;

Et Sa Majesté le roi du royaume-uni de la Grande-Bretagne et d'Irlande,

Le très-honorable Georges Canning, conseiller de Sa Majesté
Britannique en son conseil privé, membre du parlement, et son
principal secrétaire d'État ayant le département des affaires
étrangères, et le très-honorable William Huskisson, conseiller
de Sa Majesté Britannique en son conseil privé, membre du
parlement, président du comité du conseil privé pour les affaires
de commerce et des colonies, et trésorier de la marine de Sa
Majesté Britannique ;

Lesquels, après s'être communiqué réciproquement leurs
pleins pouvoirs respectifs, trouvés en bonne et due forme, ont
arrêté et conclu les articles suivants :

Art. 1er. A dater du 5 avril de la présente année, et après
cette époque, les navires français venant avec chargement des
ports de France, et sans chargement de tous ports quelconques, ou se rendant avec chargement dans les ports de
France, et sans chargement dans tous ports quelconques, ne
seront pas assujettis dans les ports du royaume-uni, soit à leur
entrée, soit à leur sortie, à des droits de tonnage, de ports,
de phares, de pilotage, de quarantaine, ou autres droits sem-

blables ou analogues, quelle que soit leur nature ou leur dénomination, plus élevés que ceux auxquels sont ou seront assujettis
dans ces mêmes ports, à leur entrée et à leur sortie, les navires
britanniques effectuant les mêmes voyages avec chargement ou
sans chargement ; et réciproquement, à dater de la même époque,
les navires britanniques venant avec chargement des ports du
royaume-uni, et sans chargement de tous ports quelconques,
ou se rendant avec chargement dans les ports du royaume-uni,
et sans chargement dans tout port quelconque, ne seront pas
assujettis dans les ports de France, soit à leur entrée, soit à leur
sortie, à des droits de tonnage, de ports, de phares, de pilotage, de quarantaine ou autres droits semblables ou analogues,
quelle que soit leur nature ou leur dénomination, plus élevés que
ceux auxquels sont ou seront assujettis dans ces mêmes ports, à
leur entrée et à leur sortie, des navires français effectuant les
mêmes voyages avec chargement ou sans chargement, soit que
ces droits se perçoivent séparément, soit qu'ils se trouvent re-
présentés par un seul et même droit, Sa Majesté Très-Chrétienne
se réservant de régler en France le montant de ce droit ou de
ces droits d'après le taux auquel ils sont ou seront établis dans
le royaume-uni, en même temps que, dans le but d'alléger les
charges imposées à la navigation des deux pays, elle sera toujours disposée à en réduire proportionnellement l'élévation en
France, d'après la réduction que pourront par la suite éprouver
les droits perçus maintenant dans les ports du royaume-uni.
Art. 2. Toutes marchandises et tous objets de commerce qui
peuvent ou pourront être légalement importés des ports de
France dans les ports du royaume-uni, et qui y seront apportés
sur navires français, ne seront pas assujettis à des droits plus
élevés que s'ils étaient importés sur navires britanniques ; et,
réciproquement, toutes marchandises et tous objets de commerce qui peuvent ou pourront être légalement importés des
ports du royaume-uni dans les ports de France sur navires britanniques, ne seront point assujettis à des droits plus élevés que
s'ils étaient importés sur navires français, Sa Majesté Très-Chrétienne se réservant d'ordonner que, de même que les produits
de l'Asie, de l'Afrique et de l'Amérique ne peuvent être importés de ces pays, ni de tout autre, sur vaisseaux français,
britanniques ou autres, dans les ports du royaume-uni, pour
la consommation du royaume, mais seulement pour l'entrepôt
et la réexportation, de même aussi les produits de l'Asie, de
l'Afrique et de l'Amérique ne pourront être importés de ces

pays, ni de tout autre, sur vaisseaux britanniques, ni du royaume-uni sur vaisseaux britanniques, français ou autres, dans les ports de France, pour la consommation du royaume, mais seulement pour l'entrepôt et la réexportation. A l'égard des produits des pays de l'Europe, il est entendu entre les hautes parties contractantes que ces produits ne pourront être importés sur navires britanniques en France, pour la consommation du royaume, qu'autant que ces navires les auront chargés dans un port du royaume-uni, et que Sa Majesté Britannique adoptera, si elle le juge convenable, une mesure restrictive analogue à l'égard des produits des pays d'Europe qui seraient importés sur navires français dans les ports du royaume-uni ; les hautes parties contractantes se réservant néanmoins la faculté de déroger en partie à la stricte exécution du présent article, lorsque, par suite d'un consentement mutuel et de concessions faites de part et d'autre, dont les avantages seront réciproques ou équivalents, elles croiront utile de le faire dans l'intérêt respectif des deux pays.

Art. 3. Toutes marchandises et tous objets de commerce qui peuvent ou pourront être légalement exportés des ports de l'un ou de l'autre des deux pays, payeront à la sortie les mêmes droits d'exportation, soit que l'exportation de ces marchandises ou objets de commerce soit faite par navires français, soit qu'elle ait lieu par navires britanniques, ces navires allant respectivement des ports de l'un des deux pays dans les ports de l'autre ; et il sera réciproquement accordé, de part et d'autre, pour toutes cesdites marchandises et objets de commerce ainsi exportés sur navires français ou britanniques, les mêmes primes, remboursements de droits et autres avantages de ce genre assurés par les règlements de l'un et de l'autre État.

Art. 4. Il est réciproquement convenu entre les hautes parties contractantes que, dans les rapports de navigation entre les deux pays, aucun tiers pavillon ne pourra, dans aucun cas, obtenir des conditions plus favorables que celles qui sont stipulées dans la présente convention, en faveur des navires français et britanniques.

Art. 5. Les bateaux pêcheurs des deux nations, forcés par le mauvais temps de chercher refuge dans les ports ou sur les côtes de l'un ou de l'autre État, ne seront assujettis à aucuns droits de navigation, sous quelque dénomination que ces droits soient respectivement établis, pourvu que ces bateaux, dans ces cas de relâche forcée, n'effectuent aucun chargement ni déchargement dans les ports ou sur les points de la côte où ils auront cherché refuge.

Art. 6. Il est convenu que les clauses de la présente convention entre les hautes parties contractantes seront réciproquement mises à exécution dans toutes les possessions soumises à leur domination respective en Europe.

Art. 7. La présente convention sera en vigueur pendant dix ans, à dater du 5 avril de la présente année, et au delà de ce terme, jusqu'à l'expiration de douze mois après que l'une des hautes parties contractantes aura annoncé à l'autre son intention d'en faire cesser les effets, chacune des hautes parties contractantes se réservant le droit de faire à l'autre une telle déclaration à l'expiration des dix ans susmentionnés ; et il est convenu entre elles qu'après les douze mois de prolongation accordés de part et d'autre, cette convention, et toutes les stipulations y renfermées, cesseront d'être obligatoires.

Art. 8. La présente convention sera ratifiée, et les ratifications en seront échangées à Londres, dans l'espace d'un mois, ou plus tôt, si faire se peut.

En foi de quoi, les plénipotentiaires respectifs l'ont signée et y ont apposé le cachet de leurs armes.

Fait à Londres, le 26 janvier, l'an de grâce 1826.

(L. S.) Signé le prince DE POLIGNAC.
(L. S.) Signé GEORGE CANNING.
(L. S.) Signé WILLIAM HUSKISSON.

Articles additionnels.

Art. 1er. A dater du 1er octobre de la présente année, et après cette époque, les navires français pourront faire voile, de quelque port que ce soit des pays soumis à la domination de Sa Majesté Très-Chrétienne, pour toutes les colonies du royaume-uni (excepté celles possédées par la compagnie des Indes), et importer dans ces colonies toutes marchandises (produits du sol ou des manufactures de France, ou de quelque pays que ce soit, soumis à la domination française), à l'exception de celles dont l'importation dans ces colonies serait prohibée, ou ne serait permise que des pays soumis à la domination britannique ; et lesdits navires français et lesdites marchandises importées sur ces navires ne seront pas assujettis, dans les colonies du royaume-uni, à des droits plus élevés ni à d'autres droits que ceux auxquels seraient assujettis les navires britanniques important lesdites marchandises de quelque pays étranger que ce soit, et lesdites marchandises elles-mêmes.

Il sera accordé réciproquement dans les colonies de la France les mêmes facilités, quant à l'importation sur navires britanniques de toutes marchandises (produits du sol et des manufactures du royaume-uni, ou de quelque pays que ce soit, soumis à la domination britannique), à l'exception de celles dont l'importation dans ces colonies serait prohibée, ou ne serait permise que des pays soumis à la domination française. Et, attendu que les produits des pays étrangers peuvent être importés maintenant dans les colonies du royaume-uni sur les vaisseaux appartenant à ces pays, à l'exception d'un nombre limité d'articles spécifiés, lesquels ne peuvent être importés dans lesdites colonies que sur vaisseaux britanniques, Sa Majesté le roi du royaume-uni se réserve la faculté d'étendre cette exception sur tout autre produit des pays soumis à la domination de Sa Majesté Très-Chrétienne, lorsque Sa Majesté Britannique jugera convenable de le faire pour placer le commerce et la navigation permis aux sujets de chacune des hautes parties contractantes avec les colonies de l'autre, sur le pied d'une juste réciprocité.

Art. 2. A dater de la même époque, les navires français pourront exporter de toutes les colonies du royaume-uni (excepté celles possédées par la compagnie des Indes) toutes marchandises dont l'exportation de ces colonies par navires autres que ceux britanniques ne serait point prohibée; et lesdits navires et lesdites marchandises exportées sur ces navires ne seront pas assujettis à des droits plus élevés ou à d'autres droits que ceux auxquels seraient assujettis les navires britanniques exportant lesdites marchandises, et lesdites marchandises elles-mêmes, et ils auront droit aux mêmes primes, remboursements de droits et autres allocations de cette nature auxquels pourraient prétendre les navires britanniques pour ces exportations.

Il sera accordé réciproquement dans toutes les colonies de la France les mêmes facilités et priviléges pour l'exportation sur navires britanniques de toutes marchandises dont l'exportation de ces colonies par navires autres que ceux français ne serait pas prohibée.

Ces deux articles additionnels auront la même force et valeur que s'ils étaient insérés mot à mot dans la convention de ce jour. Ils seront ratifiés, et les ratifications en seront échangées en même temps.

En foi de quoi, les plénipotentiaires respectifs les ont signés et y ont apposé le cachet de leurs armes.

Fait à Londres, le 26 janvier, l'an de grâce 1826.

(L. S.) Signé le prince DE POLIGNAC.
(L. S.) Signé GEORGE CANNING.
(L. S.) Signé WILLIAM HUSKISSON.

NOTA. Promulguée en France, par ordonnance royale du 8-9 février 1826, et à la Martinique par ordonnance locale du 4 juin 1828.

Annales maritimes, 1826, p. 477. — Bulletin officiel, vol. 1828, p. 164.

———————✦◉✦———————

N° 4395. — *Dépêche ministérielle prescrivant la prompte et exacte transmission des extraits mortuaires et documents relatifs aux militaires et autres qui meurent dans les hôpitaux des colonies.*

27 janvier 1826.

Monsieur le Comte, M. le ministre de la guerre m'a représenté qu'il était de l'intérêt des familles d'être informées, le plus tôt possible, des pertes qu'elles éprouvent parmi ceux de leurs membres qui font partie des garnisons des colonies. Son Excellence me prie, en conséquence, de prendre des mesures pour hâter l'envoi des documents relatifs aux décès des militaires qui meurent dans les colonies.

J'ai l'honneur de vous prier de vouloir bien donner les ordres les plus précis pour que les travaux concernant l'envoi des bordereaux et des actes de décès relatifs aux personnes qui meurent dans les hôpitaux de la colonie soient préparés de manière à m'être adressés immédiatement après l'expiration de chaque trimestre.

Vous continuerez de me donner avis spécialement, et sans délai, des décès qui surviendraient parmi les officiers appartenant à la garnison de la colonie, en m'adressant en même temps expédition de leurs extraits mortuaires. Vous me ferez parvenir les mêmes renseignements en ce qui concerne les sous-officiers qui auraient été proposés pour remplir des emplois d'officiers.

Recevez, etc.

Le Ministre de la marine et des colonies,

Signé Comte DE CHABROL.

Arch. de l'hôpital. Dép. 1826.

N° 4396. — *Dépêche ministérielle relative à la vente des nègres épaves.*

27 janvier 1826.

Monsieur le Comte, d'après les dispositions toujours en vigueur de l'arrêt du conseil souverain de la Martinique en date du 13 septembre 1726, la vente des nègres épaves doit avoir lieu de trois en trois mois et être faite judiciairement.

Il m'a été représenté que l'intervention de la justice dans ces sortes de ventes absorbe la plus grande partie de leur produit; on cite pour exemple le résultat de celles qui ont eu lieu en octobre 1824 et janvier 1825 : elles ont donné ensemble une somme de 1,480 fr. 56 c. et les frais se sont élevés à 942 fr. 43 c.

Je vous invite, aussitôt votre arrivée dans la colonie, à porter votre attention sur l'objet dont il s'agit et à pourvoir, par un arrêté délibéré en conseil privé, à ce que la vente des nègres épaves soit faite désormais administrativement et avec le moins de frais qu'il sera possible.

Toutes les dispositions de l'arrêt de 1726 qui ont pour but de garantir la propriété des esclaves épaves à leurs maîtres, doivent être maintenues.

Je vous prie de faire enregistrer au contrôle la présente lettre et de me rendre compte de l'exécution de la mesure qu'elle prescrit.

Recevez, etc.

Le Ministre de la marine et des colonies,

Signé Comte DE CHABROL.

Inspection. Reg. 12, n° 183.

⸺⸺⸺⸺

N° 4397. — *Dépêche ministérielle au gouverneur adminis- trateur au sujet des doubles registres des actes de décès à tenir dans les hôpitaux.*

27 janvier 1826.

NOTA. Cette dépêche rappelle la circulaire ministérielle du 15 avril 1824 prescrivant de faire exécuter strictement les dispositions de l'article 17 de l'édit du mois de juin 1776 qui enjoint aux préposés aux hôpitaux dans les colonies de tenir, pour être transmis au dépôt de Versailles, un double de leurs registres de décès.

Arch. du gouvernement. Dép. ministér., n° 39.

N° 4398. — *Ordonnance du roi qui prescrit la publication de la bulle portant extension du Jubilé à tout l'univers catholique.*

29 janvier 1826.

Nota. Promulguée à la Martinique par ordonnance locale du 11 février 1828 (même vol., p. 70).

Bulletin officiel, vol. 1828, p. 71.

———————

N° 4399, — *Circulaire ministérielle contenant diverses dispositions relatives aux officiers de l'état-major des places dans les colonies.*

31 janvier 1826.

Monsieur, la position des officiers de différentes armes qui sont employés à l'état-major des colonies, a fixé l'attention de S. Exc. le ministre de la guerre et la mienne; comme ces officiers n'appartiennent ni au corps royal de l'état-major, ni à aucun des autres corps constitués de l'armée, les règlements s'opposaient à ce qu'ils obtinssent de l'avancement, quelles que fussent d'ailleurs la distinction et l'utilité de leurs services; pour remédier à un tel état de choses, autant que la législation en vigueur permettra de le faire, les dispositions qui suivent ont été arrêtées.

A l'avenir, il ne sera point employé à l'état-major des colonies d'officier d'un grade inférieur à celui de capitaine.

Les capitaines et officiers supérieurs attachés, à quelque titre que ce soit, à l'état-major des colonies, seront classés avec ceux d'infanterie, de cavalerie, etc., suivant l'arme à laquelle ils appartiennent; leur inscription sur l'annuaire militaire déterminera leurs droits aux emplois revenant à l'ancienneté dans leurs armes respectives.

Les gouverneurs et commandants, pour le roi, ou autres officiers faisant fonctions d'inspecteurs généraux dans les colonies, établiront à l'époque des inspections annuelles, pour ceux qu'ils en jugeraient dignes, des mémoires de proposition pour l'avancement au choix. Ces propositions seront, avec le travail d'inspection des troupes, transmises au ministre de la guerre, par l'intermédiaire du ministre de la marine, et les officiers qu'elles concerneront seront alors portés sur les listes annuelles de candidats aux emplois d'officiers supérieurs qui reviennent au choix du roi.

Ces dispositions s'appliquent aux aides de camp et officiers d'ordonnance, aux commandants et adjudants de place, aux commandants des dépendances de quelques-unes de nos colonies, en un mot, à tous les officiers servant dans nos possessions d'outre-mer, qui, jusqu'à ce jour, ont été dehors des cadres de l'armée. Vous sentez qu'elles ne peuvent concerner les officiers de l'artillerie et du génie, qui sont attachés aux directions et sous-directions de ces deux armes, et qui, en passant aux colonies, ne cessent de compter dans leurs corps et d'y concourir pour l'avancement.

Vous n'ignorez point qu'en France, les officiers admis dans l'état-major des places n'ont plus d'avancement à espérer ; mais aux colonies ces officiers ont à remplir des fonctions qui, indépendamment de qualités spéciales, exigent non moins d'activité que tout autre emploi d'état-major : c'est ce qui a motivé leur assimilation aux autres officiers sans troupe.

Il se trouve, en ce moment, à l'état-major des colonies, quelques emplois qui sont occupés par des lieutenants. Ces officiers devront ou rentrer en France, pour être mis à la disposition de S. Exc. le ministre de la guerre, qui les fera passer dans des régiments, ou être incorporés, par voie de permutation, dans les troupes d'infanterie tenant garnison aux colonies ; dans ce dernier cas, ils pourront être détachés de leurs corps pour continuer leur service actuel ; cette mesure n'est que transitoire, et aux premières mutations, les officiers dont il s'agit devront être remplacés par des capitaines.

Les officiers avec lesquels les lieutenants employés à l'état-major auraient permuté, seront immédiatement renvoyés en France, pour y être placés dans leur grade.

Vous porterez à la connaissance des officiers qu'elles concernent les dispositions de la présente dépêche ; ils y trouveront une nouvelle preuve du juste intérêt que le gouvernement attache à leurs services, et je ne doute point qu'ils ne cherchent à s'en rendre dignes, en redoublant de zèle et de dévouement.

Recevez, etc.

Le Ministre de la marine et des colonies,
Signé Comte DE CHABROL.

Feuille de la Guyane française, 1826, n° 15.

N° 4400. — *Ordonnance du roi portant autorisation d'importer, par navires nationaux ou étrangers, dans les îles de la Martinique et de la Guadeloupe, diverses denrées* (1).

5 février 1826.

CHARLES, etc.,

Vu l'arrêt du conseil du 30 août 1784 concernant le commerce des colonies avec l'étranger ;

Vu les tarifs maintenant en vigueur dans les îles de la Martinique et de la Guadeloupe, en vertu des ordonnances de nos gouverneurs ;

Voulant donner plus d'uniformité au régime commercial desdites îles, et en même temps étendre et faciliter leurs relations de commerce avec l'étranger, en tout ce qui n'est pas contraire aux intérêts de la métropole ;

Sur le rapport de notre président du conseil des ministres ;

Notre conseil supérieur de commerce et des colonies entendu,

Nous avons ordonné et ordonnons ce qui suit :

Art. 1er. A dater du 1er juillet de la présente année, il sera permis aux navires, soit nationaux, soit étrangers, d'importer dans les deux îles de la Martinique et de la Guadeloupe, mais seulement dans les ports qui seront ci-après désignés, les diverses denrées et marchandises étrangères énumérées dans les tableaux annexés, sous les nos 1 et 2, à la présente ordonnance.

Art. 2. Les seuls ports où lesdites denrées ou marchandises pourront être importées sont, pour la Martinique : Saint-Pierre, le Fort-Royal et la Trinité ; et pour la Guadeloupe : la Basse-Terre et la Pointe-à-Pitre.

Art. 3. Celles desdites denrées ou marchandises qui sont portées au tableau n° 1 payeront, à leur importation de l'étranger, les droits énoncés audit tableau, et ce, sans aucune distinction de pavillon, soit étranger, soit national. Les marchandises de même espèce, apportées de France sur navires français, ne payeront qu'un droit de *cinq centimes* par 100 kilogrammes.

Art. 4. Les droits portés au tarif susénoncé ne pourront être augmentés ni diminués par aucun acte de nos gouverneurs ou de toute autre autorité dans les colonies ; et nous faisons à ce sujet, aux uns et aux autres, les inhibitions les plus expresses.

Ces droits commenceront à être perçus à dater du 1er juillet de la présente année ; et, à compter dudit jour, tous les droits

(1) Désignées par le tarif annexé.

alors existant dans les deux colonies sur les objets portés audit tarif seront et demeureront révoqués.

Art. 5. Il n'est rien innové par ces présentes aux dispositions qui ont fixé à 1 pour 100, dans les deux colonies, les droits à percevoir sur les marchandises importées de la métropole, en tant qu'ils affectent des marchandises non comprises dans les tableaux n°s 1 et 2. Ledit droit de 1 pour 100, en ce qui concerne les marchandises non portées dans lesdits tableaux, est au contraire confirmé par ces présentes ; et faisons aux autorités des colonies les mêmes inhibitions que dessus d'y rien changer sans nos ordres exprès, transmis par notre ministre secrétaire d'État au département de la marine et des colonies.

Art. 6. Les denrées et marchandises énumérées dans le tableau n° 2 ne seront assujetties qu'à un droit de *cinq centimes* par 100 kilogrammes, quel que soit le pavillon qui les importe.

Il est interdit aux autorités des deux colonies d'y apporter aucun changement.

Art. 7. Les navires étrangers, important les denrées et marchandises autorisées par la présente ordonnance, ne seront soumis à aucun droit de tonnage, de port, de phare et autres de même nature, plus élevé que ceux auxquels seraient soumis les navires nationaux.

Art. 8. Aucune denrée ou marchandise, autre que celles portées aux tableaux n°s 1 et 2, ne pourra être importée, soit par navires étrangers, soit par navires français venant de l'étranger, sous peine de confiscation du navire et du chargement.

Art. 9. Aucun navire étranger ni aucun navire français venant de l'étranger, chargé même d'objets permis, ne pourra, sauf les cas de relâche forcée légalement constatés, entrer que dans les ports ouverts par la présente ordonnance, à peine de confiscation.

Art. 10. Les marchandises énumérées dans les tableaux n°s 1 et 2, pourront, ainsi que toutes les marchandises venues de France, être réexportées d'une colonie dans l'autre, mais par bâtiments français seulement. Elles y seront reçues en franchise de tous droits, à la condition toutefois que l'importateur de marchandises tarifées, lesquelles sont énumérées dans l'état n° 1, justifiera que les droits ont été acquittés sur lesdites marchandises dans la colonie où aura été faite la première importation.

Art. 11. Les navires étrangers pourront, ainsi que les navires français, exporter à l'étranger en franchise de tous droits, mais seulement par les ports ouverts en vertu de l'article 2, les denrées et marchandises importées dans les deux colonies, soit de France, soit de tout autre pays.

Art. 12. Il n'est rien innové quant aux produits des deux colonies dont l'exportation n'est maintenant permise que pour les ports de France et par navires français. Seulement, ceux desdits produits dont l'exportation pour l'étranger est ou serait ultérieurement autorisée, ne seront point assujettis, quand ils seront exportés par navires étrangers, à des droits plus élevés que ceux auxquels ils seraient assujettis étant exportés par bâtiments français.

Art. 13. Les droits mentionnés en l'article 5, lesquels sont prélevés dans nos colonies sur les marchandises françaises, continueront à être restitués lorsque lesdites marchandises seront réexportées des deux colonies, sous quelque pavillon que ce soit.

Art. 14. Dans le cas où des circonstances impérieuses et extraordinaires paraîtraient à nos gouverneurs, dans l'une ou l'autre colonie, rendre indispensable l'appel momentané des farines étrangères, il sera procédé dans les formes ci-après indiquées, lesquelles sont toutes de rigueur :

1° Le gouverneur convoquera un conseil privé auquel, indépendamment des personnes qui le composent ordinairement, seront appelés trois capitaines de navires marchands appartenant aux ports de France ;

Ces trois capitaines seront désignés par les capitaines des navires français mouillés dans les ports de la colonie ouverts au commerce étranger ;

2° A ce conseil seront produits par écrit : 1° le cours du prix des farines dans les villes principales de la colonie; 2° les états des quantités existant dans la colonie ; 3° l'aperçu des quantités de farines attendues de France ;

3° Il sera dressé un procès-verbal des séances dans lequel seront inscrits les trois documents mentionnés en l'article précédent. En outre, le procès-verbal rendra un compte exact des dires de chacun des membres appelés au conseil ;

4° Ces faits étant vérifiés et toutes les observations entendues, le gouverneur, s'il juge qu'il y a nécessité et urgence, autorisera l'importation d'une quantité de farines étrangères qui ne pourra, dans aucun cas, excéder 4,000 barils. La faculté d'effectuer ou de compléter cette importation ne pourra, dans aucun cas, s'étendre au delà d'un délai de trois mois ;

5° Les farines étrangères, dont l'importation aura été ainsi autorisée, payeront à la douane un droit de vingt-un francs cinquante centimes par baril de quatre-vingt-dix kilogrammes. Il est expressément interdit aux gouverneurs d'accorder, dans aucun cas et sous quelque prétexte que ce soit, aucune remise ou modération desdits droits ;

6° Il est également interdit aux gouverneurs de donner des permissions ou des licences à des particuliers. Leur ordonnance indiquera la quantité de farines étrangères dont l'importation aura été autorisée et le délai après lequel ladite autorisation cessera de plein droit ;

7° Cette ordonnance sera publiée et affichée dans les formes judiciaires, et, à son arrivée en France, elle sera rendue publique par la voie du *Moniteur,* ainsi que l'extrait du procès-verbal énonçant les cours et l'état des farines existant dans la colonie à l'époque où l'ordonnance aura été rendue.

Art. 15. L'arrêt du 30 août 1784 et tous autres règlements en vigueur continueront d'être exécutés dans toutes celles de leurs dispositions auxquelles il n'est point dérogé par la présente ordonnance ou par des actes antérieurs.

Art. 16. Notre président du conseil des ministres et notre ministre secrétaire d'État au département de la marine et des colonies sont chargés, chacun en ce qui le concerne, de l'exécution de la présente ordonnance.

Donné à Paris, le 5 février 1826.

Signé CHARLES.

Et par le Roi :

Le Président du conseil des ministres,

J^h DE VILLÈLE.

Annales maritimes, 1826, p. 370. — Enregistré à la cour royale, 22 juin 1826.

TABLEAU N° 1.

Marchandises étrangères dont l'importation est autorisée dans les îles de la Martinique et de la Guadeloupe, à la charge de payer les droits ci-après désignés.

Animaux vivants, 10 pour 100 de la valeur.
Bœuf salé, 15 francs par 100 kilogrammes.
Bois feuillard, 10 francs le millier.
Légumes secs, 3 fr. 50 cent. par hectolitre.
Maïs en grains, 2 francs par hectolitre.
Morue et autres poissons salés, 7 francs par 100 kilogrammes.

VIII.   14

Riz, 7 francs par 100 kilogrammes.

Sel, 5 francs par 100 kilogrammes.

Tabac, 7 pour 100 de la valeur.

Bois de toutes sortes, autres que le bois feuillard, y compris les essences, les planches et les merrains, 4 pour 100 de la valeur.

Brai, goudron et autres résineux de pin, de sapin et de mélèze, 4 pour 100 de la valeur.

Charbon de terre, *idem.*

Cuirs verts et en poil, non tannés, *idem.*

Fourrages verts et secs, *idem.*

Fruits de table, *idem.*

Graines potagères, *idem.*

TABLEAU Nº 2.

Marchandises étrangères dont l'admission est autorisée dans les îles de la Martinique et de la Guadeloupe, à la charge de payer un droit de 0 fr. 05 cent. par 100 kilogrammes.

Baumes et sucs médicinaux; bois odorants, de teinture et d'ébénisterie; casse; cire non ouvrée; cochenille; coques de coco; cuivre brut; curcuma; dents d'éléphant; écaille de tortue; étain brut; fanons de baleine; girofle; gingembre; gommes; graines d'amome; grains durs à tailler; graisses, sauf celles de poisson; indigo; joncs et roseaux; légumes verts; kermès; laque naturelle; muscades; nacre; or et argent; os et cornes de bétail; peaux sèches et brutes; pelleteries non ouvrées; plomb brut; poivre; potasse; quercitron; quinquina; rocou; racines, écorces, herbes, feuilles et fleurs médicinales; substances animales propres à la médecine et à la parfumerie; sumac; vanille.

Nº 4401. — *Instruction réglementaire pour servir à l'exécution de l'ordonnance du roi en date du 26 janvier 1825, relative aux dépenses à faire pour les colonies françaises sur les fonds des divers chapitres du Service marine et sur ceux qui sont affectés au service intérieur de ces établissements.*

5 février 1826.

Annales maritimes, 1826, 1re partie, p. 410.

N° 4402. — *Instructions ministérielles sur l'exécution de l'or-donnance royale du 26 janvier 1825 relatives aux dépenses du service Guerre dans les colonies.*

5 février 1826.

Annales maritimes, 1826, 1re partie, p. 416.

N° 4403. — *Ordonnance du roi qui prescrit la publication de la convention de navigation et des articles additionnels conclus entre Sa Majesté Très-Chrétienne et Sa Majesté Britannique, le 26 janvier 1826, et ratifiés, à Paris, le 31 du même mois.*

8 février 1826.

Nota. Voir ladite convention, à sa date, n° 4394.

Annales maritimes, 1826, 1re partie, p. 477.

N° 4404. — *Ordonnance du roi qui prescrit l'accomplissement des conditions de réciprocité stipulées par une convention du 26 janvier 1826, à l'égard de la navigation britannique.*

8-22 février 1826.

Charles, etc.,

Vu la convention conclue et signée entre nous et Sa Majesté Britannique, le 26 janvier de la présente année;

Voulant assurer, en tout ce qui ne résulte pas déjà des règle-ments français sur la navigation générale, l'accomplissement des conditions de réciprocité stipulées en ladite convention à l'égard de la navigation britannique;

Sur le rapport du président de notre conseil des ministres, ministre secrétaire d'État des finances;

Notre conseil supérieur de commerce et des colonies entendu,

Nous avons ordonné et ordonnons ce qui suit:

Art. 1er. A dater du 5 avril prochain, les navires britan-niques venant avec ou sans chargement des ports du royaume-uni de l'Angleterre et de l'Irlande, et des possessions dudit royaume en Europe, dans les ports de France, et les navires français revenant des ports du royaume-uni et de ses possessions en Europe, payeront un droit de tonnage égal, lequel, jusqu'à ce qu'il en soit autrement ordonné, n'excédera pas le droit maintenant perçu à l'entrée des ports de France sur tous na-vires étrangers.

Les navires britanniques venant des ports du royaume-uni

14.

ou des possessions de ce royaume en Europe ne supporteront les redevances de pilotage, de bassin, de quarantaine, et autres analogues, que d'après le taux établi pour les navires français.

Art. 2. A dater de la même époque, toutes marchandises et tous objets de commerce qui peuvent ou pourront être légalement importés des ports du royaume-uni et de ses possessions en Europe, pour la consommation de notre royaume, ne payeront, à leur importation par navires britanniques, que les mêmes droits qui sont ou seront perçus sur lesdites marchandises et objets de commerce à leur importation par navires français.

Art. 3. Les produits de l'Asie, de l'Afrique et de l'Amérique, importés de quelque pays que ce soit par navires britanniques, ou bien chargés par navires français, ou tous autres, dans un des ports de la domination britannique en Europe, ne pourront, à dater de la même époque du 5 avril prochain, être admis en France pour la consommation du royaume, mais seulement pour l'entrepôt et la réexportation.

La même disposition est applicable aux produits des pays d'Europe autres que le royaume-uni ou ses possessions, lorsqu'ils seront importés par navires britanniques venant d'un autre port que ceux du royaume-uni ou de ses possessions en Europe.

Art. 4. Seront affranchis de tout droit de navigation les bateaux pêcheurs appartenant au royaume-uni ou à ses possessions en Europe, lorsque, étant forcés par le mauvais temps de chercher un refuge dans les ports ou sur les côtes de France, ils n'y auront effectué aucun chargement ni déchargement.

Art. 5. Le président de notre conseil des ministres, ministre secrétaire d'État au département des finances (comte de Villèle), est chargé de l'exécution de la présente ordonnance, qui sera insérée au *Bulletin des lois*.

Collect. de Duvergier, t. 26, p. 48. — *Annales maritimes*, 1826, 1re partie, p. 377.

N° 4405. — *Décision du gouverneur administrateur qui accorde, pour trois ans, à deux particuliers, et sous diverses conditions, le privilége exclusif des spectacles de la colonie.*

11 février 1826.

Nota. Cette décision reproduit à peu près les dispositions de celle du 20 octobre 1819.

Inspection. Reg. 11, n° 189. — Arch. de la direction de l'intérieur. Reg. 4, f° 64.

N° 4406. — *Dépêche ministérielle au gouverneur portant envoi d'une instruction réglementaire, approuvée par le roi, le 5 précédent, pour l'exécution de l'ordonnance du 26 janvier 1825, relative aux dépenses des colonies.*

17 février 1826.

Nota. Elle prescrit d'en remettre un exemplaire aux officiers de l'administration et du contrôle, et au trésorier de la colonie. Il en est resté un annexé à la dépêche (pièce trop volumineuse pour être reproduite.)

Arch. du gouvernement. Dép. ministér., n° 61.

———————

N° 4407. — *Dépêche ministérielle au gouverneur contenant des dispositions relatives au mode d'avancement des chirurgiens militaires employés dans les colonies.*

21 février 1826.

Monsieur le Comte, le mode d'avancement des chirurgiens attachés aux troupes de l'armée de terre qui servent dans les colonies a appelé l'attention du ministre de la guerre et la mienne.

L'instruction réglementaire du 28 août dernier porte à l'article 6 que les emplois d'officiers jusqu'au grade de chef de bataillon inclusivement, qui viendront à vaquer dans les troupes d'infanterie en garnison aux colonies, ne seront conférés qu'aux officiers et sous-officiers qui en font partie, sous la réserve que les candidats réuniront les conditions prescrites par les ordonnances en ce qui concerne l'avancement dans l'armée. L'application de cette disposition relative aux officiers combattants a été invoquée en faveur des officiers de santé ; mais si elle était étendue sans restriction à ces derniers, il s'ensuivrait que le chirurgien aide-major de chaque régiment n'aurait aucun concurrent pour l'emploi de chirurgien-major, lorsque celui-ci deviendrait vacant. Ce mode de remplacement présenterait de graves inconvénients et souvent même il serait impraticable, à moins qu'on ne dérogeât aux règles établies pour l'avancement des officiers en général et des officiers de santé en particulier. Il ne faut pas perdre de vue surtout qu'eu égard aux chances de maladie que peuvent subir les troupes dans les colonies, il importe là, plus encore que partout ailleurs, que les emplois de chirurgiens - majors ne soient pas confiés par suite d'un avancement prématuré à des sujets sans expérience.

Pour adopter une règle qui concilie les intérêts du service avec les droits de l'avancement, les places de chirurgiens-majors des régiments servant aux colonies qui viendront à vaquer, seront accordées de préférence aux aides-majors présents sur les lieux et appartenant, soit au régiment où l'emploi sera vacant, soit aux autres corps de la garnison ; mais ils ne pourront prétendre à cette préférence qu'autant qu'ils réuniront toutes les conditions voulues par le règlement du 30 décembre 1824 (inséré au *Journal militaire*) pour passer à un grade supérieur. Les principales de ces conditions sont que les chirurgiens aides-majors brevetés aient au moins deux ans de grade, et les aides-majors commissionnés, trois ans de grade, et qu'ils soient, de plus, gradués comme docteurs. Ils devront, en outre, avoir satisfait à l'examen de capacité prescrit par le dernier paragraphe de l'article 6 de l'instruction réglementaire du 28 août 1825.

Dans le cas où les aides-majors présents dans la colonie n'auraient point l'aptitude ou l'ancienneté requise pour obtenir le grade supérieur, l'avancement serait dévolu au choix, selon le vœu de l'ordonnance d'organisation du 18 septembre 1824.

Vous voudrez bien, lorsqu'il y aura lieu, vous conformer, en ce qui vous concerne, aux dispositions qui font l'objet de la présente dépêche.

Recevez, etc.

Le Ministre de la marine et des colonies,

Signé Comte DE CHABROL.

Arch. du gouvernement. Dép. ministér., n° 66.

N° 4408. — *Dépêche du ministre des finances au gouverneur au sujet de l'introduction, en France, des tabacs de la Martinique, connus sous le nom de* tabac de Macouba.

23 février 1826.

J'ai reçu, Monsieur le Comte, avec la lettre que vous m'avez fait l'honneur de m'écrire, le 16 de ce mois, une note relative à l'admission en France des tabacs de la Martinique, connus sous le nom *tabac de Macouba*, et dont on croit que l'usage dans les manufactures royales pourrait améliorer la qualité des tabacs fabriqués par la régie des contributions indirectes.

Je vous remercie, Monsieur le Comte, de la communication de cette note sur l'objet de laquelle je charge M. le directeur général des contributions indirectes de me faire un rapport (1).

Recevez, etc.

Signé DE VILLÈLE.

Arch. du gouvernement. Dép. ministér.

Nº 4409. — *Dépêche ministérielle au gouverneur administrateur annonçant l'envoi d'exemplaires des instructions pour l'exécution de l'ordonnance royale du 7 août 1822 sur la police sanitaire.*

28 février 1826.

NOTA. Pour ces exemplaires être distribués aux administrateurs chargés du service de la santé publique à la Martinique.

Arch. du gouvernement. Dépêche ministér. nº 72.

Nº 4410. — *Mémoire sur le traitement de la fièvre jaune des Antilles, par M. Lefort, 1ᵉʳ médecin en chef de la marine, à la Martinique.*

1ᵉʳ mars 1826.

Annales maritimes, 1826, 2ᵉ partie, t. 2, p. 549.

Nº 4411. — *Dépêche ministérielle au gouverneur au sujet des retenues à exercer sur la solde des officiers des corps de troupes pour l'entretien de la musique.*

10 mars 1826.

Monsieur le Comte, dans les régiments dont le corps d'officiers a formellement consenti à la retenue d'un jour de solde par mois pour l'entretien de la musique, cette obligation subsiste pour chaque officier individuellement, non-seulement lorsqu'il est

---

(1) Une autre dépêche du 18 mars suivant annonce au gouverneur que ce rapport a été fait; qu'il en résulte que le premier essai ayant été peu favorable, on se propose de le renouveler sur d'autres quantités et qualités; qu'en conséquence, ce ne sera que dans quelques mois qu'on pourra apprécier l'avantage du tabac proposé et prendre une détermination.

présent, mais encore pour toutes les positions d'absence où il n'a point à payer la contribution personnelle et mobilière, comme officier à résidence fixe.

Il suit de là que les officiers des bataillons, compagnies ou détachements, fournis par ces régiments pour le service des colonies, doivent continuer à subir la retenue en question.

Cette retenue ne peut être faite par déduction sur les revues, attendu qu'il ne s'agit point d'une dépense régulière ; elle sera exercée manuellement par précompte, lors du payement ; au même moment, le trésorier de la colonie s'en chargera en recette, comme de fonds venus de France au compte du département de la guerre, et il en délivrera un récépissé que vous m'adresserez pour être transmis à ce département.

La présente dépêche sera enregistrée au contrôle.

Recevez, etc.

Le Ministre de la marine et des colonies,
Signé Comte DE CHABROL.

Arch. du gouvernement. Dép. ministér., n° 97.

━━━━━◆◈◆━━━━━

N° 4412. — *Ordonnance du roi concernant les soldes de retraite, demi-solde et pensions des officiers militaires et civils non entretenus, des premiers et seconds maîtres, des officiers mariniers, des marins, ouvriers, surnuméraires, de leurs veuves et de leurs enfants.*

12 mars 1826.

CHARLES, etc.,

Vu la loi du 13 mai 1791 ;

Vu la loi du 14 septembre 1799 (28 fructidor an VII) ;

Vu l'arrêté du 29 octobre 1800 (7 brumaire an IX) ;

Vu l'arrêté du 29 août 1803 (11 fructidor an XI) ;

Vu l'ordonnance du 21 février 1816 et celle du 17 septembre 1823 ;

Sur le rapport de notre ministre secrétaire d'État de la marine et des colonies,

Nous avons ordonné et ordonnons ce qui suit :

TITRE Iᵉʳ.

SOLDES DE RETRAITE ET PENSIONS SPÉCIALES.

Art. 1ᵉʳ. Les officiers militaires et civils non entretenus de tout grade, et les premiers maîtres non entretenus de toute profession, qui auront complété, à notre service exclusivement, vingt-cinq années d'activité, dont six au moins de navigation effective sur nos vaisseaux, seront assimilés aux entretenus, et obtiendront la solde de retraite attribuée par l'arrêté du 29 août 1803 aux grades qu'ils auront exercés.

Ils jouiront également du bénéfice de cette assimilation lorsque, soit par le fer ou le feu de l'ennemi, soit par accident en remplissant un service requis ou commandé en notre nom, ils auront éprouvé les mutilations, reçu les blessures ou contracté les infirmités qui, d'après les dispositions du même arrêté, sont l'objet d'une solde de retraite spéciale.

Art. 2. Les seconds maîtres et autres officiers mariniers de toute profession, les matelots, novices et mousses, qui se trouveront dans un des cas prévus par l'article précédent, obtiendront aussi, par assimilation aux entretenus, une solde de retraite dont la quotité sera réglée d'après le tarif supplémentaire annexé à la présente ordonnance.

Art. 3. Les veuves des officiers et marins mentionnés dans les articles 1 et 2, auront droit, comme les veuves des entretenus, au quart du *maximum* de la solde de retraite d'ancienneté de leurs maris, conformément aux principes établis par l'arrêté déjà cité du 29 août 1803, par l'ordonnance du 21 février 1816 et par la présente ordonnance; elles conserveront toutefois la faculté d'opter entre les pensions ainsi réglées et celles qui résulteraient pour elles de l'application de la loi du 13 mai 1791.

Les enfants orphelins des mêmes officiers et marins, également assimilés à ceux des entretenus, recevront les secours temporaires déterminés ou par l'ordonnance du 21 février 1816, ou par l'ordonnance du 13 mai 1791, suivant que l'un ou l'autre de ces actes leur sera plus favorable.

TITRE II.

DEMI-SOLDE ET PENSIONS.

Art. 4. Pourront obtenir la demi-solde à cinquante au lieu de soixante ans, si d'ailleurs ils remplissent les conditions voulues par la loi du 13 mai 1791, savoir:

Les ouvriers classés et autres salariés non naviguants qui auront servi trois cents mois dans nos arsenaux;

Les officiers militaires ou civils et maîtres non entretenus, les officiers mariniers de toute profession, les marins, ouvriers et surnuméraires qui, sans avoir trois cents mois d'activité à notre service exclusif, les auront complétés sur les bâtiments de commerce et à la pêche.

Aux termes de l'ordonnance du 17 septembre 1823, il ne sera néanmoins tenu compte du temps d'activité à la pêche que pour moitié de sa durée.

Art. 5. Les veuves des demi-soldiers ou des marins, ouvriers, surnuméraires et autres non entretenus susceptibles de la demi-solde, qui rempliront aussi les conditions établies par la loi du 13 mai 1791, pourront obtenir la pension à quarante ans au lieu de cinquante ans.

Il n'est apporté aucun changement aux dispositions concernant les enfants des demi-soldiers ou des marins, ouvriers et autres ayant droit à la demi-solde.

Art. 6. Le supplément de 6 ou 9 francs par mois, selon la paye, qui n'était précédemment alloué aux demi-soldiers qu'à soixante-quinze ans, pourra désormais leur être accordé à soixante-dix ans.

Art. 7. Notre ministre secrétaire d'État de la marine et des colonies est chargé de l'exécution de la présente ordonnance, qui sera insérée au *Bulletin des lois*, et dont les dispositions seront appliquées aux droits ouverts depuis le 1er janvier 1826.

Mande et ordonne Sa Majesté, etc.

Donné à Paris, le 12 mars 1826.

Signé CHARLES.

Et plus bas :

Le Ministre de la marine et des colonies,

Signé Comte DE CHABROL.

Annales maritimes, 1826, p. 403.

Tarif supplémentaire des soldes de retraite faisant suite à celui qui est annexé au règlement du 29 août 1803 (11 fructidor an XI.)

GRADES.	POUR ANCIENNETÉ.		POUR MUTILATIONS ou BLESSURES GRAVES.				POUR INFIRMITÉS provenant de blessures ou des événements du service.		
	MINIMUM.	MAXIMUM.	Perte de deux membres ou de la vue.	Perte d'un membre.	Blessures qui sans occasionner la perte d'un membre en ôtent l'usage. Minimum.	Maximum à 20 ans, campagnes comprises.	Le quart du maximum.	25e des 3/4 restant pour chaque année au delà de 20 ans, campagnes comprises.	Maximum à 45 ans.
Seconds maîtres et autres servant sur les vaisseaux du roi dont le grade à bord est assimilé à celui de sergent.	200f 00	400f 00	600f 00	500f 00	200f 00	400f 00	100f 00	12f 00	400f 00
Officiers mariniers naviguants de toute profession, et autres dont le grade à bord est assimilé à celui de caporal............	170 00	340 00	510 00	425 00	170 00	340 00	85 00	10 20	340 09
Matelots, novices, mousses et autres assimilés aux soldats............	150 00	300 00	450 00	375 00	150 00	300 00	75 00	9 00	300 00

N° 4413. — *Ordonnance du roi qui détermine le costume des gouverneurs et des fonctionnaires supérieurs des colonies de la Martinique et de la Guadeloupe.*

19 mars 1826.

CHARLES, etc.,

Vu nos ordonnances des 2 janvier et 15 mars 1826, relatives aux gouvernements de la Martinique et de la Guadeloupe;

Voulant déterminer le costume des gouverneurs et de divers fonctionaires des deux colonies;

Sur le rapport de notre ministre secrétaire d'État de la marine et des colonies,

Nous avons ordonné et ordonnons ce qui suit :

Art. 1ᵉʳ. L'uniforme de gouverneur est habit drap bleu de roi à retroussis boutonnant droit sur la poitrine, doublure écarlate, boutons dorés à fleur de lis, veste et pantalon ou culotte blancs, ceinture de soie blanche à franges d'or, chapeau à plumes noires et une épée dont la poignée sera en métal doré.

L'habit est orné d'un double rang de broderie au collet et aux parements, d'un rang simple de chaque côté du devant de l'habit et sur les retroussis et d'un écusson à la taille.

La broderie est en or, et large de 50 millimètres. Le dessin figure des lis entrelacés avec des feuilles de chêne, entourés d'un câble et d'une baguette unie.

L'uniforme du commandant militaire, du commissaire ordonnateur et du contrôleur est celui de leur grade dans l'armée ou dans l'administration de la marine. Le commandant militaire et l'ordonnateur portent une ceinture blanche à franges d'argent.

Le costume du directeur général de l'intérieur est habit de drap bleu de roi boutonnant sur la poitrine, basques tombantes, doublure bleue, boutons d'argent à fleur de lis, veste et pantalon ou culotte blancs, ceinture blanche à franges d'argent, chapeau français sans plumes et une épée dont la poignée sera en argent.

Le collet et les parements de l'habit sont ornés d'une broderie d'argent large de 50 millimètres, dont le dessein figure des lis entrelacés de feuilles d'olivier; il y a un écusson à la taille et une baguette sur le devant de l'habit.

Le procureur général, lorsqu'il siége au conseil privé, ou lorsqu'il assiste aux cérémonies publiques en qualité de membre du gouvernement, porte un habit noir à la française orné d'une broderie en soie noire du même dessin que celle du directeur de l'intérieur, un manteau court en soie noire et un chapeau à la française.

Le costume des conseillers coloniaux est le même que celui du directeur général de l'intérieur, mais sans ceinture, et la broderie est en soie bleu de ciel au lieu d'être en argent.

Le secrétaire archiviste porte l'uniforme de son grade, s'il appartient à l'administration de la marine ; s'il n'en fait pas partie, son costume sera semblable à celui du directeur général de l'intérieur ; toutefois, il ne portera pas de ceinture, et il n'aura de broderie que sur le collet de l'habit. Cette broderie sera large de 50 millimètres.

Art. 2. Notre ministre secrétaire d'État de la marine et des colonies est chargé de l'exécution de la présente ordonnance.

Donné à Paris, le 19 mars 1826.

Signé CHARLES.

Et plus bas, par le Roi :

Le Ministre de la marine et des colonies,

Signé Comte DE CHABROL.

Annales maritimes, 1826, p. 766.

⚬⚬⚬

Nº 4414. — *Brevet de nomination du général comte de Bouillé, aux fonctions de gouverneur pour le roi, à la Martinique.*

19 mars 1826.

CHARLES, etc.,

Ayant à pourvoir à l'emploi de gouverneur pour le roi, à la Martinique, et voulant donner au sieur comte de Bouillé (François-Marie-Michel), maréchal de camp, notre aide de camp, une preuve de la confiance que nous avons placée dans ses lumières, dans sa valeur, dans son intégrité et dans son dévouement à notre personne ;

Nous avons nommé et nommons ledit sieur comte de Bouillé gouverneur pour le roi, à la Martinique, pour en exercer les fonctions selon les instructions que nous lui ferons remettre par notre ministre secrétaire d'État au département de la marine et des colonies ;

Voulons qu'il jouisse des honneurs, autorité et traitement

attachés à cette place par nos ordonnances, et enjoignons à tous ceux qu'il appartiendra de le reconnaître et de lui obéir en sa qualité.

Mandons et ordonnons, etc.

Donné à Paris, le 19 mars 1826.

Signé CHARLES.

Et plus bas :

Le Ministre de la marine et des colonies,

Signé Comte DE CHABROL.

Greffe de la cour royale. Reg. 19, fo 8. — Enregistré à la cour royale, 27 mai 1826.

N° 4415. — *Ordonnance du roi qui règle les traitement et allocations de toute nature attribués au gouverneur, aux quatre fonctionnaires membres du gouvernement, au contrôleur colonial et au secrétaire archiviste de la Martinique.*

19 mars 1826.

CHARLES, etc.,

Vu notre ordonnance du 2 janvier 1826 relative au gouvernement de la Martinique ;

Sur le rapport de notre ministre secrétaire d'État de la marine et des colonies,

Nous avons ordonné et ordonnons ce qui suit :

Art. 1er. Le gouverneur de la Martinique reçoit, sur les fonds de la colonie, pendant la durée de ses fonctions, un traitement annuel de 80,000 francs.

Il jouit, en outre, sur les fonds du département de la guerre ou du département de la marine, du traitement attribué au grade dont il est personnellement revêtu.

Ces allocations lui tiennent lieu de tous frais de représentation, de tournées, de secrétariat et autres de quelque nature qu'ils soient.

Le gouverneur a la jouissance des hôtels du gouvernement à Fort-Royal et à Bellevue ; le mobilier des hôtels est fourni en nature aux frais de la colonie. Deux concierges gardes du mobilier et quinze noirs ou négresses, pris parmi ceux qui appartiennent à la colonie, sont attachés au service du gouverneur.

Art. 2. Le commandant militaire, le commissaire ordonnateur, le directeur général de l'intérieur et le procureur général reçoivent, sur les fonds de la colonie, pendant la durée de leurs fonctions, un traitement annuel de 24,000 francs.

Sur ce traitement seront précomptés ceux que le commandant militaire et le commissaire ordonnateur touchent du département de la guerre ou du département de la marine, à raison de leur grade; il en sera de même à l'égard du directeur de l'intérieur, si ce fonctionnaire appartient à l'administration de la marine.

Le contrôleur colonial reçoit, sous la déduction du traitement de son grade, un traitement annuel de 12,000 francs.

Le traitement du secrétaire archiviste est de 8,000 francs. Ces six fonctionnaires ont droit au logement et à l'ameublement en nature aux frais de la colonie.

Chacun de ces fonctionnaires aura à son service le nombre de noirs de l'un et de l'autre sexe fixé ci-après :

Le commandant militaire, le commissaire ordonnateur, le directeur général de l'intérieur et le procureur général, cinq noirs; le contrôleur, quatre noirs; le secrétaire archiviste, deux noirs. L'huissier du conseil est placé sous ses ordres.

Les allocations réglées au présent article tiennent lieu de tous frais de représentation, de tournée, de secrétaire et autres, de quelque nature qu'ils soient.

Art. 3. Il est alloué pour frais de déplacement, savoir :

Au gouverneur............................	30,000ᶠ 00
Au commandant militaire..................	10,000 00
Au commissaire ordonnateur...............	10,000 00
Au directeur général de l'intérieur...........	10,000 00
Au procureur général....................	10,000 00
Au contrôleur colonial...................	6,000 00
Au secrétaire archiviste..................	3,000 00

Ces allocations tiennent lieu de traitement depuis le jour de la nomination jusqu'à celui de l'arrivée dans la colonie, de frais de route jusqu'au port d'embarquement, de frais de relâche, de frais d'installation et autres, ceux de passage exceptés.

Toutefois, il n'y aura point de suspension dans le payement des traitements de grade que les fonctionnaires ci-dessus désignés recevraient du département de la guerre ou du département de la marine; mais le montant du traitement qu'ils auront reçu depuis le jour de leur nomination jusqu'à celui de leur arrivée dans la colonie, sera déduit des premiers payements qu'ils auront à recevoir sur les fonds coloniaux.

Les dispositions qui précèdent ne seront applicables qu'aux fonctionnaires résidant en France au moment de leur nomination. Il sera statué spécialement à l'égard de ceux qui seraient envoyés d'une autre colonie dans celle de la Martinique.

Art. 4. La valeur de l'ameublement des hôtels du gouvernement ne pourra excéder 50,000 francs; celle du mobilier des maisons affectées au logement des quatre fonctionnaires membres du gouvernement, et à celui du contrôleur colonial, ne pourra excéder 12,000 francs pour chacun des quatre premiers, et 8,000 francs pour le contrôleur; la valeur de l'ameublement du secrétaire archiviste est fixée à 4,000 francs.

Ces divers ameublements ne doivent être composés que de meubles dits meublants, et leur entretien reste à la charge de la colonie.

Art. 5. Au moyen des allocations qui précèdent, le gouverneur, les quatre fonctionnaires membres du gouvernement colonial, le contrôleur et le secrétaire archiviste ne peuvent, sous aucun prétexte, se faire délivrer aucune fourniture quelconque des magasins du roi ni de ceux de la colonie: il est de plus défendu d'attacher à leur service personnel aucun agent salarié, ni aucun noir appartenant à la colonie, autres que ceux qui leur sont accordés par l'article 2 de la présente ordonnance.

Ces noirs ne peuvent être choisis parmi les commandeurs et parmi les ouvriers.

Art. 6. Le traitement des fonctionnaires qui s'absenteront de la colonie sera réglé conformément aux dispositions de l'arrêté du 14 août 1799.

Il sera statué par des dispositions spéciales sur le traitement de congé dont les fonctionnaires qui ne sont pourvus d'aucun grade seront dans le cas de jouir lorsqu'ils reviendront en France pour cause de maladie.

Art. 7. Le fonctionnaire appelé à l'intérim de la place de gouverneur jouira, pendant la durée de la vacance, et sous la déduction du traitement de son grade, des deux tiers du traitement intégral attribué au titulaire.

A l'égard des autres emplois, l'intérimaire jouira, sous la même déduction, des trois quarts du traitement que recevait le titulaire.

Art. 8. Il sera alloué aux conseillers coloniaux, à titre de droit de présence, et à chaque séance du conseil privé à laquelle ils assisteront, un jeton d'or à l'effigie du roi, dont la valeur sera ultérieurement déterminée.

Art. 9. Notre ministre secrétaire d'État de la marine et des colonies est chargé de l'exécution de la présente ordonnance.

Donné à Paris, le 19 mars 1826.

Signé CHARLES.

Et par le Roi :

Le Ministre de la marine et des colonies,

Signé Comte DE CHABROL.

Annales maritimes, 1826, p. 753.

———————

N° 4416. — *Ordonnance du roi portant règlement sur les honneurs et préséances attribués aux gouverneurs et principaux fonctionnaires de la Martinique et de la Guadeloupe* (1).

19 mars 1826.

CHARLES, etc.,

Vu nos ordonnances des 2 janvier et 15 mars 1826 relatives au gouvernement de la Martinique et de la Guadeloupe ;

Voulant régler les honneurs et préséances qui seront attribués aux gouverneurs et à divers fonctionnaires des deux colonies ;

Sur le rapport de notre ministre secrétaire d'État de la marine et des colonies,

Nous avons ordonné et ordonnons ce qui suit :

Art. 1er. Lorsque le gouverneur de la colonie prendra possession de son gouvernement, il recevra à son arrivée les honneurs suivants :

1° Le capitaine de port et un officier d'état-major de la place seront envoyés à bord du bâtiment qui portera le gouverneur pour le complimenter et recevoir ses ordres sur le moment de son débarquement ;

2° A l'instant où il quittera le bâtiment pour se rendre à terre, il sera salué de quinze coups de canon par la rade, et à son débarquement le même salut sera répété par la principale batterie de terre ;

3° Le commandant militaire, à la tête de l'état-major de la place et d'une compagnie d'élite faisant partie de la garnison, le recevra sur le rivage ;

————————

(1) Voir, au besoin, en fait d'honneurs maritimes, l'ordonnance royale du 31 octobre 1827, titre XVIII, du chapitre 1er au chapitre VIII, traitant des honneurs dus aux autorités, des saluts et visites et des honneurs funèbres à rendre par les bâtiments de la marine royale.

4° Il y sera également reçu par le commissaire commandant du quartier et par l'état-major du bataillon de milice, escorté d'une compagnie de milice. Ce cortége l'accompagnera à son hôtel ;

5° La garnison et les milices prendront les armes et seront rangées sur la place qu'il devra traverser ; à son passage, ces troupes présenteront les armes, les officiers supérieurs et les drapeaux salueront, les tambours battront aux champs ;

6° Toutes les autorités du chef-lieu, réunies au gouvernement, viendront à sa rencontre jusqu'à la principale porte de l'hôtel pour le complimenter ; elles lui seront ensuite présentées par le gouverneur auquel il succède ;

7° Il lui sera fait, en outre, des visites de corps en grande tenue par toutes les autorités de la colonie ;

8° Il rendra ces visites aux membres du conseil privé, au président de la cour royale, au préfet apostolique et aux officiers supérieurs chefs de corps ;

9° Le jour de son arrivée, une garde de 50 hommes commandée par le capitaine et un lieutenant, sera placée à l'hôtel du gouvernement.

Art. 2. Lorsque le gouverneur fera, pour la première fois, sa tournée dans les divers quartiers de l'île, la batterie principale du quartier où il se trouvera le saluera de quinze coups de canon.

Le gouverneur sera reçu à cent toises en avant de chaque chef-lieu de quartier par les autorités locales.

On lui rendra les honneurs prescrits au paragraphes 4 et 5 de l'article 1er.

Le gouverneur sera reçu sur les limites de chaque paroisse par les autorités locales.

Ces honneurs ne pourront être renouvelés qu'après l'intervalle d'une année.

Art. 3. Lorsque le gouverneur se rendra pour la première fois à bord d'un bâtiment du roi en station ou en mission, il sera salué de quinze coups de canon. Il fera serrer le pavillon de son canot au moment où il abordera le bâtiment.

Art. 4. Le gouverneur aura habituellement deux sentinelles à sa porte.

Il donnera le mot d'ordre. A son passage, les postes, gardes et piquets sortiront et porteront les armes ; les sentinelles les présenteront ; les tambours battront aux champs.

Art. 5. Dans les fêtes et cérémonies publiques, les autorités civiles et militaires se rendront en corps à l'hôtel du gouvernement, sur l'invitation qui leur en sera faite par le gouverneur, et prendront place dans le cortége suivant le rang qui leur est assigné.

Le gouverneur marchera seul et hors rang à la tête des autorités.

Le commandant militaire marchera immédiatement après le gouverneur, il aura à sa gauche le commissaire ordonnateur.

Marcheront ensuite :

Le directeur général de l'intérieur, ayant le procureur général à sa droite et le contrôleur à sa gauche.

Les conseillers coloniaux suivront les chefs d'administration.

Le secrétaire archiviste marchera à la suite du conseil privé.

Si une cérémonie publique avait lieu pendant la session du conseil général, le président de ce conseil marcherait immédiatement après le conseil privé.

Art. 6. Dans toutes les églises de la colonie, le gouverneur aura un fauteuil, un prie-dieu et un carreau placés dans le chœur, du côté de l'épître.

Lors de sa première entrée dans les églises, il y sera reçu et complimenté à la porte principale par le curé à la tête de son clergé et conduit sous le dais jusqu'à l'entrée du chœur.

L'encens et le pain bénit lui seront toujours offerts après le desservant.

Le commandant militaire occupera un siège avec prie-dieu à la gauche du gouverneur, mais plus bas et hors ligne.

Le pain bénit lui sera présenté après avoir été offert au gouverneur.

Les trois chefs d'administration occuperont du côté de l'évangile, en face du fauteuil du gouverneur, un banc devant lequel sera placé un prie-dieu.

Le pain bénit leur sera présenté après le commandant militaire.

Le contrôleur et les conseillers coloniaux auront à l'église un banc placé en tête de ceux occupés par les officiers et les employés d'administration.

Art. 7. A l'arrivée du commandant militaire dans la colonie, il sera reçu sur le rivage par le capitaine de port et par un officier supérieur de l'état-major de la place, à la tête d'une garde de 25 hommes commandés par un lieutenant.

Il y sera également reçu par le commissaire commandant du quartier escorté d'une garde de 25 hommes des milices commandés par un lieutenant.

Ce cortége l'accompagnera jusqu'à l'hôtel du gouvernement et de là à son hôtel.

15.

Art. 8. Le commandant militaire sera reçu à son hôtel par l'état-major de la place et du bataillon des milices, et par les officiers supérieurs commandants de la milice et de la garnison.

Il lui sera fait, par les autorités militaires et civiles, des visites de corps qu'il rendra dans les 24 heures.

Art. 9. Il aura habituellement un factionnaire à la porte de son hôtel.

La sentinelle lui présentera les armes.

Le mot d'ordre lui sera porté par un sous-officier.

A son passage, les postes, gardes et piquets sortiront et se formeront en haie l'arme au pied.

Les tambours ne battront point.

Art. 10. Le commissaire ordonnateur, le directeur général de l'intérieur et le procureur général seront, à leur arrivée dans la colonie, reçus sur le rivage par le capitaine de port et par une garde de 15 hommes commandés par un sous-lieutenant, qui les escortera à l'hôtel du gouvernement et qui les accompagnera ensuite jusqu'à leur hôtel.

Art. 11. Ils y seront reçus par les autorités civiles du quartier et par les fonctionnaires qui seront employés sous leurs ordres.

Il leur sera fait des visites de corps qu'ils rendront dans les 24 heures.

Art. 12. Ils auront habituellement une sentinelle à la porte de leur hôtel.

Les sentinelles leur présenteront les armes.

Le mot d'ordre leur sera porté par un sous-officier.

Art. 13. Les honneurs indiqués ci-dessus, articles 8, 9, 11 et 12 seront rendus aux membres du gouvernement à leur première entrée dans les chefs-lieux de quartiers.

Ces honneurs ne pourront être renouvelés qu'après une intervalle d'une année.

Art. 14. A leur entrée en fonctions, les conseillers coloniaux membres du conseil privé, ainsi que le contrôleur, feront la première visite au commandant militaire, aux chefs d'administration, au président de la cour royale, au préfet apostolique et aux chefs de corps.

Cette visite leur sera rendue dans les 24 heures.

Ils recevront la visite des autres fonctionnaires et des autres employés du gouvernement, et la rendront dans les 24 heures aux conseillers de la cour, aux membres du tribunal de première instance, au curé de la paroisse et aux chefs de service.

Art. 15. Notre ministre secrétaire d'État de la marine et des colonies est chargé de l'exécution de la présente ordonnance

Donné à Paris, le 19 mars 1826.

Signé CHARLES.

Par le Roi:

Le Ministre de la marine et des colonies,
Signé Comte DE CHABROL.

Inspection. Reg. 12, n° 181. — Enregistré à la cour royale, 15 juin 1826.

N° 4417. — *Décision du gouverneur administrateur portant approbation de la soumission d'un entrepreneur pour l'entretien de la portion de pavé de la ville de Saint-Pierre, à la charge du gouvernement.*

25 mars 1826.

NOTA. Cette charge consistait alors en 18,916 mètres de pavé sec et ruisseaux maçonnés, à entretenir sur divers points de la ville.

Il est offert d'entreprendre cet entretien au prix de dix-sept centimes par an et par mètre carré, prix, au surplus, de la précédente adjudication en date du 27 février 1823.

Arch. de la direction de l'intérieur. Reg. 4, f° 86 v°.

N° 4418. — *Ordonnance du roi portant nomination aux fonctions de président du tribunal civil de première instance à Fort-Royal.* (Extrait.)

26 mars 1826.

Le traitement annuel de ce fonctionnaire est fixé à 18,000 fr.

Au moyen de cette allocation il lui est défendu de percevoir à son profit aucun des droits connus sous le nom d'épices, qui seront perçus par le greffier du tribunal au profit du trésor de la colonie.

NOTA. Une ordonnance royale du 30 juillet suivant attribue le même traitement au président du tribunal de première instance de Saint-Pierre.

Inspection. Reg. 13, n° 266.

N° 4419. — *Dépêche ministérielle recommandant l'envoi annuel des états généraux du commerce colonial.* (Extrait.)

28 mars 1826.

Il est indispensable, dit le ministre, que les états soient établis d'une manière complète et avec la plus grande clarté, en insistant ici pour qu'un mémoire du directeur des douanes soit toujours joint à chacun de ces états.

Le mois d'avril est l'époque fixée pour leur transmission.

Inspection. Reg. 12, n° 185.

N° 4420. — *Circulaire ministérielle qui ordonne aux trésoriers des colonies de joindre au compte rendu annuel de leur gestion, destiné à la cour des comptes, une copie certifiée du budget général.*

31 mars 1826.

Monsieur, la cour des comptes m'a fait connaître qu'il lui serait utile de trouver une expédition du budget à l'appui de chacun des comptes coloniaux, parce qu'elle y puiserait, pour les recettes, d'importants renseignements sur les diverses branches des revenus, et pour les dépenses, la connaissance des crédits spéciaux sur lesquels elles doivent être imputées.

D'après ce vœu que la cour même a converti en injonction dans un arrêt du 14 décembre 1825, vous aurez à donner des ordres pour que chacun des comptes du trésorier soit désormais appuyé d'une copie duement certifiée du budget général et détaillé des recettes et des dépenses de la colonie, sauf à fournir les explications au sujet des changements qui surviendraient dans l'imputation des dépenses sur les crédits respectifs.

La présente, dont vous ferez donner copie à l'ordonnateur et au comptable, sera enregistrée au contrôle.

Recevez, etc.

Le Ministre de la marine et des colonies,
Signé Comte DE CHABROL.

Arch. de l'ordonnateur. Dép. 1826, n° 53.

N° 4421. — *Circulaire ministérielle ordonnant de veiller à ce que les réponses aux bordereaux de vérification de la comptabilité coloniale présentent toujours en regard la copie des observations faites par les bureaux.*

31 mars 1826.

Monsieur, en répondant aux observations que suggère ici l'examen des comptabilités coloniales, il arrive souvent que l'on sépare des réponses les observations mêmes auxquelles elles se rapportent.

Cependant, il importe, pour plus de clarté, que ces réponses soient toujours transcrites à mi-marge et en regard des observations qu'elles concernent; cela facilite, d'ailleurs, les vérifications de la cour des comptes.

Vous voudrez bien tenir la main à ce que le travail dont il s'agit soit désormais préparé dans cette forme.

La présente sera enregistrée au contrôle de la colonie.

Recevez, etc.

Le Ministre de la marine et des colonies,

Signé Comte DE CHABROL.

Arch. de l'ordonnateur. Dép. 1826, n° 71.

N° 4422. — *Dépêche ministérielle au gouverneur, explicative et interprétative d'une ordonnance royale du 5 février précédent, relative au commerce étranger dans les Antilles françaises.*

14 avril 1826.

Le roi, Monsieur le Comte, a rendu le 5 février dernier, une ordonnance qui permet d'importer diverses denrées et marchandises étrangères dans les îles de la Martinique et de la Guadeloupe.

En maintenant le régime exclusif comme base du système commercial de nos Antilles, cette ordonnance a consacré les dispositions exceptionnelles admises par l'arrêt du 30 août 1784 et leur a donné une extension que rendaient nécessaires les changements survenus, depuis quarante années, dans la situation politique, industrielle et commerciale des États de l'Europe et des contrées américaines.

Elle a encore eu pour objet de mettre un terme à la mobilité des règlements locaux sur la matière, de rendre uniformes les règles applicables aux deux colonies, et de dissiper ainsi des incertitudes et des défiances préjudiciables aux intérêts coloniaux comme à ceux de la métropole.

Sa Majesté s'est attachée, dans sa sollicitude, à combiner les mesures propres à accroître la prospérité de l'industrie et du commerce de la France, avec les dispositions que réclamait l'intérêt de nos colonies.

L'ordonnance du 5 février a divisé en deux catégories les différentes espèces de marchandises dont l'introduction est autorisée.

Les unes, désignées au tableau n° 1, sont celles que le commerce français ne porte point en quantités suffisantes dans nos Antilles. La fixation des droits auxquels leur importation est soumise, a été réglée, en général, à raison de la faculté et de l'intérêt, plus ou moins grands, qu'a la métropole d'entrer en concurrence avec l'étranger, en ce qui concerne la fourniture de ces articles. Par exception, le droit imposé sur la morue de pêche étrangère n'a pas été porté au-dessus de 7 francs par 100 kilogrammes : les motifs de cette modération, uniquement fondés sur des considérations d'intérêt colonial, seront sans doute vivement sentis par les habitants des deux îles.

Les autres objets, indiqués par le tableau n° 2, sont des articles de commerce dont l'échange, contre les marchandises françaises, doit favoriser l'industrie de la métropole et le commerce des deux colonies. Ces articles seront admis dans nos Antilles en franchise de tous droits autres qu'un droit de balance de 5 centimes par 100 kilogrammes.

Je dois penser que les avantages qui se rattachent à l'admission de ces derniers objets seront appréciés par les colons. Cette mesure ne saurait, d'ailleurs, porter préjudice à l'agriculture dans les deux colonies, puisqu'on n'y cultive qu'un très-petit nombre des articles admis en franchise, et que les produits de cette culture sont trop peu importants pour être des éléments de concurrence.

L'arrêt de 1784 n'avait assigné pour l'admission des marchandises et des navires étrangers, que le port de Saint-Pierre à la Martinique, et celui de la Pointe-à-Pitre à la Guadeloupe. L'ordonnance du 5 février accorde définitivement la même faculté aux ports du Fort-Royal et de la Trinité à la Martinique, et à celui de la Basse-Terre à la Guadeloupe, qui avaient déjà été ouverts au commerce étranger depuis la reprise de possession.

Le gouvernement n'a pas perdu de vue que des circonstances malheureuses, qui ont mis fréquemment l'administration des deux îles dans la nécessité d'admettre les farines étrangères, sont susceptibles de se représenter. L'admission permanente de cette denrée, à titre d'exception au régime fondamental établi, eût été opposée aux intérêts de notre agriculture : cette considération a déterminé le gouvernement à s'en tenir, à cet égard, au système de l'exclusif, comme droit commun ; mais il a consenti à admettre des exceptions, dont l'usage sera soumis à des formes et à des conditions propres à diminuer les incertitudes du commerce national, et à lui donner les garanties nécessaires pour qu'il puisse se livrer, avec toute la sécurité que la nature des choses rend possible, aux spéculations qui auront pour objet l'approvisionnement de nos Antilles. Les différents intérêts paraîtront conciliés, dans une juste mesure, par les dispositions de l'article 14 de l'ordonnance.

Il est formellement interdit à l'administration des deux colonies d'apporter aucun changement, à moins d'ordre exprès, à la quotité des droits qui seront perçus sur les marchandises importées de la métropole ou de l'étranger. Cette mesure préviendra le retour de variations préjudiciables au commerce, et par conséquent aux deux colonies.

Vous sentirez, Monsieur, combien il importe, pour remplir les volontés du roi, que la contrebande soit combattue dans nos îles par les moyens les plus énergiques. Vous surveillerez d'une manière spéciale la conduite que tiendront à cet égard les agents de l'administration : non-seulement vous me signalerez et vous ferez poursuivre ceux qui se rendraient coupables de connivence, mais vous devrez aussi me faire connaître, sans aucun ménagement, tous ceux que leur négligence ou des préventions faussement fondées sur l'intérêt de la colonie, porteraient également à l'oubli de leurs devoirs.

Une commission spéciale s'occupe en ce moment des améliorations dont est susceptible l'organisation du service des douanes dans nos Antilles, et j'ai lieu d'espérer que les résultats de son travail conduiront à un ordre de choses tel qu'on doit le désirer, sous ce rapport, pour la conciliation de tous les intérêts licités.

La nouvelle ordonnance n'a rien innové, quant aux produits des deux colonies dont l'exportation n'est et ne doit être permise que pour les ports de France et par navires français. Elle a maintenu explicitement les dispositions des anciens actes ou règlements auxquels elle n'a point dérogé. Vous voudrez bien, en conséquence, tenir la main à ce que ces dispositions soient exactement exécutées.

Vous ne perdrez point de vue qu'aux termes de l'article 7 de l'ordonnance du 30 août 1784, des commissaires chargés de surveiller l'exécution des règlements concernant le commerce étranger, doivent être nommés par les négociants et capitaines des navires, dans chacun des ports ouverts à cette espèce de commerce.

Je vous transmets ci-joint 50 exemplaires de l'ordonnance du 5 février. Vous ferez publier immédiatement cet acte à la Martinique, pour qu'il reçoive son exécution à dater du 1er juillet prochain, et vous prendrez toutes les mesures nécessaires pour que la connaissance en soit répandue sur tous les points avec lesquels la colonie peut être en relation de commerce. Des instructions seront transmises dans le même sens aux agents consulaires et commerciaux de la France dans les diverses contrées de l'Amérique.

Vous m'accuserez particulièrement réception de la présente dépêche, qui sera enregistrée au contrôle colonial, et vous en ferez déposer une copie aux archives du conseil privé, avec l'ordonnance de Sa Majesté.

Recevez, etc.

Le Ministre de la marine et des colonies,

Signé Comte DE CHABROL.

Arch. du gouvernement. Dép. ministér., n° 162.

***

N° 4423. — *Avis ministériel sur le mode à suivre pour la signification des oppositions ou mainlevées d'oppositions relatives au payement des dépenses coloniales exigibles en France.*

17 avril 1826.

Aux termes de l'ordonnance du 26 janvier 1825, les dépenses du service des colonies, exigibles en France, qui précédemment se payaient en entier au trésor royal, sur les crédits du département de la marine, devant être, à dater de 1826, imputées partie sur les mêmes crédits, et partie sur les fonds locaux des colonies, déposés chez M. Marbeau, caissier central desdits fonds, rue d'Anjou, n° 9, ce changement de système oblige à

prendre, pour la garantie de tous les droits, les dispositions
suivantes :

1º Les oppositions relatives au payement des dépenses coloniales exigibles en France, devront, à compter de la publication
du présent avis, être signifiées simultanément, savoir : à Paris,
au trésor royal et au caissier central des fonds coloniaux, et
dans les ports, aux payeurs de la marine et aux trésoriers des
invalides, comme agents du caissier central ;

2º Les oppositions déjà signifiées, soit au trésor royal, soit
aux payeurs de la marine, devront être, en outre, signifiées
par les opposants, dans un délai de trois mois à dater de ce
jour, savoir : à Paris, au caissier central des fonds coloniaux ;
et dans les ports, aux trésoriers particuliers des invalides, agents
du même comptable.

Toutes les dispositions précédentes relatives aux significations
s'appliquent également à la mainlevée des oppositions.

Annales maritimes, 1826, 1ʳᵉ partie, p. 476.

Nº 4424. — *Arrêté du gouverneur administrateur portant
approbation du prospectus de la maison royale d'éducation
pour les jeunes gens de la colonie et des îles circonvoisines,
établie à Saint-Pierre.*

18 avril 1826.

Vu la lettre, en date du 13 avril 1825, de M. l'abbé Brizard,
vice-préfet apostolique et curé du Mouillage, portant envoi du
prospectus de la maison, établie près du presbytère de ladite
paroisse ;

Avons approuvé et approuvons ladite maison pour être organisée d'après les bases indiquées et conformément aux ordonnances et règlements en vigueur dans la colonie, relativement
à l'instruction publique ;

A la charge par les directeurs :

1º D'accomplir exactement les engagements contractés par
le prospectus ci-dessus, etc. (1).

_____

(1) 1º Ce prospectus précède en effet l'arrêté.

2º Cette maison installée dans l'ancien couvent des Dominicains, et qui ne
paraît pas s'être soutenue, était montée à l'instar des collèges de France. On y
devait enseigner les langues, les mathématiques, la géographie, l'histoire, la
mythologie, l'arpentage, la levée des plans, la tenue des livres, la physique, la
chimie, etc. Le prix de la pension était de 1,200 francs par an.

La présente sera déposée en original aux archives du gouvernement et enregistrée à la direction de l'intérieur.

Signé DONZELOT.

———————

Nº 4425. — *Dépêche ministérielle portant que les patentes de santé délivrées aux navires partant de la Martinique devront désormais être visées par les administrateurs de la marine.*

24 avril 1826.

Monsieur le Gouverneur, des réclamations me sont parvenues sur le peu de précision qu'offre parfois la teneur des patentes de santé remises aux navires expédiés dans nos colonies, et sur l'embarras qu'éprouvent les autorités sanitaires en France, relativement au régime sur lequel de semblables patentes doivent être classées.

Il m'a été représenté que ces actes, signés seulement, en général, par les officiers de santé des hôpitaux coloniaux, devaient être soumis au visa des administrateurs de la marine, qui, en légalisant par cela même les signatures apposées aux patentes, pourraient, au besoin, éclaircir ce que leur rédaction laisserait d'indécis.

Le ministre de l'intérieur, à qui j'ai fait part de cette proposition, a reconnu l'utilité de la mesure qu'elle tend à consacrer.

Je vous prie donc de donner des ordres pour que dorénavant toutes les patentes de santé qui seront délivrées à la Martinique soient visées par l'officier supérieur d'administration de la marine dans le lieu du départ du bâtiment.

Quant à la rédaction des patentes, vous voudrez bien prescrire aux officiers de santé d'y apporter plus de soin, en leur renouvelant la recommandation de s'abstenir de l'emploi de toute dénomination systématique pour désigner la fièvre jaune dont ils doivent constater, sous son nom spécial, la présence ou l'absence, de manière à ne laisser aucune équivoque.

Je me réfère, sur cet objet, au contenu de la dépêche ministérielle du 13 mai 1822, ainsi qu'aux instructions générales, concernant la police sanitaire, consignées dans le recueil dont je vous ai adressé plusieurs exemplaires le 28 février dernier.

À cette occasion, je vous invite, Monsieur le Gouverneur, à accélérer, le plus qu'il dependra de vous, l'envoi que vous avez à me faire des informations qui, pour chaque mois, doivent présenter la situation sanitaire de la colonie : le ministre de l'intérieur, à qui je communique ces renseignements, a remarqué que quelquefois ils parvenaient bien tardivement.

Il est surtout essentiel, lorsque la fièvre jaune, après un certain laps de temps pendant lequel elle a cessé de régner, vient à reparaître sur un point de la colonie, que vous n'attendiez point, pour me transmettre l'avis, l'expiration du mois durant lequel cette maladie s'est de nouveau manifestée.

Recevez, etc.

Le Ministre de la marine et des colonies,

Signé Comte DE CHABROL.

Arch. de l'ordonnateur. Dép., 1826, n° 15.

N° 4426. — *Décision du gouverneur portant diverses modifications au tarif du 28 juin 1822, sur la solde des ouvriers civils et militaires.*

1er mai 1826.

Nous, etc.,

Sur le rapport de l'ordonnateur en date du 21 avril dernier, et l'état y joint concernant la différence de solde aux ouvriers faisant le service de l'artillerie et du génie que doit apporter la nouvelle division des dépenses, suivant laquelle les ouvriers éprouvent sur leur solde, lorsqu'ils travaillent pour le service marine et colonies, la retenue de 3 pour 100 au bénéfice des invalides de la marine, retenue de laquelle ils sont exempts lorsqu'ils sont employés pour le compte du département de la guerre.

Considérant que le tarif établi par notre arrêté du 28 juin 1822, pour ces ouvriers, a besoin d'être modifié pour le payement de ceux travaillant au compte de la guerre, à cause de l'exception mentionnée de la retenue des 3 pour 100.

Après avoir pris l'avis des directeurs du génie et de l'artillerie ;

Avons arrêté et arrêtons ce qui suit :

Art. 1er. Notre arrêté du 28 juin est rapporté.

Art. 2. Les ouvriers et apprentis employés aux travaux du gouvernement sont payés à compter du 1er janvier 1826, d'après le tarif ci-dessous, suivant qu'ils travailleront pour les services marine et colonies ou pour celui de la guerre.

			PAYE PAR JOUR.	
			SERVICES	
			Marine et colonies, avec retenue de 3 p. 100 pour les invalides.	Guerre, sans retenue.
Ouvriers d'artillerie.	Maître armurier		2f 50	2f 42
	Ouvriers ordinaires		1 50	1 45
Artillerie	Surveillants		1 75	1 70
	Manœuvres		1 10	1 07
Infanterie	Ouvriers d'art.	1re classe	4 56	4 42
		2e classe	3 36	3 26
		3e classe	2 76	2 68
	Manœuvres	1re classe	1 56	1 51
		2e classe	1 26	1 22
Marins employés pour le service de la colonie.	Ouvriers d'art.	1re classe	3 00	2 91
		2e classe	2 00	1 94
	Manœuvres		1 80	1 75
	Chefs ouv., 1er et 2e maîtres.		1 90	"
	Ouvriers de 1re cl., contre-maître, quartier-maître et aides		1 40	"
	Ouvriers de 2e cl., matelots ouvriers		1 15	"
	Ouvriers de 3e cl., novices, ouvriers de profession		0 90	"
	Matelots ou novices de corvée ou manœuvres		0 75	"
Ouvriers civils, blancs ou de couleur.	Chefs ouvriers		7 60	7 37
	Ouvriers d'art.	1re classe	5 60	5 43
		2e classe	4 60	4 46
		3e classe	3 60	3 49
		4e classe	3 10	3 00
	Manœuvres	1re classe	2 60	2 52
		2e classe	2 10	2 04
	Apprentis	1re classe	1 60	1 55
		2e classe	1 00	0 97
		3e classe	0 60	0 58
Nègres du roi	Ouvriers d'art et commandeurs.	1re classe	0 70	0 68
		2e classe	0 60	0 58
	Apprentis d'art.	1re classe	0 35	0 34
		2e classe	0 25	0 24
	Manœuvres	1re classe	0 45	0 44
		2e classe	0 35	0 34
	Infirmes et invalides, anciens ouvriers d'art		0 20	0 19
	Manœuvres		0 15	0 14

Art. 3. Le commissaire ordonnateur est chargé de tenir la main à l'exécution du présent arrêté, qui sera enregistré au contrôle et au bureau des revues.

Au Fort-Royal, le 1ᵉʳ mai 1826.

Inspection. Reg. 11, n° 265.

Signé DONZELOT.

N° 4427. — *Décision du gouverneur administrateur portant fixation des droits attribués au pilote du port du Marin.*

1ᵉʳ mai 1826.

Nous, etc.,

Vu la réclamation du pilote du Marin à l'effet d'être payé du pilotage des bâtiments du roi entrés audit port ou qui en sont sortis par les soins de son esclave Audoze, qui est le seul individu de ce quartier qui se soit rendu pratique de l'entrée difficile de ce port, et qui mérite, d'ailleurs, les suffrages des officiers de la marine commandant les bâtiments du roi qui l'ont employé pour le service du pilote ;

Vu l'état fourni par la douane du Marin, duquel il résulte qu'il peut entrer et sortir annuellement de ce port douze bâtiments de commerce, tant français qu'étrangers, mais que le pilote ne reçoit de rétribution que de ceux qui ont besoin du secours de son esclave, nul n'étant obligé de le prendre, attendu qu'en sa qualité il ne peut être titulaire de la place de pilote ;

Vu la lettre à ce sujet de M. de Mauflastre, commis principal de la marine, chargé du service du port du Marin ;

Vu les certificats de MM. les officiers de la marine commandant les bâtiments du roi qui constatent que l'esclave susnommé en a entré dix-huit et sorti dix-sept, du mois de novembre 1824 jusqu'à ce jour ;

Considérant que la rétribution de 80 francs qu'il est d'usage que les bâtiments payent au pilote, pour droit de pilotage, ne peut être le même pour les bâtiments français que pour les étrangers ;

Considérant qu'il est juste que le pilotage des bâtiments du roi soit payé au pilote, pour subvenir aux dépenses d'entretien de ses canots et de leur gréement ;

Voulant assurer provisoirement le service du pilotage du port du Marin, et régler la rétribution à payer, tant pour les bâtiments du roi que pour les bâtiments du commerce français et étranger qui réclameraient les secours du pilote ;

D'après le rapport de l'ordonnateur,

Avons décidé, etc. :

Art. 1er. Il sera payé, pour les bâtiments du roi qui entreront dans le port du Marin et qui en sortiront par les soins et les secours de l'esclave du pilote, la somme de 20 francs pour l'entrée et la sortie de chaque bâtiment.

Les bâtiments du commerce français payeront la somme de 40 francs pour lesdites entrées et sorties, et les bâtiments du commerce étranger, celle de 80 francs, lorsqu'ils emploieront le nommé Audoze.

Art. 2. Les payements de frais de pilotage des bâtiments du roi, en faveur du pilote, auront lieu sur les certificats de MM. les officiers de la marine commandants, et d'après ceux qu'il a produits, à compter du mois de novembre 1824 et années suivantes, jusqu'à ce qu'il en soit autrement ordonné.

Art. 3. L'ordonnateur de la colonie est chargé de l'exécution de la présente décision, qui sera enregistrée partout où besoin sera.

Donné au Fort-Royal, le 1er mai 1826.

Signé DONZELOT.

Arch. du gouvernement. Ord. et déc.

◆◆◆◆◆

N° 4428. — *Arrêté du gouverneur administrateur portant création d'une commission spéciale chargée de la liquidation de la gestion des curateurs aux successions vacantes depuis l'année 1782 jusqu'au 31 décembre 1825* (1).

2 mai 1826.

Nous, etc.,

Vu les ordres qui nous ont été donnés par Son Excellence

---

(1) Une sorte de fatalité semble s'être attachée à la comptabilité des successions vacantes ; sur cinq gestions successives examinées par la commission, quatre laissent un déficit considérable : la première, 418,000 francs ; la seconde, 147,084 francs ; la troisième, 193,170 francs et la quatrième, 96,285 francs. — Total du déficit reconnu 854,539 francs.

Extrait du travail d'une précédente commission formée par le gouverneur de la Martinique, en 1817, et transmis au ministre le 22 mai de ladite année.

Voir dépêche ministérielle du 17 janvier 1817, n° 7. (Arch. du gouvernement.)

Inspection. Reg. 11, n° 302.

le ministre de la marine et des colonies, par sa dépêche en date du 25 octobre 1823, afin de faire établir une commission spéciale pour la liquidation de la gestion des curateurs aux successions vacantes depuis l'année 1782;

Avons arrêté et arrêtons ce qui suit :

Art. 1er. Une commission spéciale, composée comme il est indiqué ci-après, sera chargée d'établir la liquidation de la gestion des curateurs aux successions vacantes depuis 1782 jusqu'au 31 décembre 1825.

Art. 2. Le travail de cette commission sera dressé en trois époques distinctes.

La première comprendra le temps écoulé de 1782 à 1790.

Dans la seconde seront classées les années de révolution et d'occupation étrangère, c'est-à-dire, celles échues de 1791 à la dernière reprise de possession.

La troisième époque datera de la réoccupation, au nom du roi, de la Martinique en 1814, jusqu'au 31 décembre 1825.

Art. 3. Les opérations relatives à la première époque devront être entièrement terminées avant qu'on entame celles de la seconde; et il devra être usé de même à l'égard des opérations qui comprendront cette seconde époque, avant de passer à la troisième.

Art. 4. La commission pourra, si elle le juge convenable, diviser encore chacune de ces portions de son travail en deux parties, l'une concernant la curatelle du Fort-Royal, l'autre relative à celle de Saint-Pierre.

Art. 5. Les opérations successives de la commission seront consignées dans les procès-verbaux; chaque séance sera signée de tous les membres présents. Le résultat relatif à chaque époque sera présenté dans un tableau qui comprendra les détails indiqués dans la note que nous communiquerons à la commission.

Art. 6. Seront membres de ladite commission :

MM. l'ordonnateur, président, le procureur général, le contrôleur colonial, un membre du comité consultatif, un conseiller à la cour royale.

Fait au Fort-Royal, le 2 mai 1826.

Signé DONZELOT.

N° 4429. — *Code rural de la république d'Haïti.*
4 mai 1826.

Annales maritimes, 1835, 2e partie, t. 1, p. 118.

16

N° 4430. — *Arrêté du gouverneur administrateur portant création d'une commission spéciale pour l'inventaire et l'estimation de tous les établissements publics des villes du Fort-Royal et de Saint-Pierre.* (Extrait.)

15 mai 1826.

Il sera formé dans chacune des villes du Fort-Royal et de Saint-Pierre une commission chargée de procéder à l'inventaire estimatif de tous les établissements publics y existants.

Les commissions du Fort-Royal et de Saint-Pierre s'adjoindront les maîtres ouvriers qu'elles jugeront nécessaires pour l'expertise.

Il sera dressé pour chaque bâtiment un procès-verbal d'inventaire spécial qui devra aussi indiquer la destination à laquelle il pourrait convenir.

Donné au Fort-Royal, le 15 mai 1826.

Signé DONZELOT.

Inspection. Reg. 11, n° 280.

N° 4431. — *Arrêté du gouverneur administrateur qui proroge le délai accordé aux actionnaires de l'entreprise du canal du Carbet pour le remboursement des 30,000 francs à eux prêtés par le gouvernement.*

15 mai 1826.

Nous, etc.,

Vu notre ordonnance du 17 mars 1824 fixant les bases d'après lesquelles le remboursement du prêt de 30,000 francs fait aux actionnaires de l'entreprise du canal du Carbet sera garanti par eux ;

Vu l'arrêté qui détermine le mode de payement pour ce prêt, en date du 10 avril suivant ;

Vu l'acte obligatoire, avec hypothèque, par les actionnaires au profit du gouvernement, sous la date du 3 mai de la même année, au rapport de Bernard Feyssal, notaire à Saint-Pierre ;

Attendu que les travaux destinés à la conduite des eaux de la rivière du Carbet, tant sur diverses habitations de cette paroisse que sur d'autres habitations du Morne-d'Orange et à la batterie Sainte-Marthe, sont dans un état de confection qui permet à l'eau d'arriver sur ces différents points ; que conséquemment le temps accordé par le gouvernement pour le remboursement de ses avances peut être réputé expiré ;

Mais considérant l'importance de ces travaux, et les énormes dépenses auxquelles ils ont entraîné les actionnaires qui les ont entrepris; dépenses qui s'augmentent, pour les habitants sucriers, de nouvelles constructions qu'ils ont été forcés d'ériger à grands frais pour leurs manufactures;

Considérant aussi, d'une part, l'état d'embarras et de gêne momentané des débiteurs, et d'autre part, l'avantage résultant pour la colonie et pour le fisc d'une entreprise qui ajoute aux produits de la colonie ceux de plusieurs sucriers, par les effets de l'irrigation et par une fabrication moins dispendieuse et plus active;

Et, d'après ces motifs, pensant qu'il est juste de venir au secours des colons dont le courage soutenu et les nombreux sacrifices ont pu seuls triompher des obstacles multipliés que leur offrait la difficulté presqu'insurmontable du terrain, à travers les roches et les précipices;

Voulant également simplifier et faciliter la recette du remboursement que les actionnaires auraient à effectuer dans la proportion de leur prise d'eau, quoique, en définitive, le gouvernement eût contre chacun d'eux un droit acquis de solidarité;

Tout vu et mûrement examiné,

Avons arrêté et arrêtons ce qui suit :

Art. 1er. Le tiers de la somme avancée (*dix mille francs*) devra être versé dans la caisse municipale le 31 décembre de cette année, et chacun des deux autres tiers, de pareille somme, devra l'être au 30 de juin et 31 décembre 1827, sur le récépissé qui en sera fourni par le trésorier.

Art. 2. Le comité directeur de l'entreprise est chargé de faire recette proportionnelle de chacun des actionnaires, à raison de sa prise d'eau, et par celui de ses membres qu'il désignera à cet effet, d'opérer le versement pour tous, aux époques qui ont été ci-dessus indiquées.

Art. 3. Le commissaire ordonnateur est chargé de l'exécution du présent arrêté, qui sera enregistré, etc.

Donné au Fort-Royal, le 15 mai 1826.

Signé DONZELOT.

Et plus bas:

GUILLAUME,
Secrétaire.

Greffe de la cour royale. Reg. 19, fo 7. — Enregistré à la cour royale, le 3 mai 1826.

16.

N° 4432. — *Homologation par le gouverneur administrateur d'une délibération de la paroisse de la Basse-Pointe portant imposition de vingt sous par tête de nègre payant droit, pour subvenir à la réparation de l'embarcadère du bourg.*

17 mai 1826.

Arch. de la direction de l'intérieur. Reg. 4, f° 90 v°.

N° 4433. — *Extrait de la loi relative aux douanes, de cette date, en ce qui touche le droit de préemption et les primes d'exportation.*

17 mai 1826.

Importations.

Art. 1er..

En cas de fausse déclaration de valeur, l'administration des douanes ou ses agents feront usage du droit de préemption, tel qu'il est réglé par la loi du 23 avril 1796; ce droit devra être exercé dans le délai de dix jours.

Exportations.

PRIMES OU RESTITUTIONS DE DROITS A LA SORTIE.

Art. 9. Les droits perçus sur les sucres bruts et terrés, quelle qu'en soit l'origine, seront compensés, à l'exportation des sucres raffinés et candis, à raison de 120 francs par 100 kilogrammes de sucre raffiné, exporté en pains de 7 kilogrammes au plus, ou de sucre candi, et de 100 francs par 100 kilogrammes de sucre raffiné, exporté en pains au-dessus de 7 kilogrammes; et ce, sans qu'il soit nécessaire de représenter les quittances des droits acquittés.

Les sucres raffinés exportés pour les colonies françaises jouiront desdites primes aussi bien que ceux expédiés pour l'étranger.

Collection de Duvergier, t. 26, p. 113.

N° 4434. — *Décision du roi qui fixe les indemnités à accorder pour frais de bureau, de tournées et de représentation aux officiers d'artillerie, chefs et sous-chefs de service et adjoints dans les colonies.*

21 mai 1826.

Le roi a décidé, le 21 mai 1826, qu'à l'avenir il sera alloué par an aux officiers d'artillerie, chefs et sous-chefs de service et adjoints dans les colonies, à titre d'indemnité spéciale, pour frais de bureau, de tournées et de représentation, les sommes ci-après, savoir:

1° A chacun des officiers supérieurs, chefs de service, à la Martinique et à la Guadeloupe.................. 6,000^f 00

2° A chacun des capitaines en premier, sous-chefs de service dans les mêmes îles................... 2,000 00

3° A chacun des capitaines en second adjoints... 1,000 00

4° A chacun des capitaines chefs de service à Cayenne, au Sénégal, à l'île Bourbon et à Madagascar................................... 2,000 00

Annales maritimes, 1826, p. 529.

N° 4435. — *Décision du gouverneur administrateur qui augmente et fixe le nombre des cantines militaires permises à Saint-Pierre et à Fort-Royal.* (Extrait.)

22 mai 1826.

Pour Saint-Pierre, le nombre en est fixé, savoir : au Fort, à deux, au Mouillage, à un, outre celles existantes.

Pour Fort-Royal, le nombre en est fixé à trois.

Arch. de la direction de l'intérieur. Reg. 4, f° 94.

N° 4436. — *Dépêche ministérielle au sujet des anciens militaires qui demanderaient à se fixer dans les colonies.*

26 mai 1826.

Monsieur le Comte, lorsque les derniers corps militaires spéciaux employés aux colonies en ont été rappelés, on a autorisé à s'y fixer les anciens sous-officiers et soldats qui en ont fait la demande et qui étaient en état de subvenir à leur subsistance par leur travail, sans être à charge au pays. Ce qui a été fait en cette circonstance m'a paru susceptible de recevoir une application générale ; je m'en suis entendu avec le ministre de la guerre et les dispositions suivantes ont été arrêtées:

Les sous-officiers et soldats de toutes armes qui, après avoir achevé leur temps de service, demanderont à s'établir dans les colonies et qui seront reconnus propres à devenir d'utiles habitants, seront autorisés à y rester. Ceux de ces hommes qui auront complétement satisfait à la loi du recrutement, recevront

par vos soins des congés provisoires de libération qui seront
plus tard échangés contre des congés définitifs, sur la demande
que, d'après les propositions de l'autorité locale, j'en adresserai
au ministre de la guerre.

Les militaires dont l'engagement ne serait pas entièrement
rempli pourront recevoir de vous des congés illimités, jusqu'à
ce qu'ils soient dans le cas d'être légalement libérés; cette
dernière disposition sera applicable seulement aux hommes à
qui il ne resterait qu'un court espace de temps à servir pour
atteindre l'époque de leur libération définitive. Je vous recommande la plus grande exactitude dans la transmission des pièces
qui devront servir à régulariser la position des hommes dont
il s'agit.

Si cette mesure est appliquée avec discernement, elle procurera aux colonies l'acquisition précieuse de nouveaux habitants industrieux, acclimatés, habitués au maniement des armes
et qui, incorporés plus tard dans les milices, contribueront puis-
samment au maintien de l'ordre, tant par leurs propres services
que par leur exemple.

Vous aurez à examiner en conseil s'il ne serait pas avantageux que la colonie accordât elle-même, à titre d'encouragement, une légère prime dont vous proposeriez le taux, en
faveur des sujets sages et pourvus de métiers qui voudraient
profiter de l'autorisation dont il s'agit. Une somme de 100 à
150 francs leur procurerait les moyens de pourvoir à leurs
premiers besoins et de se procurer des outils. La dépense en
serait imputée sur les fonds coloniaux, et serait peu de chose
en comparaison des résultats que la mesure indiquée pourrait
amener. Des précautions pour prévenir les concessions abusives
devraient d'ailleurs être arrêtées à l'avance. L'on pourrait, par
exemple, charger un des fonctionnaires de la colonie de prendre
près du chef de corps des informations sur la conduite du
réclamant et de le soumettre ensuite, dans les ateliers du gouvernement ou ailleurs, à des épreuves qui garantissent sa capacité
dans le genre d'industrie auquel il voudrait se livrer. Je vous
engage à me communiquer vos vues et celles du conseil à cet
égard.

Recevez, etc.

Le Ministre de la marine et des colonies,
Signé Comte DE CHABROL.

Direction de l'intérieur. Dép. Reg. 1, f° 8.

N° 4437. — *Arrêté du gouverneur administrateur ordonnant le remboursement, par la caisse municipale à la caisse royale, de 102,000 francs montant de 24 actions prises sur l'établissement théâtral de Saint-Pierre.*

26 mai 1826.

Nota. D'un arrêté du même jour, n° 346, il résulte que le produit des actes d'affranchissement, versé à la caisse municipale, devait être employé par celle-ci au remboursement de la susdite somme de 102,000 francs.

Inspection. Reg. 11, n° 343.

————————

N° 4438. — *Extrait de la loi relative aux douanes, du 27 mai 1826, en ce qui concerne les droits d'entrée des denrées ou productions coloniales importées en France et les primes accordées à l'exportation des sucres raffinés.*

27 mai 1826.

Importation.

Indigo, par navire français, droit d'entrée en France	1ᶠ 00 par 100 kil.
Ecaille de tortue	150 00
Bois d'ébénisterie non spécialement taxés.	15 00
Sucre de toutes les colonies	
Café	
Bois de campêche	droits actuels.
Confitures, sirops, rhums et tafias	
Liqueurs de la Martinique	
Mélasse de toutes les colonies	12 00 par 100 kil.
Coton sans distinction d'espèce de toutes les colonies	5 00
Cacao de toutes les colonies	60 00

Exportation.

Art. 9. Les droits perçus sur les sucres bruts et terrés, quelle qu'en soit l'origine, seront compensés à l'exportation des sucres raffinés et candis, à raison de 120 francs par 100 kilogrammes de sucre raffiné exporté en pains de 7 kilogrammes au plus ou de sucre candi, et de 100 francs par 100 kilogrammes de sucre raffiné exporté en pains au-dessus de 7 kilogrammes, et ce, sans qu'il soit nécessaire de représenter les quittances des droits acquittés.

Les sucres raffinés exportés pour les colonies françaises jouiront desdites primes aussi bien que ceux expédiés pour l'étranger.

L'article 6 de la loi du 27 juillet 1822 et l'ordonnance du 15 janvier 1823 relative aux primes sont abrogés.

Annales maritimes.

N° 4439. — *Dépêche ministérielle sur les règles à suivre pour les rédaction, transcription et envoi des procès-verbaux des délibérations du conseil privé.*

30 mai 1826.

Monsieur le Comte, conformément à la recommandation qui en a été faite par une dépêche ministérielle de 1820, les administrateurs en chef des colonies ont, en général, le soin de faire faire autant d'extraits de procès-verbal de chaque séance du conseil du gouvernement et d'administration, qu'il y a eu de matières en délibération ; mais tous ont adopté l'usage de comprendre dans un envoi commun les extraits qui se rapportent à une ou même à plusieurs séances, quelque différents que soient, d'ailleurs, les objets qui y ont été traités.

Ce mode de transmission est contraire à l'ordre du service, qui veut que la correspondance et les pièces relatives à chaque affaire soient adressées au département sous le timbre du bureau qui, d'après la nature de ses attributions, est appelé à en connaître. Cette division de la correspondance contribue à la prompte expédition des affaires, et comme elle ne peut, dans aucun cas, présenter des inconvénients, elle doit être exactement observée, quand il s'agit de l'envoi des procès-verbaux du conseil comme de l'envoi de tous autres documents.

Il ne vous échappera pas que, dans la nouvelle organisation établie par l'ordonnance royale du 21 août 1825, il sera d'autant plus nécessaire de se conformer à cet ordre de service, que les conseils privés ont reçu des attributions que n'avaient point les conseils de gouvernement et d'administration des colonies. Ceux-ci étaient placés près des gouverneurs pour donner leur avis sur les affaires au sujet desquelles on croyait à propos de les consulter. Non-seulement les conseils privés délibèrent à titre consultatif, mais ils décident dans certains cas, et dans d'autres ils jugent administrativement. De là un nouveau motif de distinguer, avec soin, tout ce qui se rapporte aux délibérations et aux

décisions de ces conseils, suivant la nature de celles des attributions qu'ils exercent.

Le moyen le plus efficace d'éviter la confusion est de faire
autant d'extraits du procès-verbal de chaque séance qu'il y a été
traité de matières différentes, d'indiquer sur ces extraits à quel
titre le conseil a délibéré, et enfin de faire de chaque extrait un
envoi séparé sous le timbre du bureau de la direction des colonies
que son objet concerne.

L'article 151, § 5, de l'ordonnance du 21 août 1825 prescrit
l'envoi au département de deux expéditions du procès-verbal de
chaque séance du conseil privé, l'une transmise par le gouverneur, l'autre par le contrôleur.

Mon intention est que ces deux expéditions, divisées comme
je viens de l'indiquer, me soient, autant que possible, adressées
dans les dix jours qui suivront la tenue de chaque séance, et
je vous recommande, d'une manière particulière, de faire joindre
à chaque extrait toutes les pièces relatives à l'affaire sur laquelle
il aura été délibéré.

Lorsque le conseil privé se constitue en conseil du contentieux
administratif ou en commission d'appel (section 4 de l'ordonnance citée plus haut), les décisions qu'il rend doivent participer
de la forme des arrêts dont elles ont le caractère, et être transcrites sur un registre séparé. Le registre dont il est question à
l'article 151, § 4, ne doit recevoir la transcription des procès-verbaux des délibérations que lorsque le conseil exerce les attributions qui lui sont conférées par les sections 2, 3 et 5 du chapitre 3,
titre V de l'ordonnance.

Le secrétaire archiviste prend le titre de greffier lorsque le
conseil privé juge comme commission d'appel, aux termes de
l'article 162, et il signe, en cette qualité, les décisions qui en
émanent.

Un employé devra être attaché au secrétaire archiviste ; au
moyen de ce secours, toute rétribution pour l'expédition de
pièces devra être supprimée ou interdite.

Je vous invite à remettre copie de la présente dépêche au
secrétaire archiviste de la Martinique, et la faire enregistrer au
contrôle et m'en accuser spécialement la réception.

Recevez, etc.

Le Ministre de la marine et des colonies,
Signé Comte DE CHABROL.

Inspection. Reg. 12, n° 168.

N° 4440. — *Dépêche ministérielle relative aux esclaves échappés des îles anglaises qui se réfugieraient dans nos colonies, et aux mesures à prendre à leur égard.* (Extrait.)

30 mai 1826.

Cette dépêche constate :

1° Les difficultés qu'éprouve de la part des gouverneurs des Antilles anglaises la restitution des esclaves échappés de nos colonies ;

2° Le refus du cabinet anglais de prendre aucun engagement à cet égard ;

3° Son intention de renvoyer à Sierra-Leone les esclaves étrangers qui se seraient réfugiés dans les colonies anglaises ;

4° Et la volonté formelle du ministère français de prendre à l'avenir, pour règle de sa conduite, en cette matière, les résolutions mêmes du cabinet britannique, c'est-à-dire de retenir désormais, à son exemple, les nègres qui, échappés de ses colonies, viendraient chercher refuge dans les nôtres, de se renfermer, en un mot, à l'égard des îles anglaises dans le système d'une juste réciprocité.

Par suite de l'adoption de cette règle, la plus grande vigilance est recommandée pour l'exécution des dispositions qui doivent s'opposer à l'évasion ou à l'enlèvement des esclaves de la Martinique.

Direction de l'intérieur. Dép. Reg. 1, f° 27.

⬥⬥⬥

8 juin 1826.

N° 4441. — *Installation du conseil privé de la Martinique, en vertu des ordonnances royales des 2 janvier 1825 et 21 août 1825.*

Note due à M. Caseneuve.

⬥⬥⬥

N° 4442. — *Décision du conseil privé relative à la bibliothèque du gouvernement, à sa composition, aux soins à donner à ses livres, et qui la place sous la surveillance du secrétaire archiviste.* (Extrait.)

8 juin 1826.

Tous les livres appartenant à la colonie qui ne sont pas, pour quelques fonctionnaires, d'un usage de tous les moments, seront réunis à la bibliothèque du conseil privé. Cette collection devant s'augmenter successivement de tous les envois de livres faits de France, un nègre sera attaché à cette bibliothèque pour journellement en manipuler, épousseter, changer de place les livres et y détruire la vermine naissante, sans préjudice des soins particuliers que doivent leur donner l'huissier et même le commis du conseil, sous la surveillance du secrétaire archiviste.

Arch. du conseil privé. Reg. n° 1. — Disposit. 12e.

N° 4443. — *Arrêté du gouverneur fixant le mode d'exécution de l'article 4 de l'ordonnance royale du 2 janvier 1826, relatif à la première nomination du conseil général de la Martinique.*

9 juin 1826.

Nous, etc.,

Vu l'article 4 de l'ordonnance royale du 2 janvier 1826, portant que, pour la première nomination du conseil général de la Martinique, la présentation des candidats sera faite par les commandants et capitaines de milices réunis aux commissaires et lieutenants-commissaires des divers quartiers;

Considérant que par l'ordonnance du 2 janvier précité, Sa Majesté prescrit de confier le choix des candidats, pour la première élection, aux chefs de bataillon et capitaines des milices de la Martinique, conjointement avec les commissaires et lieutenants-commissaires des paroisses de l'île;

Considérant qu'il n'existe pas à la Martinique de conseils municipaux, et que, par ce motif, l'article 173 de l'ordonnance royale rendue pour l'administration de l'île de Bourbon devenait d'une exécution impossible;

Considérant que dans l'intérêt de l'ordre public et pour l'exécution de la volonté royale, il s'agit de régler d'une manière claire et précise le nombre des diverses réunions, la forme de leurs délibérations, le nombre et la qualité des candidats qu'elles ont la faculté de présenter au choix de Sa Majesté;

De l'avis du conseil privé,

Nous avons arrêté et arrêtons ce qui suit :

§ 1er. — FORME DES RÉUNIONS.

Art. 1er. Il y aura à la Martinique, pour la première nomination des candidats qui doivent être présentés au choix du roi pour le conseil général de la colonie, autant de réunions partielles qu'il y a de paroisses, et de plus deux réunions, une pour la campagne du Fort-Royal et l'autre pour la campagne de Saint-Pierre.

Art. 2. Les chefs de bataillon de milices présideront la réunion de la paroisse de leur arrondissement où ils ont leur domicile habituel. Dans les autres paroisses, les réunions seront présidées par les commissaires-commandants, et, à leur défaut, par les lieutenants-commissaires.

Dans la paroisse du Fort-Royal *extra muros*, la réunion sera présidée par le commissaire-commandant, celle de la ville devant l'être par le chef de bataillon.

Dans la paroisse de Saint-Pierre *extra muros*, la présidence appartiendra au commissaire-commandant des hauteurs de Saint-Pierre.

Les réunions s'effectueront dans le lieu et à l'heure indiquée par les présidents; ils seront tenus, à cet égard, de faire connaître leur intention au moins *cinq jours* d'avance, et adresseront une lettre de convocation à chaque électeur.

§ 2. — Délibérations.

Art. 3. Le 10 de juillet prochain, à l'heure et dans le lieu indiqué, comme il est dit plus haut, les officiers de milices, en activité ou en retraite, du grade de capitaine ou au-dessus, se réuniront dans la paroisse où ils font habituellement leur résidence. Après une heure d'attente, la séance sera ouverte, et ceux qui ne seront pas présents au dépouillement du scrutin ne seront plus admis à donner leur voix.

Art. 4. Dans les paroisses où les réunions excéderaient six membres, il sera formé un bureau pour le dépouillement des votes, composé du président et des deux plus anciens officiers.

Art. 5. Le président fera lecture des instructions que nous lui transmettrons à cet effet; ensuite, il fera l'appel de tous les membres présents, en commençant par le plus jeune; le membre appelé déposera entre les mains du président un bulletin cacheté, renfermant autant de noms que la paroisse est chargée de proposer de candidats.

Art. 6. L'individu qui aura réuni la moitié des suffrages des membres présents, plus un, sera de droit proclamé candidat. En cas de partage, il y aura lieu à ballottage entre les candidats, et si le partage se renouvelle une seconde fois, le sort décidera du choix.

Art. 7. Il sera dressé procès-verbal de la séance, et le résultat fidèle du dépouillement du scrutin y sera relaté ; ledit procès-verbal nous sera transmis dans le plus bref délai.

Art. 8. Toute délibération verbale est interdite.

La police de la salle appartient au président ; il prononcera provisoirement sur toutes les réclamations qui pourraient s'élever.

Art. 9. Le dépouillement du scrutin aura lieu en présence de la réunion, et en cas de réclamation faite par deux membres, il sera procédé par le président ou par le bureau, dans les paroisses où il y en aura un, à la vérification dudit scrutin. Les bulletins seront déchirés après la clôture du procès-verbal.

§ 3. — DES CANDIDATS.

Art. 10. Il sera présenté pour la première fois, et sans tirer à conséquence, soixante et douze candidats au choix du roi, pour la colonie de la Martinique, le conseil général devant être composé de vingt-quatre membres, dont douze titulaires et douze suppléants.

Art. 11. La répartition des candidats par paroisses aura lieu suivant un tableau annexé au présent arrêté.

Art. 12. Les conditions d'éligibilité sont :

1° D'être âgé de trente ans révolus ;

2° D'être né dans la colonie, ou d'y être domicilié depuis cinq ans ;

3° D'être propriétaire de terres et de recenser 40 esclaves, ou propriétaire de maisons pour une valeur de 50,000 francs, ou enfin d'être négociant et propriétaire de terres ou de maisons pour une valeur de 30,000 francs.

Le fils aîné profitera des conditions de fortune, d'éligibilité de son père ; mais ils ne pourront rester l'un et l'autre sur la liste des candidats. Le cas arrivant qu'ils fussent nommés tous les deux, il y aurait ballottage entre eux.

Art. 13. D'après l'article 175 de l'ordonnance de Bourbon, les candidats peuvent être choisis dans toute la colonie et parmi les fonctionnaires à titre gratuit.

Art. 14. Le directeur général de l'intérieur est chargé de l'exécution du présent arrêté, qui sera enregistré aux greffes de la cour royale et des tribunaux de la colonie, publié et affiché partout où besoin sera.

Donné au Fort-Royal, le 9 juin 1826.

Signé Comte DE BOUILLÉ.

Et plus bas :

Le Directeur général de l'intérieur,

ROYER.

Journal officiel, 1826, n° 49. — Enregistré à la cour royale, le 16 juin 1826.

*Répartition, par paroisse, des 72 candidats à proposer
pour le conseil général de la Martinique.*

Saint-Pierre	Ville	8	11
	Campagne	3	
Fort-Royal	Ville	4	7
	Campagne	3	
Lamentin			6
Trinité			4
Sainte-Marie			3
Marigot			1
François			3
Grand'Anse			3
Gros-Morne			2
Robert			3
Vauclin			3
Carbet			2
Prêcheur			2
Macouba			2
Basse-Pointe			3
Rivière-Pilote			2
Sainte-Anne			3
Rivière-Salée			1
Trois-Ilets			2
Anses-d'Arlets			1
Diamant			1
Trou-au-Chat			1
Case-Pilote			2
Marin			2
Sainte-Luce			1
Saint-Esprit			1
Total			72

N° 4444. — *Dépêche ministérielle relative aux dépenses faites
par les militaires congédiés jusqu'à leur embarquement.*
(Extrait.)

9 juin 1826.

Tant que des militaires congédiés ou autrement, qui sont à
envoyer en France, existent dans la colonie, ils doivent y être
considérés comme faisant partie de la garnison, jusqu'au moment de l'embarquement, et, conséquemment, toutes les dé-

penses qu'ils occasionnent doivent être imputées sur les fonds remis par la guerre pour l'entretien de ces garnisons.

Inspection. Reg. 12, n° 175.

N° 4445. — *Décision du gouverneur qui accorde une indemnité aux sous-officiers et soldats appelés en témoignage devant le conseil de guerre.*

11 juin 1826.

Monsieur l'Ordonnateur, les officiers et soldats appartenant aux détachements extérieurs, et qui sont appelés en témoignage dans les conseils de guerre, sont mis en subsistance dans les compagnies de la garnison du Fort-Royal. Ils n'y reçoivent que les vivres et le prêt qui leur est payé à l'avance, ce qui ne suffit point aux frais que leur occasionne leur déplacement; pour subvenir aux besoins de ces militaires, les corps ont eu jusqu'à présent recours à un emprunt sur la masse de linge et chaussure : cette mesure est illégale. Il n'est pas juste qu'une masse destinée aux besoins ordinaires et prévus du soldat éprouve aucune distraction. Les réclamations les plus fondées m'ayant été faites à ce sujet, j'ai décidé qu'à l'avenir les sous-officiers et soldats appelés en témoignage devant les conseils de guerre recevront une indemnité que j'ai fixée de la manière suivante, à compter du jour du départ du corps jusqu'à celui inclus du retour :

Pour chaque sous-officier, par jour.............. 0ᶠ 50
Pour chaque caporal, *idem*..................... 0 35
Pour chaque tambour ou soldat................. 0 25

Les états des sous-officiers et soldats ayant droit à cette indemnité seront établis, conformément au modèle ci-joint, par les soins de MM. les capitaines rapporteurs, signés par eux et visés par le chef de mon état-major.

MODÈLE

CONSEIL DE GUERRE.

État nominatif des sous-officiers et soldats qui, entendus comme témoins dans le jugement du nommé   *rendu le 182*   *, ont droit à l'indemnité accordée par la décision de Son Excellence M. le Gouverneur en date du 11 juin 1826.*

NOMS et PRÉNOMS.	GRADES.	JOUR du DÉPART du corps.	JOUR de la RENTRÉE au corps.	NOMBRE de JOURNÉES d'absence.	QUOTITÉ de l'indemnité.	SOMMES à PAYER.	OBSER- VATIONS.

Fort-Royal, le   182 .

                                  Le Capitaine rapporteur du conseil de guerre,

      Le Chef de l'état-major,

                      L'Aide de camp du roi, gouverneur,

                      Signé Comte DE BOUILLÉ.

Inspection. Reg. 14, n° 10.

———

N° 4446. — *Dépêche ministérielle distinguant, entre les dépenses occasionnées par les fêtes publiques, celles qui sont supportées par la colonie et celles qui demeurent à la charge personnelle du gouverneur.*

                               13 juin 1826.

Monsieur le Comte, dans quelques colonies les dépenses de la fête du roi ont été laissées en entier à la charge de la caisse coloniale; dans quelques autres, l'administrateur en chef a pris à son compte la totalité des dépenses de cette nature. Il m'a paru nécessaire d'établir à ce sujet des bases positives, et j'ai en conséquence décidé ce qui suit :

Seront payées sur les fonds de la colonie :

Les distributions de secours aux indigents et les réjouissances publiques, telles que mâts de cocagne, feu d'artifice, illuminations, qui auront lieu à l'occasion de la fête du roi.

Seront à la charge personnelle du gouverneur, ou autre administrateur en chef :

Les dîner, bal, souper, concert, qu'il jugerait convenable
d'offrir à cette occasion, soit dans son hôtel, soit ailleurs.

Ces règles sont applicables à toute autre fête publique dont
la célébration pourrait être ordonnée par le gouvernement de
Sa Majesté.

La présente dépêche devra être enregistrée au contrôle.

Recevez, etc.

Le Ministre de la marine et des colonies,

Signé Comte DE CHABROL.

Inspection. Reg. 12, n° 172.

N° 4447. — Dépêche ministérielle relative au projet d'établir
à la Martinique une caisse d'escompte et de prêts, à l'instar
de celle subsistant à Bourbon, en vertu de l'ordonnance
royale du 14 mai 1826.

13 juin 1826.

Direction de l'intérieur. Dép. Reg. 1, f° 1.

N° 4448. — Dépêche ministérielle rappelant à l'exécution
d'une circulaire ministérielle du 8 juin 1825, portant remise
en vigueur des anciennes ordonnances qui défendent de
laisser établir aucune espèce de loterie aux colonies.

20 juin 1826.

Monsieur le Comte, par une circulaire du 28 juin 1825,
j'ai prescrit la remise en vigueur dans nos colonies des anciennes
dispositions qui ont défendu d'y laisser établir aucune loterie
de quelque espèce que ce fût.

Votre prédécesseur ne m'a pas, malgré ma demande, accusé
par réponse spéciale la réception de la circulaire dont il s'agit ;
mais cette réception en septembre dernier est constatée par le
relevé de correspondance joint à la lettre de M. le comte Donzelot
du 8 octobre, n° 494.

Je vois cependant répétée dans plusieurs numéros du Journal
officiel et de la Gazette de la Martinique, de mars et d'avril
1826, l'annonce d'une loterie d'immeuble autorisée par le tribunal civil de Saint-Pierre.

Je vous prie de me rendre compte des motifs de cette infrac-

17

tion aux ordres donnés et de pourvoir efficacement à ce qu'elle ne se renouvelle pas.

Recevez, etc.

Le Ministre de la marine et des colonies,
Signé Comte DE CHABROL.

Direction de l'intérieur. Dép. Reg. 1, fo 9.

N° 4449. — *Ordonnance du gouverneur qui détermine, pour l'année 1826, la durée de l'hivernage pour les bâtiments du commerce français.*

21 juin 1826.

NOTA. Elle n'est que la reproduction de celle du 25 juin 1818.

Journal officiel, 1826, n° 52. — Enregistré à la cour royale, 22 juin 1826.

N° 4450. — *Dépêche ministérielle portant que les bordereaux joints aux extraits mortuaires des personnes décédées dans les hôpitaux des colonies devront toujours mentionner la nature de la maladie, cause du décès.*

27 juin 1826.

Inspection. Reg. 12, n° 176.

N° 4451. — *Circulaire ministérielle relative à la liquidation et à la répartition du produit des saisies et confiscations en matière de traite des noirs.*

30 juin 1826.

Monsieur, la saisie des bâtiments négriers par les bâtiments du roi et leur confiscation au profit des bâtiments capteurs, en exécution de la loi du 15 avril 1818 prohibitive de la traite des noirs, vont donner lieu à des liquidations et répartitions dont la surveillance et l'examen rentrent dans les attributions de la 4° direction.

Je vais donc vous donner connaissance des dispositions qui ont été concertées entre les 3° et 4° directions, et que j'ai approuvées, sur le mode de liquidation des produits résultant de confiscations prononcées en matière de traite.

Les contraventions aux lois et ordonnances prohibitives de la traite ayant été rangées, notamment par l'ordonnance du roi du 8 janvier 1817, dans la même catégorie que celles qui sont l'objet des lois prohibitives du commerce étranger dans les colonies, il en résulte la conséquence que le produit des confiscations prononcées dans les deux hypothèses doit être liquidé sur le même pied, recevant la même application.

C'est dans l'arrêt du 30 août 1784 (art. 16) que se trouvent établies les bases du partage des bâtiments pris en fraude.

Cet article dispose que les produits appartiendront aux commandants, états-majors et équipages preneurs, à la seule déduction des frais de justice, du dixième de l'amiral et de 6 deniers pour livre au profit de la caisse des invalides.

C'est donc l'arrêt du 30 août 1784 que les administrateurs auront à prendre pour régulateur des liquidations des bâtiments négriers confisqués et des perceptions à opérer, sauf les modifications que je vais vous indiquer.

La première concerne la retenue du dixième de l'amiral.

Bien que les droits pécuniaires anciennement attachés à la charge d'amiral de France ne subsistent plus au profit de cette haute fonction, je n'en ai pas moins maintenu la perception du dixième dans l'espèce, et sur le rapport de la 3º direction, j'ai décidé les 3 et 21 février dernier, qu'elle serait appliquée aux colonies et versée en conséquence entre les mains du trésorier général des invalides, comme caissier central des fonds coloniaux.

Un autre changement est relatif à la retenue pour invalides; j'ai décidé qu'on ajouterait à celle de 2 1/2 pour 100 (6 d. p. £) le 1/2 pour 100 en faveur des caissiers dépositaires et distributeurs, par la raison que l'opération donnant lieu à des recettes et à des payements de parts de prises, revenant à des bâtiments du roi, l'application de l'article 37 de la loi du 3 brumaire an IV était naturelle et de droit.

Ainsi dans la liquidation d'un bâtiment négrier, on portera d'abord le produit brut d'après le procès-verbal de vente.

On déduira ensuite :

1º Les frais de justice et autres, tels que ceux de gardiennage, de conservation et de vente;

2º Les 2 centimes 1/2 en faveur de la caisse des invalides;

3º Le 1/2 pour 100 pour le caissier dépositaire et distributeur;

4º Et le dixième pour les colonies.

Le surplus formera le produit net à répartir aux capteurs.

Voici, au reste, les dispositions d'ordre que j'ai arrêtées relativement à la destination du dixième.

Cette perception appartiendra à la colonie lorsque le bâtiment négrier y aura été conduit et vendu.

Si le bâtiment est amené en France, le dixième sera versé entre les mains du trésorier général des invalides, comme caissier

17.

central des fonds coloniaux en augmentation du fonds de prévoyance et de secours qui est mis en réserve chaque année sur la rente de l'Inde.

Ainsi, pour les bâtiments négriers amenés et vendus dans la colonie, les administrateurs procéderont à leur liquidation en observant bien de ne porter à la charge des produits que les frais et droits indiqués ci-dessus.

Ces liquidations pourront recevoir leur exécution dans la colonie, en ce qui concerne le payement des frais, le versement dans la caisse coloniale et dans celle des invalides de la marine de leurs droits respectifs ; mais quant aux produits nets à répartir, la colonie sera hors d'état de procéder aux répartitions, à raison de l'absence du bâtiment capteur et des autres bâtiments de la station qui ont droit de partager avec lui.

Ce sera donc en France que devront s'opérer les répartitions, et à cet effet, vous me ferez remise du montant net à répartir à chaque liquidation, en traites du caissier du trésor royal sur lui-même.

Vous aurez soin de joindre à ces traites deux expéditions de chaque liquidation. Lorsque ces pièces me seront parvenues, je donnerai des ordres au port d'armement des bâtiments capteurs pour faire dresser les rôles de répartitions et pour assurer aux capteurs le prompt payement de leurs parts de prises.

Veuillez m'accuser réception de la présente dépêche, donner communication à M. l'ordonnateur et la faire enregistrer au contrôle.

Recevez, etc.

Le Ministre de la marine et des colonies,
Signé Comte DE CHABROL.

Inspection. Reg. 12, n° 179.

N° 4452. — Ordre pour régler provisoirement les relations du gouverneur avec les chefs de service ou d'administration et avec le public.

1er juillet 1826.

Le commandant militaire sera reçu à toute heure. Il en sera de même des chefs d'administration et des directions ainsi que du contrôleur, pour les objets d'importance et sur lesquels il y aurait à statuer promptement.

Pour les affaires courantes, le gouverneur travaillera avec MM. les chefs d'administration les lundis, mercredis et vendredis de chaque semaine, depuis onze heures du matin jusqu'à deux, ainsi qu'il suit :

Avec M. l'ordonnateur, de onze heures à midi ;

Avec M. le directeur général de l'intérieur, de midi à une heure ;

Avec M. le procureur général, d'une heure à deux.

Il travaillera avec MM. les chefs des deux directions du génie et de l'artillerie qui auraient à l'entretenir d'affaires de service : les mardis et les samedis, depuis deux heures jusqu'à trois.

Les audiences publiques auront lieu les jeudis et samedis de chaque semaine, depuis onze heures jusqu'à une heure.

Le gouverneur recevra également toutes les personnes qui voudront lui faire l'honneur de venir au gouvernement les mardis, jeudis et samedis, à sept heures du soir.

Le gouverneur donnera des audiences particulières toutes les fois qu'on lui en demandera par écrit, en indiquant l'objet dont on veut l'entretenir.

Les heures des bureaux du gouverneur sont fixées de neuf à quatre.

Le gouverneur donne sa signature tous les jours, en ayant soin de déposer au secrétariat du gouvernement les pièces qui la réclament ; elles sont rendues le lendemain du jour où le dépôt a été fait.

Au Fort-Royal, le 1er juillet 1826.

Journal officiel, 1826, n° 54.

N° 4453. — *Circulaire ministérielle sur le mode à suivre pour la prompte transmission des pièces de comptabilité des trois services composant l'établissement des invalides.*

7 juillet 1826.

Monsieur, le mode de transmission en France des pièces de la comptabilité des trois services qui composent l'établissement des invalides a donné lieu à de fréquentes observations.

Alternativement divisées ou réunies, ces pièces séjournent tantôt au bureau des finances et approvisionnements (Direction des colonies), tantôt au bureau des fonds colonies et consulats, et cela parce qu'elles ne portent presque jamais le timbre du bureau des invalides qu'elles concernent exclusivement.

Un des inconvénients de cet état de choses est d'apporter dans l'examen des comptes un retard qui devient très-préjudiciable, surtout lorsqu'il tombe sur le service *Gens de mer*, puisqu'il laisse des marins ou des héritiers nécessiteux dans l'attente de produits qui leur seraient d'un grand secours.

Déjà, dans plusieurs colonies, on a pris soin de réunir en une liasse distincte et séparée, avec une lettre d'envoi spéciale, les pièces comptables de l'établissement des invalides ; mais, comme ces paquets étaient ensuite renfermés dans les mêmes caisses qui contenaient la comptabilité générale du trésorier, on n'a que faiblement atténué les inconvénients du mode cumulatif, sans arriver au résultat désirable, qui serait de payer, avec la plus grande célérité possible, les sommes du service *Gens de mer*, versées aux colonies et remboursables en France.

Pour atteindre ce but, il faut :

1° Que les comptes des services *Prises, Gens de mer et Invalides*, ainsi que les pièces à l'appui, me soient adressés à la fin de chaque trimestre, *dès qu'ils auront été établis*, et fort indépendamment des papiers relatifs à d'autres comptabilités, soit que l'expédition en ait lieu pour France à la même époque, soit que quelques productions complémentaires obligent à en différer l'envoi ;

2° Que lesdits comptes et pièces portent toujours le timbre du bureau des invalides auquel la remise du tout doit être faite, et qu'on ait soin d'ailleurs d'en faire qu'un paquet ficelé et cacheté, s'ils présentent peu de volume, ou de les enfermer dans une caisse particulière, s'ils forment une grande masse.

Je vous recommande aussi, dans la vue de faciliter la recherche des pièces qui pourraient se trouver retardées ou adirées, d'indiquer, en marge des duplicatas de vos lettres, les bâtiments sur lesquels les primatas auront été placés, la date de leur départ de la colonie et le lieu de leur destination.

Enfin, pour ne pas laisser d'incertitude sur l'arrivée des demandes ou observations que j'aurai pu vous adresser, je vous invite à m'accuser provisoirement réception de mes dépêches au moment même où elles vous parviennent, sauf à donner, dans une réponse ultérieure, les développements qui pourront être nécessaires.

Je vous accuserai aussi immédiatement, sous le timbre du bureau des invalides, la réception des pièces que vous m'aurez adressées, et je vous notifierai ensuite le résultat de l'examen qu'elles auront subi.

Vous sentirez combien ces mesures d'ordre sont favorables à la prompte régularisation de la comptabilité *Invalides*, et je ne doute pas des soins que vous apporterez pour en assurer l'exécution.

La présente ne déroge en rien au surplus à l'article 37 de l'instruction réglementaire du 5 février dernier, lequel continuera d'être suivi pour l'envoi des pièces de la comptabilité du trésor colonial destinées à la cour des comptes.

Recevez, etc.

Le Ministre de la marine et des colonies,

Signé Comte DE CHABROL.

Bureau des classes. Ord. et déc., 1826.

N° 4454. — *Arrété du gouverneur relatif à la faculté accordée par l'ordonnance royale du 19 mars 1826 à certains fonctionnaires de prendre à leur service des nègres du roi.* (Extrait.)

12 juillet 1826.

Ceux de ces fonctionnaires qui voudront renoncer au bienfait de l'ordonnance, en tout ou partie, recevront une allocation représentative, fixée à 600 francs par an, pour chacun des noirs qu'ils ne prendront pas dans les ateliers du roi.

Bureau des revues. Ord. et déc., 1826.

N° 4455. — *Dépêche ministérielle relative à l'envoi à la Martinique et à la répartition, dans cette colonie, de plusieurs journaux et ouvrages périodiques.*

14 juillet 1826.

Monsieur le Comte, par suite de la nouvelle organisation administrative appliquée à la Martinique, l'ordre des choses existant, quant à la distribution d'une partie des exemplaires du *Bulletin des Lois*, du *Journal militaire*, des *Annales maritimes* et des journaux quotidiens qui sont adressés dans cette ile par les soins de mon département, a subi les modifications suivantes :

Le *Moniteur*, à partir du 1er avril 1826 ; le *Bulletin des Lois*, à partir de la 4e série (sénatus-consulte organique de l'an xii) et les *Annales maritimes*, depuis l'origine, sont envoyés pour l'usage particulier de M. le directeur général de l'intérieur.

Les deux premiers de ces recueils sont, à partir des mêmes époques, adressés au secrétaire archiviste pour être déposés au lieu des séances du conseil privé. La même destination sera donnée à l'exemplaire de la *Gazette de France*, qui, depuis la suppression de la place d'intendant, était envoyé à l'ordonnateur.

De plus, le *Journal militaire* est adressé, à partir du 1er janvier dernier, à MM. le commandant militaire et le contrôleur.

Je joins ici un tableau indicatif de la nouvelle répartition, entre tous les services de la colonie, des divers ouvrages périodiques et journaux désignés.

Les collections ci-dessus annoncées du *Bulletin des Lois* et des *Annales maritimes* (deux du premier recueil et une du dernier) partent avec le primata de la présente dépêche, ainsi qu'un exemplaire pour les années 1824 et 1825 du *Journal du palais*, ouvrage destiné à M. le procureur général et qui continuera de lui être exactement envoyé.

Je vous prie de recommander aux fonctionnaires auxquels ces recueils doivent être remis, de donner à leur conservation les soins convenables.

Recevez, etc.

Le Ministre de la marine et des colonies,
Signé Comte DE CHABROL.

Arch. de l'ordonnateur. Dép. 1826, n° 136.

Tableau de la répartition entre les fonctionnaires de la Martinique des journaux de France et de divers ouvrages périodiques envoyés par le département de la marine.

DÉSIGNATION des FONCTIONNAIRES.	BULLETIN des LOIS.	MONITEUR.	ANNALES maritimes	GAZETTE de FRANCE.	JOURNAL du PALAIS.	JOURNAL militaire.
Gouverneur	1	1	1	1	"	1
Commandant militaire	"	1	"	"	"	1
Ordonnateur	1	1	1	"	"	1
Directeur général de l'intérieur	1	1	1	"	"	"
Procureur général	1	1	"	"	1	"
Conseil privé	1	1	"	1	"	"
Président de la cour royale	1	"	"	"	"	"
Contrôleur	1	"	1	"	"	1
Commissaire aux revues, etc.	"	"	1	"	"	1
	7	6	5	2	1	5

N° 4456. — *Arrêté du gouverneur administrateur relatif à la nourriture des troupes durant l'hivernage.* (Extrait.)

15 juillet 1826.

Art. 1er. La ration de bœuf salé que les soldats recevaient une fois par semaine sera remplacée par une ration de viande fraîche pendant la durée de l'hivernage, c'est-à-dire à partir du 16 présent mois jusqu'au 23 octobre prochain inclusivement.

Signé DE BOUILLÉ.

Inspection. Reg. 11.

N° 4457. — *Dépêche ministérielle au gouverneur portant ordre de faire vendre au profit du trésor colonial les fûts, caisses, etc., provenant des livraisons des fournisseurs et des envois de la métropole.*

18 juillet 1826.

Monsieur le Comte, dans les ports de France, les barriques, les caisses et tous autres objets qui ont servi à contenir les fournitures faites à la marine royale, sont, à de certains inter-valles, vendus aux enchères au profit du domaine de l'État.

Dans les colonies, il paraîtrait qu'il est généralement d'usage d'abandonner ces objets aux agents subalternes des magasins, qui en disposeraient comme de choses à eux appartenant.

Mon intention est qu'à l'avenir ce qui se pratique à cet égard en France ait également lieu dans les colonies; c'est-à-dire qu'aux époques jugées les plus convenables, tous les fûts qui proviennent des livraisons des fournisseurs et des envois de la métropole et qui n'auraient pas un emploi prévu pour le service, soient vendus, suivant le mode le plus avantageux, au profit de la caisse coloniale. Le produit de ces ventes sera porté en recette à la 5e section : *Recettes diverses.*

Vous voudrez bien vous faire rendre compte de l'exécution de cette mesure qui a moins pour objet de créer une ressource que de faire disparaître un abus contraire à l'ordre général du service.

Je vous prie de faire enregistrer la présente dépêche au con-trôle et de m'en accuser la réception par lettre spéciale.

Recevez, etc.

Le Ministre de la marine et des colonies,
Signé DE CHABROL.

Arch. du gouvernement. Dép. ministér., n° 275.

N° 4458. — *Arrêté du gouverneur qui organise à nouveau le service des transports militaires et en confie la surveillance au directeur de l'artillerie.*

20 juillet 1826.

Nous, etc.,

Vu les délibérations du conseil privé dans ses séances des 1er, 2 et 3 du présent mois de juillet ;

Vu notre arrêté en date du 6 du même mois, qui détermine l'indemnité à payer au sieur Pontaïs, chargé en régie et par convention verbale du service des transports par terre, depuis le 1er février dernier, époque du licenciement de la brigade du train des équipages militaires ;

Considérant que la dépense occasionnée par ces transports depuis qu'ils ont été confiés au sieur Pontaïs, ne saurait exister plus longtemps sans être onéreuse aux divers services ;

Considérant néanmoins la nécessité de maintenir un établissement dont les résultats sont très-avantageux ;

Et voulant l'organiser d'une manière stable et sur des principes qui s'accordent avec l'état actuel des choses ;

De l'avis du conseil privé,

Avons arrêté et arrêtons ce qui suit pour être exécuté pendant une année, à moins qu'il n'en soit autrement ordonné par Sa Majesté :

Art. 1er. Le directeur de l'artillerie sera chargé, en sa qualité, de la surveillance et de l'administration du service des transports pour l'artillerie et les subsistances militaires.

Art. 2. A cet effet, le cheval, les vingt-neuf mulets, les voitures, harnais et autres objets de matériel provenant du train des équipages militaires, lui seront remis sur récolement d'inventaire par le sieur Pontaïs.

Art. 3. Dix-neuf hommes, dont un sergent, deux caporaux, un maréchal ferrant et un bourrelier, choisis et désignés par le commandant militaire, seront pris dans la troupe et chargés, sous les ordres du directeur d'artillerie, de la conduite et de l'entretien des mulets.

Ces militaires continueront à compter dans les corps qui les auront fournis, et recevront une haute paye fixée à trente centimes pour le sergent, vingt centimes pour le caporal et quinze centimes pour le soldat.

Le prix du travail du maréchal ferrant et du bourrelier sera déterminé par le directeur d'artillerie.

Art. 4. Le polygone, moins l'espace à réserver pour le tir à la cible, sera cultivé par les soins d'un fermier, à qui l'on confiera des noirs de la colonie, et qui livrera à un prix fait l'herbe nécessaire à la nourriture des mulets.

Art. 5. Il sera pourvu au ferrage de ces animaux et à l'entretien des voitures et harnais, au moyen des ouvriers ci-dessus et sous la surveillance du directeur de l'artillerie qui fera fournir les matériaux.

Art. 6. La dépense résultant de cet établissement sera faite par la caisse coloniale, comme avance remboursable à la fin de l'année; mais pour les exercices suivants, on la fera figurer dans le budget de la direction d'artillerie.

Art. 7. Le commandant militaire et le commissaire ordonnateur sont chargés, chacun en ce qui le concerne, de l'exécution du présent arrêté, qui sera enregistré au contrôle.

Fait et arrêté au Fort-Royal, le 20 juillet 1826.

Signé Comte DE BOUILLÉ.

Et plus bas :
L'Ordonnateur,
MAINIÉ.

Inspection. Reg. 11, n° 389.

N° 4459. — *Arrêté du gouverneur administrateur portant suppression des sémaphores.*

25 juillet 1826.

Nous, etc.,

Vu l'état de dégradation dans lequel se trouvent les sémaphores établis dans les différents quartiers de la colonie ;

Considérant que le but de cet établissement n'a point été rempli, puisque jamais les sémaphores n'ont été mis en mouvement, et que maintenant il ne serait possible de les utiliser qu'avec de nouvelles dépenses très-considérables ;

Considérant que les frais d'entretien et de solde des guetteurs, déjà très-onéreux pour le trésor, ne sont en outre compensés par aucun résultat avantageux ;

De l'avis du conseil privé dans sa séance du 5 de ce mois,

Avons arrêté et arrêtons ce qui suit :

Art. 1er. A dater du 1er août prochain, les sémaphores établis dans les différents quartiers de la colonie seront définitivement abandonnés, et la solde des guetteurs cessera d'être expédiée.

Art. 2. Les effets et ustensiles accordés pour le service seront remis par le guetteur au garde-magasin ou chef de service de leur arrondissement, et en recevront bonne et valable décharge.

Art. 3. Les sémaphores seront démolis et l'administration de la marine tirera des matériaux le parti qui sera jugé le plus avantageux, soit en les faisant entrer en magasin, soit en les vendant sur les lieux mêmes, s'il se trouve des acquéreurs.

Art. 4. Le commissaire ordonnateur est chargé de l'exécution du présent arrêté, qui sera enregistré au contrôle.

Fait et arrêté au Fort-Royal, le 25 juillet 1826.

Signé Comte DE BOUILLÉ.

Et plus bas :

MAINIÉ,

Ordonnateur.

Inspection. Reg. 11, n° 390.

N° 4460. — *Circulaire ministérielle au sujet de l'échange à faire contre des monnaies ou valeurs ayant cours en France, des monnaies du pays existant dans les caisses des corps de troupes qui quittent la colonie.*

25 juillet 1826.

Monsieur le Comte, quelques-uns des corps de troupes qui sont revenus des colonies, paraissent avoir eu à supporter des pertes sur les sommes qu'ils avaient en caisse, attendu que ces sommes se composaient de monnaies dont la valeur dans la colonie était fixée à un taux supérieur à celui qu'elles ont en France.

Afin d'éviter pour l'avenir de semblables inconvénients, voici les dispositions que j'ai arrêtées :

Lorsque l'un des corps de troupes faisant partie de la garnison d'une colonie, sera rappelé en France, l'administration de la colonie se fera représenter les valeurs dont se composerait l'existant en caisse appartenant au corps.

Dans le cas où parmi ces valeurs il se trouverait des monnaies qui ne pourraient être placées en France qu'au-dessous du taux auquel elles ont cours dans la colonie, l'administration pourvoira au remplacement de ces monnaies, soit par des traites sur le trésor royal, soit par toute autre monnaie susceptible d'être réalisée sans perte en France.

Recevez, etc.

Le Ministre de la marine et des colonies,

Signé Comte DE CHABROL.

Arch. de l'ordonnateur. Dép. 1826, n° 131.

N° 4461. — *Dépêche ministérielle rappelant à l'exécution du décret du 3 août 1808, relativement aux mariages des fonctionnaires et employés de la marine aux colonies.*

28 juillet 1826.

Monsieur le Comte, un décret du 3 août 1808, dont l'exécution dans les colonies a été prescrite par plusieurs dépêches ministérielles et notamment par une circulaire du 3 octobre 1814, applique aux divers fonctionnaires et employés de la marine les dispositions du décret du 16 juin 1808 au sujet du mariage des militaires.

L'article 1er du décret dont il s'agit dispose qu'aucun officier militaire ou civil appartenant au département de la marine, ne peut régulièrement contracter mariage sans avoir préalablement obtenu la permission par écrit du ministre de la marine.

L'article 2 du même décret laisse toutefois aux administrateurs en chef de la colonie la faculté de consentir au mariage de leurs subordonnés, mais seulement lorsque les circonstances ne permettraient pas d'attendre l'autorisation du ministre et à la charge de lui en rendre compte immédiatement.

Les administrateurs ne se sont pas toujours exactement conformés à ces dispositions qui touchent essentiellement au maintien du bon ordre et à l'intérêt des familles.

Des renseignements particuliers parvenus au département de la marine ont fait connaître que plusieurs fonctionnaires et officiers d'administration employés aux colonies avaient contracté mariage sans qu'il en eût été rendu aucun compte au ministre.

Quelquefois le chef de la colonie s'est contenté d'informer le ministre de l'usage qu'il avait fait de la faculté qui lui est laissée par l'article 2 du décret précité, en accordant son autorisation au mariage d'un officier d'administration, mais sans donner aucune explication sur les motifs qui avaient déterminé la nécessité de cette concession et sans transmettre aucun des renseignements exigés sur l'âge, la fortune et la famille de la personne avec laquelle l'union avait été contractée.

Je crois donc devoir appeler de nouveau votre attention sur l'exécution des dispositions prescrites par le décret du 3 août 1808.

Vous examinerez avec soin les demandes en autorisation de mariage qui vous seraient faites par des fonctionnaires ou employés civils et militaires, et lorsqu'elles vous paraîtront susceptibles d'observations, vous ne devrez pas hésiter à les renvoyer à ma décision en y joignant votre avis appuyé de tous les renseignements qui pourront me mettre à portée d'apprécier la convenance des unions projetées.

Dans le cas où vous aurez jugé qu'un retard pourrait nuire aux intérêts du fonctionnaire ou employé qui sollicite l'autorisation de se marier, vous userez de la faculté qui vous est laissée de prononcer immédiatement.

Je ne doute pas qu'en pareille circonstance vous ne mettiez tous vos soins à n'autoriser que des mariages sortables sous tous les rapports. Le compte que vous aurez à me rendre à cet égard devra toujours être accompagné de documents faisant connaître l'âge, la fortune et la famille des personnes qu'auront épousées les fonctionnaires ou employés qui auront obtenu votre autorisation.

Ces dispositions sont applicables à tous les officiers et employés de la marine ou colonies nommés par le roi ou par le ministre de la marine. Je me réfère, relativement aux mariages des militaires de l'armée de terre, à la circulaire que je vous ai adressée le 17 janvier dernier.

La présente dépêche sera enregistrée au contrôle.

Recevez, etc.

Le Ministre de la marine et des colonies,
Signé Comte de CHABROL.

Inspection. Reg. 12, n° 193.

N° 4462. — *Ordonnance du roi portant nomination aux fonctions de procureur du roi près le tribunal civil de première instance de Fort-Royal.* (Extrait.)

30 juillet 1826.

Le traitement annuel de ce fonctionnaire est fixé à 10,000 fr. Au moyen de cette allocation, il lui est défendu de percevoir à son profit aucun des droits connus sous le nom *d'épices*, qui seront perçus désormais par le greffier du tribunal au profit du trésor de la colonie.

Inspection. Reg. 13, n° 235. — Enregistré à la cour royale, le 8 mai 1826.

N° 4463. — *Ordonnance du roi portant nomination aux fonc-*

tions de président du tribunal de première instance de Saint-Pierre.

30 juillet 1826.

Le traitement annuel de ce fonctionnaire est fixé à 18,000 fr. sous la même défense que celle exprimée dans l'ordonnance qui précède.

Greffe de la cour royale. Reg. 19. — Enregistré à la cour royale, 8 novembre 1826.

N° 4464. — *Décision du roi qui accorde des gilets de flanelle aux troupes des colonies.*

30 juillet 1826.

NOTA. Aux termes de cette décision, dit le ministre de la guerre, les effets de cette nature, ainsi fournis à titre de première mise, étant délivrés aux sous-officiers et soldats en gratification, ils deviennent leur propriété personnelle, et, pour ce motif, ils rentrent avec d'autant plus de raison dans la catégorie de ceux de petit équipement, que le renouvellement doit en avoir lieu sur le fonds et au compte de la masse de linge et chaussures. Il semble donc que le mode prescrit par l'article 55 de l'instruction du 28 août 1825, en ce qui concerne les effets de petit équipement, est le seul que doivent suivre les corps dans l'achat et l'expédition des gilets de flanelle nécessaires pour opérer les remplacements.

Inspection. Reg. 15, n° 15.

N° 4465. — *Dépêche ministérielle au gouverneur, au sujet d'un procédé pour la conservation des farines.*

1er août 1826.

Monsieur le Comte, l'administration du Sénégal vient de faire l'essai d'un procédé qui offre de précieux avantages pour la conservation des farines. Il consiste à enduire les barils avec un mélange égal de brai gras et de goudron, et à les saupoudrer avec du sable fin de manière à former une croûte imperméable, inattaquable par les insectes et dont l'odeur seule les éloigne.

D'après le rapport d'une commission formée au Sénégal, un baril de farine de 90 kilogrammes, préparé le 3 août 1825 d'après le procédé dont il s'agit, avait été placé au milieu de farines anciennes, attaquées par les insectes et dans un état complet d'altération. Lors de l'ouverture de ce baril qui eut lieu le 23 avril 1826, c'est-à-dire plus de huit mois après la préparation, il a été reconnu qu'aucune criblure n'existait aux fonds non plus qu'aux douves, que le papier qui couvrait la farine n'était point attaqué par les insectes, que la farine totalement saine, d'une blancheur parfaite et sans odeur, n'avait subi aucune diminution de poids. Le pain qui en fut fait était très-beau, d'une odeur et d'une saveur agréables et ne laissait absolument rien à désirer.

Je vous prie de vouloir bien ordonner qu'il soit fait, à la Martinique, un essai du procédé que je viens d'indiquer et de m'adresser les procès-verbaux des commissions qui seront nommées pour en constater les résultats.

Recevez, etc.

Le Ministre de la marine et des colonies,

Signé Comte DE CHABROL.

Arch. du gouvernement. Dép. ministér., n° 298.

—————

N° 4466. — *Décision du conseil privé portant qu'à l'avenir l'embarquement des nègres esclaves comme marins à bord des caboteurs ne sera plus toléré.*

1er août 1826.

NOTA. Cette décision est conforme aux dispositions du règlement du 20 juin 1785.

Inspection. Reg. 15, n° 19.

—————

N° 4467. — *Arrêté du gouverneur qui, vu les états de situation des vivres, défend, jusqu'à nouvel ordre, l'exportation de la farine de manioc.*

2 août 1826.

Journal officiel, 1826, n° 64.

—————

N° 4468. — *Arrêté du gouverneur administrateur portan création d'une commission chargée de l'administration et d la surveillance des propriétés coloniales.*

6 août 1826.

Nous, etc.,

Voulant pourvoir à la conservation des propriétés coloniales e accroître leur prospérité ;

Sur le rapport du directeur général de l'intérieur et de l'avis du conseil privé, en séance d'août 1826,

Avons arrêté et arrêtons ce qui suit :

Art. 1er. Il sera créé une commission chargée de l'administration et de la surveillance des propriétés coloniales. Cette commission sera composée d'au moins quatre membres choisis par nous parmi les habitants les plus notables de la colonie et sur la présentation du conseil général, représenté cette fois par le comité consultatif.

Art. 2. Un conseiller colonial désigné par nous fera nécessairement partie de cette commission.

Art. 3. Cette commission sera présidée par le directeur général de l'intérieur qui la convoquera près de lui chaque fois que les besoins du service l'exigeront.

Art. 4. Les attributions de cette commission comprendront tout ce qui concerne la conservation et l'amélioration des immeubles de la Martinique, de quelque nature qu'ils soient.

La commission examinera le parti qui pourra en être tiré, soit en les affermant, soit même en les faisant administrer au compte de la colonie, si cela était plus avantageux à ses intérêts ou s'il y avait impossibilité de les affermer à des conditions favorables.

Art. 5. La commission aura aussi à prendre connaissance des comptes qu'il y aurait à rendre, si l'administration des habitations avait lieu par régie simple ou par régie intéressée, et à procéder au règlement des comptes des fermiers, si elles étaient affermées.

Art. 6. La commission présentera annuellement au conseil général, par l'organe de son président, le compte de ses travaux pour être vérifié et examiné ; après quoi nous nous réservons de statuer en conseil, sauf l'approbation du ministre.

Art. 7. La commission pourra être convoquée, soit à l'hôtel de la direction de l'intérieur au Fort-Royal, soit au bureau de l'intérieur à Saint-Pierre, soit même, dans des cas urgents et graves, et après que le président se sera concerté avec les membres, sur l'une des habitations coloniales.

Art. 8. Indépendamment du travail général de la commission, chacun des membres pourra être investi, par le directeur général de l'intérieur, d'une surveillance directe et spéciale sur chacune des propriétés.

Si la propriété est affermée, cette surveillance donnera le droit de se faire représenter des quittances, d'inspecter les bâtiments et s'enquérir du régime des esclaves.

Si l'habitation est en régie simple ou intéressée, indépendam-

18

ment des droits spécifiés ci-dessus, les membres de la commission pourront se faire représenter tous registres, livres de comptes, matières et produits, instruments et bestiaux existant sur l'habitation.

Chacune des inspections donnera lieu à un rapport au directeur général ; ce rapport aura lieu immédiatement au cas d'abus graves ou de tout événement qui exigerait des mesures promptes.

Le membre de la commission qui fera un rapport pourra demander la convocation de la commission.

Art. 9. Au cas où il s'agirait de propriétés bâties, le membre de la commission, délégué pour leur surveillance, les visitera toutes les fois qu'il le jugera convenable, indiquera dans son rapport les travaux qu'il croit nécessaires, et, pendant l'exécution des travaux, pourra les suivre, indiquer et faire constater les malfaçons, sans pouvoir donner aucun ordre si ces travaux sont sous la conduite d'un ingénieur civil ou militaire.

Art. 10. Nous nous réservons, à mesure que les besoins du service l'exigeront, d'étendre et modifier les attributions conférées par le présent arrêté, comme aussi d'indiquer à S. Exc. le ministre de la marine, en le priant de le désigner plus particulièrement aux bontés du roi, le membre de la commission dont le zèle et le dévouement aux intérêts de la colonie aura le plus influé sur l'amélioration de ses propriétés.

Art. 11. La commission pourra délibérer la moitié, plus un de ses membres présents, président non compris, pourvu que tous aient été convoqués.

Art. 12. L'employé principal du domaine de l'arrondissement dans lequel la commission sera convoquée tiendra la plume comme secrétaire de la commission.

Donné au Fort-Royal, le 6 août 1826.

Signé Comte DE BOUILLÉ.

Et plus bas :

Le Directeur général de l'intérieur,

Signé ROYER.

Nota. D'un arrêté du 9 août suivant, n° 394, il résulte que cette commission devait être, et a été en effet, composée de quatre habitants notables et d'un conseiller colonial, présidés par le directeur général de l'intérieur.

Inspection. Reg. 11, n° 391.

N° 4469. — *Ordre du jour qui appelle la milice à concourir avec les troupes, pendant l'hivernage, au service des places de Saint-Pierre et de Fort-Royal.* (Extrait.)

8 août 1826.

Afin de préserver, autant que possible, la santé des troupes, les sous-officiers et miliciens recevront une ration complète de vivres.

Bureau des approvisionnements. Ord. et déc., 1826.

————————

N° 4470. — *Ordonnance du roi qui règle l'ordre d'avancement dans les troupes d'infanterie en garnison aux colonies françaises.*

9 août 1826.

CHARLES, etc.,

Sur le compte qui nous a été rendu de l'impossibilité où se trouvent les régiments stationnés dans nos colonies de présenter des sujets réunissant les conditions voulues par la loi pour remplir tous les emplois vacants dans ces corps, et qui leur ont été réservés par l'article 6 de l'instruction réglementaire approuvée par nous le 28 août 1825 ;

Vu l'article 29 de la loi du 10 mars 1818 et l'ordonnance du 2 août suivant ;

Sur le rapport de notre ministre secrétaire d'État de la guerre ;

Nous avons ordonné et ordonnons ce qui suit :

Art. 1er. Conformément à l'article 6 de l'instruction réglementaire du 26 août 1825, l'avancement dans les troupes d'infanterie en garnison aux Antilles françaises roulera, jusqu'au grade de chef de bataillon inclusivement, sur les officiers qui en feront partie, aussi longtemps qu'il s'y trouvera des sujets remplissant les conditions prescrites par la loi du 10 mars et l'ordonnance du 2 août 1818.

Le concours pour les emplois de chef de bataillon revenant, soit à l'ancienneté, soit au choix, aura lieu sur tous les bataillons en garnison dans lesdites colonies ; celui pour les grades d'officiers inférieurs aura lieu sur les bataillons d'expédition du corps où vaquera l'emploi.

Art. 2. Lorsqu'il ne se trouvera pas dans les bataillons d'un même régiment employés dans l'une des Antilles françaises de sous-lieutenants ou lieutenants remplissant les conditions requises par la loi pour obtenir l'avancement qui leur est réservé par l'article 1er, le concours, soit à l'ancienneté, soit au choix, pour

18.

les vacances de capitaine ou lieutenant, aura lieu sur tous les bataillons ou portions de bataillon en garnison dans la colonie où vaquera l'emploi, et, à défaut, sur les bataillons et portions de bataillon en garnison dans l'autre colonie.

Art. 3. S'il n'existait dans aucun des bataillons détachés aux Antilles, de sous-lieutenants ou lieutenants ayant l'ancienneté requise, il sera pourvu aux emplois de capitaine et de lieutenant qui y seront vacants, d'après les modes suivants, savoir :

1° Les emplois dévolus à l'ancienneté seront attribués d'abord au plus ancien officier du grade inférieur existant dans le bataillon de dépôt du régiment où la vacance a lieu, et ayant quatre ans de grade ;

Dans le cas où ce bataillon n'offrirait aucun sujet ayant ce temps de service, la nomination portera sur le plus ancien officier, accomplissant cette condition, de tous les dépôts dont les régiments ont des détachements aux Antilles ; et enfin, si, par ce dernier moyen, on ne pouvait parvenir à remplir tous les emplois, alors l'avancement à l'ancienneté sera donné au plus ancien officier des bataillons d'expédition des corps où a lieu la vacance, pourvu qu'il ait au moins deux ans de grade ;

2° Les emplois dévolus au choix seront affectés aux sous-lieutenants ou lieutenants desdits bataillons d'expédition ayant au moins deux ans de grade.

Art. 4. En exécution de l'article 6 de l'instruction réglementaire du 28 août 1825, tous les emplois de sous-lieutenant vacants dans les bataillons détachés aux Antilles françaises seront donnés aux sous-officiers de ces bataillons qui, réunissant les conditions prescrites par la loi du 10 mars 1818, seront portés sur les tableaux d'avancement, et présentés par les chefs de corps, conformément à l'ordonnance du 2 août suivant.

Pour pourvoir aux sous-lieutenances qui resteraient vacantes après que la liste des candidats désignés ci-dessus aura été épuisée, on établira un concours, d'abord entre les sous-officiers des bataillons en garnison dans la même colonie, ensuite entre ceux de tous les bataillons stationnés aux Antilles ; puis, à défaut, entre les sous-officiers des bataillons de dépôt du corps où la vacance a eu lieu, et enfin, entre ceux de tous les bataillons de dépôt dont les corps ont des détachements aux Antilles. Si toutes ces ressources étaient insuffisantes, mais seulement dans ce cas, les places vacantes seront conférées, soit à des sous-officiers d'autres régiments, soit à des élèves de l'école militaire de Saint-Cyr, en réservant toutefois, jusqu'à ce qu'il puisse être

rempli, conformément au vœu de la loi, le tiers des sous-lieutenances dont les sous-officiers ne doivent jamais être privés.

Art. 5. L'ordre d'avancement prescrit par les quatre articles
précédents sera suivi pour les garnisons de la Guyane, du
Sénégal, de Bourbon et de leurs dépendances, mais sans qu'il
y ait concours entre les officiers et sous-officiers employés dans
l'une de ces trois colonies, avec ceux qui sont employés, soit
dans les deux autres, soit à la Martinique et à la Guadeloupe.

Art. 6. Les dispositions de l'article 6 de l'instruction approuvée
par nous le 28 août 1825, sont et demeurent abrogées en ce
qu'elles ont de contraire à la présente ordonnance.

Art. 7. Nos ministres secrétaires d'État de la guerre et de la
marine sont chargés, chacun en ce qui le concerne, de l'exécution
de la présente ordonnance.

Donné à Saint-Cloud, le 9 août 1826.

Signé CHARLES.

Et plus bas :
Le Ministre de la guerre,
Signé Marquis DE CLERMONT-TONNERRE.

Journal militaire, 1826, 2ᵉ sem., p. 70.

N° 4471. — *Commission de grand voyer et arpenteur général
de la colonie délivrée par le gouverneur au sieur de Chas-
tellier.* (Extrait.)

21 août 1826.

Pour par lui exercer ledit emploi et jouir des honneurs et
prérogatives qui y sont attachés.

Nota. Le chiffre des émoluments de cette place n'est point
indiqué.

Greffe de la cour royale. Reg. 19, f° 51.

N° 4472. — *Dépêche ministérielle au gouverneur contenant
des instructions et dispositions relatives au payement des
frais de conduite et des vacations dans les colonies.*

22 août 1826.

Monsieur le Comte, j'ai fait réunir et comparer les rapports qui ont été adressés de nos diverses colonies au département de la marine, sur la manière dont on y paye les frais de route et vacations des salariés militaires ou civils voyageant pour affaires de service.

Dans quelques colonies, les moyens de transport sont fournis en nature ; dans d'autres, il est alloué une indemnité fixée par journée et à raison du prix connu de la location des chevaux ou des canots ; il en est, enfin, où l'on suit le tarif du 29 pluviôse an IX, sans allocation supplémentaire, ou avec un supplément de moitié, ou encore, avec des suppléments gradués, dans les mêmes proportions que la solde l'a été par l'ordonnance du 22 septembre 1819.

En ce qui concerne le payement des vacations, on a pris généralement pour base l'arrêté du 29 pluviôse an IX, mais on y a ajouté des suppléments dont le taux n'est pas le même dans toutes les colonies, et qui, de plus, a subi successivement, dans certains lieux, plusieurs modifications tendant toutes à accroître la dépense.

Ces diverses manières d'opérer ne m'ont pas paru être suffisamment justifiées par les différences de localités ; les augmentations successives qu'ont éprouvées les tarifs locaux portent trop souvent le caractère, ou d'une grande facilité à satisfaire des exigences personnelles, ou d'une fausse interprétation des règlements. Ainsi, dans quelques colonies où les prix fixés par le tarif de l'an IX, augmentés d'un supplément de moitié seulement, avaient longtemps suffi et suffisaient encore, d'après les rapports officiels de l'administration, cette même administration a néanmoins consenti, presqu'au même moment où ses rapports me parvenaient, à décider que les suppléments coloniaux seraient d'une somme égale des trois quarts ou de moitié des prix d'Europe, suivant les grades et ainsi que l'a réglé, pour la solde, l'ordonnance du 22 septembre 1819 déjà citée. Cette interprétation est vicieuse, car l'ordonnance de 1819 n'a établi que pour la solde les proportions qui viennent d'être rappelées, et elle les a tellement appliquées à la solde seule, qu'elle a déterminé d'autres proportions pour les suppléments coloniaux, dont plusieurs sortes d'indemnités doivent être augmentées. Je bornerai là les citations.

Dans les colonies, les communications d'un point à un autre ont lieu presque toujours par mer ; les voyages par terre dans le petit nombre de cas où l'autre voie ne peut être employée, se font seulement avec des chevaux de selle, pris à loyer, attendu l'absence de postes, de relais ou de voitures publiques. Une allocation calculée par myriamètre, comme en France, ne serait pas appropriée à cet état de choses.

J'ai décidé, par ce motif, que les frais de conduite seraient remplacés, aux colonies, par une allocation en argent déterminée, sans distinction de grade ou d'emploi des salariés voyageant pour le service, d'après le prix réel de location des pirogues, canots, bateaux, ou d'après celui de la location des chevaux pour les diverses distances à parcourir. Quelques colonies ont déjà des tarifs locaux pour cet objet; ils devront être revus avec soin et les prix en seront réglés le plus économiquement qu'il sera possible. Il sera établi de semblables tarifs dans les colonies où il n'en existe pas encore. Les autorités locales les feront mettre provisoirement à exécution et elles m'en enverront copies.

S'il se présente des cas extraordinaires et non prévus par les tarifs locaux, l'administration pourra traiter de gré à gré, ou employer des bâtiments de la marine royale, suivant qu'il y aura lieu. Dans cette dernière supposition, les salariés en voyage seront traités d'après les règlements généraux sur les passagers au compte du gouvernement.

Quant aux vacations, elles seront payées dans toutes les colonies suivant les règles générales et le tarif déterminé par l'arrêté du 29 pluviôse an IX, avec un supplément colonial de moitié en sus. Il ne pourra être rien changé à cette fixation sans un ordre positif de moi.

Dans la règle ordinaire, les vacations ne sont pas dues pour les journées de voyage; mais si dans le nouveau système de frais de conduite que je viens de vous indiquer, les prix sont exactement calculés sur la valeur réelle des frais matériels de transport, il deviendra nécessaire d'allouer les vacations depuis le jour où le salarié quitte sa résidence habituelle inclusivement, jusqu'à celui où il y rentre exclusivement. Je n'admettrai pas toutefois cette conséquence, sans vous faire sentir la nouvelle obligation qu'elle vous impose de réduire à l'absolu nécessaire votre tarif des frais de transport.

Il est bien entendu, d'ailleurs, que les vacations ne seraient pas allouées pour des journées passées à bord de bâtiments de l'État, sur lesquels les salariés auraient été nourris aux frais du roi.

Les dispositions qui précèdent sont applicables à toute espèce de salariés, à l'exception seulement des gendarmes qui ont des indemnités spéciales lorsqu'ils sont commandés pour un service extraordinaire.

Vous voudrez bien m'accuser réception de la présente dépêche, qui sera enregistrée au contrôle de la colonie.

Recevez, etc.

Le Ministre de la marine et des colonies,

Signé DE CHABROL.

Arch. du gouvernement. Dép. ministér., n° 329.

* * *

N° 4473. — *Notice sur une méthode préservative contre la maladie pédiculaire qui détruit le cotonnier.*

25 août 1826.

Annales maritimes, 1826, 2ᵉ partie, t. 2, p. 426.

* * *

N° 4474. — *Décision du ministre de la guerre portant que les troupes recevront, aux Antilles, une ration de vin pendant toute l'année. (Extrait.)*

26 août 1826.

Ayant reconnu que cette distribution était un des meilleurs moyens de conserver la santé du soldat.

Arch. de l'ordonnateur. Dép. 1826, n° 166.

* * *

N° 4475. — *Circulaire ministérielle portant que, conformément aux règlements généraux, les officiers promus, dans les colonies, à de nouveaux grades, n'en peuvent toucher la solde qu'à dater de leur réception légale.*

26 août 1826.

Arch. du gouvernement. Dép. ministér., n° 333.

* * *

N° 4476. — *Ordonnance du roi qui fixe le système monétaire des colonies de la Martinique et de la Guadeloupe et rend obligatoire la computation en francs (1).*

30 août 1826.

CHARLES, etc.,

Voulant donner à la circulation des monnaies, dans nos îles

* * *

(1) Voir: 1° le rapport au roi en date du même jour, et l'ordonnance elle-même, *Annales maritimes,* 1826, p. 726 et 732 ;

2° Une longue dépêche ministérielle d'envoi du 19 septembre 1826, n° 368 (arch. du gouvernement), expliquant les motifs et les bases des dispositions de cet acte réglementaire,

Et 3°, annexé à cette dépêche, un rapport du directeur de l'intérieur de la Martinique sur les effets produits par la mesure.

de la Martinique et de la Guadeloupe, des bases fixes et conformes à celles du système monétaire de la métropole ;

Sur le rapport de notre ministre secrétaire d'État de la marine et des colonies,

Nous avons ordonné et ordonnons ce qui suit :

TITRE Ier.

DE L'ÉTABLISSEMENT DE LA COMPUTATION EN FRANCS DANS NOS ÎLES DE LA MARTINIQUE ET DE LA GUADELOUPE.

Art. 1er. A compter de la publication de la présente ordonnance, la computation monétaire en francs, telle qu'elle est établie dans notre royaume, sera obligatoire dans nos îles de la Martinique et de la Guadeloupe et dans les établissements qui dépendent de cette dernière colonie.

Art. 2. Le franc, composé de cinq grammes d'argent à neuf dixièmes de fin, sera la seule unité monétaire légale dans lesdites colonies.

Art. 3. Toutes computations en livres coloniales ou en toutes autres monnaies de compte, sont et demeurent définitivement abolies.

Art. 4. Les sommes ou valeurs exprimées dans les contrats ou jugements ne pourront plus à l'avenir être mentionnées qu'en francs ou en monnaies réelles. Il est expressément enjoint à nos gouverneurs, magistrats et administrateurs, de tenir la main à cette disposition, et à nos greffiers, notaires et autres officiers ministériels ou publics, de s'y conformer, à peine, contre ces derniers, d'une amende de 100 francs pour chaque contravention. (Loi du 16 mars 1803.)

Art. 5. L'assiette et le recouvrement des contributions, tant directes qu'indirectes, ne pourront avoir lieu qu'en francs.

TITRE II.

DE LA CIRCULATION DES MONNAIES TANT FRANÇAISES QU'ÉTRANGÈRES.

Art. 6. Les monnaies d'or et d'argent françaises, et les espèces étrangères désignées ci-après, articles 12 et 14, continueront d'avoir cours forcé dans nosdites îles de la Martinique et de la Guadeloupe et dépendances.

Art. 7. Néanmoins, les monnaies étrangères ne pourront être données en payement, et ne seront reçues pour leur valeur de tarif qu'autant qu'elles auront été fabriquées au titre légal et

qu'elles n'auront pas subi, par le frai ou autrement, plus d'un
centième de diminution dans leur poids de rigueur.

Art. 8. Les pièces étrangères qui ne réuniront pas les conditions
exigées par l'article ci-dessus, cesseront d'avoir cours forcé de
monnaie, et ne pourront plus être employées que comme matière.

TITRE III.
DU TARIF DES MONNAIES TANT FRANÇAISES QU'ÉTRANGÈRES.

§ 1er. — *Monnaies en argent.*

Art. 9. La pièce de cinq francs et ses sous-divisions seront
admises dans tous les payements pour leur valeur nominale.

Art. 10. Les écus de France, dits de *six* et de *trois livres
tournois*, fabriqués depuis 1726, auront également cours dans
nosdites îles pour la valeur nominale qu'ils ont en France, savoir :
la pièce de six livres pour cinq francs quatre-vingts centimes,
et celle de trois livres pour deux francs soixante-quinze centimes.

Art. 11. Les pièces ci-dessus, lorsqu'elles seront rognées ou
qu'elles n'auront pas conservé l'une de leurs empreintes, ne
pourront avoir cours comme monnaies.

Art. 12. La piastre-gourde (du poids de 26 grammes 98 ou
7 gros 4 grains, et au titre de 896 millièmes) aura cours pour
cinq francs quarante centimes ;

La demi-gourde, pour deux francs soixante-dix centimes ;
Le quart de gourde, pour un franc trente-cinq centimes ;
Le huitième de gourde, pour soixante-deux centimes et demi ;
Le cinquième de gourde, pour un franc huit centimes ;
Le dixième, pour cinquante-quatre centimes ;
Le vingtième ou réal de veillon, pour vingt-sept centimes.

Néanmoins les sous-divisions de la gourde ne pourront être
employées pour plus d'un vingtième dans chaque payement.

§ 2. — *Monnaies en or.*

Art. 13. Les monnaies d'or, tant de France que des pays
étrangers, auront cours dans les deux colonies et dans les îles
qui en dépendent, savoir :

Les monnaies de France, pour la valeur qu'elles ont dans le
royaume ;

Les pièces françaises hors de cours et les pièces étrangères,
pour leur valeur réglée par l'arrêté du gouvernement du 6 juin
1803 (17 prairial an XI).

Art. 14. En conséquence de l'article précédent, la valeur légale des pièces d'or ci-après désignées est et demeure fixée comme suit :

Pièce française de 40 francs, du poids de 12 grammes 9,032, et au titre de 900 millièmes de fin. *quarante francs ;*

Pièce française de 20 francs, du poids de 6 grammes 4,516, et au titre de 900 millièmes de fin, *vingt francs ;*

Pièce française de 48 livres tournois, depuis 1785, du poids de 13 grammes 2,090, et au titre de 901 millièmes de fin, *quarante-sept francs vingt centimes ;*

Pièce française de 24 livres, depuis 1785, du poids de 7 grammes 5.884, et au titre de 901 millièmes de fin, *vingt-trois francs cinquante-cinq centimes ;*

Pièce anglaise, dite *guinée*, du poids de 8 grammes 3,802, et au titre de 917 millièmes de fin, *vingt-six francs quarante-sept centimes ;*

Pièce anglaise, dite *souverain*, du poids de 7 grammes 9,808, et au titre de 917 millièmes de fin, *vingt-cinq francs vingt centimes ;*

Pièce portugaise, dite *lisbonine*, *moïde* ou *portugaise*, du poids de 14 grammes 334, et au titre de 917 millièmes de fin, *quarante-cinq francs vingt-huit centimes ;*

Pièce espagnole, dite *quadruple*, depuis 1786, du poids de 27 grammes 045, et au titre de 875 millièmes de fin, *quatre-vingt-un francs cinquante et un centimes.*

TITRE IV.

MONNAIES DE BILLON.

Art. 15. Les pièces de billon actuellement en circulation dans les deux colonies, et connues sous les dénominations de *noirs* et d'*étampés*, continueront d'y avoir cours de monnaie et seront admises dans les payements, chacune pour sept centimes et demi.

Art. 16. Les monnaies de billon, de cuivre et de bronze, ne pourront néanmoins être employées pour plus d'un quarantième de la somme totale du payement.

Art. 17. L'introduction ou la circulation de toute monnaie de cuivre ou de billon de fabrique étrangère, dans lesdites colonies, sont expressément prohibées, sous les peines portées par les ordonnances.

Art. 18. Il sera fabriqué dans nos hôtels des monnaies, pour les colonies de la Martinique et de la Guadeloupe, des pièces de bronze de 5 et de 10 centimes, semblables à celles qui viennent d'être fabriquées pour le Sénégal et pour la Guyane française. La circulation desdites pièces n'aura lieu que dans nos colonies.

TITRE V.

CONTRATS ET ENGAGEMENTS STIPULÉS ANTÉRIEUREMENT.

Art. 19. Sont et demeurent confirmées les dernières évaluations de la livre coloniale, telles qu'elles ont été réglées, en 1817, par les arrêtés des gouverneurs et intendants de la Martinique et de la Guadeloupe. En conséquence, le dernier état légal de la monnaie de compte, dans les deux îles, est de cent quatre-vingts livres coloniales pour cent francs à la Martinique, et de cent quatre-vingt-cinq livres coloniales pour cent francs à la Guadeloupe.

Art. 20. Les contrats, marchés et créances existant lors de la publication de la présente ordonnance, seront exécutés, et les sommes qui restent dues seront payées, conformément aux dispositions du code civil sur la matière.

TITRE VI.

DISPOSITION GÉNÉRALE.

Art. 21. Il ne pourra être apporté aucun changement aux dispositions de la présente ordonnance par l'autorité de nos gouverneurs dans lesdites colonies, même provisoirement et sous la réserve de notre approbation.

Art. 22. Notre ministre secrétaire d'État au département de la marine et des colonies est chargé de l'exécution de la présente ordonnance.

Donné à Saint-Cloud, le 30 août 1826.

Signé CHARLES.

Et par le Roi:

Le Ministre de la marine et des colonies,
Signé Comte DE CHABROL.

Annales maritimes, 1826, n° 732.

━━━━━━━━━━━━━━

N° 4477. — *Rapport au roi sur le système monétaire des colonies de la Martinique et de la Guadeloupe pour l'abolition de la monnaie de compte connue sous la dénomination de* livre coloniale.

30 août 1826.

Annales maritimes, 1826, p. 726.

N° 4478. — *Consigne pour le service des canots de poste.*

août 1826.

Art. 1er. Un poste de trois archers, commandé par un sous-brigadier de police, sera établi à l'ancien local de la direction des canots ; ce poste sera relevé tous les quinze jours.

Art. 2. La surveillance spéciale en est confiée au sous-commissaire de police.

Art. 3. Le chef de poste tiendra trois registres : 1° registre matricule ; 2° registre des arrivages et départs des boîtes aux lettres et paquets destinés au gouvernement ; 3° registre des arrivages et départs des canots de poste.

Art. 4. Sur le registre matricule seront inscrits les noms, prénoms, qualités, demeures et numéros des propriétaires et patrons des canots de poste faisant le service de Saint-Pierre au Fort-Royal. Ceux faisant le service du Fort-Royal à Saint-Pierre y seront également portés, au fur et à mesure qu'ils se présenteront. À la suite, un état nominatif des esclaves faisant habituellement le service des canots de poste, soit de Saint-Pierre, soit du Fort-Royal, sera dressé. Les noms, qualité et demeure du propriétaire de ces esclaves seront également indiqués.

Art. 5. Le registre destiné au service de la poste aux lettres indiquera le jour et l'heure de la remise des boîtes, soit de Saint-Pierre, soit du Fort-Royal, ainsi que le nom du patron qui les aura portées. On inscrira aussi, sur ce registre, tous les paquets et lettres pour le gouvernement, qui auront été remis à la direction des canots, pour être expédiés à leur destination.

Art. 6. Le registre des arrivages et départs comprendra, jour par jour et heure par heure, les divers mouvements qui s'opéreront dans le service des canots de poste.

Art. 7. Afin de faciliter le service de la poste, chaque fois que le sous-brigadier n'aura pas de canot en partance pour midi et cinq heures du soir, il sera autorisé à retenir, jusqu'à ces heures-là, les canots qui voudraient partir à dix heures ou à trois.

Art. 8. Il sera délivré à l'employé de la poste un reçu indiquant l'heure où les boîtes ont été remises à la direction.

Art. 9. Le sous-brigadier ne se chargera d'aucune lettre des particuliers. S'il s'en chargeait, il n'en serait nullement responsable.

Art. 10. Un pavillon blanc sera mis sur deux canots de poste, et le gouvernail en sera déposé à la direction. Ce pavillon indiquera que ce sont les canots de garde ; il y en aura toujours deux au moins de disponibles.

Art. 11. Il n'y aura point d'interruption dans le service des canots de poste. Le sous-brigadier veillera à ce qu'ils partent les fêtes et dimanches comme les autres jours, et dans le cas où, pour se soustraire à cette obligation, ils s'éloigneraient de la rade de Saint-Pierre, il aura soin d'en désigner quatre, à tour de rôle, pour faire le service, lors des dimanches et fêtes. Ceux désignés par lui et qui manqueraient, seront passibles du châtiment ou de l'amende prononcés par l'article 16.

Art. 12. Lorsque la mer sera forte et que le pilote du port jugera qu'il y a danger à partir, on ne pourra point obliger les canots de poste à prendre la mer.

Art. 13. A chaque session de la cour royale, le sous-brigadier prendra les ordres de messieurs de la cour, pour connaître le jour et l'heure où ils désireront avoir leurs canots. Il veillera à ce qu'ils soient servis avec ponctualité..

Art. 14. Un tableau indiquant les divers prix fixés par le tarif, pour les voyages, soit du Fort-Royal ou autres lieux, sera établi à la suite de la présente consigne. Le sous-brigadier veillera à ce que les patrons de canots soient fidèlement payés de ce qui leur est dû. Mais il tiendra également la main à ce qu'ils n'exigent rien au delà du tarif.

Art. 15. Le prix de la traversée pourra être exigé d'avance, et le particulier qui se refuserait à le payer ne pourra pas contraindre le patron de canot à partir.

Art. 16. Tout patron de canot qui aura commis quelque faute grave, ou qui n'aura pas été prêt à partir à l'heure fixée par le sous-brigadier, pourra, s'il est esclave, être condamné à un châtiment, et s'il est libre, à une amende dont le maximum n'excèdera pas 27 livres. A M. le procureur du roi seul appartiendra de prononcer, soit le châtiment, soit l'amende ; laquelle sera toujours applicable aux archers de police.

Art. 17. S'il survenait quelques cas graves et non prévus par la présente consigne, le sous-brigadier de police et les parties intéressées se retireront devant M. le procureur du roi, qui prononcera définitivement sur les faits qui lui seront soumis.

Au Fort-Royal,   août 1826.

Le Directeur général de l'intérieur,
Signé ROYER.

Arch. du domaine à Saint-Pierre. Ord. et déc.

N° 4479. — *Ordonnance royale portant création d'une place de substitut du procureur général du roi à la Martinique, avec traitement fixe de 4,500 francs.*

3 septembre 1826.

Arch. du gouvernement. Ord. et déc.

━━━━●◆●━━━━

N° 4480. — *Arrêté du gouverneur portant nouveau tarif des droits à payer par les bâtiments abattus en carène au port de Fort-Royal.*

10 septembre 1826.

Nous, etc.,

Vu l'ordonnance rendue par M. le comte Donzelot, gouverneur et administrateur pour le roi, à la Martinique, à la date du 28 octobre 1821, laquelle ordonnance porte tarif des droits à payer par les bâtiments qui seront abattus en carène au port du Fort-Royal ;

Considérant que les droits fixés dans ce cas ne sont point en rapport avec les dépenses qu'occasionne à la colonie l'entretien du ponton de carène, et qu'en conséquence il convient de changer le tarif actuellement en vigueur, et de le remplacer par un autre contenant des modifications dans la division du tonnage et quelques différences dans les droits d'abattage à percevoir ;

De l'avis du conseil privé dans sa première séance du 7 du présent mois,

Avons arrêté et arrêtons ce qui suit :

Art. 1er. Le prix de la journée d'abattage, sur le ponton de carène, est fixé comme suit :

Pour les bâtiments de	30 tonneaux et au-dessous...			3f 00
———————	31	——— à	50.........	4 00
———————	51	——— à	80.........	5 00
———————	81	——— à	100.........	6 00
———————	101	——— à	150.........	9 00
———————	151	——— à	200.........	12 00
———————	201	——— à	300.........	20 00
———————	301	——— à	400.........	25 00

Et à 5 francs pour chaque 50 tonneaux en sus.

Le prix de la journée d'abattage sera double quand le ponton de carène servira, en outre, d'allége ou de magasin de dépôt aux bâtiments qui viendront s'y abattre.

Art. 2. Les dispositions de l'ordonnance précitée du 28 octobre 1821 sont maintenues en ce qui n'est pas dérogé par les présentes, lesquelles recevront leur application à dater du 1er octobre prochain.

Art. 3. Le commissaire ordonnateur est chargé de l'exécution du présent arrêté, qui sera enregistré au contrôle, publié et affiché partout où besoin sera.

Fait et arrêté au Fort-Royal (Martinique), sous le sceau de nos armes et le contre-seing du commissaire ordonnateur, le dix septembre de l'année mil huit cent vingt-six et la deuxième du règne de Sa Majesté.

Signé Comte DE BOUILLÉ.

Et plus bas :

Le Commissaire Ordonnateur,
Signé MAINIÉ.

Journal officiel, 1826, n° 76.

N° 4481. — *Arrêté du gouverneur administrateur portant fixation de l'indemnité accordée aux officiers de la direction du génie comme chargés des travaux des ponts et chaussées.*

10 septembre 1826.

Nous, etc.,

Vu l'autorisation accordée par S. Exc. le ministre de la marine et des colonies dans le budget du service colonial, exercice 1826, pour qu'une allocation soit fixée en faveur des officiers de la direction du génie militaire comme chargés des travaux des ponts et chaussées, et comprise dans l'allocation des fonds destinés aux travaux du génie ;

Vu l'état de répartition proposé par M. le chef de bataillon sous-directeur du génie ;

De l'avis du conseil privé dans sa séance du 3 juillet dernier,

Avons arrêté et arrêtons ce qui suit :

Art. 1er. Les officiers de la direction du génie recevront sur la somme de quatre cent mille francs, destinée aux travaux du génie pendant l'exercice 1826, une indemnité de onze mille francs qui sera répartie ainsi qu'il suit, savoir :

Un chef de bataillon sous-directeur........... 4,000ᶠ 00
Un capitaine au Fort-Royal................ 2,500 00
Idem chargé du service à Saint-Pierre........ 2,500 00
Deux lieutenants, chacun mille francs........ 2,000 00

Total............. 11,000 00

Art. 2. Le commissaire ordonnateur est chargé de l'exécution du présent arrêté, qui recevra son exécution à dater du 1er mai dernier, et sera enregistré au contrôle.

Fait et arrêté au Fort-Royal, le 10 septembre 1826.

Signé Comte DE BOUILLÉ.

Et plus bas :
Le Commissaire ordonnateur,
Signé MAINIÉ.

Inspection. Reg. 11, n° 400.

N° 4482. — *Dépêche ministérielle relative aux formules* d'ar- *rêté ou* d'approbation *dont doivent être revêtus les plans, devis, marchés et adjudications adoptés par le conseil privé.*

13 septembre 1826.

Monsieur le Comte, le paragraphe 2 de l'article 21 de l'or- donnance royale du 21 août 1825 porte que le gouverneur arrête les plans et devis relatifs aux travaux qui ne sont pas de nature à être préalablement autorisés par le ministre, et l'article 157 explique que cette attribution est au nombre de celles que le gouverneur exerce collectivement avec le conseil privé, et con- formément aux décisions de ce conseil.

L'article 159 de la même ordonnance charge le conseil de statuer sur les marchés, adjudications et traités pour fournitures ou travaux au-dessous de 400 francs.

Voulant établir de l'uniformité dans la manière dont seront exécutées ces dispositions, j'ai décidé que lorsque la teneur des pièces dont il s'agit aura été adoptée par le conseil, les for- mules indiquées ci-après seront employées pour y apposer les décisions du conseil, qui devront d'ailleurs être toujours men- tionnées dans le procès-verbal de la séance :

1° Au bas des plans et devis :

VIII.   19

« Arrété conformément à la décision du conseil privé du.....

.... »

Le gouverneur signera seul.

2° Au bas des marchés, adjudications et traités :

« Approuvé par le conseil privé dans sa séance du........

.... »

Tous les membres du conseil signeront.

Je vous invite à assurer l'exécution de ces dispositions et à faire enregistrer cette circulaire au contrôle.

Recevez, etc.

Le Ministre de la marine et des colonies,

Signé Comte de CHABROL.

Inspection. Reg. 12, n° 231.

<hr>

N° 4483. — *Arrété du ministre de la marine et des colonies déterminant les formalités à remplir pour les changements de nom des navires du commerce.*

14 septembre 1826.

Le ministre de la marine et des colonies,

Vu la loi du 18 octobre 1793 (27 vendémiaire an II);

Vu l'avis émis par le bureau de commerce et des colonies, sur les formalités auxquelles il conviendrait d'assujettir l'exercice de la faculté dont jouissent les armateurs, de changer le nom primitif de leurs navires;

Considérant que le mode actuellement suivi peut donner naissance à des erreurs et même favoriser la fraude, en faisant perdre aux affréteurs, chargeurs et assureurs, la trace de l'origine des navires auxquels de nouveaux noms ont été imposés;

Considérant que le moyen d'obvier à ces graves inconvénients est de donner de la publicité aux changements de noms des bâtiments du commerce, en rappelant tous ceux qu'ils auront pu précédemment porter,

Arrête les dispositions suivantes :

Lorsque, sur la demande des propriétaires d'un navire, l'officier supérieur d'administration du sous-arrondissement maritime aura cru devoir permettre la substitution d'un nouveau nom à celui sous lequel ce navire est actuellement inscrit, il sera inséré dans la feuille d'annonces commerciales du port où se trouvera le bâtiment, à la diligence de l'autorité maritime locale, et dans un délai qui ne pourra excéder trois jours, un avis indicatif de ladite permission, lequel rappellera les différents noms successivement portés par le navire depuis l'époque de sa mise à l'eau.

L'officier supérieur d'administration de la marine qui aura autorisé la mutation de nom en préviendra, sur-le-champ, l'agent principal des douanes du ressort, afin que cette administration constate le même changement sur ses registres et sur les expéditions relatives au bâtiment.

Paris, le 14 septembre 1826.

Signé Comte DE CHABROL.

Annales maritimes, 1826, p. 803.

N° 4484. — *Dépêche ministérielle portant que les travaux publics de la colonie doivent être mis en adjudication, au rabais, sur offres cachetées.* (Extrait.)

15 septembre 1826.

Monsieur le Comte, je suis informé que, jusqu'à présent, l'exécution des travaux publics à la Martinique est confiée à un entrepreneur général............

Ce mode est vicieux et peut donner lieu à des abus qui seraient préjudiciables aux intérêts de la colonie; il est très-regrettable qu'il ait été adopté.

Tous travaux, soit de constructions neuves, soit d'entretien, devront, après avoir été dûment autorisés ainsi qu'il est prescrit par l'article 20 de l'ordonnance du 21 août 1825, être désormais mis en adjudication, au rabais, sur offres cachetées. Vous établirez ainsi une concurrence utile; et en ayant soin de n'admettre comme adjudicataires que ceux qui réuniront aux connaissances de l'art les moyens de satisfaire aux conditions qui leur seront imposées, vous aurez une garantie de plus pour la bonne et prompte exécution des travaux, lesquels d'ailleurs pourront, de cette manière, se trouver répartis entre plusieurs mains.

Le présente dépêche devra être enregistrée au contrôle.

Recevez, etc.

Le Ministre de la marine et des colonies,

Signé Comte DE CHABROL.

Inspection. Reg. 12, n° 212.

19.

N° 4485. — *Dépêche ministérielle portant que désormais les dépenses des bâtiments de la marine locale employés au service des douanes seront supportées par le* Service marine.

26 septembre 1826.

Arch. de l'ordonnateur. Dép. 1826, n° 181.

───────

N° 4486. — *Dépêche ministérielle annonçant l'envoi, à la Martinique, de divers livres de chirurgie et d'un sujet anatomique artificiel d'Auzoux.*

29 septembre 1826.

Arch. de l'ordonnateur. Dép. 1826, n° 267.

───────

N° 4487. — *Arrêt de la cour de cassation qui casse et annulle celui rendu par la cour royale de la Martinique, le 12 janvier 1824, dans l'affaire Bissette, Fabien et Volny.*

30 septembre 1826.

NOTA. Cet arrêt qui, en la forme, a admis le pourvoi sur ce motif que, contrairement à l'ancien droit, un substitut du procureur du roi avait siégé comme juge dans le procès, a consacré, quant à la recevabilité du pourvoi, cet autre principe, qu'au jour de l'arrêt attaqué la Martinique était placée sous l'empire de la législation qui régissait le royaume avant 1789, et qu'il résulte des articles 8 et 12 du titre IV, 1re partie, du règlement de 1738, que la voie du recours en cassation en matière criminelle est ouverte pour les jugements et arrêts rendus à la Martinique, et ce, pendant un an; qu'à tort donc les magistrats de cette colonie avaient cru cette voie interdite aux condamnés.

Greffe de la cour royale. Reg. 19, f° 46; et *Annales maritimes*, vol. 1826, p. 740. — Enregistré à la cour royale, 6 janvier 1827.

───────

N° 4488. — *Avis du conseil privé sur les permis de séjour, les primes et secours à accorder aux militaires libérés du service.*

3 octobre 1826.

Le conseil est d'avis :

1º Qu'il soit mis beaucoup de réserve dans la concession des permissions de séjour ;

2º Qu'il ne convient pas d'allouer des primes ;

3º Qu'une somme de 6,000 francs soit mise à la disposition du gouverneur, pour qu'il puisse la distribuer à titre de secours et d'encouragement, à charge de donner connaissance au conseil de l'emploi qui en sera fait, à des militaires destinés à rester dans la colonie et qui offriraient toutes les garanties désirables de leur bonne conduite future et de leur utilité.

Inspection. Reg. 15, nº 10.

———✠———

Nº 4489. — *Dépêche ministérielle qui rend applicable dans ses mesures d'ordre, aux hôpitaux des colonies, l'arrêté du Directoire du 7 vendémiaire an VIII (29 septembre 1799) sur le service de santé de la marine, tant dans les hôpitaux que sur les vaisseaux de la République.*

3 octobre 1826.

NOTA. Un ordre local de service, du 30 décembre 1842, a rappelé aux officiers de santé de la marine employés dans la colonie les dispositions de l'article 95 dudit arrêté. Cet article ainsi conçu :

« Les officiers de santé en chef feront choix d'officiers de santé de 1ʳᵉ classe, pour donner gratuitement leurs conseils et leurs soins à tous les officiers militaires et d'administration, entretenus, gens de mer et ouvriers du port qui voudront se faire traiter chez eux. Ces officiers de santé seront respectivement chargés d'un arrondissement de la ville. Chaque jour, les officiers de santé en chef se feront rendre compte de l'état des malades, et ils se transporteront chez eux lorsque la gravité de la maladie l'exigera. »

Arch. de l'ordonnateur. Dép. 1826, nº 176.

———✠———

Nº 4490. — *Décision du conseil privé qui ordonne la vente publique, par adjudication, d'un grand cure-môle et d'une gabare à clapets.*

4 octobre 1826.

Journal officiel, 1827, nº 1.

N° 4491. — *Ordonnance du roi qui rend applicables aux trésoriers des colonies françaises les dispositions de l'ordonnance du 22 mai 1825, relatives au remboursement des cautionnements.* (Extrait.)

5 octobre 1826.

Art. 1er. Les dispositions de notre ordonnance du 22 mai 1825 seront applicables aux trésoriers des colonies françaises qui cesseront leurs fonctions, mais seulement quand ils auront fourni la preuve que leur comptabilité a été jugée par notre cour des comptes pour tous les exercices antérieurs à celui pendant lequel leur gestion aura été close.

Annales maritimes, 1826, 1re partie, p. 770.

N° 4492. — *Circulaire ministérielle prescrivant aux corps de troupes des colonies de dresser, le premier jour de chaque trimestre, pour être transmis au ministre, un état de situation de leurs magasins d'effets militaires.*

6 octobre 1826.

NOTA. Voir le modèle d'état joint à cette circulaire.

Arch. de l'ordonnateur. Dép. 1826.

N° 4493. — *Décision du conseil privé portant qu'il sera établi deux espèces de mercuriales pour servir de base aux perceptions de la douane.*

7 octobre 1826.

Le conseil a reconnu qu'il devait y avoir à la Martinique deux espèces de mercuriales, l'une indiquant les prix des denrées coloniales pour servir de base aux perceptions de la douane en ce qui concerne les droits de sortie et les droits fixes en remplacement de la capitation, l'autre mentionnant les prix des denrées et marchandises de toute espèce pour servir également de base aux perceptions du droit d'entrée de 1 pour 100 sur les marchandises françaises. Il a pensé que la première devait être arrêtée tous les mois en conseil privé, conformément aux

articles 22, 82 et 157 de l'ordonnance royale du 21 août
1825 (1); mais que la seconde, qui a besoin d'être renouvelée
chaque semaine à raison de la variation des prix, pouvait être
arrêtée par le gouverneur sur la proposition du directeur général
de l'intérieur, sauf à communiquer au conseil, dans sa session
du mois suivant, les mercuriales hebdomadaires faites pour le
mois écoulé (2).

N° 4494. — *Ordonnance du roi portant que les amendes pécuniaires stipulées en* livres *dans les actes de l'autorité, en
vigueur aux colonies, seront exprimées en* francs *dans les
jugements et arrêts* (3).

15 octobre 1826.

CHARLES, etc.,

Voulant mettre un terme à toute incertitude dans nos colonies,
et notamment dans nos îles de la Martinique et de la Guadeloupe,
relativement à la quotité des amendes pécuniaires applicables
à diverses contraventions, et spécialement en matière de commerce étranger;

Vu notre ordonnance du 30 août dernier, concernant le système monétaire des Antilles françaises;

Sur le rapport de notre ministre secrétaire d'État de la marine et des colonies,

Nous avons ordonné et ordonnons ce qui suit:

Art. 1er. Toutes amendes pécuniaires stipulées en *livres* dans
les actes de l'autorité de la métropole qui sont en vigueur
aux colonies, et notamment dans les lettres patentes du mois

---

(1) Renouvelée en celle du 9 février 1827, article 23, § 2, et article 173.

(2) NOTA. Cette décision a reçu l'approbation du ministre par dépêche du
24 avril 1827 en ces termes:

« Puisque les localités paraissent réclamer cette exception, j'approuve que le
mode indiqué soit provisoirement employé. Du reste, il convient que le syndic
de l'un des bureaux de commerce soit appelé en conseil pour la fixation de la
mercuriale mensuelle, et que les propositions du directeur général de l'intérieur pour la formation de la mercuriale hebdomadaire ne soient faites qu'après
avoir pris l'avis des bureaux de commerce. »

(3) Promulguée à la Martinique par ordonnance locale du 26 octobre 1826.
Voir dépêche d'envoi du 22 précédent, n° 484. Arch. du gouvernement.

Les documents qui ont dû servir à préparer cette ordonnance avaient été demandés par le ministre, suivant dépêche du 10 avril 1818, n° 88. Arch. du gouvernement.

d'octobre 1727 et dans l'arrêt du 30 août 1784, concernant les contraventions commises dans nos colonies de la Martinique et de la Guadeloupe en matière de commerce étranger, seront exprimées en *francs* dans le prononcé des jugements et arrêts à intervenir dans nosdites colonies, sans qu'il y ait lieu à opérer aucune réduction en raison de la différence de valeur existant entre le franc et l'ancienne livre tournois.

Art. 2. Notre ministre secrétaire d'État de la marine et des colonies est chargé de l'exécution de la présente ordonnance.

Donné à Paris, le 15 octobre 1826.

Signé CHARLES.

Et par le Roi:

Le Ministre de la marine et des colonies,

Signé Comte DE CHABROL.

Journal officiel, 1827, n° 3. — Enregistré à la cour royale, 30 décembre 1826.

N° 4495. — *Arrêté du ministre des finances déterminant les formalités à remplir par la douane au cas de changement de nom des navires du commerce.*

16 octobre 1826.

Le ministre des finances,

Vu la loi du 18 octobre 1793 (27 vendémiaire an II);

Vu l'arrêté du ministre secrétaire d'État au département de la marine et des colonies, lequel règle, en ce qui concerne ce département, les formalités auxquelles doit être assujettie désormais la faculté dont jouissent les armateurs de changer le nom primitif de leurs navires;

Voulant déterminer et assurer le concours des agents des douanes à l'exécution des mesures prescrites par l'arrêté précité du département de la marine,

Arrête les dispositions suivantes :

Lorsque l'officier supérieur d'administration de la marine aura informé l'agent principal des douanes de la localité qu'il a autorisé le changement de nom d'un navire du commerce, les employés des douanes continueront de faire mention expresse de cette substitution de *nom*, tant sur le registre que sur l'acte de francisation ; et toutes les fois que, dans les cas prévus par les règlements en vigueur sur la navigation, il y aura lieu à la délivrance d'un nouvel acte de francisation, lesdits employés seront tenus d'y inscrire toutes et les mêmes indications descriptives qui existaient sur l'ancien, et notamment celle de tous les noms successivement donnés au navire.

Fait à Paris, le 16 octobre 1826.

Signé J^h DE VILLÈLE.

Annales maritimes, 1826, p. 804.

= = = = = = = = = = = = = = = = =

N° 4496. — *Dépêche ministérielle au gouverneur portant que les militaires en congés illimités ne peuvent être renvoyés directement dans leurs foyers, mais doivent être dirigés sur les dépôts de leurs corps.*

31 octobre 1826.

Monsieur le Comte, des militaires qui, aux revues d'inspection générale des troupes aux colonies, ont été jugés susceptibles de recevoir des congés illimités, ont été renvoyés directement dans leurs foyers, à leur arrivée en France, d'après les ordres du gouverneur remplissant les fonctions d'inspecteurs généraux.

Les inspecteurs généraux n'étant point autorisés par les règlements à délivrer ces sortes de congés, mais devant seulement adresser, à cet égard, des propositions sur lesquelles M. le ministre de la guerre prend ensuite une décision définitive, vous voudrez bien pourvoir, à l'avenir, à ce que les militaires qui seront reconnus susceptibles d'obtenir des congés illimités soient renvoyés aux dépôts de leurs régiments, pour y attendre qu'il soit statué sur les propositions adressées en leur faveur.

Recevez, etc.

Le Ministre de la marine et des colonies,

Signé Comte DE CHABROL.

Arch. du gouvernement. Dép. ministér., n° 433.

= = = = = = = = = = = = = = = =

N° 4497. — *Dépêche ministérielle relative à l'exécution ou au sursis des arrêts de condamnation en matière criminelle.*

3 novembre 1826.

Monsieur, l'article 47 de l'ordonnance royale du 21 août 1825,

— 298 —

concernant l'organisation du gouvernement de l'île de Bourbon, porte qu'en matière criminelle le gouverneur, dans les vingt-quatre heures de la réception de l'arrêt de condamnation, ordonne en conseil privé l'exécution de cet arrêt ou prononce le sursis lorsque le conseil décide qu'il y a lieu de recourir à la clémence du roi.

Il résulte de cet article, qui a été rendu provisoirement applicable à la Martinique, qu'il peut y avoir lieu à l'exécution des arrêts dans les vingt-quatre heures, et tel est, en effet, le vœu de l'ordonnance criminelle de 1670 qui régit encore la colonie; mais ce vœu ne peut se concilier, pour les Antilles, avec la disposition du règlement de 1738 d'après laquelle la cour de cassation vient de déclarer recevables divers pourvois qui ont été formés contre des arrêts rendus en matière criminelle dans ces possessions.

En conséquence, et d'après l'autorisation générale qui m'a été donnée par l'article 5 de l'ordonnance royale du 2 janvier 1826, laquelle rend applicable provisoirement à la Martinique celle du 21 août 1825, j'ai décidé que, jusqu'à ce que cette partie de la jurisprudence criminelle ait été réglée par l'organisation judiciaire qui se prépare pour les Antilles, vous devez, nonobstant l'article 47 cité plus haut, faire surseoir, même dans les cas de non-recours en grâce, à l'exécution des arrêts de condamnation en matière criminelle d'abord, jusqu'à l'expiration du délai qui est accordé aux condamnés pour se pourvoir en cassation, et ensuite, s'il y a eu pourvoi, jusqu'à notification de l'arrêt de la cour suprême.

Il sera pourvu par l'organisation judiciaire aux mesures exceptionnelles que pourraient exiger, sous ce rapport, des circonstances graves et extraordinaires propres à compromettre le salut de la colonie. Vous ferez enregistrer la présente dépêche aux greffes des cour et tribunaux de la Martinique, et vous m'informerez de l'exécution de mes ordres à cet égard.

Recevez, etc.

Le Ministre de la marine et des colonies,

Signé Comte DE CHABROL.

NOTA. Une ordonnance locale du 23 décembre 1826 prescrit l'enregistrement de cette dépêche aux greffes des tribunaux, et cette formalité ne paraît pas avoir été remplie.

Greffe de Saint-Pierre. Reg. des ord. et dec., f° 127.

N° 4498. — *Décision du gouverneur administrateur prise en conseil privé réglant la force, la solde et les allocations de l'équipage de la felouque attachée au service des douanes.*

3 novembre 1826.

(Extrait des délibérations du conseil privé.)

Séance du 3 novembre 1826.

Il est décidé que l'équipage de la felouque des douanes sera porté à dix matelots de choix, dont les cinq premiers jouiront de la solde mensuelle de douze gourdes, soit soixante francs; les cinq autres auront huit gourdes, soit quarante francs; que six nègres de ceux qui sont au magasin du roi seront mis à bord et y apprendront le métier de matelot; enfin, que le capitaine pourra recevoir, à titre d'encouragement et de gratification, d'après la décision de M. le gouverneur, une augmentation éventuelle de trois cents francs par semestre à ses appointements fixes.

L'augmentation de solde des matelots et le traitement éventuel du capitaine seront à la charge de la colonie.

Pour extrait conforme :

Le Secrétaire archiviste du conseil privé,

Signé GAUVAIN.

Inspection. Reg. 11, n° 503.

⸻

N° 4499. — *Ordonnance du gouverneur administrateur concernant la formation des dénombrements et recensements, ainsi que les déclarations relatives aux maisons, pour l'année 1827.*

6 novembre 1826.

NOTA. Cette ordonnance renouvelle les dispositions de l'ordonnance du 18 novembre 1825, sauf : 1° la modification de son dernier article qui attribue l'exécution au directeur général de l'intérieur, et 2° l'addition d'un nouvel article ainsi conçu :

Si, dans le courant de l'année et après avoir pris son dénombrement, un habitant dont les esclaves ne sont point taxés au rôle de capitation, tel que sucrier, caféyer, cacaoyer, cotonnier, vivrier, etc., veut envoyer dans la ville ou dans les bourgs ses nègres ou une partie de ses nègres, soit pour les employer à son service, soit pour les mettre en journée, en apprentissage ou autrement, il sera tenu, dans les dix jours, d'en faire la déclaration par écrit au domaine de son arrondissement. Cette déclaration contiendra les noms, l'âge et la nature des occupations auxquelles ces esclaves seront destinés.

Le domaine fera mention de cette déclaration dans le dénombrement, et taxera le propriétaire dans l'état supplémentaire de l'année.

Faute par lesdits propriétaires de se conformer à ces dispositions dans le susdit délai, ils seront condamnés à payer, pour chaque nègre pris en contravention, une amende de *trois cents francs*, dont un tiers sera applicable aux capteurs et le surplus versé à la caisse municipale.

Journal officiel, 1826, n° 93. — Enregistré à la cour royale, **23 novembre 1827**.

N° 4500. — *Arrêté du gouverneur portant tarif des allocations pour vacations et frais de conduite auxquelles auront droit les officiers et employés de la marine aux colonies* (1).

6 novembre 1826.

Nous, etc.,

Vu l'arrêté du 29 pluviôse an IX (18 février 1801);

Vu la décision locale du 27 février 1819;

Par suite de la dépêche ministérielle du 22 août dernier, n° 329, ayant à statuer sur les allocations pour vacations et frais de conduite dans la colonie;

De l'avis du conseil privé,

Avons arrêté et arrêtons ce qui suit:

Art. 1er. Le tarif ci-après, basé sur celui du 29 pluviôse an IX (18 février 1801), augmenté de moitié en sus, sera le seul suivi dans la colonie et aura son exécution à compter du 1er octobre 1826.

	TARIF du 29 pluviôse an IX.	MOITIÉ EN SUS.	TOTAL.
Capitaine de vaisseau et colonels de toutes armes............................ Commissaire de la marine................ Officiers de santé en chef de la marine.... Ingénieurs de vaisseau de 1re classe.......	10f 00	5f 00	15f 00

(1) Approuvé par dépêche ministérielle du 24 avril 1827. Arch. de l'inspection, n° 10, vol. 15.

	TARIF du 20 pluviôse an IX.	MOITIÉ EN SUS.	TOTAL.
Lieutenant-colonel........................			
Chef de bataillon........................			
Capitaine de frégate........................	8ᶠ 00	4ᶠ 00	12ᶠ 00
Ingénieurs de vaisseau de 2ᵉ classe........			
Garde-magasin de la marine..............			
2ᵉ Officier de santé en chef de la marine...			
Lieutenant de vaisseau....................			
Capitaines de toutes armes..............			
Sous-commissaires de la marine..........	7 00	3 50	10 50
Sous-ingénieur de 1ʳᵉ classe..............			
Officiers de santé de 1ʳᵉ classe............			
Lieutenants de toutes armes..............			
Enseignes de vaisseau....................			
Sous-ingénieur de 2ᵉ classe..............			
Commis principaux de la marine..........	5 50	2 75	8 25
Chefs de bureau de la direction de l'intérieur et du domaine...................			
Chirurgiens et pharmaciens de 2ᵉ classe....			
Aspirants ou élèves de la marine..........			
Sous-lieutenants de toutes armes........			
Chirurgiens ou pharmaciens de 2ᵉ classe...			
Commis de la marine....................			
Auxiliaires ou écrivains temporaires de l'administration de la marine..............			
Employés attachés comme secrétaires au commandant militaire, au procureur général et au secrétaire archiviste.........	4 00	2 00	6 00
Employés de la direction de l'intérieur et du domaine			
Gardes et employés du génie et de l'artillerie.			
Médecins et artistes vétérinaires..........			
Huissier du conseil privé.................			
Maîtres de toutes professions.............			
1ᵉʳ Maître chargé........................	3 00	1 50	4 50
1ᵉʳ Commis aux vivres			
Maréchaux des logis, brigadiers et gendarmes maritimes.....................	″	″	5 00
Sous-officiers, greffiers des conseils de guerre.			
Miliciens et chasseurs de montagnes employés près la cour prévôtale	″	″	0 90
Sous-officiers d'infanterie employés aux transports militaires...................	″	″	1 00
Brigadier, *idem*........................	″	″	0 75
Soldats, *idem*	″	′	0 60

(Lorsqu'ils découcheront).

Art. 2. Il ne pourra être accordé de vacations aux individus compris dans le tarif ci-contre que sur un ordre en due forme.

Art. 3. Les officiers et autres employés qui auront des ordres pour le service seront indemnisés des frais de conduite, en leur fournissant, suivant le besoin ou la destination, un canot ou un cheval de selle.

Ces moyens de transport, soit par terre, soit par mer, se payent suivant les tarifs en vigueur.

Art. 4. Les vacations ne seront payées que depuis le jour où le salarié quitte sa résidence habituelle inclusivement jusqu'à celui où il rentre exclusivement.

Il est bien entendu d'ailleurs que des vacations ne sont pas dues pour des journées passées sur des bâtiments de l'État sur lesquels les salariés auraient été nourris aux frais du roi.

Art. 5. Un officier ou salarié chargé d'une mission particulière qui exigera un séjour de plus d'un mois ne pourra prétendre à la jouissance des vacations que pendant cet intervalle, passé lequel il ne lui sera accordé qu'un supplément montant au plus au tiers des appointements en raison de leurs fonctions.

Art. 6. Les dispositions du présent arrêté ne sont pas applicables :

1° Aux fonctionnaires, membres du conseil privé, qui jouissent d'un traitement spécial ;

2° Aux directeurs et officiers d'état-major d'artillerie et du génie et autres chefs de service qui reçoivent des frais de tournées ou des suppléments d'appointements en raison de leurs fonctions qui exigent des déplacements journaliers ;

3° Aux chefs et employés d'administrations financières, telles que la trésorerie et la douane ;

4° Aux capitaines commandant les brigades ambulantes ;

5° Aux officiers, sous-officiers et gendarmes royaux ;

6° Aux membres de la cour prévôtale.

Art. 7. Le commissaire ordonnateur sera chargé de l'exécution du présent arrêté, qui sera enregistré au contrôle.

Fait au Fort-Royal, le 6 novembre 1826.

Signé Comte DE BOUILLÉ.

Et plus bas :

Le Commissaire ordonnateur,

Signé MAINIÉ.

Bureau des revues. Ord. et déc., 1826.

N° 4501. — *Dépêche ministérielle relative aux mesures à prendre à l'égard des officiers ou employés entretenus qui abandonnent le service.*

10 novembre 1826.

Monsieur le Comte, l'examen des états de revues provenus de la Martinique pour le deuxième trimestre 1826, a fait reconnaître que M. Guidon, officier de santé de 3ᵉ classe, avait donné sa démission le 15 juin 1826.

J'ai l'honneur de vous prier de vouloir bien, lorsqu'un employé entretenu, sous vos ordres, demandera à quitter le service, m'en donner avis immédiatement, en me faisant connaître s'il est nécessaire de pourvoir à son remplacement.

Vous ne devez pas d'ailleurs perdre de vue que, quand il s'agit d'une démission, vous ne pouvez statuer que provisoirement et qu'elle doit être soumise à l'acceptation définitive du roi ou du ministre, suivant la nature de l'emploi. Dans ce cas, vous devez exiger la démission écrite de l'officier ou de l'employé, et m'en envoyer, avec votre avis, une copie certifiée par le contrôleur qui garde l'original. Lorsque vous pensez que la démission doit être acceptée et que le démissionnaire peut cesser immédiatement ses fonctions sans inconvénient pour le service, vous devez notifier à la partie intéressée votre décision provisoire et faire immédiatement cesser le traitement.

Recevez, etc.

Le Ministre de la marine et des colonies,
Signé, Comte DE CHABROL.

Arch. de l'ordonnateur. Dép. 1826, n° 211.

N° 4502. — *Ordonnance du roi qui ajourne le dégrèvement de 100,000 francs accordé sur le droit établi en remplacement de la capitation des noirs de grande culture, et fixe le chiffre des dépenses du service colonial de la Martinique pour l'année 1827.*

22 novembre 1826.

NOTA. Le chiffre de ces dépenses est porté à 2,323,284 fr. Il y sera pourvu au moyen des droits et autres revenus locaux.

Inspection. Reg. 12, n° 263.

Nº 4503. — *Lettre du ministre de la marine annonçant son intention de sévir contre les capitaines des navires du commerce qui, dans les ports ou rades des colonies, n'enverront pas promptement leurs hommes malades à l'hôpital ou se permettront de les traiter eux-mêmes.*

27 novembre 1826.

Monsieur, par ma circulaire du 29 avril dernier, je vous ai prié de faire renouveler fréquemment aux capitaines des navires allant aux Antilles les recommandations d'envoyer, sans retard, à l'hôpital, lorsqu'ils se trouvent dans les rades ou ports de ces colonies, ceux des hommes de leurs équipages qui viennent à tomber malades, et surtout de s'abstenir de leur administrer eux-mêmes des remèdes.

Je ne doute point que les commissaires de l'inscription maritime auxquels vous avez donné des ordres à ce sujet ne s'y soient conformés scrupuleusement; mais leurs avertissements n'ont point encore produit le résultat qu'il est si désirable d'obtenir.

En effet, un rapport des officiers de santé de la Pointe-à-Pitre, sur la situation sanitaire de cette partie de la Guadeloupe durant le mois de juillet dernier, contient les observations suivantes :

« La fièvre jaune continue à régner parmi les marins du commerce, et elle a encore fait plusieurs victimes. Nous devons aussi attribuer la mortalité, parmi les malades de cette classe, à la négligence que mettent toujours la plupart des capitaines à nous les envoyer au début de la maladie. Plusieurs nous ont été apportés mourants, et ont péri peu d'heures après leur entrée à l'hôpital, nous avons appris qu'ils avaient été traités à leur bord et qu'on leur avait fait prendre de l'émétique et des purgatifs drastiques dans la vue de faire avorter la maladie. »

Malgré le peu de succès de ses efforts jusqu'à ce jour, l'administration n'en doit pas moins continuer à faire tout ce qui dépendra d'elle pour détruire chez les capitaines de navires une aussi funeste habitude; elle doit leur rappeler que si, dans le cas de dispense d'embarquement d'un chirurgien, un coffre de médicaments est mis à leur disposition, c'est seulement pour les secours provisoires à donner aux marins malades durant la *traversée*, et nullement pendant les *relâches*, où ils ont la possibilité et l'obligation de livrer les malades aux soins des hommes de l'art.

Telle est, d'accord avec le vœu de l'humanité, l'intention bien réelle de l'ordonnance du 4 août 1819, qui d'ailleurs a exclu prudemment de la composition du coffre de médicaments ces remèdes violents que les capitaines se procurent et dont ils font un si déplorable usage.

En renouvelant ces représentations sur cet objet important, l'administration devra signifier aux capitaines que je suis très-déterminé à sévir contre ceux d'entre eux qui me seraient signalés comme s'étant rendus coupables, aux Antilles, d'une négligence que rien ne peut excuser.

Vous voudrez bien adresser des instructions, en conformité de cette dépêche, aux commissaires de l'inscription maritime des sous-arrondissements.

Le Ministre de la marine et des colonies,

Signé Comte DE CHABROL.

Annales maritimes, 1826, p. 837.

N° 4504. — *Dépêche ministérielle rappelant à l'exécution de la circulaire du 19 février 1823, relative aux congés de convalescence et y ajoutant de nouvelles sévérités.*

1er décembre 1826.

Monsieur le Comte, une circulaire ministérielle du 19 février 1823 que je vous invite à vous faire représenter, signalait les abus résultant de la trop grande facilité avec laquelle les administrateurs des colonies accordaient des congés de convalescence aux officiers et employés attachés au service de ces établissements.

Ces abus n'ont point cessé complétement ; depuis peu de temps il est revenu de diverses colonies un assez grand nombre de fonctionnaires, tous étant porteurs de congés de convalescence ; mais ces congés n'étaient pas également justifiés par l'état de maladie des personnes qui les présentaient.

Je vous renouvelle de la manière la plus expresse, les injonctions que contient la circulaire de 1823 citée plus haut, indépendamment des dispositions qui en font l'objet et auxquelles vous voudrez bien vous conformer rigoureusement ; j'ai arrêté les mesures indiquées ci-après, en ce qui concerne les fonctionnaires de mon département.

Toutes les fois qu'un officier ou employé reviendra des colonies avec un congé de convalescence, il sera, à son arrivée en France, soumis à une nouvelle visite du conseil de santé du port de débarquement.

Le porteur du congé ne jouira de sa solde, pour le temps de son séjour en France, qu'autant que cette nouvelle visite aura donné la preuve que l'état de sa santé lui rend nécessaire de passer quelque temps en France avant de retourner aux colonies. Si au contraire le résultat de la visite du conseil de santé est que la situation du porteur du congé n'exige pas qu'il séjourne en France, il sera, suivant le cas, ou renvoyé immédiatement dans la colonie, ou privé de toute espèce de solde pendant la durée de son congé, qui ne pourrait alors être considéré que comme ayant été obtenu pour affaires personnelles.

Les dernières dispositions dont je viens de vous entretenir ne sont applicables qu'aux fonctionnaires de mon département, mais elles seraient inévitablement étendues aux officiers de l'armée de terre si, à leur égard, les concessions de congés devenaient abusives. La circulaire du 19 février 1823 embrasse, d'ailleurs, toutes les classes de fonctionnaires et elle concerne, par conséquent, ceux qui appartiennent au département de la guerre comme ceux qui sont attachés aux services marine et colonies.

Recevez, etc.

Le Ministre de la marine et des colonies,

Signé Comte DE CHABROL.

Inspection. Reg. 12, n° 275.

N° 4505. — *Décision du ministre de la guerre qui fixe à deux ans la durée des pantalons de drap distribués aux troupes des Antilles et décide que les officiers et soldats y recevront trois pantalons de toile au lieu de deux.*

4 décembre 1826.

Arch. du gouvernement. Dép. ministér., n° 486.

N° 4506. — *Décision du roi portant défenses sévères aux comptables des corps de troupe de former à l'avenir aucunes masses dites d'économie, et imputant par suite sur les fonds généraux de l'État quelques dépenses nouvelles jugées utiles.*

6 décembre 1826.

NOTA. Cette décision est notifiée au gouverneur administrateur par dépêche ministérielle du 20 février 1827. Cette dépêche annonce l'envoi de trois circulaires du ministre de la guerre des 1er, 22 et 24 janvier 1827 portant instruction sur le mode d'exécution de la décision de Sa Majesté. Ces circulaires manquent. Voir au *Journal militaire.*

Arch. du gouvernement. Dép. ministér., n° 72.

N° 4507. — *Ordonnance du gouverneur administrateur portant règlement des impositions de la Martinique pour l'année 1827.*

6 décembre 1826.

Nota. Le titre III de l'ordonnance du 23 décembre 1825, relatif aux impositions pour les dépenses municipales, supprimé ici, est en partie fondu avec le titre 1er concernant les *impositions et contributions directes affectées aux dépenses générales et particulières de la colonie.*

Le titre II comprend les *contributions indirectes et droits de douanes affectés aux dépenses générales de la colonie.*

Le titre III ne contient que des dispositions générales d'exécution.

Les dispositions réglementaires ou fiscales des ordonnances précédentes sont renouvelées, sauf divers changements, diminutions ou augmentations, dans les chiffres de quelques impositions ou taxes; notamment, celles des esclaves des villes et bourgs, des maisons, des cabarets, des marchandises étrangères à l'entrée, du tonnage, du grand cabotage, etc.

Arch. du gouvernement et *Journal officiel.*

N° 4508. — *Extrait de l'ordonnance du gouverneur sur les impositions de 1827, en ce qui touche le droit auquel sont soumis les nègres des habitants vendant leurs sucres au détail pour la consommation intérieure du pays.*

6 décembre 1826.

Art. 2. Les habitants du voisinage des villes et bourgs qui veulent user de la faculté de vendre au détail les sucres provenant de leurs habitations, sont tenus de faire, au bureau du domaine de l'arrondissement, une déclaration portant qu'ils ont

20.

l'intention de vendre des sucres de cette manière, et seront soumis à un droit de consommation égal au quart de la capitation de leurs esclaves de culture payant droit, au taux de vingt francs établi pour les esclaves des poteries, chaufourneries, rhummeries et vinaigreries, autres que celles qui dépendent des sucreries, c'est-à-dire cinq francs par tête, depuis l'âge de quatorze ans inclusivement jusqu'à soixante ans exclusivement.

L'omission constatée de cette déclaration soumettra les contrevenants à une amende, par tête de nègres payant droit, de dix francs pour un premier délit, et de vingt francs pour la récidive, dont un quart appartiendra aux agents de police qui auront découvert la contravention, laquelle pourra être constatée par la saisie des sucres à leur entrée en ville, sans préjudice aux poursuites du trésor pour le recouvrement des droits à établir, par suite, de tout ce qui aura été vendu antérieurement.

Seront tenus, en conséquence, les marchands et autres des villes et bourgs, vendant des sucres au détail, de déclarer d'où ils proviennent, toutes les fois qu'ils en seront requis par les agents de police.

Arch. du gouvernement.

N° 4509. — *Extrait de l'ordonnance du gouverneur sur les impositions de 1827, en ce qui touche les droits de patente.*

6 décembre 1826.

Art. 12. Tous cabaretiers, aubergistes, teneurs de billards, de café, de bureaux de tabac, tous boulangers, bouchers, colporteurs, marchands forains, tous propriétaires de canots de poste, pirogues, gros-bois, bateaux caboteurs, de cabrouets à Saint-Pierre, et les possesseurs de hangars dans la même ville, seront tenus de se pourvoir chaque année d'une patente du directeur général de l'intérieur.

Les marchands au panier vendant dans les rues des villes ne prendront que de simples permis du domaine.

Le payement des droits de patente sera divisé en quatre époques, et exigible à l'avance en janvier, avril, juillet et octobre.

Ceux qui se présenteront dans le courant d'un trimestre pour obtenir une patente seront tenus de faire leurs payements comme suit :

S'ils se présentent dans le premier mois du trimestre, ils payeront le trimestre entier ;

S'ils se présentent dans le second mois, ils payeront les deux mois ;

S'ils se présentent dans le dernier mois, ils payeront un mois et le trimestre suivant.

Les patentes ne seront valables qu'autant que les droits auront été payés ; en conséquence, les reçus du trésor seront présentés aux chefs des contributions directes qui inscriront au dos des patentes les payements et les permis à valoir, pendant le trimestre pour lequel les droits auront été acquittés.

Art. 14. Il est enjoint aux cabaretiers, traiteurs, aubergistes et autres vendant au détail : vin, eau-de-vie, liqueurs, de faire enregistrer, sous peine de double droit, la patente qui leur aura été délivrée au bureau du contrôle colonial. Ils seront également tenus de déposer au bureau du domaine la patente au moment où ils cesseront d'exercer, sous peine d'être poursuivis comme s'ils avaient exercé.

Arch. du gouvernement.

———⋘◉⋙———

N° 4510. — *Extrait de l'ordonnance locale sur les imposi- tions de 1827, en ce qui touche le débit du rhum, du tafia et autres liqueurs à la petite mesure.*

6 décembre 1826.

Art. 15. Tous les cabaretiers, traiteurs, aubergistes et autres vendant au détail : vin, eau-de-vie et autres liqueurs, ainsi que les personnes tenant billards ou jeux permis, ou faisant profession de loger des marins colporteurs ou individus non connus, soit qu'elles donnent à boire ou non, payeront annuelle- ment, pour tous droits, pour obtention de la patente prescrite par l'article 12..

Seront considérées comme contrevenant au présent article, toutes personnes qui vendraient à boutiques ouvertes, ou feraient vendre par leurs esclaves, ou débiter des liqueurs au-dessous d'une dame-jeanne, soit quatre gallons, et elles seront en con- séquence poursuivies à la diligence du procureur du roi, et condamnées à une amende égale, pour la première fois, au quart de la taxe annuelle à laquelle elles auraient été imposées si elles eussent pris une patente, dont moitié au profit des agents, de police ou autres indicateurs et le surplus applicable à la caisse coloniale; en cas de récidive, ladite amende sera double.

Les cabaretiers sont autorisés à surveiller eux-mêmes les contraventions qui leur sont préjudiciables et à les dénoncer au procureur du roi. Ils pourront même, à l'instant où ils les découvriront, requérir les agents de police de les constater de suite par un procès-verbal sans qu'on puisse en inférer que cette formalité à l'appui de la dénonciation soit nécessaire, et sans préjudice de tous autres moyens qu'eux et les agents de police pourraient employer pour parvenir à atteindre les contrevenants; et dans tous les cas où les contraventions précitées auraient été découvertes par lesdits cabaretiers, la portion d'amende applicable aux agents de police sera prononcée à leur profit.

. . . .

Nota. 1° La suite textuellement conforme à l'extrait (en ce qui touche la même matière) de l'ordonnance locale sur les impositions de 1815, 6 mars 1815, n° 1602.

2° Les mêmes dispositions, sauf quelques modifications, se retrouvent aux ordonnances sur les impositions rendues annuellement de 1815 à 1826.

Arch. du gouvernement.

N° 4511. — *Extrait de l'ordonnance locale sur les impositions de 1827, en ce qui touche le droit accordé aux cantiniers maritimes de tenir en même temps cabaret.*

6 décembre 1826.

Art. 16. Par modification de l'article 11 de l'ordonnance du 22 septembre 1822, nous autorisons les cantiniers maritimes à tenir en même temps cabaret; bien entendu que, pour satisfaire à l'intention de l'article précité, les nègres devront toujours être séparés des marins.

Renouvelons en conséquence la défense faite aux cabaretiers, par le même article, et sous les peines qui y sont prononcées, de recevoir chez eux des marins.

Arch. du gouvernement.

N° 4512. — *Extrait de l'ordonnance locale sur les impositions de 1827, en ce qui touche la taxe des hangars à bois, établis au bord de mer à Saint-Pierre, et les voies de contrainte autorisées pour la rentrée de ce droit.*

6 décembre 1826.

Art. 19. Les hangars établis sur le bord de mer à Saint-Pierre payeront un droit de cinq francs par pied de façade qu'ils occupent le long de la tranchée. Ils seront tous numérotés.

La perception de ce droit se fera sur les états qui seront dressés au bureau du domaine, à Saint-Pierre, tant des hangars actuellement existants, que de ceux qui seront successivement construits dans le courant de l'année, à l'égard desquels le droit ne sera exigible que du jour dont l'indication sera faite dans les patentes à obtenir du directeur général de l'intérieur (1), pour être enregistrées au bureau du domaine.

Les hangars seront sujets à être saisis et vendus au profit du trésor pour l'acquittement de ce droit, ou démolis, suivant les dispositions que nous jugerons convenable d'ordonner à cet égard.

Les bois et autres objets placés aux hangars seront également sujets à être saisis et vendus.

Arch. du gouvernement.

N° 4513. — *Extrait de l'ordonnance locale sur les impositions de 1827, en ce qui touche la vente au petit détail et le colportage du tabac en poudre.*

6 décembre 1826.

Art. 20. Toute vente au petit détail et colportage du tabac en poudre sur les habitations demeurent sévèrement prohibés.

Art. 21. Les bureaux de détail de ce genre de tabac, établis dans les villes et bourgs de la colonie, à qui seule appartient ce débit, auront à payer un droit annuel de consommation.....

Art. 22. Ceux qui voudront tenir des bureaux devront, pour l'obtention de la patente, présenter un certificat du commissaire commandant de la paroisse pour la campagne et des procureurs du roi dans les villes.

---

(1) L'article 12 de la même ordonnance impose aux possesseurs de hangars de se pourvoir chaque année d'une patente.

N'entendons que les précédentes dispositions préjudicient en rien aux habitants cultivateurs de tabac, et au droit qu'ils ont de vendre chez eux par bouteille.

Art. 23. Les bureaux désignés dans l'article précédent seront sous la surveillance immédiate des commissaires commandants des paroisses et des procureurs du roi, lesquels donneront des ordres aux commis à la police pour empêcher toute vente et colportage en contravention aux présentes dispositions.

Les officiers de gendarmerie s'assureront dans leurs tournées si tous les buralistes sont en règle ; et, sur leur rapport, ceux qui ne le seront pas seront condamnés à une amende double de la taxe.

Les propriétaires sont invités à faire arrêter et conduire à la geôle la plus prochaine, tout colporteur de tabac au petit détail qui se présenterait sur leurs habitations, et le tabac, ainsi colporté, sera saisi au profit de la caisse coloniale.

Les maîtres seront responsables des faits de leurs esclaves lorsque le délit aura été autorisé par eux.

Les esclaves, à la contravention desquels les maîtres n'auront pas participé, seront punis de vingt-neuf coups de fouet en place publique, ou d'une détention pour un temps déterminé à la chaîne de police, suivant l'exigence des cas.

Nota. C'est de 1819 que date l'établissement des bureaux de tabac. Les dispositions de l'ordonnance locale sur les impositions, du 1er mars de ladite année, réglant cette matière, sont à peu près les mêmes que celles transcrites ci-dessus, et elles se trouvent répétées aux ordonnances financières successivement rendues depuis lors jusqu'en 1827.

Arch. du gouvernement.

N° 4514. — *Extrait de l'ordonnance locale sur les impositions de 1827, en ce qui touche le colportage et l'interdiction de colporter d'habitation en habitation.*

6 décembre 1826.

Art. 24. Tous colporteurs, marchands forains, vendant uniquement dans les villes et d'un bourg à l'autre, mais non dans les habitations, et tous gens de couleur libres, porteurs de balles ou de paniers, vendant aussi uniquement dans les villes et d'un bourg à l'autre, payeront une imposition annuelle de cent vingt-six francs par tête, et ne pourront vendre que munis de la patente prescrite par l'article 12, laquelle ne leur sera délivrée que sur pièces justificatives d'usage, à peine de confiscation des marchandises colportées.

Tout colportage d'habitation en habitation est interdit. Tout habitant est en conséquence autorisé à faire arrêter les contrevenants à cet article, qui se présenteraient chez lui, et à les faire conduire, avec leurs marchandises, au commissaire commandant de la paroisse, qui les adressera au procureur du roi de la juridiction.

Enjoignons aux commissaires, commis et autres agents de police d'exiger la représentation de ces patentes, et de retirer celles expirées ou dont ils n'auraient pas payé les droits du trimestre, pour les adresser au bureau du domaine. Les officiers de gendarmerie sont chargés spécialement de l'exécution de cet article et de donner en conséquence des ordres aux brigades ambulantes, en outre de ceux que pourraient recevoir les commis à la police.

Les patentes et, par suite, les permis (1) seront délivrés pour l'année par semestre ou trimestre.

Il sera tenu au domaine un registre de ces patentes dans lequel seront enregistrés les payements faits au trésor.

Ceux qui ne remettront pas au domaine leur patente au moment où ils cesseront de colporter, seront poursuivis comme s'ils avaient exercé.

Les agents de police dans les villes, les brigades ambulantes de la gendarmerie, et les commis à la police dans les campagnes, qui arrêteront des colporteurs, marchands forains, etc., vendant sans patentes, ou avec des patentes dont les permis sont expirés, recevront la moitié du produit de la confiscation des marchandises arrêtées.

Nota. La restriction du colportage aux villes et bourgs paraît dater de 1821. Toutes les ordonnances financières, de cette époque à 1827, répètent à peu près textuellement les dispositions ci-dessus transcrites. Avant, le colportage était libre, appert l'article 12 de l'ordonnance locale du 1er novembre 1819 sur les impositions de 1820, ainsi conçu :

« Tous colporteurs, marchands forains *vendant dans les*

---

(1) Le permis délivré par le gouverneur sur le vu de la patente.

« *campagnes* et tous gens de couleur libres porteurs de balles ou
« de paniers payeront une imposition annuelle de..., etc. »

Arch. du gouvernement.

———

N° 4515. — *Extrait de l'ordonnance locale sur les impositions
de 1827, en ce qui touche l'emploi des épaves adjugés au
domaine du roi.*

6 décembre 1826.

Art. 26. Les épaves adjugés au domaine du roi par jugement
des tribunaux seront mis à la disposition de l'administration,
soit pour être vendus par elle, soit pour être employés au service
du roi, conformément à la dépêche ministérielle du 27 janvier
1826, n° 36.

Arch. du gouvernement.

———

N° 4516. — *Extrait de l'ordonnance locale sur les impositions
de 1827, en ce qui touche la condition d'un certificat du trésorier pour l'obtention de passe-port pour sortir de la colonie.*

6 décembre 1826.

Art. 36. Par suite de l'arrêté du 15 décembre 1807, nul individu porté sur les rôles n'obtiendra, à l'avenir, de passe-port
pour sortir de la colonie qu'autant qu'il représentera un certificat du trésorier portant qu'il n'est redevable d'aucune somme
envers le trésor.

Les personnes quittant la colonie, en publiant d'avance leur
départ aux termes des ordonnances, annonceront elles-mêmes,
dans leurs affiches ou publications, qu'elles sont pourvues de ce
certificat.

Les greffiers ne recevront de cautionnement pour départ que
sur le vu dudit certificat, ce qu'ils mentionneront dans celui à
délivrer par eux.

Arch. du gouvernement.

———

N° 4517. — *Extrait de l'ordonnance locale sur les impositions
de 1827, en ce qui touche les tarifs des prix de base pour la
perception des droits sur les denrées coloniales.*

6 décembre 1826.

Art. 44. Tous les trois mois, le tarif des prix de base, pour la perception des droits sur les denrées coloniales, pendant le trimestre suivant, sera réglé sur la proposition de la commission nommée à cet effet, et dont des membres du bureau du commerce de Saint-Pierre font partie.

Nota. Cette disposition se retrouve textuellement dans les ordonnances financières rendues de 1819 à 1827.

Arch. du gouvernement.

─────◆─────

N° 4518. — *Ordonnance du roi concernant l'établissement d'une banque à la Guadeloupe.* (Extrait.)

10 décembre 1826.

Des escomptes.

Art. 15. Le taux de l'escompte est fixé à 6 pour 100 par an, taux de l'intérêt légal du commerce.

La banque prélèvera, en sus, une commission de 1/4 pour 100 sur tous les effets qui seront admis à l'escompte, n'ayant qu'un mois à courir, 1/2 pour 100 sur ceux d'un à deux mois et 3/4 pour 100 sur ceux de deux à trois mois.

Des prêts sur dépôts.

Art. 20. Le taux de l'intérêt et de la commission de banque des prêts sur dépôts sera le même que celui de l'escompte.

Des capitaux reçus à intérêts.

La banque payera un intérêt de 6 pour 100 sur les sommes qui lui seront prêtées lorsque l'époque du remboursement sera fixe et qu'elle excédera une année.

Pour un prêt au-dessous d'un an, l'intérêt sera réduit à 5 pour 100, au-dessous de six mois, il sera de 4 pour 100.

Annales maritimes.

─────◆─────

N° 4519. — *Décision du roi portant nouvelle fixation du traitement personnel et des frais généraux de service du trésorier de la Martinique* (1).

14 décembre 1826.

Nota. Ils sont fixés comme suit :

──────────

(1) Notifiée à la Martinique par dépêche ministérielle d'envoi du 9 janvier 1827, n° 11. Arch. du gouvernement.

Traitement personnel...................... 10,000' 00
Frais généraux de service................. 33,000 00
                                              _____
                                   Total..... 43,000 00

Inspection. Reg. 12, n° 269.

N° 4520. — *Ordonnance du roi qui charge la caisse centrale et de service du trésor royal de la comptabilité des fonds coloniaux.*

20 décembre 1826.

NOTA. 1. L'ordonnance royale du 26 janvier 1825 et les instructions réglementaires du 5 février 1826 (art. 16 et 17) avaient confié cette comptabilité à la caisse des invalides de la marine.
2. Notifiée à la Martinique par dépêche ministérielle d'envoi du 16 février 1827, n° 122, archives du gouvernement.

Annales maritimes, 1827, p. 50.

N° 4521. — *Instruction approuvée par le roi pour servir à l'exécution de l'ordonnance royale du 20 décembre 1826, qui prescrit de verser à la caisse centrale et de service du trésor royal les fonds coloniaux maintenant en dépôt dans la caisse des invalides de la marine.*

24 décembre 1826.

NOTA. Cette pièce est restée jointe à la dépêche ministérielle du 16 février 1827, n° 122, archives du gouvernement.

Arch. du gouvernement et *Annales maritimes*, t. 1827, p. 52.

N° 4522. — *Décision du gouverneur, prise de l'avis du conseil privé, qui attribue aux commissaires commandants de quartiers la faculté de délivrer des certificats de vie aux pensionnaires de l'État.*

1826.

NOTA. Lesquels certificats devront être revêtus de la légalisation du directeur général de l'intérieur.

Cette décision a reçu l'approbation du ministre par dépêche du 24 avril 1827, en ces termes :

« Cette disposition est en harmonie avec les formes pratiquées à cet égard en France, où ces sortes de certificats sont délivrés par les maires et légalisés par les préfets et sous-préfets. »

Inspection. Reg. 15, n° 19.

N° 4523. — *Dépêche ministérielle sur les formalités à remplir pour les changements de noms des navires du commerce français.*

22 décembre 1826.

Monsieur le Comte, la faculté laissée aux armateurs de changer le nom primitif de leurs navires a donné lieu fréquemment à des erreurs et à des abus qui ont démontré la nécessité de soumettre l'exercice de cette faculté à des formes propres à faire reconnaître toujours l'origine et les traces de chaque bâtiment.

Après avoir pris, sur cette matière, l'avis du bureau du commerce et des colonies, j'ai décidé, le 14 septembre dernier, que, lorsque sur la demande des propriétaires d'un navire, l'administration de la marine aura permis la substitution d'un nouveau nom à celui sur lequel le bâtiment se trouvera inscrit, il sera inséré dans la feuille d'annonces commerciales du port où se trouvera le bâtiment, à la diligence de l'autorité maritime locale, et dans un délai qui ne pourra excéder trois jours, un avis indicatif de ladite permission ; lequel rappellera les différents noms successivement portés par le navire, depuis l'époque de sa mise à l'eau.

De son côté, le ministre des finances a pris aussi un arrêté en date du 16 octobre qui prescrit à l'administration des douanes de constater toute mutation de nom de navire sur ses registres et expéditions, d'après la communication qu'elle recevra chaque fois de l'administration de la marine, et, quand l'acte de francisation sera renouvelé, de reproduire sur ce titre, avec le nom du navire, l'indication de tous ceux qui lui auront été précédemment imposés.

Les décisions rendues sur cet objet ont été insérées dans les *Annales maritimes et coloniales* du mois de novembre dernier.

Vous voudrez bien pourvoir à ce que les mesures dont je viens de vous entretenir reçoivent leur exécution ponctuelle dans la colonie que vous administrez.

La présente dépêche devra être enregistrée au contrôle.
Recevez, etc.

Le Ministre de la marine et des colonies,
Signé Comte DE CHABROL.

Arch. de l'ordonnateur. Dép., 1826, n° 271, gouvernement.

———

N° 4524. — *Mémoire sur la conservation et la reproduction des sangsues, par M. Chatelain, pharmacien en chef de la marine, à Toulon.*

Année 1826.

Annales maritimes, 1826, 2ᵉ partie, t. 2, p. 150.

———

N° 4525. — *Notice sur la culture et l'égrenage du coton à la Guyane française.*

Année 1826.

Annales maritimes, 2ᵉ partie, t. 1, p. 683.

———

N° 4526. — *Ordonnance du roi qui prescrit l'enregistrement et la transcription sur les registres du conseil d'État des statuts de la congrégation des sœurs de Saint-Joseph de Cluny (1).*

3 janvier 1827.

CHARLES, etc.,

Vu l'article 2 de la loi du 24 mai 1825 ;

Vu l'approbation donnée le 6 mars 1826 par l'évêque d'Autun, et, le 7 du même mois, par l'évêque de Beauvais, aux statuts de la congrégation des sœurs de Saint-Joseph de Cluny, département de Saône-et-Loire, et l'autre à Bailleul, département de l'Oise ;

Vu les statuts susmentionnés ;

Considérant que la congrégation religieuse de femmes, ci-dessus mentionnée, a déclaré dans ses statuts qu'elle est soumise dans les choses spirituelles à la juridiction de l'ordinaire ;

Considérant que lesdits statuts ne dérogent point aux lois du royaume, touchant la nature et la durée des vœux ; que,

---

(1) Notifiée à la Martinique par dépêche ministérielle du 27 mars 1827, n° 125. Arch. du gouvernement.

d'ailleurs, ils ne contiennent rien de contraire à la Charte constitutionnelle, aux droits de notre couronne, aux franchises, libertés et maximes de l'église gallicane ;

Sur le rapport de notre ministre secrétaire d'État au département des affaires ecclésiastiques et de l'instruction publique ;

Notre conseil d'État entendu,

Nous avons ordonné et ordonnons ce qui suit :

Art. 1er. Les statuts de la congrégation religieuse de femmes des sœurs de Saint-Joseph de Cluny, dirigée par une supérieure générale, et ayant pour but le soulagement des pauvres malades dans les hôpitaux et l'éducation des jeunes filles, soit en France, soit dans les colonies françaises, soit dans d'autres parties du nouveau monde, dûment vérifiés et tels qu'ils sont annexés à la présente ordonnance, seront enregistrés et transcrits sur les registres de notre conseil d'État ; mention de la transcription sera faite par le secrétaire général du conseil d'État sur la pièce enregistrée.

Art. 2. Nonobstant les dispositions desdits statuts, par lesquels la supérieure générale de ladite congrégation est autorisée à disposer de l'excédant des revenus d'une maison ou établissement particulier en faveur, soit de la maison de noviciat, soit de la maison de retraite, soit de tout autre établissement appartenant à la congrégation, elles seront tenues de se conformer aux intentions des bienfaiteurs desdits établissements et aux affectations qui leur ont été faites, soit par les hospices, soit par les communes ; de telle sorte que les donations, legs, libéralités ou affectations dont ils auraient été ou dont ils seraient gratifiés, à l'avenir, ne soient jamais détournés de leur destination.

Art. 3. Nous nous réservons d'autoriser ultérieurement, s'il y a lieu, ladite congrégation, après l'accomplissement des formalités prescrites par la loi.

Art. 4. Notre ministre des affaires ecclésiastiques et notre ministre de la justice sont chargés, chacun en ce qui le concerne, de l'exécution de la présente ordonnance.

Donné à Paris, le 3 janvier 1827.

Signé CHARLES.

Et par le Roi :
Le Ministre des affaires ecclésiastiques
et de l'instruction publique,
Signé ✝ D., évêque d'Hermopolis.

Bulletin officiel de la Guyane française, 1827, n° 103.

N° 1527. — *Ordonnance du gouverneur portant tarif du pain, de la viande et du poisson.*

7 janvier 1827.

Nous, etc.,

Voulant mettre en harmonie les tarifs municipaux qui fixent les prix du pain, de la viande et du poisson avec le nouveau système monétaire introduit dans la colonie par l'ordonnance de Sa Majesté en date du 30 août 1826 ;

Sur le rapport du directeur général de l'intérieur et de l'avis du conseil privé,

Avons ordonné et ordonnons ce qui suit :

Art. 1er. A compter du jour de la publication de la présente ordonnance, les prix du pain, de la viande et du poisson demeurent fixés, savoir :

Les pains dits de cinq sous, *vingt-deux centimes et demi*, ci............................. 0ᶠ 22 1/2

La viande, bœuf, veau et mouton, *un franc*, ci... 1 00

La viande de cochon, *soixante-quinze centimes*, ci. 0 75

Le poisson au-dessus d'une livre, *soixante-sept centimes et demi*, ci........................ 0 67 1/2

Le poisson au-dessous d'une livre, *quarante-cinq centimes*, ci............................. 0 45

Le poisson de dernière qualité, tels que sardines, balaoux, etc., *trente centimes*, ci.............. 0 30

Art. 2. Tout boulanger, boucher et marchand de poisson convaincu d'avoir vendu à un prix plus élevé que celui déterminé par la présente ordonnance, outre la confiscation des denrées au profit des pauvres, sera condamné à une amende de cent cinquante à trois cents francs au profit de la caisse coloniale.

Art. 3. Le poids du pain continuera à être fixé, suivant les règlements, par les tribunaux de police.

Le pain qui n'aura pas le poids requis sera confisqué au profit des pauvres, et le boulanger condamné, pour la première fois, à une amende de cent à trois cents francs.

La récidive entraînera la perte du droit, et l'amende sera double.

Art. 4. Il est défendu aux bouchers de mêler dans leurs pesées des mâchoires, des pieds et des entrailles, à peine de cinquante francs d'amende.

Art. 5. Tout boucher ou marchand de poisson convaincu

d'avoir vendu avec de faux poids ou d'avoir fraudé les pesées sera condamné, pour la première fois, à une amende de cent à trois cents francs.

La récidive entraînera la perte du droit pour les bouchers et l'amende sera double pour les uns et les autres.

Art. 6. Pour l'exécution de l'article précédent, tout cuisinier, maître d'hôtel, domestiques ou autres seront tenus d'obtempérer à la réquisition des agents de la police, lorsqu'ils demanderont à vérifier le poids de la viande ou du poisson qu'ils auront dans leurs paniers de provision et seront également tenus de déclarer de qui ils ont acheté.

Art. 7. Tout agent de la police convaincu de connivence avec les boulangers, bouchers ou marchands de poisson sera destitué et condamné d'un à six mois de détention.

Art. 8. Les agents de la police seront toujours porteurs d'un exemplaire de la présente ordonnance, et les boulangers et bouchers seront tenus de l'afficher dans leurs boutiques et étalages, de manière à ce que le public puisse la lire.

Art. 9. Les règlements de police sur les boulangers, bouchers et marchands de poisson seront maintenus dans tout ce qui n'est pas contraire à la présente ordonnance.

Art. 10. Le directeur général de l'intérieur et le procureur général sont chargés, chacun en ce qui le concerne, de l'exécution de la présente ordonnance, qui sera enregistrée tant au greffe de la cour royale qu'à ceux des tribunaux de première instance, imprimée, publiée et affichée partout où besoin sera.

Donné au Fort-Royal (Martinique), le 7 janvier 1827.

Signé Comte DE BOUILLÉ.

Et plus bas :

Le Directeur général de l'intérieur p. i.,
Signé ANTᵉ DE L'HORME.

Journal officiel, 1827, n° 7.

N° 4528. — *Ordonnance du gouverneur administrateur portant règlement sur les transactions, les ventes et répartitions des saisies en matière de douane* (1).

(1) Abrogée par l'ordonnance sur le service des douanes en date du 25 octobre 1829. (Voir *Bulletin administratif*, 1830, p. 55, art. 26)

7 janvier 1827.

Nous, etc.,

Vu l'article 16 du règlement du conseil d'État du roi, du 30 août 1784, qui attribue aux douanes le produit des amendes et confiscations en matière de contravention;

Désirant, par des dispositions analogues à l'arrêt précité et aussi, autant que possible, à ce que prescrit à cet égard le code des douanes de France, déterminer un mode fixe de répartition des saisies;

D'après les propositions du directeur des douanes, et sur le rapport du directeur général de l'intérieur;

Après en avoir délibéré en conseil privé,

Avons ordonné et ordonnons ce qui suit, pour être exécuté provisoirement, sauf l'approbation de Sa Majesté :

SECTION Ire.

TRANSACTIONS EN MATIÈRE DE DOUANES.

Art. 1er. Lorsque d'un commun accord, la douane et les individus saisis, ou leurs fondés de pouvoirs, voudront prévenir ou arrêter les suites d'un procès et s'en remettre à une décision administrative, il y aura lieu alors, ainsi que cela se pratique en France, de transiger avant, pendant ou après jugement.

Le directeur des douanes exigera que les transactions soient par écrit, et il est autorisé à les accepter provisoirement, sauf l'approbation, dans les formes voulues, du directeur général de l'intérieur, et, s'il y a lieu, du nôtre; à ces demandes en transactions seront jointes les pièces originales à l'appui.

Toutes instances en justice cesseront d'avoir cours sur la notification de notre approbation définitive des transactions; ces mêmes instances demeureront suspendues, du moment où sera passé à la douane acte provisoire de la transaction.

SECTION II.

VENTE DES SAISIES.

Art. 2. La douane étant habile à disposer des objets saisis, confisqués, puisqu'ils deviennent sa propriété, d'après l'arrêt du 30 août 1784, pourra, selon les usages de la métropole et dans le but d'éviter des frais et de faibles estimations, qui lèsent les parts du trésor et des employés, procéder elle-même à la vente desdits objets, sous l'autorité du directeur ou de son délégué, et en présence du contrôleur colonial.

Cette disposition aura son effet en tant qu'il ne s'agira pas de navire et cargaison confisqués par jugements des tribunaux, lesquels objets seront, dans ce cas, vendus à l'encan, dans les formes ordinaires.

Art. 3. Bien que les objets saisis ne puissent être vendus qu'après que la confiscation en a été acquise à la douane, par jugement ou décision, cependant les marchandises détériorées ou sujettes à des avaries, ou dont la garde entraînerait trop de frais en pure perte, pourront, moyennant un certificat d'expertise, être provisoirement vendues, pour le produit en être affecté à qui de droit, selon la terminaison de l'affaire.

SECTION III.

RÉPARTITION DES SAISIES.

Art. 4. Conformément à l'article 16 de l'arrêt du 30 août 1784, il sera prélevé sur le montant des saisies 2 1/2 pour 100 au bénéfice de la caisse des invalides; cette retenue sera de 3 pour 100 lorsque les saisies proviendront des felouques de la douane.

En vertu de la lettre ministérielle du 20 août 1824, il sera également prélevé sur les saisies de mer opérées par lesdites felouques un dixième au bénéfice du trésor colonial, l'une et l'autre retenue seront perçues sur le montant net de chaque saisie et amende après que tous les frais qu'elle aura occasionnés et qui n'auront pu être remboursés par la partie saisie, auront été déduits.

Néanmoins, lorsque le produit net d'une saisie n'excèdera pas la somme de cent francs, les retenues au bénéfice du trésor ne seront pas opérées.

Dans le même cas, les états de répartition seront, comme en France, validés par la seule signature du directeur, sans qu'il soit besoin des autres formalités prescrites par l'article 28 du présent règlement.

Il en sera de même pour les répartitions dont la somme à répartir, toute déduction faite, ne s'élevant pas au-dessus de vingt-quatre francs, pourra être distribuée aux saisissants purement et simplement, sans qu'il y ait lieu de former le tiers ou le quart des chefs.

21.

Art. 5. Ces divers prélèvements faits, lorsqu'il y aura lieu, s'il y a un indicateur, il jouira du tiers qui lui est accordé par l'article 16 de l'arrêt du conseil d'État du roi, du 30 août 1784.

Art. 6. Ce tiers ne lui sera compté que sur la quittance de l'employé auquel il aura donné l'avis, et qu'autant qu'il se sera fait connaître au directeur.

Lorsque, cependant, il se trouvera à une trop grande distance et que la somme ne sera pas considérable, il suffira qu'il se fasse connaître par l'intermédiaire d'un employé supérieur ou d'un chef de bureau.

Art. 7. Il sera reconnu deux espèces d'indicateurs, l'un à l'avis duquel la saisie sera entièrement due, et l'autre qui, n'ayant donné que des indices vagues, aura laissé presque tout à faire à la sagacité des employés.

Le premier jouira du tiers du produit net; on conviendra avec le second d'une rétribution proportionnée à l'utilité de l'avis qu'on en reçoit: dans l'un et l'autre cas, l'indicateur figurera sur l'état de répartition.

Art. 8. Nul préposé ne pourra prétendre à la part d'indicateur. Cependant, lorsqu'il aura donné l'avis de la fraude, et qu'il sera étranger à l'arrondissement dans lequel la saisie se sera effectuée, il sera admis au partage, comme saisissant, mais pour une part seulement, quel que soit son grade.

Art. 9. Le tiers ou la quotité quelconque accordée à l'indicateur étant déduite, il sera prélevé sur le restant 8 1/2 pour 100 au bénéfice de la caisse particulière de secours des douanes.

Il sera établi un registre coté et parafé, lequel servira à l'enregistrement des recettes et des dépenses de cette caisse, dont le but est d'avoir quelques fonds disponibles pour les frais de service extraordinaires, secours et gratifications.

Le directeur déterminera les cas où il conviendrait d'allouer sur cette caisse quelque indemnité aux canotiers et autres individus qui auraient prêté aide à faire des saisies ou rendu quelques services pour la surveillance des douanes.

Art. 10. Les trois quarts du produit net à répartir appartiendront aux saisissants, dans les saisies faites par les employés du bureau de Saint-Pierre, et les deux tiers de ce même produit dans les saisies des autres bureaux de douanes de la colonie. L'autre quart ou l'autre tiers sera destiné aux chefs des bureaux respectifs.

Mais lorsqu'il s'agira d'amendes prononcées pour fait de rébellion et injures, elles ne seront réparties qu'entre les préposés ou autres personnes qui les auront éprouvées, et l'employé poursuivant y participera pour un dixième, à moins que les employés injuriés ne fassent l'abandon du montant de cette amende en faveur de quelque établissement de charité.

Le secrétaire de la direction, le premier commis aux expéditions chargé de la rédaction des états (ou faisant fonctions) et les employés de l'arrondissement de Saint-Pierre que leur âge avancé empêcherait de participer au service actif, seront désormais les seuls employés non saisissants rétribués dans les répartitions. Ils recevront chacun 2 1/2 pour 100 des trois quarts dévolus aux saisissants de cette résidence ; et comme le secrétaire de direction participe au travail général des saisies, il est juste de lui assigner une portion dans les deux tiers des saisissants des autres arrondissements ; il sera donc, sur ces deux tiers, prélevé à son bénéfice une somme égale à 3 pour 100 du produit net définitif à répartir.

Art. 11. Dans la part dévolue aux chefs, le directeur aura part et demie ; l'inspecteur, les sous-inspecteurs et receveurs aux déclarations, une part ; une demi-part sera affectée au détenteur du dépôt, c'est-à-dire à celui des chefs des trois résidences à la garde duquel le dépôt des marchandises saisies se trouve commis.

L'employé chargé du contentieux aura un quart de part, sans préjudice de ce qui pourrait lui revenir d'ailleurs.

Art. 12. La demi-part accordée au détenteur du dépôt devra, comme ayant une affectation distincte relative à la responsabilité, rester toujours intégralement dans le chapitre du quart des chefs. C'est pourquoi les chefs qui seront rétribués comme saisissants, n'auront pas à rapporter la demi-part ci-dessus à la masse des saisissants, mais seulement leurs parts de chefs, comme il est dit ci-après.

Art. 13. Les parts de chefs sont déterminées par l'arrondissement confié à leur surveillance ; ainsi, le directeur a part dans les saisies opérées dans toute l'étendue de la colonie, les inspecteurs et sous-inspecteurs dans leur division.

Art. 14. L'employé de quelque grade qu'il soit, qui, n'étant pas saisissant, aura été le rédacteur du procès-verbal, le signera en cette qualité, et jouira d'une demi-part de saisissants ; s'il est à la fois intervenant et rédacteur, il aura part et demie.

Art. 15. Les chefs des douanes qui assisteront à une saisie, ou qui indiqueront le domicile qui recèle la fraude, auront chacun deux parts de saisissants ; les autres employés et les surnuméraires, chacun une part et demie, et les emballeurs, une part.

Lorsqu'il n'y aura pas d'employé supérieur parmi les saisissants, les employés de bureaux qui auront concouru à la saisie partageront également entre eux.

Mais si la saisie est faite par des employés et emballeurs ou surnuméraires, chacun des employés et surnuméraires aura une part et demie, et les emballeurs, une part.

Art. 16. Dans le seul cas où le secrétaire de la direction sera saisissant, il lui sera attribué les deux parts de chefs.

Art. 17. Les chefs saisissants rapporteront leurs parts de chefs à la masse des saisissants.

Si par le nombre des saisissants, il est plus avantageux de s'en tenir à la portion dévolue à chaque grade, on pourra opter.

Il en sera de même des autres employés qui, bien qu'absent au moment de la saisie, y auront concouru par la nature du service qu'ils auront exécuté ; la liste de ces employés sera arrêtée par le directeur, d'après les circonstances de la saisie et annexée aux procès-verbaux. Les intervenants aux rapports auront demi-part de saisissant.

Seront considérés comme intervenants, les employés qui, sans avoir découvert la fraude, surviendraient, tandis qu'elle serait encore sur les lieux où elle viendrait d'être découverte, à temps pour participer à l'inventaire de ladite fraude, à sa sécurité et à la rédaction du procès-verbal, et concourraient par là aux fins de l'opération.

Seraient également réputés intervenants ceux qui, distribués en différentes embuscades et organisés pour le même service, se seraient trouvés ailleurs qu'à l'endroit où la fraude aurait été découverte et arrêtée.

Art. 18. Les employés détachés d'un bureau à un autre auront, dans ce dernier, les mêmes droits aux saisies que s'ils en faisaient partie.

Art. 19. Les surnuméraires étant des employés, quoique non appointés, seront traités comme des employés ordinaires lorsqu'ils se trouveront saisissants.

Art. 20. Les employés et emballeurs qui, bien que coopérant à une saisie, auront cherché à l'empêcher par des manœuvres propres à favoriser la fraude et à détruire l'effet du rapport, seront privés de leurs parts qui viendront en accroissement de celles des autres saisissants.

Art. 21. Lorsqu'une affaire aura pris naissance sous la gestion d'un directeur, et qu'elle n'aura été déterminée que sous celle de son successeur, alors, la part affectée à cette place se divisera

entre eux par portions égales ; cependant, cette division n'aura lieu
que dans le cas où l'affaire ne serait déterminée que par jugement
ou décision provoquée, l'un ou l'autre, par le directeur qui succé-
dera ; mais lorsque les répartitions s'opéreront en vertu d'un jugement ou d'une décision intervenue avant l'entrée en exercice
du nouveau directeur, celui-ci n'aura aucune part à ce produit.

Art. 22. L'inspecteur et les autres chefs en exercice, le jour
de la saisie, quoiqu'ils reçoivent leur changement avant que
l'affaire soit terminée, n'en auront pas moins droit à la totalité
de la part affectée à leurs grades.

Art. 23. Les chefs dont l'intérim sera exercé par des employés
du même grade ou d'un grade inférieur, n'auront droit qu'à la
moitié des parts des saisies revenant aux intérimaires, ceux-ci
jouiront en outre des parts relatives à leurs grades effectifs, à
l'exception des parts attribuées au directeur, comme chargé des
poursuites, et au chef chargé du dépôt, lesquelles étant particulièrement affectées aux peines qu'ils se donnent, deviendront,
en entier, le partage de l'intérimaire qui en aura été chargé.

Art. 24. Les détachements de troupes de terre ou de mer ou de
la milice qui auront été requis de prêter main-forte et auront
participé à la capture de la fraude, jouiront d'une indemnité
égale à une part de saisissant.

Dans le cas où, par rencontre fortuite, des militaires ou autres
personnes feront des saisies, concurremment avec des employés
des douanes, il y aura un partage égal.

Et dans le cas où les auxiliaires n'auraient été requis que pour
la garde d'objets saisis sans leur assistance, chaque militaire
n'aurait droit qu'à l'indemnité d'usage pour les militaires employés
extraordinairement.

Les sommes revenant aux détachements des troupes de terre
ou de mer seront comptées, sur émargement, aux conseils d'administration ou aux commandants, lesquels en feront la répartition à qui de droit.

Art. 25. Lorsqu'une contravention de douane se trouvera
découverte et une saisie effectuée sans le concours des employés,
soit par des militaires ou marins, soit par toutes autres personnes étrangères à l'administration des douanes, le procès-
verbal devra être rédigé à la requête et remis aux poursuites
du directeur des douanes de la colonie, spécialement chargé
de la répression des délits.

Le dépôt des objets saisis sera fait aux bureaux des douanes
dont les saisissants feront partie.

Art. 26. Dans les saisies faites en mer par les felouques attachées à la douane, le montant des trois quarts du produit net à répartir sera divisé comme suit, savoir :

Chaque officier de l'administration des douanes qui se trouverait à bord au moment de la saisie recevra une part ; le capitaine de la felouque, une part ; chaque matelot blanc ou préposé, un quart de part ; chaque pilotin ou mousse, un sixième de part, et les six nègres appartenant au gouvernement recevront, collectivement, une part de matelot, ou dans la proportion, si leur nombre venait à varier.

Art. 27. Il sera dressé par le directeur des douanes, pour chaque saisie, un état de répartition d'après les bases du présent règlement, lequel état sera conforme au modèle imprimé ci-joint ; ce modèle sera applicable à toutes les saisies anciennes dont la mise en répartition n'aurait pas encore eu lieu.

Art. 28. Les états de répartition seront arrêtés par le directeur des douanes et approuvés par le directeur général de l'intérieur.

Art. 29. Les parts non réclamées par cause de congé, démission ou décès, seront provisoirement versées à la caisse des secours des douanes pour en être subséquemment retirées par qui de droit, ou pour devenir acquises à cette caisse après le délai de prescription de trois ans.

Seront dévolues en propriété, à ladite caisse des secours, les parts des employés et préposés révoqués pour cause de prévarication dans leurs devoirs.

Art. 30. La répartition du produit des condamnations provenant, soit des déficits d'entrepôt, soit de non rapport de certificat de décharge des acquits-à-caution, réclamant, comme en France, un mode particulier, sera ultérieurement l'objet d'une décision spéciale lorsque l'expérience aura démontré ce qu'il convient le mieux de fixer pour cette partie du service dans les douanes coloniales.

Art. 31. Le directeur général de l'intérieur de la colonie est chargé de l'exécution de la présente ordonnance, au moyen de laquelle la décision du 1er juillet 1818 et les règlements du 1er juin et 19 octobre 1819 demeureront comme non avenus.

Donné au Fort-Royal, le 7 janvier 1827.

Signé Comte DE BOUILLÉ.

Et plus bas :
Le Directeur général de l'intérieur,
Signé ANTe DE L'HORME.

Inspection. Reg. 11, n° 479.

N° 4529. — *Notice pour servir à l'histoire du Goramy ou Gouramy* (Osphronemus oleax) *importé à la Martinique en 1819.*

8 janvier 1827.

Annales maritimes, 1827, 2ᵉ partie, t. 2, p. 57.

———————————

N° 4530. — *Statuts de la congrégation des sœurs de Saint-Joseph de Cluny.*

10 janvier 1827.

Art. 1ᵉʳ. Les sœurs de la congrégation de Saint-Joseph de Cluny se consacrent, soit en France, soit dans les colonies françaises, au soulagement des pauvres malades dans les hôpitaux et à l'éducation des enfants de leur sexe. Elles tiennent aussi des classes gratuites.

Art. 2. La congrégation de Saint-Joseph de Cluny a deux maisons de noviciat, l'une à Cluny (diocèse d'Autun), l'autre à Bailleul (diocèse de Beauvais). La maison de Cluny est le chef-lieu de la congrégation.

Art. 3. La congrégation est gouvernée par une supérieure générale, assistée d'un conseil.

Art. 4. La supérieure générale réside ordinairement dans l'une des deux maisons de noviciat ; mais le conseil, qu'elle ne peut se dispenser de présider sans motif plausible, doit toujours tenir ses séances à Cluny, et. au moins, une fois par mois.

Le procès-verbal de chaque séance est transcrit sur le registre des délibérations et signé par les membres présents.

Art. 5. Le conseil de la congrégation se compose de la supérieure générale, de cinq conseillères et de la supérieure de la maison de Cluny.

La supérieure générale choisit, parmi les membres du conseil, son assistante qui la représente en cas de maladie, d'absence ou de décès.

Le conseil nomme parmi les cinq conseillères celle qui doit remplir les fonctions de secrétaire et de trésorière.

Le conseil ne peut délibérer s'il y a moins de cinq membres présents.

Art. 6. Chaque établissement de la congrégation a une supérieure particulière.

Art. 7. La supérieure générale est élue par le chapitre de la congrégation, composé des supérieures des maisons de France.

Celles de ces supérieures qui ne résident pas au delà de vingt lieues de la maison de Cluny doivent se rendre au chapitre. Les autres y envoient leur vote cacheté.

Art. 8. Le chapitre est présidé par l'évêque diocésain ou par des vicaires généraux, délégués par lui. L'élection de la supérieure générale se fait par les seules religieuses composant le chapitre, et par scrutins formés à la majorité absolue, et pour six ans ; celle des cinq conseillères se fait de la même manière et pour le même temps. La supérieure générale et les conseillères peuvent être réélues. Tous les membres du conseil ont voix délibérative au chapitre et doivent y être convoqués à dater de la première assemblée qui suit leur élection.

A la mort de la supérieure générale, l'assistance convoque, dans le mois, le chapitre pour procéder à de nouvelles élections, tant de la supérieure générale que des conseillères.

En cas de mort ou de départ d'une des conseillères, le conseil nomme celle qui doit remplacer jusqu'à une nouvelle élection.

Art. 9. La supérieure générale nomme, pour trois ans, les supérieures de tous les établissements de la congrégation ; elle leur remet aussitôt l'acte signé par elle de cette nomination et en délivre un duplicata pour être déposé aux archives de la maison du chef-lieu. Elle ne peut révoquer les supérieures particulières avant les trois années révolues, ni les continuer au delà de ce terme que de l'avis de son conseil. En cas de partage égal dans les opinions, la voix de la supérieure prévaut.

Art. 10. La supérieure générale exerce une action immédiate sur tous les sujets qui appartiennent à la congrégation ; elle les fait passer d'un établissement dans un autre ; elle veille à ce que tous les statuts et les règles soient observés avec une exacte uniformité, et, à cet effet, elle peut visiter les établissements qui dépendent de la congrégation, quand elle le juge convenable. Elle ne peut cependant entreprendre des voyages d'outre-mer que de l'agrément du ministre des affaires ecclésiastiques, accordé, s'il y a lieu, sur le vu d'une délibération du conseil de la congrégation et de l'avis de Mgr l'évêque d'Autun.

Art. 11. Les comptes de recettes et dépenses de chaque établissement seront adressés tous les six mois à la supérieure générale, et vérifiés par le conseil ; la mention du résultat sera faite au registre des délibérations. Les excédants de recette seront employés, d'après l'avis du conseil, ou à l'amélioration de l'établissement particulier ou aux besoins généraux de la congrégation, et, dans ce dernier cas, versés dans la caisse de la trésorière.

Art. 12. Toute proposition de former un établissement doit être délibérée dans le conseil de la congrégation ; et lorsque la possibilité et la convenance de l'accepter ont été reconnues, la supérieure générale traite avec les communes ou les administrations des hospices des conditions auxquelles les écoles de charité ou la desserte des hospices sont confiées à la congrégation. Elle souscrit en son nom les engagements contractés à cet effet, après avoir obtenu le consentement de l'évêque diocésain, et remplit auprès des autorités compétentes les formalités voulues par la loi pour donner audit établissement une existence légale. La supérieure générale accepte au nom de la congrégation les dons et legs faits à cette congrégation et aux établissements qui en dépendent, à la charge toutefois d'appliquer les revenus des libéralités aux maisons particulières qu'elles concerneraient, conformément aux intentions des donateurs ou testateurs.

Art. 13. Chaque établissement de la congrégation est soumis, pour le civil, aux autorités locales ; et pour le spirituel, à l'évêque diocésain qui veille à ce que la discipline soit observée et conservée suivant la règle de la congrégation.

Art. 14. Chaque établissement peut recevoir des postulantes ; mais il n'y a que deux maisons pour le noviciat : à Cluny et à Bailleul ; il ne peut en être établi d'autres en France.

Le temps du noviciat est de deux années au moins, après lesquelles les novices peuvent, du consentement de l'évêque diocésain et en sa présence ou de son délégué, être admises à la profession.

Les novices ne pourront contracter des vœux si elles n'ont seize ans accomplis. Jusqu'à vingt et un ans les vœux ne sont que pour une année ; à cet âge les novices peuvent s'engager pour cinq ans.

Les religieuses peuvent être dispensées de leurs vœux par l'évêque diocésain, la supérieure générale entendue.

Après cinq ans, les professes renouvelleront leurs vœux, si elles le jugent à-propos, dans l'établissement où elles se trouvent ; elles ne sont admises à les renouveler que du consentement de la supérieure générale et de son conseil.

Art. 15. Chaque sœur conserve la propriété de ses biens et le droit d'en disposer en se conformant aux lois, et notamment à celle du 24 mai 1825. Les revenus ne profitent qu'à la congrégation qui n'en doit aucun compte.

Dans le cas où une sœur sortirait de la congrégation ou qu'elle

en serait exclue, elle ne pourrait réclamer la dot qu'elle aurait
apportée, ni la pension qu'elle aurait payée, ni enfin les revenus
des biens qu'elle posséderait. Sa propriété seule lui sera remise
dans l'état où elle est.

Art. 16. Il s'est formé à Saint-Marcel de Châlons une maison
de retraite pour les sœurs que l'âge ou les infirmités mettent hors
d'état de remplir leurs fonctions; toutefois, elles ne pourront y
être admises que de l'avis du conseil de la congrégation.

Colonies.

Art. 17. Les établissements dans les colonies françaises et
même dans d'autres parties du nouveau monde, ne formant qu'un
tout avec la congrégation, ne pourront s'en détacher sous aucun
prétexte et seront régis par les statuts, sauf les exceptions contenues dans les articles suivants qui sont spéciaux pour les établissements d'outre-mer.

Art. 18. Dans chaque colonie, il y aura une supérieure principale, assistée de deux conseillères, qui aura, sur les établissements
particuliers de la colonie, la même autorité que la supérieure
générale et son conseil exercent sur les établissements en
France.

Art. 19. Ces supérieures principales et les deux conseillères
seront nommées pour trois ans par la supérieure générale, qui
ne pourra les révoquer avant les trois années révolues, ni les
continuer au delà de ce terme que de l'avis de son conseil.

Art. 20. La supérieure principale nommera également pour
trois ans les supérieures de chaque établissement particulier ;
elle pourra les révoquer ou les continuer, de l'avis de son conseil ;
en cas de révocation, elle rendra compte à la supérieure générale des motifs.

Art. 21. Les supérieures principales feront observer dans les
établissements qui dépendent d'elles les statuts ainsi que les
usages adoptés par la congrégation ; et si les localités paraissent
exiger quelques dérogations ou changements, elles ne pourront
les introduire sans l'approbation expresse de la supérieure générale et de son conseil.

Art. 22. Tous les six mois, les supérieures principales rendront
compte à la supérieure générale de l'état de chaque établissement, de la conduite des sœurs qui les composent ; elles indiqueront les améliorations dont ils seraient susceptibles et les moyens
de les opérer.

Art. 23. Elles enverront tous les ans, à la supérieure générale, le compte détaillé des recettes et dépenses de la colonie, signé d'elles et de leurs conseillères ; ce compte leur sera renvoyé après avoir été discuté et approuvé par le conseil de la congrégation ; elles indiqueront un emploi utile de l'excédant des recettes, s'il y en avait eu, et, néanmoins, elles seront tenues de le faire passer en France toutes les fois que la supérieure générale et son conseil jugeront que les besoins généraux de la congrégation l'exigent.

Art. 24. Les supérieures principales seront tenues de faire repartir pour la France ou pour une autre colonie les sœurs qui seraient réclamées par la supérieure générale, et elles devront recevoir et employer celles qu'elle leur renverra.

Art. 25. Les établissements dans les colonies seront soumis, pour le spirituel, à l'autorité ecclésiastique compétente, et pour le civil, au ministre de la marine et des colonies.

Art. 26. Il ne pourra se former dans aucune colonie une maison de noviciat qu'avec l'approbation expresse de la supérieure générale et de son conseil, et qu'en se conformant strictement aux règles de la congrégation pour le noviciat.

Art. 27. Les novices ne seront admises à faire profession que du consentement de l'autorité ecclésiastique compétente, et les vœux seront prononcés en présence de celui qui en est dépositaire ou de son délégué ; ils ne pourront être de plus de cinq ans.

Art. 28. Les sœurs qui auraient fait profession dans un noviciat établi dans une colonie, devenant membres de la congrégation, ne pourront se dispenser d'obéir aux ordres qu'elles recevront de la supérieure générale, même à celui de venir résider en France ou de passer dans une autre colonie.

(Suivent les signatures.)

Vu pour être annexé à l'ordonnance royale du 3 janvier 1827.

Le Ministre des affaires ecclésiastiques,
Signé † D., évêque d'Hermopolis.

Bulletin officiel de la Guyane française, 1827, n° 102.

━━━━━◆◆◆━━━━━

N° 4531. — *Arrêté du gouverneur prescrivant diverses mesures relatives aux recettes et dépenses, et, notamment, la séparation des comptabilités de la caisse du trésor royal et de la caisse municipale.*

Vu la décision prise en conseil privé le 3 décembre 1826, nous avons provisoirement arrêté ce qui suit :

Art. 1er. La caisse municipale est conservée.

Toutes les sommes dues à cette caisse, sur les exercices antérieurs à 1827, continueront à y être reçues, comme précédemment ; mais, pour parvenir à liquider cette comptabilité au 31 décembre 1826, il sera fait un état, tant des sommes à recevoir que de celles à payer à ladite époque, et aucun payement n'aura lieu sur les exercices antérieurs à 1827, avant que cet état, soumis à l'examen d'une commission et au conseil privé, n'ait été approuvé par nous.

Art. 2. Toutes les recettes de l'année 1827, autres que celles relatives aux exercices antérieurs et successivement jusqu'à nouvel ordre, seront versées à la caisse royale : *Service colonial.*

Art. 3. En conséquence, il sera fait par la caisse royale : *Service colonial,* à la caisse municipale, une dotation égale au montant des dépenses arrêtées par le budget municipal, et cette dotation sera versée soit par trimestre, soit par mois, suivant les besoins du service.

Art. 4. Le trésorier de la colonie continuera à tenir la comptabilité de la caisse municipale, distincte et séparée de celle de la caisse royale, et en rendra, suivant l'usage, un compte annuel soumis à l'examen d'une commission nommée par nous.

Art. 5. L'ordonnateur et le directeur général de l'intérieur sont chargés, chacun en ce qui le concerne, de l'exécution du présent arrêté.

Donné au Fort-Royal, le 13 janvier 1827.

Signé Comte DE BOUILLÉ.

Arch. du gouvernement. Ord. et déc.

N° 4532. — *Décision du gouverneur portant autorisation d'adjoindre trois surnuméraires au personnel des douanes.* (Extrait.)

16 janvier 1827.

Leurs fonctions ne donneront lieu à aucun traitement, mais ils auront droit aux parts de saisies auxquelles ils auront contribué.

Arch. du gouvernement. Ord. et déc.

N° 4533. — *Ordonnance du roi portant autorisation définitive de la congrégation des sœurs de Saint-Joseph de Cluny* (1).

17 janvier 1827.

CHARLES, etc.,

Vu l'article 2 de la loi du 24 mai 1825 ;

Vu les statuts de la congrégation ci-après dénommée, vérifiés et enregistrés au conseil d'État, conformément à notre ordonnance royale du 3 de ce mois ;

Sur le rapport de notre ministre des affaires ecclésiastiques,

Nous avons ordonné et ordonnons ce qui suit :

Art. 1er. La congrégation des sœurs de Saint-Joseph de Cluny, ayant deux maisons de noviciat établies, l'une à Cluny, département de Saône-et-Loire, et l'autre à Bailleul, département de l'Oise, gouvernées par une supérieure générale, est définitivement autorisée, à la charge de se conformer à ses statuts ci-annexés.

Art. 2. Nous nous réservons d'autoriser ultérieurement, sur la demande qui en sera présentée dans la forme voulue par l'article 3 de la loi du 24 mai 1825, les maisons particulières qui dépendent de cette congrégation.

Art. 3. Notre ministre des affaires ecclésiastiques est chargé de l'exécution de la présente ordonnance.

Donné le 17 janvier 1827.

Signé CHARLES.

Et par le Roi :

Le Ministre des affaires ecclésiastiques,

Signé ⸸ D., évêque d'Hermopolis.

Bulletin officiel de la Guyane française, 1827, n° 104. — Enregistrée à la cour royale, 19 mars 1828.

N° 4534. — *Arrêté du gouverneur portant que les fonctions d'encanteur seront exercées par les huissiers.*

20 janvier 1827.

Nous, etc.,

Attendu les réclamations formées, tant par le commerce de Saint-Pierre que par divers négociants des places d'Europe,

---

(1) Notifiée à la Martinique par dépêche ministérielle du 27 mars 1827, n° 125. Archives du gouvernement. Promulguée dans la colonie par ordonnance locale du 18 mars 1828. *Bulletin officiel,* vol. 1828, p. 83.

contre l'organisation actuelle de la forme de l'encan dans cette colonie;

Vu les dépêches de S. Exc. le ministre de la marine et des colonies sur cette matière;

De l'avis du conseil privé,

Avons arrêté et arrêtons ce qui suit :

Art. 1er. Les fonctions d'encanteur seront exercées par les huissiers, tant dans la ville de Saint-Pierre que dans celle du Fort-Royal.

Art. 2. Ils prélèveront un droit de 5 pour 100 sur toutes les ventes qui seront effectuées par leur entremise.

La moitié brute de ce droit appartiendra à la caisse coloniale.

Art. 3. Les attributions, la durée de la ferme, la comptabilité, les époques de versement et toutes les autres dispositions réglementaires seront établies dans le cahier des charges et conditions qui sera dressé par le directeur général de l'intérieur et approuvé par nous.

Art. 4. Le directeur général de l'intérieur et le contrôleur sont chargés de l'exécution du présent arrêté.

Donné au Fort-Royal, le 20 janvier 1827.

Signé Comte DE BOUILLÉ.

Arch. du gouvernement. Ord. et déc.

N° 4535. — *Ordonnance du gouverneur portant nomination aux fonctions d'interprète juré des langues anglaise et espagnole pour la ville de Fort-Royal.* (Extrait.)

3 février 1827.

Le traitement de cet officier est fixé à 2,400 francs par an. Il doit prêter serment devant la cour royale et le tribunal de première instance.

Inspection. Reg. 13, n° 292.

N° 4536. — *Arrêté du gouverneur administrateur pour la construction d'un embarcadère et d'un hangar de refuge au-devant des nouveaux magasins des vivres de la pointe Simon, à Fort-Royal.*

6 février 1827.

NOTA. La dépense d'abord évaluée à 2,780 francs est portée à 3,475 francs.

Les travaux en sont confiés au génie militaire pour être exécutés à la journée.

Inspection. Ord. et déc. Reg. 11, n°s 483, 508, 510 et 568.

N° 4537. — *Arrêté du gouverneur administrateur pour la construction de nouvelles baraques au fort Saint-Louis, susceptibles de loger trois compagnies d'infanterie.* (Extrait.)

6 février 1827.

BULLETIN. Afin de retenir la troupe à volonté, éloigner d'elle les boissons dangereuses, la centraliser de manière à exercer sur elle une discipline plus exacte et lui procurer une position salubre.

NOTA. Il s'agissait de réunir divers détachements du 45e régiment logés dans les casernes de Bellevue, du bord de mer, dite des Sapeurs et de la Providence.

La dépense de cette construction s'est élevée, suivant devis, à 37,400 francs.

Inspection. Reg. 11, n°s 484 et 507.

N° 4538. — *Dépêche ministérielle portant qu'à l'avenir tout officier supérieur qui commandera par intérim, en l'absence du colonel, recevra une indemnité de représentation de 1,200 fr. par an, y compris le supplément colonial.*

6 février 1827.

Arch. de l'ordonnateur. Dép., 1827, n° 18.

N° 4539. — *Ordonnance du roi portant que les députés des colonies et leurs suppléants formeront un conseil près le ministre de la marine.*

9 février 1827.

CHARLES, etc.,

Vu l'article 13 de l'acte du 14 mars 1803 (23 ventôse an XI), lequel porte que les députés des chambres d'agriculture des colonies se réuniront en conseil près du ministre de la marine et des colonies;

VIII. 22

Considérant que cette disposition a été explicitement maintenue par l'article 14 de l'ordonnance royale du 22 novembre 1819, portant institution des comités consultatifs des colonies qui ont succédé aux chambres d'agriculture ;

Considérant que la réorganisation des comités consultatifs en conseils généraux des colonies ayant pour but de rendre l'institution de plus en plus utile, il convient d'y rattacher également la création d'un conseil des députés près le ministre de la marine ;

Sur le rapport de notre ministre secrétaire d'État de la marine et des colonies,

Nous avons ordonné et ordonnons ce qui suit :

Art. 1er. Les députés des colonies et leurs suppléants formeront un conseil près de notre ministre secrétaire d'État de la marine.

Notre ministre secrétaire d'État de la marine désignera annuellement celui des députés qui devra présider le conseil.

Un secrétaire, choisi par notre ministre de la marine hors du conseil, lui sera spécialement attaché.

Art. 2. Le conseil des députés des colonies siégera à l'hôtel du ministère de la marine.

Art. 3. Le conseil est appelé à donner son avis sur les diverses questions au sujet desquelles notre ministre de la marine juge convenable de le consulter.

Il peut adresser à notre ministre de la marine les propositions et les observations qui lui paraissent utiles dans l'intérêt de chacune de nos colonies, ou dans celui de ces établissements en général.

Art. 4. Le conseil délibère à la pluralité des voix ; en cas de partage, la voix du président est prépondérante.

Les délibérations du conseil sont inscrites sur un registre qui reste déposé à la direction des colonies ; elles sont signées de tous les membres présents.

Art. 5. Toute correspondance en nom collectif, soit en France, soit aux colonies, est interdite au conseil.

Art. 6. Notre ministre secrétaire d'État de la marine et des colonies est chargé de l'exécution de la présente ordonnance.

Donné à Paris, le 9 février 1826.

Signé CHARLES.

Et par le Roi :
Le Ministre de la marine et des colonies,
Signé Comte DE CHABROL.

Annales maritimes, 1827, p. 11.

Nº 4540. — *Ordonnance du roi concernant le gouvernement de l'île de la Martinique et celui de l'île de la Guadeloupe et de ses dépendances* (1).

CHARLES, etc.,

Sur le rapport de notre ministre secrétaire d'État de la marine et des colonies, et de l'avis de notre conseil,

Nous avons ordonné et ordonnons ce qui suit :

TITRE Iᵉʳ.

FORMES DU GOUVERNEMENT.

Art. 1ᵉʳ. Le commandement général et la haute administration de chacune des colonies de la Martinique et de la Guadeloupe sont confiés à un gouverneur.

Art. 2. Un commandant militaire est chargé, sous les ordres du gouverneur, du commandement des troupes et des autres parties du service militaire que le gouverneur lui délègue.

Art. 3. Trois chefs d'administration, savoir : un ordonnateur, un directeur général de l'intérieur, un procureur général du roi, dirigent, sous les ordres du gouverneur, les différentes parties du service.

Art. 4. Un contrôleur colonial veille à la régularité du service administratif, et requiert, à cet effet, l'exécution des lois, ordonnances et règlements.

Art. 5. Un conseil privé, placé près du gouverneur, éclaire ses décisions ou participe à ses actes dans les cas déterminés.

Art. 6. Un conseil général donne annuellement son avis sur les budgets et les comptes des recettes et des dépenses coloniales et municipales, et fait connaître les besoins et les vœux de la colonie.

TITRE II.

DU GOUVERNEUR.

CHAPITRE PREMIER.

DISPOSITIONS PRÉLIMINAIRES.

Art. 7, § 1ᵉʳ. Le gouverneur est le dépositaire de notre autorité dans la colonie.

Ses pouvoirs sont réglés par les ordonnances.

§ 2. Nos ordres, sur toutes les parties du service, lui sont transmis par notre ministre secrétaire d'État de la marine et des colonies.

---

(1) Voir dépêche d'envoi du 20 avril 1827, nº 147. (Arch. du gouvernement.)

§ 3. Le gouverneur exerce l'autorité militaire seul et sans partage.

Il exerce l'autorité civile avec ou sans la participation du conseil privé. Les cas où cette participation est nécessaire sont réglés au titre VI (1).

CHAPITRE II.

DES POUVOIRS MILITAIRES DU GOUVERNEUR.

Art. 8. Le gouverneur est chargé de la défense intérieure et extérieure de la colonie et de ses dépendances.

Art. 9, § 1er. Il a le commandement supérieur et l'inspection générale des troupes de toutes armes dans l'étendue de son gouvernement; il ordonne leurs mouvements et veille à la régularité du service et de la discipline.

§ 2. Il a l'inspection générale des armes, de l'artillerie, des fortifications et des ouvrages de défense.

Art. 10. Le gouverneur a le commandement général des milices et ordonne tout ce qui est relatif à leur levée, leur organisation, leur service et leur discipline.

Art. 11. Il a sous ses ordres ceux de nos bâtiments qui sont attachés au service de la colonie, et en dirige les mouvements.

Art. 12, § 1er. Les commandants de nos vaisseaux ou escadres en station ou en mission, mouillés dans les ports ou sur les rades de la colonie et de ses dépendances, sont tenus, toutes les fois qu'ils en sont requis par le gouverneur, de convoyer, à leur retour en Europe, les bâtiments marchands, et de concourir à toutes les mesures qui intéressent la sûreté de la colonie, à moins d'instructions spéciales qui ne leur permettent pas d'obtempérer à ces réquisitions.

§ 2. Les commandants desdits vaisseaux et escadres exercent, sur les rades de la colonie, la police qui leur est attribuée par les ordonnances de la marine, en se conformant aux règlements locaux et aux instructions particulières du gouverneur; mais ils n'exercent à terre aucune autorité.

Art. 13, § 1er. Lorsque, des forces ennemies étant en présence, il y a danger imminent d'une attaque, ou lorsqu'une insurrection

---

(1) Pour faciliter l'application de l'ordonnance, on a indiqué par un astérisque (*) les cas où le gouverneur prend l'avis du conseil, mais sans être tenu de s'y conformer;

Et par deux astérisques (**) les cas où le gouverneur agit conformément aux décisions du conseil.

à main armée a éclaté dans l'île, la colonie peut être déclarée en état de siége.

§ 2. Pendant la durée de l'état de siége, le gouverneur exerce, sous sa responsabilité personnelle, toute l'autorité civile, sans la participation du conseil privé.

§ 3. L'état de siége est levé aussitôt que les circonstances qui l'ont motivé ont cessé.

§ 4. Le gouverneur déclare ou lève l'état de siége, après avoir pris l'avis d'un conseil de défense et sans être tenu de s'y arrêter.

§ 5. Le conseil de défense est convoqué et présidé par le gouverneur.

Il est composé du gouverneur, du commandant militaire, de l'ordonnateur, du commandant des forces navales, de l'officier chargé de la direction de l'artillerie et de l'officier chargé de la direction du génie.

Art. 14, § 1er. Le gouverneur, en conformité des ordonnances, forme et convoque les conseils de guerre et y fait traduire les militaires de toutes armes prévenus de crimes ou délits.

§ 2. Il ne peut rendre les habitants et autres individus, non militaires, justiciables de ces tribunaux, si ce n'est pour des faits relatifs à leur service dans la milice, et seulement quand la colonie est en état de siége ; mais, alors, les tribunaux militaires sont composés, indépendamment du président, d'un nombre égal d'officiers de l'armée et d'officiers de milices.

CHAPITRE III.

DES POUVOIRS ADMINISTRATIFS DU GOUVERNEUR.

Art. 15. Le gouverneur a la direction supérieure de l'administration de la marine, de la guerre et des finances, et des différentes branches de l'administration intérieure.

Art. 16, § 1er. Il donne les ordres généraux concernant :

Les approvisionnements à faire pour tous les besoins du service ;

L'exécution des travaux maritimes, militaires et civils, conformément aux devis arrêtés ;

Les constructions et réparations des bâtiments flottants ;

L'armement et le désarmement des bâtiments attachés au service local ;

La délivrance des matières et des munitions ;

La délivrance des vivres pour la nourriture des troupes de toutes armes et des autres rationnaires.

§ 2. Il fixe le nombre des ouvriers à employer aux divers travaux, et règle les tarifs de solde.

§ 3. Il inspecte les casernes, hôpitaux, magasins, chantiers, ateliers et tous autres établissements publics.

Art. 17, § 1ᵉʳ. Le gouverneur exerce une haute surveillance sur la police de la navigation.

§ 2. Il permet ou défend aux bâtiments venant du dehors la communication avec la terre.

§ 3 (*). Il donne, lorsqu'il y a lieu, les ordres d'embargo.

§ 4. Il accorde les permis de départ aux navires marchands, lorsqu'ils ont rempli les formalités prescrites par les règlements.

§ 5. Il commissionne les capitaines au grand cabotage, après qu'ils ont satisfait aux dispositions des ordonnances.

§ 6 (**). Il délivre les actes de francisation, en se conformant aux ordonnances et aux instructions du ministre de la marine.

Art. 18, § 1ᵉʳ. En temps de guerre, le gouverneur délivre des lettres de marque ou proroge la durée de celles qui ont été délivrées en Europe, en se conformant aux dispositions des lois et règlements sur la course.

§ 2 (*). Il détermine l'envoi des bâtiments parlementaires et les commissionne.

Art. 19. Les prises conduites dans les ports ou sur les rades de la colonie et de ses dépendances sont jugées, sauf l'appel en France, par une commission composée du gouverneur, de l'ordonnateur, du procureur général, du contrôleur colonial et de l'officier de l'administration de la marine le plus élevé en grade. Ses jugements sont rendus dans les formes et de la manière déterminées par les lois et règlements.

Le gouverneur convoque et préside cette commission.

Art. 20 (**). Le gouverneur arrête chaque année, pour être soumis à l'approbation de notre ministre de la marine :

L'état des dépenses à faire dans la colonie pour le service à la charge de la métropole ;

Le projet de budget des recettes et des dépenses coloniales ;

Les projets de travaux de toute nature ;

L'état des approvisionnements dont l'achat doit être fait dans la colonie ou l'envoi effectué par la métropole.

Art. 21, § 1ᵉʳ (**). Les mémoires, plans et devis relatifs aux travaux projetés sont soumis à l'approbation de notre ministre de la marine, lorsque la dépense proposée excède 5,000 francs et qu'elle doit être supportée par la métropole, ou lorsque cette dépense, étant à la charge de la colonie, excède 10,000 francs.

§ 2 (**). Le gouverneur arrête les plans et devis relatifs aux travaux dont la dépense est inférieure aux sommes fixées ci-dessus.

Art. 22. Le gouverneur pourvoit à l'exécution du budget arrêté par le ministre de la marine.

Art. 23, § 1er (**). Il émet les ordonnances annuelles de contributions, rend les rôles exécutoires et statue sur les demandes en dégrèvement; mais il ne peut, en matière de contributions indirectes, accorder ni remise ni modération de droits.

§ 2 (**). Il arrête les mercuriales pour la perception des droits de douane.

§ 3. Il se fait rendre compte du recouvrement des contributions, tient la main à ce que les rentrées s'opèrent régulièrement, comme aussi à ce qu'il ne soit fait aucune autre perception que celles qui sont autorisées par les ordonnances, et fait poursuivre les contrevenants.

§ 4. Il se fait également rendre compte des contraventions aux ordonnances et règlements sur les contributions, sur les douanes et sur le commerce étranger; il tient la main à ce que les poursuites nécessaires soient exercées.

Art. 24, § 1er (*). Il émet les ordonnances mensuelles pour la répartition des fonds.

§ 2 (*). Il autorise, dans les limites de ses instructions, le tirage des traites en remboursement des avances faites par le trésor de la colonie pour le service à la charge de la métropole.

§ 3. Il se fait rendre compte de la situation des différentes caisses et ordonne toutes vérifications extraordinaires qu'il juge nécessaires.

Art. 25 (*). Le gouverneur arrête, chaque année, et transmet à notre ministre de la marine:

Les comptes généraux des recettes et des dépenses effectuées pour tous les services;

Les comptes d'application en matières et en main-d'œuvre;

Les inventaires généraux.

Art. 26, § 1er (*). Il convoque le conseil général de la colonie et les conseils municipaux, et fixe la durée de leurs sessions.

Il détermine l'objet des délibérations des conseils municipaux et celui des sessions extraordinaires du conseil général.

§ 2 (**). Il prononce, lorsqu'il y a lieu, la suspension des sessions de ces conseils, à la charge d'en rendre compte à notre ministre secrétaire d'État de la marine.

§ 3 (**). Il approuve et rend exécutoires les budgets des recettes et dépenses municipales et les projets des travaux à la charge des communes.

Il arrête définitivement et transmet au ministre les comptes annuels des communes.

Art 27, § 1er (*). Il statue, par des dispositions générales, sur la répartition, dans les différents ateliers, des noirs appartenant à la colonie, et veille à l'exécution des règlements sur l'administration, l'emploi et la destination de ces noirs.

§ 2 (*). Il ordonne, lorsque des besoins extraordinaires l'exigent, des réquisitions de noirs et de charrois ou autres moyens de transport.

Art. 28, § 1er. Le gouverneur prend connaissance de l'état et des besoins de l'agriculture, et pourvoit à tout ce qui peut en accroître et en améliorer les produits.

§ 2 (*). Il distribue les primes et encouragements accordés par le gouvernement.

Art. 29, § 1er. Il veille à l'exécution des ordonnances et règlements sur le régime des esclaves, et ordonne les poursuites contre les contrevenants.

§ 2 (*). Il signale au ministre de la marine, comme dignes de nos grâces, les habitants qui s'occupent, avec le plus de succès, de répandre l'instruction religieuse parmi les esclaves, qui encouragent et facilitent entre eux les unions légitimes et qui pourvoient avec le plus de soin à la nourriture, à l'habillement et au bien-être de leurs ateliers.

Art. 30, § 1er. Le gouverneur tient la main à l'exécution des ordonnances et règlements concernant les gens de couleur libres et affranchis.

§ 2 (**). Il donne, en se conformant aux règles établies, les permissions pour l'affranchissement des esclaves et délivre les titres de liberté.

Art. 31, § 1er. Le gouverneur se fait rendre compte des mouvements du commerce et prend les mesures qui sont en son pouvoir pour en encourager les opérations et en favoriser les progrès.

§ 2 (**). Il tient la main à la stricte exécution des ordonnances qui déterminent les droits et priviléges des bâtiments nationaux, et ne permet l'admission, dans la colonie, des bâtiments étrangers et de leurs cargaisons que dans les limites qui lui sont tracées par les ordonnances.

§ 3 (**). Il règle les tarifs du prix des charrois et des transports par chaloupes et pirogues.

§ 4 (**). Il soumet au ministre de la marine les demandes ayant pour objet l'établissement des sociétés anonymes.

Art. 32 (**). Le gouverneur se fait rendre compte de l'état des approvisionnements généraux de la colonie, défend ou permet, selon qu'il y a lieu, l'exportation des grains, légumes, bestiaux et autres objets de subsistances, et prend, en cas de disette, les mesures pour leur introduction, en se conformant aux ordonnances.

Art. 33 (*). Il adresse annuellement au département de la marine les tableaux statistiques de la population, ceux qui sont relatifs à l'agriculture, ainsi que les états d'importation et d'exportation.

Art. 34, § 1er (**). Il propose au ministre de la marine les acquisitions d'immeubles pour le compte de l'État ou de la colonie et les échanges de propriétés publiques ; il statue définitivement à l'égard des acquisitions et des échanges d'une valeur au-dessous de 3,000 francs, et en rend compte au ministre.

§ 2 (**). Il ne peut faire aucune concession. Lorsqu'il y a lieu, il propose au ministre l'aliénation des terrains et emplacements vacants, et des autres propriétés publiques qui ne sont pas nécessaires au service ; si la vente en est autorisée, elle a lieu avec concurrence et publicité.

Aucune portion des cinquante pas géométriques réservés sur le littoral ne peut être échangée ni aliénée.

§ 3. Il veille à ce que des poursuites soient exercées pour la révocation des concessions et pour leur retour au domaine, lorsque les concessionnaires n'ont pas rempli leurs obligations.

Art. 35 (*). Il se fait rendre compte de l'administration du curateur aux successions vacantes.

Art. 36, § 1er. Le gouverneur surveille tout ce qui a rapport à l'instruction publique.

§ 2 (**). Aucun collége, aucune école ou autre institution du même genre ne peuvent être formés sans son autorisation.

§ 3 (*). Il nomme aux bourses établies dans les pensionnats royaux de la colonie, et propose au ministre les candidats pour celles qui sont accordées aux jeunes colons de l'un et de l'autre sexe dans les établissements de la métropole.

Art. 37, § 1er. Le gouverneur veille au libre exercice et à la police extérieure du culte, et pourvoit à ce qu'il soit entouré de la dignité convenable.

§ 2. Aucun bref de la cour de Rome, à l'exception de ceux de pénitencerie, ne peut être reçu ni publié dans la colonie qu'avec l'autorisation du gouverneur, donnée d'après nos ordres.

Art. 38. Le gouverneur tient la main à ce qu'aucune congrégation ou communauté religieuse ne s'établisse dans la colonie et n'y reçoive des novices, sans notre autorisation spéciale.

Art. 39, § 1er (**). Le gouverneur accorde les dispenses de mariage dans les cas prévus par les articles 145 et 164 du code civil, et en se conformant aux règles prescrites à cet égard.

§ 2. Il se fait rendre compte de l'état des églises et des lieux de sépulture, de la situation des fonds des fabriques et de leur emploi.

§ 3 (*). Il propose au gouvernement l'acceptation des dons et legs pieux ou de bienfaisance dont la valeur est au-dessus de 1,000 francs.

§ 4 (**). Il autorise, s'il y a lieu, l'acceptation de ceux qui sont au-dessous de cette valeur, et en rend compte au ministre de la marine.

Art. 40, § 1er. Le gouverneur pourvoit à la sûreté et à la tranquillité de la colonie ; il maintient ses habitants dans la fidélité et l'obéissance qu'ils nous doivent.

§ 2. Tous les faits et événements de nature à troubler l'ordre ou la tranquillité de la colonie sont portés immédiatement à sa connaissance.

Art. 41. Il accorde les passe-ports, congés, permis de débarquement et de séjour, en se conformant aux règles établies.

Art. 42, § 1er (*). Le gouverneur ordonne les mesures générales relatives à la police sanitaire, tant à l'intérieur qu'à l'extérieur de la colonie.

§ 2 (**). Il prescrit l'établissement, la levée et la durée des quarantaines et des cordons sanitaires ; il fixe les lieux de lazarets.

§ 3. Les officiers de santé et pharmaciens non attachés au service ne peuvent exercer dans la colonie qu'en vertu d'une autorisation délivrée par le gouverneur, et qu'après avoir rempli les formalités prescrites par les ordonnances et règlements.

Art. 43. Le gouverneur veille à la répression de la traite des noirs et ordonne l'arrestation des bâtiments prévenus de contravention.

Art. 44, § 1er. Il surveille l'usage de la presse.

§ 2 (*). Il commissionne les imprimeurs, donne les autorisations de publier les journaux, et les révoque en cas d'abus.

§ 3. Aucun écrit autre que les jugements, arrêts et actes publiés par autorité de justice ne peut être imprimé dans la colonie sans sa permission.

Art. 45, § 1er. Le gouverneur a dans ses attributions les mesures de haute police.

§ 2. Il a le droit de mander devant lui, lorsque le bien du ser-vice ou le bon ordre l'exige, tout habitant, négociant ou autre individu qui se trouve dans l'étendue de son gouvernement.

§ 3. Il écoute et reçoit les plaintes et griefs qui lui sont adressés individuellement par les habitants de la colonie, et en rend compte exactement au ministre de la marine, comme aussi des mesures qu'il a prises pour y porter remède.

§ 4. Il pourvoit à ce qu'il lui soit immédiatement rendu compte de l'arrestation de tout individu qui a été arrêté par mesure de haute police.

Il peut interroger ou faire interroger le prévenu, et doit, dans les vingt-quatre heures, ou le faire élargir ou le faire remettre entre les mains de la justice réglée, sauf le cas où il est procédé contre lui extrajudiciairement, conformément à l'article 75.

§ 5. Le gouverneur interdit ou dissout les réunions ou assem-blées qui peuvent troubler l'ordre public, s'oppose aux adresses collectives et autres du même genre, quel qu'en soit l'objet, et réprime toute entreprise qui tend à affaiblir le respect dû aux dépositaires de l'autorité.

CHAPITRE IV.

DES POUVOIRS DU GOUVERNEUR RELATIVEMENT
A L'ADMINISTRATION DE LA JUSTICE.

Art. 46. Le gouverneur veille à la libre et prompte distribution de la justice, et se fait rendre, à cet égard, par le procureur général, des comptes périodiques, qu'il transmet au ministre de la marine.

Art. 47. Il a entrée à la cour royale, et y occupe le fauteuil du roi, pour faire enregistrer les ordonnances royales, ou pour faire connaître nos ordres. Il a également entrée et séance à la cour lors de la rentrée des tribunaux.

L'exercice de ce droit est facultatif.

Art. 48, § 1er. Il lui est interdit de s'immiscer dans les affaires qui sont de la compétence des tribunaux, et de citer devant lui aucun des habitants de la colonie à l'occasion de leurs contes-tations, soit en matière civile, soit en matière criminelle.

§ 2. Il lui est également interdit de s'opposer à aucune procé-dure civile ou criminelle.

Art. 49. En matière civile, il ne peut empêcher ni retarder l'exécution des jugements et arrêts, à laquelle il est tenu de prêter main-forte lorsqu'il en est requis.

Art. 50 (**). En matière criminelle, il ordonne en conseil privé l'exécution de l'arrêt de condamnation, ou prononce le sursis lorsque le conseil décide qu'il y a lieu de recourir à notre clémence.

Art. 51 (**). Il peut faire surseoir aux poursuites ayant pour objet le payement des amendes, lorsque l'insolvabilité des contrevenants est reconnue, à la charge d'en rendre compte au ministre de la marine qui statue définitivement.

Art. 52. Il rend exécutoires les jugements administratifs prononcés par le conseil privé, conformément aux dispositions des sections IV et V du chapitre III, titre VI.

Art. 53, § 1er. Il légalise les actes à transmettre hors de la colonie.

Il légalise également les actes venant de l'étranger.

§ 2. Il se fait remettre et adresse au ministre de la marine les doubles minutes des actes destinés au dépôt des chartes et archives coloniales.

CHAPITRE V.
DES POUVOIRS DU GOUVERNEUR A L'ÉGARD DES FONCTIONNAIRES ET DES AGENTS DU GOUVERNEMENT.

Art. 54. Tous les fonctionnaires et les agents du gouvernement dans la colonie sont soumis à l'autorité du gouverneur.

Art. 55. Son autorité sur les ministres de la religion s'exerce conformément aux ordonnances, édits et déclarations; mais la surveillance spirituelle et la discipline ecclésiastique appartiennent au préfet apostolique ou autre supérieur ecclésiastique.

Art. 56. Il exerce une haute surveillance sur les membres de l'ordre judiciaire; il a le droit de les reprendre, et il prononce sur les faits de discipline, conformément aux ordonnances.

Art. 57, § 1er. Le commandant militaire et les chefs d'administration sont placés sous son autorité immédiate.

§ 2. Il peut déléguer au commandant militaire une partie des attributions militaires dont il est investi.

§ 3. Le gouverneur donne aux chefs d'administration les ordres généraux relatifs aux différentes parties du service. Ils peuvent individuellement lui faire les représentations respectueuses ou les propositions qu'ils jugent utiles au bien de notre service : le gouverneur les reçoit, y fait droit, s'il y a lieu, ou leur fait connaître par écrit les motifs de son refus.

Art. 58. Le gouverneur maintient les chefs d'administration et le contrôleur colonial dans les attributions qui leur sont respectivement conférées, sans pouvoir lui-même entreprendre sur ces attributions, ni les modifier.

Art. 59 (*). Il prononce sur les différends qui peuvent s'élever entre les fonctionnaires de la colonie à l'occasion de leur rang ou de leurs prérogatives.

Art. 60. Aucun fonctionnaire public ou agent salarié ne peut contracter mariage dans la colonie sans l'autorisation du gouverneur, à peine de révocation.

Art. 61, § 1er (**). Le gouverneur statue, en conseil, sur l'autorisation à donner pour la poursuite, dans la colonie, des agents du gouvernement prévenus de crimes ou délits commis dans l'exercice de leurs fonctions.

§ 2 (**). Cette autorisation n'est pas nécessaire pour commencer l'instruction dans les cas de flagrant délit ; mais la mise en jugement ne peut avoir lieu que sur l'autorisation du gouverneur donnée en conseil.

§ 3. Il rend compte immédiatement des décisions qui ont été prises à notre ministre de la marine, qui statue sur les réclamations des parties, lorsque les poursuites ou la mise en jugement n'ont point été autorisées.

Art. 62, § 1er. Aucun emploi nouveau ne peut être créé dans la colonie que par notre ordre ou par celui de notre ministre de la marine.

§ 2 (*). Le gouverneur pourvoit provisoirement, en cas d'urgence, et en se conformant aux règles du service, aux vacances qui surviennent dans les emplois qui sont à notre nomination ou à celle de notre ministre de la marine ; mais il ne peut conférer aux intérimaires le grade ou le titre des fonctions qui leur sont confiées.

Il peut cependant, en temps de guerre, donner provisoirement les grades ou titres des emplois vacants et en délivrer les commissions temporaires.

§ 3. Il pourvoit définitivement à tous les emplois qui ne sont pas à notre nomination ou à celle de notre ministre de la marine,
à la réserve de ceux des agents inférieurs qui sont nommés par les chefs d'administration, ainsi qu'il sera déterminé aux articles 10, 125 et 131, § 9.

§ 4. Il révoque ou destitue les agents nommés par lui.

Art. 63, § 1er (*). Il adresse au ministre les propositions relatives aux retraites, demi-soldes ou pensions.

§ 2 (**). Il peut en autoriser le payement provisoire, mais seulement dans les limites déterminées.

Art. 64. Il se fait remettre, tous les ans, par le commandant militaire, par les chefs d'administration et par le contrôleur, chacun en ce qui le concerne, des notes sur la conduite et la capacité des fonctionnaires, officiers et employés de tout grade. Il fait parvenir ces notes au ministre de la marine avec ses observations.

Il lui transmet des renseignements de même nature sur le commandant militaire, sur les chefs d'administration et sur le contrôleur colonial.

CHAPITRE VI.

DES RAPPORTS DU GOUVERNEUR AVEC LES GOUVERNEMENTS ÉTRANGERS.

Art. 65, § 1er. Le gouverneur communique, en ce qui concerne la colonie qu'il administre, avec les gouvernements du continent et des îles de l'Amérique.

§ 2 (*). Il négocie, lorsqu'il y est autorisé, et dans les limites de ses instructions, toutes conventions commerciales ou autres ; mais il ne peut, dans aucun cas, les conclure que sauf notre ratification.

§ 3 (*). Il traite des cartels d'échange.

CHAPITRE VII.

DES POUVOIRS DU GOUVERNEUR A L'ÉGARD DE LA LÉGISLATION COLONIALE.

Art. 66, § 1er. Le gouverneur promulgue les lois, ordonnances, arrêtés et règlements et en ordonne l'enregistrement.

§ 2. Les lois, ordonnances et règlements de la métropole ne peuvent être rendus exécutoires dans la colonie que par notre ordre.

Art. 67 (**). Le gouverneur arrête en conseil les règlements d'administration et de police, les décisions et instructions réglementaires, en exécution des ordonnances et des ordres ministériels, et les rend exécutoires.

Ces règlements, décisions et instructions, portent la formule : « Nous, gouverneur de l'île (de la Martinique ou de la Guade- « loupe et de ses dépendances), de l'avis du conseil privé, avons « arrêté et arrêtons ce qui suit. »

Art. 68 (**). Lorsque le gouverneur juge utile d'introduire dans la législation coloniale des modifications ou des dispositions nouvelles, il prépare, en conseil, les projets d'ordonnances royales, et les transmet au ministre de la marine qui lui fait connaître nos ordres.

Art. 69 (*). Le gouverneur peut faire des proclamations conformes aux lois et ordonnances, et pour leur exécution.

CHAPITRE VIII.

DES POUVOIRS EXTRAORDINAIRES DU GOUVERNEUR.

Art. 70. Le gouverneur exerce, en conseil privé, dans la forme et dans les limites prescrites au titre VI, chapitre III, section V, les pouvoirs extraordinaires qui lui sont conférés ci-après.

Art. 71. Le gouverneur peut modifier ou changer les dispositions du budget arrêté par notre ministre de la marine, lorsque des circonstances extraordinaires, survenues depuis l'envoi de ce budget, rendent ces modifications ou ces changements indispensables.

Art. 72. Les projets d'ordonnances qui, aux termes de l'article 68, doivent être soumis à notre approbation, peuvent provisoirement être rendus exécutoires par le gouverneur, lorsque le conseil reconnaît qu'il y a nécessité absolue, et qu'il y aurait de graves inconvénients à attendre notre décision.

Les arrêtés pris dans ce cas ne sont exécutoires que pendant une année au plus, si notre décision n'est pas connue avant expiration de ce délai.

Ils portent la formule suivante :

« Au nom du roi,

« Nous, gouverneur de l'île (de la Martinique ou de la Guadeloupe et de ses dépendances), de l'avis du conseil privé, avons arrêté et arrêtons ce qui suit, pour être exécuté pendant une année, à moins qu'il n'en soit autrement ordonné par sa majesté. »

Art. 73. Le gouverneur peut même, sans s'arrêter à l'avis émis par le conseil privé sur ces projets d'ordonnances, les rendre exécutoires, lorsque la sûreté de la colonie l'exige et qu'il y aurait un danger imminent à attendre nos ordres.

Les arrêtés qu'il rend alors ne sont également exécutoires que pendant une année au plus.

Ils portent la formule suivante :

« Au nom du roi,

« Nous, gouverneur de l'île (de la Martinique ou de la Guadeloupe et de ses dépendances), le conseil privé entendu, avons arrêté et arrêtons ce qui suit, pour être exécuté pendant une année, à moins qu'il n'en soit autrement ordonné par Sa Majesté. »

Le gouverneur révoque ces arrêtés, sans attendre nos ordres, lorsque les circonstances qui les ont nécessités ont cessé.

Art. 74. Le gouverneur ne peut annuler ou modifier, par des arrêtés, les ordonnances concernant :

L'état des personnes ;

La législation civile et criminelle ;

L'organisation judiciaire ;

Le système monétaire ;

Le régime commercial, si ce n'est en cas de guerre.

Art. 75, § 1er. Dans les circonstances graves, et lorsque le bon ordre ou la sûreté de la colonie le commande, le gouverneur peut prendre, à l'égard des individus de condition libre qui compromettent ou troublent la tranquillité publique, les mesures ci-après, savoir :

1° L'exclusion pure et simple d'un des cantons de la colonie ;

2° La mise en surveillance dans un canton déterminé ;

Ces mesures ne peuvent être prononcées que pour deux années au plus. Pendant ce temps, les individus qui en sont l'objet ont la faculté de s'absenter de la colonie ;

3° L'exclusion de la colonie, à temps ou illimitée.

Cette mesure ne peut être prononcée que pour des actes tendant à attaquer le régime constitutif de la colonie.

Les individus nés, mariés ou propriétaires dans la colonie, ne peuvent en être exclus pour plus de sept années.

À l'égard des autres, l'exclusion peut être illimitée.

§ 2. Les individus qui, pendant le temps déterminé pour leur exclusion, rentreraient dans la colonie, et ceux qui se soustrairaient à la surveillance déterminée par le paragraphe qui précède, seront jugés, pour ce fait, par les tribunaux ordinaires.

Art. 76. Les esclaves reconnus dangereux pour la tranquillité de la colonie sont envoyés par le gouverneur au Sénégal, et remis à la disposition de l'autorité locale, sauf à indemniser le propriétaire, sans que l'indemnité puisse excéder celle qui est fixée par les règlements pour les noirs justiciés, et sans qu'elle puisse être acquise pour l'esclave infirme ou âgé de plus de soixante ans.

Art. 77. Le gouverneur peut refuser aux individus signalés par leur mauvaise conduite, le droit de tenir des boutiques, échoppes ou cantines.

Art. 78. Le gouverneur peut refuser l'admission dans la

colonie des individus dont la présence y est jugée dangereuse.

Art. 79, § 1er. Dans le cas où un fonctionnaire civil ou militaire, nommé par nous ou par notre ministre de la marine, aurait tenu une conduite tellement répréhensible qu'il ne pût être maintenu dans l'exercice de ses fonctions, si d'ailleurs il n'y avait pas lieu à le traduire devant les tribunaux, ou si une procédure régulière offrait de graves inconvénients, le gouverneur peut prononcer la suspension provisoire de ce fonctionnaire, jusqu'à ce que notre ministre de la marine lui ait fait connaître nos ordres.

§ 2. Toutefois, à l'égard du commandant militaire, des chefs d'administration, du contrôleur, des membres de l'ordre judiciaire et des chefs de corps qui seraient dans le cas prévu ci-dessus, le gouverneur, avant de proposer au conseil aucune mesure à leur égard, doit leur faire connaître les griefs existant contre eux, et leur offrir les moyens de passer en France pour rendre compte de leur conduite au ministre de la marine. Leur suspension ne peut être prononcée qu'après qu'ils se sont refusés à profiter de cette faculté.

Il leur est loisible, lors même qu'ils ont été suspendus, de demander au gouverneur un passage pour France aux frais du gouvernement. Il ne peut leur être refusé.

§ 3. Le gouverneur fait connaître par écrit, au fonctionnaire suspendu, les motifs de la décision prise à son égard.

§ 4. Il peut lui interdire la résidence du chef-lieu ou lui assigner le canton de la colonie dans lequel il doit résider pendant le temps de sa suspension.

§ 5. La suspension provisoire ne peut entraîner la privation de plus de moitié du traitement.

Art. 80, § 1er. Le gouverneur rend compte immédiatement au ministre de la marine des mesures qu'il a prises en vertu de ses pouvoirs extraordinaires, et lui en adresse toutes les pièces justificatives, afin qu'il y soit statué définitivement.

§ 2. Les individus de condition libre auxquels les mesures autorisées par le présent chapitre auront été appliquées, pourront, dans tous les cas, se pourvoir auprès de notre ministre de la marine, à l'effet d'obtenir de nous qu'elles soient rapportées ou modifiées.

Art. 81. Le gouverneur a seul l'initiative des mesures à prendre en vertu des pouvoirs extraordinaires qui lui sont conférés; il en est personnellement responsable, nonobstant la participation du conseil privé à ses actes.

CHAPITRE IX.

DE LA RESPONSABILITÉ DU GOUVERNEUR.

Art. 82, § 1er. Le gouverneur peut être poursuivi pour trahison, concussion, abus d'autorité ou désobéissance à nos ordres.

§ 2. Toutefois, en ce qui concerne l'administration de la colonie, il ne peut, sauf l'exception portée en l'article 81, être recherché que pour les mesures qu'il a prises contre l'avis du conseil privé, dans le cas où ce conseil doit être consulté, ou pour celles qu'il a prises ou refusé de prendre en opposition aux représentations ou aux propositions des chefs d'administration.

Art. 83, § 1er. Soit que les poursuites aient lieu à la requête du gouvernement, soit qu'elles s'exercent sur la plainte d'une partie intéressée, il y est procédé conformément aux règles prescrites en France à l'égard des agents du gouvernement.

§ 2. Dans le cas où le gouverneur est recherché pour dépenses indûment ordonnées en deniers, matières ou main-d'œuvre, il y est procédé administrativement.

Art. 84, § 1er. Le gouverneur ne peut, pour quelque cause que ce soit, être actionné ni poursuivi dans la colonie, pendant l'exercice de ses fonctions.

§ 2. Toute action dirigée contre lui sera portée devant les tribunaux de France, suivant les formes prescrites par les lois de la métropole.

§ 3. Aucun acte, aucun jugement, ne peuvent être mis à exécution contre le gouverneur dans la colonie.

CHAPITRE X.

DISPOSITIONS DIVERSES RELATIVES AU GOUVERNEUR.

Art. 85. Le gouverneur visite, une fois l'an au moins, les divers cantons de la colonie. Il assemble et inspecte les milices, réunit les conseils municipaux et ceux des fabriques, pour connaître les besoins des communes et ceux du culte. Il examine l'état des travaux entrepris, ceux des routes, ponts, embarcadères et ouvrages de défense. Il prend connaissance de tout ce qui intéresse l'agriculture et le commerce, et informe le ministre de la marine du résultat de ses tournées.

Art. 86. Le gouverneur adresse, chaque année, au ministre de la marine, un mémoire sur la situation intérieure de la colonie et sur ses relations à l'extérieur ; il y rend un compte général de toutes les parties de l'administration qui lui est confiée, signale les abus à réformer, fait connaître les améliorations qui se sont opérées dans l'année, et propose ses vues sur tout ce qui peut intéresser le bien de notre service ou tendre à la prospérité de la colonie.

Art. 87. Le gouverneur ne peut, pendant la durée de ses fonctions, acquérir des propriétés foncières ni contracter mariage dans la colonie, sans notre autorisation.

Art. 88, § 1er. Lorsque nous jugeons convenable de rappeler le gouverneur, ses pouvoirs cessent aussitôt après le débarquement de son successeur.

§ 2. Le gouverneur remplacé fait reconnaître immédiatement son successeur, en présence des autorités du chef-lieu de la colonie et à la tête des troupes.

§ 3. Il lui remet un mémoire détaillé, faisant connaître les opérations commencées ou projetées pendant son administration, et la situation des différentes parties du service.

§ 4. Il lui fournit, par écrit, des renseignements sur tous les fonctionnaires et employés du gouvernement dans la colonie.

Art. 5. Il lui remet, en outre, sur inventaire, ses registres de correspondance, et toutes les lettres et pièces officielles relatives à son administration, sans pouvoir en retenir aucune, à l'exception de ses registres de correspondance confidentielle et secrète.

Art. 89, § 1er. En cas de mort, d'absence ou autre empêchement, et lorsque nous n'y avons pas pourvu d'avance, le gouverneur est remplacé provisoirement par le commandant militaire.

§ 2. Au défaut de commandant militaire, le gouverneur est remplacé par l'ordonnateur.

Si, pendant que l'ordonnateur remplit l'intérim, la sûreté intérieure ou extérieure de l'île est menacée, les mouvements de troupes, ceux des bâtiments de guerre attachés au service de la colonie, et toutes les mesures militaires sont décidés en conseil de défense.

TITRE III.

DU COMMANDANT MILITAIRE.

Art. 90. Un officier de l'armée de terre, ayant au moins le grade de colonel, occupe, sous les ordres du gouverneur, l'emploi de commandant militaire.

Art. 91. Il est membre du conseil privé.

23.

Art. 92. Les attributions de commandant militaire comprennent :

Le commandement des troupes de toutes armes ;

Le commandement des milices, lorsqu'elles sont réunies ;

L'inspection des troupes et des milices, en ce qui concerne la discipline, le service et l'instruction ;

La visite et l'inspection des places, des forts, des quartiers, des arsenaux, des approvisionnements de guerre, des fortifications, des hôpitaux et de tous autres établissements militaires ;

La police militaire.

Art. 93, § 1er. Il reçoit les rapports des chefs de corps et des commandants de places sur les différentes parties de leurs services, et les transmet au gouverneur, avec ses observations, s'il y a lieu.

§ 2. Il lui adresse également les rapports concernant les crimes et les délits commis par des militaires, et pourvoit à l'exécution des ordres donnés par le gouverneur pour la poursuite des prévenus et pour la réunion des conseils de guerre.

Art. 94, § 1er. En cas de vacances dans les emplois du service militaire, il remet au gouverneur la liste des candidats, avec des observations sur chacun d'eux.

§ 2. Il propose, s'il y a lieu, la révocation ou la destitution des agents du service militaire nommés par le gouverneur.

Art. 95. Le commandant militaire correspond, pour le service ordinaire des milices, avec les chefs de bataillon, à qui il transmet les ordres du gouverneur.

Il reçoit d'eux les propositions aux places vacantes, et les adresse au gouverneur avec ses observations.

Art. 96. Il contre-signe les commissions provisoires ou définitives, les congés et les ordres qui émanent du gouverneur, et qui sont relatifs aux officiers de toutes armes et aux agents militaires dépendant de son service.

Art. 97. Il prépare, d'après les ordres du gouverneur, et présente au conseil, lorsqu'il y a lieu, les projets d'ordonnances, d'arrêtés et de règlments, concernant le service militaire et celui des milices.

Art. 98. Dans l'exercice des attributions déterminées par les précédents articles, et de celles qui peuvent lui être déléguées en outre, conformément aux dispositions des articles 2 et 57 § 2, le commandant militaire se conforme aux ordres de service donnés par le gouverneur.

Art. 99. Le commandant militaire remet au gouverneur, à la fin de chaque année, un rapport sur toutes les parties du service des troupes et sur la situation de la colonie, en ce qui concerne les ouvrages et les travaux de défense.

Ce rapport est transmis par le gouverneur au ministre de la marine.

Art. 100 (*). En cas de mort, d'absence ou d'empêchement qui oblige le commandant militaire à cesser ses fonctions, et lorsque nous n'y avons pas pourvu d'avance, il est remplacé par l'officier militaire le plus élevé en grade, et, à grade égal, par le plus ancien.

TITRE IV.

DES CHEFS D'ADMINISTRATION.

CHAPITRE Ier.

DE L'ORDONNATEUR.

SECTION Ire.

Des attributions de l'ordonnateur.

Art. 101. Un officier supérieur de l'administration de la marine, remplissant les fonctions d'ordonnateur, est chargé, sous les ordres du gouverneur, de l'administration de la marine, de la guerre et du trésor ; de la direction générale des travaux de toute nature (à l'exception de ceux des ponts, des routes et des travaux à la charge des communes) et de la comptabilité générale pour tous les services.

Art. 102. Ces attributions comprennent :

§ 1er. Les approvisionnements, la recette, la garde, la conservation et la dépense des vivres, matières et munitions de toute nature, destinés pour tous les services ;

§ 2. Les ordres de délivrance de vivres, munitions ou approvisionnements divers des magasins de la colonie ;

§ 3. Les marchés et adjudications des ouvrages et approvisionnements pour tous les services ; les ventes des magasins ; l'établissement des cahiers des charges ; la réception des matières et celle de tous les ouvrages ; la convocation des commissions de recettes ;

§ 4. La construction et l'entretien des ouvrages fondés à la mer, des travaux militaires, des bâtiments civils, à l'exception de ceux qui appartiennent aux communes ;

§ 5. La construction, la refonte, le radoub, l'armement des bâtiments flottants affectés au service de la colonie, l'entretien et la réparation de ces bâtiments et de ceux qui sont en station ou en mission ;

§ 6. Les mouvements des ports ; la garde et la conservation des bâtiments désarmés ;

§ 7. La proposition des instructions à donner aux bâtiments de mer, pataches de douanes et autres embarcations attachées au service de la colonie, et destinées aux transports, à la police des côtes et rades, à la répression de la traite des noirs et du commerce interlope ;

§ 8. L'établissement, l'entretien et la surveillance des signaux, vigies et phares ;

§ 9. La comptabilité, tant en matières qu'en deniers, des bâtiments armés ; la revue, la subsistance et la solde de leurs équipages ;

§ 10. L'administration et la police des hôpitaux militaires, chantiers et ateliers, magasins, prisons militaires, casernes, lazarets et autres établissements dépendant de la marine et de la guerre ;

§ 11. La direction et l'administration de l'imprimerie du gouvernement ;

§ 12. La police administrative et la comptabilité intérieure des corps ;

§ 13. La revue, la solde, la subsistance, les masses et indemnités, les fournitures de casernement et autres dépenses relatives aux troupes de toutes armes ;

§ 14. La subsistance, l'entretien et le payement des prisonniers de guerre ;

§ 15. Le payement des ministres du culte, des officiers judiciaires, civils et militaires, et généralement de tous les agents entretenus et non entretenus employés au service de la colonie ;

§ 16. La tenue des matricules et la formation des états de service des fonctionnaires et employés de la colonie ;

§ 17. L'inscription maritime ; la levée, la répartition, le congédiement et le payement des marins et des ouvriers classés ; la police des gens de mer ;

§ 18. Le payement des salaires des ouvriers civils, libres ou esclaves, employés sur les travaux de la colonie ; l'appel de ceux qui dépendent de son service ;

§ 19. La subsistance des noirs de réquisition, la direction et la surveillance de ceux qui sont affectés aux travaux qu'il dirige ;

§ 20. L'administration, la police, la subsistance, l'entretien et l'habillement des noirs de la colonie ; les gratifications et encouragements à leur donner ; leur répartition entre les divers services ; la direction et la surveillance spéciale de ceux attachés aux travaux et aux établissements qui sont dans ses attributions ;

§ 21. La police de la navigation et des pêches maritimes ; celle des ports et rades ; la surveillance des pilotes ; l'exécution des tarifs et règlements concernant les droits de pilotage et d'ancrage ;

§ 22. Les examens à faire subir, conformément aux ordonnances, aux marins qui se présentent pour être reçus capitaines au grand cabotage ; l'expédition de leurs commissions ;

§ 23. L'administration et la police sanitaire, en ce qui concerne les bâtiments qui arrivent du dehors et les embarcations de mer appartenant à la colonie ; le visa des patentes de santé ;

§ 24. La comptabilité générale des magasins, tant pour le service à la charge de la métropole que pour celui à la charge de la colonie ;

§ 25. La régularisation des pièces portant recette ou dépense de matières ;

§ 26. La surveillance et la vérification de la comptabilité, en matières et en main-d'œuvre, et des comptes d'application des directions d'artillerie et du génie, des ponts et chaussées, du port et des autres services consommateurs ;

§ 27. L'établissement annuel des comptes généraux de fonds et matières, des inventaires de magasins, des bâtiments et établissements publics appartenant au roi et à la colonie, et des bâtiments de mer et embarcations attachés au service local ;

§ 28. La comptabilité générale des fonds ;

§ 29. La liquidation des dépenses relatives au service à la charge de la colonie ou de la métropole ; la régularisation des pièces de comptabilité ;

§ 30. Les projets de répartitions mensuelles de fonds ;

§ 31. L'ordonnancement des dépenses partielles sur les crédits ouverts mensuellement par le gouverneur ;

§ 32. Les demandes de crédits supplémentaires, à l'effet de pourvoir aux dépenses extraordinaires qui n'ont point été comprises dans les ordonnances mensuelles de répartition ;

§ 33. La comptabilité des avances remboursables par la métropole ;

§ 34. Les traites à fournir en remboursement de ces avances ;

§ 35. La surveillance, l'inspection et la vérification de la comptabilité du trésorier et de ses préposés ;

§ 36. La surveillance des versements à faire au trésor par les agents du service des finances ;

§ 37. Les vérifications ordinaires et extraordinaires des caisses de tous les comptables de la colonie ;

§ 38. L'administration de la caisse des invalides, des gens de mer et des prises, la surveillance spéciale de cette caisse ;

§ 39. Le travail relatif aux propositions des retraites, demi-soldes ou pensions aux ayants droit, conformément aux ordonnances ;

§ 40. La vente, la liquidation et la répartition des prises ;

§ 41. Les bris et naufrages, les épaves de mer ;

§ 42. Le projet annuel des dépenses à faire dans la colonie pour le service à la charge de la métropole ;

§ 43. La rédaction du projet de budget relatif à son administration ;

§ 44. La réunion des projets de budgets partiels, pièces et documents à l'appui, fournis par les autres chefs d'administration pour les recettes et les dépenses à la charge de la colonie, et la formation du projet de budget général de la colonie ;

§ 45. L'exposé de la situation de son service qui doit être présenté annuellement au conseil général.

SECTION II.

Des rapports de l'ordonnateur avec le gouverneur.

Art. 103, § 1er. L'ordonnateur prend les ordres généraux du gouverneur sur toutes les parties du service qui lui est confié ; dirige et surveille leur exécution, en se conformant aux lois, ordonnances, règlements et décisions ministérielles, et rend compte au gouverneur périodiquement, et toutes les fois qu'il l'exige, des actes et des résultats de son administration.

§ 2. Il l'informe immédiatement de tous les cas extraordinaires et circonstances imprévues qui intéressent son service.

Art. 104, § 1er. L'ordonnateur travaille et correspond seul avec le gouverneur sur les matières de ses attributions ;

§ 2. Seul il reçoit et transmet ses ordres sur tout ce qui est relatif au service qu'il dirige.

§ 3. Il représente au gouverneur, toutes les fois qu'il en est requis, les registres des ordres qu'il a donnés et de sa correspondance officielle.

§ 4. Il porte à la connaissance du gouverneur, sans attendre ses ordres, les rapports qui lui sont faits par ses subordonnés sur les abus à réformer et les améliorations à introduire dans les parties du service qui leur sont confiées.

Art. 105, § 1er. Il a la présentation des candidats aux places vacantes dans son administration qui sont à la nomination provisoire ou définitive du gouverneur.

§ 2. Il propose, s'il y a lieu, la suspension, la révocation ou la destitution des employés sous ses ordres, et dont la nomination émane du gouverneur.

Art. 106. Il prépare et propose, en ce qui concerne l'administration qu'il dirige :

La correspondance générale du gouverneur avec le ministre de la marine et avec les gouverneurs étrangers;

Les ordres généraux de service,

Et tous autres travaux de même nature dont le gouverneur juge à propos de le charger.

Il tient enregistrement de la correspondance générale du gouverneur relative à son service.

SECTION III.

Des rapports de l'ordonnateur avec les fonctionnaires et les agents du gouvernement.

Art. 107. L'ordonnateur a sous ses ordres :

Les officiers et employés de l'administration de la marine ;

Les gardes-magasins de tous les services;

Les médecins, chirurgiens et pharmaciens de la marine ;

Les ingénieurs civils ;

Les officiers de port ;

Le trésorier de la colonie et des invalides,

Et les autres agents civils, entretenus et non entretenus, qui, par la nature de leurs fonctions, dépendent de son service.

Art. 108. Il donne des ordres ou adresse des réquisitions, en ce qui concerne son service :

Aux officiers commandant les bâtiments attachés à la colonie;

Aux officiers chargés des directions de l'artillerie et du génie;

Aux ingénieurs des constructions navales ;

A la gendarmerie ;

A tous les comptables.

Art. 109. Il correspond avec tous les fonctionnaires et les agents du gouvernement dans la colonie, et les requiert, au besoin, de concourir au bien du service qu'il dirige.

Art. 110, § 1er. Il nomme directement les agents qui relèvent de son administration, et dont la solde, jointe aux autres allocations, n'excède pas 1,500 francs par an.

§ 2. Il les révoque ou les destitue, après avoir pris l'ordre du gouverneur.

Art. 111. Il pourvoit à l'expédition des commissions provisoires ou définitives, des congés et des ordres de service qui émanent du gouverneur et qui sont relatifs aux agents placés sous ses ordres ou à tous officiers civils et militaires dépendant du département de la marine. Il les contre-signe.

Il pourvoit à l'enregistrement des brevets, commissions, congés et ordres de service relatifs à tous les fonctionnaires et agents quelconques employés dans la colonie.

SECTION IV.
Dispositions relatives à l'ordonnateur.

Art. 112. L'ordonnateur est membre du conseil privé.

Art. 113. Il prépare et soumet au conseil, d'après les ordres du gouverneur, en ce qui est relatif au service qu'il dirige :

1° Les projets d'ordonnances, d'arrêtés et de règlements ;

2° Les rapports concernant :

Les plans, devis et comptes des travaux ;

Les questions douteuses que présente l'application des ordonnances, arrêtés et règlements en matière administrative ;

Les affaires contentieuses ;

Les mesures à prendre à l'égard des fonctionnaires ou employés sous ses ordres, dans les cas prévus par les articles 61 et 79 ;

Les contestations entre les fonctionnaires publics à l'occasion de leurs attributions, rangs et prérogatives ;

Enfin, les autres affaires qui sont dans ses attributions et qui doivent être portées au conseil.

Art. 114. Il contre-signe les arrêtés, règlements, ordres généraux de service, décisions du gouverneur en conseil, et autres actes de l'autorité locale qui ont rapport à son administration, et veille à leur enregistrement partout où besoin est.

Art. 115, § 1er. L'ordonnateur est personnellement responsable de tous les actes de son administration, hors les cas où il justifie, soit avoir agi en vertu d'ordres formels du gouverneur, et lui avoir fait, sur ses ordres, des représentations qui n'ont pas été accueillies ; soit avoir proposé au gouverneur des mesures qui n'ont pas été adoptées.

§ 2. Les dispositions du § 1er de l'article 82 et du § 2 de l'article 83, sur la responsabilité du gouverneur, sont communes à l'ordonnateur.

Art. 116, § 1ᵉʳ. Il adresse au ministre de la marine copie des représentations et des propositions qu'il a été dans le cas de faire au gouverneur, lorsqu'elles ont été écartées, ainsi que de la décision intervenue.

§ 2. Il lui adresse également, par l'intermédiaire du gouverneur, à la fin de chaque année, un compte moral et raisonné de la situation du service dont il est chargé.

§ 3. Il a la correspondance avec le directeur de l'administration les colonies, pour les renseignements à demander ou à transmettre en ce qui concerne son service.

Art. 117. Lorsque l'ordonnateur est remplacé dans ses fonctions, il est tenu de remettre à son successeur, en ce qui concerne son service, les pièces et documents mentionnés à l'article 88.

Art. 118, § 1ᵉʳ. En cas de mort, d'absence ou de tout autre empêchement qui oblige l'ordonnateur à cesser son service, il est remplacé par le contrôleur colonial.

§ 2 (*). S'il n'est empêché que momentanément, il est suppléé par l'officier d'administration de la marine le plus élevé en grade; à grade égal, le choix appartient au gouverneur.

CHAPITRE II.
DU DIRECTEUR GÉNÉRAL DE L'ADMINISTRATION INTÉRIEURE.

SECTION Iʳᵉ.
Des attributions du directeur général.

Art. 119. Le directeur général est chargé, sous les ordres du gouverneur, de l'administration intérieure de la colonie, de la police générale et de l'administration des contributions directes et indirectes.

Art. 120. Ces attributions comprennent:

§ 1ᵉʳ. La direction et la surveillance de l'administration des communes; la proposition des ordres de convocation des conseils municipaux et celle des matières sur lesquelles ils doivent délibérer;

§ 2. L'examen des projets de budgets présentés par les communes; la surveillance de l'emploi des fonds communaux; la vérification des comptes y relatifs; la surveillance des receveurs municipaux et la vérification de leurs caisses;

§ 3. Les propositions relatives aux acquisitions, ventes, locations, échanges et partages de biens communaux;

§ 4. La surveillance de l'administration des noirs appartenant aux communes ;

§ 5. Celle relative à la construction, la réparation et l'entretien des bâtiments et chemins communaux, et à la voirie municipale ;

§ 6. La construction, la réparation et l'entretien des grandes routes, canaux, digues, ponts, fontaines et tous autres travaux d'utilité publique qui dépendent de la grande voirie ;

§ 7. Les propositions relatives à l'ouverture, au redressement et à l'élargissement des routes et des chemins ;

§ 8. La police rurale ; les conduites et prises d'eau ; les mesures à prendre contre les débordements et les inondations, contre les incendies des bois et savanes et contre les défrichements ;

§ 9. Les ports d'armes ; la chasse ; la pêche dans les rivières et les étangs ;

§ 10. Les salines ;

§ 11. La direction de l'agriculture et de l'industrie ; les améliorations à introduire et la proposition des encouragements à donner ;

§ 12. Les troupeaux et haras du gouvernement ; les mesures pour l'amélioration des races ;

§ 13. La publication des découvertes nouvelles des procédés utiles, et spécialement de ceux qui ont pour objet d'augmenter et de perfectionner les produits coloniaux, d'économiser la main-d'œuvre et de suppléer au travail de l'homme ;

§ 14. Les bibliothèques publiques, les jardins du roi et de naturalisation et la distribution aux habitants des plantes utiles ; les pépinières nécessaires à la plantation des routes et promenades publiques ;

§ 15. La statistique de la colonie, la formation des tableaux annuels relatifs à la population et à la situation agricole et industrielle ;

§ 16. La surveillance des approvisionnements généraux de la colonie et la proposition des mesures à prendre à cet égard ;

§ 17. Le système monétaire ; les mesures concernant l'exportation du numéraire ;

§ 18. Les propositions relatives aux sociétés anonymes ; la surveillance des comptoirs d'escompte ;

§ 19. La surveillance des agents de change courtiers et des préposés aux ventes publiques autres que celles faites par autorité de justice ;

§ 20. L'exécution des édits, déclarations, ordonnances et

règlements relatifs au culte, aux ecclésiastiques et aux communautés religieuses ; la police et la conservation des églises et des lieux de sépulture ; les tarifs et règlements sur le casuel, les convois et les inhumations ;

§ 21. L'examen des budgets des fabriques ; la surveillance de l'emploi des fonds qui leur appartiennent ; la vérification et l'apurement des comptes ;

§ 22. L'administration des bureaux de bienfaisance ; la vérification et l'apurement de leur comptabilité ;

§ 23. Les propositions concernant les dons de bienfaisance et legs pieux ;

§ 24. Les mesures sanitaires à l'intérieur de la colonie ; les précautions contre les maladies épidémiques, les épizooties et l'hydrophobie ; la propagation de la vaccine ; les secours à donner aux noyés et aux asphyxiés ;

§ 25. La surveillance des officiers de santé et des pharmaciens non attachés au service ; les examens à leur faire subir ; la surveillance du commerce de droguerie ;

§ 26. Les lépreux, les insensés, les enfants abandonnés ;

§ 27. Les propositions relatives à l'admission dans les hôpitaux militaires des indigents malades et des noirs de la colonie ;

§ 28. Les secours contre les incendies ; l'établissement des pompes à incendie dans les divers quartiers de la colonie ;

§ 29. Les propositions de secours à accorder dans les cas d'incendies, ouragans et autres calamités publiques ;

§ 30. La surveillance administrative de la curatelle des successions vacantes ;

§ 31. L'administration du domaine ; la revendication des terrains envahis ou usurpés ; les demandes en réunion au domaine des biens concédés, lorsqu'il y a lieu ; la conservation des cinquante pas géométriques et de toute autre réserve faite dans l'intérêt des divers services publics ;

§ 32. Les propositions d'acquisitions, ventes ou échanges des propriétés domaniales ;

§ 33. La désignation des propriétés particulières nécessaires au service public ;

§ 34. La réunion au domaine des biens abandonnés ou acquis par prescription ;

§ 35. La vente des épaves autres que celles de mer ;

§ 36. L'administration des contributions directes ; la confection des rôles ; l'établissement et la vérification des recensements ; la délivrance des patentes ; le cadastre, pour servir à l'établissement de l'impôt sur les maisons ; les propositions de dégrèvements ;

§ 37. Les opérations d'arpentage ;

§ 38. La levée des cartes et plans de la colonie ;

§ 39. L'administration des douanes, de l'enregistrement, des hypothèques et des autres contributions indirectes de toute nature ;

§ 40. L'expédition des actes de francisation ;

§ 41. La proposition des mercuriales pour la perception des droits de douanes ;

§ 42. Les mouvements du commerce ; l'établissement des états annuels d'importations et d'exportations ;

§ 43. Les mesures à prendre envers les contrevenants aux lois, ordonnances et règlements sur l'abolition de la traite des noirs, sur le commerce national et étranger et sur la perception de tous les impôts ;

§ 44. L'administration de la poste aux lettres, tant pour l'intérieur que pour l'extérieur ;

§ 45. La vérification des comptes des administrations financières et la surveillance des receveurs ;

§ 46. La surveillance des établissements d'instruction publique ; les examens à faire subir aux chefs d'institution, professeurs et maîtres d'école qui se destinent à l'enseignement dans la colonie ;

§ 47. L'administration des pensionnats royaux de la colonie et des écoles primaires gratuites ; l'établissement de ces écoles dans les quartiers qui en sont privés ; la surveillance administrative des frères de la doctrine chrétienne et des sœurs qui se livrent à l'instruction ;

§ 48. La proposition au gouverneur des candidats pour les bourses accordées aux jeunes créoles dans les collèges royaux de France, dans les pensionnats royaux de la colonie et dans les maisons royales de la Légion d'honneur ; la régularisation des pièces qu'ils ont à produire ;

§ 49. La surveillance de l'usage de la presse ; la censure des journaux et de tous les écrits destinés à l'impression autres que ceux concernant les matières judiciaires ;

§ 50. La surveillance de la librairie, en ce qui intéresse la religion, le bon ordre et les mœurs ;

§ 51. L'état civil des blancs et des gens de couleur libres ;

§ 52. L'exécution des ordonnances et règlements concernant les gens de couleur libres et affranchis ;

§ 53. L'exécution des règlements concernant le régime des esclaves et les propositions relatives à l'amélioration de ce régime ;

§ 54. La direction et la surveillance des noirs de la colonie attachés aux travaux et établissements qui sont dans ses attributions;

§ 55. La levée des noirs de réquisition; leur répartition entre les divers services; la direction et la surveillance de ceux qui sont affectés aux travaux qu'il dirige;

§ 56. L'appel et la revue des ouvriers libres ou esclaves employés aux mêmes travaux;

§ 57. La proposition des tarifs du prix des charrois et du batelage;

§ 58. Les mesures d'ordre à l'occasion des fêtes et cérémonies publiques;

§ 59. L'exécution des obligations imposées par les règlements aux personnes qui arrivent dans la colonie ou qui en partent; 'expédition et l'enregistrement des passe-ports;

§ 60. La surveillance des auberges, cafés, spectacles et autres .ieux publics;

§ 61. La suppression des cantines et échoppes établies ailleurs jue dans l'intérieur des villes et quartiers;

§ 62. Les mesures répressives du marronnage et le payement les dépenses qu'elles occasionnent;

§ 63. Le régime intérieur et l'administration des prisons civiles et des geôles, la direction et l'emploi des noirs condamnés aux travaux forcés;

§ 64. La surveillance des individus qui n'ont aucun moyen d'existence connu; des vagabonds, gens sans aveu, malfaiteurs et perturbateurs de l'ordre public; des noirs qui se mêlent de prétendus maléfices et sortiléges, ou qui sont suspectés d'empoisonnement; des empiriques;

§ 65. La surveillance spéciale des individus signalés comme recéleurs;

§ 66. L'exécution des règlements concernant:

Les poids et mesures,

Le contrôle des matières d'or et d'argent,

La tenue des marchés publics,

L'approvisionnement des boulangers et bouchers,

Le colportage,

Les coalitions d'ouvriers,

Les réunions d'esclaves non autorisées,

Enfin tout ce qui a rapport à la police administrative;

§ 67. Les opérations relatives à la formation des listes et contrôles des milices;

§ 68. Les rapports administratifs avec la gendarmerie;

§ 69. La proposition et l'exécution des mesures relatives à la sûreté intérieure de la colonie;

§ 70. La rédaction du projet de budget partiel, des états de développement et autres documents relatifs à son administration, qui doivent servir à l'ordonnateur pour l'établissement du budget général;

§ 71. La vérification et la régularisation des pièces qui doivent être fournies à l'ordonnateur pour la justification et la liquidation des dépenses faites pour le service de l'intérieur;

§ 72. Les opérations relatives à l'élection des candidats pour le conseil général;

§ 73. La proposition des ordres pour les convocations ordinaires et extraordinaires du conseil général, et, dans ce dernier cas, celle des matières sur lesquelles il est appelé à délibérer;

§ 74. L'exposé de la situation de son service, qui doit être présenté annuellement au conseil général.

SECTION II.

Des rapports du directeur général avec le gouverneur et avec les fonctionnaires et les agents du gouvernement.

Art. 121. Les dispositions de la section II du chapitre Ier du titre IV, qui fixent les rapports de l'ordonnateur avec le gouverneur, sont communes au directeur général.

Art. 122. Le directeur général concourt avec l'ordonnateur, en ce qui a rapport à l'administration intérieure:

À l'établissement des cahiers des charges pour les marchés et adjudications,

À la réception des matières et des ouvrages,

À la préparation des instructions à donner aux pataches et autres embarcations chargées du service de la douane sur les côtes.

Art. 123. Il a sous ses ordres:

Les fonctionnaires municipaux;

Les officiers et employés de l'administration de la marine attachés à son service;

Les directeurs, inspecteurs et autres employés du domaine, de l'enregistrement, des douanes, des contributions directes et indirectes;

Les agents de la police;

Les agents salariés de l'instruction publique:

Les arpenteurs du gouvernement;

Les jardiniers botanistes, les médecins vétérinaires;

Et tous autres employés civils qui, par la nature de leurs fonctions, dépendent de son service.

Art. 124, § 1er. Il donne des ordres, en ce qui concerne son administration,

Aux ingénieurs civils,

Aux officiers de santé de la marine,

Aux agents du trésor chargés des recettes des administrations financières.

§ 2. Il requiert les milices et la gendarmerie lorsque son service l'exige.

Art. 125. Les dispositions des articles 109 et 110 sont communes au directeur général.

Art. 126. Il pourvoit à l'expédition des commissions provisoires ou définitives, des congés et des ordres de service qui émanent du gouverneur et qui sont relatifs à tous les agents rétribués sous ses ordres, ainsi que des commissions ou diplômes des agents de change courtiers, des officiers de santé et pharmaciens, des instituteurs, maîtres d'école, professeurs et autres agents civils non rétribués, qui dépendent de l'administration de l'intérieur.

Il contre-signe ces commissions, diplômes, ordres ou congés, et pourvoit à leur enregistrement partout où besoin est.

SECTION III.

Dispositions diverses relatives au directeur général de l'intérieur.

Art. 127. Les articles 112, 113, 114, 115, 116 et 117 relatifs à l'ordonnateur, sont communs au directeur général de l'intérieur.

Art. 128. En cas de mort, d'absence ou de tout autre empêchement qui oblige le directeur général de l'administration intérieure à quitter son service ou à le cesser momentanément, il est remplacé provisoirement ou suppléé par un des conseillers coloniaux membres du conseil privé, désigné par nous; et lorsque nous n'y avons pas pourvu d'avance, par un conseiller colonial ou par le secrétaire archiviste, au choix du gouverneur.

CHAPITRE III.

SECTION Iʳᵉ.

Des attributions du procureur général.

Art. 129. Le procureur général est membre du conseil privé.

Art. 130. Il prépare et soumet au conseil, d'après les ordres du gouverneur : ·

§ 1ᵉʳ. Les projets d'ordonnances, d'arrêtés, de règlements et d'instructions sur les matières judiciaires ;

§ 2. Les rapports concernant :

Les conflits ;

Les affranchissements ;

Les recours en grâce ;

Les mesures à prendre à l'égard des fonctionnaires attachés à l'ordre judiciaire, dans le cas prévu par les articles 61 et 79 ;

Les contestations entre les membres des tribunaux relativement à leurs fonctions, rangs et prérogatives ; enfin, toutes autres affaires concernant son service et qui doivent être portées au conseil privé.

Art. 131. Le procureur général a dans ses attributions :

§ 1ᵉʳ. La surveillance et la bonne tenue des lieux où se rend la justice ;

§ 2. La surveillance de la curatelle aux successions vacantes, telle qu'elle est déterminée par les ordonnances ;

§ 3. La censure des écrits en matière judiciaire destinés à l'impression ;

§ 4. L'application des règlements à l'égard des noirs marrons et la fixation des primes dues aux capteurs, conformément aux ordonnances ;

§ 5. La préparation du budget des dépenses relatives à la justice ;

§ 6. La vérification et le visa de toutes les pièces nécessaires à la justification et à la liquidation des frais de justice à la charge des divers services ;

§ 7. Le contre-seing des arrêtés, règlements, décisions du gouverneur en conseil, et autres actes de l'autorité locale qui ont rapport à l'administration de la justice ;

§ 8. L'expédition et le contre-seing des provisions, commissions et congés délivrés par le gouverneur aux membres de l'ordre judiciaire, ainsi que des commissions des notaires, avoués et autres officiers ministériels ;

§ 9. La nomination des agents attachés aux tribunaux, dont le traitement, joint aux autres allocations, n'excède pas 1,500 francs par an ;

§ 10. La révocation ou la destitution de ces agents, après avoir pris les ordres du gouverneur ;

§ 11. L'enregistrement, partout où besoin est, des commissions et autres actes qu'il expédie et contre-signe.

Art. 132, § 1er. Il exerce directement la discipline sur les notaires, les avoués et les autres officiers ministériels ; prononce contre eux, après les avoir entendus, le rappel à l'ordre, la censure simple, la censure avec réprimande, et leur donne tout avertissement qu'il juge convenable.

§ 2. A l'égard des peines plus graves, telles que la suspension, le remplacement pour défaut de résidence ou la destitution, il fait d'office, ou sur les réclamations des parties, les propositions qu'il juge nécessaires, et le gouverneur statue, après avoir pris l'avis des tribunaux, qui entendent, en chambre du conseil, le fonctionnaire inculpé, sauf le recours à notre ministre de la marine.

Art. 133. Il présente au conseil général de la colonie l'exposé de la situation du service qu'il dirige.

SECTION II.
Rapport du procureur général avec le gouverneur.

Art. 134, § 1er. Le procureur général rend compte au gouverneur de tout ce qui est relatif à l'administration de la justice et à la conduite des magistrats.

§ 2. Il lui rend compte également des peines de discipline qu'il a prononcées en vertu des pouvoirs qui lui sont conférés à l'article 132.

Art. 135. Il présente les rapports sur les demandes en dispenses de mariage.

Art. 136. Il se fait remettre et adresse au gouverneur, après en avoir fait la vérification, les doubles minutes des actes qui doivent être envoyés au dépôt des chartes coloniales en France.

Art. 137. Il est chargé de présenter au gouverneur les listes de candidats aux places de judicature vacantes dans les tribunaux.

Il lui présente également les candidats pour les places de

24.

notaires, avoués et autres officiers ministériels, après qu'ils ont subi les examens et satisfait aux conditions prescrites par des règlements.

Art. 138. Sont communes au procureur général, en ce qui concerne son service, les dispositions des articles 103, 104 et 106.

SECTION III.

Dispositions diverses relatives au procureur général.

Art 139, § 1er. Les dispositions des articles 109 et 116 qui règlent les cas où l'ordonnateur correspond avec les divers fonctionnaires de la colonie et avec le département de la marine sont communes au procureur général.

§ 2. Il correspond, en outre, avec le directeur de l'administration des colonies, pour l'envoi des significations faites à son parquet et pour la réception de celles qui ont été faites au parquet des cours et tribunaux de France à l'effet d'être transmises aux colonies.

§ 3. Sont également communes au procureur général les dispositions des articles 82, § 1er, 115, § 1er, et 117.

Art. 140, § 1er. En cas de mort, d'absence ou de tout autre empêchement qui oblige le procureur général à cesser son service, il est remplacé provisoirement par un magistrat désigné par nous, et, à défaut, par celui que le gouverneur désigne.

§ 2. S'il n'est empêché que momentanément, il est remplacé dans ses fonctions administratives par un officier du ministère public au choix du gouverneur.

TITRE V.

DU CONTRÔLEUR COLONIAL.

———

Art. 141. Le contrôleur colonial est chargé de l'inspection et du contrôle spécial de l'administration de la marine, de la guerre et des finances, et de la surveillance générale de toutes les parties du service administratif de la colonie.

Art. 142. Son inspection et son contrôle s'étendent :

Sur les recettes et les dépenses en deniers, matières et vivres ;

Sur la conservation des marchandises et munitions de toute espèce dans les magasins ;

Sur les revues des troupes, des équipages de nos bâtiments, des officiers sans troupes et autres agents salariés ;

Sur l'emploi des matières et du temps des ouvriers ;

Sur l'administration et l'emploi des noirs de la colonie ;

Sur les hôpitaux, bagnes, prisons militaires, chantiers et ateliers et autres établissements dépendant de la marine et de la guerre ;

Sur les formes et l'exécution des adjudications, marchés et traités pour fournitures et ouvrages ;

Sur les baux et fermages des biens domaniaux ;

Sur l'administration de la caisse des invalides, des gens de mer et des prises ;

Sur les différentes administrations, fermes et régies des contributions directes et indirectes de la colonie, dont il suit les mouvements, vérifie et arrête mensuellement les registres et la comptabilité, aux bureaux des comptables et sans déplacement de pièces.

Art. 143. Il vérifie les opérations de la comptabilité générale, il enregistre et vise les ordres de recette et toutes les pièces à la décharge du trésorier.

Art. 144, § 1er. Il vérifie, concurremment avec l'ordonnateur, chaque mois, et plus souvent si le cas l'exige, les caisses de la colonie et celle des invalides, gens de mer et prises.

Il vérifie également, toutes les fois qu'il le juge nécessaire, la caisse du curateur aux successions vacantes.

§ 2. Il s'assure, lors de ces différentes vérifications, et chaque fois qu'il le juge convenable, de la concordance des écritures du trésorier avec celles du bureau central des fonds et avec celles des administrations financières.

§ 3. Il informe le gouverneur du résultat de ces opérations.

Art. 145. Il reçoit les cautionnements pour l'exécution des marchés, adjudications, fermages et régies.

Il concourt et veille à la réception de ceux qui doivent être fournis par les divers fonctionnaires ou agents de la colonie.

Art. 146, § 1er. Le contrôleur colonial exerce les poursuites par voie administrative et judiciaire, contre les débiteurs de deniers publics, les fournisseurs, entrepreneurs et tous autres qui ont passé des marchés avec le gouvernement ; fait établir tout séquestre, prend toutes hypothèques sur leurs biens, en donne mainlevée lorsque les débiteurs se sont libérés et défend à toutes demandes formées par les comptables.

§ 2. Il procède, en outre, soit en demandant, soit en défendant, dans toutes les affaires portées devant le conseil privé où le gouvernement est partie principale.

Art. 147, § 1er. Il a le dépôt et la garde des archives de la colonie; il les reçoit sur inventaire et en est personnellement responsable.

§ 2. Il est chargé de l'enregistrement, du dépôt et de la classification des lois, ordonnances, règlements, décisions et ordres du ministre et du gouverneur; des brevets, commissions, devis, plans, cartes, mémoires et procès-verbaux relatifs à tous les services administratifs de la colonie. Il en délivre au besoin des copies collationnées, et ne peut se dessaisir des originaux que sur l'ordre du gouverneur.

§ 3. Il requiert la réintégration ou le dépôt aux archives, des pièces qui en dépendent ou doivent en faire partie, quels qu'en soient les détenteurs.

Il assiste nécessairement à l'apposition et à la levée des scellés mis sur les papiers des fonctionnaires décédés dans l'exercice de leurs fonctions, ou dont les comptes n'ont pas été apurés, comme aussi aux inventaires qui doivent être dressés lorsque le gouverneur et les chefs de service sont remplacés, et réclame les titres, pièces et documents qu'il juge devoir faire partie des archives.

Art. 148, § 1er. Le contrôleur exerce ses fonctions dans une entière indépendance de toute autorité locale; mais il ne peut diriger ni suspendre aucune opération.

§ 2. Il requiert, dans toutes les parties du service administratif de la colonie, tant sur le fond que sur la forme, l'exécution ponctuelle des ordonnances, des règlements, des ordres ministériels, des ordres du gouverneur et de ses décisions en conseil. Il adresse à cet effet aux chefs de service toutes les représentations et observations qu'il juge utiles; s'il n'y est pas fait droit, il en informe le gouverneur.

§ 3. Le contrôleur ne s'adresse directement au gouverneur que lorsqu'il y a à signaler des abus ou à faire des propositions sur lesquelles le gouverneur peut seul statuer.

§ 4. Le contrôleur tient enregistrement des représentations qu'il fait au gouverneur ou aux chefs de service; il en adresse copie au ministre de la marine, s'il n'y a pas été fait droit.

Art. 149. Les bureaux, ateliers, magasins, hôpitaux et autres établissements soumis à l'inspection du contrôleur, lui sont ouverts, ainsi qu'à ses préposés, et il leur est donné communication de tous les états, registres ou pièces quelconques dont ils demandent à prendre connaissance.

Art. 150, § 1er. Le contrôleur a sous ses ordres les officiers et employés de l'administration de la marine attachés à son service.

§ 2. Il donne des ordres aux inspecteurs et vérificateurs des administrations financières, en tout ce qui concerne la régularité du service, la surveillance et la poursuite des contraventions aux ordonnances et règlements ; toutefois, il prévient le directeur général de l'intérieur des ordres qu'il donne à cet égard.

Art. 151. Il adresse directement à notre ministre de la marine, à la fin de chaque année, un compte raisonné des différentes parties de son service.

Art. 152. Les dispositions des articles 82, § 1er, et 117 sont communes au contrôleur.

Art. 153. En cas de mort, d'absence ou de tout autre empêchement qui oblige le contrôleur à cesser son service, il est remplacé par l'officier d'administration de la marine le plus élevé en grade : à grade égal, le choix appartient au gouverneur.

S'il n'est empêché que momentanément, il est suppléé par l'officier d'administration de la marine chargé du contrôle sous ses ordres.

TITRE VI.

DU CONSEIL PRIVÉ.

CHAPITRE Ier.

DE LA COMPOSITION DU CONSEIL PRIVÉ.

Art. 154, § 1er. Le conseil privé est composé :
Du gouverneur ;
Du commandant militaire ;
De l'ordonnateur ;
Du directeur général de l'intérieur ;
Du procureur général ;
De trois conseillers coloniaux.

§ 2. Le contrôleur colonial assiste au conseil ; il y a voix représentative dans toutes les discussions.

§ 3. Un secrétaire archiviste tient la plume.

Art. 155. Les membres du conseil sont remplacés ainsi qu'il est réglé aux articles 100, 120, 130, 140, 153 et 184.

Art. 156. Lorsque le conseil est appelé à prononcer sur les matières spécifiées aux sections IV et V du chapitre III du présent titre, deux magistrats lui sont adjoints.

Ils sont choisis conformément aux dispositions des articles 179, § 1ᵉʳ, et 180, § 1ᵉʳ, et ont voix délibérative.

Art. 157, § 1ᵉʳ. Les officiers chargés de la direction d'artillerie et de celle du génie, l'ingénieur en chef des ponts et chaussées, le capitaine de port du chef-lieu, l'officier d'administration chargé des approvisionnements, les directeurs des administrations financières, les trésoriers et les syndics de commerce sont appelés de droit au conseil, lorsqu'il y est traité des matières de leurs attributions. Ils y ont voix consultative.

§ 2. Deux membres du conseil général, choisis conformément aux dispositions de l'article 201 ci-après, sont appelés nécessairement au conseil privé, avec voix consultative, pour la discussion des ordonnances, arrêtés et règlements.

§ 3. Le conseil peut demander à entendre, en outre, tous fonctionnaires et autres personnes qu'il désigne, et qui, par leurs connaissances spéciales, sont propres à l'éclairer.

Le gouverneur décide s'il sera fait droit à la demande du conseil.

CHAPITRE II.
DES SÉANCES DU CONSEIL PRIVÉ ET DE LA FORME DE SES DÉLIBÉRATIONS.

Art. 158, § 1ᵉʳ. Le gouverneur est président du conseil.

§ 2. Lorsqu'il n'y assiste pas, la présidence appartient au commandant militaire, et, à défaut de celui-ci, à l'ordonnateur.

Art. 159. Les membres du conseil prêtent entre les mains du gouverneur, lorsqu'ils siègent ou assistent pour la première fois au conseil, le serment dont la formule suit :

« Je jure devant Dieu, de bien et fidèlement servir le roi et l'État; de garder et observer les lois, ordonnances et règlements en vigueur dans la colonie ; de tenir secrètes les délibérations du conseil privé, et de n'être guidé, dans l'exercice des fonctions que je suis appelé à y remplir, que par ma conscience et le bien du service du roi. »

Art. 160. Les conseillers titulaires prennent rang et séance dans l'ordre établi à l'article 154.

Les suppléants et les membres appelés momentanément à faire partie du conseil siègent après les membres titulaires.

Art. 161, § 1ᵉʳ. Le conseil s'assemble au gouvernement et dans un local spécialement affecté à ses séances.

§ 2. Il se réunit le 1ᵉʳ de chaque mois, et continue ses séances, sans interruption, jusqu'à ce qu'il ait expédié toutes les affaires sur lesquelles il a à statuer.

§ 3. Il s'assemble, en outre, toutes les fois que des affaires urgentes nécessitent sa réunion et que le gouverneur juge convenable de le convoquer.

Art. 162, § 1er. Le conseil ne peut délibérer qu'autant que tous ses membres sont présents ou légalement remplacés.

§ 2. Toutefois, dans le cas où il n'est que consulté, la présence du gouverneur n'est point obligatoire.

§ 3. Les membres du conseil ne peuvent se faire remplacer qu'en cas d'empêchement absolu.

Art. 163, § 1er. Sauf le cas d'urgence, le président fait informer à l'avance les membres du conseil et les personnes appelées à y siéger momentanément, des affaires qui doivent y être traitées : les pièces et rapports y relatifs sont déposés au secrétariat du conseil, pour que les membres puissent en prendre connaissance.

§ 2. Le conseil nomme, dans son sein, des commissions pour l'examen des affaires qui demandent à être approfondies. Le contrôleur peut en faire partie.

Art. 164, § 1er. Le conseil a le droit de demander communication de toutes les pièces et documents relatifs à la comptabilité.

§ 2. Il peut aussi demander que tous autres documents susceptibles de servir à former son opinion lui soient communiqués.

Dans ce dernier cas, le gouverneur décide si la communication aura lieu ; en cas de refus, mention en est faite au procès-verbal.

Art. 165, § 1er. Le président, avant de fermer la discussion, consulte le conseil pour savoir s'il est suffisamment instruit.

§ 2. Le conseil délibère à la pluralité des voix ; en cas de partage, celle du gouverneur est prépondérante.

§ 3. Les voix sont recueillies par le président, et dans l'ordre inverse des rangs qu'occupent les membres du conseil : le président vote le dernier.

§ 4. Tout membre qui s'écarte des égards et du respect dus au conseil, est rappelé à l'ordre par le président, et mention en est faite au procès-verbal.

Art. 166, § 1er. Le secrétaire archiviste rédige le procès-verbal des séances. Il y consigne les avis motivés et les votes nominatifs ; il y insère même, lorsqu'il en est requis, les opinions rédigées, séance tenante, par les membres du conseil.

§ 2. Le procès-verbal ne fait mention que de l'opinion de la majorité, lorsque le conseil juge administrativement, ou lorsqu'il participe aux pouvoirs extraordinaires conférés au gouverneur par les articles 71, 72, 75, 76, 77, 78 et 79.

§ 3. Le secrétaire archiviste donne lecture, au commencement de chaque séance, du procès-verbal de la séance précédente.

§ 4. Le procès-verbal approuvé est transcrit sur un registre coté et parafé par le gouverneur et est signé par tous les membres du conseil.

§ 5. Deux expéditions du procès-verbal de chaque séance, visées par le président et certifiées par le secrétaire archiviste, sont adressées au ministre par des occasions différentes.

L'une est expédiée par le gouverneur, l'autre par le contrôleur.

Art. 167, § 1er. Le secrétaire archiviste a dans ses attributions la garde du sceau du conseil, le dépôt de ses archives, la garde de sa bibliothèque et l'entretien du local destiné à ses séances.

§ 2. Il est chargé de la convocation des membres du conseil et des avis à leur donner, sur l'ordre du président; de la réunion de tous les documents nécessaires pour éclairer les délibérations, et de tout ce qui est relatif à la rédaction, l'enregistrement et l'expédition des procès-verbaux.

Art. 168, § 1er. Avant d'entrer en fonctions, le secrétaire archiviste prête entre les mains du gouverneur, en conseil, le serment de tenir secrètes les délibérations du conseil privé.

§ 2. Il lui est interdit de donner à d'autres personnes qu'aux membres du conseil communication des pièces et documents confiés à sa garde, à moins d'un ordre écrit du gouverneur.

§ 3. En cas d'absence ou d'empêchement qui oblige le secrétaire archiviste de cesser son service, il est remplacé par un officier ou employé de l'administration, au choix du gouverneur.

CHAPITRE III.

DES ATTRIBUTIONS DU CONSEIL PRIVÉ

SECTION 1re.

Dispositions générales.

Art. 169, § 1er. Le conseil ne peut délibérer que sur les affaires qui lui sont présentées par le gouverneur ou par son ordre, sauf les cas où il juge administrativement.

§ 2. Les projets d'ordonnance, d'arrêtés, de règlements, et toutes autres affaires qu'il est facultatif au gouverneur de proposer au conseil, peuvent être retirés par lui lorsqu'il le juge convenable.

Art. 170, § 1er. Aucune affaire de la compétence du conseil ne doit être soustraite à sa connaissance.

Les membres titulaires peuvent faire, à ce sujet, des réclamations : le gouverneur les admet ou les rejette.

§ 2. Tout membre titulaire peut également soumettre au gouverneur, en conseil, les propositions ou observations qu'il juge utiles au bien du service. Le gouverneur décide s'il en sera délibéré.

§ 3. Mention du tout est faite au procès-verbal.

Art. 171. Le conseil ne peut correspondre avec aucune autorité.

SECTION II.
Des matières sur lesquelles le gouverneur prend l'avis du conseil.

Art. 172, § 1er. Les pouvoirs et les attributions qui sont conférés au gouverneur par les articles 17, § 3 ; 18, § 2 ; 24, § 1er et § 2 ; 25 ; 26, § 1er ; 27, §§ 1er et 2 ; 28, § 2 ; 29, § 2 ; 33 ; 35 ; 36, § 3 ; 39, § 3 ; 42, § 2 ; 44, § 2 ; 59 ; 62, § 2 ; 63, § 1er ; 65, §§ 2 et 3 ; 69 ; 100 ; 118, § 2 ; 128 ; 140 et 153, sont exercés par lui après avoir pris l'avis du conseil privé, mais sans qu'il soit tenu de s'y conformer.

§ 2. Le conseil est également appelé à donner son avis :

Sur le compte de la situation des différentes parties de l'administration de la colonie, qui doit être produit au conseil général par les chefs d'administration, chacun en ce qui le concerne ;

Sur les propositions et les observations présentées par le conseil général ;

Sur le meilleur emploi à faire des bâtiments flottants attachés au service de la colonie ;

Sur le mode le plus avantageux de pourvoir aux approvisionnements nécessaires aux différents services ;

Enfin, sur toutes les affaires sur lesquelles le gouverneur juge convenable de le consulter.

SECTION III.
Des matières qui sont décidées ou arrêtées par le conseil.

Art. 173. Les pouvoirs et les attributions qui sont conférés au gouverneur par les articles 17, § 6 ; 20 ; 21, §§ 1er et 2 ; 23, §§ 1er et 2 ; 26, §§ 2 et 3 ; 30, § 2 ; 31, §§ 2, 3 et 4 ; 32, 34, §§ 1er et 2 ; 36, § 2 ; 39, §§ 1er et 4 ; 42, § 2 ; 50, 51, 61, §§ 1er et 2 ; 63, § 2 ; 67 et 68, ne sont exercés par lui que collectivement avec le conseil privé, et conformément aux décisions de ce conseil.

Art. 174. Le conseil vérifie et arrête :

§ 1er. Les comptes des receveurs, des garde-magasins et de tous les comptables de la colonie, à l'exception de ceux du trésorier ;

§ 2. Les comptes rendus par les commis aux revues ou autres comptables embarqués sur ceux de nos bâtiments qui sont attachés au service de la colonie.

Art. 175. Le conseil statue :

§ 1er. Sur les marchés et adjudications de tous les ouvrages et approvisionnements et les traités pour fournitures quelconques au-dessus de 400 francs (ceux au-dessous de cette somme sont passés conformément aux règles établies et soumis au conseil à la fin de chaque mois) ;

§ 2. Sur la vente des approvisionnements et des objets inutiles ou impropres au service ;

§ 3. Sur les augmentations de grade et de paye des marins, officiers mariniers et ouvriers classés conformément aux ordonnances de la marine ;

§ 4. Sur les augmentations de classe ou de paye des ouvriers civils, libres ou esclaves ;

§ 5. Sur le contentieux en matière de contributions directes et de recensement et sur les contestations relatives aux noirs épaves ;

§ 6. Sur le contentieux des administrations du domaine, de l'enregistrement, des douanes et autres impôts indirects, sans préjudice du recours des parties devant les tribunaux ordinaires ;

§ 7. Sur les poursuites à intenter contre les bâtiments arrêtés en contravention ;

§ 8. Sur l'ouverture, le redressement et l'élargissement des routes et chemins ;

§ 9. Sur les expropriations pour cause d'utilité publique, sauf l'indemnité préalable en faveur du propriétaire dépossédé ;

§ 10. Sur les réclamations relatives à la liste des éligibles au conseil général et sur la clôture définitive de cette liste ;

§ 11. Sur les autorisations de plaider demandées par l'autorité municipale ;

§ 12. Sur les questions douteuses que présente l'application des ordonnances et règlements.

SECTION IV.

Des matières que le conseil juge administrativement.

Art. 176. Le conseil privé connaît comme conseil du contentieux administratif :

§ 1er. Des conflits positifs ou négatifs élevés par les chefs d'administration, chacun en ce qui le concerne, et du renvoi devant l'autorité compétente, lorsque l'affaire n'est pas de nature à être portée devant le conseil privé;

§ 2. De toutes les contestations qui peuvent s'élever entre l'administration et les entrepreneurs de fournitures ou de travaux publics, ou de tous autres qui auraient passé des marchés avec le gouvernement, concernant le sens ou l'exécution des clauses de ces marchés;

§ 3. Des réclamations des particuliers qui se plaignent de torts et dommages provenant du fait personnel des entrepreneurs, à l'occasion de marchés passés par ceux-ci avec le gouvernement;

§ 4. Des demandes et contestations concernant les indemnités dues aux particuliers, à raison du dommage causé à leur terrain pour l'extraction ou l'enlèvement des matériaux nécessaires à la confection des chemins, canaux et autres ouvrages publics;

§ 5. Des demandes en réunion de terrains au domaine, lorsque les cessionnaires ou leurs ayants droit n'ont pas rempli les clauses des concessions;

§ 6. Des demandes concernant les concessions de prises d'eau et de saignées à faire aux rivières pour l'établissement des usines, l'irrigation des terres et tous autres usages; la collocation des terres dans la distribution des eaux; la quantité d'eau appartenant à chaque terre; la manière de jouir de ces eaux; les servitudes et placements des travaux pour la conduite et le passage des eaux; les réparations et l'entretien desdits travaux;

L'interprétation des titres de concession, s'il y a lieu, laissant aux tribunaux à statuer sur toute autre contestation qui peut s'élever relativement à l'exercice des droits concédés et à la jouissance des eaux appartenant à des particuliers;

§ 7. Des contestations relatives à l'ouverture, la largeur, le redressement et l'entretien des routes royales, des chemins vicinaux, de ceux qui conduisent à l'eau, des chemins particuliers ou de communication aux villes, routes, chemins, rivières et autres lieux publics; comme aussi des contestations relatives aux servitudes pour l'usage de ces routes et de ces chemins;

§ 8. Des contestations relatives à l'établissement des embarcadères, des ponts, bacs et passages sur les rivières et sur les bras de mer, ainsi que de celles qui ont rapport à la pêche sur les rivières et sur les étangs appartenant au domaine;

§ 9. Des empiétements sur la réserve des cinquante pas géométriques et sur toute autre propriété publique;

§ 10. Des demandes formées par les comptables en mainlevée de séquestre ou d'hypothèques établies à la diligence du
contrôleur ;

§ 11. De l'état des individus dont la liberté est contestée,
laissant aux tribunaux à connaître des cas où la possession de
la liberté est appuyée sur un acte de l'état civil ;

§ 12. Des contestations élevées, sur les demandes formées
par le contrôleur colonial, dans les cas prévus par l'article 147, § 3 ;

§ 13. En général, du contentieux administratif.

Art. 177. Les parties peuvent se pourvoir devant le conseil
d'État, par la voie du contentieux, contre les décisions rendues
par le conseil privé sur les matières énoncées dans l'article précédent. Ce recours n'a d'effet suspensif que dans les cas de conflit.

Art. 178. Le conseil privé prononce, sauf recours en cassation, sur l'appel des jugements rendus par le tribunal de
première instance, relativement aux contraventions aux lois,
ordonnances et règlements :

Sur la traite des noirs,

Sur le commerce étranger,

Sur le régime des douanes.

Art. 179, § 1er. Lorsque le conseil privé se constitue en conseil
de contentieux administratif ou en commission d'appel, il nomme
et s'adjoint deux membres de l'ordre judiciaire.

§ 2. Les fonctions du ministère public y sont exercées par le
contrôleur colonial.

§ 3. Le mode de procéder est déterminé par un règlement
particulier.

SECTION V.

*De la participation du conseil aux pouvoirs extraordinaires
du gouverneur.*

Art. 180, § 1er. Les pouvoirs extraordinaires conférés au
gouverneur par les articles 71, 72, 75, 76, 77, 78 et 79 ne
peuvent être exercés que collectivement avec le conseil privé,
qui alors nomme et s'adjoint deux membres de la cour royale.

§ 2. Les mesures extraordinaires autorisées par les susdits
articles ne peuvent être adoptées qu'à la majorité de sept voix
sur dix.

SECTION VI.

Dispositions transitoires.

Art. 181. Le conseil privé est spécialement chargé de réunir et coordonner toutes les dispositions des lois, édits, déclarations, ordonnances, arrêtés, règlements, décisions et instructions en vigueur concernant les différentes branches de l'administration de la colonie.

Il proposera en même temps les modifications et améliorations qu'il jugera utile d'introduire dans toutes les parties de cette législation.

Art. 182. Le gouverneur nommera, sur la présentation du conseil, et pour y être adjoints, les fonctionnaires, habitants ou négociants qui peuvent concourir utilement à cette révision.

Art. 183. Les différents titres du nouveau code seront adressés au ministre de la marine, au fur et à mesure qu'ils seront rédigés, et ne pourront être mis à exécution qu'après avoir été revêtus de notre approbation.

CHAPITRE IV.

DES CONSEILLERS COLONIAUX ET DE LEURS ATTRIBUTIONS PARTICULIÈRES.

Art. 184, § 1er. Les conseillers coloniaux sont nommés par nous; ils sont choisis parmi les habitants les plus notables, âgés de trente ans révolus et domiciliés dans la colonie depuis cinq ans au moins.

§ 2. Trois suppléants, nommés également par nous, et réunissant les mêmes conditions que les conseillers titulaires, les remplacent au besoin.

§ 3. La durée des fonctions des conseillers coloniaux et de leurs suppléants est de deux années.

Art. 185. Indépendamment de leurs fonctions au conseil, les conseillers coloniaux sont spécialement chargés de l'inspection :

Des travaux à la charge de la colonie ;

Des noirs de la colonie, de leur emploi et de leur régime ;

Des habitations domaniales ;

Des jardins de naturalisation et des pépinières publiques ;

Des troupeaux et haras appartenant à la colonie ;

Des hôpitaux, des prisons et des geôles ;

Des pensionnats royaux et des écoles primaires gratuites ;

Des banques et comptoirs d'escompte.

Art. 186, § 1er. Ils peuvent être également chargés, par le gouverneur, d'inspections ou de missions temporaires dans les différents cantons de la colonie, relativement à l'administration intérieure.

§ 2. Les officiers ou employés qui dirigent les travaux ou les établissements dont les conseillers coloniaux ont l'inspection, sont tenus de leur fournir tous les renseignements qu'ils peuvent demander dans l'intérêt du service.

§ 3. Toutefois, les conseillers coloniaux ne peuvent donner aucun ordre, ni arrêter ou suspendre aucune opération.

§ 4. Leurs attributions se bornent à signaler les abus ou les irrégularités qu'ils sont dans le cas de remarquer, et à présenter toutes les propositions qu'ils jugent utiles au bien du service et aux intérêts de la colonie.

§ 5. Les rapports relatifs aux inspections des conseillers coloniaux sont faits au gouverneur, en conseil, et insérés au procès-verbal.

Art. 187. Les conseillers coloniaux qui cessent leurs fonctions après huit années d'exercice, peuvent obtenir le titre de conseillers honoraires.

TITRE VII.

DU CONSEIL GÉNÉRAL DE LA COLONIE.

CHAPITRE 1er.

DE LA COMPOSITION DU CONSEIL GÉNÉRAL ET DE LA FORME DE SES DÉLIBÉRATIONS.

Art 188, § 1er. Le conseil général est composé de douze membres.

§ 2. Douze suppléants sont appelés, dans l'ordre de leur nomination, à remplacer au besoin les membres titulaires.

Art. 189, § 1er. Les membres du conseil général et leurs suppléants sont nommés par nous, sur une liste double de candidats présentés par les conseils municipaux de la colonie.

§ 2. Le mode de nomination des membres du conseil général, et la proportion dans laquelle chaque commune participe à la présentation des candidats, seront déterminés par une ordonnance spéciale.

§ 3. La liste des candidats est adressée au ministre par le gouverneur avec ses observations et celles du directeur général de l'intérieur.

Art. 190. Les conditions d'éligibilité sont :

1° D'être âgé de trente ans révolus ;

2° D'être né dans la colonie ou d'y être domicilié depuis cinq ans ;

3° D'être propriétaire de terres et de recenser quarante esclaves ; ou de payer trois cents francs de contributions directes, non compris l'impôt municipal ; ou de payer patente de négociant de première ou de seconde classe.

Le recensement des noirs d'une veuve profite à son fils unique, ou à son gendre, si elle n'a qu'une fille.

Art. 191. Le commandant militaire, les chefs d'administration ou le contrôleur colonial ne peuvent être membres du conseil général.

Art. 192, § 1er. Les membres du conseil général et leurs suppléants sont nommés pour cinq ans, sauf le cas où la dissolution du conseil est provoquée par nous. Ils peuvent être réélus.

§ 2. Leurs fonctions sont gratuites.

Art. 193, § 1er. Le conseil général s'assemble au moins une fois par an.

Il est convoqué par le gouverneur, qui peut le réunir extraordinairement, et qui fixe l'époque de la session ordinaire ou extraordinaire.

§ 2. Chaque session est de quinze jours. Le gouverneur en prolonge la durée, s'il le juge nécessaire.

Art. 194, § 1er. Le conseil élit dans son sein un président, un vice-président et un secrétaire.

§ 2. Il se divise en commission pour l'examen des diverses matières qui sont dans ses attributions.

§ 3. Il ne peut délibérer si neuf membres au moins ne sont présents.

§ 4. Les délibérations sont prises à la majorité des voix. En cas de partage, celle du président est prépondérante.

Art. 195, § 1er. La session est ouverte par le gouverneur et sous sa présidence.

§ 2. Le gouverneur peut charger les membres du conseil privé d'assister aux séances du conseil général, pour y donner des explications sur les différentes matières qui sont présentées à ses délibérations.

CHAPITRE II.

DES ATTRIBUTIONS DU CONSEIL GÉNÉRAL.

Art. 196. Le conseil général entend le compte de la situation des différentes parties de l'administration de la colonie, qui lui est présenté par les chefs de service, chacun en ce qui est relatif à ses attributions.

Art. 197. Le conseil est appelé à délibérer et à donner son avis sur les matières ci-après, qui lui sont communiquées par l'ordre du gouverneur, savoir :

1° Le projet de budget des recettes et des dépenses à la charge de la colonie ;

2° Les projets de budgets des communes ;

3° L'état des dépenses à faire dans la colonie pour le compte de la métropole ;

4° Les comptes généraux des recettes et des dépenses effectuées pendant l'année précédente ;

5° Le projet d'ordonnance relatif aux impositions annuelles ;

6° Les projets de travaux à exécuter annuellement dans la colonie ;

7° Les réquisitions de noirs et le meilleur mode à employer pour leur levée ;

8° L'emploi fait ou à faire des noirs du service colonial ;

9° Les comptes annuels des recettes et des dépenses communales ;

10° Les projets annuels des travaux communaux ;

11° L'ouverture, l'élargissement ou le redressement des chemins vicinaux et de ceux qui conduisent à l'eau ; l'établissement des embarcadères ;

12° La portion contributive de chaque commune aux travaux qui intéressent plusieurs communes.

Art. 198. Le conseil général peut être consulté par le gouverneur :

1° Sur les améliorations à introduire dans le régime intérieur de la colonie, et spécialement dans le régime des esclaves ;

2° Sur les mesures à prendre pour favoriser le commerce et l'agriculture.

Art. 199. Le conseil général est spécialement chargé de signaler les abus à réformer, les économies à faire, les améliorations à introduire, et d'exprimer ses vœux sur ce qui peut accroître la prospérité de la colonie et intéresser le bien de notre service.

Art. 200. Il a le droit de demander communication de toutes les pièces et documents relatifs à la comptabilité.

Il peut aussi réclamer les autres renseignements qu'il juge propres à éclairer ses délibérations. Dans ce dernier cas, le gouverneur décide s'il sera fait droit aux demandes du conseil.

Art. 201. Le conseil général désigne, à la fin de chaque session, deux de ses membres qui, dans l'intervalle d'une session à l'autre, sont appelés par le gouverneur pour siéger au conseil privé, lors de la discussion des projets d'ordonnances, d'arrêtés et de règlements.

Art. 202, § 1er. Le conseil général procède à la présentation de six candidats, parmi lesquels nous choisissons un député et un suppléant qui doivent résider près de notre ministre de la marine et des colonies.

§ 2. Les fonctions du député sont de donner des explications sur les divers objets des délibérations du conseil et d'en suivre l'effet ; comme aussi de faire valoir auprès du gouvernement de la métropole les réclamations particulières que les habitants de la colonie peuvent avoir à former.

§ 3. Le conseil général vote la quotité du traitement attribué au député pour la durée de ses fonctions. Ce traitement est fixé définitivement par nous.

Les fonctions de suppléant sont gratuites, hors le cas de vacance de la place de député.

§ 4. La durée des fonctions du député et du suppléant est égale à la durée des fonctions du conseil général qui les a proposés.

Toutefois, lorsqu'il y a lieu à remplacement, ils continuent à exercer jusqu'à l'installation de leurs successeurs.

Ils peuvent être réélus.

Art. 203, § 1er. Le président du conseil général remet au gouverneur, à la fin de chaque session, les procès-verbaux des délibérations du conseil, et en adresse directement une expédition au ministre secrétaire d'État de la marine.

Une autre expédition est adressée au ministre par le gouverneur, avec l'avis du conseil privé. Le gouverneur y joint ses observations.

§ 2. Notre ministre de la marine nous présente annuellement un compte analytique des délibérations du conseil général.

Art. 204, § 1er. Le conseil général correspond, pendant la durée de ses sessions, avec le gouverneur et le député de la colonie, par l'intermédiaire de son président.

§ 2. Toute autre correspondance lui est interdite.

Art. 205. Un règlement particulier détermine le mode de délibération du conseil général, l'ordre à suivre dans ses travaux et la police de ses séances.

TITRE VIII.

DISPOSITIONS DIVERSES.

Art. 206. Les dépendances de l'île de la Guadeloupe sont :

25.

l'île de Marie-Galante, les îles des Saintes, l'île de la Désirade, et la partie française de l'île de Saint-Martin.

Art. 207, § 1er. Les chefs de ces divers établissements sont placés sous l'autorité du gouverneur. Ils reçoivent ses ordres et lui rendent compte.

§ 2. Ils correspondent avec les chefs d'administration, qui leur transmettent les ordres du gouverneur sur les différentes parties du service dont ils sont respectivement chargés.

§ 3. Ils adressent au gouverneur, à la fin de chaque semestre, un rapport détaillé sur la situation des établissements qu'ils administrent.

Ce rapport est transmis à notre ministre de la marine et des colonies, après avoir été soumis à l'examen du conseil privé.

§ 4. L'action du contrôle s'étend sur le service administratif des dépendances de l'île de la Guadeloupe.

Art. 208. Le conseil privé connaît de toutes les affaires de sa compétence qui ont rapport à ces établissements.

Art. 209. Une ordonnance spéciale réglera tout ce qui concerne le commandement et l'administration des dépendances de la Guadeloupe.

Ce travail sera préparé par le gouverneur en conseil et adressé à notre ministre de la marine, qui prendra nos ordres.

Art. 210. Les dispositions des lois, édits, déclarations, ordonnances, règlements, décisions et instructions ministérielles, concernant le gouvernement et l'administration de l'île de la Martinique et de l'île de la Guadeloupe et de ses dépendances, sont et demeurent abrogées en ce qu'elles ont de contraire aux présentes.

Art. 211. Notre ministre secrétaire d'État de la marine et des colonies est chargé de l'exécution de la présente ordonnance.

Donné à Paris, le 9 février 1827.

Signé CHARLES.

Et par le Roi :
Le Ministre de la marine et des colonies,
Signé Comte DE CHABROL.

———————

N° 4541. — *Circulaire ministérielle contenant diverses dispositions relatives au service du génie dans les colonies.*

13 février 1827.

Monsieur le Comte, par suite des rapports de M. l'inspecteur général du génie, qui a été envoyé en 1826 dans nos colonies d'Amérique, les dispositions suivantes ont été arrêtées par M. le ministre de la guerre :

1° Il sera alloué aux gardes du génie employés aux colonies des indemnités sous le titre de *Journées de surveillance*, dont le montant ne devra pas cependant excéder la somme de huit cents francs par an, pour chacun des gardes ;

Il est particulièrement recommandé de n'accorder des journées de surveillance que pour des services réels et en raison du zèle et de la régularité du service ;

2° L'allocation de ces indemnités ne pourra avoir lieu que d'après l'approbation des gouverneurs ;

3° Dans le cas où les chefs du génie, réclamant lesdites indemnités pour des gardes, MM. les gouverneurs ne jugeraient pas à propos d'en autoriser le payement, ils me transmettront, avec leurs observations, les rapports de MM. les chefs du génie, et il sera statué, ici, sur le rejet ou l'admission des demandes ;

4° Il ne peut être rien changé aux dispositions de l'article 67 de l'instruction du 28 août 1825, sur le mode à suivre pour l'envoi des matériaux dans les colonies, lorsqu'il est nécessaire d'en expédier d'Europe pour les services de l'artillerie et du génie ; néanmoins, dans l'intérêt de l'État, M. le marquis de Clermont-Tonnerre a jugé à propos de décider que, lorsqu'il ne s'agirait pas de fournitures considérables, on s'approvisionnera sur les lieux, par la voie du commerce, des matériaux nécessaires aux besoins du service.

Les achats seront faits par les soins de l'administration et dans la forme établie par les règlements en vigueur aux colonies.

Vous voudrez bien donner des ordres pour l'exécution des dispositions qui font l'objet de la présente dépêche, laquelle sera enregistrée au contrôle.

Recevez, etc.

Le Ministre de la marine et des colonies,

Signé Comte DE CHABROL.

Arch. de l'ordonnateur. Dép. 1827, n° 35.

⚫

N° 4542. — *Décision du gouverneur administrateur portant suppression de la ration de rhum délivrée aux troupes, et nouvelle fixation de la ration de vin.* (Extrait.)

13 février 1827.

De l'avis unanime du conseil privé, les troupes en garnison

à la Martinique recevront un demi-litre de vin (au lieu d'un quart) par jour et par homme, et la ration de rhum sera supprimée.

Inspection. Reg. 11, n° 554.

————————

N° 4543. — *Dépéche ministérielle portant communication d'une décision royale qui interdit aux personnes décorées, condamnées correctionnellement, de porter leurs insignes sur l'habit uniforme des détenus.*

13 février 1827.

Monsieur le Comte, des plaintes et des représentations ont été adressées, à diverses époques, à M. le grand chancelier de la Légion d'honneur, relativement à l'inconvenance de laisser porter, sur l'uniforme des maisons de détention, les décorations des ordres royaux et même des ordres étrangers autorisés par le roi, lorsque les condamnations à des peines correctionnelles entraînent plus d'une année de détention. S. Exc. en a rendu compte au roi, et Sa Majesté, sur sa proposition, a pris, le 9 janvier 1827, la décision suivante :

« Tout individu décoré de nos ordres royaux ou d'ordres « étrangers autorisés par nous, qui aura été condamné, cor- « rectionnellement, à une année ou plus, d'emprisonnement ou « de détention, et qui, pendant la durée de sa peine, devra être « revêtu de l'habit uniforme des détenus, ne pourra porter ses « insignes sur ce vêtement. En conséquence, ils seront retirés au « condamné, pour lui être rendus, à l'expiration de la peine. »

Vous voudrez bien donner les ordres nécessaires pour que cette disposition reçoive, lorsqu'il y aura lieu, son exécution.

Recevez, etc.

Le Ministre de la marine et des colonies,
Signé Comte DE CHABROL.

Arch. du gouvernement. Dép. ministér., n° 52.

————————

N° 4544. — *Dépéche ministérielle au gouverneur au sujet de l'habillement des soldats congédiés qui sont renvoyés en France.*

20 février 1827.

Monsieur le Comte, il m'est rendu compte que les sous-officiers et soldats qui sont renvoyés des colonies en France, sont quel-

quefois embarqués sans être munis des effets nécessaires pour les
garantir de l'influence de la température, lorsqu'ils arrivent
pendant l'hiver; il paraîtrait même que quelques-uns ont été
embarqués sans habits.

Une circulaire ministérielle du 9 décembre 1823, insérée au
Journal militaire (2ᵉ semestre 1823, page 411), indique la
nature et la quantité des effets dont les hommes libérés ou
réformés doivent être pourvus lorsqu'ils quittent leurs régiments.
Si les dispositions de cette circulaire étaient exactement suivies,
elles suffiraient probablement aux colonies comme en France.
Vous vous assurerez que les conseils d'administration éventuels
des bataillons expéditionnaires se conforment à ces dispositions,
et dans le cas où elles seraient reconnues insuffisantes, notamment à l'égard des hommes qui seraient embarqués dans les
colonies de manière à arriver en France pendant l'hiver, vous
m'adresseriez, à ce sujet, les dispositions que vous jugeriez
nécessaires.

Recevez, etc.

Le Ministre de la marine et des colonies,

Signé Comte DE CHABROL.

Arch. du gouvernement. Dép. ministér., n° 71.

N° 4545. — *Ordonnance du gouverneur portant création d'un
second juge suppléant au tribunal de première instance du
Fort-Royal et d'un premier juge suppléant à celui de Saint-
Pierre.*

26 février 1827.

Nous, etc.,

Considérant que l'intérêt du service exige qu'il soit nommé un
magistrat pour remplacer, en cas d'empêchement, le président du
tribunal de première instance du Fort-Royal et le premier juge
suppléant; que le même intérêt exige qu'il soit aussi nommé un
juge suppléant au tribunal de première instance de Saint-Pierre;

Sur le rapport de M. le procureur général du roi et de l'avis
du conseil privé,

Nous avons ordonné et ordonnons ce qui suit:

Art. 1ᵉʳ. Il sera créé un second juge suppléant audit tribunal
de première instance du Fort-Royal, et un premier juge suppléant
audit tribunal de première instance de Saint-Pierre.

Art. 2. Il n'est attaché aucun émolument aux fonctions de
juge suppléant.

Art. 3. Les droits ci-devant attribués aux offices des magistrats siégeant comme juges, seront versés dans la caisse coloniale.

Art. 4. MM. les présidents des tribunaux de première instance du Fort-Royal et de Saint-Pierre sont autorisés à recevoir, en audience publique, le serment des deux juges suppléants dont il est ci-dessus mention.

Art. 5. Le procureur général du roi est chargé de l'exécution de la présente ordonnance, qui sera enregistrée aux greffes de la cour royale et des tribunaux de première instance du Fort-Royal et de Saint-Pierre.

Donné au Fort-Royal, le 26 février 1827.

Signé Cte DE BOUILLÉ.

Et plus bas:

Le Procureur général du Roi,

Signé DÉTAPE.

Greffe de la cour royale. Reg. 19, f° 54. — Enregistré à la cour royale, 27 mars 1827.

N° 4546. — *Avertissement officiel donné aux pensionnaires de l'État, à leurs héritiers ou ayants cause, sur les formalités à remplir pour avoir payement des arrérages échus.*

27 février 1827.

Tout pensionnaire qui n'est pas payé sur revues des commissaires des classes, devra présenter, à l'appui de ce titre, un certificat de vie dans les formes voulues par l'article 14 du titre IV de la loi du 15 mai 1818.

Les certificats de vie pour pensions militaires ne sont pas soumis au timbre. (Ordonnance du 20 juin 1817, et décision du ministre des finances insérée au *Moniteur* du 20 juillet 1822.)

Un pensionnaire qui veut se fixer en pays étranger ne peut conserver sa pension sans une autorisation du roi, et pendant son absence du royaume, sa pension est réduite d'un tiers. (Ordonnance des 7 décembre 1816 et 27 août 1817.)

Toute pension dont les arrérages ne sont pas réclamés pendant trois années consécutives est censée éteinte. (Arrêté de 1803- 15 floréal an XI, article 9.)

Les héritiers ou ayants cause d'un pensionnaire sont tenus, pour recevoir les arrérages qui resteraient dus, d'adresser leur réclamation et l'extrait mortuaire du titulaire, dans les délais suivants, à dater du jour du décès (arrêté du 15 floréal an XI, article 10, et décision royale du 9 avril 1823); savoir :

Six mois pour le pensionnaire décédé en France;

Dix mois pour celui décédé hors de France en Europe;

Quatorze mois pour celui mort en Afrique, dans les Indes occidentales ou sur des bâtiments allant à ces destinations;

Vingt-quatre mois pour le pensionnaire mort dans les Indes orientales ou sur des bâtiments qui l'y apportaient.

Les mêmes délais sont accordés aux héritiers qui se trouveraient en pays étrangers ou dans les colonies au moment du décès d'un pensionnaire en France.

Inspection. Reg. 13, n° 303. — Enregistré à la cour royale, 3 mars 1827.

N° 4547. — *Ordonnance du gouverneur de la Martinique portant suppression de la cour prévôtale établie dans cette colonie, en 1822* (1).

28 février 1827.

Nous, etc.,

Vu l'ordonnance locale du 12 août 1822 portant création en cette colonie d'une cour prévôtale chargée de la répression des crimes d'empoisonnement;

Vu particulièrement l'article 1er;

Vu aussi l'article 35 de ladite ordonnance, qui énonce que la suppression de ladite cour sera prononcée par une ordonnance du gouverneur;

Vu la dépêche ministérielle du 20 mars 1823, l'extrait d'un rapport du ministère de la marine et des colonies du 25 janvier même année, et une autre dépêche du 8 avril 1824;

Vu enfin la dépêche de S. Exc. le ministre de la marine et des colonies, en date du 10 novembre dernier, qui nous ordonne de supprimer ladite cour prévôtale;

Attendu que la connaissance et la répression des crimes d'empoisonnement n'ont été que temporairement dévolues à la cour prévôtale créée par l'ordonnance précitée;

Considérant que les tribunaux ordinaires avaient dans leurs

(1) Voir, aux archives du gouvernement, un rapport du procureur général Délape, 3 avril 1827, par lequel ce magistrat paraît avoir provoqué la suppression de la cour prévôtale. Voir également, annexé à cette pièce, un autre rapport du directeur général, paraissant de la même époque, intitulé : *Mesures promptes et sévères proposées pour arrêter les projets destructeurs des empoisonneurs et incendiaires qui menacent la sûreté générale de la colonie.*

attributions la répression de ces sortes de crimes et qu'ils doivent, par le fait de la suppression de ladite cour, rentrer à cet égard dans l'exercice absolu de leurs pouvoirs,

Avons ordonné et ordonnons, pour être exécuté provisoirement et sauf l'approbation de Sa Majesté, ce qui suit :

Art. 1er. La cour prévôtale, créée par ordonnance du 12 août 1822, est et demeure supprimée.

Art. 2. Les tribunaux et la cour de cette colonie continueront de connaître des crimes d'empoisonnement, comme ils en connaissaient avant l'institution de la cour prévôtale.

Art. 3. Le procureur général du roi est chargé de l'exécution de la présente ordonnance, qui sera enregistrée à sa diligence, tant au greffe de la cour royale qu'à ceux des tribunaux de première instance, publiée et affichée partout où besoin sera.

Donné au Fort-Royal, le 28 février 1827.

Signé Comte DE BOUILLÉ.

Et plus bas :

Le Procureur général du roi,

Signé DÉTAPE.

Arch. du procureur général. Ord. et déc., 1827. — Enregistré au greffe de la cour royale, le 3 mars 1827.

N° 4548. — *Arrêté du gouverneur portant nomination aux fonctions de sous-commissaire de police de la ville de Saint-Pierre.*

2 mars 1827.

Insp. Reg. 13, n° 309.

N° 4549. — *Ordonnance du gouverneur relative à la réparation générale à faire du pavage de la ville du Fort-Royal.*

6 mars 1827.

Nous, etc.,

Considérant que le mauvais état des pavés de la ville du Fort-Royal rend les rues dangereuses en bien des endroits, fangeuses et infectes dans d'autres où les eaux croupissent et produisent des exhalaisons nuisibles à la salubrité publique ;

Voulant d'ailleurs seconder le zèle de beaucoup de propriétaires qui se sont empressés de donner le bon exemple en refaisant le pavé devant leurs maisons ;

Sur le rapport du directeur général de l'intérieur et de l'avis du conseil privé,

Avons ordonné et ordonnons ce qui suit :

Art. 1er. Les pavés de la ville du Fort-Royal seront refaits en totalité ou en partie, selon qu'il sera jugé nécessaire, sous la direction d'un voyer ou d'un inspecteur qui sera désigné par le gouvernement. En conséquence, chaque propriétaire de maison ou de terrain sera tenu de réparer, dans le délai qui sera ci-après fixé, le pavé qui est à sa charge, depuis la façade de sa maison jusqu'au milieu du ruisseau.

Art. 2. Les pavés à la charge de la commune seront également réparés d'après les ordres du commissaire municipal, qui en payera le montant sur les fonds mis à sa disposition pour cet objet.

Les pavés qui entourent les bâtiments, terrains ou établissements affectés, soit au service de la guerre, soit à celui de la marine, soit à celui de la colonie, seront réparés par les soins du génie, et la dépense en sera supportée par les départements respectifs.

Art. 3. Cette réparation consiste à faire remplacer les roches ou pierres de taille qui ont été enlevées ou brisées, soit sur les côtés, soit dans le ruisseau, et à relever au niveau de la rue celles qui auront été enfoncées ; enfin, à faire garnir de petites roches et remplir de sable les interstices desdits pavés qui seront battus à la demoiselle.

Art. 4. Cette réparation demeure fixée, savoir :

A trois mois pour les rues Grande, Blénac, Saint-Denis, Saint-Louis et Place-d'Armes ;

A quatre mois pour les rues Bord-de-Mer, Henry, Neuve, Saint-François et Sainte-Catherine ;

A cinq mois pour les rues Saint-Laurent, Sainte-Élisabeth, Joyeuse, Villaret et façade du Carénage ;

Et à six mois pour les rues Blondel, du Canal, du Gouvernement, Saint-Antoine et place des Quatre-Noirs ou des Capucins.

Les délais de 3, 4, 5 et 6 mois compteront à partir du jour de la publication de la présente ordonnance.

Art. 5. Les propriétaires qui, dans les délais fixés pour chaque série de rues, n'auront pas rempli les dispositions prescrites par les articles 1er et 3, seront condamnés, par le tribunal de police, à une amende de 50 à 100 francs, applicables aux travaux municipaux de la ville, et les réparations à leur charge seront exécutées, d'après l'ordre du procureur du roi, par les locataires, qui remettront, en payement de leurs loyers, les quittances desdites réparations.

A défaut de locataires, les réparations seront faites par les soins de la police municipale, et les délinquants soumis, pour le payement, aux contraintes exercées envers les débiteurs des deniers publics.

Art. 6. Pour assurer l'exécution des deux articles précédents, le voyer ou celui qui en remplira les fonctions, rendra compte de l'état des travaux au procureur du roi et au commissaire municipal, spécialement chargés de leur surveillance. Il leur remettra, en outre, à la fin de chaque mois, l'état des propriétaires qui auront fait la remise de leurs pavés, ainsi que celui des délinquants qui doivent être poursuivis devant le tribunal de police, à la diligence du procureur du roi.

Art. 7. Tout le temps que dureront les travaux du pavage, la présente ordonnance sera publiée au son du tambour, une fois par mois, dans toutes les rues et carrefours de la ville, afin que personne n'en prétende cause d'ignorance.

Art. 8. Les propriétaires des maisons d'une rue pourront s'entendre pour faire en commun le pavé de toute la rue, en contribuant chacun pour la portion qui le concerne, et en se conformant au nivellement qui sera donné par le voyer ou l'inspecteur.

Art. 9. Aussitôt qu'un propriétaire aura fait réparer son pavé, il en fera la remise au voyer ou inspecteur du gouvernement, qui lui délivrera son certificat, s'il juge que l'ouvrage a été bien exécuté; dans le cas contraire, le propriétaire n'aura droit à aucune attestation qu'après avoir fait à son ouvrage les changements qui seront indiqués.

Du moment que cette remise aura été faite, le propriétaire sera déchargé de son pavé, dont l'entretien demeurera au compte de la ville.

Art. 10. Lorsque les réparations des pavés seront achevées, leur entretien sera donné à l'entreprise, au rabais, pour le compte de l'administration municipale, qui, alors, pourvoira sur ses fonds à l'entretien général des pavés de la ville.

Art. 11. Le directeur général de l'intérieur est chargé de l'exécution de la présente ordonnance.

Donné au Fort-Royal

Signé Comte DE BOUILLÉ.

Et plus bas :

Le Directeur général de l'intérieur,

Signé DE L'HORME.

Journal officiel, 1827, n° 26. -- Enregistré à la cour royale, le 13 mars 1827.

N° 4550. — *Ordonnance du gouverneur portant règlement pour la distribution des eaux de la ville du Fort-Royal.*

6 mars 1827.

Nous, etc.,

Voulant faire cesser les désordres qui se sont introduits dans la distribution des eaux de la ville du Fort-Royal et faire jouir ses habitants de tous les avantages qui doivent résulter d'un système mieux établi, et qui les mette désormais à l'abri des privations auxquelles ils ont été souvent exposés dans les temps de sécheresse ; système qui garantisse leurs priviléges pour l'avenir, en même temps qu'il assure des revenus suffisants pour l'entretien des conduits et les moyens de surveillance indispensable pour ces sortes d'établissements ;

Vu le procès-verbal de la commission créée par notre arrêté du 29 décembre dernier pour la vérification des titres des prises d'eau à prendre des canaux publics ;

Sur le rapport du directeur général de l'intérieur et de l'avis du conseil privé,

Avons ordonné et ordonnons ce qui suit :

Art. 1er. L'état ci-joint n° 1, arrêté par la commission de vérification des titres, le 27 janvier dernier, demeure approuvé tant pour ce qui a rapport aux fontaines et établissements publics, que pour ce qui concerne les particuliers ; en conséquence, les propriétaires qui y sont dénommés et qui ont été reconnus avoir un droit légal à des prises d'eau des canaux de la ville, soit en vertu d'anciens titres, soit par bénéfice trentenaire, sont maintenus dans leur jouissance.

Art. 2. L'état ci-joint n° 2, arrêté par la même commission à la même date, ayant été également approuvé, les prises d'eau des particuliers qui y sont dénommés et qui n'ont en leur faveur ni titres réguliers, ni possession trentenaire, sont et demeurent supprimées.

Art. 3. Les quantités d'eau accordées en vertu d'anciens titres, sont maintenues à leurs possesseurs ; mais les prises d'eau acquises par la prescription trentenaire, ainsi que celles qui seront concédées par la suite à des particuliers, à quelque titre que ce soit, ne pourront excéder la quantité de trois lignes cubes ; en conséquence, les tuyaux seront calibrés aux prises d'eau par qui de droit et suivant les règles de l'art.

Art. 4. Il est fait une exception en faveur des maisons de bains publics, auxquelles, attendu leur utilité, il pourra être concédé une quantité de huit lignes cubes d'eau, à charge par les propriétaires auxquels les titres n'accorderaient pas cette quantité, d'en payer la différence à raison de 200 francs par ligne.

Bien entendu que si la destination de ces établissements venait à être changée, la jouissance serait pour lors réduite à trois lignes, moyennant remboursement du surplus.

Art. 5. Les eaux qui excèderont les besoins des établissements publics et des particuliers qui y ont droit, seront concédées, d'abord, et de préférence, aux propriétaires dont les prises se trouvent supprimées par l'article 2, moyennant qu'ils en feront la déclaration au bureau du commissaire municipal, dans la quinzaine de l'avertissement qu'ils en recevront; ensuite, aux particuliers qui en demanderont pour l'usage de leurs maisons.

Les uns et les autres payeront 200 francs par chaque ligne d'eau qui leur sera concédée.

Ces concessions seront faites sur la demande qui sera présentée au commissaire municipal, lequel, après l'avoir communiquée au procureur du roi et au commissaire commandant de la paroisse, pour avoir leur avis, la soumettra, avec le sien, au directeur général de l'intérieur, qui accordera, s'il y a lieu, la concession.

Art. 6. Indépendamment du prix primitif de concession, chaque concessionnaire, n'importe à quel titre, ancien ou nouveau, payera, pour l'entretien des canaux de la ville, une redevance annuelle de *huit francs* par ligne d'eau concédée.

Cette redevance sera exigible à l'avance chaque année, et payable, dans les six premiers mois, entre les mains du trésorier des deniers municipaux, sur un état qui sera établi par le commissaire municipal, arrêté par le directeur général de l'intérieur et approuvé par nous.

Tout concessionnaire qui, à l'époque du 31 décembre, aura négligé de payer sa redevance, sera, sur la simple déclaration de non-payement du trésorier, poursuivi par toutes voies de rigueur, et au bout de deux années de non-payement, il sera déchu de droit de sa prise d'eau, qu'il ne pourra racheter qu'au moyen d'une nouvelle concession.

La même redevance de *huit francs* par ligne d'eau sera payée, tant par la ville pour les fontaines et établissements appartenant à la commune, que par le gouvernement pour les établissements dépendant de la guerre, de la marine ou de la colonie.

Art. 7. Tout concessionnaire, ancien ou nouveau, recevra du directeur général de l'intérieur un titre qui sera rédigé en triple original, l'un qui sera remis au concessionnaire, un autre qui restera dans les archives de la commune, et un troisième qui sera envoyé en France au dépôt de Versailles.

Ce titre, dont le modèle est ci-joint, énoncera les obligations auxquelles le concessionnaire devra souscrire :

1° De ne pouvoir partager sa concession sans le consentement des autorités municipales, à peine de nullité ;

2° D'avoir à sa prise d'eau un regard en maçonnerie recouvert d'une pierre de taille d'un pied carré, muni d'un anneau en fer, affleurant la surface du pavé environnant, et de tenir son regard constamment sec ;

3° D'adapter dans l'intérieur de sa maison un robinet fermant à clef, qui devra rester fermé lorsqu'il aura obtenu la quantité d'eau nécessaire à ses besoins ;

4° De diriger les eaux perdues dans un dalot qui sera construit de manière à ne pas nuire au pavé public ;

5° Enfin, de payer exactement sa redevance annuelle, à peine de déchéance, conformément à l'article 6.

Toute contravention à l'une des quatre premières obligations sera passible, pour la première fois, d'une amende de 50 francs au profit de la ville ; elle sera double pour la seconde ; et pour la troisième fois, outre l'amende de 100 francs, le propriétaire sera déchu de sa prise d'eau.

Art. 8. Tout particulier qui se permettra de prendre une prise d'eau des tuyaux de la ville, sans au préalable en avoir obtenu la concession dans les formes prescrites par la présente ordonnance, sera condamné à une amende de 1,000 à 1,500 francs.

Art. 9. Tout concessionnaire qui se permettra de prendre une quantité d'eau plus forte que celle à laquelle il a droit sera condamné à une amende de 300 à 500 francs.

Art. 10. Les amendes déterminées ci-dessus seront prononcées par le tribunal de police, à la diligence du procureur du roi, et applicables aux travaux de la ville.

Art. 11. Toute concession qui ne sera pas établie dans les formes prescrites par la présente ordonnance sera nulle.

Art. 12. L'entretien du canal extérieur et celui des tuyaux publics de la ville seront donnés à l'entreprise, au rabais, d'après le cahier des charges et conditions qui sera rédigé et soumis à notre approbation.

Art. 13. Le directeur général de l'intérieur est chargé de l'exécution de la présente ordonnance.

Donné au Fort-Royal, le 6 mars 1827.

Signé Comte DE BOUILLÉ.

Et plus bas :

Le Directeur général de l'intérieur,

Signé ANT^e DE L'HORME.

Journal officiel, 1827, n° 26. — Enregistré à la cour royale, le 13 mars 1827.

N° 4551. — *Arrêté du gouverneur déterminant les délais, les formalités et le mode à observer pour la présentation et le règlement des demandes en dégrèvement.*

6 mars 1827.

Nous, etc.,

Considérant que de graves abus se sont introduits dans la perception des impôts, dont la non-rentrée est aussi préjudiciable au bien du service que contraire à l'intérêt des contribuables de bonne foi, qui seuls supportent les charges de la colonie, tandis que les délinquants cherchent à se soustraire, sous divers prétextes, aux taxes dont ils sont redevables ;

Considérant que si l'indigence et le malheur ont de justes droits à la protection du gouvernement, il n'en doit pas moins veiller à ce que les contribuables s'acquittent avec régularité ;

Considérant que le moyen le plus efficace pour parvenir à diminuer les charges qui pèsent sur les administrés est de les faire partager aux contribuables dans de justes proportions, et de tenir la main à ce que personne ne puisse, sans des motifs admissibles, se dispenser de payer sa dette envers la colonie ;

Considérant que la non-rentrée des contributions a occasionné un arriéré qu'il est urgent de faire disparaître ;

Attendu que les demandes en dégrèvement se sont multipliées au point de compromettre le service, en diminuant les recettes de manière à ne plus couvrir les dépenses ;

Attendu que parmi ces demandes, il s'en trouve un grand nombre présentées par des personnes qui ne peuvent avoir de droit à un dégrèvement et dont le but est de se soustraire à toutes impositions ;

Attendu que les formes qui avaient été prescrites pour statuer sur les dégrèvements, par notre prédécesseur, ne sont plus en harmonie avec l'ordonnance du 21 août 1825, qui prescrit qu'il sera, par nous, prononcé en conseil sur les demandes de cette nature ;

Voulant apporter dans cette matière importante la régularité qu'elle exige et fournir au conseil privé tous les moyens de prononcer avec équité sur les demandes qui lui seront soumises ;

Sur l'avis du directeur général de l'intérieur,

Avons arrêté et arrêtons ce qui suit :

Art. 1er. Les demandes de dégrèvement ne seront reçues que jusqu'au 20 avril de chaque année, sauf le cas où des raisons de force majeure nous engageraient à en ordonner autrement.

Art. 2. Toute personne croyant avoir droit d'être dégrévée devra en faire la demande par écrit et exposer les raisons sur lesquelles cette demande sera fondée.

Il sera joint à la pétition une copie de la feuille de dénombrement et un certificat du curé de la paroisse constatant l'état d'indigence des pétitionnaires.

Les demandes seront ensuite remises au commissaire-commandant de la paroisse, qui les transmettra, avec son avis, au directeur général de l'intérieur.

Art. 3. Il sera dressé un état général des demandes en dégrèvement, qui sera soumis à une commission nommée par nous, et dont l'avis sera joint au rapport qui nous sera fait, en conseil privé, par le directeur général de l'intérieur.

Dans le cas où de nouveaux renseignements deviendraient nécessaires pour statuer sur ces demandes, il sera sursis à notre décision, jusqu'à ce que le gouvernement les ait obtenus, et que l'état d'indigence des réclamants ait été dûment constaté.

Art. 4. Toute demande de dégrèvement qui aura été refusée en conseil, ne pourra y être représentée de nouveau. Le recouvrement de l'impôt sera poursuivi par toutes les voies de droit, sauf le cas de force majeure prévu en l'article 1er du présent arrêté, ou par suite d'ouragan, de disette ou autres fléaux qui viendraient à frapper la colonie, nous jugerions convenable d'admettre de nouvelles réclamations de la part des contribuables.

Art. 5. Il sera ultérieurement statué par nous sur les créances arriérées dues au trésor, dont la non-rentrée jusqu'à ce jour a empêché de parvenir à une liquidation générale, aussi désirable dans l'intérêt de la colonie qu'utile à la régularité du service.

L'ordonnateur et le directeur général de l'intérieur sont chargés de tenir la main à l'exécution du présent arrêté, qui sera enregistré.

VIII.   26

Donné au Fort-Royal (Martinique), sous le sceau de nos armes et le contre-seing du directeur général de l'intérieur, le 6 mai 1827.

Signé Comte DE BOUILLÉ.

Et plus bas :
Le Directeur général de l'intérieur,
Signé ANTᵉ DE L'HORME.

Journal officiel, 1827, nº 26. — *Bulletin officiel,* vol. 1828, p. 2.

Nº 4552. — *Lettre du directeur des douanes portant qu'à l'avenir les marchandises de prime destinées pour les colonies françaises seront expédiées sous simples passavants.*

9 mars 1827.

La destination des marchandises exportées pour les colonies et les établissements français doit, conformément à l'article 15 de la loi du 17 juillet 1791 et à l'article 19 de celle du 21 avril 1818, être assurée par des acquits-à-caution.

L'objet de cette formalité est d'empêcher que ces marchandises, qu'on expédie en exemption des droits, et même par exception aux prohibitions de sortie lorsqu'elles sont destinées pour une colonie française, ne soient conduites à l'étranger.

Ce motif n'existant point à l'égard des marchandises de prime qui, quelle que soit leur destination, sont affranchies de tout droit de sortie, j'ai pensé qu'on pouvait épargner au commerce l'obligation de garantir l'arrivée de ces sortes de marchandises aux possessions françaises d'outre-mer par des acquits-à-caution qu'il est tenu de rapporter déchargés, sous les peines édictées par la loi, et y substituer de simples passavants.

Ce nouveau mode sera adopté à partir du 1ᵉʳ avril prochain.

M. le ministre de la marine, que j'en ai prévenu, et qui partage mon avis, informe de cette disposition les administrateurs des colonies et des établissements français, afin que les passavants qui, désormais, accompagneront les marchandises de prime, aient, pour en constater l'origine, la même valeur que les acquits-à-caution que l'on continuera de délivrer pour les autres marchandises.

Le Directeur général des douanes,
Signé CASTELBAJAC.

Annales maritimes, 1827, p. 396.

N° 4553. — *Circulaire ministérielle contenant diverses dispositions relatives aux revues des officiers sans troupes employés aux colonies.*

9 mars 1827.

Nota. Elles doivent être établies dans la forme et suivant les dispositions prescrites par l'ordonnance royale du 9 mars 1823, art. 502, 506 et 339.

(Voir, au surplus, le modèle joint à la circulaire.)

Arch. de l'ordonnateur. Dép., 1827.

———————

N° 4554. — *Arrêté du gouverneur qui rapporte les ordonnances des 1er et 2 mars 1819 concernant l'impôt établi pour la construction d'un quai le long de la rade dite des Flamands, au Fort-Royal, et donne une nouvelle destination aux deniers déjà perçus.*

13 mars 1827.

Nous, etc.,

Considérant que, sur la demande du commerce et des habitants de la ville du Fort-Royal, M. le comte Donzelot, ex-gouverneur et administrateur pour le roi, rendit deux ordonnances, sous la date des 1er et 2 mars 1819, pour la construction d'un quai le long de la rade des Flamands, dans la partie sud de ladite ville, dépense à laquelle il devait être pourvu au moyen d'une imposition de 134,289 fr. 89 cent. à percevoir, tant sur les propriétaires de maisons que sur les négociants, marchands et caboteurs; mais que cette imposition n'ayant produit qu'une somme de 53,884 fr. 86 cent., insuffisante pour l'objet qu'on s'était proposé, la construction du quai projeté fut indéfiniment ajournée;

Considérant que, dans l'état actuel du commerce de cette ville et la gêne de ses habitants, il serait impossible de donner suite à un projet qui n'a pu se réaliser depuis huit ans et dont l'exécution exigerait une somme bien plus forte que celle votée par la ville;

Attendu que la somme de 53,884 fr. 86 cent., versée à-compte, se trouve dans la caisse du trésorier des fonds municipaux sans emploi et sans destination;

Vu les délibérations des habitants, prises en assemblée de paroisses, sous la date du 1er octobre 1826;

Sur le rapport du directeur général de l'intérieur, et de l'avis du conseil privé,

Avons arrêté et arrêtons ce qui suit :

Art. 1er. Les ordonnances des 1er et 2 mars 1819 concernant l'impôt à percevoir sur les habitants du Fort-Royal d'une somme de 134,289 fr. 98 cent., pour la construction d'un quai le long de la rade dite *des Flamands*, sont rapportées.

Art. 2. Le trésorier des deniers municipaux ayant perçu à-compte, savoir :

1° Des propriétaires des maisons et terrains du bord de mer, ci. . . . . 16,474^f 00

2° Des négociants et marchands non propriétaires, mais ayant magasin et boutique dans la ville. 4,015 00

3° Des propriétaires de gros-bois et caboteurs. . .   *a*

4° Des propriétaires de maisons, le tiers en sus des impositions de 1819 et 1820. . . . . 33,395 86

                                          53,884 86

Cette somme de 53,884 fr. 86 cent. sera répartie ainsi qu'il suit :

16,474^f 00 seront restitués aux propriétaires des maisons auxquels il devait être donné du terrain en payement ;

15,000 00 seront mis à la disposition de la paroisse pour être employés aux réparations à faire à la maison curiale du Fort-Royal ;

22,410 86 provenant de la taxe sur le commerce et du tiers en sus sur les maisons, seront employés à la réparation de l'aqueduc qui conduit l'eau à l'hôpital et à celle des fontaines et canaux publics de la ville.

53,884 86

Art. 3. La somme de 16,474 francs sera remboursée aux propriétaires d'alors, à leurs cessionnaires ou ayant cause, en produisant les quittances de versement fait à la caisse du trésorier.

Celle de 15,000 francs pour les réparations de la maison curiale sera payée sur les mandats des deux marguilliers, visés par le commissaire-commandant de la paroisse, lesquels seront tenus d'en justifier l'emploi devant leurs commettants.

Quant aux 22,410 fr. 86 cent. destinés aux réparations de l'aqueduc des fontaines et canaux publics de la ville, cette somme sera payée sur mandat au commissaire municipal au fur et à mesure de l'avancement des travaux, sur des certificats de l'officier du génie, visés par le commissaire-commandant de la paroisse.

Art. 4. Les comptes du trésorier municipal pour tout ce qui concerne l'imposition du quai et la destination donnée par le présent arrêté aux fonds versés dans sa caisse pour le même objet, seront vérifiés et arrêtés par une commission nommée par nous; cet arrêté de compte, qui sera soumis à notre approbation en conseil privé, opérera la décharge du comptable.

Art. 5. Le directeur général de l'intérieur est chargé de l'exécution du présent arrêté.

Donné au Fort-Royal, le 13 mars 1827.

Signé Comte DE BOUILLÉ.

Et plus bas:

Le Directeur général de l'intérieur,

Signé DE L'HORME.

Inspection. Reg. 14, n° 28.

N° 4555. — *Extrait de la loi relative au tarif de la poste aux lettres en ce qui y concerne la taxe et l'affranchissement pour les colonies.*

15 mars 1827.

6. Les lettres destinées pour les colonies et pays d'outre-mer (l'Angleterre exceptée) seront affranchies du point de départ au lieu d'embarquement indiqué sur l'adresse; la taxe sera perçue conformément aux articles 1, 2, 3 et 4.

Toutes les fois que le lieu d'embarquement ne sera pas désigné, la lettre sera expédiée à Paris, et la taxe sera en conséquence perçue du point de départ jusqu'à Paris, en ajoutant la taxe des lettres de Paris pour les colonies, laquelle est et demeure fixée uniformément à cinq décimes.

Dans les cas ci-dessus, il sera perçu en sus du port un décime pour la voie de mer.

Les lettres des colonies et pays d'outre-mer (l'Angleterre exceptée) seront taxées conformément aux articles 1, 2, 3 et 4, d'après la distance du point de débarquement jusqu'au lieu de destination, plus un décime pour la voie de mer.

Les lettres déposées dans les bureaux de poste des lieux d'embarquement pour les colonies et pays d'outre-mer (l'Angleterre exceptée), et les lettres venant des mêmes lieux pour les ports où elles auront été débarquées, seront taxées comme lettres de la ville pour la ville, plus un décime pour la voie de mer (1).

Collect. de Duvergier, t. 27, p. 30. — Annales maritimes, 1re partie, p. 314.

N° 4556. — *Instruction du ministre de la guerre sur la liquidation des frais de justice militaire.*

16 mars 1827,

Annales maritimes, 1827, 1re partie, p. 410.

N° 4557. — *Circulaire ministérielle relative au soin, à l'exactitude, qu'exige la confection des extraits mortuaires des militaires décédés aux colonies.*

20 mars 1827.

Monsieur le Comte, les extraits mortuaires que je reçois, concernant les militaires décédés dans les colonies françaises, contiennent de nombreuses irrégularités qui, pour la plupart, proviennent évidemment de la négligence des fonctionnaires chargés de fournir les renseignements qui servent à la rédaction des actes de l'état civil.

Il est important de mettre promptement un terme à ces irrégularités multipliées; elles augmentent le travail des bureaux et deviennent surtout onéreuses aux familles, en les obligeant à recourir aux tribunaux pour obtenir la rectification de ces actes qui présentent en général :

1° Erreurs dans l'orthographe des noms;

2° Inexactitude dans la désignation des prénoms;

3° Noms écrits d'une manière illisible;

4° Ratures et surcharges dans les noms;

5° Confusion entre les noms et les prénoms;

6° Inexactitude dans les désignations autres que celles des noms et prénoms.

Vous voudrez bien donner des ordres formels pour que l'expédition des extraits mortuaires ait lieu dorénavant avec plus de soin et d'exactitude.

Les noms doivent être écrits en *bâtarde* et d'un caractère

---

(1) Voir la loi du 5 nivôse an V, et l'arrêté du 19 germinal an X.

saillant ; il ne doit y avoir dans le corps des actes, ni surcharges, ni ratures.

Vous tiendrez la main à l'exécution de ces dispositions, qui doivent être également appliquées aux extraits mortuaires des personnes non militaires.

Recevez, etc.

Le Ministre
Secrétaire d'Etat de la marine et des colonies,
Signé Comte DE CHABROL.

Arch. de l'ordonnateur. Dép., n° 49.

N° 4558. — *Arrêté du gouverneur qui attribue à l'officier de l'état civil de Fort-Royal, à titre de traitement spécial, une somme annuelle de 2,000 francs.*

21 mars 1827.

Arch. du gouvernement. Ord. et déc.

N° 4559. — *Dépêche ministérielle au gouverneur au sujet de la conservation et de la reproduction de la sangsue officinale aux colonies.*

27 mars 1827.

Monsieur le Comte, mon prédécesseur, par une dépêche du 8 avril 1824, numérotée 93, a fait connaître à M. le comte Donzelot qu'il avait lu avec beaucoup d'intérêt une notice de M. Achard, pharmacien du roi à la Martinique, sur la sangsue officinale, sa conservation et sa reproduction aux Antilles.

Cet écrit a été inséré dans les *Annales maritimes*, et les administrateurs de nos colonies ont été chargés d'en signaler l'objet à l'attention des conseils de santé. Ces dispositions ont été utilement suivies à Bourbon. On y a renouvelé les expériences de M. Achard, et en 1825, on y a fait construire, dans le jardin des plantes, trois bassins où l'on entretient des sangsues et où il paraît que l'on obtient leur reproduction (1).

J'ai l'honneur de vous prier de me faire connaître la suite

---

(1) De plusieurs lettres jointes à cette dépêche il résulte, savoir : de la première, de M. Donzelot, gouverneur, 2 décembre 1823, qu'après des expériences réitérées, M. Achard a constaté la reproduction des sangsues à la Martinique ;

qui a été donnée, à la Martinique, à la découverte de M. Achard.
Vous ne perdrez pas de vue que les résultats qu'elle peut produire sont d'un grand intérêt, et que de nouvelles expériences
peuvent avoir lieu aux Antilles, avec d'autant plus de facilité
que le service des hôpitaux y étant fait par entreprise, celui de
la pharmacie n'exige pas que l'officier de santé qui en a la direction y consacre tout son temps.

Recevez, etc.

Le Ministre de la marine et des colonies,
Signé Comte DE CHABROL.

Arch. du gouvernement. Dép. ministér.

N° 4560. — *Ordonnance du roi relative aux fers et aciers
étrangers non ouvrés, expédiés pour les colonies françaises.*
(Extrait.)

29 mars 1827.

Art. 1er. Les fers et aciers étrangers non ouvrés, reçus en
entrepôt réel pourront, jusqu'au 1er janvier 1830, être expédiés
sur navires français pour nos colonies d'Amérique, d'Afrique
et de l'Inde, en payant dans le port d'expédition, le cinquième
seulement des droits auxquels lesdits fers et aciers sont assujettis
à leur consommation en France.

Art. 2. Notre président du conseil des ministres, ministre
secrétaire d'État des finances, est chargé de l'exécution de la
présente ordonnance.

Annales maritimes.

---

de la deuxième, de M. de Bouillé, gouverneur, 4 juin 1827, rappelant les faits de
la dépêche ci-dessus reproduite, que l'ordonnateur est invité à faire un rapport
sur le résultat des expériences ultérieures attendues de M. Achard; de la troisième, de M. Freycinet, gouverneur, 17 septembre 1829, qu'un flacon rempli
de cocons de sangsues a été mis sous ses yeux par ce pharmacien; de la quatrième, de M. Gérodias, gouverneur p. i., 19 février 1830, que M. Achard a
soumis à son examen de jeunes sangsues, nées à Fort-Royal.

Toute cette correspondance honore l'inventeur, en même temps qu'elle exprime
la plus vive satisfaction de la découverte due à son zèle éclairé.

Enfin, un plan signé de M. Achard, joint à ces pièces, donne les dimensions
et dispositions d'un vivier à construire pour favoriser complètement la reproduction dont il s'agit.

Voir, au surplus, la notice de M. Achard, aux *Annales maritimes*, vol. 22,
1824, page 331.

N° 4561. — *Décision du conseil privé portant approbation d'un devis pour l'établissement de deux écoles militaires d'enseignement mutuel, l'une au fort Saint-Louis, l'autre au fort Bourbon.*

5 avril 1827.

NOTA. La dépense devait s'élever à 500 francs.

Inspection. Reg. 11.

————◆————

N° 4562. — *Décision du conseil privé ordonnant la vente aux enchères du cure-môle et du bateau à clapets.*

6 avril 1827.

Inspection. Ord. et déc. Reg. 11, n° 548.

————◆————

N° 4563. — *Décision du conseil privé ordonnant la démolition du bateau à vapeur et la vente des matériaux à en provenir.*

6 avril 1827.

Inspection. Reg. 11, n° 548.

————◆————

N° 4564. — *Circulaire ministérielle sur la question de savoir en quels cas les navires du commerce peuvent être soumis à la visite dans les ports des colonies.*

12 avril 1827.

Monsieur le Gouverneur, suivant les rapports qui me sont parvenus, il est arrivé plusieurs fois que des navires français, expédiés des ports de la métropole, ont été soumis à la visite dans nos colonies, bien que la vérification de leur état matériel eût été faite primitivement dans le lieu de leur départ.

En imposant cette obligation d'une seconde visite dans le cours d'un même voyage, les autorités coloniales ont exigé au delà du vœu de la législation sur la matière ; et il me paraît utile de présenter quelques explications à ce sujet.

L'article 225 du code de commerce, qui dispose d'abord que « le capitaine est tenu, avant de prendre charge, de faire visiter « son navire ».....ajoute : « aux termes et dans les formes « prescrites par les règlements. »

Or, l'acte dans lequel il faut aller chercher cette règle, pour les navires employés au long cours, est la loi du 13 août 1791, dont les articles 12 et 13 expriment ainsi la circonstance où doit se faire la visite. (Partagée en deux opérations.)

Art. 12. « Lorsqu'un capitaine ou armateur voudra *mettre* un navire *en armement*, il sera tenu, etc. »

Art. 13. « Lorsque l'*armement* sera fini et que le navire sera prêt à prendre charge, etc. »

L'article 14 dit ensuite qu'au moyen de cette formalité imposée lors de la *mise en armement*, toutes autres visites ordonnées par les précédentes lois *sont supprimées*.

Conséquemment, il ne peut y avoir lieu, dans un port des colonies, à la visite *obligatoire* d'un bâtiment du commerce français, que s'il s'agit ou d'un armement primitif fait dans ce port, ou d'un réarmement après désarmement dans le même port, et sauf encore le cas exceptionnel où, pour un navire déjà visité lors de l'origine de son voyage, l'existence d'avaries majeures, survenues depuis, serait tellement notoire que la prompte réparation après visite en fût jugée indispensable.

Hors ces circonstances, la visite d'un navire venant de France ou de tout autre lieu d'armement, ne peut régulièrement être exigée dans un port *colonial*, soit qu'il y prenne ou non un chargement, car l'effet de la vérification primitive subie dans le port d'expédition et constatée par les procès-verbaux existant à bord (art. 226 du code de commerce) outre la mention inscrite au rôle d'équipage, s'étend légalement à *tout le voyage*, c'est-à-dire à l'ensemble des deux traversées d'aller et de retour.

Je vous prie de donner des ordres pour que dorénavant les dispositions relatives à la visite des bâtiments du commerce soient strictement exécutées à la Martinique, telles que je viens de les expliquer.

Recevez, etc.

Le *Ministre de la marine et des colonies,*
Signé Comte DE CHABROL.

Arch. de l'ordonnateur. Dép., 1827, n° 60.

N° 4565. — *Décision du gouverneur administrateur portant création d'une commission pour l'établissement d'un tarif des taxations du curateur aux successions vacantes.*

17 avril 1827.

Nous, etc.,

Vu notre décision en date du 9 mars dernier, d'après laquelle M. Martin, curateur aux successions vacantes, est entré en fonctions au Fort-Royal, en remplacement du sieur Passerat de Lachapelle ;

Attendu qu'il est très-urgent de déterminer non-seulement les taxations qui doivent être allouées à M. Martin, sur les fonds appartenant aux successions dont il aura la gestion, mais aussi celles qui doivent être prélevées sur le montant desdites successions, tombées à la vacance, afin de couvrir le trésor de la colonie de la dépense du traitement fixe dont jouit le curateur ;

Vu la dépêche ministérielle en date du 22 septembre 1826, relative aux dispositions qui précèdent ;

Vu l'ordonnance royale du 21 août 1825, d'après laquelle le directeur général de l'intérieur, le procureur général et le contrôleur colonial prennent part, chacun en ce qui le concerne, à la surveillance à exercer sur les curateurs aux successions vacantes ;

Vu le rapport de M. le procureur général du roi, sur une demande qui nous a été adressée le 19 mars dernier, par M. Martin, dans le but de faire régler ses taxations, afin de le mettre à même de déterminer la liquidation de diverses successions ouvertes ;

Vu nos instructions sur ce qui touche la curatelle,

Décidons ce qui suit :

Art. 1er. Une commission composée de :

MM. Le directeur général de l'intérieur,
    Le procureur général,
    Le contrôleur,
    Le procureur du roi,

Se réunira le plus tôt possible chez M. le directeur général de l'intérieur, sur sa convocation, pour arrêter un projet de tarif des diverses taxations à prélever sur les successions vacantes dans l'arrondissement du Fort-Royal, tant en faveur du curateur que pour le trésor.

Art. 2. La dépêche ministérielle du 22 septembre 1826, la

réclamation de M. Martin, et le rapport de M. le procureur
général seront mis sous les yeux de la commission.

Art. 3. M. le directeur général de l'intérieur *p. i.* nous
enverra le projet de tarif arrêté par la commission, afin qu'il soit
rendu, s'il y a lieu, provisoirement exécutoire, sauf l'approbation du ministre à qui nous le transmettrons immédiatement,
conformément à ses ordres exprimés en la dépêche précitée.

Donné au Fort-Royal, le 17 avril 1827.

Signé Comte DE BOUILLÉ.

Inspection. Reg. 11, n° 569.

N° 4566 — *Dépêche ministérielle d'envoi, expliquant l'esprit
et les motifs de l'ordonnance organique du 9 février 1827,
concernant le gouvernement de l'île de la Martinique.*

20 avril 1827.

Arch. du gouvernement. Dép. ministér., n° 147.

N° 4567. — *Dépêche ministérielle relative aux maîtres ou
patrons et aux matelots des navires employés au cabotage.*
(Extrait.)

24 avril 1827.

. . . .

Dans la séance du 1er août, le conseil a jugé avec raison que
de graves considérations s'opposaient à ce que l'on tolérât plus
longtemps l'embarquement de nègres esclaves comme marins à
bord des bâtiments caboteurs. J'approuve cette résolution, et je
vous invite à tenir la main à ce qu'elle soit exécutée. Au reste,
la tolérance qui paraît avoir existé sur ce point était en contra-
diction avec les dispositions d'un règlement fort sage qui a été
publié sur la matière par MM. de Damas et de Viévigne, le
20 juin 1785, et qui est inséré au *Code de la Martinique.*

L'exécution en a été recommandée, le 9 juin 1823, à l'administration de la Guadeloupe, qui a reconnu également la nécessité de s'y conformer.

Le conseil, dans une séance postérieure du 4 octobre, a
porté son examen sur une demande faite par le bureau de commerce de Saint-Pierre, à l'effet d'obtenir que les marins destinés
à commander les bâtiments employés au cabotage local, ne

fussent pas astreints à la formalité d'une réception en qualité de maître ou patron.

Le conseil a remarqué que l'ordonnance organique du gouvernement colonial n'a fait mention de la formalité des examens qu'à l'égard des capitaines au grand cabotage, et il a cru pouvoir en conclure qu'il n'y avait pas lieu de soumettre à cette épreuve les maîtres au petit cabotage; mais il a reconnu en même temps la nécessité d'établir, pour les Antilles, une distinction fixe entre ces deux espèces de navigation et il a présenté quelques vues à cet égard.

Il a échappé à l'attention du conseil que les articles 16, § 6, et 86, § 22, de l'ordonnance du 21 août 1825, n'ayant eu pour objet que des attributions, ne doivent point être considérés comme ayant pu fixer les principes de la matière mise en délibération, en ce qui se rapporte aux conditions relatives à la réception des capitaines et maîtres des bâtiments du commerce.

Cette matière est de nature à être soumise dans nos colonies à des règles analogues à celles qui ont été adoptées en France.

Conformément aux dispositions de l'ordonnance royale du 7 août 1825, la réception du capitaine au long cours ou au grand cabotage, et celle des maîtres au petit cabotage, sont sujettes à des conditions d'âge et de service, ainsi qu'aux examens propres à faire reconnaître le degré de capacité des candidats, avec cette différence, toutefois, que les premiers ne peuvent être dispensés de justifier des connaissances théoriques nécessaires pour la navigation hauturière, tandis que l'examen des maîtres ou patrons, très-borné sur la théorie, porte notamment sur la connaissance pratique des passages compris dans les limites du petit cabotage.

Mon intention est de consulter le conseil d'amirauté sur les distinctions à établir et sur les dispositions particulières à prendre pour appliquer les mêmes principes à la navigation de nos Antilles.

Dans l'état actuel des choses, vous aurez à donner des ordres pour que l'administration de la Martinique ne renonce à aucune des garanties précédemment exigées dans la colonie, en ce qui concerne le commandement des navires employés au cabotage actuel.

Pour copie conforme :
L'Ordonnateur,
Signé MAINIÉ.

Bureau des classes à Saint-Pierre.

N° 4568. — *Loi relative à la répression de la traite des noirs* (1).

25 avril 1827.

CHARLES, etc.,

Art. 1er. Les négociants, armateurs, subrécargues, et tous ceux qui, par un moyen quelconque, se seront livrés au trafic connu sous le nom de *Traite des noirs*; le capitaine ou commandant et les autres officiers de l'équipage; tous ceux qui sciemment auront participé à ce trafic, comme assureurs, actionnaires, fournisseurs, ou à tout autre titre, sauf toutefois l'exception portée en l'article 3, seront punis de la peine du bannissement et d'une amende égale à la valeur du navire et de la cargaison prise dans le port de l'expédition.

L'amende sera prononcée conjointement et solidairement contre tous les individus condamnés. Le navire sera en outre confisqué.

Art. 2. Le capitaine et les officiers de l'équipage seront déclarés incapables de servir à aucun titre, tant sur les vaisseaux et bâtiments du roi que sur ceux du commerce français.

Art. 3. Les autres individus faisant partie de l'équipage seront punis de la peine de trois mois à cinq ans d'emprisonnement.

Sont toutefois exceptés ceux desdits individus qui, dans les quinze jours de l'arrivée du navire, auront déclaré au commissaire de marine ou aux magistrats dans les ports du royaume, au gouverneur, commandant, ou aux autres magistrats dans les îles et possessions françaises, aux consuls, vice-consuls et agents commerciaux du roi dans les ports étrangers, les faits relatifs au susdit trafic dont ils auront eu connaissance.

Art. 4. Les arrêts et jugements de condamnations en matière de traite seront insérés dans la partie officielle du *Moniteur*, par extraits, contenant les noms des individus condamnés, ceux des navires et des ports d'expédition. Cette insertion sera ordonnée par les cours et tribunaux, indépendamment des publications prescrites par l'article 36 du code pénal.

Art. 5. Les peines portées par la présente loi sont indépendantes de celles qui doivent être prononcées conformément au code pénal pour les autres crimes ou délits qui auraient été commis à bord du navire.

---

(1) Promulguée à la Martinique par ord. locale du 9 janvier 1828. (*Bulletin officiel*, vol. 1828, p. 49.)

Àrt. 6. La loi du 15 avril 1818 est abrogée.

Si donnons en mandement, etc.

Donné en notre château des Tuileries, le 25ᵉ jour du mois d'avril de l'an de grâce 1827, et de notre règne le troisième.

Signé CHARLES.

Et plus bas:

DE CHABROL et DE PEYRONNET.

Annales maritimes 1827, p. 397, et Bulletin officiel, vol. 1828, p. 47. — Enregistrée à la cour royale, le 12 janvier 1828.

———————

N° 4569. — *Ordre du ministre de la marine et des colonies relativement aux pavois des bâtiments du roi tant dans les ports de France qu'à l'étranger.*

26 avril 1827.

A l'avenir, les bâtiments de guerre français qui pavoiseront, n'arboreront, à tête de mât, que des pavillons français ou des pavillons de signaux.

Les postes d'honneur pour les pavillons étrangers seront :

1° A la grande vergue à tribord ;
2° *Idem* à bâbord ;
3° A la vergue de misaine à tribord ;
4° *Idem* à bâbord ;
5° A la vergue barrée à tribord ;
6° *Idem* à bâbord.

S'il y avait un plus grand nombre de pavillons étrangers à arborer, ils pourraient être placés sur les vergues de hune, en observant l'ordre prescrit pour les basses vergues.

Il est défendu de placer aucun pavillon de nation sur le beaupré.

Dans les ports de France, les bâtiments du roi devront placer en première ligne les pavillons de nation des bâtiments de guerre étrangers, qui se trouveront avec eux dans les mêmes ports, et dans l'ordre suivant: le pavillon de l'officier étranger commandant, dont le grade sera le plus élevé, ou, à grade égal, le pavillon de celui qui sera arrivé le premier dans la rade et successivement les pavillons des autres bâtiments de guerre étrangers selon le grade des commandants, ou, à grade égal, selon la date de leur arrivée dans le même port.

En pays étranger, les bâtiments du roi arboreront au premier poste d'honneur le pavillon de la nation chez laquelle ils se trouveront ; ensuite les pavillons de guerre des bâtiments étrangers qui seront au même mouillage dans l'ordre indiqué ci-dessus, puis les pavillons des nations étrangères dont les consuls résidant dans le pays arboreront les couleurs, dans les jours de fête.

Dans tous les cas, les bâtiments du roi pourront employer, dans leurs pavois, tous les autres pavillons de nations dont ils seraient pourvus.

Les préfets maritimes, les commandants des escadres et divisions navales, les gouverneurs et commandants des colonies, sont chargés de tenir la main à l'exécution du présent ordre ; ils le feront enregistrer et une copie en sera remise par leurs soins à chacun des commandants des bâtiments du roi qui se trouveront sous leurs ordres.

Fait à Paris, le 26 avril 1827.

Le Ministre de la marine et des colonies,

Signé Comte de CHABROL.

Arch. du bureau des classes. Ord. et déc., 1827.

N° 4570. — *Décision du conseil privé qui accorde aux aumôniers des régiments faisant le service des hôpitaux un supplément de traitement de 1,000 francs.*

26 avril 1827.

Nota. Une décision du même jour porte que ce supplément sera également alloué aux autres ecclésiastiques faisant le même service.

Inspection. Reg. 14, n° 2.

N° 4571. — *Dépêche ministérielle au gouverneur lui accusant réception du procès-verbal de la séance de la cour royale de la Martinique dans laquelle a eu lieu l'inauguration du portrait du roi.*

28 avril 1827.

Nota. Les différents discours, dit le ministre, prononcés dans cette solennité, ont manifesté d'une manière convenable les sentiments que l'objet de la réunion était de nature à inspirer.

Arch. du gouv. Dép. ministér., n° 159.

N° 4572. — *Circulaire ministérielle portant que les préposés aux vivres embarqués sur les bâtiments du roi, puis déposés à l'hôpital, ont droit, à leur sortie, aux mêmes secours que les autres hommes du bord.*

5 mai 1827.

Lorsque des marins ou autres individus faisant partie de l'équipage d'un bâtiment du roi, en relâche à la Martinique, sont déposés à l'hôpital de cette colonie et n'en sortent qu'après le départ du bâtiment auquel ils appartiennent, il est d'usage d'embarquer ces hommes à bord de l'un des bâtiments de la station, soit pour y servir en leur qualité si besoin est, soit pour y rester en subsistance jusqu'à ce qu'on leur ait procuré les moyens de rejoindre leurs bords ou de se rendre en France.

Je suis informé que cette disposition ne s'étend pas aux préposés de vivres, et qu'il arrive quelquefois que quelques-uns de ces agents, ayant reçu leur *exeat* de l'hôpital, se trouvent ensuite abandonnés dans la colonie sans ressources, comme sans moyens de revenir en France.

Sur les représentations qui m'ont été faites à ce sujet par M. l'administrateur des subsistances, j'ai reconnu qu'en effet les commis et autres préposés de cambuse à bord des vaisseaux de Sa Majesté, quoique classés parmi les surnuméraires, ne faisaient point partie de l'équipage du bâtiment sur lequel ils servaient; qu'astreints aux mêmes règles d'ordre et de discipline, ils avaient également des droits à la demi-solde, ainsi qu'aux secours alloués aux marins dans les cas de naufrage, de prise par l'ennemi, etc. ; qu'il était conséquemment aussi juste qu'humain de leur accorder dans la circonstance dont il s'agit les mêmes secours et protection qu'aux autres navigateurs au service de Sa Majesté.

Je vous prie, en conséquence, Monsieur le Comte, de vouloir bien donner les ordres nécessaires pour que les agents du service des vivres à bord des bâtiments du roi, qui, entrés à l'hôpital de la colonie, n'en sortiraient qu'après le départ des bâtiments auxquels ils appartiennent, soient traités comme les hommes dépendant des classes, et qu'il soit conséquemment pourvu tant à leur subsistance qu'à leur retour en France, soit sur un bâtiment de Sa Majesté, soit, à défaut de ce moyen, sur un navire du commerce.

Recevez, etc.

Le Ministre de la marine et des colonies,
Signé Comte DE CHABROL.

Nº 4573. — *Décision du conseil privé relative aux droits de réception des magistrats salariés ou non prêtant serment devant la cour.* (Extrait.)

5 mai 1827.

Le conseil décide, à la majorité, que le tarif local du 31 octobre 1812, est rapporté en ce qui concerne les droits à payer au trésor, à l'occasion de la prestation de serment des magistrats salariés et non salariés, mais qu'il demeure en vigueur pour ceux à épices, et pour ce qui concerne les droits à payer au premier huissier audiencier par les magistrats avec ou sans appointements.

Inspection. Reg. 14, nº 13.

Nº 4574. — *Arrêté du gouverneur portant que le couvent des ursulines, à Saint-Pierre, son église et dépendances, seront mis à la disposition du gouvernement.*

9 mai 1827.

Nous, etc.,

Vu le rapport du directeur général de l'intérieur fait en conseil privé, dans la séance du 8 avril dernier, par lequel il nous expose la nécessité de disposer, dans l'intérêt du service du roi, des établissements et dépendances du couvent des ci-devant religieuses ursulines, situé dans la ville de Saint-Pierre ;

Considérant que ce local, en rentrant à la disposition du gouvernement, offre l'avantage de rendre au culte une église dont le public était privé en grande partie, avantage d'autant plus inappréciable que l'augmentation de la population de la ville de Saint-Pierre réclame depuis longtemps la formation d'une nouvelle cure, ou au moins de succursales à la paroisse du Fort ou à celle du Mouillage ;

Considérant que les bâtiments qui se détériorent tous les jours par l'abandon qu'on en a successivement fait, offriraient, à l'aide de quelques réparations, des moyens précieux pour le logement des soldats qui, placés dans des casernes plus aérées et plus vastes, se trouveront moins exposés aux effets du climat, particulièrement pendant la saison de l'hivernage, et que les troupes réunies plus près de la nouvelle église, ne seront plus exposées à l'ardeur d'un soleil brûlant, pour se rendre à la messe militaire qui se célèbre dans la paroisse du Fort ;

Considérant que le nombre des dames ursulines se trouve réduit à deux et qu'elles consentent à se retirer, pourvu qu'il leur soit fourni un logement convenable et des moyens d'existence qui puissent suffire à leurs besoins;

Vu l'arrêté du capitaine général et du préfet colonial du 27 décembre 1802;

De l'avis du conseil privé;

Avons arrêté, etc. :

Art. 1er. Le couvent dit des Dames ursulines, tous les bâtiments, terrains, jardins, circonstances et dépendances généralement quelconques, seront remis à la disposition du gouvernement et livraison en sera faite, sur inventaire, au directeur général de l'intérieur ou à la personne qu'il désignera pour le remplacer, en présence du commissaire de marine chargé du service, du commissaire municipal et d'un officier du génie, nommé à cet effet, pour, par eux, dresser procès-verbal et constater l'ensemble et l'état desdites propriétés.

Il sera commis par M. le préfet apostolique un ecclésiastique pour recevoir les vases sacrés, les ornements sacerdotaux et tout ce qui appartient à l'exercice du culte, pour être lesdits objets mis sous la garde et surveillance dudit ecclésiastique, jusqu'à ce qu'il ait été définitivement statué, d'après l'avis du préfet apostolique, sur la nouvelle destination à donner à l'église des ursulines.

Art. 2. Il sera nommé par nous une commission qui nous présentera un plan pour l'application à faire aux différents services du terrain et des bâtiments qui devront être remis au gouvernement par suite du présent arrêté.

Quant au local nécessaire pour le logement d'un aumônier ou pour l'établissement d'un presbytère, dans le cas où une troisième paroisse serait reconnue utile, le préfet apostolique nous transmettra ses vues à cet égard et nous fera connaître ce qu'exige le bien de la religion.

Art. 3. La pension payée par le gouvernement aux dames Saint-Louis et Saint-Michel sera portée, à dater du jour où elles abandonneront le couvent, à la somme de 3,666 fr. 66 cent. pour chacune d'elles.

Il leur sera fourni, aux frais de la colonie, un logement commode pendant leur vie durant pour elles et leurs domestiques.

Les mêmes dépenses pour leur installation seront également à la charge du trésor.

27.

Elles jouiront aussi, durant leur vie, de toutes les rentes que recevait leur communauté, comme elles en ont joui jusqu'à présent, ainsi que des revenus de diverses portions de terre qui ne font point partie attenante du terrain appelé le Couvent, et dont l'état sera dressé par la commission susnommée, pour le tout retourner au domaine du roi, après leur décès.

Art. 4. Pour l'exécution de l'article ci-dessus en ce qui concerne le logement desdites dames ursulines, l'administration est autorisée à passer bail pour le loyer de la maison qui sera proposée à cet effet, par le directeur général de l'intérieur, ainsi qu'à ordonnancer le payement des dépenses d'installation, dont l'état sera visé par lui, le tout conformément à notre décision prise en conseil privé le 8 avril dernier.

Art. 5. S'il arrivait qu'une troisième cure fût ultérieurement érigée à Saint-Pierre, cession sera faite à la nouvelle paroisse du local et du terrain jugés nécessaires, à la charge par la fabrique de payer à la caisse coloniale la valeur de ladite cession, ainsi qu'il sera établi par nous en conseil privé.

Les payements auront lieu soit en se chargeant d'acquitter les pensions et frais de logement des dames ursulines, soit par des versements annuels faits au trésor, ainsi qu'il sera reconnu convenable.

Art. 6. Dans le cas du décès de l'une de ces dames, la survivante continuera à jouir de la maison louée pour elles, ainsi que des rentes et revenus dont la jouissance leur est accordée par l'article 3, mais la pension ne sera point réversible sur la survivante.

Art. 7. L'ordonnateur de la colonie et le directeur général de l'intérieur sont chargés, chacun en ce qui le concerne, de l'exécution du présent arrêté.

Donné au Fort-Royal, le 9 mai 1827.

Signé Comte DE BOUILLÉ.

Arch. du gouvernement. Ord. et déc.

———————◈———————

Nº 4575. — *Dépêche ministérielle au gouverneur portant instructions et modèle pour la délivrance des dispenses pour mariages.*

22 mai 1827.

Monsieur le Comte, d'après l'article 39, § 1ᵉʳ, de l'ordonnance royale du 9 février 1827, le gouverneur, en conseil, accorde les dispenses de mariage dans les cas prévus par les articles 145 et 164 du code civil, et en se conformant aux règles prescrites à cet égard. La présente dépêche a pour objet de vous donner quelques instructions relatives à l'exercice de cette attribution.

Les dispenses d'âge ou de parenté ne doivent être, aux colonies, comme en France, accordées que dans les cas prévus par les articles 145 et 164 du code civil. Les demandes pour les unes et pour les autres doivent être fondées sur des causes *graves* et être transmises, par le procureur du roi, avec les actes de naissance des deux futurs et son avis motivé (arrêté du 20 prairial an xi), à M. le procureur général sur le rapport duquel vous avez ensuite à soumettre l'affaire au conseil privé (article 135 de l'ordonnance du 9 février).

Les dispenses de *parenté* pour mariage entre catholiques ne s'accordent que sur la représentation des dispenses ecclésiastiques. Quant aux parties qui professent une autre religion que la catholique, elles doivent produire un certificat du ministre de cette religion ou, à défaut, un acte de notoriété: les dispenses sont accordées sur l'une ou l'autre de ces justifications.

A moins de causes très-graves, telle qu'une grossesse, les dispenses d'âge ne s'accordent pas avant 14 ans révolus pour les filles et 17 ans pour les garçons. Cette limite peut toutefois n'être pas obligatoire à l'égard des gens de couleur, chez qui l'époque de la puberté est plus précoce, et entre lesquels il y a d'ailleurs tout intérêt à favoriser les mariages.

Les dispenses d'âge et de parenté se refusent aussi lorsqu'il y a une trop grande disproportion d'âge, ou qu'il n'y a plus d'espoir que les futurs puissent avoir des enfants.

Telles sont les principales règles auxquelles vous aurez à vous conformer, autant que possible, en ce qui concerne l'application de l'article 39 de l'ordonnance du 9 février 1827.

Je vous recommande, d'ailleurs, de me rendre toujours un compte exact et motivé des décisions intervenues en matière de dispenses, soit que les demandes aient été accueillies ou qu'elles aient été écartées. Dans le premier cas, vous aurez à délivrer aux impétrants un acte dont je joins ici le modèle.

Je vous prie de m'accuser, par réponse spéciale, la réception de la présente dépêche.

Recevez, etc.

Le Ministre de la marine et des colonies,
Signé de CHABROL.

(MODÈLE.)

AU NOM DU ROI.

Nous, gouverneur, etc.,

Vu la requête de........ tendant à obtenir des dispenses (d'âge ou de parenté) pour (tel ou telle);

Vu les articles (144 et 145 ou 163 et 164) du code civil;

Vu l'article 39 de l'ordonnance royale du 9 février 1827, concernant le gouvernement de la Martinique, et les instructions subséquentes de S. Exc. le ministre de la marine;

Sur le rapport de M. le procureur général près la cour royale de la Martinique;

De l'avis du conseil privé,

Avons arrêté et arrêtons ce qui suit :

La prohibition portée en l'article (144 ou 163) du code civil est levée à l'égard de.....

L'officier de l'état civil du domicile des futurs époux est autorisé à procéder à la célébration de leur mariage, après toutefois que les autres formalités prescrites par la loi auront été remplies.

Fait à la Martinique, le.....

Signé....

Par le Gouverneur :

Le Procureur général,

Signé....

Arch. du gouvernement. Dép. ministér.

N° 4576. — *Enregistrement des lettres de service de M. le comte de Bouillé, nommé gouverneur de la Martinique.*

26 mai 1827.

Nota. Le brevet est à la date du 19 mai 1826. Il est conçu dans les termes les plus généraux. *Le promu devra exercer ses fonctions, selon les instructions du roi qui lui seront remises par le ministre de la marine et des colonies.*

Greffe de la cour royale. Reg. 19, f° 7.

N° 4577. — *Rapport au commandant du Sénégal sur la*

sangsue officinale indigène à cette contrée, par M. le docteur Catel.

1er j

Annales maritimes, 1827, 2ᵉ partie, t. 2, p. 636.

Nº 4578. — *Dépêche ministérielle au sujet d'une ordonnance royale du 29 mars 1827 concernant l'introduction dans les colonies françaises des fers et aciers étrangers non ouvrés* (1).

5 juin 1827.

Monsieur le Comte, par une ordonnance en date du 29 mars dernier, Sa Majesté a décidé que les fers et aciers étrangers non ouvrés, reçus en entrepôt réel, pourront, jusqu'au 1ᵉʳ janvier 1830, être expédiés par navires français pour les colonies françaises d'Amérique, d'Afrique et de l'Inde, en payant, dans les ports d'expédition, le cinquième des droits auxquels ces articles sont assujettis à leur consommation en France.

En conséquence, vous aurez à considérer comme étant modifiées, sous ce rapport, les dispositions de l'ordonnance royale du 5 février 1826, concernant le commerce étranger dans les Antilles françaises.

Les fers et aciers dont il s'agit devant être considérés, par rapport à nos colonies, comme nationalisés par le payement du droit acquitté dans le port d'expédition, l'importation de ces articles dans les Antilles françaises ne sera soumise désormais qu'au droit local de 1 pour 100, égal à celui qui est perçu sur les marchandises importées de la métropole.

Vous voudrez bien pourvoir immédiatement à la publication, dans la colonie que vous administrez, de l'ordonnance du 29 mars, dont vous trouverez ci-joint des exemplaires, accompagnés d'une circulaire imprimée de M. le directeur général des douanes, du 5 mai dernier, relative au même objet.

Recevez, etc.

Le *Ministre de la marine et des colonies*,
Signé Comte DE CHABROL.

Arch. du gouvernement. Dép. ministér., nº 215.

---

(1) Voir l'ordonnance royale dont il s'agit ici, restée jointe, d'ailleurs, à la dépêche ministérielle ainsi que la circulaire transmissive du directeur général des douanes, y relatée.

Nº 4579. — *Circulaire ministérielle pour le rappel au commerce maritime des dispositions de la déclaration du roi, du 15 juin 1735, qui régit spécialement le sauvetage des navires ou marchandises coulés à la mer.*

8 juin 1827.

Monsieur, un exemple tout récent a fait sentir la nécessité de rappeler au commerce maritime les dispositions de la déclaration du roi du 15 juin 1735, qui régit spécialement le sauvetage des navires ou des marchandises coulés à la mer.

D'après l'article 2 de cet acte, les propriétaires d'objets ainsi perdus, qui veulent en entreprendre le relèvement, sont tenus de le déclarer, dans les deux mois du sinistre, au bureau des classes substitué pour le service des bris et naufrages aux anciennes amirautés, et de faire procéder à l'exécution des travaux nécessaires, dans le cours de six mois. Passé ces délais, comme la sûreté générale de la navigation s'y trouve éminemment intéressée, l'article 3 dispose que les propriétaires seront déchus de tous leurs droits, et il donne à l'administration de la marine, chargée de protéger ce grand intérêt, la faculté d'autoriser, sous certaines conditions, des tiers étrangers à tenter l'extraction d'objets alors réputés tout à la fois abandonnés et dangereux.

Telles sont les règles de la matière (1).

Dans le cas particulier où j'ai pris texte, le propriétaire avait fait quelques démarches auprès de l'autorité civile, de l'administration générale des ponts et chaussées, et auprès de la direction générale des douanes ; seulement il avait omis la déclaration principale à faire au bureau des classes, et par là, il se serait créé les plus graves difficultés, si des offres avaient été faites et acceptées, en vertu de l'article 3, depuis l'expiration du délai légal.

Les choses s'étant passées différemment, j'ai pu, lorsque ce propriétaire, mieux informé, est enfin venu faire une déclaration tardive à l'autorité maritime, ne pas lui opposer la déchéance que, dans la rigueur du droit, il avait encourue ; loin d'insister sur cette objection, j'ai même recommandé aux agents de mon département d'entourer l'entreprise à laquelle il va se livrer, de leurs soins accoutumés de protection et de surveillance.

Mais ce résultat favorable tient à des circonstances qui pour-

_____

(1) Ordonnance de 1681, commentée par Valin, titre 155 : *Des naufrages,* article 24.

raient ne pas se reproduire, et vous devrez, dans l'intérêt des armateurs et des assureurs, communiquer pour avis la présente dépêche aux chambres de commerce de votre ressort.

Signé Comte DE CHABROL.

NOTA. Voir la déclaration du roi précitée.

Annales maritimes, 1835, p. 38.

***

N° 4580. — *Circulaire ministérielle au gouverneur spécifiant les pièces justificatives qui doivent toujours accompagner les ordonnances et mandats de payement.*

8 juin 1827.

Monsieur, en prescrivant que les ordonnances et mandats de payement soient toujours accompagnés des pièces justificatives de la dépense qu'ils ont pour objet de faire payer, l'article 10 de l'ordonnance royale du 14 septembre 1822 a déterminé, en même temps, la nature et l'espèce de ces pièces.

Mais cette désignation, qui ne pouvait être conçue qu'en termes généraux, laissait nécessairement quelque chose de vague et d'arbitraire dans les applications aux cas particuliers; en sorte que les payeurs se trouvaient souvent incertains des justifications qu'ils avaient droit d'exiger des parties prenantes, et qu'ils demeuraient ainsi exposés à des rejets ou du moins à des objections de la cour des comptes.

Pour remédier à cet inconvénient et dissiper tous les doutes qui pourraient entraver les payements ou nuire à la comptabilité, M. le ministre des finances a proposé à chacun de ses collègues de faire rédiger un tableau présentant, d'une part, la désignation de chaque nature de dépense dans l'ordre du bordereau de comptabilité, et, de l'autre, la nomenclature respective des pièces que les créanciers sont tenus de produire à l'appui des ordonnances ou mandats de payement, nomenclature qui servirait de règle aux payeurs et qui serait utile aux ordonnateurs eux-mêmes.

J'ai adopté cette proposition et arrêté, en conséquence, une nomenclature dont je vous remets ci-joint dix exemplaires (1).

---

(1) L'un des exemplaires de cette nomenclature, très-étendue, très-compliquée puisqu'elle concerne tous les services, est encore joint à la circulaire ministérielle.

Quoique j'aie eu en vue plus particulièrement le service de la métropole, en établissant cette nomenclature, le mode de payement et de justification qu'elle trace pour toutes les dépenses peut néanmoins s'appliquer en général aux dépenses du service *Colonies* imputables sur les fonds du département de la marine. Vous voudrez bien, en conséquence, recommander aux administrateurs sous vos ordres de s'y conformer pour toutes ces dépenses.

En ce qui concerne les avances remboursables par la métropole, il est nécessaire de vous faire observer que tous les payements faits dans les colonies pour solde à terre ou à la mer, suppléments divers et traitement de table, doivent être justifiés par des états nominatifs et non par des états numériques qui, dans certains cas, peuvent suffire à la justification de payements de même nature effectués en France, où les doubles des rôles d'équipage sont conservés.

Je vous prie de m'accuser réception de la présente, qui sera enregistrée au contrôle de la colonie où vous ferez en même temps déposer deux exemplaires de la nomenclature.

Recevez, etc.

Le *Ministre de la marine et des colonies,*
Signé DE CHABROL.

Arch. du gouvernement. Dép. ministér., nᵒ 547.

N° 4581. — *Circulaire ministérielle portant dispense d'envoi au département de la marine des copies des marchés passés dans la colonie.*

12 juin 1827.

J'ai décidé, qu'à l'avenir, et à compter du second semestre 1827, l'administration de la Martinique n'aura plus à transmettre à mon département les copies des marchés passés dans la colonie. Les procès-verbaux des séances du conseil privé, où ces marchés seront examinés, devront suppléer à l'envoi desdites pièces.

Quant aux conventions pour achat au-dessous de 400 francs, qui, après exécution, sont présentées, à la fin de chaque session, à l'approbation du conseil, il sera nécessaire qu'on ne les comprenne plus aux procès-verbaux dans une mention générale et qu'on en donne désormais l'indication détaillée.

La présente dépêche sera enregistrée au contrôle.

Recevez, etc.

Le Ministre de la marine et des colonies,

Signé Comte DE CHABROL.

Bureau des classes à Saint-Pierre.

———————

N° 4582. — *Arrêté du gouverneur portant nomination aux fonctions de capitaine de port à Saint-Pierre et fixation des traitement et allocations de cet officier.* (Extrait.)

12 juin 1827.

Ces traitement et allocations sont fixés ainsi qu'il suit :

Traitement de grade..........	2,000f 00
Supplément colonial..........	6,000 00
Indemnité de logement........	1,000 00
Frais de bureau.............	600 00
Indemnité d'entretien de canot..	500 00
Ensemble.......	10,100 00

Au moyen de ces allocations le loyer du bureau de port, les frais matériels de bureau, l'entretien et le renouvellement des canots nécessaires pour le service du port seront à sa charge, et il ne pourra prétendre à aucune des prestations quelconques anciennement perçues par les capitaines de port des colonies sous le titre de *Droits de port, d'ancrage, de louvoyage, etc.*, ces droits étant aujourd'hui perçus pour le compte de la caisse publique.

Inspection. Reg. 13, n° 407.

———————

N° 4583. — *Dépêche ministérielle contenant instructions au sujet de la formation d'un* Bulletin *des actes administratifs* (1).

15 juin 1817.

Monsieur le Comte, la nécessité de former dans nos colonies, à l'instar de ce qui existe dans les départements de la France, un *Bulletin* spécialement destiné à l'insertion des actes administratifs, se fait depuis longtemps sentir.

———

(1) Voir, annexée à la même dépêche, n° 224, arch. du gouvernement, la liste dressée, par le directeur général de l'intérieur, des fonctionnaires auxquels il propose d'adresser le *Bulletin administratif.*

Jusqu'ici on s'est borné à insérer à la Martinique, dans le *Journal officiel*, les principaux actes de l'autorité, les avis d'adjudications ou de ventes, quelques documents relatifs au domaine et autres de peu d'importance. Ces notifications sont en trop petit nombre pour former une série propre à être consultée avec fruit. Ce mode de publication a aussi le désavantage de disséminer les actes de l'administration dans des collections de journaux, où il devient bientôt fort difficile de les découvrir.

L'établissement, dans chaque colonie, d'un recueil spécial tel que celui dont j'ai parlé plus haut, m'a donc paru désirable à tous égards. La communication que se feront les diverses colonies de leurs bulletins respectifs, amènera entre elles un échange continuel d'actes et de règlements locaux dont la connaissance ne pourra que tourner au profit de toutes.

J'ai, en conséquence, décidé qu'à compter du 1er janvier 1828, il serait formé dans chaque colonie un recueil semblable, sous le titre de *Bulletin des actes administratifs*.

Le recueil devra être imprimé dans le même format et d'après les mêmes justifications que le *Bulletin des lois*. Vous déterminerez, en conseil, les époques auxquelles il devra paraître, et ces époques devront, au reste, être plus ou moins rapprochées, suivant l'abondance et le degré d'importance des matériaux.

Il sera divisé en année, par tome; chaque livraison portera un numéro; et chaque acte devra, en outre, avoir, à sa date, un numéro d'ordre. Tous les tomes seront accompagnés de deux tables, l'une chronologique, l'autre alphabétique, analogues à celles du *Bulletin des lois*.

Le *Bulletin* ne devra rien admettre d'étranger à la législation locale ou à ce qui s'y rapporte; il est réservé à l'insertion :

De vos arrêtés et décisions de tout genre, sauf ceux auxquels il y aurait de l'inconvénient à donner de la publicité;

Des dépêches et circulaires, émanées de mon département, touchant des matières d'intérêt législatif ou administratif;

Des lois ou des ordonnances royales dont l'application sera prescrite à la Martinique;

Des actes de nominations, promotions, etc.;

Des circulaires locales portant instruction;

Des tarifs, mercuriales, etc.,

Et de tous objets analogues.

Il conviendra de réserver pour le *Journal officiel* (à l'existence duquel la formation du *Bulletin administratif* ne préjudicie en rien) les communications relatives au service, que l'administration est souvent dans le cas de faire au public, les avis pour adjudications de fournitures ou travaux, les diverses notes émanées du domaine, les procès-verbaux ou relations de cérémonies ou solennités publiques, les instructions semi-officielles sur l'économie rurale, etc.

Du reste, l'insertion d'un acte au *Bulletin administratif* n'empêchera pas qu'il ne puisse être reproduit par le journal, si cette voie de publicité est reconnue nécessaire, et ne dispensera jamais de faire imprimer, quand il y aura lieu, en placards, ceux des actes administratifs qui doivent être spécialement portés à la connaissance du public.

Les numéros du *Bulletin administratif* devront être exactement envoyés à mon département en quadruple exemplaire, et vous en ferez, en outre, expédier régulièrement deux exemplaires (par des occasions différentes) à MM. les gouverneurs de la Guadeloupe, de Bourbon, de Cayenne et à MM. les administrateurs du Sénégal et des établissements français de l'Inde, soit directement, soit sous mon couvert.

D'après les ordres que je donne, vous recevrez de la même manière les numéros du *Bulletin* de chacune des autres colonies. Je désire qu'il soit apporté beaucoup de soin à ces communications respectives ainsi qu'à l'examen des documents de cette nature qui vous arriveront successivement.

Vous aurez à arrêter en conseil et à me soumettre la liste des fonctionnaires de la Martinique auxquels le *Bulletin* sera fourni gratuitement. Vous ferez cesser, en grande partie, par ce moyen, la distribution, actuellement fort dispendieuse, du journal de la colonie.

Vous voudrez bien me rendre compte, par réponse spéciale, des mesures que vous aurez prises pour l'exécution de la présente dépêche, qui devra être enregistrée au contrôle.

Recevez, etc.

Le Ministre de la marine et des colonies,
Signé Comte DE CHABROL.

Inspection. Reg. 15, n° 44.

N° 4584. — *Circulaire ministérielle relative aux mentions et indications que doivent contenir les patentes de santé délivrées aux bâtiments de commerce.*

18 juin 1827.

Monsieur le Gouverneur, suivant une communication qui

m'est faite par M. le ministre de l'intérieur, les officiers de santé
de nos colonies des Antilles négligent, en général, lorsque la
fièvre jaune a cessé d'y sévir, de mentionner, sur les patentes de
santé qu'ils délivrent alors aux navires de commerce, l'époque à
laquelle ont eu lieu les derniers accidents. Il résulte de cette
omission que faute d'être assurées que peu de jours avant la
délivrance de la patente *nette* présentée, la fièvre jaune ne
régnait point dans le pays de la provenance du navire, les autorités sanitaires des ports de la métropole se croient quelquefois
obligées, par prudence, de prolonger la durée d'une quarantaine
plus qu'elles ne le feraient si l'énoncé de la patente ne laissait
aucun sujet de doute à cet égard.

Je vous prie donc, Monsieur le Gouverneur, de donner des
ordres pour que dorénavant les officiers de santé de la Martinique aient le soin d'indiquer avec précision sur les patentes
nettes, que, dans le cas de disparition de la fièvre jaune, ils
remettront aux bâtimens de commerce, *l'époque* à laquelle les
derniers accidents de cette maladie ont eu lieu.

Au surplus, je saisis cette occasion pour recommander encore
à votre vigilance la stricte exécution des instructions présentées,
au sujet de la rédaction des patentes de santé, dans les dépêches
ministérielles des 12 avril dernier, 28 août et 24 avril 1826, et
13 mai 1822.

Recevez, etc.

Le Ministre de la marine et des colonies,
Signé Comte DE CHABROL.

Arch. de l'ordonnateur. Dép.

Nº 4585. — *Dépêche ministérielle déterminant les cas où les
domestiques embarqués peuvent être traités dans les hôpitaux aux frais de la marine.*

18 juin 1827.

Monsieur, l'ordonnance du roi, en date du 17 mars 1824,
portant règlement sur la solde et l'avancement des gens de mer,
établit deux classes de domestiques à bord des bâtiments du roi :

1º Ceux des officiers généraux de la marine et des commandants des bâtiments : aux termes de l'article 24, ils n'ont droit
qu'à une ration de vivres et ne sont portés que pour *mémoire*
sur le rôle d'équipage ;

2º Ceux des officiers de l'état-major : d'après le même article, ils reçoivent 30 francs par mois, indépendamment de la ration de vivres.

Des faits particuliers ont donné lieu d'examiner dans quels cas les uns et les autres pouvaient être admis aux hôpitaux au compte de la marine.

L'arrêté du 4 février 1805 (15 pluviôse an XIII) porte qu'à l'exception :

1° Des marins et ouvriers levés pour le service, congédiés, naufragés ou dégradés ;

2° Des militaires dans quelques-unes de ces situations ou en congé limité ;

3° Enfin des demi-soldiers, en abandonnant leur solde, moins 3 francs par mois,

Aucun individu, *non payé par l'État*, ne peut être reçu dans les hôpitaux, aux frais de la marine, à moins qu'il ne consente à rembourser intégralement le prix de la journée de traitement.

Il résulterait de là que tout domestique non salarié par le roi ou cessant de recevoir une solde quelconque, ne pourrait être admis dans les hôpitaux qu'autant que le remboursement des frais de traitement serait garanti à la marine.

Mais l'application de ces principes paraîtrait trop rigoureuse à l'égard des domestiques de cette dernière classe qui tomberaient malades hors de France, qui seraient blessés au service, ou enfin que quelques autres circonstances placeraient dans des cas d'exception.

Sur le compte que je me suis fait rendre à ce sujet et après avoir pris l'avis du conseil d'amirauté, j'ai arrêté les dispositions suivantes :

1° Dans les ports du royaume, *les domestiques des officiers de la marine et ceux des commandants des bâtiments de Sa Majesté* ne seront admis dans les hôpitaux maritimes qu'autant que ces officiers se rendront personnellement garants envers la marine du prix des journées de traitement ;

2° Cette mesure s'appliquera aux domestiques des officiers de l'état-major, lorsqu'au moment où ils réclameront leur admission à l'hôpital, ils n'auront plus droit, à bord, à aucune solde : la garantie sera alors exigée des officiers au service desquels ils se trouvaient ;

NOTA. Dans les ports où il n'existe pas d'hôpitaux maritimes, l'administration de la marine n'interviendra point pour l'admission des domestiques ci-dessus désignés (articles 1 et 2) dans les hôpitaux civils.

3° Toutefois, ceux des domestiques dont il est fait mention dans les deux articles précédents, qui seraient reconnus avoir été blessés au service, seront reçus dans les hôpitaux maritimes ou autres, et traités aux frais de la marine;

4° *Les domestiques payés par le roi*, qui, quoique malades ou blessés, continueraient à compter à bord, seront admis dans les hôpitaux maritimes ou autres aux mêmes titres et conditions que les marins composant les équipages des bâtiments de Sa Majesté; c'est-à-dire que leur solde sera passible des retenues déterminées par l'arrêté du 14 février 1805 (15 pluviôse an XIII);

5° Dans les colonies françaises et en pays étrangers, *les domestiques des officiers généraux de la marine et des commandants des bâtiments de Sa Majesté*, attaqués de maladies ou de blessures graves, bien et dûment constatées, seront admis, aux frais de la marine, dans les hôpitaux français ou étrangers; mais ils devront être renvoyés en France, par les occasions les plus favorables, aussitôt qu'ils seront en état de supporter la traversée;

6° Les domestiques des officiers de l'état-major, soit qu'ils continuent à appartenir aux bâtiments, soit que leur débarquement ait entraîné la suppression de leur solde, seront également traités ainsi qu'il est dit dans les deux articles précédents;

7° A leur retour en France, les domestiques dont il est fait mention dans les articles 5 et 6 ne pourront plus être admis dans les hôpitaux au compte de la marine; à moins que pendant la traversée ils n'aient été blessés par suite d'événements de guerre ou de mer légalement constatés;

8° Les domestiques des officiers généraux et supérieurs de la marine ou autres, embarqués en qualité de passagers et devant être nourris à bord aux frais du roi, ne seront traités au compte de la marine dans les hôpitaux, soit en France, soit dans les colonies ou en pays étrangers, que dans le cas prévu par l'article 3.

Pour toute autre cause on se conformera à ce que prescrit l'article 1er.

Je vous prie de m'adresser, tous les ans, un état nominatif des domestiques soldés ou non soldés par le roi qui auront été admis dans les hôpitaux, soit aux frais de l'État, soit à leur propre compte ou à celui de leurs maîtres. Cet état devra indiquer le genre de maladies ou de blessures, le temps que ces domestiques auront séjourné dans les hôpitaux, le montant de la dépense qu'ils auront occasionnée, et, s'il y a lieu, le mode de remboursement que vous aurez adopté d'après la situation de chaque individu.

Je n'ai pas besoin de vous faire observer que lorsqu'il s'agira des hôpitaux maritimes, les sommes à payer par les domestiques ou par leurs maîtres devront être versées dans les caisses du domaine.

Je vous prie de tenir la main, en ce qui vous concerne, à l'exécution des dispositions de la présente dépêche, qui devra être enregistrée au contrôle de la marine.

Recevez, etc.

Le Ministre de la marine et des colonies,
Signé Comte DE CHABROL.

Et plus bas :
Le Directeur des ports,
TUPINIER.

Arch. de l'inspect. Reg. 15, n° 41.

———————

N° 4586. — *Dépêche ministérielle sur la manière de procéder à l'inventaire des greffes aux cas de décès ou de retraite des greffiers.*

22 juin 1827.

Monsieur le Comte, le conseil privé de la Martinique appelé à délibérer sur la question de savoir qui, du gouvernement, des héritiers ou des successeurs de feu M. Jacquin, greffier à Saint-Pierre, supporterait les frais de l'inventaire du greffe, fait après son décès, a adopté le premier parti, dans sa séance du 2 juillet 1826, dont j'ai le procès-verbal sous les yeux.

L'examen de cette affaire donne lieu aux observations suivantes :

Une déclaration du roi, du 2 août 1717, porte « qu'en cas « de décès ou de démission d'un notaire, le juge du lieu, à la « requête du procureur du roi, sera tenu de se transporter au « domicile du notaire décédé, et d'y faire inventaire, sans frais, « de ses minutes et protocoles, duquel inventaire il sera délivré « *gratis* une expédition aux héritiers. » Par application de cette disposition aux greffiers qui peuvent être, pour des cas de l'espèce, assimilés aux notaires, M. le comte Donzelot aurait

VIII.   28

dû, lors du décès de M. Jacquin, donner ordre au procureur du roi de se transporter au greffe et d'y faire les opérations prescrites par la déclaration du 2 août 1717, ce qui eût évité les frais et les discussions relatives à leur acquittement.

Quoi qu'il en soit, l'inventaire notarié qui a motivé ces frais, n'ayant pas eu lieu avec la participation des héritiers de M. Jacquin, non plus que dans l'intérêt des greffiers qui lui ont succédé, j'ai reconnu que la dépense ne pouvait être mise à la charge ni des uns ni des autres. J'approuve donc la délibération du conseil sur cette affaire.

Les détails qui précèdent vous indiquent la manière dont il conviendra de procéder, à l'avenir, dans les occasions du même genre qui pourraient se présenter. On devra toutefois ne pas perdre de vue que, d'après ce qui se pratique aujourd'hui en France, c'est seulement dans le cas de décès des notaires ou greffiers que le procès-verbal du ministère public est nécessaire mais que dans les transmissions ordinaires et lorsqu'il n'y a pas de décès, il suffit d'un procès-verbal de récolement dressé par le greffier qui se retire et par le greffier qui lui succède, devant un juge nommé par le tribunal et en présence du ministère public opération qui a lieu sans frais.

Recevez, etc.

Le Ministre de la marine et des colonies,
Signé Comte DE CHABROL.

Inspection. Reg. 15, n° 40.

N° 4587. — *Installation du conseil général de la Martinique en vertu de l'ordonnance royale du 9 février précédent.*

25 juin 1827.

Note due à M. Caseneuve.

N° 4588. — *Dépêche ministérielle au gouverneur relative à la rétribution réclamée par les capitaines des navires marchands pour les lettres qu'ils portent de France aux colonies.*

29 juin 1827.

Monsieur le Comte, j'ai l'honneur de vous adresser copie d'une lettre qui m'est écrite et de laquelle il résulte :

Que les capitaines de navires marchands réclament contre la suppression effectuée à dater de 1826, du décime qui leur était précédemment alloué pour chaque lettre ou paquet emporté par eux de France aux colonies ;

Que l'administration générale des postes, à laquelle ces réclamations ont été portées, se refuse à acquitter ce décime (comme elle continue de le faire sans difficulté pour les lettres et paquets arrivant des colonies en France), en alléguant que la première rétribution doit plus naturellement être mise à la charge des directions locales des postes dans les colonies.

La rétribution qui est accordée, à la remise dans les ports de France des lettres apportées d'outre-mer, a été établie par l'article 7 de l'arrêté du 19 germinal an x. Il paraît juste d'en faire jouir également les capitaines pour les lettres qu'ils portent aux colonies.

Avant de décider, comme cela est proposé dans la lettre ci-jointe, que cette dernière allocation sera mise à la charge de ces établissements, il m'a paru convenable que la matière y fût examinée.

Je vous invite à charger M. le directeur général de l'intérieur de faire, sur cette question, dont l'objet a été placé dans ses attributions par l'ordonnance royale du 9 février 1827 (art. 120, § 44), un rapport que vous soumettrez à l'examen du conseil privé.

Avec le résultat de la délibération du conseil, vous ne manquerez pas de m'adresser le rapport du directeur général, qui devra faire connaître ce qui se pratique actuellement dans la colonie, quant au service dont il s'agit.

Recevez, etc.

Le Ministre de la marine et des colonies,
Signé Comte DE CHABROL.

Arch. du gouvernement, Dép. ministér.

N° 4589. — *Ordonnance du gouverneur qui détermine, pour l'année 1827, la durée de l'hivernage pour les bâtiments du commerce français.*

30 juin 1827.

NOTA. Elle n'est que la reproduction de celle du 25 juin 1818.

Journal officiel, 1827, n° 53.

N° 4590. — *Ordonnance du roi qui détermine le mode de procédure à suivre provisoirement, en matière criminelle, dans les colonies de la Martinique et de la Guadeloupe.*

4 juillet 1827.

CHARLES, etc.,

Considérant que le travail qui a été prescrit pour l'application aux colonies du code d'instruction criminelle n'est pas encore terminé, et voulant hâter le moment où nos sujets des Antilles jouiront des principaux avantages qui résultent des dispositions de ce code, pour l'ordre public et pour les accusés;

Sur le rapport de notre ministre secrétaire d'Etat de la marine et des colonies,

Nous avons ordonné et ordonnons ce qui suit :

Art. 1er. Les individus, de condition libre, poursuivis en matière de grand ou de petit criminel, dans nos colonies de la Martinique et de la Guadeloupe et dépendances, auront la faculté de se choisir un défenseur parmi les membres du barreau.

Dans les matières de grand criminel, le juge chargé de l'instruction devra, immédiatement après le dernier acte de l'instruction, interpeller l'accusé de déclarer le choix qu'il aura fait d'un conseil pour l'aider dans sa défense, sinon il lui en désignera un d'office.

Il sera toujours nommé un défenseur d'office aux esclaves.

Les défenseurs nommés d'office seront pris parmi les avocats-avoués inscrits sur le tableau.

Ces désignations seront faites à tour de rôle, autant que faire se pourra.

Le ministère des défenseurs d'office sera gratuit.

Art. 2. Les défenseurs auront droit de communiquer avec les inculpés et de prendre au greffe communication sans déplacement des pièces de la procédure, mais seulement en matière de grand criminel, après l'acte d'interpellation mentionné en l'article précédent; et en matière de petit criminel, deux jours avant l'audience.

Art. 3. En première instance et en matière de grand criminel, tout jugement du fond sera rendu par trois juges, quelle que soit la classe et la condition de l'inculpé.

A cet effet le président du tribunal s'adjoindra, à défaut de juges, des avocats-avoués, dans l'ordre du tableau.

Art. 4. Il ne sera exigé aucun serment pendant le cours de

l'instruction, ni à l'audience, des individus poursuivis au grand et au petit criminel.

Art. 5. Au jour indiqué pour le jugement du fond, l'audience sera publique.

L'accusé et son défenseur seront présents.

Le juge fera son rapport.

Après le rapport, les accusés seront interrogés.

Le ministère public résumera les charges résultant de la procédure et prendra ses conclusions, qui devront être motivées et signées.

La partie civile sera entendue dans ses moyens, et l'accusé dans sa défense.

La réplique sera permise à la partie civile et au ministère public, qui pourra prendre de nouvelles conclusions.

L'accusé aura toujours la parole le dernier.

Art. 6. Lorsque l'accusé, ou son conseil, aura déclaré, sur l'interpellation qui lui en sera faite par le président, qu'il n'a plus rien à ajouter pour sa défense, les juges se retireront à la chambre du conseil pour délibérer, et le jugement sera rendu sans désemparer.

Art. 7. Si la publicité était jugée dangereuse pour l'ordre et les mœurs, l'audience pourrait avoir lieu à huis clos.

Dans ce cas le tribunal, composé de la manière prescrite par l'article 3, ou la cour, le déclarera par un jugement.

Il en sera rendu compte au gouverneur par le ministère public.

Art. 8. Le pourvoi en cassation, tel qu'il est établi par la législation actuelle dans les colonies de la Martinique et de la Guadeloupe, ne pourra s'exercer que par un acte au greffe, et dans le délai de trois jours francs, à partir de celui où l'arrêt aura été prononcé.

Art. 9. Il n'y a lieu, pour les esclaves, qu'au recours à la clémence du roi, d'après le mode déterminé par l'article 50 de notre ordonnance du 9 février 1827, à moins qu'ayant été condamné pour complicité avec des individus de condition libre, le pourvoi n'ait été formé par ces derniers.

Art. 10. L'inobservation des formes prescrites par les articles 1, 3, 5 et 7, entraînera la nullité du jugement.

Le greffier devra faire mention de leur exécution dans le procès-verbal de la séance, sous peine de *mille francs* d'amende.

Art. 11. En matière de grand et de petit criminel, l'accusé ou la partie civile qui succombera, sera condamné aux frais envers l'État et envers l'autre partie.

Les frais faits envers les esclaves seront à la charge de la caisse coloniale.

Art. 12. Les dispositions de l'ordonnance criminelle de 1670 continueront d'être exécutées en tout ce qui n'est pas contraire à la présente ordonnance.

Art. 13. Notre ministre secrétaire d'Etat de la marine et des colonies est chargé de l'exécution de la présente ordonnance.

Donné à Saint-Cloud, le 4 juillet 1827.

Signé CHARLES.

Et par le Roi :

Le Ministre de la marine et des colonies,

Comte DE CHABROL.

Journal officiel, 1827, n° 85. — Enregistré à la cour royale, le 30 octobre 1827.

N° 4591. — *Décision du conseil privé qui réduit le nombre des rationnaires des services guerre et marine, et fixe la valeur, argent, de la ration.* (Extrait.)

6 juillet 1827.

Le conseil décide, à la majorité, que les divers rationnaires, soit des départements de la guerre et de la marine, soit du service colonial, qui reçoivent un traitement au-dessus de 1,500 francs par an, ne jouiront plus de la ration qui leur était délivrée des magasins du roi.

Ainsi dans les suppressions résultant de cette décision se trouvent compris :

1° Le pilote du port du Fort-Royal ;

2° Le surveillant des cure-môles et gabares à clapets ;

3° Le maître charpentier du port.

Le conseil arrête aussi que les différents salariés de ces mêmes services qui ont un traitement de 1,500 francs et au-dessous, continueront à jouir de la ration, mais en argent et sur le pied de 240 francs par an,

La présente décision, pour les uns et pour les autres, ne recevra son exécution qu'à partir du 1er janvier 1828.

Le Secrétaire archiviste p. i. du conseil privé,

Signé DE LOIZEAU.

Et plus bas :

Pour légalisation :

Comte DE BOUILLÉ.

Inspection. Reg. 14, n° 121.

N° 4592. — *Ordonnance du gouverneur portant établissement des patentes.*

6 juillet 1827.

Nous, etc.,

Vu les dépêches de S. Exc. le ministre de la marine et des colonies en date des 5 et 30 décembre 1826, qui prescrivent l'établissement du droit de patente à la Martinique;

Vu le § 45 de l'article 104 de l'ordonnance royale du 21 août 1825;

Considérant qu'on ne peut laisser supporter tous les impôts par l'agriculture et les propriétaires des villes et bourgs, et qu'il est juste que les charges publiques pèsent également sur le commerce et les professions industrielles de la colonie;

Sur le rapport du directeur général de l'intérieur;

De l'avis du conseil privé dans sa séance de ce jour,

Avons ordonné et ordonnons ce qui suit:

Art. 1er. A dater du 1er janvier 1828, il sera établi, dans toute l'étendue de la colonie, un droit de patente sur le commerce et l'industrie; en conséquence, les négociants en gros, armateurs, commissionnaires, marchands, capitaines et subrécargues étrangers vendant à terre au détail, géreurs de cargaisons, courtiers, agents de change ou d'affaires, pharmaciens, droguistes, constructeurs de maisons et de navires, maîtres ouvriers ou chefs d'ateliers, gens tenant boutique ou exerçant une profession industrielle quelconque, les habitants vendant du rhum et du tafia au détail, et du sucre également au détail, seront imposés proportionnellement et conformément au tarif ci-après, savoir:

Classes.	A Saint-Pierre.	Au Fort-Royal.	Dans les bourgs.
1re	1,000 fr.	800 fr.	500 fr. par an.
2e	800	600	400
3e	600	450	300
4e	500	375	250
5e	400	300	200
6e	300	225	150
7e	200	150.	100
8e	150	110	75
9e	100	75	50
10e	60	45	30

Art. 2. Seront également soumis au droit de patente les notaires, avoués, huissiers, médecins et chirurgiens exerçant la médecine civile, savoir :

	A Saint-Pierre.	Au Fort-Royal.	Dans les bourgs.	
Notaires............	800ᶠ	600ᶠ	2 classes	400ᶠ par an.
				200
Avoués.... 1ʳᵉ classe.	800	600		
2ᵉ classe.	600	400		
Huissiers............	600	400		
Médecins............	600	400	300	
Chirurgiens..........	400	300	200	

Art. 3. Tous les contribuables désignés dans les deux articles précédents seront tenus de se pourvoir de patentes du directeur général de l'intérieur, et de payer les droits fixés pour la classe du tarif à laquelle ils appartiennent.

Art. 4. Ceux qui exercent deux états soumis à la patente seront assujettis à celle de la classe la plus élevée.

Art. 5. A l'exception des huissiers qui seront munis chacun d'une patente, les associés composant authentiquement une seule et même maison de commerce et d'industrie, n'ont besoin, pour eux tous, que d'une seule patente.

La patente est personnelle et ne peut servir qu'à celui qui l'a obtenue.

Art. 6. Sous aucun prétexte, il ne pourra être accordé de dispense de patente ou de droit de patente, soit à titre d'indemnité, soit à titre de récompense, soit pour tout autre motif.

Art. 7. La classification sera établie, dans les deux villes de Saint-Pierre et du Fort-Royal, par une commission nommée par nous, sur la proposition du directeur général de l'intérieur, et composée du vice-président et de deux membres du bureau de commerce, de deux marchands, du chef de service du domaine et du contrôleur colonial ou de son représentant. Pour les paroisses, la commission sera nommée de la même manière, et composée du commissaire-commandant et de quatre notables.

Art. 8. Dans les villes de Saint-Pierre et du Fort-Royal, les tableaux des personnes assujetties aux patentes seront établis par les chefs des contributions directes, conjointement avec les bureaux du commerce ; et dans les paroisses, ces tableaux seront établis et arrêtés par les commissaires-commandants, qui les adresseront au directeur général de l'intérieur dans les vingt jours qui suivront la réception de notre arrêté qui nomme la commission.

Art. 9. Les rôles rendus exécutoires par nous seront adressés au trésorier de la colonie, qui enverra des avis aux contribuables, et qui en fera le recouvrement conformément aux articles 11 et 12 de l'ordonnance du 24 juin 1822, sur la perception des deniers du trésor.

Art. 10. Les patentes seront prises dans les deux premiers mois de chaque semestre, pour tout le semestre, sans qu'elles puissent être bornées à une partie du semestre.

Ceux qui entreprendraient dans le courant d'un semestre un commerce, une profession ou une industrie sujets à la patente, ne devront le droit qu'au prorata du semestre calculé par trimestre, sans qu'un trimestre puisse être divisé.

Ils seront tenus de payer leur quote-part dans le mois de leur établissement.

Les capitaines ou subrécargues étrangers arrivant dans la colonie et vendant en gros ou en détail leurs cargaisons, seront soumis aux mêmes règles que ci-dessus.

Art. 11. Nulle patente ne sera délivrée que sur la représentation préalable de la quittance des droits ; en conséquence, les quittances du trésorier ou de ses préposés seront échangées aux bureaux du domaine contre les patentes, dans les dix jours de leur date pour les arrondissements de Saint-Pierre et du Fort-Royal, et dans les vingt jours pour ceux de la Trinité et du Marin.

Art. 12. Celui qui ne prendra pas, ou ne fera pas renouveler dans le temps prescrit, et néanmoins quinze jours après avoir été averti par le trésorier, la patente à laquelle il est soumis, sera passible d'une amende double de sa taxe.

Art. 13. Les anciennes patentes seront rapportées au domaine à leur expiration.

Celui qui cessera son commerce ou son industrie sera tenu, deux mois à l'avance, d'en faire au domaine la déclaration, qui sera inscrite sur un registre et qu'il signera.

Sans cette formalité, il ne pourra y avoir lieu à dégrèvement.

Art. 14. Celui qui exposera des marchandises en vente devra, toutes les fois qu'il en sera requis, exhiber sa patente à tous officiers, magistrats, agents de police, ou tous autres employés ou agents du domaine ou des douanes.

Art. 15. Si celui qui n'est point pourvu de patente vend hors de son domicile, les objets exposés en vente seront saisis ; s'il

vend à son domicile, il sera dressé procès-verbal de contravention, le chef des contributions directes poursuivra en justice le
contrevenant.

Art. 16. Tout patenté faisant le commerce et payant au moins
deux cents francs de patente, pourra faire vendre par un colporteur seulement, tant en ville qu'en campagne, sans être astreint
à prendre une patente spéciale de colportage.

Art. 17. L'individu chargé de colporter pour le compte d'un
patenté de *deux cents francs* et au-dessus, devra être muni d'une
permission de lui, visée par le chef du domaine, pour les villes
de Saint-Pierre et du Fort-Royal, et les commissaires-commandants dans les paroisses, énonçant le nom du patenté et le prix de
la patente, à peine de confiscation des marchandises colportées,
dont les deux tiers du produit appartiendront aux capteurs, le
surplus au bureau de charité.

Art. 18. Quiconque se croira fondé de réclamer, soit contre
l'insertion de son nom au tableau des redevables du droit de
patente, soit sur la classe qui lui aura été assignée, pourra, avant
l'avertissement du receveur, ou dans les dix premiers jours de
cet avertissement, faire ses réclamations devant le directeur
général de l'intérieur, en joignant le certificat du bureau de
commerce, l'avertissement et les autres pièces justificatives qui
pourront légitimer sa réclamation.

Art. 19. Nul ne pourra former une demande, ni fournir
aucune exception ou défaut en justice, ni faire aucun acte ni
signification par acte extrajudiciaire pour tout ce qui est relatif
à son commerce, sa profession ou son industrie, sans qu'il soit
fait mention en tête des actes, de la patente prise, avec désignation de la classe, de la date et du numéro, à peine d'une amende
double du droit, pour la première fois, et quadruple, pour la
seconde, contre les particuliers sujets à la patente, et de 500 fr.
contre les fonctionnaires publics qui auraient fait ou reçu lesdits
actes sans la mention de la patente. La condamnation à l'a-
mende sera poursuivie devant les tribunaux ordinaires ; le rapport de la patente ne pourra suppléer au défaut de l'énonciation,
ni dispenser de l'amende.

Art. 20. Il n'est rien innové pour tout ce qui concerne la
police et les droits de cabaret, colportage, marchands au panier,
bouchers, bureaux de tabac, boulangers, caboteurs, canots de
poste, cabrouets et hangars.

Les ordonnances et règlements sur ces diverses industries
continueront à recevoir leur exécution, et le droit de patente

auquel elles seront soumises sera égal à celui de la licence qu'elles payent maintenant.

Art. 21. Le paragraphe dernier de l'article 14 de l'ordonnance du 6 décembre 1826, concernant la vente au détail, sur les habitations, du rhum et du tafia, est rapporté; en conséquence, les habitants qui voudront continuer à débiter ces liqueurs seront tenus de se pourvoir de patentes, conformément à l'article 1er de la présente ordonnance.

Art. 22. M. le directeur général de l'intérieur est chargé de l'exécution de la présente ordonnance, qui sera enregistrée tant au greffe de la cour royale qu'à ceux des tribunaux de première instance, lue, publiée et affichée partout où besoin sera.

Donné au Fort-Royal (Martinique), sous le sceau de nos armes et le contre-seing du directeur général de l'intérieur, le 6 juillet 1827, et la 3e année du règne de Sa Majesté.

Signé Comte DE BOUILLÉ.

Par S. Exc. M. le Gouverneur :
Le Directeur général de l'intérieur,
Signé Vte DE ROSILY.

Pour ampliation :
Le Directeur général de l'intérieur,
Vte DE ROSILY.

Enregistré au greffe de la cour royale de l'île Martinique, le 17 juillet 1827.
A. BEAUVAIS, *greffier ordinaire de la cour.*

Enregistré au greffe du tribunal de première instance de la ville du Fort-Royal (Martinique), le 17 juillet 1827.
BLAIN, *greffier en chef.*

Enregistré au greffe du tribunal de première instance, à Saint-Pierre (Martinique), le 19 juillet 1827.
P.-L. DU BOURG, *greffier en chef.*

N° 4593. — *Ordonnance du gouverneur qui confie la direction et l'administration de l'hospice des orphelines de Saint-Pierre aux dames religieuses de Saint-Joseph.*

7 juillet 1827.

Vu les lettres patentes du roi, du 3 mars 1750, sur l'établissement de l'administration d'un hospice de charité dans la ville de Saint-Pierre, chez les dames ci-devant religieuses dominicaines, en faveur des orphelines et enfants trouvés, et des femmes pauvres et filles malades;

Vu l'arrêté consulaire du 2 juillet, la décision du préfet colonial du 6 novembre et l'ordonnance du gouvernement du 22 décembre 1802, ainsi que les divers budgets arrêtés antérieurement, et la décision de l'intendant de la colonie en date du 20 avril 1815 fixant les traitements annuels des individus admis à l'hospice;

Vu l'ordonnance du gouvernement du 1er avril 1815 qui, sur la demande des dames religieuses et à leur défaut, les avait remplacées par une nouvelle direction de dames laïques; et enfin l'ordonnance du 20 octobre 1819, destinée à régulariser les changements que les circonstances avaient introduits dans l'institution;

Considérant qu'aujourd'hui l'établissement des dames religieuses de Saint-Joseph dans l'ancien couvent des dames dominicaines, offre à la colonie l'avantage de replacer cette institution précieuse sur les anciennes bases, en la faisant régir autant que possible d'une manière conforme aux termes des patentes précitées qui en ont fixé la première organisation;

Considérant qu'il en résulte la nécessité d'opérer des modifications importantes dans l'ordonnance du 20 octobre 1819, dont plusieurs dispositions ne peuvent s'adapter à l'état actuel des choses;

Considérant néanmoins que l'objet de ladite ordonnance a été de soumettre l'établissement à des règlements fixes et à une surveillance utile tant sous le rapport de l'ordre que sous celui de l'économie, et voulant également atteindre ce but dans les mesures que nous avons adoptées;

Sur le rapport du directeur général de l'intérieur et de l'avis du conseil privé,

Avons arrêté, etc. :

Art. 1er. L'hospice établi dans l'enclos des dames de la congrégation de Saint-Joseph portera la dénomination d'hospice de charité des filles et femmes pauvres de la Martinique, orphelines pauvres et enfants trouvés des deux sexes.

Art. 2. Cet hospice recevra une dotation annuelle proportionnée à ses besoins, qui sera prise sur les fonds généraux de la colonie; le montant en sera établi, chaque année, au budget, en raison du nombre croissant ou diminuant d'individus admis à l'hospice.

Ladite dotation, les travaux d'aiguille, ou autres travaux

manuels par entreprise, sous les ordres et la surveillance de la supérieure, ainsi que les secours de la charité, lorsqu'elle n'est point individuelle dans sa destination, forment les moyens d'existence et les fonds d'entretien ou la caisse de cet établissement.

Les legs pieux ou donations en faveur de l'hospice seront reçus sauf l'approbation du gouvernement.

Il sera d'ailleurs placé un tronc particulier et distinctif pour cet établissement, dans toutes les paroisses de l'île, aux frais des fabriques, et sous la surveillance des curés et marguilliers qui en feront arriver le produit à sa destination.

Les esclaves et les personnes attachés à l'hospice, dans son intérieur, sont au surplus exempts de toutes taxes et contributions quelconques.

Les réparations, l'entretien et les augmentations dans les bâtiments seront faits aux frais de la caisse coloniale, sur les ordres du gouverneur.

Art. 3. Le médecin du roi à Saint-Pierre est celui de l'hospice et lui donne ses soins, aux termes des lettres patentes, il fera sa visite d'inspection une fois par semaine et plus souvent lorsqu'il en sera besoin, tant des pensionnaires de l'hospice que des femmes âgées et des domestiques.

Il veillera à ce que les enfants admis dans l'hospice soient vaccinés et bien traités en état de santé.

Il lui est alloué, sur la caisse coloniale, à titre d'honoraires, une somme de 900 francs par an.

Art. 4. L'aumônier de la maison royale d'éducation est également celui de l'hospice, et reçoit 500 francs par an à titre de supplément payé également par la caisse coloniale.

Art. 5. Le conseil d'administration ayant été supprimé pour la maison royale d'éducation, l'est également pour l'hospice des orphelines; cet établissement est entièrement confié à l'administration de Mme la supérieure des dames de Saint-Joseph, sous la protection du gouvernement et sous la surveillance immédiate du directeur général de l'intérieur, du curé et de l'aumônier de la maison.

Art. 6. Chaque trimestre, Mme la supérieure rendra compte au directeur général de l'intérieur de l'administration financière de l'établissement. Ce fonctionnaire fera établir par aperçu, dans le courant du mois d'octobre de chaque année, le budget des recettes et dépenses de l'année suivante.

Art. 7. Aussitôt après leur installation, les dames de Saint-

Joseph feront dresser l'état nominatif des orphelines et enfants trouvés des deux sexes existant dans l'hospice ou entretenus à ses frais hors de son enceinte.

Cet état énoncera aussi exactement que possible leur âge, leur famille, le lieu de leur naissance, les motifs qui les ont fait admettre et les raisons d'exclusion s'il en est pour aucune d'elles; elles feront dresser un état exact des lieux, ainsi que des esclaves et du mobilier dépendant de l'établissement, par récolement de l'état rédigé précédemment en exécution de l'article 8 de l'ordonnance du 20 octobre 1819, en constatant les changements que le temps, l'usage et d'autres dispositions peuvent avoir amenés.

Le tout sera renvoyé au directeur général de l'intérieur pour qu'il soit statué ce qu'il appartiendra.

Les registres seront tenus comme précédemment.

Art. 8. Les orphelines ne pourront être admises qu'après l'âge de dix ans, à moins de cas extraordinaires sur lesquels nous nous réservons de donner des décisions spéciales.

Art. 9. Les garçons devront toujours être placés hors de l'hospice, dès qu'ils seront en état d'être mis en apprentissage; ils seront placés de préférence chez les habitants pour y apprendre le métier d'économe, ou tel autre analogue au détail d'une habitation.

Néanmoins ceux qui voudraient être marins seront admis comme mousses sur les vaisseaux du roi ou du commerce.

Ils pourront recevoir, à titre de dernier bienfait, un trousseau dont le maximum est fixé à 200 francs.

Les garçons qui se destinent à la marine cesseront d'être à la charge de l'hospice à l'âge de 12 ans, les autres à l'âge de 16 ans.

Ceux qui atteindront l'âge où ils devront cesser d'être à la charge de l'hospice, resteront dans le lieu où ils auront été mis en apprentissage, si le temps n'en est expiré.

Si les personnes chez lesquelles ces jeunes gens auront été placés avaient à se plaindre de leur inconduite, elles en informeront le commissaire-commandant de la paroisse, qui prendra à leur égard les ordres du directeur général de l'intérieur.

Art. 10. A l'avenir les filles qui auront atteint l'âge de 21 ans cesseront d'être à la charge de l'établissement; les portes de l'hospice leur seront ouvertes; et si leur conduite a été bonne, elles pourront recevoir, à la demande de Mme la supérieure, un dernier bienfait en argent pour les aider dans les premiers moments de leur sortie; le maximum en est fixé à 200 francs. Il leur sera fourni, en outre, un trousseau en nature dont le maximum est fixé à 150 francs.

Celles qui ayant atteint l'âge ci-dessus indiqué, resteraient encore dans l'établissement, seront considérées comme filles pauvres et transférées dans le local qui leur est affecté; elles pourront par leurs travaux pourvoir à leur existence en suivant toujours la règle de la maison; mais en cas de maladie et d'infirmité, elles continueront d'être à la charge de l'établissement.

Quant aux orphelines qui ont atteint cet âge et qui existent présentement dans l'hospice, elles ne cesseront d'être à la charge de l'établissement que le 1er janvier 1828.

Art. 11. Dans le cas d'héritage, donation, legs ou autres moyens pour les mettre à même de vivre, les orphelines ou enfants trouvés, dont l'existence serait ainsi assurée, cesseraient immédiatement, quel que fût leur âge, d'être à la charge de l'hospice.

Art. 12. L'enfant trouvé au berceau est admis de droit aux secours de l'hospice, lorsque la qualité d'enfant blanc et son âge, autant que possible, auront été constatés dans les formes d'usage par procès-verbal gratuit du médecin du roi et du chirurgien aux rapports de l'arrondissement, en présence de M. le procureur du roi.

Il en sera rendu compte par la supérieure de l'établissement au directeur général de l'intérieur.

Les autres enfants trouvés ou orphelins ne seront admis que sur la décision du directeur général de l'intérieur.

Art. 13. Il sera accordé des permissions de sortie par le directeur général de l'intérieur, à la demande de Mme la supérieure, à celles des orphelines ou enfants trouvés que réclameraient des personnes notables qui voudraient en prendre la charge entière.

Art. 14. Les filles reçues à l'hospice seront élevées dans la religion catholique, apostolique et romaine; elles apprendront à lire et à écrire, les premiers éléments de la grammaire française, les quatre règles de l'arithmétique, à coudre, à broder, à blanchir et à repasser le linge fin.

Les garçons élevés hors de l'hospice seront également élevés dans la religion catholique, apostolique et romaine.

Art. 15. Après s'y être fait autoriser par le directeur général de l'intérieur, Mme la supérieure de l'établissement pourra recevoir des pensionnaires payantes qui, du moment de leur admission, seront élevées et traitées en tout de la même manière que les enfants de l'hospice; le prix de ces pensions est fixé à 500 francs pour celles de 6 à 10 ans, et de 800 francs au-dessus de cet âge; cette comptabilité rentre dans celle de la maison.

Art. 16. Le payement de la dotation se fera par trimestre.

Art. 17. La cour dite *des Pauvres*, entourée de 12 appentis en mauvais état, sera immédiatement réparée et, au moyen d'une communication avec l'hospice, servira de logement aux femmes blanches, âgées, infirmes ou malades qui ne pourront subvenir à leur existence, lorsque d'ailleurs elles présenteront sur leur moralité des garanties suffisantes; elles recevront du gouvernement un secours annuel de 500 francs; les soins tant de l'aumônier que du médecin leur seront fournis comme pour les autres personnes attachées à l'établissement; les fournitures de médicaments seront payées par la caisse de l'établissement; on n'exigera d'elles aucun travail lucratif pour l'établissement; mais elles seront soumises à un règlement journalier qui les maintiendra dans la régularité et la paix, et celles qui s'en écarteront seront exclues de l'établissement.

Art. 18. Le bâtiment sous la dénomination d'hôpital destiné à recevoir les filles pauvres et malades, recevra aussi les orphelines âgées de vingt-un ans, qui continueront à rester dans la maison suivant l'article 10.

L'exécution provisoire des dispositions ci-dessus datera du 1er juin 1827.

Le directeur général de l'intérieur est chargé de l'exécution du présent arrêté.

Donné au Fort-Royal, le 17 juillet 1827.

Signé Comte DE BOUILLÉ.

Arch. du gouvernement. Ord. et déc.

Nº 4594. — *Arrêté du gouverneur pour le service d'entretien des routes dont les travaux sont à la charge de la caisse coloniale, et pour les conditions à imposer aux entrepreneurs qui en seront chargés.*

7 juillet 1827.

Nous, etc.;

Considérant que par suite des dispositions prescrites par l'ordonnance locale du 21 avril 1810, une partie des chemins publics de la colonie se trouve en ce moment entretenue aux dépens de la caisse coloniale;

Plein de confiance qu'avec le concours des commissaires-commandants des paroisses, auxquels nous recommandons essentiellement cet objet, les diverses paroisses qui sont en retard pour la confection de leurs chemins pourront être admises aussi à jouir incessamment du bénéfice des dispositions mentionnées ci-dessus;

Voulant fixer d'une manière convenable la marche du service et pourvoir aux besoins dans le nouvel ordre de choses qui résulte des dispositions susdites;

Vu l'ordonnance royale du 9 février 1827;

Sur la proposition du directeur général de l'intérieur, et le devis général dressé par le directeur du génie pour les travaux des routes;

De l'avis du conseil privé,

Avons arrêté et arrêtons ce qui suit:

Art. 1er. Tous les travaux à exécuter sur les chemins publics seront ordonnés et exécutés conformément aux dispositions de l'ordonnance royale du 9 février 1827, articles 16, 20, 21, 71, 81 et 102 (§§ 3, 18, 26, 31), 120 (§§ 6, 7, 54, 56, 70), 122, 157, 173, 175, 180 et 197.

Art. 2. Les projets et les devis des travaux dont il s'agit, payables par la caisse coloniale, seront rédigés, sous les ordres et sous les instructions du directeur général de l'intérieur, par la direction des ponts et chaussées; l'exécution des travaux sera dirigée par les ingénieurs chargés de ce service; les entrepreneurs et autres agents d'exécution seront sous leurs ordres immédiats; l'ingénieur en chef se concertera, lorsqu'il y aura lieu, avec les autorités locales, pour l'accélération et la bonne exécution des travaux.

Art. 3. Les dispositions ci-dessus ne s'appliquent point aux travaux spécialement confiés aux autorités municipales des paroisses, lors même que la colonie en ferait les frais, au moyen d'une dotation affectée sur les fonds généraux aux travaux dont il s'agit; l'intervention de la direction des ponts et chaussées n'est alors qu'accessoire et accidentelle.

Art. 4. Lorsque, pour l'exécution, soit de quelques travaux imprévus, soit de menus ouvrages d'art, soit même de l'entretien annuel de quelques portions de route dépendant de la direction des ponts et chaussées, il ne sera pas possible de trouver des entrepreneurs, soit par le peu d'importance de l'objet, soit parce que les offres présentées ne présentent ni l'économie ni les garanties nécessaires, ou pour quelqu'autre motif, il sera accordé aux commandants de paroisses la faculté d'employer auxdits tra-

vaux des ouvriers à la journée, ou s'il se peut, à la tâche, sous
la surveillance d'un commandeur ou d'un piqueur *ad hoc*; ils
se concerteront, pour la force de l'atelier, pour la direction des
travaux et pour la comptabilité avec l'ingénieur en chef des ponts
et chaussées.

Le mode d'exécution mentionné ci-dessus n'aura lieu que
d'après les ordres du directeur général de l'intérieur.

Art. 5. Les adjudications pour l'entretien des chemins publics
auront lieu pour trois ans; un an avant l'expiration du marché,
l'entrepreneur pourra obtenir une prorogation de nouvelles
années. Les adjudications se feront par paroisse, et seront subdi-
visées, s'il y a lieu, par lots, dans chaque paroisse. L'annonce
des adjudications, indépendamment des trois avis consécutifs
publiés dans le *Journal officiel*, sera affichée, trois semaines au
moins avant l'adjudication, dans la paroisse qu'elle concerne :
une expédition du cahier des charges et du devis sera adressée
au commandant de la paroisse; les offres seront cachetées et
indiqueront, outre le nom du candidat, celui de sa caution ; elles
seront reçues soit directement par le directeur général de l'intérieur, soit par les commissaires-commandants des paroisses, qui
les transmettront au directeur général de l'intérieur dans un délai
indiqué sur l'affiche. Ce délai sera fixé de manière à ce que les
offres parviennent en temps opportun à l'ordonnateur, qui en fera
l'ouverture en public, en présence de qui de droit. Les marchés
seront signés par l'ordonnateur et par le directeur général de l'intérieur avant d'être présentés à notre approbation en conseil.

Art. 6. Les questions de contentieux sur l'exécution des devis et
marchés seront soumises au directeur général de l'intérieur, qui
statuera sur l'avis de l'ingénieur en chef des ponts et chaussées.

Art. 7. Les comptes de tous les travaux exécutés sur les routes,
dressés pour la direction des ponts et chaussées, seront arrêtés
par le directeur général de l'intérieur, ainsi qu'il sera plus ample-
ment expliqué ci-après.

Art. 8. Les comptes arrêtés, comme il est dit ci-dessus, seront
transmis à l'ordonnateur qui donnera des ordres pour l'expédition des mandats, dressés en conformité desdits comptes, et qui
expédiera l'ordonnance de payement.

CONDITIONS GÉNÉRALES
AUXQUELLES LES ENTREPRENEURS SERONT SOUMIS.

Art. 9. **T**ous les marchés passés pour le service des routes seront soumis aux conditions ci-après, sauf celles auxquelles il serait expressément dérogé dans les marchés particuliers.

Art. 10. L'entrepreneur doit avoir les moyens et la capacité nécessaires pour gérer, diriger et administrer son entreprise, par lui-même, avec ordre, exactitude, loyauté et avec activité. S'il s'agit de la construction de quelqu'ouvrage d'art considérable, l'entrepreneur, s'il n'est pas lui-même propre à diriger les détails d'exécution de ce travail, présentera, en même temps qu'il se présente lui-même, un architecte ou un maître ouvrier propre à le suppléer à cet égard, et qui s'y engagera devant l'administra-tion; l'entrepreneur restera responsable des actes de cet agent, comme de tous ceux qu'il emploiera.

Art. 11. L'entrepreneur doit fournir une caution solvable, qui s'oblige solidairement et de la même manière que lui à la pleine et entière exécution de toutes les conditions du marché, jusqu'à sa libération définitive. S'il s'agit d'un ouvrage d'art con-sidérable, au lieu d'une caution personnelle, l'entrepreneur pourra être assujetti à un cautionnement matériel, dont la valeur ne sera pas moindre que le quart de la dépense à faire, et qui sera fixé d'ailleurs dans le marché particulier.

Art. 12. L'entrepreneur ne peut pas sous-traiter sans une autorisation expresse du directeur général de l'intérieur, sur l'avis de l'ingénieur en chef des ponts et chaussées, et sur la représentation et le dépôt du sous-traité qui sera rectifié s'il y a lieu. L'entrepreneur ne cesse pas, après le sous-traité, d'être responsable par devers l'administration.

Art. 13. Lorsqu'il sera passé un marché pour une construc-tion spéciale, le devis indiquera et développera, avec détails, en quoi consiste le travail et les procédés de construction.

Objets de l'entreprise.

Art. 14. Lorsqu'il y aura à passer un marché pour l'entreprise d'une route, à l'époque de la rédaction du cahier des charges, il sera dressé un procès-verbal de la situation de la route. Si le marché doit comprendre plusieurs rayons, il sera dressé un procès-verbal particulier pour chaque rayon. L'état de la route y sera examiné en détail, par petites portions, entre des points de remarque convenables, naturels ou artificiels. Le procès-verbal indiquera, pour chaque partie, son étendue, son tracé, l'état de la surface de la route, la nature des matériaux qui la constituent, sa longueur, son bombement ou les pentes de son profil, l'état des fossés et de chacun des coffres à mort, cassis et autres ouvrages d'art faits pour l'égoutement de la route, l'état de ses bords extérieurs.

Ce procès-verbal sera signé des membres du comité des chemins, visé par l'ingénieur en chef, et reconnu par l'entrepreneur qui le signera en même temps que son marché, sauf les réserves de droit, lesquelles seront dûment exprimées.

Art. 15. Si, à l'époque du procès-verbal ci-dessus, la route, soit par son état primitif de confection, soit par l'abandon momentané de l'entretien, soit par suite d'un système général d'améliorations progressives, soit par quelqu'autre motif, paraît susceptible de quelques travaux dûment approuvés et ordonnés conformément à l'article 1er, et dont l'exécution ne soit pas de nature à donner lieu à un marché spécial, ces divers travaux seront compris dans le marché d'entretien. Telles sont les améliorations à faire dans la déclivité, dans le profil, dans la structure de quelques parties du sol, dans la multiplicité des menus travaux d'art nécessaires à l'égoutement de la route. L'entrepreneur distinguera dans son offre le prix demandé pour l'exécution de ces travaux spéciaux qui lui seront payés séparément, et celui demandé pour le simple entretien de la route, avant et après l'exécution des améliorations dont il s'agit.

Art. 16. L'entrepreneur chargé de l'entretien d'une route apportera ses soins et sa vigilance à la maintenir en bon état, en se conformant aux indications générales ci-après, indépendamment des conditions spéciales de son marché, et des instructions de détail qui pourront lui être données par les ingénieurs des ponts et chaussées :

§ 1. Le tracé ne sera point altéré.

§ 2. La largeur de la route sera maintenue telle qu'elle aura été constatée au procès-verbal ; l'entrepreneur pourra néanmoins être autorisé à réduire cette largeur à six mètres entre les fossés pour les routes fréquentées par les cabrouets, et à quatre mètres pour celles qui ne sont fréquentées que par les piétons et cavaliers ; cette autorisation sera stipulée au marché ; dans ce cas, les limites du terrain dépendant de la route, au delà des fossés, seront maintenues ; cette portion de terrain sera considérée comme accotement séparé de la chaussée par un fossé.

§ 3. Le bombement de la route ou les pentes latérales du profil seront entretenus avec le soin le plus scrupuleux. Si le profil est à deux pentes, ces pentes seront d'un neuvième, c'est-à-dire que le bombement de la route sera le dix-huitième de sa largeur.

Si le profil ne présente qu'une seule pente, ce doit être en général du côté opposé à la vallée, et la pente doit être un quart au moins plus forte que la déclivité de la route, sans être moindre que le quinzième de sa largeur ; si le profil de la route, à l'époque où elle est livrée à l'entrepreneur, ne présente pas les conditions ci-dessus, il aura soin de le faire insérer au procès-verbal ; le travail nécessaire pour la perfectionner sur ce point, sera, s'il se peut, compris dans les améliorations à effectuer, conformément à l'article 15.

§ 4. Toute la surface de la route sera entretenue régulièrement. Les herbes seront coupées à fleur de terre ; les roches éparses seront enlevées et rangées sur le bord intérieur, les trous des ornières, ceux des roches enlevées, ceux faits par les eaux ou par un accident quelconque, seront soigneusement et journellement recomblés ; ces comblages, et, en général, tous les rechargements de la route, au moins dans les parties sillonnées par les roues de cabrouets, seront en rocailles et non pas en terre, à moins qu'il ne se trouve pas de roches à moins de 200 mètres du point à réparer. Les roches à employer à la surface de la route seront concassées de manière à ne pas présenter plus de 0^m04 (1^1 1/2) de diamètre.

§ 5. Les chemins qui ne sont pas sujets à être parcourus par les cabrouets, et ceux qui traversent des cantons où il ne se trouve pas de pierres, pourront être rechargés en terre seulement, mais bien damée ; l'entrepreneur pourra aussi être autorisé à réparer les mauvais pas, faute de pierres, au moyen de tronçons de bois posés en traverses et rechargés de terre bien damée sur une épaisseur de 0^m40 (15 pouces).

§ 6. L'entrepreneur aura soin d'entretenir les passages des gués, mettre des balises où il sera nécessaire pour guider les passants, et nettoiera convenablement le lit de la ravine à l'endroit du passage.

Les portions de routes construites en pavé, aux abords des passages de rivières et dans diverses autres parties, seront entretenues en la même nature de construction, sauf ce qui est dit ci-après, section 8.

§ 7. Les coffres à mort, cassis, saignées, fossés, etc., seront entretenus avec la plus grande vigilance ; le système de ces ouvrages nécessaires à l'égoutement de la route, et qui dans certaines localités ne sauraient être trop multipliés, sera successivement amélioré conformément à l'article 15.

§ 8. L'entrepreneur n'est point chargé de l'entretien des

ouvrages d'art construits à chaux et à sable, ou en charpente avec assemblages; mais il doit veiller à en écarter les causes de dégradations, arracher les arbustes, s'opposer au cours irrégulier des eaux qui les attaquent, etc.; veiller, en un mot, comme s'il s'agissait de sa chose propre, et donner connaissance des accidents qu'il n'aurait pu prévenir et qui exigeraient le travail des ouvriers d'art.

Dans le cas où quelques réparations faciles nécessiteraient la fourniture de quelques matériaux, ils pourront être fournis à l'entrepreneur par le gouvernement, sur sa demande et sous sa responsabilité; il pourra même, s'il y a lieu, lui être tenu compte séparément de quelques journées d'ouvriers, pour l'exécution de ces sortes de réparations.

§ 9. Les éboulements, lorsque leur réparation sera à la charge de l'entrepreneur, conformément à l'article 20, seront réparés par lui dans le plus bref délai.

§ 10. Les bords extérieurs de la route, au delà du fossé de chaque côté, sur un mètre de large, ou sur une plus grande largeur dans le cas prévu au § 2, seront soigneusement entretenus par l'entrepreneur, essartés, dessouchés, propres et viables pour les piétons. Dans les parties cultivées, les haies, qui doivent être éloignées des fossés au moins d'un mètre franc, seront taillées deux fois l'année par les propriétaires, conformément aux ordonnances, ou à défaut et à leurs frais, sur l'autorisation du commandant de la paroisse, par l'entrepreneur, dont le payement sera poursuivi, s'il y a lieu, à la diligence de l'huissier du domaine, tous frais à la charge du délinquant.

§ 11. Si malgré les haies ou à défaut de haies, les tiges de cannes ou d'autres cultures, lesquelles d'après les articles 7 et 8 de l'édit du roi du 24 novembre 1781, doivent être plantées à 2^m30 (7 pieds) au moins du bord du fossé, débordent la route, gênent la circulation de l'air et embarrassent le passage, le propriétaire sera requis par le commandant de la paroisse, à la diligence de l'entrepreneur, de désobstruer et rendre libres les francs bords de la route, soit au moyen de barrières, soit de toute autre manière qu'il avisera; à défaut de sa part d'avoir pourvu dans le délai de quinzaine, l'entrepreneur fera couper tout ce qui déborde la limite fixée, et sera remboursé de ses frais ainsi qu'il est dit en la section précédente; il sera rendu compte du tout par le commandant de la paroisse au directeur général de l'intérieur, et par l'entrepreneur à l'ingénieur en chef des ponts et chaussées.

§ 12. Dans les bois et dans les terres vagues et incultes, les bords extérieurs de la route, entretenus sur un mètre de large, comme il est dit au paragraphe 10, seront en outre annuellement sarclés, de manière à n'y laisser croître ni arbres, ni halliers jusqu'à une distance de six mètres au moins, et à la charge de l'entrepreneur.

§ 13. Dans le cas où, lors de la remise de la route à l'entrepreneur, elle ne se trouverait pas dans l'état indiqué par les §§ 10, 11 et 12 ci-dessus, il en sera fait mention au procès-verbal, et il sera procédé comme dans le cas de la section 3.

Art. 17. Dans le courant du mois qui suivra l'expiration du marché de l'entrepreneur, il sera fait, dans la forme indiquée à l'article 39 ci-après, une visite de sa route ; à défaut du procès-verbal mentionné à l'article 14, ou dans le silence de ce procès-verbal, la route sera toujours supposée avoir été livrée en parfait état, conformément aux indications de l'article 16 ci-dessus. L'entrepreneur sera tenu de faire les travaux nécessaires pour la mettre en cet état, ou de tenir compte à son successeur ou au gouvernement de la dépense que ces travaux exigeront.

Art. 18. Si par quelque cause imprévue, la visite dont il s'agit n'avait pas lieu dans le délai d'un mois, l'entrepreneur sera déchargé de la garantie indiquée en l'article 35, et les dégradations survenues, à partir du jour fixe de l'expiration du marché, ne seront pas comprises dans celles à sa charge. Si la visite n'a pas lieu dans le délai de trois mois, l'entrepreneur sera déchargé de toute responsabilité à cet égard, sauf recours du gouvernement contre qui de droit. L'expiration des divers marchés sera réglée de manière à faciliter l'exécution du présent article, et fixée en général hors de l'hivernage, et assez longtemps au delà de cette saison pour laisser à l'entrepreneur le temps nécessaire pour remettre son chemin dans l'état prescrit.

Art. 19. L'entrepreneur veillera sur les empiétements des particuliers sur le terrain dépendant du chemin, et il en rendra compte à l'ingénieur en chef des ponts et chaussées, ainsi que de tous les délits contre la grande voirie, commis sur l'étendue de route dont il est chargé.

Art. 20. Tout éboulement ou autre dégradation majeure survenue sur la route, est à la charge de l'entrepreneur, s'il provient de défaut d'entretien ; dans le cas contraire, il est à la charge de la paroisse. Aussitôt qu'il a lieu, l'entrepreneur est tenu d'en donner avis immédiatement au commissaire-commandant et à l'ingénieur en chef des ponts et chaussées. S'il y a doute sur la cause de l'éboulement, des experts seront nommés respectivement par le commandant de la paroisse et par l'entrepreneur, pour décider la question ; et à défaut d'accord entre eux, la question sera résolue par le directeur général de l'intérieur, sur le rapport d'un sur-arbitre et sur l'avis de l'ingénieur en chef des ponts et chaussées. Les arbitres doivent statuer dans la huitaine ; la partie qui fait défaut est condamnée de droit.

Art. 21. Si la réparation est à la charge de la paroisse, il y sera procédé municipalement, soit par corvées, selon les anciennes ordonnances, soit par tout autre moyen ouvert par les ordonnances à intervenir sur l'organisation des administrations paroissiales.

Art. 22. Dans tous les cas, l'entrepreneur sera tenu de faire, sur l'ordre du commandant de la paroisse, les premiers travaux, soit pour empêcher l'augmentation du dégât, soit pour garantir la sûreté des voyageurs, soit pour procurer un passage aux piétons, lorsque la chose sera d'une exécution facile ; il en sera remboursé par la paroisse, s'il est constaté, ainsi qu'il est dit à l'article 20, que la réparation doive être à sa charge.

Art. 23. En attendant la réparation, le passage sera établi, s'il y a nécessité, sur les terres des propriétaires riverains, conformément aux lois, sauf à la partie à la charge de qui doit être faite la réparation, à les indemniser s'il y a lieu.

Art. 24. Si quelque nouvelle portion de route, peu considérable, est livrée par la paroisse, pour être entretenue aux frais du gouvernement, l'entrepreneur pourra, si le gouvernement le juge à propos, être chargé de cette nouvelle portion à un prix et à des conditions analogues à ceux du marché particulier passé avec lui.

Art. 25. Tous les faux frais relatifs au tracé, à l'exécution, au toisé des ouvrages, les poteaux indiquant les limites des parties de route à entretenir, etc., seront à la charge des entrepreneurs respectifs.

De la bonne exécution des travaux.

Art. 26. Tous les matériaux employés à l'exécution des ouvrages seront de la meilleure qualité en usage dans le pays, ainsi qu'il sera plus expressément spécifié dans chaque devis particulier ; tous les travaux seront exécutés avec soin et précision selon les règles de l'art, conformément aux devis particuliers et aux instructions de détails donnés par les ingénieurs et agents des ponts et chaussées, et sous les garanties stipulées aux articles 34, 35, 36 et 37.

Dispositions d'ordre à l'égard de l'entrepreneur.

Art. 27. L'entrepreneur chargé de l'entretien d'une portion de route aura un assortiment d'outils suffisant pour les besoins de son service, et qui sera fixé par son marché particulier, pelles, pioches, pics, pinces, coutelas, hachots, haches, destinés à régler les profils de la route, etc.

Art. 28. L'entrepreneur visitera fréquemment et en personne ses ouvriers; il y aura toujours parmi eux un chef d'atelier pour les diriger en son absence.

Art. 29. L'entrepreneur, indépendamment des comptes de service qu'il doit à la direction des ponts et chaussées, sera tenu de fournir au commissaire-commandant de la paroisse et au comité des chemins *réuni*, tous les renseignements qu'ils pourront lui demander dans l'intérêt du service, pour les éclairer dans l'inspection dont ils sont chargés et dont ils rendent compte au directeur général de l'intérieur.

Art. 30. L'entrepreneur n'est responsable que de l'exécution des ordres ou des réquisitions qui lui sont adressés par écrit; les papiers qui les contiennent lui sont remis à son domicile, ou ils lui sont adressés, *poste restante*, au bourg de la paroisse où il les fera prendre les jours du courrier. En cas d'absence, l'entrepreneur devra pourvoir à son service, et ce motif ne sera point admis comme excuse de l'inexécution des ordres qui lui seront ainsi adressés. Il pourra désigner, s'il le trouve plus utile à ses intérêts, une personne dans l'un des chefs-lieux de la colonie, chez qui seront remises les lettres qui lui sont destinées, ainsi que ses mandats de payement, etc.

Art. 31. Aussitôt que l'acceptation de l'offre d'un entrepreneur pour l'entretien d'une portion de chemin lui sera notifiée, il fera planter, dans la huitaine, à chaque extrémité, un poteau dit *poteau consigne*, élevé de 2^{m}50 hors de terre, et solidement enfoncé, présentant une arête du côté de la route; au sommet de ce poteau sera fixée une planchette peinte, indiquant sommairement la désignation de la partie de route livrée à l'entreprise; cette planchette lui sera remise par la direction des ponts et chaussées.

L'article 16 et les articles 45 et 46, imprimés séparément, seront affichés sur le *poteau consigne*; l'affiche en sera renouvelée, s'il y a lieu, quinze jours avant l'expiration de chaque trimestre.

Art. 32. Tout membre du comité des chemins, tout officier de milice, tout officier de gendarmerie devra signaler, au commissaire-commandant de la paroisse, les abus qu'il observera dans l'exécution du marché de l'entrepreneur.

Toute personne sera admise à porter plainte contre les contraventions qu'elle aura observées, et à poursuivre, s'il y a lieu, personnellement l'entrepreneur, si, par suite de ces contraventions, elle a été lésée dans ses intérêts privés. Ces poursuites auront lieu en première instance par-devant le commissaire-commandant de la paroisse, sauf recours au directeur général de l'intérieur qui renverra, s'il y a lieu, devant les juges compétents.

Art. 33. Tous les travaux d'art, spécialement adjugés sur les routes, devront être faits dans un délai fixé au marché particulier; il sera accordé une tolérance de 1/10 du temps stipulé; chaque dixième en sus donnera lieu à une retenue de 2 pour 100, dès l'instant où il commencera à courir.

Art. 34. Toutes les fois qu'un entrepreneur quelconque de travaux de route ne satisfera pas à son service, il pourra y être pourvu à ses frais, de concert entre l'ingénieur en chef des ponts et chaussées et le commandant de la paroisse; et, conformément à l'article 11 du présent, si le cas est grave, la caution sera interpellée, et à son défaut, il sera procédé à la folle enchère de l'un et de l'autre sur les ordres du directeur général de l'intérieur. Dans l'un et l'autre cas, les sommes à payer, d'après les états dûment arrêtés, seront précomptées sur les mandats de l'entrepreneur; et si ces mandats sont insuffisants, il sera procédé au remboursement contre l'entrepreneur, et, s'il le faut, contre la caution, par l'huissier du domaine.

De la réception des ouvrages
et des garanties auxquelles l'entrepreneur est soumis.

Art. 35. La réception des ouvrages exécutés sur les routes, opération nécessaire pour expédier à l'entrepreneur ses mandats de payement, pour à-compte ou pour solde, ne le décharge pas des garanties auxquelles il est soumis; les garanties ne s'appliquent qu'aux malfaçons, à la mauvaise qualité des matériaux, et à l'inexécution des précautions et procédés que le devis indique contre la nature des terres ou contre toutes autres causes majeures. Le délai de garantie court à partir du jour de la réception; l'époque de la réception remonte de droit au jour où l'entrepreneur aura mis l'administration en demeure de recevoir son travail, mais l'administration n'est considérée en demeure que lorsque l'ouvrage est véritablement susceptible d'être reçu.

Le délai de garantie est d'un an pour les ouvrages d'art, et d'un mois pour l'entretien des chaussées, fossés, saignées, etc.

Art. 36. Si, dans l'exécution de quelques ouvrages d'art spéciaux, l'entrepreneur ne s'est pas exactement conformé au devis et aux instructions qu'il aura reçues par écrit des ingénieurs des ponts et chaussées, et que, par quelque circonstance, on laisse subsister son travail, le délai de garantie sera prolongé, sans pouvoir excéder le terme de dix années fixé au code civil; l'entrepreneur subira d'ailleurs des retenues qui seront fixées par la commission de réception, en raison de la moins-value des ouvrages exécutés.

Art. 37. L'entrepreneur est chargé, pendant toute la durée du délai de garantie, de réparer les dégradations provenant de malfaçons, et ce délai recommence à partir de chaque réparation.

Art. 38. La réception des ouvrages d'art spéciaux, construits sur les routes, a lieu, d'après les ordres du directeur général de l'intérieur, sur la proposition de l'ingénieur en chef des ponts et chaussées, en présence d'une commission composée de l'ingénieur chargé de l'ouvrage, du commandant de la paroisse, de deux habitants notables désignés par le directeur général de l'intérieur, et, autant que possible, du contrôleur ou d'un officier d'administration qui le représente. Le procès-verbal est transmis au directeur général de l'intérieur par l'ingénieur en chef des ponts et chaussées avec son avis.

Art. 39. Le bon état journalier des routes est constaté pour servir au payement de chaque entrepreneur chargé de leur entretien, par le comité des chemins, qui se réunira, à cet effet, au commencement de chaque trimestre. L'état de la route, à l'expiration du marché, sera constaté de même, conformément aux articles 17 et 18. Si, parmi les membres du comité, il ne se trouve pas au moins deux habitants notables roulant cabrouet sur la portion dont il s'agit, il en sera désigné deux par le directeur général de l'intérieur, lesquels devront se réunir au comité des chemins pour l'opération dont il s'agit. S'il y a divergence dans les opinions des signataires du certificat, chacun d'eux exprimera au-dessus de sa signature son avis particulier. Le certificat ci-dessus sera adressé par l'entrepreneur à l'ingénieur en chef des ponts et chaussées, lequel le transmettra au directeur général de l'intérieur avec son avis. Au bas du certificat mentionné au présent article et du procès-verbal mentionné à l'article 38 ci-dessus, le directeur général de l'intérieur mettra, s'il y a lieu, son approbation qu'il soit procédé au payement. Ces pièces seront alors renvoyées par la direction des ponts et chaussées à l'administration chargée de l'expédition des mandats.

Art. 40. Si les pièces adressées au directeur général de l'intérieur ne constataient pas suffisamment les droits de l'entrepreneur, il sera nommé par lui une commission d'enquête extraordinaire sur le rapport de laquelle il statuera.

Des payements.

Art. 41. Les entrepreneurs chargés de constructions spéciales sur les routes seront payés successivement par à-comptes, sur certificats de l'ingénieur en chef des ponts et chaussées. On ne pourra pas exiger, sauf conventions spéciales contraires, que l'entrepreneur soit en avance de plus d'un sixième du montant de l'ouvrage adjugé. Cependant, les à-comptes n'excéderont pas les 9/10 de la dépense faite; les matériaux rendus à pied d'œuvre seront évalués approximativement dans le calcul des à-comptes pour les deux tiers de leur valeur.

Art. 42. Les entrepreneurs chargés de l'entretien des routes seront payés par trimestre, sur certificats en forme, conformément à l'article 39, sauf 1/10 du montant annuel de l'entretien qui pourra être retenu en arrière, à titre de garantie.

Art. 43. Tous les payements faits au compte de la caisse coloniale, pour le service des routes, seront passibles d'une retenue de 3 pour 100 au profit de la caisse des invalides de la marine.

Priviléges accordés à l'entrepreneur.

Art. 44. L'entrepreneur aura la faculté de faire prendre sur les cinquante pas du roi tous les matériaux nécessaires à son entreprise, sans avoir à payer aucune indemnité à qui que ce soit.

Art. 45. Il pourra également appliquer aux ouvrages d'entretien de la route les matériaux épars et délaissés sur les terrains particuliers non clos. Il pourra y extraire par des fouilles ceux dont il aura besoin, sauf à payer une indemnité qui sera réglée à l'amiable ou à dire d'arbitres.

Cet article sera affiché sur le *poteau consigne*, ainsi qu'il est dit à l'article 31.

Art. 46. L'entrepreneur aura le droit de poursuivre les auteurs de dégradations commises sur la route dont l'entretien est à sa charge; il s'opposera à ce qu'il soit traîné des fardeaux qui la sillonnent et la détruisent, et il devra, le cas échéant, lui être alloué des dommages qui n'excéderont pas 50 centimes par 100 kilogrammes et par 100 mètres de distance parcourue. Il signalera les contraventions des propriétaires de cabrouets dont les roues ne seraient pas conformes aux ordonnances; le gouvernement prendra à cet égard les mesures qu'il avisera. L'entrepreneur fera arrêter les bêtes vagantes sur la route, et le propriétaire lui payera un droit de 10 francs sur le visa du commandant de la paroisse. Cet article sera également affiché sur le *poteau consigne*.

Art. 47. Tout entrepreneur des travaux des routes jouira des priviléges accordés aux entrepreneurs des travaux publics, relativement aux oppositions à faire sur les payements qui leur sont dus.

CONDITION SPÉCIALE.

Art. 48. Toute difficulté relative à l'exécution du présent et des marchés et devis particuliers, sera jugée administrativement, conformément à l'ordonnance du 9 février 1827.

Art. 49. Sont, au surplus, maintenues et recommandées dans leur exécution les dispositions des lois, édits, déclarations, ordonnances, règlements et décisions antérieures, en tout ce qui n'est point contraire aux ordonnances.

Donné au Fort-Royal, le 7 juillet 1827.

Signé Comte DE BOUILLÉ.

Et plus bas :
Le Directeur général de l'intérieur,
Signé Vicomte DE ROSILY.

N° 4595. — *Décision du conseil privé qui autorise une dépense de 86,000 francs pour divers travaux à exécuter pour les eaux de la ville de Fort-Royal.* (Extrait.)

8 juillet 1827.

Ces travaux consistent à construire :

1° Un canal en maçonnerie sur l'habitation Sainville afin de conduire les eaux au ponceau du chemin des Pitons, en les prenant au-dessous du radier du moulin de l'habitation, afin d'éviter que les eaux du bassin Sainville et celles de la ravine, souvent malpropres, viennent se confondre avec celles qui alimentent les fontaines de la ville;

2° A élever l'aqueduc actuel de 0^m66 (2 pieds) et à placer des tuyaux qui amèneront l'eau dans l'intérieur de la ville, jusqu'à la pointe Simon, où il sera formé une aiguade pour la marine;

3° A construire quatre nouvelles fontaines dans plusieurs carrefours de la ville.

Le conseil arrête qu'on prendra, pour faire face à cette dépense, les fonds ci-après:

Exercice 1827.

1° 30,000 francs sur les 36,000 francs accordés pour l'indemnité à laquelle pourrait prétendre M. Sainville, attendu que cette indemnité s'élèvera tout au plus à 6,000 francs. 30,000 00

2° 3,000 francs déjà accordés sur le budget de 1827, pour entretien des eaux................. 3,000 00

3° Les fonds provenant de l'imposition des quais abandonnés par les habitants de la ville, pour être affectés aux quais et fontaines................. 22,410 86

4° Sur la caisse municipale, an 1825 et antérieurs. 17,866 64

5° Sur la même caisse, exercice 1826........ 12,722 50

86,000 00

Inspection. Reg. 14, n° 128.

N° 4596. — *Arrêté du gouverneur qui prononce des peines contre les esclaves s'évadant de la colonie et contre tous individus qui favoriseraient leur évasion* (1).

8 juillet 1827.

Nous, etc.,

Considérant que la discipline des nègres et leur conservation dans les ateliers est un des principaux objets de notre administration;

(1) Voir l'ordonnance du gouverneur administrateur, concernant le même objet, à la date du 17 novembre 1819.

Considérant que quelques esclaves ont disparu de la colonie, après avoir enlevé sur la côte des embarcations dans lesquelles ils paraissent s'être dirigés vers une colonie étrangère;

Voulant arrêter un délit qui pourrait, en se multipliant, porter un notable préjudice aux propriétaires de la Martinique;

Considérant qu'il est urgent de prendre les mesures les plus efficaces pour arrêter l'évasion des esclaves et punir les coupables instigateurs, complices ou auteurs d'un crime jusqu'ici presque sans exemples;

Vu les ordonnances rendues sur cette matière, et notamment celles des 1er février 1743, 25 décembre 1783, 8 messidor an XIII et 9 juillet 1808;

Vu le rapport du 3 janvier dernier, par lequel M. le directeur général de l'intérieur *p. i.* provoquait des mesures de répression contre les embaucheurs et patrons de barques qui seraient convaincus d'avoir favorisé l'évasion des esclaves;

Vu le rapport, du 8 juillet courant, de M. le directeur général de l'intérieur, sur les mesures à employer pour prévenir l'évasion des esclaves, et les peines à infliger à ceux qui s'en rendraient coupables;

De l'avis du conseil privé, constitué conformément à l'article 201 de l'ordonnance royale du 9 février 1827,

Avons arrêté et arrêtons ce qui suit, pour être exécuté, pendant une année, à moins qu'il n'en soit ordonné autrement par Sa Majesté:

Art. 1er. Le simple passage donné frauduleusement à l'étranger à des esclaves de la colonie, mais sans complot, par des patrons, maîtres de barques, pirogues ou canots, soit nationaux, soit étrangers, sera puni d'un emprisonnement d'un mois à six mois, avec amende de *mille à trois mille francs*.

Art. 2. Toute complicité de la part des patrons dans un projet d'évasion tenté ou exécuté, sera punie de la peine des travaux forcés de quatre à huit ans et de la confiscation du bâtiment.

Art. 3. L'embauchage, avec vol ou complicité dans le vol, entraînera la peine de vingt années de travaux forcés et la confiscation du bâtiment.

Art. 4. S'il existe une conspiration tendant à compromettre la sûreté de la colonie, dans le cas d'embauchage avec enlèvement de bâtiments, ou complicité dans ladite conspiration et passage donné à un ou plusieurs conspirateurs, les coupables seront punis de mort.

Art. 5. Tout esclave arrêté exécutant un projet d'évasion hors de la colonie sera puni de mort, si l'évasion est accompagnée au moins de deux des circonstances aggravantes ci-après indiquées :

1° Si l'évasion est collective ;

2° Si elle a lieu, l'individu étant porteur d'une arme blanche ou à feu ;

3° Si elle a lieu au moyen de l'enlèvement d'une embarcation ;

4° Si elle a été précédée d'un vol d'argent, ou d'effets destinés à la faciliter.

Art. 6. Dans le cas d'évasion sans circonstances aggravantes, l'esclave arrêté sera condamné aux travaux forcés à perpétuité.

Art. 7. M. le directeur général de l'intérieur et M. le procureur général du roi sont chargés, chacun en ce qui le concerne, de l'exécution du présent arrêté, qui sera enregistré aux greffes des cours et tribunaux de la colonie, imprimé, publié et affiché partout où besoin sera.

Donné au Fort-Royal, le 8 juillet 1827.

Signé Comte DE BOUILLÉ.

Et plus bas :

Le Directeur général de l'intérieur,

Signé Vicomte DE ROSILY.

Journal officiel, 1827, n° 56. — Enregistré à la cour royale, le 9 juillet 1827.

⸻ ⸙ ⸻

N° 4597. — *Décision du conseil privé réglant le traitement des commissaires de police et portant suppression de plusieurs emplois du service de sûreté.* (Extrait.)

9 juillet 1827.

. . . .

Le conseil approuve le traitement proposé par M. le directeur général de l'intérieur pour les deux commissaires de police dont la création a été ordonnée par S. Exc. le ministre de la marine et des colonies, savoir :

Pour celui de Saint-Pierre, *huit mille francs*... 8,000ᶠ 00

Pour celui de Fort-Royal, *six mille francs*..... 6,000 00

Au moyen de ce traitement, ils n'auront droit à aucune autre allocation.

Par suite de l'établissement de ces commissaires, le conseil supprime les trois emplois de sous-commissaire de police, de

secrétaire du p   reur du roi, à Saint-Pierre, et de directeur
des canots de p   e, à Fort-Royal.
. . . .

Inspection. Reg. 14, n° 138.

N° 4598. — *Ordonnance du gouvel eur portant suppression
de la caisse des amendes, et allouant une somme fixe au
tribunal de Saint-Pierre pour se menues dépenses.*

9 juillet 1827.

Nous, etc ;

Considérant qu'on ne trouve aucune trace légale de l'établissement d'une caisse dans laquelle sont versées les amendes prononcées par le tribunal de Saint-Pierre ; que néanmoins cette
caisse existe de fait et que, depuis sa création, les fonds ont
été appliqués à divers besoins, tels que frais de parquet, réparations du palais de justice, payement de concierge, etc. ;

Considérant que les règles actuelles de la comptabilité ne permettent pas le maintien de cet établissement, qu'il est plus régulier d'allouer au tribunal de Saint-Pierre une somme déterminée pour ses menues dépenses et d'ordonner que les amendes
soient perçues par le greffier, qui sera tenu d'en faire le versement au trésor ;

De l'avis du conseil privé et sur le rapport du procureur
général du roi,

Avons arrêté et arrêtons ce qui suit, pour être exécuté pendant une année, à moins qu'il n'en soit autrement ordonné par
Sa Majesté :

Art. 1er. La caisse connue sous le nom de caisse des amendes,
actuellement existant à Saint-Pierre, est et demeure supprimée.

Art. 2. Les amendes provenant de condamnations prononcées
par le tribunal de Saint-Pierre cesseront d'être perçues par un
receveur ad oc, elles seront touchées par le greffier dudit tribunal qui sera tenu de les verser au trésor à la fin de chaque
trimestre.

Art. 3. Il est alloué au tribunal de Saint-Pierre pour ses
menues dépenses la somme de *huit cents francs* par an.

Art. 4. Le greffier sera comptable de cette somme et sera
tenu de justifier de son emploi à la fin de chaque année.

VII.   30

Art. 5. Sont compris sous le nom de menues dépenses:

Le salaire des concierges et des garçons de salle, frais d'impression, règlements d'ordre et de discipline.

Les dépenses concernant les réparations locatives, l'entretien du mobilier, ne font pas partie de la présente disposition.

Les dépenses pour lumières, registres, papiers, plumes, encre et cire resteront à la charge de celui qui les aura employés.

Donné à Fort-Royal, le 9 juillet 1827.

Signé Comte DE BOUILLÉ.

Et plus bas:

Le Procureur général du roi,

Signé DÉTAPE.

Arch. du gouvernement. Ord. et déc., 1827.

<hr/>

N° 4599. — *Dépêche ministérielle au sujet des copies de pièces qui doivent être jointes aux duplicata de la correspondance de l'administration coloniale avec le ministre.*

13 juillet 1827.

Monsieur le Comte, j'ai été fréquemment à portée de remarquer que dans plusieurs de nos colonies, l'administration croyait pouvoir se dispenser de joindre aux duplicata des lettres qu'elle a à m'adresser, de nouvelles expéditions des pièces déjà jointes aux primata.

Cette manière d'opérer rendrait le plus souvent illusoire la mesure par suite de laquelle la correspondance officielle des colonies avec le département de la marine doit avoir lieu en double expédition.

Quand vous avez à me transmettre des titres originaux, des pièces de procédure ou tous autres documents qui peuvent n'être pas susceptibles d'être reproduits sous forme de copie, il y a lieu de se borner sans doute à indiquer en marge des duplicata que ces pièces ont été jointes aux primata.

Mais il ne peut en être ainsi à l'égard de plusieurs autres espèces de pièces telles que rapports et notes remis par les fonctionnaires de l'administration, copies de documents de correspondance et généralement de toutes pièces émanant de l'administration locale, qui peuvent être délivrées en autant de copies que l'exigent les besoins du service.

Il ne saurait exister aucune raison plausible pour se dispenser de joindre des copies de ces derniers documents à l'une et à l'autre expédition de la correspondance.

Je vous invite à pourvoir à ce que cette recommandation soit exactement observée en ce qui concerne la Martinique.

Le Ministre de la marine et des colonies,
Signé Comte DE CHABROL.

Direction de l'intérieur. Dép. Reg. 1, fo 62.

N° 4600. — *Dépêche ministérielle au gouverneur relative aux règles à établir pour la fabrication et le débit du tafia.*

13 juillet 1827.

Monsieur le Comte, dans votre lettre du 25 mars dernier, à plusieurs points de laquelle j'ai déjà répondu le 19 juin (dépêche n° 227), vous avez eu occasion de rappeler les pernicieux effets qui résultent, pour les noirs comme pour les soldats, de la fabrication et de la vente du tafia, telles qu'elles ont lieu aujourd'hui; vous m'avez fait connaître que tous les inconvénients de l'état actuel des choses à cet égard sont généralement reconnus dans la colonie, et qu'aucun sacrifice ne coûterait aux habitants de la Martinique pour obtenir un remède au mal signalé.

L'abus dont vous vous plaignez a depuis longtemps été senti à Cayenne et à Bourbon : dans la première colonie, l'administration a pris le soin d'imposer les alambics à un taux élevé, afin de diminuer la fabrication du tafia; à Bourbon, un système spécial de surveillance et de répression a été établi dès l'année 1818. Vous trouverez ci-joint copie de l'ordonnance qui y a été rendue sur cette matière, le 30 juin 1818 (1). Je vous prie d'appeler les délibérations du conseil privé et préalablement celles du conseil général aux termes de l'article 199 de l'ordonnance royale du 9 février 1827, sur les moyens de mettre en vigueur à la Martinique les dispositions de cet acte qui pourraient être utilement appliquées à la colonie.

J'écris dans le même sens à M. le gouverneur de la Guadeloupe, avec qui je vous recommande de vous entendre à ce

---

(1) Cette ordonnance subsiste aux archives du gouvernement, jointe à la dépêche.

sujet. Les dispositions à adopter étant d'un intérêt égal pour les deux colonies, il convient qu'elles soient autant que possible les mêmes dans l'une et dans l'autre.

Je recommande à toute votre attention l'objet de la présente dépêche.

Recevez, etc.

Le Ministre de la marine et des colonies,
Signé Comte DE CHABROL.

Arch. du gouvernement. Dép. ministér., n° 246.

━━━━━

N° 4601. — *Arrêté du gouverneur portant nomination aux fonctions de commissaire de police de la ville de Fort-Royal et banlieue.* (Extrait.)

19 juillet 1827.

Le traitement annuel de cet officier est fixé à 6,000 francs. Il devra prêter serment devant le tribunal civil de première instance.

Inspection. Reg. 13, n° 414.

━━━━━

N° 4602. — *Avis officiel de l'ordonnateur portant offre, à certaines conditions, du dragage exclusif des ancres perdues dans la rade de Saint-Pierre.*

27 juillet 1827.

ADMINISTRATION DE LA MARINE.

TRAVAUX ET APPROVISIONNEMENTS.

Le dragage exclusif des ancres de la rade de Saint-Pierre sera accordé à la personne qui voudra souscrire aux conditions suivantes, savoir :

Les travaux de dragage commenceront dès que la présente proposition sera acceptée, et finiront à la fin du mois d'octobre de la présente année.

Le partage des ancres tirées du fond de l'eau se fera par 1/2 sur le poids, entre le gouvernement et elle. Cependant le gouvernement se réserve le choix des ancres sauvées, sauf à tenir compte au soumissionnaire de la plus-value du poids des ancres qui pourraient lui convenir.

Il en sera de même pour tous autres objets tirés du fond de la mer.

Les personnes qui désireront souscrire aux présentes conditions pourront se présenter au bureau du sous-commissaire de la marine, chef du service à Saint-Pierre, qui est autorisé à traiter avec elles.

Le présent avis sera inséré trois fois dans le *Journal officiel de la Martinique.*

Le Commissaire ordonnateur,

Signé MAINIÉ.

Journal officiel, 1827, n° 63.

N° 4603. — *Arrêté du gouverneur portant nomination aux fonctions de commissaire de police de la ville de Saint-Pierre et banlieue.* (Extrait.)

28 juillet 1827.

Le traitement annuel de cet officier est fixé à 8,000 francs. Il devra prêter serment devant le tribunal civil de première instance.

Inspection, Reg. 13, n° 399.

N° 4604. — *Dépêche ministérielle au gouverneur donnant l'indication des effets à abandonner aux hommes libérés du service.*

31 juillet 1827.

Monsieur le Comte, j'ai eu l'honneur de vous écrire le 20 février dernier, au sujet de l'habillement des soldats congédiés qui sont renvoyés des colonies en France.

Plusieurs militaires étant rentrés sans être munis des effets que leur accorde la circulaire du 9 décembre 1823, on a donné pour motif que les corps n'avaient pas une quantité suffisante d'effets qui fussent parvenus à leur dernière année de durée.

Il est vrai que la circulaire citée veut que les effets à abandonner aux libérés pour retourner dans leurs foyers, soient choisis, autant que possible, parmi les meilleurs de ceux qui sont à leur dernière année de durée; mais lorsqu'un corps n'en possède pas, il doit y suppléer par ceux qui se rapprochent le plus de ce terme.

Au reste, M. le ministre de la guerre a jugé convenable d'apporter les modifications suivantes aux dispositions actuellement en vigueur:

En cas d'insuffisance d'habits, les conseils d'administration sont autorisés à délivrer des capotes parvenues à leur dernière année de durée. Le militaire libéré du service, auquel ne devait être abandonné en objets de coiffure qu'un bonnet de police, ou un schako, emportera, désormais, l'un et l'autre de ces effets.

Quoique d'après des dispositions spéciales, la durée des pantalons de drap, délivrés aux troupes employées dans la plupart de nos colonies, soit prolongée d'un à deux ans et que, par compensation, chacun des sous-officiers et soldats doive recevoir annuellement trois pantalons de toile au lieu de deux, à raison de la position particulière où se trouvent ces militaires, il a été reconnu juste de leur abandonner la totalité des effets de cette nature, dont ils seront pourvus au moment de leur libération.

Ainsi ceux de ces militaires qui désormais seront libérés du service, emporteront pour retourner dans leurs foyers:

Un habit ou une capote, une veste à manches, un schako, choisis parmi les meilleurs qui seront arrivés à leur dernière année de durée, ou qui se rapprocheront le plus de ce terme;

Le pantalon de drap, les trois pantalons de toile et le bonnet de police dont l'homme se trouvera pourvu au moment de sa libération.

Je vous prie de notifier ces dispositions aux corps de troupes qui se trouvent employés sous vos ordres, afin qu'elles reçoivent leur exécution aussitôt qu'il y aura lieu.

Recevez, etc.

Le Ministre de la marine et des colonies,
Signé Comte de CHABROL.

Arch. du gouvernement. Dép. ministér., n° 269.

N° 4605. — Ordonnance du roi portant que les tribunaux

criminels ordinaires des colonies connaîtront des crimes et délits relatifs à la traite des noirs (1).

1er août 1827.

CHARLES, etc.

Art. 1er. Les tribunaux criminels ordinaires des colonies connaîtront, suivant l'ordre de leur juridiction, des crimes prévus par la loi du 25 avril 1827, relative à la répression de la traite des noirs. Ils connaîtront également des délits qui y seront connexes.

Art. 2. L'ordonnance royale du 22 octobre 1823, concernant les jugements et arrêts rendus en matière de traite de noirs à l'île Bourbon, est et demeure abrogée.

Sont également abrogées, en ce qui concerne les affaires de même nature, les dispositions de l'article 162 de notre ordonnance du 21 août 1825 et de l'article 178 de notre ordonnance du 9 février 1827, ainsi que toutes autres dispositions contraires à la présente.

Art. 3. Notre ministre secrétaire d'Etat de la marine et des colonies est chargé de l'exécution de la présente ordonnance.

Donné en notre château de Saint-Cloud, le 1er jour du mois d'août de l'an de grâce 1827, et de notre règne le troisième.

Signé CHARLES.

Et plus bas :

Signé Comte DE CHABROL.

Annales maritimes, 1827, p. 744, et *Bulletin officiel*, vol. 1828, p. 49.

No 4606. — *Dépêche ministérielle au gouverneur au sujet de l'exécution entière et complète à donner aux dispositions de l'édit de juin 1776, constitutif du dépôt de Versailles.*

4 août 1827.

Monsieur le Comte, depuis la reprise de possession des colonies plusieurs dépêches émanées du département de la marine, notamment une circulaire ministérielle du 6 décembre 1820, ont prescrit à MM. les gouverneurs et commandants de ces établissements l'envoi trimestriel des doubles minutes de tous les arrêts et jugements rendus dans chaque localité.

---

(1) Promulguée à la Martinique par ordonnance locale du 9 janvier 1828. (*Bull. off.*, vol. 1828, p. 49.)

Cependant quelques administrateurs, se fondant sur les restrictions contenues dans l'article 13 de l'édit du mois de juin 1776, constitutif du dépôt de Versailles, ont paru croire qu'il suffit d'envoyer en France les jugements en matière civile, et même parmi ceux-ci, soit les jugements en matière mixte ou immobilière, soit ceux d'adjudication seulement.

Il en résulte, dans l'ensemble des envois, des lacunes et un défaut d'uniformité qu'il importe de faire cesser.

L'exception stipulée dans l'article 13, déjà cité, de l'édit de 1776, a été dictée par le désir d'épargner des frais d'expédition dont l'objet n'avait pas paru indispensable lorsqu'il s'agissait de jugement en matière personnelle, lesquels s'exécutent ordinairement sans aucun délai, quand les parties sont présentes sur les lieux.

Mais aujourd'hui que les communications entre la métropole et les colonies sont si faciles et si fréquentes, il peut arriver souvent que des parties présentes dans une colonie à un jugement, lors de sa prononciation, se rencontrent toutes deux en France peu de temps après; il faut alors que celle qui a obtenu gain de cause puisse retrouver ici les moyens de faire exécuter les mandements de la justice coloniale ; cette nécessité se fait surtout sentir dans les matières commerciales, matières purement personnelles, et, comme telles, exceptées par l'édit de l'obligation de la double minute. Il y a d'ailleurs un grave inconvénient à laisser un greffier maître de décider que telle sentence appartient aux matières immobilières ou mixtes, et telle autre aux matières purement personnelles, ou que telle partie était présente ou domiciliée dans la colonie à l'époque où le jugement a été rendu. La solution de questions aussi délicates et sur lesquelles des jurisconsultes exercés diffèrent quelquefois d'opinion, ne peut être convenablement laissée à l'arbitre d'un officier ministériel, appelé par ses fonctions à recueillir et non à juger les actes des magistrats.

Enfin l'examen attentif des jugements et arrêts donne, sur l'état moral d'une population, des notions précieuses, mais qui ne peuvent être complètes qu'autant que le sont eux-mêmes les documents sur lesquels cet examen doit porter.

Ces diverses considérations vous feront sentir, Monsieur le Comte, la nécessité de m'adresser exactement (à l'expiration de chaque trimestre, ainsi que cela a été recommandé) les doubles minutes des actes et jugements rendus, tant au criminel qu'au civil, en quelque matière que ce soit : et je vous prie de pourvoir, au besoin, à ce qu'il en soit ainsi désormais en ce qui concerne la Martinique. Vous voudrez bien rappeler à M. le procureur général les obligations que lui impose à cet égard l'article 136 de l'ordonnance organique du 9 février 1827.

Dans plusieurs colonies les actes judiciaires destinés pour le dépôt de Versailles sont copiés sur un seul cahier à la suite les uns des autres. Cette forme ne répondant pas à l'idée des doubles minutes prescrites par l'édit et qui doivent être l'image fidèle des feuilles d'audience, il doit être ordonné aux greffiers de faire une double minute pour chaque arrêt ou jugement.

Je vous rappelle, en tant que de besoin, que chaque envoi trimestriel doit être accompagné d'un répertoire sommaire analytique des actes relatifs à chaque juridiction, et que, d'un autre côté, aux termes de la circulaire ministérielle du 6 décembre 1820, déjà relatée, l'expédition périodique des doubles minutes d'actes judiciaires dispense les administrations coloniales de l'envoi des tableaux raisonnés, états des causes jugées ou en instance, etc., qui étaient fournis précédemment.

J'excepte toutefois de cette suppression les *extraits* en doubles expéditions des jugements et arrêts rendus aux colonies en matière criminelle ou correctionnelle contre des individus nés ou domiciliés en France ; j'ai expliqué, dans ma circulaire du 29 octobre 1825, le but spécial de cet envoi que je vous autorise, au surplus, à ne faire qu'annuellement (dans le courant du mois de janvier de chaque année pour l'exercice précédent), au lieu de l'effectuer par trimestre comme cela a eu lieu généralement jusqu'ici.

Vous devez également continuer à me transmettre avec exactitude les procès-verbaux constatant la vérification périodique des actes judiciaires, conformément à l'ordonnance royale du 5 novembre 1823, dont l'application aux colonies a été prescrite par une dépêche du 27 août suivant.

Les articles 11 et 12 de l'édit de 1776 relatifs aux doubles minutes à retenir par les notaires pour le dépôt de Versailles, ont excepté de la nécessité de cette double minute *les actes d'inventaires, de partage ou de vente sur inventaire* (art. 11) et, en certains cas, *les testaments* (art. 12). Déjà une circulaire de l'un de mes prédécesseurs, en date du 25 octobre 1820, a rappelé aux administrateurs des colonies, que, quant aux testaments, la double minute devait, dans les cas dont il s'agit, être remplacée par une expédition dans les délais et la forme déterminée par le même article 12.

L'article 11 contient également, sur le remplacement facultatif des autres actes à l'égard desquels il autorise la suppression de la double minute, des dispositions sur l'utilité desquelles il convient d'éclairer les parties intéressées. La réunion des principaux actes publics des colonies dans un établissement central où ils sont, *en tout temps*, à la disposition des parties, est un bienfait qu'il importe de rendre aussi étendu et aussi complet que possible.

Je n'ai aucune recommandation particulière à vous faire ici en ce qui concerne les autres documents à envoyer pour le dépôt de Versailles, savoir : les registres de l'état civil, les registres d'hypothèques et les actes d'affranchissements (envoi annuel), et les listes d'embarquement et de débarquement de passagers. Ce dernier document a été jusqu'ici fourni par semestre. Vous pourrez vous borner à me l'adresser *annuellement* : il suffit d'ailleurs qu'il me parvienne en une seule expédition, ainsi que les autres actes destinés au dépôt.

Tous ces documents doivent d'ailleurs ne m'être expédiés en France qu'après avoir été revêtus des légalisations et visa nécessaires, comme cela a été recommandé spécialement dans ma circulaire du 3 mars 1826, et que cela est prescrit par l'article 53, §§ 1 et 2, de l'ordonnance royale du 9 février 1827.

Je vous prie de m'accuser réception, par réponse spéciale, de la présente dépêche et d'en assurer l'exécution.

Recevez, etc.

Le Ministre de la marine et des colonies,
Signé Comte DE CHABROL.

Arch. du gouv. Dép. ministér., n° 271.

N° 4607. — *Décision du conseil privé portant tarif du prix des journées des ouvriers civils des ateliers de la direction du génie.*

5 août 1827.

Tarif pour les journées des ouvriers civils employés sur les ateliers de la direction du génie.

NUMÉROS d'ordre.	PROFESSIONS ET CLASSES DES OUVRIERS.	SALAIRE PROPOSÉ PAR JOUR.		OBSERVATIONS.
		Sans retenue. (Guerre.)	Avec retenue de 3 p. 100.	
1	Chef-ouvrier............	7f 50	7f 70	Dans les sommes portées à ce tarif on a évité les fractions décimales terminées par d'autre chiffre qu'un 5 et un 0. On a pensé que le prix de la journée devait être en rapport avec les espèces monétaires usuelles et ces pièces ne peuvent pas servir à payer des fractions plus petites que cinq centimes.
2	Ouvriers d'art de 1re classe	5 00	5 15	
3	Idem de 2e classe.......	4 20	4 30	
4	Idem de 3e classe	3 75	3 85	
5	Idem de 4e classe	3 00	3 10	
6	Terrassiers de 1re classe..			
7	Idem de 2e classe........	2 50	2 60	
8	Manœuvres de 1re classe..			
9	Idem de 2e classe......	2 05	2 10	
10	Idem de 3e classe.......	1 70	1 75	
11	Apprentis de 1re classe..			
12	Idem de 2e classe.......	1 00	1 05	

Inspection. Reg. 14, n° 90.

N° 4608. — *Ordonnance du roi portant création, pour chacun des tribunaux de première instance de la Martinique et de la Guadeloupe, d'une deuxième place de juge, sous la dénomination de juge d'instruction* (1).

5 août 1827.

CHARLES, etc.,

Sur le rapport de notre ministre secrétaire d'État de la marine et des colonies,

Nous avons ordonné et ordonnons ce qui suit :

Art. 1er. Il est créé pour chacun des tribunaux de première

(1) La dépêche ministérielle d'envoi est du 31 août 1827, n° 314 (arch. du gouvernement).

instance de la Martinique et de la Guadeloupe une seconde place de juge sous la dénomination de juge d'instruction.

Art. 2. Ce juge sera spécialement chargé de l'instruction des affaires criminelles; il tiendra seul les audiences de police dans les matières de la compétence du tribunal; il concourra au jugement du fond dans les affaires de grand criminel.

Art. 3. En cas d'empêchement du président du tribunal, le juge d'instruction sera tenu de le remplacer aux audiences. En cas d'empêchement du second juge pour l'instruction des affaires criminelles, ses fonctions seront remplies par le président du tribunal.

Art. 4. S'il devenait nécessaire de former une section temporaire pour l'expédition des affaires civiles arriérées, la présidence en appartiendrait au juge d'instruction. Cette section ne pourra être établie qu'en vertu d'un arrêté du gouverneur en conseil.

Art. 5. Notre ministre secrétaire d'État de la marine et des colonies est chargé de l'exécution de la présente ordonnance.

Donné à Saint-Cloud, le 5 août 1827.

Signé CHARLES.

Et par le Roi:

Le Ministre de la marine et des colonies,

Signé Comte DE CHABROL.

Greffe de la cour royale. Reg. 19, f° 86. — Enregistrée à la cour royale, le 3 avril 1828.

N° 4609. — *Décision du conseil privé approuvant l'établissement d'un phare à la pointe sud du fort Saint-Louis à Fort-Royal, et le tarif des droits à imposer pour cet objet* (1).

6 août 1827.

(Extrait du procès-verbal de la séance du conseil privé du 6 août 1827.)

Le conseil approuve qu'il soit établi une espèce de phare à la pointe sud du fort Saint-Louis, pour éviter que les bâtiments qui entrent dans la nuit, soit comme y étant forcés par le temps,

---

(1) Par dépêche du 26 octobre 1827 (arch. de l'ordonnateur), le ministre approuve cette disposition ainsi que le tarif qui en est le complément.

soit autrement, ne viennent s'échouer ainsi que cela est déjà arrivé plusieurs fois, tantôt sur le banc de la Pointe-Sable, tantôt sur les hauts-fonds du Morne-Rouge et des Trois-Ilets.

La dépense résultant de cet établissement a été évaluée et arrêtée ainsi qu'il suit :

Dépense d'installation.

Pour le réverbère..................	300ᶠ 00	"
Mise en place d'un poteau ayant 15 pieds d'élévation maçonné en terre...........	125 00	"
		425ᶠ 00

Dépense d'entretien annuel.

Au gardien de batterie du fort comme supplément, ci................................	200ᶠ 00	"
Entretien du feu, verres, huile, mèches.	1,000 00	"
		1,200 00
		1,625 00

Pour subvenir aux frais de cette dépense évaluée à 1,200 francs par an, celle d'installation devant être faite par la colonie, le conseil décide que le tarif ci-après sera établi sur les bâtiments venant au Fort-Royal.

Bâtiments à trois-mâts (on suppose qu'il en entre vingt), à 10 francs..................................	200ᶠ 00
Bricks (on suppose qu'il en entre cinquante), à 8 fr.	400 00
Goëlettes et bateaux (autres que ceux faisant le cabotage autour de l'île), soixante, à 3 francs.......	180 00
Bâtiments étrangers de toute grandeur, cinquante, à 10 francs.................................	500 00
Total présumé de l'... .....ue.....	1,280 00

Le conseil décide aussi que la douane comprendra dans ses liquidations la taxe ci-dessus établie, afin qu'elle soit versée au trésor qui demeure chargé des dépenses du phare.

Pour copie conforme :

Le Secrétaire archiviste,

Signé DE LOIZEAU.

Inspection. Reg. 14, n° 100.

N° 4610. — *Ordonnance du gouverneur qui soumet les marchandises vendues en rade, par transbordement, à un droit de 6 pour 100.*

7 août 1827.

Nous, etc.,

Attendu que l'ordonnance du 6 décembre 1826, sur les impositions pour 1827, a omis dans les dispositions de l'article 40 de reproduire la facilité précédemment accordée au commerce des transbordements sur rade ;

Sur le rapport du directeur général de l'intérieur et de l'avis du conseil privé,

Avons ordonné et ordonnons ce qui suit :

Art. 1er. La disposition suivante est ajoutée à l'article 40 de l'ordonnance du 6 décembre 1826: Les marchandises vendues en rade par transbordement d'un bâtiment sur un autre, quel que soit le pavillon, sont soumises à un droit de 6 pour 100.

Art. 2. Le directeur général de l'intérieur est chargé de l'exécution de cette ordonnance, qui sera enregistrée au contrôle.

Donné à Fort-Royal, le 7 août 1827.

Signé Comte DE BOUILLÉ.

Et plus bas:

Le Directeur général de l'intérieur,

Signé DE ROSILY.

Journal officiel, 1827, n° 65.

N° 4611. — *Ordonnance du gouverneur portant que les billets délivrés par les maîtres à leurs esclaves, mis en loyer, devront être visés par l'autorité municipale.*

7 août 1827.

Nous, etc.,

Attendu qu'à l'aide de faux billets, beaucoup d'esclaves marrons circulent librement et se louent en journée, à la quinzaine ou au mois;

Voulant faire cesser un abus qui prive les maîtres de leurs esclaves et qui facilite à ces derniers les moyens de se soustraire aux recherches de la police;

Sur la proposition du directeur général de l'intérieur,

Avons ordonné et ordonnons ce qui suit :

Art. 1er. A dater du 1er septembre prochain, les billets donnés par les maîtres à leurs esclaves pour les mettre en loyer, soit au mois, soit par huit ou quinze jours, seront visés dans les villes du Fort-Royal et de Saint-Pierre par MM. les commissaires de police, et par MM. les commissaires-commandants dans toutes les autres paroisses de l'île.

Art. 2. Tout esclave qui sera rencontré porteur d'un billet non revêtu de cette formalité sera arrêté et considéré comme pris en marronnage.

Art. 3. Aucun esclave en loyer, même porteur d'un billet de son maître revêtu du visa du commissaire-commandant, ne pourra travailler dans une paroisse de la campagne autre que celle où réside son maître.

Art. 4. Les habitants chez lesquels il sera trouvé des nègres sans permis réguliers seront passibles des peines portées par les ordonnances contre les individus recélant les nègres marrons.

Art. 5. Le directeur général de l'intérieur est chargé de l'exécution de la présente ordonnance.

Donné au Fort-Royal, le 7 août 1827.

Signé Comte DE BOUILLÉ.

Le Directeur général de l'intérieur,

Signé Vicomte DE ROSILY.

Journal officiel, 1827, n° 68. — Enregistrée à la cour royale, le 14 septembre 1827.

N° 4612. — *Tarif de la rétribution à payer pour la vérification et le poinçonnage des poids et mesures de chaque espèce, annexé a l'arrêté local du même jour.*

7 août 1827.

Il ne pourra être exigé pour la vérification et le poinçonnage des poids et mesures que les rétributions fixées par le tarif ci-après (arrêté du 29 prairial an IX, art. 11) :

Mesures linéaires.

Décamètres, doubles et demi-décamètres 0ᶠ 50
Double mètre ou toise usuelle 0 30
Mètres et demi-mètres pour étoffes 0 15
Mètres doubles et demi-mètres ployants pour tapissiers. 0 20
Demi-mètres brisés à charnières 0 20
Aune usuelle ou douze décimètres 0 20

Décimètres et doubles décimètres.................. 0ᶠ 15
Le 1/3 du mètre ou pied usuel 0 05

Membrures pour bois de chauffage.

Stères et doubles stères....................... 1 50

Mesures de capacité pour les matières sèches.

Hectolitres à pieds ou sans pieds................. 1 50
Demi-hectolitres.............................. 1 00
Doubles décalitres............................ 0 25
Décalitres................................... 0 20
Demi-décalitres.............................. 0 15
Doubles litres, litres et demi-litres, décilitres, doubles
décilitres 0 10

Mesures de capacité pour les liquides.

Décalitres, doubles et demi-décalitres............ 1 00
Doubles litres ou pots........................ 0 50
Litres ou demi-pots 0 30
Pintes...................................... 0 15
Chopines.................................... 0 10
Roquilles................................... 0 05
Décilitres et doubles décilitres.................. 0 20
Pour les mesures à lait, il sera payé moitié seulement des
sommes ci-dessus.

Poids en fer.

Poids de cinq, dix et vingt kilogrammes........... 0 50
Kilogrammes, doubles et demi-kilogrammes........ 0 20
Doubles hectogrammes, hectogrammes et poids au-dessous.. 0 15
Pour les poids en cuivre, il sera payé moitié en sus des
sommes ci-dessus.
Le kilogramme divisé payera pour l'ensemble des pièces qui
le composent................................ 0 60
Tout fabricant ou marchand de poids et mesures qui présentera à la fois à la vérification plus de dix poids et plus de dix
mesures neuves, de chaque espèce, jouira, pour les quantités

excédantes, d'une remise de moitié sur le montant de la rétribution.

Signé Comte DE BOUILLÉ.

Et plus bas :

Le Directeur général de l'intérieur,

Signé Vicomte DE ROSILY.

Journal officiel, 1827, n° 75.

━━━━━━⚉⚉⚉━━━━━━

N° 4613. — *Arrêté du gouverneur portant adoption du système métrique, sauf diverses modifications, et nouveau règlement pour les poids et mesures.*

7 août 1827.

Nous, etc.,

Vu les avantages qui résultent de l'adoption par la France du *système métrique des poids et mesures ;*

Attendu que les autres colonies françaises participent depuis longtemps au bienfait de l'unité des poids et mesures, conforme à ce système ;

Vu les dépêches en date du 26 février 1824 et 23 mars 1827 (1), par lesquelles S. Exc. le ministre de la marine et des colonies prescrit l'introduction de ce système à la Martinique ;

Vu le rapport de M. le directeur général de l'intérieur, et de l'avis du conseil privé,

Avons arrêté et arrêtons ce qui suit, pour être exécuté pendant une année, à moins qu'il n'en soit autrement ordonné par Sa Majesté :

Art. 1er. A dater du 1er janvier 1828, le système métrique des poids et mesures sera exclusivement adopté et suivi dans la colonie de la Martinique, sauf les modifications qui seront indiquées ci-après, relativement à certaines mesures usuelles tolérées seulement pour les besoins journaliers du peuple.

---

(1) Voir la première de ces dépêches. Arch. du gouvernement. Dép. ministér.; n° 47. Cette pièce et une de ses annexes constatent que déjà, en 1824, le nouveau système était en vigueur à Bourbon, à Cayenne, au Sénégal et même à la Guadeloupe.

En conséquence, les seuls poids et mesures légaux seront (1) :
Le *mètre* et ses multiples et sous-multiples décimaux, en remplacement de la *toise* et du *pied* anciens, pour le mesurage des

---

(1) Pour éclairer les dispositions qui vont suivre, nous croyons devoir insérer ici le *tarif* publié l'année précédente (1826) dans l'*Almanach de la Martinique*.

Tarif des poids et mesures de la colonie en rapport avec les anciens de Paris.

POIDS.

La livre est composée de deux marcs, poids de Paris.
Le marc de 8 onces.
L'once de 8 gros.
Le gros de 72 grains.

MESURES DE LONGUEUR.

La toise est composée de 6 pieds.
Le pied de 12 pouces.
Le pouce de 12 lignes.

MESURES D'AUNAGE.

L'aune est composée de 3 pieds 8 pouces ; elle se divise et subdivise par 1/2, 1/3, 1/4, 1/8, etc.

MESURES POUR LES LIQUIDES.

Le galon, mesure anglaise, fort en usage pour les liquides, se divise par 1/2, 1/3, 1/4, 1/8, etc., et est composé de 2 pots.
Le pot de 2 pintes, mesure de Paris.
La pinte de 2 chopines.
La chopine de 2 roquilles.
La roquille de 2 muces.
La muce de 2 demi-muces.

MESURES POUR LES LÉGUMES SECS.

D'après l'ordonnance de 1707.

Le baril est composé de 4 quarts, ou 55 pots.
Le demi-baril de 27 pots et 1/2.
Le quart de 13 pots et 3/4.
Le demi-quart de 6 pots et 7/8.

MESURES D'ARPENTAGE.

Le carré des colonies vaut 3 arpents 78 perches 28 pieds carrés, mesure de Paris, ou 10,000 pas carrés.
L'arpent vaut 100 perches carrées, ou 2,644 pas 11 pieds carrés.
La perche vaut 26 pas 5 pieds 72 pouces carrés, ou 9 toises carrées.
La toise carrée vaut 36 pieds carrés, ou 2 pas 11 pieds 72 pouces carrés.
Le pas carré vaut 12 pieds 36 pouces carrés.
Le pied carré vaut 144 pouces carrés.
Le pouce carré vaut 144 lignes carrées.
La ligne carrée vaut 144 points carrés.

longueurs, des surfaces et des solides, et des quantités linéaires moindres que le mètre;

L'*are* et ses multiples (notamment l'hectare) et sous-multiples décimaux, mesure agraire, en remplacement du *carré;*

Le *stère* (mètre cube) et ses multiples et sous-multiples décimaux, pour le mesurage des bois de chauffage;

Le *litre* et ses multiples et sous-multiples décimaux, mesure de capacité pour les grains, liquides, etc. ;

Le *gramme* et ses multiples et sous-multiples décimaux, mesure-poids pour les grosses et petites pesées.

Les multiples de chaque espèce de poids et mesures sont indiqués par les mots suivants, savoir :

Déca, pour une quantité dix fois plus forte ;

Hecto, *idem* cent fois *idem* ;

Kilo, *idem* mille fois *idem* ;

Myria, *idem* dix mille fois *idem*,

Et les subdivisions par les mots :

Déci pour un dixième, *centi* pour un centième, *milli* pour un millième. Ces mots sont ajoutés à chaque espèce de mesures pour désigner, par exemple, les multiples comme suit:

Le *décamètre*, le *décalitre*, etc., ou bien, par les subdivisions : le *décimètre*, le *centimètre*, le *décilitre*, etc.

Art. 2. Afin de satisfaire aux habitudes du peuple dans le commerce de détail et à l'instar de ce qui se pratique en France, on tolérera l'emploi des mesures qui vont être indiquées pour les usages journaliers, savoir :

1° Une mesure de longueur égale à deux mètres, appelée *toise usuelle*, laquelle se divisera en six pieds usuels ;

2° Le *pied usuel*, égal au tiers du mètre, se divisant comme l'ancien pied en douze *pouces usuels*, et le pouce usuel en douze *lignes usuelles;*

3° Une *aune usuelle*, égale à douze décimètres, se divisant comme l'ancienne aune dont elle diffère peu, en demis, quarts, huitièmes, seizièmes ainsi qu'en tiers, sixièmes et douzièmes.

Chacune de ces trois mesures (dont l'usage est toléré en France) portera sur l'une de ses faces les divisions correspondantes du mètre, savoir : la *toise usuelle*, deux mètres divisés en décimètres et le premier décimètre en millimètres ; le *pied usuel*, trois décimètres un tiers, divisés en centimètres et millimètres, en tout trois cent trente-trois millimètres un tiers, et *l'aune usuelle*, douze décimètres divisés en centimètres seulement;

4° Pour le bois de chauffage, une *corde usuelle*, de huit pieds usuels de couche sur quatre pieds usuels de pile;

5° Attendu que les mesures dites *baril* et *pot*, d'un usage très-ancien et très-fréquent dans la colonie, servent à mesurer des denrées vendues ou achetées par les esclaves, et le *pot*, particulièrement à mesurer la ration donnée à ceux-ci, elles seront conservées, ainsi que leurs subdivisions, avec les valeurs qui vont être indiquées et qui n'altèrent ces anciennes mesures que de quantités presque insensibles :

Le *pot* sera une mesure de la contenance de deux litres; ainsi la *pinte*, moitié du pot, vaudra un litre; la *chopine*, moitié de la pinte, un demi-litre, et la *roquille*, moitié de la chopine, un quart de litre;

Le *baril* contiendra cinquante-six pots, soit cent douze litres; ainsi le demi-baril sera de vingt-huit pots, le quart de baril de quatorze, et le demi-quart de sept; ces trois dernières mesures pourront être employées concurremment avec le baril sur les marchés;

Le *pot* et ses sous-multiples porteront, outre le nom qui leur est propre, l'indication de leur rapport avec le *litre*;

Le *baril* ainsi que ses sous-multiples porteront l'indication de leur rapport avec le *pot*;

6° Enfin la *livre usuelle* ou demi-kilogramme (dont l'usage est toléré en France) et les sous-multiples *onces*, *gros* et *grains usuels*, suivant les anciens rapports, c'est-à-dire seize onces pour la livre, huit gros pour l'once et soixante-douze grains pour le gros;

Ces poids porteront, avec le nom qui leur sera propre, l'indication de leur valeur en grammes, conformément à l'article 12 ci-après.

Art. 3. Il sera placé dans chacune des villes du Fort-Royal et de Saint-Pierre, et dans le lieu qui sera indiqué, un assortiment complet de poids et mesures métriques pour servir d'étalons ou matrices légales. Le fonctionnaire dépositaire de ces étalons ou matrices sera également pourvu d'instructions suffisantes pour la vérification des poids et mesures en usage pour le public.

Art. 4. D'ici au 1er janvier 1828, les besoins de la colonie, relativement aux poids et mesures métriques, pouvant être facilement satisfaits par la voie du commerce, il est prescrit à tous les marchands, détaillants, etc., de se pourvoir de ceux qui leur seront nécessaires.

Les bureaux de commerce de Fort-Royal et de Saint-Pierre sont chargés de veiller et même, au besoin, de pourvoir à ce que l'approvisionnement de la colonie en poids et mesures nouveaux soit assuré par des demandes suffisantes faites à la métropole en temps utile.

Art. 5. Les négociants, marchands et détaillants seront tenus, avant de se servir des nouveaux poids et mesures, de les faire vérifier et étamper par le vérificateur des poids et mesures, et, pour cette vérification, il sera payé le droit fixé par le tarif annexé à la présente.

Art. 6. A compter de ladite époque, 1er janvier 1828, les anciens poids et mesures de toute espèce qui seront trouvés dans les magasins, boutiques et marché publics, seront saisis et confisqués.

Les négociants, marchands et détaillants qui alors se serviraient encore d'autres poids et d'autres mesures que des poids et mesures métriques, vérifiés et étalonnés par le vérificateur des poids et mesures, seront condamnés à cinquante francs d'amende, sur procès-verbal qui sera dressé par le vérificateur des poids et mesures, accompagné du commissaire de police ou de l'un de ses agents. Les poids et mesures qui auront donné lieu à l'amende seront confisqués.

Les poids et mesures confisqués appartiendront au vérificateur des poids et mesures. La moitié du produit des amendes sera accordée comme gratification au saisissant, et l'autre moitié sera versée dans la caisse du bureau de bienfaisance.

Art. 7. Les dispositions de l'article 2 n'étant relatives qu'à l'emploi des mesures et des poids dans le commerce de détail et dans les usages journaliers, les mesures légales indiquées à l'article 1er seront seules employées exclusivement dans tous les travaux publics, dans le commerce en gros et dans toutes les transactions commerciales et autres.

En conséquence, les plans, devis, mémoires d'ouvrages d'art, les descriptions de lieux ou de choses dans les procès-verbaux ou autres écrits, les marchés, factures, annonces de prix courants, états de situation d'approvisionnements, inventaires de magasins, les mercuriales, les livres de commerce, les annonces des journaux, et généralement toutes les écritures publiques ou privées, contiendront l'énonciation des quantités en mesures légales et non en mesures simplement tolérées; l'intention du gouvernement étant qu'il ne soit fait aucun changement aux unités de compte, ni même aux instruments de mesurage qui ne

sont point pour le peuple d'usage journalier, et que les instruments de pesage et de mesurage simplement autorisés se lient
tellement aux unités légales dont ils seront déduits, qu'ils puissent
sans cesse y ramener et faciliter en même temps la connaissance
de la division décimale ; c'est dans cette vue que ces instruments
porteront dans leurs diverses faces les comparaisons des dénominations et divisions établies par les lois et celles anciennement
en usage.

Art. 8. Les mesures métriques pourront être construites d'une
seule pièce ou brisées à charnière ou de toute autre manière qu'il
conviendra, pourvu que les fractions soient des parties aliquotes
desdites mesures.

Art. 9. Les mesures dont la dénomination ancienne est conservée et dont l'usage est permis, seront construites en *bois* ou
en *fer-blanc*, dans la forme cylindrique ; elles auront le diamètre
égal à la hauteur et porteront leur nom propre, inscrit en
caractères indélébiles et en majuscules romaines, et, en outre,
l'indication de leur rapport avec l'unité légale.

Art. 10. Le *pot* pourra aussi être employé pour la vente en
détail de vin, rhum, eau-de-vie et autres boissons et liqueurs,
ainsi que pour celle des sirops. Cette mesure aura ses multiples
et ses subdivisions, mais celles-ci seront construites en étain,
au titre fixé, c'est-à-dire 82 centièmes de fin au moins et 18 centièmes d'alliage au plus, ou bien en fer-blanc ; leur forme sera
également cylindrique, et elles auront la hauteur double du
diamètre.

La contenance des mesures en *fer-blanc* pouvant être facilement altérée, après la vérification, soit en les coupant par le
haut, soit en exhaussant le fond, il est prescrit de rabattre
extérieurement le bord supérieur de la feuille, de manière à
former une bordure d'une largeur suffisante pour que le nom
de la mesure puisse y être écrit lisiblement. On rabattra pareillement sur la mesure le fond, dont le diamètre doit excéder celui
de la mesure elle-même de 6 millimètres, afin de pouvoir être
fixé à recouvrement au pourtour, et former un petit cordon à
la base de la mesure ; à un endroit de la jonction du fond avec
le corps de la mesure, il sera mis une goutte d'étain aplatie pour
recevoir le poinçon.

Chacune de ces mesures devra aussi porter son nom insculpté
en creux ou en relief, en majuscules romaines.

Art. 11. Le *gallon* étant habituellement employé pour le mesurage des sirops, on pourra continuer à s'en servir, mais il

devra avoir la valeur de *deux pots* qui seront égaux à *quatre litres*. Les multiples du gallon seront le *double gallon*, égal à *quatre pots* ou *huit litres*, le *quadruple gallon* égal à *huit pots* ou *seize litres*.

Les subdivisions seront :

Le *demi-gallon* égal à *un pot* ou *deux litres*, le *quart de gallon* égal à *un demi-pot* ou *un litre*. Cette mesure devra également porter son nom insculpté en creux ou en relief et en majuscules romaines.

Art. 12. Pour les substances dont le prix et la quantité se règlent au poids, les marchands pourront employer pour le détail les poids usuels suivants, savoir :

	GRAMMES.	DÉCI-GRAMMES.
La livre (demi-kilogramme).............	500	"
La demi-livre.......................	250	"
Le quart de livre ou quarteron........	125	"
Le huitième ou demi-quart...........	62	5
L'once (16e partie de la livre) subdivisée en 8 gros.........................	31	3
La demi-once......................	15	6
Le quart d'once ou deux gros.........	7	8
Le gros (8e partie de l'once) se divisera en 72 grains.........................	3	9

On pourra construire des poids de deux, quatre, six, huit et dix livres, qui seront aussi spécialement destinés au commerce de détail.

Ces poids ne pourront être construits qu'en fer ou en cuivre ; ils porteront avec le nom qui leur sera propre l'indication de leur valeur en grammes.

Les grains ne présentant pas une surface qui permette d'y mettre cette double indication, il suffira d'en marquer la valeur par des chiffres ou par des points.

L'usage des poids en plomb ou toute autre matière est interdit.

Art. 13. Les balances dites romaines étant essentiellement sujettes à l'inexactitude et favorisant les erreurs et la fraude, l'usage en sera interdit à partir du 1er janvier 1828, époque à laquelle les seuls instruments légaux de pesage seront les balances à bras égaux.

Les contrevenants seront punis d'une amende de 50 francs, en outre de la confiscation des romaines ou balances à ressorts.

Art. 14. Le mesurage des bois à brûler pourra être fait par la mesure nommée *corde*, dans les dimensions adoptées par l'article 2, équivalant au *stère* ou mètre cube.

Art. 15. Les chaînes des arpenteurs ne pourront être que *décimales*, toute autre chaine est interdite; la dénomination de *pas* qui est en usage pour la mesure des terres est également interdite. A cette mesure sera substitué le *mètre* qui, à très-peu de chose près, a la même valeur; et par conséquent, la même dénomination de *carré*, en usage actuellement dans la colonie, disparaîtra pour être remplacée par celle *d'are* et ses multiples ou subdivisions décimaux.

Art. 16. A compter de la même époque, 1er janvier 1828, toute demande de marchandises qui sera faite en mesure ou en poids anciennement en usage, sous quelque dénomination que ce soit, sera censée faite en poids ou en mesures analogues dont l'usage est permis par la présente ordonnance, et, en conséquence, tout marchand qui, sous prétexte de satisfaire au désir de l'acheteur, emploierait des combinaisons de mesures ou de poids décimaux ou autres pour former la mesure ancienne dont l'emploi est prohibé, sera poursuivi comme ayant fait usage de poids et mesures autres que ceux voulus par la loi, et condamné à l'amende prononcée par l'article 6.

Art. 17. Il est enjoint à tous notaires ou officiers publics d'exprimer en mesures *métriques* toutes les quantités de mesures qui seront à énoncer dans les actes que lesdits notaires et officiers publics passeront et recevront, à peine de nullité de ces actes.

Toutes les personnes attachées aux administrations gratuites et charitables des pauvres et des hospices, à quelque titre et en quelque qualité que ce soit, seront tenues de se conformer exactement aux règles et principes du nouveau système métrique dans les opérations relatives à leurs fonctions.

Art. 18. Les vérificateurs des poids et mesures vérifieront au moins chaque trimestre les poids et mesures de leur arrondissement. Cette vérification consistera dans une comparaison exacte des poids et mesures qui seront présentés, avec les étalons qui leur seront confiés.

Les vérificateurs seront aussi tenus de rendre compte chaque trimestre au directeur général de l'intérieur de toutes les sommes qu'ils auront perçues pour l'étalonnage.

Art. 19. Dans toutes discussions et contestations relatives aux poids et mesures, les certificats seuls des peseurs, jaugeurs, vérificateurs, arpenteurs et voyers publics, chacun dans sa partie, feront foi en justice.

Art. 20. Il y aura à la Martinique deux vérificateurs des poids et mesures, l'un pour l'arrondissement du Fort-Royal, l'autre pour celui de Saint-Pierre.

Ils devront être toujours accompagnés dans leurs tournées de vérification au Fort-Royal et à Saint-Pierre, par le commissaire de police ou l'un de ses agents, et dans les paroisses par le commis à la police.

Il n'est alloué aucun traitement fixe aux vérificateurs des poids et mesures.

Ils jouiront pour toute indemnité du droit de vérification déterminé par le tarif ci-annexé.

Indépendamment des tournées trimestrielles, les vérificateurs feront chaque année une tournée générale. Ils poinçonneront les nouveaux poids et mesures, vérifieront les anciens et poinçonneront les uns et les autres de la lettre annuelle de vérification.

Le droit de vérification ne peut être perçu qu'une fois l'an sur chaque poids et mesure.

Art. 21. Toutes les amendes prononcées en vertu de la présente ordonnance seront doubles en cas de récidive.

Elles se partageront également entre le vérificateur ou le commis et autres agents de police qui auront découvert la contravention et les bureaux de charité.

Les instruments de pesage et de mesurage confisqués seront détruits ou brisés par les soins du vérificateur.

Art. 22. Le directeur général de l'intérieur est chargé de l'exécution de la présente ordonnance, qui sera enregistrée aux greffes des cours et tribunaux et au contrôle de la marine. Elle sera insérée dans les journaux, publiée et affichée partout où besoin sera, pour avoir son exécution à compter du 1er janvier 1828.

Donné au Fort-Royal, le 7 août 1827.

Signé Comte DE BOUILLÉ.

Et plus bas :

Le Directeur général de l'intérieur,
Signé Vicomte DE ROSILY.

Journal officiel, 1827, n° 75, et *Bulletin officiel,* vol. 1832, p. 108. — Enregistré à la cour royale, le 14 septembre 1827.

Nº 4614. — *Dépêche ministérielle au gouverneur portant envoi d'un manuel des officiers de l'état civil pour la tenue uniforme des registres à la Martinique.* (Extrait.)

7 août 1827.

Un ouvrage, publié il y a quelque temps, m'a paru propre à assurer l'uniformité et la régularité des actes dont il s'agit, c'est le *Manuel des officiers de l'état civil pour la tenue des registres* (1). Ce manuel contient, outre la collection des lois, ordonnances, arrêtés, etc., qui régissent la matière (2), des formules d'actes pour tous les cas différents qui peuvent se présenter, et ce sera un guide précieux pour les officiers de l'état civil des colonies.

J'en joins, ici, vingt-huit exemplaires pour être distribués entre les divers bureaux de l'état civil de la Martinique.

Je saisis cette occasion pour vous recommander de pourvoir à ce que les registres soient toujours de même forme et de mêmes dimensions pour toutes les communes d'une colonie.

Les officiers civils doivent en outre être expressément tenus de transcrire sur trois registres séparés les actes de mariage, de naissance et de décès.

Un soin qui n'est pas moins important, c'est l'emploi de formules uniformes pour ouvrir et clore ces registres.

Vous recommanderez à l'attention du ministère public l'exécution de ces dispositions d'ordre.

Recevez, etc.

Le Ministre de la marine et des colonies,
Signé Comte DE CHABROL.

Arch. du gouvernement. Dép. ministér., nº 279.

━━━━━━━●━━━━━━━

Nº 4615. — *Décision du conseil privé, prise à l'unanimité, portant qu'il est utile de conserver l'emploi de chef du bureau admi-*

_____

(1) Celui de Le Molt, 2ᵉ édition, 1827. — Warée, à Paris.
(2) L'application de ces actes à la Martinique, se trouvant ainsi implicitement ordonnée, nous avons cru devoir les reproduire dans le cours de la présente collection, ne fût-ce que pour renouveler, en cette partie, le manuel de Le Molt, dont les vingt-huit exemplaires ont sans doute, pour la plupart, péri, depuis leur distribution.

nistratif du procureur général du roi ainsi que le traitement qui y est affecté.

8 août 1827.

Nota. Une dépêche ministérielle du 24 avril 1827 avait chargé le conseil d'examiner cette question.

Inspection. Reg. 14, n° 110.

───────※────────

N° 4616. — *Arrêté du gouverneur portant règlement sur la police des équipages et passagers des caboteurs sortant de l'île.*

9 août 1827.

Nous, etc.,

Voulant ramener les maîtres ou patrons des bâtiments français faisant le petit et le grand cabotage à la stricte observation de leurs obligations envers les commissaires aux classes et les agents français dans les îles voisines ;

Vu les divers règlements et ordonnances qui régissent le service des classes dans les colonies ;

De l'avis du conseil privé dans sa session du mois d'août 1827 ;

Vu l'article 67 de l'ordonnance royale du 9 février 1827 ;

Nous avons arrêté et arrêtons ce qui suit :

Art. 1er. Les commissaires aux classes n'inscriront sur les rôles d'équipage que des marins blancs et des hommes de couleur libres, lesquels, lorsqu'ils s'embarqueront sur les bâtiments destinés à sortir de l'île, devront produire des certificats constatant qu'ils peuvent quitter la colonie.

Art. 2. Tout marin embarqué sur un desdits bâtiments sans avoir été inscrit sur le rôle par le commissaire aux classes où par les agents français, sera puni d'un mois de prison et privé des salaires qui lui auront été promis, lesquels seront versés à la caisse des invalides.

Art. 3. Les maîtres ou patrons, à l'arrivée des bâtiments qu'ils commanderont, soit dans le port où ils ont armé ou dans quelque autre que ce puisse être, remettront, dans vingt-quatre heures, leurs rôles d'équipage aux commissaires aux classes dans les ports des colonies françaises, et aux agents de France dans les pays étrangers, lesquels vérifieront s'il se trouve à bord des marins ou des passagers qui n'aient point été portés sur le rôle, et ils feront arrêter sur-le-champ ceux qui se trouveront dans ce cas, pour être renvoyés à la Martinique, aux frais desdits maîtres et patrons. Le tout sera constaté par un procès-verbal qui sera envoyé à l'administration de la Martinique, pour que lesdits maîtres et patrons soient jugés suivant la rigueur des lois et ordonnances.

Art. 4. Défendons auxdits patrons ou maîtres d'embarquer des passagers sans les faire inscrire sur leurs rôles d'équipage, par les commissaires aux classes dans les ports français, et par les agents consulaires dans les pays étrangers.

Les commissaires aux classes des ports de la colonie n'inscriront sur lesdits rôles que les passagers qui seront munis de passe-ports.

Tout patron ou maître, dans le cas de contravention ci-dessus prévu, sera passible d'une amende de cinq cents francs à mille francs, sans préjudice des dommages et intérêts aux parties.

Art. 5. Défendons auxdits maîtres ou patrons de débarquer lesdits passagers sans les présenter aux fonctionnaires désignés dans l'article précédent, et préalablement aux commissaires de police.

Art. 6. Aucun bâtiment armé dans la colonie ne pourra désarmer dans une île étrangère que pour cause d'innavigabilité reconnue et bien constatée. Dans ce cas, l'équipage devra être renvoyé à la Martinique aux frais des armateurs.

Art. 7. Les commissaires aux classes des ports de la colonie, ainsi que les commissaires de police, donneront avis aux procureurs du roi près les tribunaux de première instance, de ceux qu'ils sauront avoir contrevenu aux règlements et ordonnances rappelés par le présent arrêté, et lesdits procureurs du roi seront tenus de faire les poursuites qu'ils jugeront nécessaires.

Art. 8. L'ordonnateur de la colonie, le directeur général de l'intérieur et le procureur général sont chargés, chacun en ce qui le concerne, de l'exécution du présent arrêté, qui sera enregistré, etc.

Donné au Fort-Royal, le 9 août 1827.

Signé Comte DE BOUILLÉ.

Et plus bas :

L'Ordonnateur,

Signé MAINIÉ.

Journal officiel, 1827, n° 67. — Enregistré à la cour royale, même jour.

N° 4617. — *Dépêche ministérielle au gouverneur, au sujet des lits en fer demandés pour le couchage des troupes de la Martinique.*

14 août 1827.

Monsieur le Comte, dans toutes nos colonies la question relative à l'emploi des lits en fer pour le couchage des troupes a été résolue par l'affirmative.

Le ministre de la guerre, convaincu lui-même de la nécessité d'adopter ce système de couchage, avait porté sur le budget de son département, pour 1828, un premier crédit destiné à réorganiser le couchage des garnisons coloniales. Ce crédit n'ayant point été accordé, il s'ensuit que le département de la guerre n'aura aucuns moyens, même pendant l'année prochaine, de commencer à améliorer un service dont la triste situation lui est connue.

M. le marquis de Clermont-Tonnerre me prie d'informer les administrations coloniales de cet état de choses, en les invitant à continuer d'en atténuer autant que possible les inconvénients jusqu'au temps où le gouvernement aura les moyens nécessaires pour établir un système de couchage en harmonie avec les besoins du climat.

Vous voudrez bien communiquer la présente dépêche à MM. les chefs des différents corps de troupes, et vous me rendrez compte des améliorations provisoires qu'il pourra y avoir lieu d'introduire dans le couchage actuel de ces troupes.

Recevez, etc.

Le Ministre de la marine et des colonies,
Signé Comte DE CHABROL

Arch. du gouvernement. Dép. ministér.

N° 4618. — *Décision ministérielle concernant l'abonnement d'entretien des armes pour les troupes en garnison dans les colonies françaises.*

17 août 1827.

Le ministre secrétaire d'État de la guerre, ayant reconnu que l'abonnement d'entretien des armes était insuffisant pour les troupes en garnison dans les colonies, a donné des ordres pour qu'une nouvelle fixation de cette allocation eût lieu à partir du 1er janvier 1828.

S. Exc. a décidé, en outre, le 11 août 1827, que cette

dépense serait réglée de clerc à maître pour les exercices 1824, 1825, 1826 et 1827, et qu'il serait accordé aux maîtres armuriers employés dans les colonies une indemnité de 3 francs par jour sur les fonds de l'artillerie, indépendamment de la solde de sergent qui leur est attribuée.

Cette insertion tiendra lieu de notification à MM. les intendants et sous-intendants militaires, ainsi qu'aux conseils d'administration des régiments dont une portion est détachée aux colonies.

Journal militaire, 1827, 2ᵉ sem., p. 81.

<hr/>

N° 4619. — *Arrêté du directeur général de l'intérieur réglant le service et la police des canots de poste de Saint-Pierre.*

24 août 1827.

Art. 1ᵉʳ. A l'avenir tout individu qui voudra faire naviguer un canot de poste, devra préalablement en obtenir la permission de M. le commissaire de police.

Art. 2. M. le commissaire de police tiendra un registre destiné à inscrire : 1° le numéro et le nom de chaque canot de poste, et le nom du propriétaire ; 2° le nom du patron, s'il est libre ou esclave, et, dans ce cas, à qui il appartient ; 3° le nom de chaque nageur et à qui il appartient.

Art. 3. Tout patron de canot sera tenu de faire connaître à M. le commissaire de police les mutations qui s'opéreraient dans son équipage.

Art. 4. Dès l'instant où un nageur aura consenti (ou son maître pour lui) à naviguer sur un canot, il ne pourra, à moins d'un prétexte légitime, quitter le patron dudit canot qu'après un mois de service.

Le patron et le nageur seront tenus réciproquement de s'avertir huit jours avant l'expiration de chaque mois s'ils entendent, l'un conserver son nageur, et l'autre continuer de naviguer sur le même canot.

Art. 5. Si un nageur quittait son patron sans motif légitime et sans avoir rempli le temps fixé par l'article qui précède, le patron sera tenu d'en faire la déclaration à M. le commissaire de police, et des motifs présumés qui auraient porté le nageur à déserter son canot.

Art. 6. Tout patron doit se soumettre à la volonté du voyageur, s'il entend être conduit à la rame ou à la voile ; il doit veiller à ce que l'ordre le plus absolu règne à bord de son canot de la part de ses nageurs.

Art. 7. Tout voyageur qui aurait à se plaindre, soit du patron, soit des nageurs, est invité à s'adresser soit verbalement, soit par écrit à M. le commissaire de police.

Art. 8. Il sera établi un poste de deux archers de police commandé par un sous-brigadier, spécialement chargé de la police sur les canots de poste.

Art. 9. Il devra toujours y avoir deux canots de poste parés et à la disposition des voyageurs : leurs gouvernails seront déposés entre les mains du sergent commandant le poste des archers.

Le canot en partance aura à son bord un pavillon blanc, et l'autre canot un pavillon bleu. Ces pavillons indiqueront au public que ce sont les premiers canots à partir.

Aussitôt que le premier canot en partance sera frété, il transportera son pavillon à bord du canot le plus voisin, et ainsi de suite, de manière qu'il y ait toujours deux canots de disponibles.

Art. 10. Il n'y aura point d'interruption dans le service des canots de poste. M. le commissaire de police veillera à ce qu'ils partent les fêtes et dimanches comme les autres jours ; et dans le cas où, pour se soustraire à cette obligation et à celles imposées par l'article précédent, ils s'éloigneraient de la rade de Saint-Pierre, il aura soin d'en désigner le nombre qu'il croira nécessaire pour faire le service les dimanches et les fêtes. Ceux désignés par lui et qui ne se rendraient pas à leur poste, seront passibles du châtiment ou de l'amende prononcée par l'autorité compétente.

Art. 11. Lorsque la mer sera forte et que le pilote de port jugera qu'il y a danger à partir, on ne pourra obliger les canots de poste à prendre la mer.

Art. 12. A chaque session de la cour, M. le commissaire de police prendra les ordres de M. le premier président, pour connaître le jour et l'heure où Messieurs de la cour désireront avoir leur canot : M. le commissaire de police donnera les ordres nécessaires pour qu'ils soient servis avec ponctualité.

Art. 13. Un tableau indiquant le prix fixé par le tarif pour les voyageurs sera affiché dans le poste des archers de police. Le sous-brigadier de ce poste veillera à ce que les patrons de canot soient fidèlement payés de ce qui leur est dû ; mais il tiendra également la main à ce qu'ils n'exigent rien au delà du tarif

Art. 14. Le prix de la traversée pourra être exigé d'avance, et le particulier qui se refuserait à le payer ne pourra contraindre le canot à partir.

Art. 15. Le sergent de poste recevra de M. le directeur de la poste les lettres et paquets destinés pour le Fort-Royal et autres lieux, et les déposera au patron du premier canot partant.

Art. 16. Dans le cas où M. le directeur aurait besoin d'un canot pour affaire de service, le sous-brigadier du poste veillera à ce qu'il lui en soit fourni un immédiatement.

Art. 17. Tout contrevenant au présent règlement, ou qui aurait commis quelque faute grave et non prévue par icelui, sera immédiatement conduit devant M. le commissaire de police, qui, suivant l'exigence des cas, fera son rapport et remettra le délinquant à la disposition de M. le procureur du roi.

Le Directeur général de l'intérieur,
Signé Vicomte DE ROSILY.

Journal officiel, 1827, n° 68.

———

N° 4620. — *Décision du roi, sur rapport ministériel, qui autorise le trésorier de la Martinique et de la Guadeloupe à recevoir les doublons pour 86 fr. 40 cent.* (1).

26 août 1827.

Lorsque l'ordonnance de Votre Majesté du 30 août 1826, concernant le système monétaire des Antilles françaises, a été mise en vigueur dans ces îles, une très-grande partie du numéraire en circulation à la Martinique et à la Guadeloupe consistait en pièces d'or d'Espagne dites *quadruples* ou *doublons*.

Le cours de cette pièce, qui était précédemment de 85 francs à la Martinique, et de 86 fr. 50 cent. à la Guadeloupe, étant fixé par le nouveau tarif à 81 fr. 51 cent., conformément au rapport légal qui existe en France entre la valeur de l'or et celle de l'argent, les quadruples n'ont pas tardé à être portés de nos colonies dans les îles voisines, où ils obtenaient un meilleur prix.

Afin de faire cesser cette exportation, et de maintenir dans le

_____

(1) Notifiée par dépêche ministérielle du 31 août 1827, n° 312, y voir, annexés, le rapport du directeur de l'intérieur et la pétition du bureau de commerce tendant également à la modification du paragraphe 9 de l'article 14 de l'ordonnance royale du 30 août 1826.

pays la monnaie qui y sert le plus utilement aux transactions du commerce, surtout avec l'étranger, les habitants de la Martinique et de la Guadeloupe ont spontanément attribué au doublon une valeur plus élevée que celle qu'il reçoit du tarif.

L'existence simultanée de ce cours de convention et du cours légal établi par le règlement, donne lieu à des inconvénients. Il est une source d'embarras et de contestations dans les relations fréquentes qui ont lieu entre les contribuables et les caisses publiques.

Les habitants des deux colonies et l'administration de chacune d'elles demandent avec instance que les caisses publiques soient autorisées à recevoir le quadruple d'or pour la valeur de convention que cette pièce reçoit dans le commerce.

Je pense qu'attendu l'état de crise où se trouve la circulation dans nos Antilles, depuis le changement de leur computation monétaire, cette réclamation mérite d'être prise en considération.

L'expérience fera connaître si la crise n'est que momentanée, et si l'on pourra revenir plus tard aux prescriptions du tarif, ou si, à raison des besoins locaux, celles-ci sont de nature à être définitivement modifiées.

En attendant, j'ai l'honneur de proposer à Votre Majesté d'approuver que, par modification du paragraphe 9 de l'article 14 de l'ordonnance royale du 30 août 1826, le trésorier de la Martinique et celui de la Guadeloupe soient autorisés provisoirement, et jusqu'à nouvel ordre, à recevoir le quadruple d'or d'Espagne à raison de 86 fr. 40 cent., valeur égale à celle de 16 piastres, suivant le cours qui est attribué par le tarif à ces dernières pièces.

Je suis, etc.

Signé Comte DE CHABROL.

Approuvé :
Signé CHARLES.

Et par le Roi :
Le Ministre de la marine et des colonies,
Signé Comte DE CHABROL.

Arch. du gouvernement. Dép. ministér., n° 312. Annexe.

N° 4621. — *Dépêche ministérielle au sujet des revues des*

troupes des colonies par des officiers de l'administration de la marine. (Extrait.)

28 août 1827.

L'officier d'administration de la marine à qui les fonctions de sous-intendant militaire sont confiées, doit les remplir dans toute leur étendue, comme s'il était revêtu du grade de sous-intendant. Il doit puiser les règles de sa conduite dans les ordonnances et instructions relatives au corps de l'intendance. Il doit, en conséquence, être assujetti, comme les officiers de ce dernier corps, aux déplacements qu'exige le service des revues. Aucune disposition réglementaire ne lui accorde d'ailleurs le droit de déléguer la totalité ou une portion de ses pouvoirs.

Rien ne s'oppose à ce qu'elles soient remplies par deux ou par un plus grand nombre d'officiers d'administration, sous la direction unique de l'ordonnateur, faisant fonctions d'intendant militaire.

Conformément aux dispositions de l'article 11 de l'instruction réglementaire du 28 août 1825, et d'après les règles et usages de mon département, tous les officiers d'administration de la marine, quel que soit leur grade, sont aptes à remplir les fonctions de sous-intendant. Il ne faudrait pas néanmoins dans l'application de ce principe obliger des corps de troupes à être passés en revue sur le terrain, par des agents qui n'auraient point l'âge et l'expérience nécessaires, ou qui ne seraient pas pourvus du grade convenable.

D'après les règlements en vigueur dans mon département, si l'officier est forcé de se déplacer, il devra recevoir des frais de route et des vacations, mais non pas une indemnité de fourrage.

Arch. de l'ordonnateur. Dép. 1827, n° 166.

——————

N° 4622. — *Ordonnance du roi portant nomination du député de la Martinique et de son suppléant.*

28 août 1827.

Nota. Le traitement du député est fixé à 20,000 francs.

Arch. du gouvernement. Dép. ministér., n° 325.

N° 4623. — *Nomenclature des dépenses du ministère de la guerre*, Service colonies, *pour l'exercice 1828.*

28 août 1827.

Bulletin officiel, vol. 1828, p. 57.

————◦◦◦————

N° 4624. — *Rapport sur deux espèces de sangsues envoyées du Sénégal et mises, par le ministre de la marine, à la disposition de la pharmacie centrale à Paris.*

29 août 1827.

Annales maritimes, 1827, 2ᵉ partie, t. 2, p. 645.

————◦◦◦————

N° 4625. — *Ordonnance du roi sur le service des officiers, des élèves et des maîtres à bord des bâtiments de la marine royale.*

31 août 1827.

Annales maritimes, 1827, 1ʳᵉ partie, t. 2, p. 1.

————◦◦◦————

N° 4626. — *Règlement ministériel sur la destination et l'avancement des officiers de santé de la marine dans le service des colonies* (1).

5 septembre 1827.

Le ministre de la marine et des colonies, considérant qu'il importe de donner plus de développement à la décision du 24 juillet 1823, relative à la réunion des officiers de santé des colonies avec ceux des ports, et d'indiquer les cas auxquels elle est applicable, arrête ce qui suit :

Art. 1ᵉʳ. Les officiers de santé de tout grade, actuellement employés dans les colonies ou destinés à y servir par décision

————

(1) Ce règlement adressé au gouverneur de la Martinique par dépêche du 23 octobre 1827 (*Bulletin officiel,* 1828, p. 176), y est présenté comme la conséquence nécessaire d'une décision du 24 juillet 1823, d'après laquelle les officiers de santé de la marine, employés dans les ports ou dans les colonies, sont considérés comme étant attachés à un même service.

VIII.   32.

ministérielle, pourront prendre rang parmi les entretenus des ports, du jour de leur nomination dans le service des colonies.

Art. 2. Les officiers de santé nécessaires aux hôpitaux des colonies seront choisis parmi les chirurgiens entretenus de la marine, et ils seront susceptibles d'être destinés dans le grade supérieur à celui qu'ils occuperont dans les ports, pourvu qu'ils fassent preuve de l'instruction nécessaire, dans un examen subi *ad hoc.*

Pourront également être destinés pour les colonies, dans les grades de chirurgiens de deuxième et de troisième classe entretenus, les chirurgiens auxiliaires qui auront fait campagne sur les vaisseaux du roi, ou ayant servi dans les ports, mais ils ne seront nommés à ces grades qu'après avoir été examinés par le conseil de santé.

Ils ne pourront être admis dans un grade supérieur à celui qu'ils auront exercé comme auxiliaires.

Art. 3. Les officiers de santé entretenus qui seront destinés pour les colonies dans un grade supérieur, prendront rang dans ce nouveau grade, à dater de leur nomination; mais ils ne seront soldés des appointements qui y sont attribués qu'à dater du jour de leur embarquement.

Les chirurgiens auxiliaires qui recevront la même destination, seront soldés à compter du jour de leur nomination et prendront rang parmi les entretenus, à dater de ladite époque.

Si des circonstances impérieuses exigeaient une augmentation dans le personnel des officiers de santé des colonies, MM. les gouverneurs pourront requérir provisoirement les médecins et officiers de santé civils; mais ils ne les emploieront que dans la troisième ou la deuxième classe, si ces officiers de santé n'ont pas déjà servi dans un grade supérieur.

Art. 5. Les chirurgiens de troisième classe, après deux ans au moins d'activité dans une colonie en qualité d'entretenus, pourront être promus à la deuxième classe par le ministre, sur le compte qui lui aura été rendu de leur zèle et de leur capacité par l'autorité supérieure de la colonie.

Art. 6. Lorsqu'une place de première classe sera vacante dans une colonie, il y sera pourvu au moyen d'un concours ouvert dans un des ports de France qui sera désigné par le ministre de la marine.

La place de chirurgien de deuxième classe qui deviendra vacante en France par suite de ce concours, sera donnée à l'un des officiers de santé de la colonie pourvus du même grade qui demanderaient à servir dans les ports, en accordant la préférence au plus ancien.

Art. 7. Les chirurgiens entretenus, après avoir passé trois ans au moins aux colonies dans le même grade, pourront obtenir s'être placés en France, lorsque des places seront vacantes par suite des destinations données pour les colonies.

Art. 8. Il ne sera employé en chef dans les colonies que des chirurgiens de la marine, préalablement reçus docteurs dans une des facultés du royaume.

Art. 9. Les médecins, chirurgiens et pharmaciens en chef qui seront employés dans les colonies, seront choisis parmi les chefs, les professeurs et les officiers de santé de première classe du service de la marine en France ou dans les colonies, remplissant la condition prescrite par l'article 8.

Dans les colonies où il ne sera pas placé d'officiers de santé en chef, le service sera dirigé par un chirurgien de première classe.

Art. 10. Les officiers de santé en chef, dans les colonies, ne seront susceptibles d'être pourvus d'emplois du même grade dans les ports de France, que lorsqu'ils auront précédemment appartenu comme professeurs à l'une des écoles qui y sont établies, et qu'ils y auront enseigné une des parties de l'art de guérir pendant un certain temps.

Paris, le 5 septembre 1827.

Signé Comte DE CHABROL.

Annales maritimes, 1828, p. 591, et *Bull. off.*, vol. 1828.

—————

Nº 4627. — *Dépêche ministérielle au gouverneur au sujet du service des troupes en garnison aux colonies pendant l'hivernage.*

7 septembre 1827.

Monsieur le Comte, des diverses questions dont le gouvernement du roi a eu à s'occuper depuis plusieurs années, relativement au système de garnisons de nos colonies, celle qui a pour objet la conservation des hommes a particulièrement fixé son attention.

Une commission mixte composée d'officiers généraux et d'administrateurs des départements de la guerre et de la marine examine, en ce moment, tout ce qui se rattache à la composition des garnisons et au service militaire en général. Quelles que soient

ses opinions sur l'ensemble du système, et par suite, les déterminations du gouvernement, ce qui tient à la santé du soldat ne
saurait être ajourné. Pénétrée de cette obligation, la commission
a mis ses premiers soins à chercher les moyens de soustraire les
troupes européennes aux dangers les plus imminents du climat.
Plusieurs avis ont été ouverts qui tous n'étaient point d'une
application commune aux divers projets d'organisation et dont
l'adoption est subordonnée, par conséquent, à la solution des
questions principales. Mais il en est un qui n'est point dans ce
cas et dont je vais vous entretenir.

Le service militaire fait pendant l'hivernage dans les villes sur
le littoral de la mer, est sans contredit l'une des plus grandes
causes de mortalité. L'on a pensé que la partie la plus pénible de
ce service pourrait être confiée à la milice. Lors de l'épidémie de
1825, la milice de la Guadeloupe a été employée très-utilement
de cette manière, et elle a fait preuve d'un dévouement fort
honorable. La milice de la Martinique n'est pas animée d'un moins
bon esprit et elle s'empresserait, j'en suis persuadé, de suivre
cet exemple.

Je sais que la composition de la milice et les travaux habituels
des hommes qui en font partie ne permettraient guère de compter sur elle pour un service militaire permanent ou d'une longue
durée ; aussi ne s'agirait-il que de lui attribuer, pour les trois
ou quatre mois que dure la mauvaise saison, la tenue des postes
qui, étant situés dans les villes ou sur le littoral, offrent le plus de
dangers aux Européens. Cette charge convenablement répartie
serait légère ; si toutefois elle causait encore trop de dérangement
aux miliciens, on pourrait y remédier, en y affectant spécialement
une ou deux compagnies organisées à cet effet, et auxquelles on
donnerait pour le temps de la présence sous les armes, soit les
vivres, soit même la solde militaire avec les vivres.

La troupe de ligne, ainsi dégagée du service des postes mal-
sains et corvées pénibles, serait stationnée pendant l'hivernage,
savoir : les hommes les plus nouvellement arrivés de France, sur
les hauteurs de l'île, et les soldats déjà acclimatés, dans les
casernes situées dans les villes ou à proximité. Ces derniers,
mieux surveillés, placés dans des casernes aérées et suffisamment
spacieuses, seraient toujours à portée de descendre en force dans
les villes ou dans les campagnes, si les circonstances l'exigeaient.

Cette idée, débattue dans le sein de la commission, y a pris de
plus grands développements. L'on a demandé s'il ne serait pas
possible et convenable de créer une ou plusieurs compagnies de

soldats indigènes, qui seraient organisées tout à fait militairement, et traitées comme la troupe de ligne pour l'habillement, l'armement, la solde et les vivres. Ces compagnies, commandées par des officiers européens, seraient composées ou d'hommes de couleur libres ou d'hommes de couleur jouissant d'une liberté douteuse qui acquerraient, par un temps de service donné, des droits à un affranchissement régulier. Elles seraient incorporées, pour ordre, dans les corps de l'armée de terre qui viendraient successivement tenir garnison dans la colonie. A l'expiration de leur temps de service, les soldats indigènes pourraient recevoir, à titre de récompense, une pension ou une concession de terre, soit à Madagascar, soit dans la Guyane, avec les facilités nécessaires pour s'y établir. Une compagnie semblable existe depuis longtemps à Cayenne, et il n'en est résulté aucun inconvénient ; nous en trouvons dans les Antilles anglaises des exemples nombreux et appliqués sur une plus grande échelle. Quelles que soient les différences des localités, une institution analogue ne me paraît pas être plus impraticable dans nos Antilles, et elle serait certainement d'un très-grand avantage pour l'armée comme pour le pays.

Je vous prie d'examiner avec soin les diverses questions qui font l'objet de la présente dépêche et de les soumettre au conseil privé. Ses lumières et son dévouement me garantissent qu'il procédera à cet examen, dégagé de toutes préventions. Vous voudrez bien me transmettre son avis motivé et le vôtre, aussitôt qu'il se pourra.

J'adresse une communication pareille à M. le gouverneur de la Guadeloupe.

Recevez, etc.

Le Ministre de la marine et des colonies,

Signé Comte DE CHABROL.

Arch. du gouvernement. Dép. ministér., n° 330.

N° 4628. — *Circulaire ministérielle au sujet de la nécessité d'une stricte exécution aux colonies des règlements relatifs à la police des passe-ports et aux embarquements des passagers.*

14 septembre 1827.

Monsieur le Comte, le gouverneur de l'une de nos colonies ayant accordé à une personne étrangère au service l'autorisation de venir en France sur un bâtiment du roi, l'officier d'administration de la marine, chargé des classes et armements au port du départ, a perdu de vue que cette autorisation ne pouvait dispenser l'impétrant de se munir d'un passe-port et de remplir les formalités préalables exigées de la part de tout habitant des colonies, qui se dispose à en sortir.

Il a donc pourvu purement et simplement à l'embarquement de la personne dont il s'agit : il en est résulté une action judiciaire intentée par les créanciers de ce passager contre le commissaire aux classes et subsidiairement contre l'administration locale.

Les plus fâcheuses conséquences de cette affaire (qui est loin d'être terminée) sont de nature à convaincre les administrations coloniales de la nécessité d'une stricte exécution des règlements en matière de police des passe-ports et d'embarquements des passagers. Je vous prie de vouloir bien donner des instructions précises en ce sens aux officiers ou commis d'administration, préposés au service des armements et classes à la Martinique, en leur faisant sentir que l'oubli des obligations qui leur sont imposées à cet égard engage nécessairement leur responsabilité personnelle.

Recevez, etc.

Le Ministre de la marine et des colonies,
Signé Comte DE CHABROL.

Arch. de l'ordonnateur. Dép. 1827.

N° 4629. — *Dépêche ministérielle qui arrête la composition du personnel de la direction des subsistances de la marine à la Martinique.* (Extrait.)

15 septembre 1827.

Cette direction sera désormais composée des employés ci-après :

1 Directeur à	5,000ᶠ 00 par an.
1 Garde-magasin à	2,400 00
2 Commis entretenus de 3ᵉ classe à 1,200 francs chacun	2,400 00
Total	9,800 00

sur le pied d'Europe et non compris le supplément colonial.

Inspection. Reg. 15, n° 59.

N° 4630. — *Dépêche ministérielle au sujet des justifications qui doivent être exigées de tout comptable réclamant remboursement du cautionnement par lui fourni.*

22 septembre 1827.

Monsieur le Comte, aux termes des lois des 25 nivôse et 6 ventôse an XIII, les cautionnements fournis par les comptables publics sont affectés, par premier privilége, à la garantie des condamnations qui pourraient être prononcées contre eux, par suite de l'exercice de leurs fonctions; par second privilége, au remboursement des fonds qui leur auraient été prêtés pour la totalité ou une partie de ces cautionnements mêmes, lorsque les prêteurs ont rempli les formalités voulues, et subsidiairement, au payement dans l'ordre ordinaire des créances particulières qui seraient exigibles sur eux; et les réclamants sont admis à faire, sur ces cautionnements, des oppositions aux greffes des tribunaux dans le ressort desquels les titulaires exercent leurs fonctions.

Ces dispositions doivent être exécutées à l'égard des cautionnements fournis par les comptables employés aux colonies.

En conséquence, lorsque les titulaires de ces cautionnements seront dans le cas d'en réclamer le remboursement, ils devront, indépendamment des autres justifications prescrites par les règlements, produire des certificats délivrés par les greffiers, et dûment légalisés, constatant qu'il n'a été fait aucune opposition aux greffes des tribunaux de la colonie, ou que les oppositions survenues ont été levées.

Je vous invite à notifier aux comptables employés à la Martinique les dispositions de cette circulaire, qui devra être enregistrée au contrôle.

Recevez, etc.

Le Ministre de la marine et des colonies,
Signé Comte DE CHABROL.

Inspection. Reg. 15, n° 60.

———

N° 4631. — *Dépêche ministérielle au sujet des formalités à remplir par l'administration au cas de pourvoi en cassation, en matière civile, et de la célérité nécessaire.*

22 septembre 1827.

Monsieur le Comte, on paraît croire généralement, aux colonies; que quand une occasion s'y présente de se pourvoir en cassation contre un arrêt ou jugement rendu, une simple protestation ou déclaration de pourvoi faite devant un notaire du lieu et signifiée à la partie adverse est suffisante pour la conservation des droits de la partie intéressée, et qu'elle a par ce moyen toute latitude pour l'envoi en France des pièces destinées à être soumises à la cour suprême.

Le gouverneur de l'une de nos colonies ayant agi dans le sens de cette opinion à l'occasion d'un jugement rendu au préjudice de l'administration locale et contre lequel une déclaration de pourvoi avait été formée par le contrôleur, je viens d'adresser à ce gouverneur une dépêche dont je transcris ci-après l'extrait:

« D'après les termes de votre lettre, vous paraissez avoir pensé qu'il suffisait de transmettre les pièces à M. le procureur général près la cour de cassation pour qu'il fût donné suite au pourvoi de M. le contrôleur.

« Il n'en est point ainsi. En matière civile le pourvoi ne résulte que du dépôt au greffe de la cour de cassation d'une requête présentée par un avocat aux conseils, formalité qui a été suivie ici dans l'espèce.

« L'administration de la marine est partie intéressée dans cette affaire, et elle doit se défendre comme un particulier, le procureur général ne pouvant intervenir que dans l'intérêt général de la société, et non dans l'intérêt privé de telle ou telle administration.

« Ce magistrat aurait eu ici le droit de demander la cassation du jugement du tribunal de la Basse-Terre, mais uniquement dans l'intérêt de la loi, et dans ce cas la cassation n'eût pas profité à l'administration de la colonie.

« Je dois vous faire remarquer, en outre, que le dépôt de la requête au greffe de la cour de cassation doit avoir lieu, sous peine de déchéance, dans un délai déterminé (ce délai est pour les colonies occidentales d'un an à partir du jour de la signification du jugement à personne ou à domicile).

« Il en résulte pour MM. les gouverneurs des colonies la nécessité d'un prompt envoi des pièces au moyen desquelles le pourvoi peut être introduit, et il ne vous échappera pas que la signification du jugement relatif à l'affaire en question ayant été faite dans la colonie le 30 septembre 1826, il a fallu d'après le retard qu'a éprouvé la transmission à mon département des pièces qui concernent cette affaire, faire diligence pour que le pourvoi fût déposé avant le 30 du présent mois de septembre, terme de rigueur.

« Je vous recommande, Monsieur, de donner la publicité convenable à ces indications qui vous serviront au besoin de règle de conduite.

« Vous voudrez bien également m'accuser réception, par réponse spéciale, de la présente dépêche, qui sera enregistrée au contrôle.

« Recevez, etc.

« *Le Ministre de la marine et des colonies,*

« Signé Comte DE CHABROL. »

Inspection. Reg. 15, n° 61.

N° 4632. — *Dépêche ministérielle portant envoi d'une ordonnance locale de Bourbon, sur la répression de la contrebande, avec ordre d'examiner jusqu'à quel point elle serait applicable à la Martinique.* (Extrait.)

22 septembre 1827.

Cette dépêche énonce ce principe remarquable :

Les colonies étant placées de droit sous un régime prohibitif, tout ce qui a pour objet la répression de la fraude doit y porter un caractère de vigueur et de sévérité propre à assurer au commerce de France de justes garanties. Vous ne devrez pas perdre de vue cette observation dans l'application que vous ferez à la Martinique des règlements de la métropole.

Direction de l'intérieur. Dép.

N° 4633. — *Règlement du gouverneur relatif à la réparation générale du pavage à Fort-Royal, accordant un nouveau délai aux propriétaires de maisons et indiquant les mesures à prendre envers eux.*

26 septembre 1827.

Nous, etc.,

Vu notre ordonnance du 6 mars dernier, sur le pavé de la ville du Fort-Royal;

Considérant que d'après l'article 1er de cette ordonnance, les pavés doivent être réparés sous la direction d'un voyer qui doit donner le nivellement et désigner ceux qui sont à refaire ou à réparer;

Considérant que le délai de trois mois accordé par l'article 4, pour la réparation des pavés de la première série était expiré, lorsque le 17 juillet dernier, nous avons nommé un voyer de la ville du Fort-Royal, et qu'il ne serait pas juste de rendre les propriétaires responsables de la non-réparation des pavés, qu'ils n'ont pu faire faute d'un voyer pour donner le nivellement et diriger les opérations du pavage;

Voulant d'ailleurs donner une plus grande latitude, et ôter aux propriétaires négligents tout prétexte pour se soustraire aux dispositions de ladite ordonnance;

Sur le rapport du directeur général de l'intérieur et de l'avis du conseil privé,

Avons arrêté et arrêtons ce qui suit :

Art. 1er. Il est accordé un nouveau délai aux propriétaires des maisons du Fort-Royal, pour la confection des pavés qui sont à leur charge d'après l'ordonnance du 6 mars dernier.

Ce délai est fixé à trois mois, à partir du jour auquel l'avertissement du voyer aura été remis aux propriétaires des maisons.

Art. 2. Pour l'exécution de l'article précédent, il sera dressé, par le voyer de la ville, un état général indiquant le nom des rues, des propriétaires et des locataires, le numéro des maisons, et en regard l'état des pavés et la quantité de mètres carrés de pavé à refaire ou à réparer.

Art. 3. Le voyer adressera à chaque propriétaire un avertissement qui lui fera connaître la quantité de pavé qu'il aura à refaire ou à réparer, soit devant sa maison, soit autour de ses bâtiments ou de son terrain, si l'emplacement est vide.

Cet avertissement, signé par le voyer et visé par le commissaire municipal, indiquera le dernier jour du délai de trois mois auquel ces réparations devront être faites, et sera remis au propriétaire par les soins du commissaire de police, qui en certifiera la remise sur le duplicata dudit avertissement.

Art. 4. A l'expiration de ce délai, les propriétaires qui, par négligence ou autrement, n'auront pas réparé les pavés qui sont à leur charge, seront cités au tribunal de police pour y être condamnés à l'amende de 50 à 100 francs déterminée par l'article 5 de l'ordonnance du 6 mars dernier. A cet effet, le commissaire municipal adressera au procureur du roi l'état des délinquants avec les doubles des avertissements dont la remise aux propriétaires sera certifiée par le commissaire de police.

Art. 5. En même temps que le propriétaire délinquant sera

poursuivi, le locataire de la maison dont le pavé n'aura pas été réparé, recevra l'ordre du procureur du roi de faire cette réparation dans le délai d'un mois, passé lequel il sera passible d'une amende de 20 à 40 francs qui sera également prononcée par le tribunal de police.

Les quittances de ces réparations seront remises pour comptant au propriétaire en payement des loyers, conformément à l'article 5 de l'ordonnance du 6 mars dernier.

Art. 6. A peine de réfaction des pavés mal faits, les propriétaires seront tenus de suivre l'alignement du ruisseau et de demander le nivellement au voyer, qui indiquera par des piquets les points culminants et ceux de déclivité pour l'écoulement des eaux.

Art. 7. La remise du pavé sera faite au voyer de la ville, en suivant les formalités prescrites par l'article 9 de l'ordonnance du 6 mars dernier : dès le moment de cette remise, les propriétaires en seront déchargés et leur entretien demeurera pour le compte municipal.

Art. 8. Le directeur général de l'intérieur est chargé de l'exécution du présent règlement.

Donné à Saint-Pierre, le 26 septembre 1827.

Signé Comte DE BOUILLÉ.

Et plus bas :

Le Directeur général de l'intérieur,
Signé Vicomte DE ROSILY.

Journal officiel, 1827, n° 80. — Enregistré à la cour royale, 16 novembre 1827.

N° 4634. — *Dépêche ministérielle au sujet du droit des chirurgiens et adjudants-majors à la ration de fourrages.* (Extrait.)

28 septembre 1827.

Le ministre de la guerre, dit le ministre, a décidé qu'une indemnité représentative d'une ration de fourrages par jour serait désormais allouée au chirurgien-major de chacun des régiments en garnison à la Martinique.

Quant à l'indemnité de fourrage réclamée par les colonels en faveur de leurs adjudants-majors, la position de ces derniers officiers ne présente aucune considération assez puissante pour leur valoir cet avantage.

Le Ministre de la marine et des colonies,
Signé Comte DE CHABROL.

Inspection. Reg. 15, n° 55.

━━━━━━━━━━

N° 4635. — *Ordonnance du roi concernant les règles à suivre dans les colonies pour l'acceptation des dons et legs en faveur des églises, des pauvres et des établissements publics.*

Promulguée à la Martinique par ordonnance locale du 9 février 1828. — Enregistrée à la cour royale le 15 février suivant.

Bulletin officiel, vol. 1828, p. 66.

━━━━━━━━━━

N° 4636. — *Dépêche ministérielle portant envoi de modèles de formules pour la rédaction des arrêtés et délibérations pris en conseil privé* (1).

2 octobre 1827.

Monsieur le Comte, il convient qu'il règne de l'uniformité dans les formules qui sont employées dans les colonies, pour la rédaction des arrêtés que le gouverneur est autorisé à rendre en conseil et pour les expéditions de procès-verbaux des délibérations du conseil privé destinées à m'être transmises.

J'ai, en conséquence, adopté pour ces formules, quatre modèles que j'ai l'honneur de vous adresser, savoir :

Un pour les arrêtés à rendre dans les cas prévus par l'article 67 de l'ordonnance royale du 9 février 1827 ;

Un pour les arrêtés à rendre dans les cas prévus par les articles 72 et 73 de la même ordonnance ;

Un pour les expéditions des procès-verbaux des délibérations du conseil privé, divisées par séances ; ces expéditions sont celles qui doivent m'être transmises en un seul envoi par le contrôleur, à la fin de chaque session ;

Un pour les extraits des mêmes procès-verbaux, divisés par matières, qui doivent m'être envoyés par le gouverneur en exécution de ma circulaire du 30 mai 1826.

───────

(1) Voir ces modèles annexés à la même dépêche. (Arch. du gouvernement. Dép. ministér., n° 368.)

Vous pourvoirez à ce que l'on se conforme strictement à ces modèles, dont une ampliation sera déposée au contrôle.

Les extraits relatifs à des matières sur lesquelles vous auriez des développements à m'adresser, devront être l'objet d'un envoi spécial. Quant aux autres, vous pouvez me les envoyer collectivement, ainsi que vous y avez déjà été autorisé par ma lettre du 8 décembre 1826, vol. 12, n° 246.

Pour faciliter le classement des pièces dans mes bureaux, le papier sur lequel seront transcrits ces expéditions et ces extraits des procès-verbaux du conseil, devra toujours être du format du papier dit à la tellière. Je saisis cette occasion pour vous recommander de nouveau de tenir la main à ce que les documents dont il s'agit soient fournis par le secrétaire archiviste avec l'exactitude nécessaire pour que l'envoi qui doit m'en être fait n'éprouve plus les retards dont j'ai eu à me plaindre de la part de quelques-unes des administrations coloniales.

A l'égard des arrêtés qui sont rendus dans la colonie, je crois utile de faire observer ici que lors de l'insertion de ces actes dans la *Gazette* ou dans le *Bulletin officiel*, ou lors de leur impression pour affiches, les signatures doivent apparaître dans la forme qui est indiquée sur les modèles que je vous envoie, sans que le chef du service signe une seconde fois pour copie conforme. La signature du gouverneur doit toujours être imprimée en caractères sensiblement plus gros que ceux qui sont employés pour la signature du chef du service. On trouvera des exemples à suivre à cet égard dans les publications de lois et d'ordonnances qui sont faites dans la partie officielle du *Moniteur*.

La présente dépêche sera communiquée au contrôleur.

Recevez, etc.

Le Ministre de la marine et des colonies,
Signé Comte DE CHABROL.

Inspection. Reg. 15, n° 85.

———————

N° 4637. — *Décision du gouverneur portant fixation du traitement, des allocations et taxations du curateur aux successions vacantes de Fort-Royal*

2 octobre 1827.

Nous, etc.,

Vu la dépêche en date du 22 septembre 1826, par laquelle S. Exc. le ministre de la marine et des colonies, en nous prévenant qu'il a nommé M. Martin (Etienne) curateur aux successions vacantes de l'arrondissement du Fort-Royal, fixe à la somme de six mille francs le traitement temporaire à allouer annuellement à ce fonctionnaire et spécifie qu'il pourra y être joint une taxation sur les fonds appartenant aux successions dont ce curateur aurait la gestion ;

Vu notre arrêté en date du 17 avril 1827, portant création d'une commission présidée par M. le directeur général de l'intérieur et chargée de déterminer les taxations qui doivent être allouées au curateur ;

Vu le procès-verbal de la séance de ladite commission en date du 15 septembre 1827 ;

Vu la lettre en date du 19 septembre 1827, par laquelle M. le directeur général de l'intérieur nous transmet le procès-verbal de la commission et émet l'avis que les dispositions qui y ont été arrêtées soient adoptées provisoirement, sauf l'approbation de S. Exc. le ministre de la marine et des colonies, et soient rendues communes aux curateurs aux successions vacantes des arrondissements du Fort-Royal et de Saint-Pierre,

Avons décidé et décidons ce qui suit, pour recevoir provisoirement son exécution jusqu'à l'approbation de S. Exc. le ministre de la marine et des colonies :

Art. 1er. Le traitement du curateur aux successions vacantes et biens d'absents de l'arrondissement du Fort-Royal, est fixé à six mille francs par an.

Art. 2. Il lui est alloué pour loyer du greffe de la curatelle une somme annuelle de mille francs.

Art. 3. Le curateur entrera en partage par moitié avec le gouvernement dans les taxations pour droits de curatelle, sur :

1° Les deux et demi pour cent sur les sommes qui se trouveront en espèces dans les successions ;

2° Les dix pour cent sur le produit des sommes dont il aurait fait recette effective, provenant, soit de la vente des effets mobiliers, soit du recouvrement des dettes actives ;

3° Les cinq pour cent sur les revenus nets des immeubles dont les régisseurs lui rendront compte.

Art. 4. Le curateur aura droit :

1° Pour sa présence aux inventaires et aux ventes dans le lieu de sa résidence, à deux francs cinquante centimes, pour vacation d'une heure ;

2° Pour sa présence à l'apposition et à la levée des scellés dans le lieu de sa résidence, pour chaque opération, six francs ;

3° Pour frais de voyages, nourriture, loyer de cheval et de domestique, présence à l'apposition et à la levée des scellés, aux inventaires et aux ventes, hors de sa résidence, à trente francs par jour, ceux du départ et du retour compris.

Art. 5. Il lui sera passé pour la nourriture des nègres et bestiaux qu'il sera obligé de garder jusqu'à la vente, par jour, pour chaque nègre en santé, *quatre-vingt-quinze centimes*; idem, en maladie, *un franc quatre-vingt-huit centimes*; pour chaque cheval, mulet ou bête à cornes, *un franc quatre-vingt-huit centimes*.

Art. 6. Les frais de transport des meubles et effets pour être vendus dans les lieux principaux et autres menues dépenses, lui seront alloués sur les quittances qu'il en produira et néanmoins réduits s'ils sont excessifs.

Art. 7. Il est interdit au curateur d'instruire et de défendre les causes par lui-même; il fera choix d'un avoué qui, sur sa proposition, sera autorisé par nous à exercer, conformément aux tarifs et d'après taxation du juge. Défense expresse est faite audit avoué de se charger d'aucune affaire contre la curatelle à la vacance.

Art. 8. Il sera établi au profit du trésor un droit de 5 pour 100 sur les reprises qui sortiraient de la curatelle à la vacance (soit obligations à recouvrer ou immeubles à vendre), lorsqu'il y aura un an d'écoulé depuis l'ouverture de la succession. Ce droit sera versé annuellement au trésor par le curateur qui, en prévenant les familles qu'une succession leur est échue et qu'il l'administre pour leur compte, leur donnera connaissance de la présente disposition.

Art. 9. Les dispositions ci-dessus recevront leur exécution à dater du 9 mars 1827, jour de l'installation de M. Martin dans les fonctions de curateur aux successions vacantes et biens d'absents de l'arrondissement du Fort-Royal.

Art. 10. Le directeur général de l'intérieur est chargé de l'exécution de la présente décision, qui sera enregistrée aux greffes des cours et tribunaux de la colonie et au contrôle colonial.

Donné à Saint-Pierre, le 2 octobre 1827.

Signé Comte DE BOUILLÉ.

Et plus bas :

Le Directeur de l'intérieur,
Signé Vte DE ROSILY.

Inspection. Reg. 14, n° 178.

N° 4638. — *Dépêche ministérielle au gouverneur portant envoi d'un rapport du chef de la pharmacie centrale de Paris sur la sangsue du Sénégal.*

2 octobre 1827.

Monsieur le Comte, j'ai l'honneur de vous faire passer ici la copie d'un rapport où M. Henry, chef de la pharmacie centrale des hôpitaux de Paris, a consigné le résultat des épreuves auxquelles ont été soumises par ses soins des sangsues provenant du Sénégal, que j'avais fait mettre à cet effet à sa disposition (1).

Ces sangsues appartiennent à une espèce assez commune au Sénégal et dont la découverte promet de devenir un véritable bienfait pour nos colonies occidentales où jusqu'ici l'on a pu en envoyer de France qu'à grands frais; M. le commandant et administrateur *p. i.* du Sénégal m'a annoncé, sous la date du 8 juin, qu'il se proposait de vous faire passer, par toutes les occasions, des sangsues de cette espèce ; vous ne manquerez pas de favoriser, en ce qui pourra dépendre de vous, les utiles relations dont l'effet pourra être d'assurer d'une manière régulière et économique l'approvisionnement, en ce genre, des hôpitaux de la colonie, et d'ouvrir aux spéculateurs, en ce qui concerne la consommation particulière, une nouvelle branche d'industrie.

Vous voudrez bien me rendre compte du résultat des essais qui seront faits de ces sangsues à la Martinique.

Recevez, etc.

Le *Ministre de la marine et des colonies*,
Signé Comte DE CHABROL.

Arch. du gouvernement. Dép. ministér., n° 363.

(1) Ce rapport manque aux archives du gouvernement, mais on le trouve aux *Annales maritimes*, année 1827. L'honneur de cette découverte importante doit revenir à M. le docteur Catel, alors médecin en chef à Saint-Louis (Sénégal), aujourd'hui dirigeant, au même titre, les hôpitaux de la Martinique. C'est lui qui, le premier, découvrit que le Sénégal produisait des sangsues, et dès ce moment, ses recherches lointaines pour se procurer de ces annélides, ses expériences pour vérifier et constater leur efficacité furent incessantes. Il est impossible de lire sans un vif intérêt, mêlé de reconnaissance pour tant de dévouement, le rapport qu'il a adressé le 1er juin 1827, sur cet objet, au commandant et administrateur du Sénégal. Les conclusions de ce rapport, inséré d'ailleurs, comme celui de M. Henry, aux *Annales maritimes* de 1827, sont ainsi formulées :

1° Que ce n'est qu'en 1819 que l'on a appris qu'il existait des sangsues au Sénégal, et cette découverte est due au hasard ;

2° Qu'on en reconnaît deux espèces, la noire et la verte ; la première se trouve

N° 4639. — *Arrête du gouverneur portant établissement d'un* Bulletin officiel *des actes administratifs à la Martinique.*

7 octobre 1827.

Journal officiel, 1827, n° 103. — *Bulletin officiel*, vol. 1828, p. 1.

———————————

N° 4640. — *Dépêche ministérielle modificative de celle du 13 septembre 1826, relative aux formules* d'arrêté ou d'appro·bation *dont doivent être revêtus les plans, devis, marchés et adjudications adoptés par le conseil privé.*

26 octobre 1827.

Monsieur le Comte, des observations ont été adressées relativement au mode prescrit par ma circulaire du 13 septembre 1826, pour consigner au bas des marchés, adjudications et traités, les décisions approbatives du conseil privé. Il m'a été représenté que l'obligation imposée de faire signer par chacun des membres du conseil toutes les expéditions de ces actes qui sont souvent très-multipliés entraînerait des délais dont le service pouvait souffrir et qui pouvaient être évités sans inconvénient en faisant signer par le gouverneur seul les marchés approuvés en conseil. Il m'a paru en effet qu'en ayant soin de consigner dans les procès-verbaux des délibérations du conseil toutes les stipulations des marchés, il pouvait suffire que l'approbation à apposer au bas de ces actes fût signée seulement par le gouverneur. En conséquence, je vous autorise à employer ce mode, en faisant usage de la formule suivante, qui est conforme à celle adoptée pour l'approbation des plans et devis, savoir :

« Approuvé conformément à la décision du conseil privé du. . . . . »

—————————————————————————

dans le pays de Cayor, et la deuxième vient des marigots du fleuve et du lac Paniéfoul ;

3° Qu'en premier lieu le prix en a été de 15 à 25 francs le cent, mais qu'en 1823, ce prix étant tombé à 2 fr. 50 cent., se réduisit encore, en 1826, à 1 fr. ;

4° Qu'il serait prudent, à cause des inondations qui, chaque année, couvrent les pays à sangsues, d'en établir un dépôt à Richard-Toll ;

5° Qu'au moyen d'un réservoir établi dans l'enceinte de l'hôpital, les sangsues ayant servi, mises en repos quelque temps, pourraient servir encore, ce qui produirait une notable économie ;

6° Et enfin, qu'un envoi des sangsues dont il s'agit pourrait être fait tant à la Guadeloupe qu'à Paris, pour y être comparées avec celles de France.

Par ma circulaire du 12 juin dernier, qui a supprimé l'envoi des copies de marchés, j'ai recommandé que la plus grande exactitude fût apportée dans la rédaction des procès-verbaux des séances du conseil où ces traités sont examinés.

Je vous renouvelle cette recommandation. Il sera nécessaire désormais que les procès-verbaux relatent toujours les qualités, les espèces, les prix, les époques de livraison et toutes les autres clauses particulières, de manière à constater que le conseil a eu connaissance de toutes les conditions du traité.

La présente dépêche sera enregistrée au contrôle.

Recevez, etc.

Le Ministre de la marine et des colonies,
Signé Comte DE CHABROL.

Inspection. Reg. 15, n° 84.

⸺⸺

N° 4641. — *Ordonnance du gouverneur portant fixation de la valeur de cours de la quadruple d'or d'Espagne ou doublon.*

27 octobre 1827.

Nous, etc.,

Vu la dépêche de S. Exc. le ministre de la marine et des colonies en date du 31 août 1827, par laquelle S. Exc. nous annonce que, d'après le compte qui lui a été rendu par M. le gouverneur de la Guadeloupe et par nous des résultats qu'a eus sur la circulation monétaire de ces deux colonies, la disposition de l'ordonnance royale du 30 août 1826, qui attribue à la pièce d'or d'Espagne dite quadruple ou doublon, une valeur légale réglée d'après le rapport qui existe en France entre l'or et l'argent, Sa Majesté a bien voulu, sur les propositions qui lui ont été faites par S. Exc. le ministre de la marine et des colonies, décider que, par modification du § 9 de l'article 14 de l'ordonnance royale du 30 août 1826, le trésorier de la Martinique et celui de la Guadeloupe seraient autorisés provisoirement et jusqu'à nouvel ordre à recevoir le quadruple d'or d'Espagne à raison de quatre-vingt-six francs quarante centimes,

Avons ordonné et ordonnons ce qui suit :

Art. 1er. A partir du 28 octobre 1827, M. le trésorier de la colonie et ses préposés recevront, provisoirement et jusqu'à nouvel ordre, le quadruple d'or d'Espagne, à raison de quatre-vingt-six francs quarante centimes, valeur égale à celle de seize

piastres, suivant le cours de cinq francs quarante centimes attribué
à ces dernières pièces par le tarif du 30 août 1826.

Art. 2. M. l'ordonnateur, M. le directeur général de l'intérieur et M. le procureur général du roi sont chargés, chacun en
ce qui le concerne, de l'exécution de la présente ordonnance.

Donné au Fort-Royal, le 27 octobre 1827.

Signé Comte DE BOUILLÉ.

Et plus bas:

Le Directeur général de l'intérieur,
Signé ROSILY.

Inspection. Reg. 14, n° 187. — Enregistré à la cour royale, le 27 octobre 1827.

N° 4642. — *Dépêche ministérielle au sujet de la composition des assemblées du conseil privé et de l'observation rigou-reuse des dispositions de l'article 162 de l'ordonnance royale du 9 février 1827.*

30 octobre 1827.

Monsieur le Baron, j'ai vu par les extraits du procès-verbal
d'une séance du conseil privé de la Guadeloupe, en date du
26 juin dernier, que dans l'impossibilité de pourvoir régulièrement au remplacement de conseillers coloniaux titulaires, à raison d'empêchement de la part des suppléants, le conseil, pour
ne pas suspendre le cours de ses délibérations, s'était cru fondé
à s'écarter de la disposition littérale de l'article 147 de l'ordonnance du 21 août 1825 (art. 162 de l'ordonnance du 9 février
1827), laquelle porte que le conseil privé ne peut délibérer qu'autant que tous ses membres sont présents ou légalement remplacés.

Quelque pressants qu'aient pu paraître au conseil les motifs
de sa détermination, je ne saurais approuver cette violation d'une
disposition aussi explicitement exprimée par l'ordonnance de Sa
Majesté.

Il est d'ailleurs incontestable que par suite de l'inobservation
d'une clause aussi importante, établie comme une des conditions
de la validité des opérations du conseil, la délibération du 26 juin
se trouve atteinte d'un vice de nullité.

Vous voudrez bien, en conséquence, faire régulariser, par une
nouvelle délibération du conseil privé, l'examen des matières qui
ont fait l'objet de la séance dont il s'agit.

Il serait vivement à regretter, Monsieur le Baron, que les colons de la Guadeloupe, appelés par la confiance du roi à prendre part à la discussion des actes relatifs à l'administration de la colonie, apportassent de la tiédeur dans l'accomplissement des obligations que leur impose cette mission honorable, et qu'ainsi fût rendu en partie illusoire le bienfait qui doit résulter, pour les habitants de la colonie, des institutions dont ils sont redevables à la sollicitude royale.

J'aime à penser que Messieurs les conseillers coloniaux envisageront le préjudice que pourraient ressentir les intérêts locaux, par suite du retour d'irrégularités semblables à celle dont il est ici question, et que l'activité des affaires ne sera plus compromise par des obstacles de même nature.

Au surplus, le fait dont je viens de vous entretenir signale la nécessité de ne composer désormais vos listes de candidats aux places de conseillers coloniaux ou de suppléants, que d'habitants qui, à raison de leur résidence, soit dans le chef-lieu du gouvernement de la colonie, soit dans les parties de l'île qui en sont voisines, puissent se rendre, chaque fois qu'il y a lieu, aux convocations qui leur sont adressées.

Il paraîtrait peu probable, dans l'état de choses résultant d'un ordre de nomination semblable, que le nombre des conseillers coloniaux suppléants pût se trouver insuffisant pour pourvoir au remplacement des titulaires en cas d'absence légitime.

Je vous invite à établir vos propositions dans ce sens, lorsqu'il y aura lieu à pourvoir à de nouvelles nominations de conseillers coloniaux titulaires et suppléants.

Recevez, etc.

Le Ministre de la marine et des colonies,

Signé Comte de CHABROL.

Inspection. Reg. 15, n° 83.

N° 4643. — *Dépêche ministérielle relative à la fixation du jour d'ouverture des sessions mensuelles du conseil privé.*

30 octobre 1827.

Monsieur le Comte, dans une séance du conseil privé de la Martinique, du 1er mars dernier, il a été exposé que, par suite de la disposition de l'article 146, § 1er, de l'ordonnance du

21 août 1825 (art. 161, § 1er, de l'ordonnance du 9 février 1827), laquelle fixe au 1er de chaque mois l'ouverture des sessions mensuelles du conseil privé, la durée de ces sessions pouvait se prolonger de telle sorte qu'elle devînt préjudiciable à une partie des membres du conseil, attendu le retard nécessaire pour la production des documents de comptabilité qui doivent être soumis à leur examen.

Par suite de l'opinion émise à cet égard par la majorité des membres du conseil, vous avez arrêté qu'il ne serait convoqué à l'avenir que le 5 de chaque mois.

Je ne puis approuver cette disposition qui est formellement contraire à la volonté exprimée par l'ordonnance précitée, et qui, d'ailleurs, ne me paraît pas avoir été fondée sur une urgence réelle.

Chaque session mensuelle du conseil privé devant se prolonger plus ou moins, suivant la quantité et la nature des affaires soumises à ses délibérations, l'administration locale, en usant de l'activité nécessaire, doit être en mesure de lui présenter, avant ses dernières séances, les documents de comptabilité dont il a été question, sans qu'il soit nécessaire de prolonger, à cet effet, la durée de la session.

Vous aurez soin de faire des recommandations à cet égard, s'il était nécessaire, à M. le commissaire principal de marine Pélissier, destiné à remplir les fonctions d'ordonnateur à la Martinique.

Recevez, etc.

Le Ministre de la marine et des colonies,
Signé Comte DE CHABROL.

Inspection. Reg. 15, n° 83 *bis*.

N° 4644. — *Dépêche ministérielle au gouverneur au sujet de la comptabilité des munitions de guerre consommées par les milices coloniales.*

30 octobre 1827.

Monsieur le Comte, on a agité la question de savoir sur quels fonds doivent être payées les munitions de guerre qui sont délivrées aux milices dans les colonies.

Lorsque les milices sont appelées à servir comme auxiliaires des troupes réglées, soit en temps de paix, soit en temps de guerre, les munitions dont elles ont besoin doivent leur être délivrées des magasins de l'État au compte du département de la guerre; mais dans le cas où les milices ne font qu'un service de police locale, analogue à celui des gardes nationales de France, la dépense des munitions qui leur sont fournies doit être à la charge du budget du service intérieur.

Vous voudrez bien, lorsqu'il y aura lieu, donner des ordres en conséquence et faire enregistrer la présente dépêche au contrôle.

Recevez, etc.

Le Ministre de la marine et des colonies,
Signé Comte DE CHABROL.

Arch. du gouvernement, n° 398. — Inspection. Reg. 15, n° 71.

N° 4645. — *Ordonnance et règlements du roi sur le service des officiers, des élèves et des maîtres à bord des bâtiments de la marine royale.*

31 octobre 1827.

NOTA. Ordonnance trop volumineuse pour être insérée dans ce recueil, contient 722 articles, divisés en 18 titres, et les règlements ont une étendue de 100 pages in-4°.

Arch. du gouvernement. Ord. et déc.

N° 4646. — *Dispositions portant règlement, en détail, des honneurs qui doivent être rendus à bord des navires de l'État.*

31 octobre 1827.

Annales maritimes, 1827, 1re partie, vol. 2, p. 161.

N° 4647. — *Décision du roi concernant une distribution de médailles d'or pour l'encouragement de l'agriculture aux colonies.*

3 novembre 1827.

NOTA. Du rapport qui a proposé cette décision, il résulte que la Martinique y prend part pour deux médailles : l'une accordée à M. de Périnelle, pour application de nouveaux engrais, l'autre à M. de Lagrange, qui a montré des talents agricoles distingués.

Annales maritimes, 1828, 1re partie, p. 45.

Nᵒ 4648. — *Dépêche ministérielle au gouverneur relative à l'organisation du service des ponts et chaussées à la Martinique.* (Extrait.)

6 novembre 1827.

Son personnel se compose ainsi qu'il suit :

    1ᵒ Un ingénieur en chef de 2ᵉ classe ;
    2ᵒ Deux ingénieurs ordinaires ;
    3ᵒ Cinq conducteurs.

Le traitement de ces officiers est ainsi fixé :

L'ingénieur en chef de 2ᵉ classe :

Traitement d'Europe	4,500ᶠ 00
Supplément colonial de moitié	2,250 00
Indemnité de logement et d'ameublement	1,200 00
Frais de bureau et de tournée	2,700 00
Ensemble	10,650 00

L'ingénieur ordinaire de 1ʳᵉ classe :

Traitement d'Europe	2,800 00
Supplément colonial des trois-quarts	2,100 00
Indemnité de logement et d'ameublement	432 00
Frais de bureau et de tournée	1,800 00
Ensemble	7,132 00

Le conducteur de 1ʳᵉ classe :

Traitement d'Europe	1,500 00
Supplément colonial égal	1,500 00
Indemnité de logement et d'ameublement	240 00
Ensemble	3,240 00

Le conducteur de 2ᵉ classe :

Traitement d'Europe	1,200 00
Supplément colonial égal	1,200 00
Indemnité de logement et d'ameublement	216 00
Ensemble	2,616 00

Les conducteurs envoyés en tournées auront droit, d'ailleurs, à des frais de route et à des vacations d'après le tarif, et suivant les formes en usage dans la colonie.

Vous êtes, en outre, autorisé à accorder, après examen en conseil privé, des indemnités rémunératoires aux conducteurs qui, ayant été employés d'une manière sédentaire, vous seraient signalés, par l'ingénieur en chef, comme ayant donné des preuves de zèle et de talent.

Vous sentez que ces concessions doivent être justifiées par des services réels et bien constatés, et qu'elles doivent être restreintes le plus possible. Il me paraîtrait convenable de ne dépasser, dans aucun cas, pour les conducteurs des ponts et chaussées, ce qui a été autorisé dernièrement pour les gardes du génie, en ce qui concerne le payement de leurs journées de surveillance (1).

La présente dépêche sera enregistrée au contrôle.

Recevez, etc.

Le Ministre de la marine et des colonies,
Signé Comte DE CHABROL.

Arch. du gouvernement. Dép. ministér., n° 405.

N° 4649. — *Ordonnance du gouverneur modifiant, en faveur des habitants propriétaires, celle du 6 juin précédent établissant les patentes.*

7 novembre 1827.

Vu, etc.;

Voulant concilier les intérêts des habitants et les droits du gouvernement;

Sur le rapport du directeur général de l'intérieur, et après avoir pris l'avis du conseil privé,

Avons ordonné, etc.:

Art. 1er. La disposition de l'article 1er de notre ordonnance du 6 juin dernier qui soumet au droit de patente les propriétaires vendant sur leurs habitations du rhum et du tafia au détail est supprimée.

Donné au Fort-Royal, le 7 novembre 1827.

Signé Comte DE BOUILLÉ.

Arch. du gouvernement. Ord. et déc.

N° 4650. — *Arrêté du gouverneur portant amnistie en faveur d'esclaves évadés de la colonie.*

8 novembre 1827.

Nous, etc.,

Étant informé que quelques esclaves de cette colonie qui, égarés sans doute par de mauvais conseils, se sont réfugiés dans

(1) Voir circulaire ministérielle du 13 février 1827, n° 4541.

les îles voisines, et notamment à la Dominique, ont manifesté des sentiments de repentir et de regret d'avoir abandonné leurs ateliers, et qu'ils témoignent le désir d'y rentrer;

Sur le rapport du directeur général de l'intérieur en date du 8 novembre, et de l'avis du conseil privé dans sa séance du 8 novembre 1827,

Avons arrêté et arrêtons ce qui suit :

Art. 1er. A l'occasion de la fête du roi, amnistie pleine et entière est accordée aux esclaves évadés de la Martinique, qui se sont réfugiés dans les îles voisines, et notamment à la Dominique, depuis le mois de juin dernier jusqu'à ce jour, et qui rentreront dans la colonie dans le délai d'un mois, qui commencera à courir le 4 du courant, jour de la fête de Sa Majesté.

Art. 2. Sont exceptés des dispositions de l'article précédent ceux des esclaves fugitifs qui, avant leur évasion, se sont rendus coupables de vols d'argent ou d'effets. Les dispositions de l'ordonnance du 8 juillet 1827 cessant de leur être applicables en vertu de la présente amnistie, les esclaves dont il s'agit seront livrés aux tribunaux ordinaires de la colonie et poursuivis pour vol, conformément aux lois en vigueur.

Art. 3. Le directeur général de l'intérieur est chargé de l'exécution du présent arrêté, qui sera enregistré aux greffes des cour et tribunaux de première instance de cette colonie, publié et affiché partout où besoin sera.

Donné au Fort-Royal, le 8 novembre 1827.

Signé Comte DE BOUILLÉ.

Et plus bas :

Le Directeur général de l'intérieur,

Signé Vicomte DE ROSILY.

Journal officiel, 1827, nᵒ 90. — Enregistré à la cour royale, le 13 novembre 1827.

N° 4651. — *Ordonnance du gouverneur portant règlement sur le service de la poste aux lettres à la Martinique.*

9 novembre 1827.

Nous, etc.,

Attendu que le service de la poste aux lettres dans la colonie a besoin d'être régularisé;

Vu les lois et règlements sur les postes et notamment l'arrêté

du 19 germinal an x, et l'ordonnance locale du 21 mai 1805;
De l'avis du conseil privé,
Avons ordonné et ordonnons ce qui suit :

Art. 1er. Le service de la poste coloniale est confié à un
directeur qui réside à Saint-Pierre.

Quatre bureaux principaux sont établis, savoir : un à Saint-
Pierre, point central, un autre au Fort-Royal, un à la Trinité
et un autre au Marin; dans toutes les autres paroisses de la
colonie, les commis à la police font les fonctions des buralistes
sous la surveillance des commissaires-commandants.

Art. 2. Il y aura dans chaque bureau principal une boîte dans
laquelle pourront être déposées, à toute heure, les lettres pour
l'intérieur de la colonie; on se conformera pour celles de l'extérieur aux dispositions des articles 10 et 18.

Art. 3. Chaque bureau principal sera muni d'un timbre portant le nom du lieu pour être apposé sur toutes les lettres; et
dans les autres quartiers les buralistes y inscriront le nom de la
paroisse d'où elles parviendront.

Art. 4. On distribuera les lettres chaque jour dans tous les
bureaux, depuis sept heures du matin jusqu'à deux heures, et
depuis quatre heures de l'après-midi jusqu'au soleil couchant.
Celles des navires venant d'Europe seront distribuées dans le
bureau du port où le bâtiment aura mouillé, une heure après
la réception du sac; celles pour les différents quartiers seront
expédiées par le premier courrier. Les directeurs, receveurs,
buralistes et commis de la poste ne remettront les lettres qu'aux
personnes désignées par les adresses, ou aux individus qui prou-
veront être par elles chargés de les retirer.

Art. 5. La distribution des lettres dans chaque bureau de
la poste se fera par un guichet pratiqué à cet effet, afin que
personne ne puisse entrer dans l'intérieur du bureau.

Art. 6. A Saint-Pierre et au Fort-Royal, il sera établi des
facteurs pour la remise à domicile de toutes les lettres ou
paquets qui n'auront pas été retirés au bureau.

Art. 7. Les ports de lettres et paquets seront payés comptant
lors de la remise aux particuliers à qui ils seront adressés. Il
leur sera libre néanmoins de les refuser avant de les avoir dé-
cachetés; le buraliste écrira au dos le mot *refusé*.

Art. 8. Seront francs de ports toutes les lettres et paquets
contre-signés de nous, des quatre chefs d'administration et des
divers chefs de services. Le contre-seing se fera par une griffe
ou par la signature même du fonctionnaire.

Les lettres et paquets jouissant de la franchise au moyen du contre-seing, devront être remis au préposé de la poste, qui y apposera un timbre portant le mot *franche*.

Art. 9. Les journaux, gazettes et imprimés, autres que ceux adressés aux agents du gouvernement, soit qu'ils viennent de l'extérieur ou de l'intérieur de l'île et qui seront adressés sous bande seulement aux particuliers, seront soumis, suivant leur poids, à une taxe de moitié du prix fixé au tarif.

Les particuliers pourront s'arranger avec le directeur pour fixer un prix d'abonnement à ce sujet, ainsi qu'il est d'usage en France.

Art. 10. Toute personne qui remettra à un bureau de poste des campagnes, soit des lettres, soit des paquets pour l'Europe ou pour les colonies, sera tenue de les affranchir jusqu'au bureau du port où se trouve le bâtiment qui devra s'en charger; les lettres ou paquets non affranchis qui auraient cette destination resteront au rebut dans le bureau où la remise aura été faite.

Lorsqu'une lettre ou paquet aura été mis dans un des sacs des bâtiments en partance, il ne pourra en être retiré.

Art. 11. Tous les capitaines de navires venant de France ou des pays étrangers, les maîtres de goëlettes ou bateaux, faisant le cabotage de la Martinique et des colonies voisines, françaises et étrangères, seront tenus de remettre au bureau de la poste du lieu où ils aborderont, les lettres et paquets qu'ils auront à leur bord. Ils ne pourront en délivrer aucune, soit à bord, soit à terre, à peine de *trois cents francs d'amende*, applicable au bureau de charité.

Art. 12. Le directeur de Saint-Pierre et le receveur de Fort-Royal continueront d'avoir un canot pour aller à bord de tous les bâtiments arrivants; ce canot ne pourra les aborder qu'après que le stationnaire se sera transporté à bord. Ils réclameront des capitaines, officiers et passagers desdits bâtiments les lettres dont ils pourraient être porteurs, soit pour les agents du gouvernement, soit pour les particuliers.

Ce canot portera un pavillon blanc avec le mot *poste*. Il est interdit à la poste de recevoir aucun passager à bord de son canot, sous peine de *trois cents francs d'amende* au profit des bureaux de charité. Cette amende sera prononcée sans appel par le tribunal de simple police.

Art. 13. Il sera tenu compte par le directeur de la poste aux capitaines du commerce de France d'un décime par lettre ou paquet, et de cinq centimes par paquet de journaux sous bande, destinés pour toutes les personnes de la colonie, autres que celles attachées au service du roi (1).

Les lettres et paquets à transmettre dans les colonies voisines, françaises ou étrangères, ne seront point passibles de cette redevance.

Art. 14. Chaque capitaine de navire partant pour l'Europe sera tenu de remettre au bureau de la poste du port d'où il s'expédiera, quinze jours avant son départ, un sac sur lequel seront écrits les noms du navire et du capitaine, l'époque présumée de son départ et le nom du port de destination. Il devra aussi faire connaître, trois jours à l'avance, le jour et l'heure où il devra lever son sac aux lettres.

Art. 15. Les capitaines de port, ou leurs remplaçants dans les villes de Saint-Pierre et du Fort-Royal, n'accorderont à aucun capitaine de navire ou autre bâtiment de long cours et de cabotage français, de permis de sortie du port que sur la présentation d'un certificat du bureau de la poste constatant que ledit capitaine s'est présenté pour prendre les dépêches dudit bureau, pour le lieu de sa destination ; les dépêches seront scellées du cachet de la poste, et remises auxdits capitaines qui en fourniront récépissés. Les capitaines de navires qui partiraient pour France et pour les colonies voisines sans avoir retiré leurs sacs aux lettres, seront soumis à une amende de *trois cents francs*. La même, augmentée d'un mois de prison, sera infligée aux capitaines qui se permettront de décacheter les paquets ou sacs aux lettres dont ils seraient chargés pour les bureaux de la poste de la colonie.

Art. 16. Le directeur de la poste ni ses agents ne seront responsables des espèces, ou matières d'or ou d'argent, ou autres effets précieux qui auraient été insérés dans les lettres ou paquets.

Art. 17. Les lettres ou paquets qui seront restés pendant trois mois dans les bureaux particuliers, sans avoir été réclamés, seront renvoyés au bureau central à Saint-Pierre. Il en sera fait, tous les six mois, un état qui sera affiché dans les différents quartiers chez tous les buralistes et inséré dans les journaux ; et un mois après, les lettres et paquets provenant de la colonie et des îles voisines, non réclamés, seront brûlés en présence du commissaire de police. Il sera adressé un état des lettres également

(1) Voir, au sujet de cette redevance, la dépêche ministérielle du 29 juin 1827, n° 4588.

non réclamées pour être envoyé à la direction générale des postes à Paris.

Art. 18. Il est interdit aux capitaines de navires du commerce de se charger des lettres du public ; ils devront, en conséquence, renvoyer au bureau de la poste toutes celles qu'on voudrait confier, soit à eux, soit aux officiers ou gens de leurs équipages, sous peine d'une amende de 100 francs, applicable aux bureaux de charité.

Art. 19. Le service de la poste sera journalier de Saint-Pierre au Fort-Royal, et *vice versa*, par deux expéditions ; la première à midi et la seconde au soleil couchant. La boîte sera remise aux postes chargés de la surveillance des canots de poste, qui devront les remettre aux patrons des premiers canots partants, et tenir registre des canots, patrons, heures des départs et d'arrivées.

Art. 20. Le service de la poste pour la campagne aura lieu par la circulation de boîtes fermées, dont chaque buraliste aura une clef ; ladite circulation se fera de paroisse en paroisse par des courriers qui partiront une fois par semaine du Fort-Royal et de Saint-Pierre, ainsi qu'il est indiqué au tableau ci-annexé.

Art. 21. Chaque courrier portera une plaque en métal blanc, portant ces mots : *Poste aux lettres*, qu'il attachera sur sa poitrine, afin qu'on puisse le reconnaître, et que personne, de quelque qualité et condition qu'elle soit, ne puisse, sous aucun prétexte, l'arrêter ou le détourner de son chemin, sous peine d'une amende de 300 francs, et même de peine corporelle en cas de violence, si le cas l'exige, et afin aussi que chaque habitant puisse leur donner aide et assistance en cas de besoin. Il est défendu aux courriers de la poste de suivre une autre route que les routes royales et les chemins vicinaux.

Art. 22. Les jours de passage, de départ et d'arrivée des courriers dans les villes et bourgs, seront annoncés par un tableau imprimé et affiché chez les buralistes, qui seront tenus de ne pas s'absenter lesdits jours de passage, afin de ne pas retarder la marche des courriers, qu'ils auront soin de faire repartir à l'heure fixée, excepté dans le cas d'événement ou de force majeure dont ils feront mention sur la feuille de route. Chaque buraliste, en recevant la boîte, visitera attentivement tous les paquets, s'assurera s'ils n'ont point été ouverts en chemin, et fera mention de l'état où il les aura trouvés. Le buraliste qui négligerait de remplir cette formalité encourrait une amende de *cinquante francs* dans le cas où le buraliste qui recevrait la boîte après lui mentionnerait des paquets ouverts.

Art. 23. Pour assurer la célérité des courriers, nous défendons aux buralistes et à toutes autres personnes de leur donner autre chose à porter que la boîte des lettres et à eux de s'en charger, sous peine de prison pour les libres, et du fouet pour les esclaves.

Art. 24. Tout individu qui, sous quelque prétexte que ce puisse être, et spécialement sous celui d'autorité publique, se permettra d'ouvrir les boîtes et paquets des courriers, sera puni d'une amende de *cent cinquante francs* applicable aux bureaux de charité, pour la première fois, et de plus forte somme en cas de récidive ou de circonstances aggravantes du délit.

Si le délinquant est esclave, il subira la peine du fouet, et, selon les circonstances, les dispositions de l'article 13 de l'ordonnance du 21 mai 1805 pourront lui être appliquées.

Art. 25. Toute personne qui serait convaincue d'avoir soustrait ou intercepté quelques lettres confiées à la poste, sera poursuivie suivant la rigueur des ordonnances.

Art. 26. Toutes les lettres qui seront remises non cachetées dans un des bureaux de la poste, y seront refusées, et dans le cas où à la levée des boîtes il s'en trouverait, le buraliste y mettra un cachet et écrira au dos : *Trouvée non cachetée à la levée de la boîte de tels heure et jour.*

Art. 27. Le tarif des ports de lettres, y compris le décime par lettre payé aux capitaines de navires et la rétribution précédemment allouée pour les facteurs dans les villes et les courriers dans la campagne, est fixé comme suit :

Pour les lettres simples provenant de l'extérieur... 1' 00
Pour les lettres doubles ou sous enveloppe....... 1 25
Pour les lettres ou paquets pesant 1/2 once...... 1 50
Pour chaque gros en sus de la 1/2 once......... 0 25

Pour les lettres de l'intérieur de la colonie jusqu'au poids d'une demi-once exclusivement, 50 centimes ; les paquets d'une demi-once à une once inclusivement, 1 franc ; et 25 centimes par chaque gros en sus de l'once.

Il ne sera point reçu aux bureaux de paquets de particuliers pesant au-dessus d'une livre et demie.

Les directeurs, receveurs, buralistes ou commis des bureaux de la poste, se conformeront au tarif ci-dessus, sous peine, en cas de contravention, d'être punis comme concussionnaires.

Art. 28. Le directeur de la poste, le chef du bureau central, les receveurs principaux, les buralistes des paroisses et les facteurs des villes, sont exempts du service de la milice.

Art. 29. Tous les revenus de la poste sont abandonnés au

directeur, qui est chargé de pourvoir aux dépenses de ce service, y compris le salaire des courriers et l'entretien des havresacs.

Les buralistes des paroisses continueront à recevoir pour indemnité les produits des lettres qu'ils distribueront.

Les buralistes seront nommés par le directeur général de l'intérieur, sur la proposition du directeur de la poste.

Art. 30. Le directeur de la poste coloniale rédigera, pour l'exacte observation de la présente ordonnance, des instructions particulières qu'il adressera à ses délégués, après les avoir soumises à l'approbation de M. le directeur général de l'intérieur.

Art. 31. Le directeur général de l'intérieur, les commissaires-commandants des paroisses, les commissaires de police et le directeur de la poste sont, chacun en ce qui le concerne, chargés de l'exécution de la présente ordonnance, qui sera enregistrée aux greffes des tribunaux et au contrôle.

Donné au Fort-Royal, le 9 novembre 1827.

Signé Comte DE BOUILLÉ.

Et plus bas :

Le Directeur général de l'intérieur,

Signé Vicomte DE ROSILY.

Journal officiel, 1827, n° 99. — Enregistrée à la cour royale, le 24 novembre 1827.

Tableau pour les départs, passages et arrivées des courriers de la poste aux lettres.

(Toutes les boîtes seront fermées, à Saint-Pierre, les mercredis à 6 heures 1/2 du soir.)

Route du Nord.

BOITE N° 1.

Cette boîte contiendra les paquets pour les paroisses de la Basse-Pointe, Macouba, Grand'Anse, Marigot, Sainte-Marie et la Trinité.

Départ.

De Saint-Pierre, les jeudis.	à 3 heures du matin.
De la Basse-Pointe........	à 10 heures.
De la Grand'Anse.........	à midi.
Du Marigot..............	à 2 heures du soir.
De Sainte-Marie.........	à 4 heures.
Pour arriver à la Trinité.............	à 6 heures.

Retour.

De la Trinité, les samedis. . à 5 heures du matin.
De Sainte-Marie. . . . . à 7 heures.
Du Marigot. . . . . à 9 heures.
De la Grand'Anse. . . . . . . à 11 heures.
De la Basse-Pointe. . . . . . à 1 heure du soir.
Pour arriver à Saint-Pierre. . . . . à 6 heures.

Un courrier partira du Macouba tous les jeudis à 6 heures du matin pour la Basse-Pointe, d'où il repartira de suite après avoir reçu ses paquets.

Un courrier partira également de Saint-Pierre tous les jeudis à 5 heures du matin pour le Prêcheur, d'où il repartira à 10 heures pour Saint-Pierre.

BOITE N° 2.

Cette boîte contiendra les paquets des paroisses du Carbet et de la Case-Pilote.

Départ.

De Saint-Pierre, les jeudis. à 5 heures du matin.
Du Carbet. . . . . à 6 heures.
Pour arriver à la Case-Pilote. . . . . à 8 heures.

Retour.

De la Case-Pilote . . . . à midi.
Du Carbet. . . . . à 3 heures du soir.
Pour arriver à Saint-Pierre. . . . . à 5 heures.

Route du Sud.

BOITE DU FORT-ROYAL.

Cette boîte s'expédiera de Saint-Pierre à 5 heures du matin ; elle contiendra tous les paquets du sud, de l'est et de l'ouest, lesquels seront adressés aux receveurs du Fort-Royal, qui, aussitôt sa réception, fera partir trois courriers avec les boîtes n°s 3, 4 et 5.

Départ.

Du Fort-Royal, les jeudis. . . . . à 10 heures du matin.
Du Gros-Morne . . . . à 3 heures du matin.
De la Trinité (il y couchera et en partira
le lendemain) . . . . à 5 heures du matin.

Du Robert...................... à 7 heures 1/2.
Du Lamentin.................... à 10 heures.

Départ.

Du François .... à 2 heures du soir.
Du Vauclin .... à 4 heures.
Du Marin (pour arriver et coucher)..... à 6 heures.

Retour.

Du Marin, les samedis............. à midi.
Du Vauclin .... à 4 heures du soir.
Au François (pour arriver et coucher).. à 5 heures du matin.
Du Lamentin................... à 7 heures 1/2.
Du Robert..................... à 10 heures.
De la Trinité.................. à midi.
Du Gros-Morne .... à 2 heures du soir.
Au Fort-Royal .... à 6 heures.

BOITE N° 4.

Cette boîte contiendra les paquets des paroisses du Lamentin, Trou-au-Chat, Saint-Esprit, Rivière-Salée, Rivière-Pilote, Marin, Sainte-Anne.

Départ.

Du Fort-Royal, les jeudis............ à 10 heures du matin.
Du Lamentin................... à 3 heures du soir.
Au Trou-au-Chat (pour arriver et coucher) à 5 heures du matin.
Du Saint-Esprit .... à 7 heures.
De la Rivière-Salée.............. à 10 heures.
De la Rivière-Pilote .... à 2 heures.
Du Marin...................... à 4 heures du soir.
A Sainte-Anne (pour arriver et coucher). à 6 heures.

Retour.

De Sainte-Anne, les samedis......... à 10 heures du matin.
Du Marin...................... à 2 heures du soir.
De la Rivière-Pilote............. à 4 heures.
A la Rivière-Salée (pour arriver et coucher) à 10 heures du matin.
Du Saint-Esprit .... à midi.
Du Trou-au-Chat................ à 2 heures du soir.
Du Lamentin................... à 4 heures.
Au Fort-Royal (pour arriver)........ à 6 heures.

34.

BOITE N° 5.

Cette boîte contiendra tous les paquets des paroisses des Trois-Ilets, Anses-d'Arlets, Diamant, Sainte-Luce et la Rivière-Salée.

Départ.

Du Fort-Royal, les jeudis.............. à 10 heures du matin.
Des Trois-Ilets..................... à 4 heures du matin.
Aux Anses-d'Arlets (pour coucher et repartir le lendemain).............. à 5 heures du matin.
Du Diamant...................... à 7 heures du matin.
De Sainte-Luce..................... à 9 heures.
A la Rivière-Salée (pour arriver)...... à 11 heures.

Retour.

De la Rivière-Salée, les vendredis...... à 2 heures du soir.
De Sainte-Luce.................... à 4 heures.
Au Diamant (pour coucher et repartir le lendemain)...................... à 5 heures du matin.
Des Anses-d'Arlets................. à 8 heures.
Des Trois-Ilets.................... à midi.
Au Fort-Royal (pour arriver)........ à 4 heures du soir.

N° 4652. — *Dépêche ministérielle contenant instructions sur les règlements provisoires et le payement des retraites, demi-soldes ou pensions.* (Extrait.)

9 novembre 1827.

. . . .

En thèse générale, aucune concession de pension ne peut être faite que par le roi.

L'article 63 de l'ordonnance royale du 9 février 1827, concernant le gouvernement de l'île de la Martinique, porte, § 1er, que le gouverneur adressera au ministre les propositions relatives aux retraites, demi-soldes ou pensions.

Le § 2 du même article laisse au gouverneur la faculté d'en autoriser, en conseil privé, le payement provisoire, mais seulement dans les limites déterminées.

Pour l'exécution de ces dispositions, il est indispensable qu'aussitôt qu'un agent de la marine aux colonies aura été admis à la retraite, ou aura été reconnu susceptible de l'obtenir, l'administration locale fasse dresser l'état régulier de ses services et campagnes et le transmette, sans aucun retard, au ministre, avec toutes les autres pièces qui seront de nature à faire reconnaître ses droits à la pension. Toutefois, mais seulement dans le cas d'un besoin pressant et dûment constaté, il pourra être accordé à titre d'à-compte, une portion qui n'excède pas la moitié de la pension présumée, et calculée, suivant les règlements généraux relatifs aux pensions, sur les années de services effectifs constatés et sur le grade reconnu par le gouvernement, exercé depuis deux ans.

Les avances seront provisoirement faites sur les fonds du service intérieur de la colonie, sauf remboursement ultérieur par le département auquel appartiendra le titulaire, après que les pensions auront été régularisées. Le gouverneur donnera immédiatement connaissance au ministre de la décision qui aura été prise en vertu de la faculté qui lui est laissée à cet égard et dont il ne doit user, d'ailleurs, qu'avec la plus grande réserve.

. . . .

Je vous invite à suivre rigoureusement, à l'avenir, les indications contenues dans la présente dépêche, qui devra être enregistrée au contrôle.

Recevez, etc.

Le Ministre de la marine et des colonies,
Signé Comte DE CHABROL.

Inspection. Reg. 15, n° 69.

N° 4653. — *Ordonnance du gouverneur sur les dénombrements et déclarations des maisons pour l'année 1828.*

9 novembre 1827.

Journal officiel, 1827, n° 99. — Enregistrée à la cour royale, le 23 novembre 1827. *Bulletin*, 1827, p. 8.

N° 4654. — *Circulaire ministérielle relative à l'établissement des sections spéciales de la comptabilité de la marine, prescrites par l'ordonnance royale du 1er septembre précédent.*

18 novembre 1827.

Bulletin officiel, vol. 1828, p. 130.

N° 4655. — *Arrêté du gouverneur portant création de deux comités de surveillance des prisons, l'un au Fort-Royal, l'autre à Saint-Pierre.*

23 novembre 1827.

Nous, etc.,

Vu les instructions qui nous ont été données par Sa Majesté relativement au régime intérieur et à la police des prisons de la Martinique ;

Considérant que des améliorations sensibles dans le régime des prisons sont dues en France à la création de conseils gratuits et charitables chargés de l'inspection journalière de ces établissements ;

Considérant que les mêmes changements et améliorations peuvent être apportés dans l'administration intérieure des prisons de la colonie, par des moyens et des mesures analogues ;

Sur la proposition du directeur général de l'intérieur,

Avons décidé et décidons, etc. :

Art. 1er. Il sera formé au Fort-Royal un comité central des prisons.

Art. 2. Ce comité sera présidé par nous, ou, sur notre délégation, par le directeur général de l'intérieur.

Art. 3. Un comité des prisons sera établi à Saint-Pierre et correspondra avec le comité central du Fort-Royal.

Art. 4. Les conseils signaleront les changements et améliorations à apporter dans le régime intérieur et dans la police des maisons de détention.

Art. 5. Un membre de chaque comité sera chargé de faire au moins deux fois par semaine la visite des prisons ; il rendra compte au comité auquel il appartiendra du résultat de ses observations.

Art. 6. Le comité central des prisons au Fort-Royal sera composé ainsi qu'il suit :

D'un conseiller colonial ;
D'un membre du conseil général ;
Du procureur du roi ;
Du commissaire municipal.

Art. 7. Le conseil correspondant à Saint-Pierre sera composé ·
Du commissaire commandant la paroisse du Fort ;
D'un membre du conseil général ;
Du procureur du roi ;
Du commissaire municipal.

Art. 8. Le directeur général de l'intérieur est chargé de l'exécution de la présente ordonnance.

Donné au Fort-Royal, le 23 novembre 1827.

Signé Comte DE BOUILLÉ.

Arch. du gouvernement. Ord. et déc.

N° 4656. — *Ordonnance du roi portant que les maîtres au petit cabotage seront désignés sous le titre de* Maîtres au cabotage *et pourront commander des navires tant pour le grand que pour le petit cabotage.*

25 novembre 1827.

CHARLES, etc.,

Sur le compte qui nous a été rendu par notre ministre secrétaire d'État de la marine et des colonies, des conditions d'examen que les marins avaient autrefois à remplir pour acquérir le droit de commander les navires expédiés au grand cabotage, et de celles auxquelles ils sont astreints aujourd'hui pour devenir seulement maîtres au petit cabotage;

Vu l'ordonnance royale du 18 octobre 1740, la loi du 25 octobre 1795 (3 brumaire an IV), l'ordonnance royale du 12 février 1815 et notre ordonnance du 7 août 1825;

Prenant en considération les progrès de l'instruction parmi les maîtres au petit cabotage, et voulant satisfaire aux besoins ainsi qu'aux vœux du commerce, en facilitant l'entreprise de toute espèce d'expéditions de cabotage sous pavillon français,

Nous avons ordonné et ordonnons ce qui suit:

Art. 1er. Les maîtres au petit cabotage seront désignés désormais sous le titre générique de *Maîtres au cabotage.*

Art. 2. Les maîtres au cabotage auront le droit de commander des navires tant pour le grand que pour le petit cabotage.

Art. 3. Toutes dispositions contraires à la présente ordonnance sont et demeurent abrogées.

Art. 4. Notre ministre secrétaire d'État au département de la marine et des colonies est chargé de l'exécution de la présente ordonnance.

Donné à Paris, le 25 novembre 1827.

Signé CHARLES.

Et par le Roi:

Le Ministre de la marine et des colonies,

Signé Comte DE CHABROL.

Annales maritimes, 1828, p. 8.

Nº 4657. — *Décision du gouverneur relative à la liquidation des droits de douanes.*

28 novembre 1827.

Nous, etc.,

Sur les observations de M. l'ordonnateur et de M. le directeur général de l'intérieur,

Avons décidé et décidons ce qui suit :

Art. 1er. Aucun bâtiment ne sortira des ports de la colonie, même pour aller dans un autre port de la colonie, sans avoir acquitté les droits dus au trésor; toutefois l'usage adopté au Fort-Royal, pour les bâtiments qui quittent le bassin à l'expiration de l'hivernage pour se rendre à Saint-Pierre, est maintenu en ce qui concerne la faculté qui leur est donnée de fournir caution tant pour les droits d'entrée que pour les droits de sortie. La même faveur est accordée aux bâtiments venant des trois autres ports de la colonie hiverner au Fort-Royal.

Art. 2. La douane établira à cet effet les liquidations nécessaires.

Art. 3. Les administrateurs des classes n'expédieront aucun bâtiment s'il ne leur a été préalablement justifié du payement de ses droits par la quittance du trésorier ou de ses préposés, ou du cautionnement pour le cas spécifié à l'article 1er.

Art. 4. L'ordonnateur et le directeur général de l'intérieur sont chargés, chacun en ce qui le concerne, de l'exécution du présent arrêté.

Donné au Fort-Royal, le 28 novembre 1827.

Signé Comte de BOUILLÉ.

Arch. du gouvernement. Ord. et déc.

———————

Nº 4658. — *Dépêche ministérielle qui autorise la publication, à la Martinique, de la bulle du jubilé de l'année sainte.* (Extrait.)

29 novembre 1827.

A cette autorisation le ministre ajoute les observations suivantes :

En vous abstenant de permettre cette publication avant d'en avoir référé à mon département, vous avez agi de la manière prescrite par l'article 37, § 2, de l'ordonnance royale du 9 février 1827.

Je ne doute pas qu'en vous concertant d'avance avec M. le préfet apostolique, il ne vous soit facile de régler l'exercice du jubilé de manière à causer le moins possible de dérangement dans les habitudes de la classe ouvrière.

Direction de l'intérieur. Dép. Reg. 1, f° 91.

N° 4659. — *Dépêche ministérielle qui autorise l'introduction, à la Martinique, du cuivre ouvré brisé d'origine étrangère.*

30 novembre 1827.

Direction de l'intérieur. Dép. Reg. 1, f° 90. — *Bulletin officiel*, vol. 1828, p. **61.**

N° 4660. — *Nomenclature générale des dépenses de la marine et des pièces à produire aux payeurs à l'appui des ordonnances directes et mandats.*

30 novembre 1827.

Bulletin officiel, vol. 1828, p. 134.

N° 4661. — *Circulaire ministérielle portant envoi d'une nouvelle nomenclature générale des dépenses de la marine et des pièces comptables à produire par les payeurs.*

30 novembre 1827.

Nota. La nomenclature, divisée en sections spéciales, chapitres et articles, sera exécutoire dans cet ordre à compter de l'exercice 1828.

Les pièces seront produites à l'appui des ordonnances directes et mandats délivrés pour le payement des dépenses du ministère de la marine et des colonies.

Bulletin officiel, vol. 1828, p. 132, 133 et 134.

N° 4662. — *Dépêche ministérielle concernant l'habillement dû et les effets qui peuvent être accordés aux militaires libérés ou réformés du service et renvoyés en France.*

30 novembre 1827.

Monsieur le Comte, j'ai communiqué à M. le ministre de la

guerre une proposition tendant à obtenir que la capote soit, indépendamment de l'habit, ajoutée aux autres effets désignés dans la circulaire ministérielle du 31 juillet 1827, comme devant être remis aux militaires renvoyés des colonies en France, surtout lorsque ces militaires doivent effectuer leur retour en France dans la saison froide.

M. le ministre de la guerre me mande que cette disposition ne lui paraît pas rigoureusement nécessaire, les sarraux de toile dont les militaires sont munis pendant la traversée pouvant leur tenir lieu de la capote lors de leur débarquement; ils possèdent, d'ailleurs, deux gilets de flanelle, qui, réunis aux autres effets, doivent suffire pour les préserver des intempéries de la saison.

Toutefois, S. Exc. a arrêté que l'on pourrait abandonner aux militaires dont il s'agit les capotes qui sont restées dans les magasins des bataillons et détachements expéditionnaires, après avoir atteint le temps de la durée réglementaire. Je vous prie de vouloir bien donner les ordres nécessaires pour assurer l'effet de cette mesure à la Martinique.

Recevez, etc.

Le Ministre de la marine et des colonies,
Signé Comte DE CHABROL.

Arch. de l'ordonnateur. Dép. 1827.

N° 4663. — *Lettres du ministre de la marine et des colonies portant instructions pour parvenir à rendre uniformes, moins dispendieuses et plus efficaces, les opérations relatives à la visite des navires du commerce.*

30 novembre 1827.

Annales maritimes, 1828, p. 121.

N° 4664. — *Dépêche ministérielle au gouverneur au sujet de l'introduction, à la Martinique, de moulins pour sucrerie, de fabrication anglaise.*

30 novembre 1827.

Monsieur le Comte, j'ai vu par l'extrait d'une délibération du conseil privé de la Martinique, en date du 8 juillet dernier, que l'introduction dans cette colonie d'un moulin pour sucrerie, de fabrication anglaise, y a été autorisée sous la réserve du payement des droits dont cet article aurait été passible à son entrée en France.

L'admission dans nos colonies d'appareils d'origine étrangère, propres à la fabrication du sucre, a été parfois autorisée par le gouvernement de la métropole, dans l'intérêt de la culture de ces établissements ; cette voie étant la seule qui puisse être régulièrement employée, vous devrez me transmettre, avec votre avis et vos observations, toutes demandes qui, par la suite, pourraient vous être adressées à l'effet d'obtenir des autorisations semblables, et vous vous abstiendrez de statuer à leur égard.

Recevez, etc.

Le Ministre de la marine et des colonies,

Signé Comte DE CHABROL.

Arch. du gouvernement. Dép. ministér., n° 434.

———

N° 4665. — *Décision du roi approbative de l'affermage du fond Saint-Jacques, adjugé en conseil privé, le 2 février précédent.*

9 décembre 1827.

Nota. Voir, dépêche ministérielle du 14 décembre 1827, n° 448, et le rapport au roi y annexé.

Arch. du gouvernement. Dép. ministér.

———

N° 4666. — *Décision du gouverneur, en conseil privé, portant que les entrepôts réels des douanes à Saint-Pierre et à Fort-Royal, ainsi que les transbordements, sont et demeurent supprimés à dater du 1ᵉʳ janvier 1828.*

11 décembre 1827.

Nota. Un délai de trois mois est accordé pour la réexportation des marchandises prohibées maintenant déposées aux entrepôts.

Bulletin officiel, vol. 1828, p. 38.

———

N° 4667. — *Dépêche ministérielle au gouverneur relative au rang et au service des commandants de place à la Martinique.*

11 décembre 1827.

Monsieur le Comte, par votre dépêche du 4 septembre dernier, n° 123, vous m'avez consulté sur la question de savoir si les commandants de place à la Martinique doivent être assi-

milés aux lieutenants de roi et jouir des droits qu'accorde à
ceux-ci l'ordonnance du 1er mars 1768.

Dans le service de terre, on reconnaît deux espèces de commandants de place, dont l'autorité et les prérogatives diffèrent,
en raison de la différence de leur position.

Les uns sont les commandants des villes classées au rang des
places de guerre. C'est eux que l'ordonnance du 1er mars 1768
désigne sous le nom de lieutenants de roi, et le décret du
24 décembre 1811, sous celui de commandants d'armes; ils ont
repris en France le premier titre depuis la restauration.

Ce qui les caractérise, ce n'est pas le titre même, susceptible de varier, mais les trois conditions suivantes :

1° De commander une place de guerre ;

2° D'exercer ce commandement d'une manière permanente ;

3° De l'exercer en vertu d'un brevet, ou de lettres de service
spéciales.

Ces commandants jouissent, dans l'exercice de leurs fonctions, dans leurs relations avec les autorités civiles et les habitants, ainsi que dans leurs rapports avec les troupes, des droits,
attributions et prérogatives déterminés tant par l'ordonnance
du 1er mai 1768 que par le décret du 24 décembre 1811.

Les autres commandants, au contraire, ceux des villes ouvertes ou quartiers, n'ont que l'autorité de simples commandants militaires et de relations qu'avec la troupe; ils ne sont
pas considérés comme autorités constituées ; leur commandement est essentiellement temporaire, il résulte du fait même de
leur position et il est dévolu de droit au plus élevé en grade,
et à l'égalité de grade, au plus ancien parmi les militaires de la
garnison.

Les commandants des villes du Fort-Royal et de Saint-Pierre,
à la Martinique, paraissent se ranger dans la 1re classe; néanmoins, comme ces villes ne sont pas fermées et ne sont pas, à
proprement parler, des places de guerre, il convient peut-être
d'y adoucir ce qu'auraient de trop rigoureux les ordonnances
sur le service des places fortes. Vous êtes à portée de juger
quelles sont les tolérances qu'il y aurait lieu d'admettre. Je
vous invite à statuer, à cet égard, sauf à soumettre à mon
approbation les décisions que vous aurez prises.

Agréez, etc.

Le Ministre de la marine et des colonies,
Signé Comte DE CHABROL.

Arch. du gouvernement. Dép. ministér., n° 445.

N° 4668. — *Circulaire ministérielle portant instructions sur l'embarquement des mousses à bord des bâtiments du commerce* (1). (Extrait.)

13 décembre 1827.

. . . .

1° Il devra y avoir un mousse, à compter de trois hommes d'équipage, à bord de tout navire destiné, soit pour le petit ou le grand cabotage, soit pour le long cours (catégories dans lesquelles viennent se ranger les armements pour la grande pêche, suivant la nature des parages où ils doivent se porter);

2° Il devra y avoir aussi un mousse à bord de tout bateau expédié avec un rôle pour aller faire la petite pêche;

3° Il n'y aura lieu d'exiger, à bord des navires armés pour le cabotage ou le long cours :

L'embarquement d'un second mousse, qu'autant que l'équipage sera de vingt hommes, non compris le premier mousse ;

L'embarquement d'un troisième mousse, qu'autant que l'équipage sera de trente individus, non compris les deux premiers mousses ; et ainsi de suite, en continuant de calculer par dizaine complète.

. . . .

Le *Ministre de la marine et des colonies,*

Signé Comte DE CHABROL.

Et plus bas :

Le Directeur des ports,

Signé TUPINIER.

Annales maritimes, 1828, p. 639.

————

N° 4669. — *Ordonnance du gouverneur portant règlement des impositions de la Martinique pour l'année 1828.*

14 décembre 1827.

NOTA. 1. En voir le texte au *Bulletin administratif officiel* de 1828, numéro 5, page 15.

2. En voir le tarif, même volume et numéro, page 29.

Arch. du gouvernement. Ord. et déc. — Enregistrée à la cour royale, le 25 décembre 1827.

_____

(1) Voir l'ordonnance du roi du 4 juillet 1784 dont cette circulaire est l'interprétation définitive.

N° 4670. — *Arrêté du gouverneur pour la construction d'une fontaine au bourg de la Trinité et sur les moyens de pourvoir aux dépenses de cet établissement.*

16 décembre 1827.

Nous, etc.,

Vu la délibération en date du 25 novembre 1827, par laquelle l'assemblée de paroisse de la Trinité émet diverses propositions relativement à la construction d'une fontaine publique dans le bourg de la Trinité ;

Considérant que le gouvernement paye, en ce moment, une somme de 3,000 francs par an, pour la fourniture d'eau aux troupes en garnison audit bourg de la Trinité ;

Sur la proposition du directeur général de l'intérieur et de l'avis du conseil privé,

Avons arrêté et arrêtons ce qui suit :

Art. 1er. Une somme de dix mille francs sera immédiatement payée par la caisse coloniale pour contribuer à la construction d'une fontaine à la Trinité. Cette somme sera versée entre les mains du comité chargé de surveiller cette construction qui devra être terminée au 1er juillet prochain. Au moyen de cette allocation, la garnison aura le droit de prendre gratuitement à la fontaine l'eau dont elle aura besoin.

Art. 2. Le surplus de la somme nécessaire pour solde de la construction dont s'agit, sera payé ainsi qu'il est indiqué dans la délibération de l'assemblée de paroisse du 25 novembre 1827, homologuée par nous.

Art. 3. Afin de pourvoir aux dépenses d'entretien de la fontaine, de l'aqueduc et des tuyaux, il sera perçu un droit sur les bâtiments français et étrangers entrant dans le port de la Trinité.

Ce droit est fixé ainsi qu'il suit, savoir :

A 40 francs par 100 tonneaux sur les navires français et étrangers ;

A 3 francs par caboteurs de la colonie entrant dans ledit port ;

A 15 francs par an pour chaque caboteur de la Trinité quel que soit son tonnage.

Ces droits sont perçus par le préposé de la Trinité qui en comptera avec le marguillier.

Art. 4. La paroisse de la Trinité est autorisée à concéder aux particuliers l'excédant de l'eau nécessaire pour alimenter la fontaine, à raison d'une rente annuelle et non rachetable de 60 francs par an pour chaque quart de pouce d'eau.

Art. 5. MM. l'ordonnateur et le directeur général de l'intérieur sont chargés, chacun en ce qui le concerne, de l'exécution du présent arrêté, qui sera enregistré au contrôle.

Donné au Fort-Royal, le 16 décembre 1827.

Signé Comte DE BOUILLÉ.

Et plus bas :

Le Directeur général de l'intérieur,

Signé Vicomte DE ROSILY.

Inspection. Reg. 14, n° 216.

N° 4671. — *Ordonnance du roi qui règle les dépenses du service colonial de la Martinique, en 1828, et pourvoit à ces dépenses.*

16 décembre 1827.

Annales maritimes, 1828, p. 30. — *Bulletin officiel,* 1828, p. 84.

N° 4672. — *Avis relatif à la suppression de l'entrepôt réel des douanes et du droit de transbordement sur rade.*

17 décembre 1827.

Bulletin officiel, vol. 1828, p. 38.

N° 4673. — *Dépêche ministérielle sur la question de savoir s'il peut y avoir remise provisoire, sous cautionnement, des navires saisis en matière de traite des noirs.*

26 décembre 1827.

Inspection. Reg. 15, n° 100. — *Bulletin officiel,* vol. 1828, p. 122.

N° 4674. — *Notice sur la conservation des sangsues à bord des bâtiments qui les transportent aux colonies.*

Annales maritimes, 1827, 2ᵉ partie, t. 1, p. 412.

N° 4675. — *Notice sur la conservation des sangsues sur les vaisseaux dans les voyages sur mer.*

Annales maritimes, 1827, 2ᵉ partie, t. 2, p. 599.

⸺◆⸺

N° 4676. — *Notice sur les précautions à prendre pour renouveler l'argile dans laquelle on conserve les sangsues.*

Annales maritimes, 1827, 2ᵉ partie, t. 2, p. 175.

FIN DU VIIIᵉ VOLUME.

TABLE ALPHABÉTIQUE

ET ANALYTIQUE

DES MATIÈRES CONTENUES DANS LE TOME VIIIe

DU CODE DE LA MARTINIQUE.

DATES DES ACTES.	TITRES ET ANALYSES DES ACTES.	PAGES.
	A	
	Actes de décès.	
1824.15 avril....	Dépêche ministérielle relative aux formalités à remplir pour le dressement des actes de décès des personnes décédées dans les hôpitaux des colonies, et aux règles à suivre pour leur transmission en France.	20
1825.21 août....	Arrêté du gouverneur administrateur qui fixe à 2 fr. 50 cent. le coût de l'expédition des actes de décès des marins morts aux hôpitaux..........................	134
10 septemb.	Dépêche ministérielle au sujet des devoirs de l'administration locale relativement à l'exacte délivrance des actes constatant le décès des marins.....................	159
1826.27 janvier..	Dépêche ministérielle prescrivant la prompte et exacte transmission des extraits mortuaires et documents relatifs aux militaires et autres qui meurent dans les hôpitaux des colonies.....................	202
27 janvier..	Dépêche ministérielle au gouverneur administrateur au sujet des doubles registres des actes de décès à tenir dans les hôpitaux................................... Voir Arch. du gouvernement. Dép. ministér., n° 39.	203
	Accusés de réception.	
1825.27 janvier..	Circulaire ministérielle qui autorise les gou-	

DATES DES ACTES.	TITRES ET ANALYSES DES ACTES.	PAGES.
	B	
	Baleines.	
	Voir *Pêches.*	
	Banque.	
1826. 10 décemb.	* Ordonnance du roi concernant l'établissement d'une banque à la Guadeloupe.....	315
	Baraques.	
1827. 6 février..	* Arrêté du gouverneur administrateur pour la construction de nouvelles baraques au fort Saint-Louis, susceptibles de loger trois compagnies d'infanterie..........	337
	Baraterie.	
	Voir *Piraterie.*	
	Bataillons coloniaux.	
1824. 17 décemb.	Lettre du ministre de la guerre au ministre de la marine au sujet du mode de remplacement à adopter pour les emplois de capitaine ou de lieutenant qui viendront à vaquer dans les bataillons employés aux colonies............	76
	Bateaux à vapeur.	
1826. 3 janvier..	Dépêche ministérielle ordonnant au gouverneur de délibérer en conseil privé un arrêté qui statuera définitivement sur l'emploi à faire du bateau à vapeur de la Martinique............ Voir Inspection. Reg. 12, n° 243.	191

36.

DATES DES ACTES.	TITRES ET ANALYSES DES ACTES.	PAGES.
	Décorations.	
1824. 16 avril....	Ordonnance du roi relative aux Français qui se décorent de divers ordres qui ne leur ont point été conférés par Sa Majesté, ou qui portent sans autorisation des décorations qui leur ont été accordées par des souverains étrangers...............	22
1827. 13 février..	Dépêche ministérielle portant communication d'une décision royale qui interdit aux personnes décorées, condamnées correctionnellement, de porter leurs insignes sur l'habit uniforme des détenus........	390
	Défense militaire.	
1825. 26 janvier..	Ordonnance du roi portant qu'à partir du 1er janvier 1826 toutes les dépenses ayant pour objet la défense militaire des colonies seront acquittées par le département de la guerre.............................	80
	Dégrèvement.	
1826. 22 novemb.	Ordonnance du roi qui ajourne le dégrèvement de 100,000 francs accordé sur le droit établi en remplacement de la capitation des noirs de grande culture, et fixe le chiffre des dépenses du service colonial de la Martinique pour l'année 1827...... Voir Inspection. Reg. 12, n° 263.	303
1827. 6 mars....	Arrêté du gouverneur déterminant les délais, les formalités et le mode à observer pour la présentation et le règlement des demandes en dégrèvement.............	400
	Délais.	
1826. 15 mai.....	Arrêté du gouverneur administrateur qui proroge le délai accordé aux actionnaires de l'entreprise du canal du Carbet pour	

DATES DES ACTES.	TITRES ET ANALYSES DES ACTES.	PAGES.
	Dépenses.	
1824. 26 janvier..	Ordonnance du roi qui supprime du budget du département de la marine le chapitre X, *Service colonial*, rattache au service de la guerre et de la marine les dépenses qui en sont susceptibles, et charge la Martinique, la Guadeloupe et l'île de Bourbon de pourvoir à leurs dépenses intérieures sur leurs revenus locaux......................	81
1826. 5 février..	Instruction réglementaire pour servir à l'exécution de l'ordonnance du roi en date du 26 janvier 1825, relative aux dépenses à faire pour les colonies françaises sur les fonds des divers chapitres du *Service marine* et sur ceux qui sont affectés au service intérieur de ces établissements... Voir *Annales maritimes*, 1826, 1ʳᵉ partie, p. 410.	210
5 février..	Instructions ministérielles sur l'exécution de l'ordonnance royale du 26 janvier 1825, relatives aux dépenses du service *Guerre* dans les colonies...................... Voir *Annales maritimes*, 1826, 1ʳᵉ partie, p. 416.	211
17 février..	Dépêche ministérielle au gouverneur portant envoi d'une instruction réglementaire, approuvée par le roi, le 5 précédent, sur l'exécution de l'ordonnance du 26 janvier 1825, relative aux dépenses des colonies. Voir Arch. du gouvernement. Dép. ministér., nº 61.	213
9 juin	* Dépêche ministérielle relative aux dépenses faites par les militaires congédiés jusqu'à leur embarquement..................	254
1827. 28 août....	Nomenclature des dépenses du ministère de la guerre, *Service colonies*, pour l'exercice 1828............................ Voir *Bulletin officiel*, vol. 1828, p. 57.	499
30 novemb.	Circulaire ministérielle portant envoi d'une	

DATES DES ACTES.	TITRES ET ANALYSES DES ACTES.	PAGES.
	nouvelle nomenclature genérale des dé-penses de la marine et des pièces comptables à produire par les payeurs........ Voir *Bulletin officiel*, vol. 1828, p. 132, 133 et 134.	537
1827. 30 novemb.	Nomenclature générale des dépenses de la marine et des pièces à produire aux payeurs à l'appui des ordonnances directes et mandats..................... Voir *Bulletin officiel*, vol. 1828, p. 134.	537
16 décemb..	Ordonnance du roi qui règle les dépenses du service colonial de la Martinique, en 1828, et pourvoit à ces dépenses........ Voir *Annales maritimes*, 1828, p. 30.— *Bulletin officiel*, 1828, p. 84. Voir *Dégrèvement*.	543

Dépôt de Versailles.

4 août....	Dépêche ministérielle au gouverneur au sujet de l'exécution entière et complète à donner aux dispositions de l'édit de juin 1776, constitutif du dépôt de Versailles........	471

Députés des colonies.

9 février..	Ordonnance du roi portant que les députés des colonies et leurs suppléants formeront un conseil près le ministre de la marine..	337

Députés de la Martinique.

28 août....	Ordonnance du roi portant nomination du député de la Martinique et de son suppléant............................. Voir Arch. du gouvernement. Dép. ministér., n° 325.	498

Direction d'artillerie.

Voir *Soldes*.

DATES DES ACTES.	TITRES ET ANALYSES DES ACTES.	PAGES.
	Dispenses.	
1827. 22. mai.....	Dépêche ministérielle au gouverneur portant instructions et modèle pour la délivrance des dispenses pour mariages...........	420
	Dommages-intérêts.	
1825. 17 septemb.	Arrêt de la cour de cassation qui annule un arrêt de la cour d'appel du Sénégal qui, en matière criminelle, a condamné le ministère public à des dommages-intérêts et aux dépens......................	161
	Domestiques embarqués.	
1827. 18 juin....	Dépêche ministérielle déterminant les cas où les domestiques embarqués peuvent être traités dans les hôpitaux aux frais de la marine............................	430
	Dons et legs.	
1827.	Ordonnance du roi concernant les règles à suivre dans les colonies pour l'acceptation des dons et legs en faveur des églises, des pauvres et des établissements publics....	510
	Douanes.	
16 janvier..	* Décision du gouverneur portant autorisation d'adjoindre trois surnuméraires au personnel des douanes................	334
	Doublons.	
26 août....	Décision du roi, sur rapport ministériel, qui autorise le trésorier de la Martinique et de la Guadeloupe à recevoir les doublons pour 86 fr. 40 cent..........................	496
27 octobre..	Ordonnance du gouverneur portant fixation	

DATES DES ACTES.	TITRES ET ANALYSES DES ACTES.	PAGES.
	perception des droits de port, règle les allocations du capitaine de port et dispose à l'égard des pilotes, maîtres et canotiers sous ses ordres......................	6
1824. 27 juillet...	Arrêté du gouverneur administrateur portant création et nomination d'une commission chargée de rechercher les causes du déficit graduel qui s'est manifesté dans les recettes des droits de port perçus par la caisse royale, depuis l'année 1816 jusques et compris l'année 1823.............. Voir Arch. de la direction de l'intérieur. Reg. 3, f° 145 v°.	36
	Droits de sortie.	
1825. 17 août. ...	Ordonnance du roi qui diminue les droits de sortie à la Martinique, règle les dépenses de cette colonie et y pourvoit.....	110
	E	
	Eaux de la ville de Fort-Royal.	
1827. 6 mars....	Ordonnance du gouverneur portant règlement pour la distribution des eaux de la ville du Fort-Royal..................	397
8 juillet...	* Décision du conseil privé qui autorise une dépense de 86,000 francs pour divers travaux à exécuter pour les eaux de la ville de Fort-Royal......................	461
	École d'enseignement mutuel.	
5 avril....	Décision du conseil privé portant approbation d'un devis pour l'établissement de deux écoles militaires d'enseignement mutuel, l'une au fort Saint-Louis, l'autre au fort Bourbon...................... Voir Inspection. Reg. 11.	409

DATES DES ACTES.	TITRES ET ANALYSES DES ACTES.	PAGES.
	Effets militaires.	
1826. 6 octobre.	Circulaire ministérielle prescrivant aux corps de troupes des colonies de dresser, le premier jour de chaque trimestre, pour être transmis au ministre, un état de situation de leurs magasins d'effets militaires............................ Voir Arch. de l'ordonnateur. Dép. 1826.	294
	Églises.	
	Voir *Dons et Legs.*	
	Embarcadère.	
1827. 6 février..	Arrêté du gouverneur administrateur pour la construction d'un embarcadère et d'un hangar de refuge au-devant des nouveaux magasins des vivres de la pointe Simon, à Fort-Royal.......................... Voir Inspection. Ord. et déc. Reg. 11, n⁰ˢ 483, 508, 510 et 568.	336
	Emplois vacants.	
1825. 27 décemb.	Dépêche ministérielle au gouverneur administrateur relative aux règles à suivre lorsque des emplois d'officiers deviennent vacants dans les corps d'infanterie en garnison aux colonies....................	185
	Encanteurs.	
1827. 20 janvier..	Arrêté du gouverneur portant que les fonctions d'encanteur seront exercées par les huissiers..........................	335
	Entrepôts réels.	
11 décemb..	Décision du gouverneur, en conseil privé, portant que les entrepôts réels des douanes	

DATES DES ACTES.	TITRES ET ANALYSES DES ACTES.	PAGES.

Équipages militaires.

1824. 14 avril.... * Décision du gouverneur administrateur portant augmentation du personnel de la brigade du train des équipages militaires. **19**

1825. 23 août.... Décision ministérielle portant suppression de la compagnie de sapeurs et de la brigade des équipages militaires entretenues à la Martinique....................... **137**
Voir Inspection. Reg. 11.

Esclaves évadés.

1826. 30 mai..... * Dépêche ministérielle relative aux esclaves échappés des îles anglaises qui se réfugieraient dans nos colonies, et aux mesures à prendre à leur égard........... **250**

1827. 8 juillet... Arrêté du gouverneur qui prononce des peines contre les esclaves s'évadant de la colonie et contre tous individus qui favoriseraient leur évasion.............. **462**

8 novemb. Arrêté du gouverneur portant amnistie en faveur d'esclaves évadés de la colonie.... **522**

Établissements publics.

Voir *Dons et Legs.*

État civil.

7 août.... * Dépêche ministérielle au gouverneur portant envoi d'un manuel des officiers de l'état civil pour la tenue uniforme des registres à la Martinique................ **490**

État-major du génie.

Voir *Indemnités, Soldes.*

37

DATES DES ACTES.	TITRES ET ANALYSES DES ACTES.	PAGES.
	à Saint-Pierre, et les voies de contrainte autorisées pour la rentrée de ce droit...	310
	Voir *Embarcadère*.	
	Histoire naturelle.	
1824. 28 juillet...	Dépêche ministérielle au gouverneur administrateur portant envoi d'une nouvelle édition de l'instruction sur l'histoire naturelle envoyée en septembre 1818, et d'un mémoire sur les animaux à bourse par M. Geoffroy Saint-Hilaire..............	36
1824.	Instructions sur les recherches auxquelles les officiers de la marine doivent se livrer pendant les voyages de long cours, pour augmenter les collections des ports en objets d'histoire naturelle, et sur les moyens de conservation qu'ils doivent employer........................ Voir *Annales maritimes*, 1824, 2ᵉ partie, t. 1, p. 550.	80
	Hivernage.	
22 juin....	Ordonnance du gouverneur administrateur qui détermine, pour l'année 1824, la durée de l'hivernage pour les bâtiments du commerce français.....................	35
1825. 21 juin....	Ordonnance du gouverneur administrateur qui détermine pour l'année 1825 la durée de l'hivernage pour les bâtiments du commerce français.................... Voir *Journal officiel*, 1825, nᵒ 50.	102
1826. 21 juin....	Ordonnance du gouverneur qui détermine, pour l'année 1826, la durée de l'hivernage pour les bâtiments du commerce français. Voir *Journal officiel*, 1826, nᵒ 52. — Enregistrée à la cour royale, 22 juin 1826.	258
1827. 30 juin....	Ordonnance du gouverneur qui détermine,	

DATES DES ACTES.	TITRES ET ANALYSES DES ACTES.	PAGES.
	tout officier supérieur qui commandera *par intérim*, en l'absence du colonel, recevra une indemnité de représentation de 1,200 francs par an, y compris le supplément colonial.......... .... Voir Arch. de l'ordonnateur. Dép. 1827, n° 18.	337
	Indigents.	
1824. 8 décemb.	ˮ Arrêté du gouverneur administrateur portant création d'une commission pour la révision des listes d'indigents rationnaires à la charge soit de la caisse municipale, soit de la caisse royale................	73
	Indigo.	
1825. 20 septemb.	Instruction sur la culture, la récolte, la dessiccation des indigofères, et la fabrication de l'indigo, par M. Plagne, pharmacien de la marine au Sénégal........ Voir *Annales maritimes*, 1826. 2ᵉ partie, t. 1, p. 658.	163
1825.	Mémoire sur la culture des indigofères et la fabrication de l'indigo................ Voir *Annales maritimes*, 1825, 2ᵉ partie, t. 2, p. 48.	189
	Interprète juré.	
1827. 3 février..	ˮ Ordonnance du gouverneur portant nomination aux fonctions d'interprète juré des langues anglaise et espagnole pour la ville de Fort-Royal.......................	330
	Inventaires.	
1825. 15 février..	Dépêche ministérielle portant, pour l'avenir, dispense d'envoi annuel des inventaires généraux estimatifs exigés par les circu-	

38.

DATES DES ACTES.	TITRES ET ANALYSES DES ACTES.	PAGES.
	Ouvrages périodiques.	
1826. 14 juillet...	Dépêche ministérielle relative à l'envoi à la Martinique et à la répartition, dans cette colonie, de plusieurs journaux et ouvrages périodiques	263
	Ouvriers civils.	
	Voir *Tarifs*.	
	P	
	Pain.	
	Voir *Tarifs*.	
	Pantalons.	
4 décemb.	Décision du ministre de la guerre qui fixe à deux ans la durée des pantalons de drap distribués aux troupes des Antilles et décide que les officiers et soldats y recevront trois pantalons de toile au lieu de deux .... Voir Arch. du gouvernement. Dép. ministér., n° 486.	306
	Voir *Troupes*.	
	Passagers.	
	Voir *Caboteurs*.	
	Passeport.	
1827. 14 septemb.	Circulaire ministérielle au sujet de la nécessité d'une stricte exécution aux colonies des règlements relatifs à la police des	

DATES DES ACTES.	TITRES ET ANALYSES DES ACTES.	PAGES.
	tant que le pensionnat royal de jeunes demoiselles placé à Saint-Pierre sera régi, à l'avenir, par les dames religieuses de la congrégation de Saint-Joseph............ Voir *Journal officiel*, 1824, n° 78.	46
1824. 15 septemb.	* Prospectus, approuvé par le gouverneur, de la maison royale d'éducation placée à Saint-Pierre et confiée aux dames religieuses de la congrégation de Saint-Joseph..........................	46
	Pensionnaires de l'État.	
1827. 27 février..	Avertissement officiel donné aux pensionnaires de l'Etat, à leurs héritiers ou ayants cause, sur les formalités à remplir pour avoir payement des arrérages échus.....	392
	Voir *Certificats de vie*, *Payement de décompte*.	
	Pensions.	
1824. 3 mars....	Instruction ministérielle relative au payement des pensions de retraite dans les colonies..............................	12
	Perceptions de la douane.	
	Voir *Mercuriales*.	
	Permis de séjour.	
1826. 3 octobre.	Avis du conseil privé sur les permis de séjour, les primes et secours à accorder aux militaires libérés du service.............	292
	Phare.	
1827. 6 août....	Décision du conseil privé approuvant l'établissement d'un phare à la pointe sud du	

DATES DES ACTES.	TITRES ET ANALYSES DES ACTES.	PAGES.
	affecte un fonds de 12,250 francs à la construction d'un pont sur la rivière Vatable, aux Trois-Ilets........................ Voir Arch. du gouvernement. Ord. et déc., n° 1453.	99
	Ponts et chaussées.	
1827. 6 novemb.	* Dépêche ministérielle au gouverneur relative à l'organisation du service des ponts et chaussées à la Martinique............	521
	Portiers.	
1824. 11 août......	Consigne donnée par l'ordonnateur aux portiers de l'arsenal, à Fort-Royal......... Voir bureau des approvisionnements. Ord. et déc., 1824.	39
	Portrait du roi.	
1827. 28 avril....	Dépêche ministérielle au gouverneur lui accusant réception du procès-verbal de la séance de la cour royale de la Martinique dans laquelle a eu lieu l'inauguration du portrait du roi...................... Voir Arch. du gouvernement. Dép. ministér., n° 159.	416
	Ports.	
	Voir *Droits de port*, *Pilotes*.	
	Poste aux lettres.	
15 mars....	Extrait de la loi relative au tarif de la poste aux lettres en ce qui y concerne la taxe et l'affranchissement pour les colonies...	405
9 novemb.	Ordonnance du gouverneur portant règlement sur le service de la poste aux lettres à la Martinique......................	523

DATES DES ACTES.	TITRES ET ANALYSES DES ACTES.	PAGES.
	Recensements.	
	Voir *Dénombrements*.	
	Reconnaissances hydro-graphiques.	
1824. 3 février..	Dépêche ministérielle au gouverneur administrateur prescrivant de faire armer par des matelots noirs les péniches destinées aux reconnaissances hydrographiques des côtes de la Martinique...............	6
	Relevé statistique.	
1825.29 octobre.	Circulaire ministérielle au gouverneur administrateur pour la confection du relevé statistique judiciaire prescrit par l'article 601 du code d'instruction criminelle.....	174
	Remboursements.	
1826.26 mai.....	Arrêté du gouverneur administrateur ordonnant le remboursement, par la caisse municipale à la caisse royale, de 102,000 fr. montant de 24 actions prises sur l'établissement théâtral de Saint-Pierre...... Voir Inspection. Reg. 11, n° 343.	247
	Répartition des prises.	
1825.26 juillet...	Décision ministérielle portant que les magasiniers embarqués sur les bâtiments du roi seront traités dans la répartition des prises d'après leur grade au service...... Voir arch. de l'ordonnateur. Dép. 1825, n° 69.	107
	Retenue de 3 pour 100.	
1824.10 septemb.	Dépêche ministérielle sur *l'invariabilité absolue* de la règle qui prescrit une	

DATES DES ACTES.	TITRES ET ANALYSES DES ACTES.	PAGES.
	pharmacien du roi à la Martinique...... Voir *Annales maritimes*, 1824, 1re partie, p. 331.	80
1825.	Rapport du conseil de santé de la marine, à Rochefort, sur le mode de reproduction des sangsues et sur les moyens de les conserver.............................. Voir *Annales maritimes*, 2e partie, t. 2, p. 87.	190
1826.	Mémoire sur la conservation et la reproduction des sangsues, par M. Chatelain, pharmacien en chef de la marine, à Toulon................................. Voir *Annales maritimes*, 1826, 2e partie, t. 2, p. 150.	318
1827. 27 mars....	Dépêche ministérielle au gouverneur au sujet de la conservation et de la reproduction de la sangsue officinale aux colonies.....	407
1er juin....	Rapport au commandant du Sénégal sur la sangsue officinale indigène à cette contrée, par M. le docteur Catel................. Voir *Annales maritimes*, 1827, 2e partie, t. 2, p. 636.	423
29 août....	Rapport sur deux espèces de sangsues envoyées du Sénégal et mises, par le ministre de la marine, à la disposition de la pharmacie centrale à Paris................. Voir *Annales maritimes*, 1827, 2e partie, t. 2, p. 645.	499
2 octobre..	Dépêche ministérielle au gouverneur portant envoi d'un rapport du chef de la pharmacie centrale de Paris sur la sangsue du Sénégal.............................	514
1827.	Notice sur la conservation des sangsues à bord des bâtiments qui les transportent aux colonies........................... Voir *Annales maritimes*, 1827, 2e partie, t. 1, p. 412.	543

39

DATES DES ACTES.	TITRES ET ANALYSES DES ACTES.	PAGES.
1827.	Notice sur la conservation des sangsues sur les vaisseaux dans les voyages sur mer... Voir *Annales maritimes*, 1827, 2ᵉ partie, t. 2, p. 599.	544
1827.	Notice sur les précautions à prendre pour renouveler l'argile dans laquelle on conserve les sangsues.................... Voir *Annales maritimes*, 1827, 2ᵉ partie, t. 2, p. 175.	544
	Sapeurs-pompiers.	
1825. 20 août....	Ordonnance du gouverneur administrateur pour la réorganisation des compagnies de sapeurs-pompiers....................	132
	Sarraux.	
	Voir *Troupes*.	
	Sauvetage.	
1827. 8 juin	Circulaire ministérielle pour le rappel au commerce maritime des dispositions de la déclaration du roi, du 15 juin 1735, qui régit spécialement le sauvetage des navires ou marchandises coulés à la mer........	424
	Secours.	
	Voir *Permis de séjour*.	
	Sémaphores.	
1826. 25 juillet...	Arrêté du gouverneur administrateur portant suppression des sémaphores........	267
	Serpents.	
1825. 24 avril....	Mémoire, présenté à l'académie royale des sciences, sur le serpent jaune de la Mar-	

DATES DES ACTES.	TITRES ET ANALYSES DES ACTES.	PAGES.
	tinique, ou trigonocéphale fer-de-lance, par M. Moreau de Jonnès.............. Voir *Annales maritimes*, 1825, 2e partie, t. 2, p. 150.	98
	Services civils. Voir *Soldes*.	
	Service des douanes. Voir *Dépenses*.	
1825. 13 février..	**Service du génie.** Circulaire ministérielle contenant diverses dispositions relatives au service du génie dans les colonies......................	388
	Services Guerre, Marine et Colonies. Voir *Bâtiments de l'État, Budgets, Comptabilité*.	
1825. 28 août...	**Service militaire.** Instruction réglementaire ministérielle, approuvée par le roi, pour servir à l'exécution de l'ordonnance royale du 26 janvier 1825, relative au service militaire dans les colonies...........................	137
	Service de santé de la marine. Voir *Hôpitaux*.	
1827. 20 février..	**Soldats congédiés.** Dépêche ministérielle au gouverneur au sujet de l'habillement des soldats congédiés qui sont renvoyés en France..............	390

DATES DES ACTES.	TITRES ET ANALYSES DES ACTES.	PAGES.
	colonie . . . . Voir Inspection. Reg. 11, n° 189. — Arch. de la direction de l'intérieur. Reg. 4, f° 64.	212
	Subsistances de la marine.	
1827. 15 septemb.	Dépêche ministérielle qui arrête la composition du personnel de la direction des subsistances de la marine à la Martinique.	504
	Substitut du procureur général.	
1826. 3 septemb.	Ordonnance royale portant création d'une place de substitut du procureur général du roi à la Martinique, avec traitement fixe de 4,500 francs . . . . Voir Arch. du gouvernement. Ord. et déc.	287
	Successions.	
1825. 13 juin	Circulaire ministérielle aux commissaires des classes relative à la distribution du produit des successions des marins, des passagers et des fonctionnaires décédés en mer ou dans la colonie	100
27 juin	Circulaire ministérielle décidant en principe que l'établissement des invalides doit conserver les produits de toutes les successions versées dans ses caisses, à quelque titre que ce soit, jusqu'à réclamation des ayants droit eux-mêmes	103
	Successions vacantes.	
24 février . .	Dépêche ministérielle indiquant le mode à suivre pour la remise en France des fonds provenant des successions vacantes aux colonies	88

DATES DES ACTES.	TITRES ET ANALYSES DES ACTES.	PAGES.
	Sucre.	
1825. 17 décemb.	Dépêche ministérielle annonçant l'envoi à la Martinique d'un appareil modèle de chauffage pour la fabrication du sucre...	180
	Sucres raffinés.	
	Voir *Droits d'entrée.*	
	Surnuméraires.	
	Voir *Douanes.*	
	Suppléments de solde.	
7 décemb.	Décision du roi portant que les lieutenants et sous-lieutenants employés aux colonies jouiront du supplément de solde de 200 fr. alloué aux officiers des mêmes grades sur le continent............................	179
	Sursis.	
1826. 3 novemb.	Dépêche ministérielle relative à l'exécution ou au sursis des arrêts de condamnation en matière criminelle................	297
	Système métrique.	
1827. 7 août....	Arrêté du gouverneur portant adoption du système métrique, sauf diverses modifications, et nouveau règlement pour les poids et mesures....................	481
	Système monétaire.	
1826. 30 août....	Ordonnance du roi qui fixe le système monétaire des colonies de la Martinique et de la Guadeloupe et rend obligatoire la computation en francs................	280
30 août....	Rapport au roi sur le système monétaire	

DATES DES ACTES.	TITRES ET ANALYSES DES ACTES.	PAGES.
	V	
	Vacations.	
	Voir *Frais de conduite.*	
	Vente.	
1826. 18 juillet...	Dépêche ministérielle au gouverneur portant ordre de faire vendre au profit du trésor colonial les fûts, caisses, etc., provenant des livraisons des fournisseurs et des envois de la métropole	265
1827. 6 avril....	Décision du conseil privé ordonnant la démolition du bateau à vapeur et la vente des matériaux à en provenir.......... Voir Inspection. Reg. 11, n° 548.	409
	Voir *Cure-Môle*, *Nègres épaves*, *Terrains abandonnés.*	
	Vesou.	
1825. 9 mai.....	Arrêté du gouverneur administrateur portant création d'une commission chargée d'examiner les propositions de l'inventeur d'un procédé nouveau pour la clarification du vesou.............. Voir Arch. du gouvernement. Ord. et déc. n° 1405.	99
	Vêtements.	
1824. 10 août....	Dépêche ministérielle au gouverneur administrateur portant que les hommes de couleur qui seront embarqués pour l'Europe sur des bâtiments du roi devront être pourvus de vêtements chauds.......	38
	Viande.	
	Voir *Tarifs.*	
	Vins.	
13 septemb.	Dépêche ministérielle au gouverneur administrateur, au sujet de l'importation des	

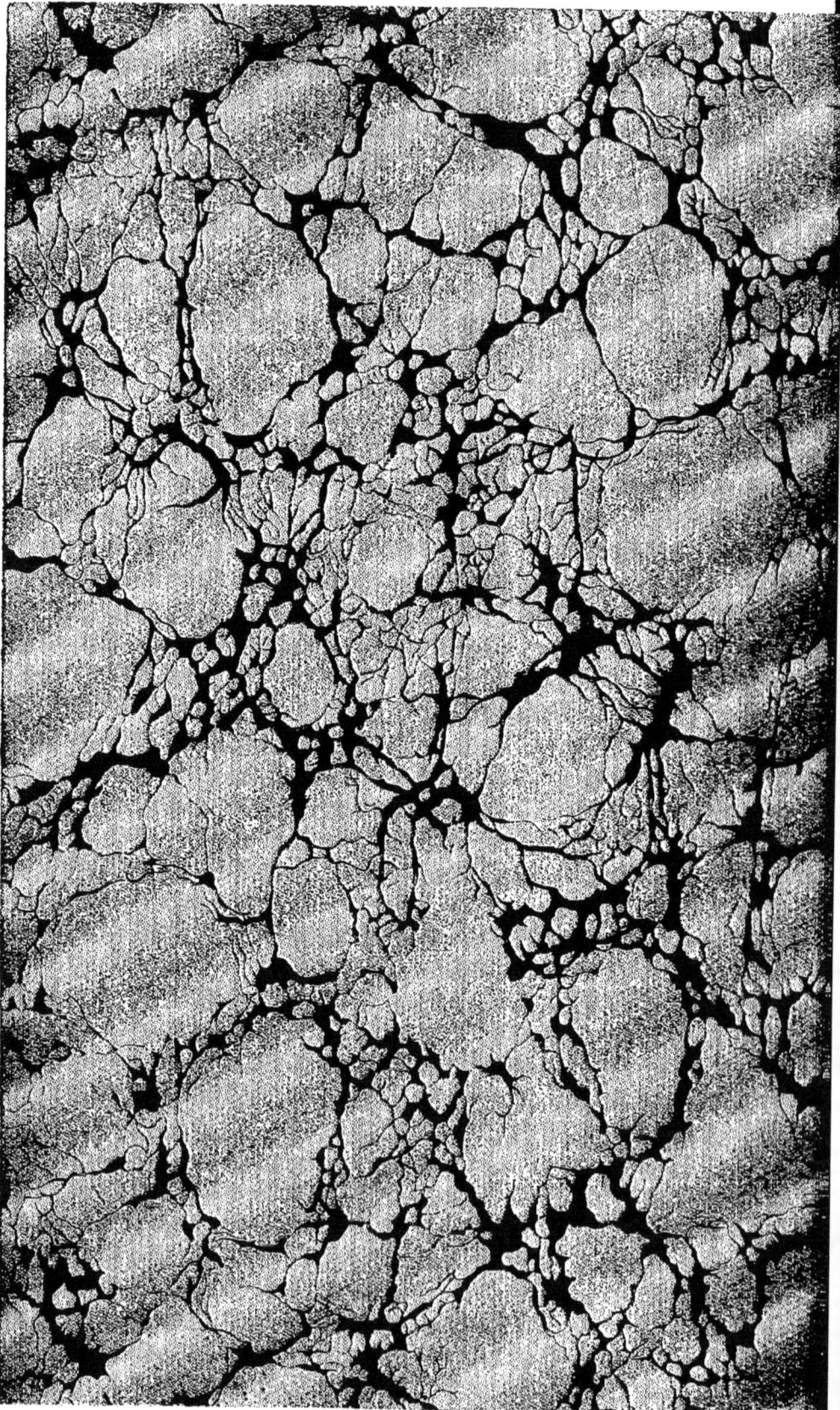

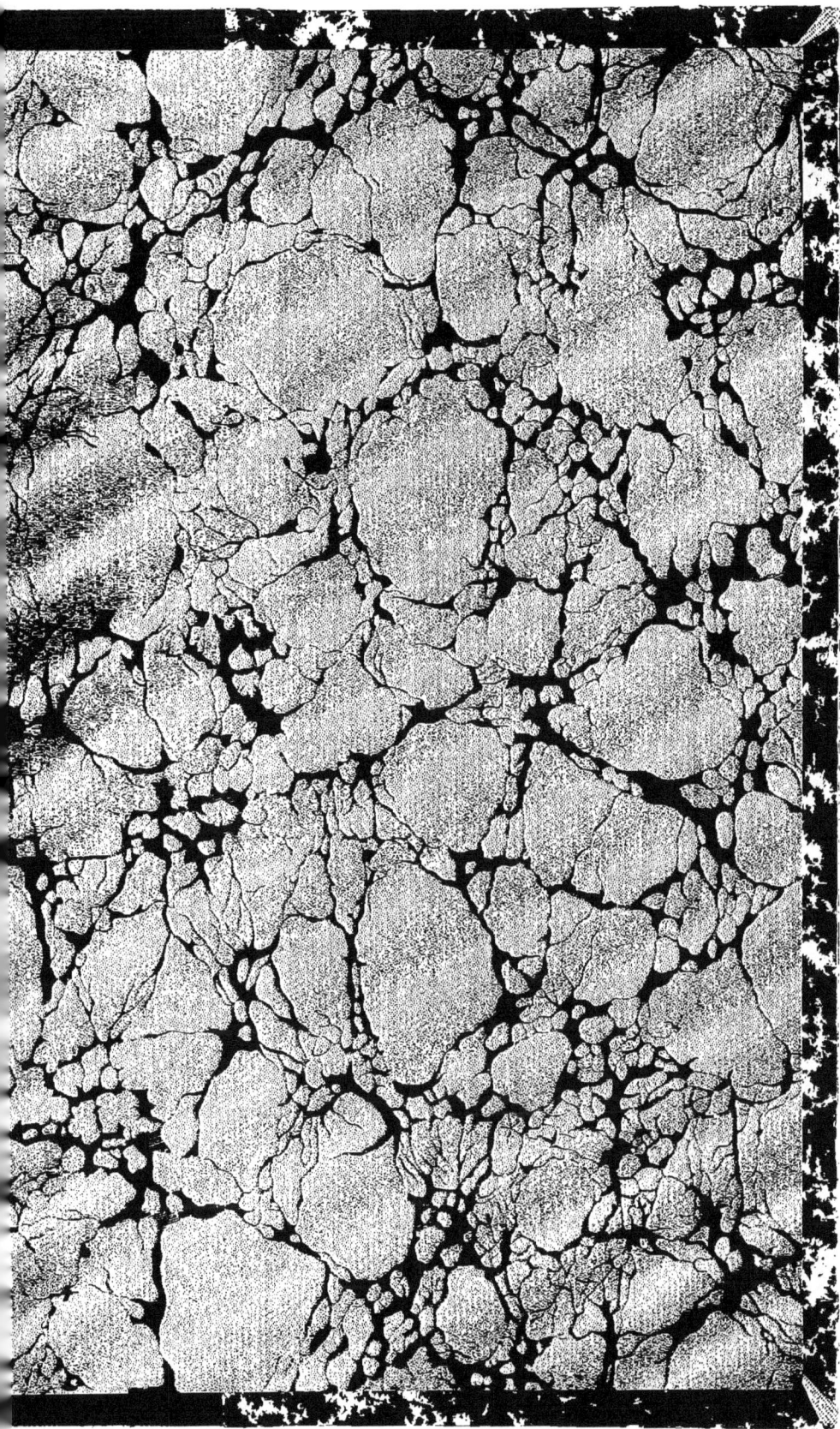

www.ingramcontent.com/pod-product-compliance
Lightning Source LLC
Chambersburg PA
CBHW031546210326

41599CB00015B/2025